兴庆年鉴

（2015）

银川市兴庆区地方志编审委员会办公室　编

方志出版社
Publishing House of Local Records

图书在版编目(CIP)数据

兴庆年鉴. 2015 / 银川市兴庆区地方志编审委员会办公室编. —北京：方志出版社，2017. 5
ISBN 978-7-5144-2433-1

Ⅰ. ①兴… Ⅱ. ①银… Ⅲ. ①区（城市）—银川—2015—年鉴 Ⅳ. ①Z524.31

中国版本图书馆 CIP 数据核字(2017)第 136939 号

兴庆年鉴(2015)

编　　者：银川市兴庆区地方志编审委员会
责任编辑：宁　芳

出 版 人：冀祥德
出 版 者：方志出版社
地址　北京市朝阳区潘家园东里 9 号（国家方志馆 4 层）
邮编　100021
网址　http：//www. fzph. orp
发　　行：方志出版社发行中心
电话（010）67110500
经　　销：各地新华书店
印　　制：宁夏银报印务有限公司　宁夏启瑞尔广告设计有限公司

开　　本：880 × 1230　1/16
印　　张：23.5
字　　数：888 千字
版　　次：2017 年 5 月第 1 版　2017 年 5 月第 1 次印刷
印　　数：0001~3000 册

ISBN　978-5144-2433-1　**定价**：298 元

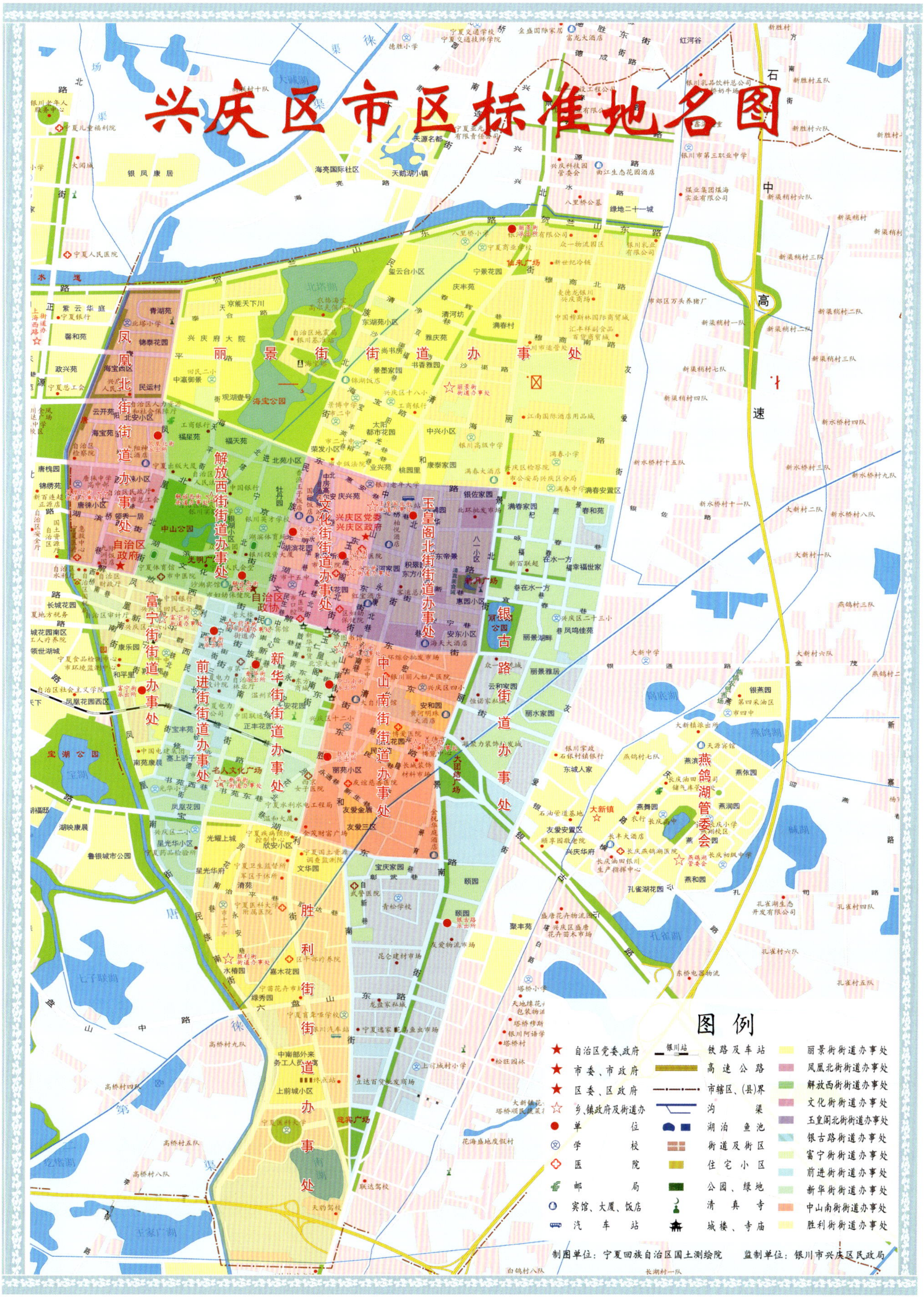
兴庆区市区标准地名图
丽景街街道办事处
凤凰北街街道办事处
解放西街街道办事处
文化街街道办事处
玉皇阁北街街道办事处
银古路街道办事处
富宁街街道办事处
前进街街道办事处
新华街街道办事处
中山南街街道办事处
胜利街街道办事处
燕鸽湖管委会
自治区政府
自治区政协
兴庆区党委
兴庆区政府
中山公园
海宝公园
宝湖公园
北塔湖
图例
自治区党委、政府
市委、市政府
区委、区政府
乡、镇政府及街道办
单位
学校
医院
邮局
宾馆、大厦、饭店
汽车站
铁路及车站
高速公路
市辖区、(县)界
沟渠
湖泊鱼池
街道及街区
住宅小区
公园、绿地
清真寺
城楼、寺庙
丽景街街道办事处
凤凰北街街道办事处
解放西街街道办事处
文化街街道办事处
玉皇阁北街街道办事处
银古路街道办事处
富宁街街道办事处
前进街街道办事处
新华街街道办事处
中山南街街道办事处
胜利街街道办事处
制图单位：宁夏回族自治区国土测绘院
监制单位：银川市兴庆区民政局

2014 年 8 月 20 日，自治区党委书记李建华（左四）视察兴庆区经济建设情况

2014 年 5 月 14 日，自治区主席刘慧（中右）在月牙湖乡滨河新村村民王慧琴家中了解移民安置情况

2014 年 11 月 10 日，自治区政协主席齐同生(中)在兴庆区慰问老劳模

2014 年 7 月 8 日，自治区党委副书记崔波(前左二)调研社区网格化管理工作

2014 年 6 月 7 日，自治区党委常委、宣传部部长蔡国英（左三）在兴庆区参加节水宣传活动

2014 年 7 月 1 日，自治区党委常委、政府副主席李锐（中）视察中国西部文化国际博览中心建设情况

2014 年 3 月 14 日，自治区党委常委、银川市委书记徐广国（前中）在兴庆区视察康居工程进展情况

2014 年 8 月 14 日，自治区政协副主席李淑芬（左四）在月牙湖花卉园调研

2014 年 7 月 20 日，银川市人大常委会主任孙荣山（前排左二）调研永泰城项目建设

2014 年 2 月 25 日，银川市市长马力（前排左四）在兴庆区视察京藏水系建设工程

蔬菜农药残留快速检测

蔬菜直销店里蔬菜品种齐全

月牙湖移民新村庭院经济技术指导

移民新村特色设施农业成果一瞥

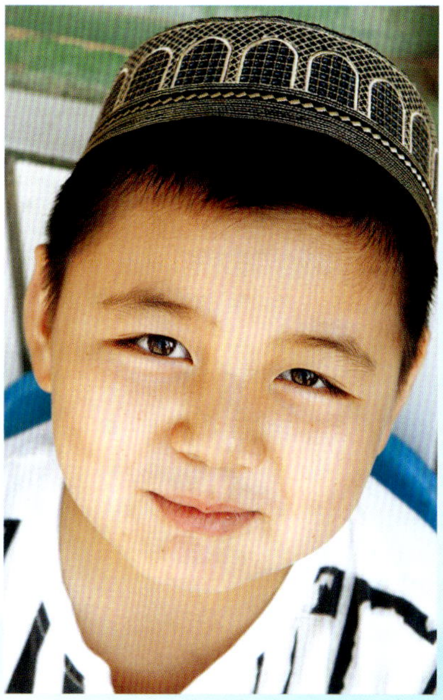

回族青少年服饰

南关清真寺穆斯林信众礼拜

玉皇阁春色

掌政赵家湖

中山公园

玉带临汐·唐徕古渠

贺兰山路高速路口

徕龙公园

滨河家园

黄沙古渡遗址(月牙湖乡境内)

兴庆数揽

人口及住户

常住人口总数:725168人(截至2014年9月30日)

其中:女性360347人

少数民族人数:162003人

农业人口:79195人

出生率:9.69‰

死亡率:2.63‰

自然增长率:7.06‰

出生人口性别比:108

已婚育龄妇女:118834人

结婚率:5.98宗/1000居民

离婚率:2.11宗/1000居民

住户总数:271599户

平均每户居住人口数:3人

地理及天气

东经:106° 16′

北纬:38° 53′

占地面积:828平方公里

绿化面积:约100万平方米

城市建成区绿化覆盖率:39%

海拔高度:西南高、东北低,坡度0.2%1112.5～1107.5米

全年平均温度:10.7℃

年平均降水量:169.2毫米

多年平均降水日数:44.6天

年平均蒸发量:1313毫米

平均无霜期:224天

空气质量优良天数:274天

就业

城镇新增就业人数:7957人

城镇登记失业率:3.06%

城乡居民养老保险参保人数:33938人

城乡居民医疗保险参保缴费人数:195495人

道路

乡村公路沥青混凝土路面道路:121条350余公里

主要经济指标

地区生产总值:425.9亿元

其中:第一产业增加值6.5亿元

第二产业增加值124.2亿元

第三产业增加值295.2亿元

社会消费品零售总额:187.34亿元

规模以上工业增加值:8.4亿元

固定资产投资总额:178.93亿元

一般财政收入:11.51亿元

城镇居民人均可支配收入:28247元

农民人均可支配收入:11677元

教育

普通中学校数:24所

小学校数:46所

普通中学专任教师数:2714人

小学专任教师数:2433人

普通中学在校学生数:24561人

小学在校学生数:45843人

学龄儿童入学率:100%

其中:女童入学率:100%

初中升学率:100%

旅游

景区接待游客:74万人次

农家乐接待旅客:32万人次

旅游收入:7110万元

目　录

特　载

专　记

媒体看兴庆

大事记

兴庆区综览

政党政务

民主党派·群众团体

法治

人民武装·驻军

农牧·绿化·水利

驻地工业·房地产业

城乡建设·公路交通

城乡服务与管理

商贸·物流

财政·税收

综合经济管理

卫生监管·人口与计划生育

社会服务·人民生活

文苑人物

荣誉榜

附　录

索　引

英文目录

不气不争万物安然

若水若拙大道通天

郝峰寄语

特 载

工作报告

适应新常态 谋求新发展 加快开放富裕和谐美丽兴庆区建设步伐

——在中共兴庆区委二届七次全体(扩大)会议上的报告(摘要)

银川市兴庆区区委书记 马爱平

(2015 年 1 月 9 日)

2014 年,区委团结带领辖区各族干部群众,紧紧围绕自治区“四个宁夏”建设和银川市“2258”工作思路,按照“四个银川”建设走在前、作表率的要求,坚定不移地实施“8531”工作思路,扎实开展党的群众路线教育实践活动,有效应对经济下行压力,经济发展稳中有进,改革开放稳步推进,民生事业显著改善,社会大局和谐稳定,“四个兴庆”建设迈出坚实步伐。预计全年完成地区生产总值 426.7 亿元,同比增长 9.5%;全社会固定资产投资 171.7 亿元,同比增长 27%;社会消费品零售总额 186.5 亿元,同比增长 6%;财政公共预算收入 11.5 亿元,同比增长 14.7%;城镇和农村居民人均可支配收入均增长 10%;规模以上工业增加值 8 亿元,同比增长 10%;城镇登记失业率控制在 4%以内。“为民办十件实事”全部完成。

一、教育实践活动取得明显成效。坚持教育实践活动与推动工作两手抓、两促进,特别是把活动成效体现在解决发展中存在的及人民群众反映的突出问题上,一批热点难点问题得到较好解决。一是扎实开展学教活动。围绕“照镜子、正衣冠、洗洗澡、治治病”总要求,紧扣“为民、务实、清廉”主题,聚焦“四风”突出问题,坚持以上率下、步步深入,各级党组织和领导干部参学率 100%,举办各类学习班、报告会和专题研讨会 801 场。深入开展

“连心共建·蹲点实践”“三下三进”活动，1373名领导干部带头深入基层，联系村居102个，包抓项目112个，帮扶群众1735户，党群干群关系进一步密切。二是加强专项整治工作。紧紧围绕中央和区市专项整治任务，组织开展并全面完成30个方面45项专项整治任务，撤销各类评比达标考核72项，化解信访积案45件，发放各类惠农资金5716万元。通过专项整治，文风会风、党风政风和干部作风明显改善，带动社会风气明显好转。三是建立完善长效机制。坚持用制度管权、管人、管事，各级党组织制定整改措施5276条，已整改5184条；清理废止规章制度59项，修订完善12项，新建26项，为推动作风建设常态化奠定了基础。

二、“八区”建设取得新突破。坚持把“八区”建设作为提升兴庆区发展内涵和区域核心竞争力的战略任务来抓，以投资结构优化产业结构，提升经济社会发展质量，兴庆区品牌集聚效应不断增强。内陆开放型经济试验区的中心区雏形渐显。以国家实施“一带一路”战略为契机，进一步推进各项改革和“两优”环境建设，激发活力、增添动力、聚集人气，区域性教育、医疗、文化、商贸物流中心的优势明显增强，为加快发展和对外开放拓展了更大空间。银川综合保税区的产业联动区融入加快。围绕综保区黄金珠宝、电子商务等重点产业，加强项目对接，促进产业融合，邀请60多家国内外企业参观考察，组织和参加外出招商、重要节会10余次，达成合作意向20余个，颐和城市综合体等4个总投资233亿元的招商项目成功签约。滨河新区的承载区作用显现。协助做好老城区与滨河新区快速通道打通工作，实施了“两桥两路”等重点项目征地拆迁，拆除各类建筑60万平方米。协助做好过渡期社会治理等工作的同时，适应滨河新区的产业规划，积极做好两乡两镇小城镇和产业规划的修编工作，在休闲旅游、临空经济、生产性服务业等产业上主动对接，高起点规划建设银川通用机场暨通航产业园项目，项目立项审批、规划选址、产业对接等工作有序推进，为新产业的发展抢占了先机。“一圈两带”优势特色产业区实力显著增强。把产业转型升级作为提升区域经济竞争力和发展方式的关键来抓，启动了“十三五”规划、《兴庆区商贸服务业发展规划》编制工作。新华商圈核心竞争力显著提升，永泰城等项目有序推进，浦发银行银川分行、居然之家、大兆发等项目开业运营，新华百货、银川商城等传统商贸企业转型升级步伐加快；商贸物流带聚集辐射能力显著增强，立达建材五金家居博览城、宁港财富中国、四季青国际服装城等一批项目加快推进，物流带落户大型专业市场项目43个，完成投资350亿元，年交易额218亿元，实现利税11.5亿元，就业10.2万人。兴庆区社会消费品零售总额位居全区首位。沿黄特色产业带品牌效应凸显，农业优势特色产业稳步发展，落实瓜菜种植5.6万亩，建设蔬菜直销点24个；推广种植花卉7400亩，兴庆康乃馨知名度显著提升；万亩牛场奶牛入园1.2万头，奶牛存栏3.1万头。东线旅游吸引力进一步增强，完善了黄沙古渡等景区设施，檀溪欢乐谷等特色景点和农家乐带动假日旅游蓬勃发展，全年接待游客72万人次，旅游直接收入6800万元。城乡一体化示范区规模推进。启动兴庆区村镇体系五年规划编制工作，完成了通贵乡总体规划和掌政、大新规划修编工作，推进基础设施、产业发展、民生事业、生态环境等融合发展，城镇化率达96.05%，居全区首位。农村产权制度改革顺利推进。统筹推进城乡社会保障体系建设，城乡居民基本医疗保险参保率100%，养老保险参保率95%。全年共发放低保、社会救助等资金5568万元，建成老年活动中心30个，实现了城市居家养老服务站全覆盖。建设农村幸福大院10个，在通贵乡试点推行居家养老新模式。加强就业创业工作，城镇新增就业和农村劳动力转移就业2万人。创新社会治理先行区成绩突出。探索建立了以城市网格化管理为基础的“11125”和谐社区建设模式，并在自治区推广，成为教育实践活动的一项重要成果。建立市民服务站72个，设立居民代办点101个，基层公共服务体系进一步完善。加快兴庆区信息网暨社会服务治理平台建设，建立数据库和视频监控、社会治理网格及掌上移动三大平台，链接所有区直部门、街道和561个网格。解放西街、玉皇阁北街北关社区分别被评为

2014年8月26日，区委书记马爱平(左四)检查通航机场项目建设情况

全国“和谐社区”建设示范街道、示范社区。扎实开展“平安兴庆”建设，深入推进居民区安防建设，依法严厉打击各类违法犯罪活动，开展了打击传销攻坚行动，全面开展禁毒工作，建立了轻微刑事案件快速办案机制。推行信访维稳“335”工作法，积极化解信访积案，有效稳控重点案件，信访形势趋稳趋好。“六五”普法广泛开展。人民调解成功率达97%。加强食品药品监管工作。“企业安全生产主体责任年”活动扎实推进，安全生产形势持续好转。全面贯彻落实党的民族宗教政策，建立了“5321”少数民族流动人口服务管理模式，推动民族团结进步事业发展。强化党管武装工作，双拥共建扎实推进，国防教育训练基地投入使用。优质教育文化引领区建设成效明显。优质教育均衡化发展水平明显提高，各类学校发展共同体实现全覆盖；投入8000万元，实施了4所学校迁扩建项目、23所学校内部粉刷、2所学校标准化操场建设以及17所学校弱电改造；投入9551万元为中小学配置仪器设备，为7426名农村中小学生提供了免费营养早餐；加强师资队伍和师德师风建设，培训教师3300余人次，招聘、选调教师167名；推行“阳光招生”，促进教育公平，建立对口直升和公办幼儿园招生摇号公示制度，开辟外来务工子女入学绿色通道。顺利通过银川市、自治区义务教育均衡化验收。推进文化大发展、大繁荣，文化馆、图书馆正式开馆运行，成立文联及8大民间协会组织；群众文化蓬勃发展，“书香兴庆”等活动深入开展，举办群众文化艺术活动435场次，各类文化队伍达73个，兴庆区荣获“中国民间文化艺术之乡”称号。竞技体育实现历史性突破，在第十四届全区运动会上获得金牌、奖牌、团体总分三个第一的好成绩。综合医疗康体服务区体系日趋完善。深入推进“健康宁夏行”活动，强化医疗机构监督监管，严厉打击非法行医。加快乡镇卫生院、村卫生室、社区卫生站的标准化建设，形成了以23家大型医院为核心、4个乡镇卫生院、200余个村卫生室和社区卫生服务站为基础的15分钟卫生服务圈。城乡居民基本医疗、基本公共卫生服务水平进一步提高，顺利通过国家级公共卫生应急示范区评估。落实人口和计划生育政策，人口出生政策符合率控制在98%以上。

三、“五大”工程扎实推进。坚持把实施“五大”工程作为优化环境、改善民生的重中之重来抓，统筹兼顾、加大投入，城乡人居环境明显改善。城中（边）村棚户区改造、道路畅通工程全力推进。着力解决拆迁群众安置问题，强力推进444万平方米的上前小区、塔桥花园等18个康居项目和新华西街、湖滨西街安置区建设，年内安置5147户1.6万人。投入5000万元对17个老旧小区进行改造，使4800余户15000名群众受益。生态移民逐步致富工程成绩突出。提前完成3979套安置房和道路、给排水、学校等基础设施建设，开发土地15300亩*，累计搬迁移民3155户13150人。坚持精准扶贫，引进了羊绒针织厂、周景世荣花卉等6家劳动密集型企业，保证了每个家庭都有稳定收入，新移民人均可支配收入达5700元。创新移民地区社会管理，基本实现了“搬得出、稳得住、管得好、逐步能致富”目标任务。生态移民工作荣获自治区考核一等奖。统筹城乡规模推进工程全面铺开。掌政特色小城镇初具规模，安置区二期、创业园、商业街全部交付使用，商住区、赵家湖生态湿地保护开发等项目步伐加快，道路、给排水、亮化美化工程基本完成。启动通贵集镇安置区一期工程。完成幸福村庄、阳光暖房、农村危房改造1440户建设任务。新建乡村公路38公里。建设高标准农田4.65万亩，清淤沟渠道1207条，整修农路963条。完成通贵农村饮水安全改造、银北百万亩盐碱地改良、掌政节水改造等工程，农村基础设施进一步完善。洁净兴庆工程促精细化管理上台阶。加强城市精细化管理，投入1.5亿元，配齐配强环卫设施，提高环卫工人待遇，保证了1700余万平方米道路街面、公园林带的清洁；持续开展拆除“两违”建筑和户外广告等六项专项治理活动，拆除违法违章建筑92万平方米，营造了规范有序、整洁靓丽的市容环境。加快美丽乡村建设，大力开展农村环境综合整治，投入900余万元硬化农村公路两侧人行道。建立健全“村清扫、镇转运、区处理”的环卫

康居新貌

*15亩=1公顷，采用亩作计量单位更适合本地人们的习惯，下同。

兴庆区市场物流带

作业机制，新启动10座垃圾中转站，农村环境面貌明显改善。大力实施绿化美化，建成小微公园11个，徕龙公园开园；实施了京藏高速公路两侧水系连通和绿化工程，新增水面3935亩，造林绿化面积1488亩，荣获自治区主干道两侧大整治大绿化工作一等奖。人才培训督查考核工程保障有力。继续实施"育英、引凤、聚才"三大工程，培训干部和各类人才3000人次。坚持"走出去"培训战略，外出培训干部480人次，组织一线环卫工人、优秀教师和先进工作者赴韩国考察学习。提拔10名年轻干部到街道任职，选派36名新提拔和年轻后备干部到一线挂职锻炼。柔性引进各类人才48名。加大重点工作、重大项目巡视督查力度，确保了各项工作顺利完成。加强绩效考评工作，采取季度考评的方式对乡镇、街道、部门和干部职工进行考核，营造了激情干事创业的良好氛围。

四、"三项"任务超额完成。坚持经济工作项目化，把"三项"任务作为壮大区域经济实力，转方式、调结构、促发展的主要抓手，连续三年迈上新台阶。招商引资成果丰硕，引进、实施招商引资项目24个，总投资109亿元，到位资金69.91亿元，完成区市下达任务的116.5%；引进各类股权基金、短期融资券、企业债券等金融项目，到位资金58.6亿元。上争资金取得新突破，继续发扬"三千"精神，争资金、跑项目，全年实施政府投资项目82个，上争各类资金13.5亿元。财政收入超额完成，加大财源培植和税收征管力度，公共财政预算收入同比增长14.7%，超额完成年初14%的目标任务。

五、党的建设不断加强。始终坚持把抓党建作为最大的政绩，坚持党要管党、从严治党，始终保持党的先进性和纯洁性。基层组织建设得到加强。把基层党组织建设作为强基固本工程来抓，认真落实党建工作责任制，实施党建创新项目16个，为民服务和发展项目127个。组建社区大党委69个，网格党支部561个，功能性党小组150个；对16个软弱涣散党组织进行整改，对6名不称职的支部书记进行调整；出台了处置不合格党员暂行办法，基层服务型党组织和党员的服务能力进一步提升。成立了新华商圈大党委、建设商贸行业党工委，在9个重点项目工地建立"工会工作站"，构建了区域党建工作新格局。宣传思想工作迈上新台阶。坚持把思想理论建设摆在首位，加强区委中心组理论学习，举办专题报告会和学习会，深入学习领会习近平总书记十八大以来系列重要讲话和十八届三中、四中全会精神。加大对重点、亮点工作宣传力度，在中央、区市等主流媒体刊播新闻4500余条，中央电视台先后3次宣传报道兴庆区，提高了兴庆区知名度。深入培育践行社会主义核心价值观，大力开展"节俭养德"全民行动、"道德讲堂"等活动，群众文明素质和城市文明程度进一步提升，全国文明城市复检圆满接受国家验收，"道德红黄蓝榜"被中宣部作为精神文明建设创新案例并进行推广。党风廉政建设力度加大。深入落实党风廉政建设"两个责任"，全面推行一把手"五个不直接分管"制度。认真落实中央"八项规定"和区市相关规定，全面加强重点领域、行业和岗位的监督，清退办公用房5629平方米，"三公"经费同比下降26.12%；加强执纪监督，严肃查处违纪违规案件，通报单位93个，问责干部180人次，查处违纪案件30案35人。继续开展"三减两提高"活动，取消行政事业性收费21项，减少审批流程24项，减少时限604个工作日。

政府工作报告（摘要）

在银川市兴庆区第三届人民代表大会第三次会议上

银川市兴庆区区长　朱韶峰

（2015 年 2 月 4 日）

2014 年工作回顾

——经济运行总体平稳。完成地区生产总值 425.9 亿元，占全市的 31%，增长 8.4%，三次产业比例为 1.5:29.2:69.3；全社会固定资产投资 178.9 亿元，增长 32.4%；社会消费品零售总额 187.3 亿元，增长 6.1%；地方财政公共预算收入 11.5 亿元，增长 14.7%。地区生产总值、社会消费品零售总额两项指标总量位居自治区各县区首位。

——发展环境不断优化。取消行政事业性收费 21 项，减少审批事项 24 项，累计减少办理时限 604 个工作日。万元地区生产总值能耗下降 7%。城市生活垃圾无害化处理率达到 100%，城市绿化覆盖率 39%，辖区空气质量好于二级以上天数 274 天。

——人民生活持续改善。城镇居民人均可支配收入 28247 元，增长 9.3%；农村居民人均可支配收入 11677 元，增长 9.5%。城镇新增就业 10247 人，农村劳动力转移就业 10747 人，城镇登记失业率控制在 4%以内；城乡居民基本医疗保险参保率 100%，养老保险参保率 95%；人口出生率 9.69‰，出生政策符合率 95.45%。

一、转型升级、提质增效，产业布局趋于合理

1.项目建设成效显著。围绕“一圈两带”优势特色产业，把产业转型升级作为提升区域经济竞争力的关键来抓，坚持经济工作项目化。全年实施招商引资项目 24 个，实际到位资金 69.91 亿元，完成下达任务的 116.5%；引进股权基金、短期融资券、企业债券等金融项目 13 个，到位资金 58.6 亿元。全年实施政府投资项目 82 个，上争资金 13.5 亿元，完成目标任务的 104%。

2.现代服务业活力增强。启动了以现代服务业为主的第三产业发展规划的编制工作。银川永泰城、立达国际建材五金家居博览城等续建项目加快推进，恒大御景、四季青国际服装城等一批大项目顺利实施，宁港财富银川新经济服务产业示范园引领服务业转型升级。商贸物流带实现交易额 218 亿元，利税 11.5 亿元，就业人数 10.2 万人。新华商圈提档升级。银祥高端商业购物中心、世和天玺国际中心等项目加快建设，居然之家建材家居商场、北京物美大卖场、大兆发超市蓝泰店等项目开业运营。世界 500 强企业上海浦东发展银行落地，成功引入中商担保公司等金融项目。沿黄旅游业稳步发展。赵家湖生态旅游景区加快建设，檀溪谷欢乐水世界等项目开业运营，鸣翠湖、黄沙古渡等景区基础设施不断完善。全年接待国内外游客 72 万人次，旅游收入 6800 万元。第三产业增加值 295.2 亿元，增长 8%。

3.工业经济稳步提升。积极推进卧龙电器等企业实施技术改造，提高装备水平，申报国家、自治区专精特新项目和新型工业化项目 18 个。新增规模以上企业 3 家。规模以上工业增加值 8.4 亿元，增长 10.1%。

4.农业工作扎实推进。粮食播种面积 16.6 万亩，瓜菜种植 5.6 万亩。引进百合、绣球、郁金香等花卉新品种，花卉种植 7400 亩，总产值达 1.47 亿元。完成万亩奶牛养殖园区污水处理厂建设，辖区奶牛存栏总量 3.1 万头，奶产业实现产值 4.2 亿元。农村产权制度改革有序

开展，农村集体土地确权登记工作全面推进。累计流转土地 3.5 万亩，培育发展农民专业合作社 69 家，家庭农场 29 个，龙头企业 19 家，申报农业产业化项目 28 个。投入 2000 余万元，实施科技助农项目 72 个。建立健全农业灾害风险防范体系，出台兴庆区政策性农业保险办法，增强了农户抵抗风险的能力。第一产业增加值 6.5 亿元，增长 4.1%。

二、统筹兼顾、加大投入，城乡一体化进程明显加快

1. 棚户区改造工程强力推进。实施了城中村、城边村棚户区改造和主干道路两侧大整治大绿化等工程，征收土地 9000 余亩，拆除各类建筑物 100 万平方米。新建、续建 18 个康居工程，总面积 444 万平方米，累计完成投资 86 亿元。新华西街安置区基本完工，湖滨西街安置区进展顺利。投入 5535 万元对 17 个老旧小区进行改造，改造面积 34 万平方米，解决了管网陈旧、路面破损等问题，增加了技防、人防设施，使 4817 户 1.5 万居民受益。

2. 生态移民逐步致富工程成绩突出。搬迁安置生态移民 1248 户。投入 1.18 亿元，新建安置房 829 套，道路、商网、给排水等配套设施全面完工。多渠道增加移民收入，引进劳动密集型企业 6 家，发展花卉、红树莓等特色产业，外出务工 6500 余人。移民地区人均可支配收入 8208 元。

3. 统筹城乡规模推进工程步伐加快。启动了兴庆区村镇体系五年规划编制工作，完成了通贵乡总体规划编制和掌政镇、大新镇规划修编。启动了通贵民族特色小城镇安置区一期工程；掌政小城镇安置区三期工程主体完工，安置区二期、创业园、商业街工程交付使用，道路建设和亮化工程全部完工；完成幸福村庄、阳光暖房、农村危房改造 1440 户。建设高标准农田 4.65 万亩，完成了通贵乡农村饮水安全改造、掌政镇节水改造等工程。抓好乡村道路建设，掌政镇丰收路、月牙湖乡防洪堤路等 4 条乡村公路投入使用，月牙湖乡月牧路、塘北路建设有序推进，对 11 条农村主干道路 7.6 万平方米路面进行了维修，对银通路、通西路两侧人行道进行了硬化。

4. 洁净兴庆工程效果明显。投入 1.5 亿元，实施城市精细化管理。开展了门头牌匾、渣土撒漏等 8 类专项整治，主干道路机械化作业率达 100%。提高环卫工人待遇，设立环卫工人爱心救助基金，为一线环卫职工增资、发放工作年限补贴、建设休息室 30 处、配发马扎 2000 个。成立城市管理综合执法大队，城管巡回法庭工作经验在全区推广。开展“两违”整治工作，拆除整治“两违”建筑 92 万平方米。强化美丽乡村建设，全面推进农村生活垃圾“户集、村收、镇运、区处理”的工作模式。大力实施二排沟、永二干沟环境综合治理，建成徕龙公园并向市民开放。实施京藏高速公路两侧水系连通和绿化工程，新增水面 3935 亩，造林绿化 1488 亩。完成农村造林 5029 亩，对 12 条城市新增街巷配套绿化，建成小微公园 11 个，新增城市绿地 6 公顷。城乡环境明显改善，顺利通过全国文明城市复验。

三、先行先试、重点突破，和谐兴庆成果不断巩固

1. 社会治理水平日益提升。围绕打造创新社会治理先行区，探索建立了以城市网格化管理为基础的“11125”和谐社区建设模式，并在全区推广。建立市民服务站 72 个，设立居民代办点 101 个。新建社区老年活动中心 30 个，建成居家养老服务站 72 个，实现了城市居家养老服务站全覆盖。投入 1000 万元，对街道市民服务站用房进行维修改造。社区工作者待遇进一步提高。加快兴庆区社会服务治理平台建设，建立数据库和视频监控、社会治理网格及掌上移动三大平台。解放西街办事处、玉皇阁北街北关社区被评为全国“和谐社区”建设示范街道和示范社区。

2. “平安兴庆”创建不断深化。成立兴庆区信访事项复查委员会，深入推进领导干部定期接访、带案下访工作机制，化解信访积案 45 件。加强治安队伍建设，增加公安协勤 30 名，为 504 名协勤人员增加了工资。安排专项经费 200 万元，开展戒毒康复试点工作。依法严厉打击各类违法犯罪活动，组建了 104 支“兴庆义警”队伍，加强街面有警巡防和小区安防建设，辖区案件发案数同比下降 28.1%，破案数上升 8.3%。全面落实“企业安全生产主体责任年”活动，全年无重特大事故发生，安全生产形势稳定向好。打击传销成效明显，捣毁传销窝点 131 个，遣散传销人员 987 人。社区矫正管理有序开展，调解各类矛盾纠纷 6246 件，依法治区工作考核荣获全区第一名。

四、以人为本、惠及民生，社会事业全面发展

1. 教育均衡化发展水平进一步提高。投入 8000 万元，实施了 4 所学校迁扩建、23 所学校内墙粉刷、2 所学校标准化操场建设以及 17 所学校弱电改造项目。投入 9550 万元，加强教育信息化建设，实现了仪器设备标准化和教学手段信息化。实施学生“幸福成长工程”，投入 680 万元，为 7426 名农村在校生提供免费营养早餐；为 58 所学校安装直饮水机，近 6 万名师生喝上了干净安全的饮用水。深化优质教育扩面工程，实现了城乡校际联合发展共同体全覆盖。推行九年一贯制学校“对口直升”和“学区化”招生，开辟外来务工子女入学“绿色通道”，实行幼儿园入园公开摇号制度，启动政府购买学前教育试点工作，“大班额”和“择校热”等问题得到了有效缓解。招聘和选调中小学、幼儿园教师 171 名，中小学生均公用经费分别提高至 150 元和 130 元。顺利通过银川市、自治区义务教育均衡化发展验收。鼓励初中毕业生参加中职教育，对兴庆区籍 2014 年升入职业技术学院初中毕业生，给予每年 1500 元的补贴。

2. 文化体育事业进一步繁荣。建成文化馆、图书馆并免费对外开放，新建

街道图书馆10个、农民文化大院16个。成立文联及书、美、影等8个协会组织，对73支民间文艺团队进行评星定级，鼓励创编文艺作品30个。举办“书香兴庆”等群体文化活动285场次，兴庆区荣获“中国民间文化艺术之乡”称号。竞技体育实现历史性突破，在自治区第十四届运动会上获得金牌、奖牌、团体总分三个第一的好成绩。

3. 公共卫生服务能力进一步增强。围绕打造综合医疗康体服务区，新建掌政镇中心卫生院、大新镇社区卫生服务中心、5个社区卫生服务站和34所标准化村卫生室，引进了马氏济慈堂回医中医医院。建设健康主题公园2个，为6.5万名农村居民建立健康档案，“七免一救助”政策得到落实。强化卫生监督执法、疾病预防和公共卫生应急能力建设，顺利通过国家级公共卫生应急示范区评估。以23家大中型医疗机构为核心，32个乡镇卫生院(社区卫生站)、302个村卫生室和个体医疗机构为基础的“15分钟健康服务圈”初步形成。

4. 民生保障力度进一步加大。将政府财政支出的76%用于改善民生，10项民生实事全部完成。发放各类救济救助优抚资金5568万元，城乡居民医疗保险报销959万元。提高城乡困难群众医疗救助标准，为困难群众发放医疗救助金237万元。积极开展“救急难”试点工作，及时救助328人。筹措资金500万元，对6000名困难群众开展“送温暖”活动。投入1900余万元，新建蔬菜直销店32个。投入400万元，建成农村养老幸福大院10个，在通贵乡试点居家养老新模式，成立自治区首家孝德文化教育基地。城乡就业创业工作全面推进，深入开展人才培养计划，加强失地农民、农村实用人才、干部职工的培训工作，累计完成培训2.55万人次。加大劳动监察工作力度，清欠农民工工资8400万元。实施残疾人康复扶助工作，为1622名重度残疾人增加救助津贴，成功打造全国残疾人文化体育示范点。扎实推进国防动员、双拥优抚等工作，国防教育训练基地投入使用。全面贯彻落实党的民族宗教政策，民族团结、宗教和顺的局面得以巩固。统计、档案、老龄、关心下一代等工作稳步推进，税务、工商、质监、环保、国土等工作取得了新进展。

五、勤廉履职、依法行政，政府自身建设持续加强

认真开展党的群众路线教育实践活动，积极转作风、抓发展，政府班子整改“四风”问题18项，解决各类民生问题165件。严格执行中央“八项规定”和区市若干规定，下力气转变“文山会海”，政府发文同比下降15%，会议减少20%，清退办公用房4103平方米。完善“三公”经费预算管理和公开制度，“三公”经费下降26.12%。政府机构改革稳步推进。主动接受人大法律监督和政协民主监督，认真听取各民主党派、工商联、无党派人士和社会各界意见，办理人大代表议案、建议和政协委员提案160件，基本满意和满意率100%。加大对政府采购、招标投标等重点领域、重点项目、重点资金的信息公开力度，强化审计监督、行政监察，问责处理51人。邀请人大代表、政协委员和居民代表列席政府常务会议，政务公开、依法行政不断加强，政府执行力和公信力进一步提升。

2015年工作任务

2015年，是全面深化改革的关键之年，是全面推进依法治区的开局之年，也是全面完成“十二五”规划的收官之年。中央经济工作会议作出了经济新常态的综合判断，自治区、银川市、兴庆区就主动适应新常态提出了具体要求。新常态下，我们迎来了新的发展机遇。一是国家出台了支持中西部地区加快发展和加强改进民族工作的意见，为我们争取项目资金，解决发展中存在的困难和瓶颈带来了前所未有的机遇。二是自治区出台空间发展战略规划，加快内陆开放型经济试验区建设步伐，银川市被国家确定为“丝绸之路经济带主要节点城市”，为兴庆区加快对外开放、推动结构调整，发展新产业、新业态带来了新的机遇。三是随着国家新一轮改革全面推开，自治区、银川市会相继出台行政审批、投融资体制、减轻企业负担等一系列利好的政策措施，也为兴庆区产业的转型升级带来机遇。四是银川市加快滨河新区、综合保税区、临港经济区建设，四座大桥横跨黄河两岸，一大批重大项目投入运营，进一步带动人流、物流、信息流、资金流在兴庆区涌动，必将为兴庆区经济社会发展注入新的活力。

按照区委二届七次全委（扩大)会议确定的2015年工作安排，兴庆区政府将坚定不移地推进“8531”工作落实，以“等不起”的紧迫感、“慢不得”的危机感、“坐不住”的责任感，合力推进“八区建设”，全力落实“五大工程”，超额完成“三项任务”。

2015年政府工作总体要求是：全面贯彻党的十八大及十八届三中、四中全会、中央经济工作会议精神，认真学习领会习近平总书记系列重要讲话，全面落实区市全委会和“两会”部署，坚持稳中求进工作总基调，主动适应经济发展新常态，坚定不移地推进“8531”工作思路，坚持开放内涵式发展道路，突出抓好改革开放、产业升级、城乡建设、民生改善和依法治区，全面建设开放兴庆、富裕兴庆、和谐兴庆、美丽兴庆，全力开创兴庆区各项工作新局面。

主要预期目标是：地区生产总值增长9%左右；全社会固定资产投资增长22%；社会消费品零售总额增长5%；地方公共财政预算收入增长12%；城镇居民、农村居民人均可支配收入均增长10%；城镇登记失业率控制在4%以内。

银川市兴庆区人民代表大会常务委员会工作报告（摘要）

——在银川市兴庆区第三届人民代表大会第三次会议上

银川市兴庆区人大常委会副主任　肖建东

（2015 年 2 月 5 日）

2014 年主要工作

2014 年是深入贯彻落实党的十八大、十八届三中、四中全会精神，全面深化改革、加快推进发展的开局之年。兴庆区人大常委会在兴庆区委的领导下，紧紧围绕“8531”工作思路，突出重点，服务大局，求真务实，依法履行宪法和法律赋予的监督职责，扎实开展党的群众路线教育实践活动，圆满完成了兴庆区三届人大二次会议确定的各项任务，促进了“一府两院”依法行政、公正司法。一年来，共召开常委会会议 6 次，组织视察、执法检查和工作调研 18 次，听取和审议“一府两院”工作报告 14 项，作出审议意见 13 项，依法任免国家机关工作人员 62 名，任命人民陪审员 80 名。

一、突出监督重点，着力推动经济健康发展

常委会紧扣科学发展主题，切实履行监督职责，推动区域经济健康稳步发展。

围绕重点项目建设加强监督检查。常委会将经济领域中的大项目建设列为重点监督议题，组织代表深入康居工程、丽景街综合老年活动中心、兴庆区图书馆等重点项目建设现场检查调研，了解工程进展情况和存在的问题。听取和审议了兴庆区政府关于 2014 年重点项目进展情况的报告，根据监督检查和调研中了解的情况，要求政府及职能部门加强领导，及时协调，搞好服务，着力解决项目资金落实、强化工程质量监督等问题，发挥好重点项目建设对经济发展的带动作用。

围绕公共财政高效运行开展预决算监督。常委会把计划和预决算监督摆在重要位置，先后听取和审议了兴庆区 2014 年上半年国民经济和社会发展计划执行情况及下半年工作安排的报告、2013 年财政决算和 2014 年上半年财政预算执行情况的报告及本级财政预算执行和其他财政收支审计情况的报告，审查批准了政府 2013 年财政决算。成立财政预决算审查咨询专家小组，积极参与财政审查监督活动。在预算监督中，提前介入财政预算编制。要求政府及相关部门更加注重优化经济结构，更加注重夯实发展基础，更加注重保障和改善民生。深化细化预算编制工作，严格落实中央“八项规定”精神，加大对“三公”经费监管的力度，将更多财力投向民生领域，确保财政资金科学高效运行。

围绕辖区经济社会科学发展加强统计监督。针对新形势下统计工作的重要性，常委会组织代表专题视察统计工作，督促统计部门发挥好职能作用，完善统计数据采集制度，使统计数据能够真实客观反映经济社会发展的实际情况，加强统计数据分析及分析结果的应用，及时准确地把握经济运行和社会发展的动态和趋势，更好地服务于科学决策、管理和发展。

二、切实关注民生，着力推进和谐社会建设

常委会高度重视保障改善民生和促进社会和谐工作，不断加强对教育、劳动就业、生态环境、老旧小区改造、生态移民等工作的监督。

助推教育事业发展。常委会组织开展了推进兴庆区义务教育均衡发展工作的视察，听取和审议了政府关于推进义务教育均衡发展工作报告，并深入辖区各中小学，全面了解硬件建设、师资配备等情况，针对大班额、经费投入不足、教育资源不均衡等问题，提出合理化建议，协调解决了七小、三小教学用地等问题。同时，常委会还组成调查组，深入两乡两镇的中小学，对义务教育阶段控辍保学工作情况进行了专项督查，促使兴庆区义务教育均衡发展工作通过了银川市、自治区的督查验收。

助推就业技能培训。常委会在专题调研的基础上，听取和审议了兴庆区人民政府关于失地农民、生态移民劳动就业技能培训工作情况的报告，提出关于加大教育培训力度，引导失地农民、生态移民转变就业观念，树立技能就业意

识；完善就业服务体系，创新培训方式，增强培训的针对性和实效性等审议意见。得到了政府及相关部门的高度重视和认真落实，有力拓宽了失地农民、生态移民的就业渠道，提升了劳动致富能力。

助推生态文明建设。常委会组织开展了对生态园林建设工作的视察，听取和审议了兴庆区人民政府关于生态园林建设工作进展情况的报告。针对城市绿化覆盖率低、绿化管护力量薄弱、农村林网建设水平较低等问题，向政府及相关部门提出了针对性较强的合理化建议6条，有效促进了兴庆区生态园林城市和美丽乡村建设。

助推城市管理创新。常委会先后两次组织代表深入城管环卫工作一线调研“洁净兴庆”工程进展情况，督促政府全面提升精细化管理水平，推动城市管理信息化平台建设，发挥好城管巡回法庭的宣传调解作用。在此基础上，向政府提出的提升环卫工人待遇，改善环卫工人工作生活环境等建议，都得到了很好的落实，受到社会广泛好评。

助推生态移民工作。常委会多次组织代表深入月牙湖移民安置区开展调研，从完善基础设施建设到以产业支撑带动移民致富等多个方面，积极建言献策，促进了生态移民工作由“稳得住”向“能致富”的目标转变。

助推民生工程建设。常委会多次组织代表深入神林巷东西区、税务小区等老旧小区改造工程现场进行调研走访，要求政府广泛听取群众意见，确保工程质量，真正把为民办的实事办好，让居民满意。同时组织代表深入满春三期、上前城安置区等康居工程现场，察看工程进度和质量，督促政府及相关部门把好工程质量关，加快工程建设进度，做好居民回迁安置工作，让安置区居民住的放心、舒心。

三、加强法治建设，着力促进依法治区进程

常委会以推进民主法制建设为己任，加大法律监督力度，为兴庆区经济社会发展营造了良好的法治环境。

认真开展执法检查。常委会组织代表对兴庆区政府贯彻实施《中华人民共和国食品安全法》情况进行了检查，听取了政府工作报告，抽查了部分小食品销售店和加工厂。要求政府及相关部门强化责任意识，从小从细，加强食品安全监督管理，完善农村食品安全监管网络建设，加大执法检查力度，保障人民群众健康权益。

扎实开展司法监督。常委会对兴庆区人民法院关于优化执行权分权制约机制运行情况进行了视察，要求法院要完善工作机制，优化执行措施，加大执行力度，切实保障人民合法权益。开展了对兴庆区人民检察院关于查办和预防职务犯罪工作情况的视察，要求检察机关不断加大职务犯罪预防和查处力度，坚决打击贪污贿赂、渎职侵权等职务犯罪行为，为经济社会健康发展营造良好的法治环境。

切实加强信访工作。常委会认真做好信访件的登记、转办、交办和督办工作，引导群众合理表达诉求，协调解决拆迁、涉法涉诉等方面群众反映强烈的信访问题，促进信访矛盾的化解。一年来，共接待来访群众158人（次），受理群众来信26件，办理上级人大常委会交办的信访案件15件，办结率100%。

严格规范人事任免。常委会依法做好选举任免工作，完善了人事任免程序，依法加强对有关机关任免案的初审，保证了区委人事意图的顺利实现。

四、优化服务意识，着力发挥代表主体作用

常委会把加强代表工作、发挥代表作用作为坚持和完善人民代表大会制度的基础，不断创新代表工作机制，努力提高代表素质。

增强代表履职活动实效。一年来，不断完善代表联系基层和群众制度，推动代表履职活动扎实开展。组织代表参加视察、执法检查、专题调研，通报“一府两院”重要工作等，进一步拓宽代表知情知政渠道。通过代表到基层联系点走访座谈、参加“民主议政日”“网格体验日”“代表接待日”等多种形式，深入了解社情民意，倾听群众呼声，有效解决了群众反映的一些突出问题，促进了民生改善和社会和谐稳定。如常委会在对推进兴庆区义务教育均衡化发展的视察中，了解到兴庆区中小学教育用地不足的实际情况后，联系本区域内11位自治区级人大代表向自治区人大常委会提交了关于解决兴庆区部分学校生均体育活动面积不足的建议，将闲置多年的宁夏粮食学校旧址划拨给兴庆区改建一所小学，有效地促进了问题的解决；扎实推进人大代表向选民述职活动，组织选民对代表履职进行满意度测评，进一步增强了代表履职的责任感和使命感，得到广大选民的肯定和支持。

认真督办代表议案建议。高度重视代表议案建议的办理工作，把握交办、承办、会办、答复等环节，加大督办力度，注重办理实效。兴庆区三届人大二次会议期间，大会主席团决定将代表们提出的“月牙湖乡海陶北村幸福村庄人饮工程”等4件议案，交由人大常委会在闭会期间督促办理。常委会高度重视，将议案办理工作纳入年度工作要点，落实办理责任，强调办理质量，取得了良好的办理效果。同时，选取11件代表建议进行重点督办，由常委会联系督办领导与相关委室深入调查研究，加强督促检查，针对存在的困难和问题，提出具体的意见建议，为办理工作提供了依据。政府由分管区长多次协调，责成各承办部门健全完善办理机制，通过走访座谈、邀请代表实地察看等方式，促使相关问题得到有效解决。2014年，共收集到意见建议346件，其中代表口头答复办理252件，乡镇街道办理52件，县区办理25件，银川市办理16件，自治区办理1件，均已办理完毕。

强化代表履职服务保障。全面落实代表教育培训计划，将履职讲座、集中培训、主题学习结合起来，提高代表学

习的自觉性和实效性。组织全体人大代表参加“如何提出高质量的建议”的专题辅导。组织常委会组成人员及部分代表分4批42人次到全国人大深圳培训基地,参加人大工作知识培训。组织常委会组成人员、财经委员会成员、财政预决算审查咨询专家及部分人大代表40余人开展了新预算法专题培训。为每位代表订阅《人民代表报》《宁夏人大》等刊物,拓宽代表视野。坚持代表列席常委会会议制度,组织代表参加专题审议前的视察调研活动,并认真听取代表意见,全年共有26名代表列席常委会会议。坚持主任、副主任联系常委会委员和常委会组成人员联系走访代表制度,密切与代表的联系,注意将代表意见转化为“一府两院”为民办实事的工作动力。

依法开展代表补选工作。2014年因3名代表辞职、1名代表去世、4名代表调离本行政区域而终止兴庆区三届人大代表职务,常委会适时决定补选兴庆区人大代表8名,并指导相关选区依法开展补选工作。通过严格选民资格审查、严格候选人公示、严格投票时间等要求,确保了补选工作依法有序开展。

五、坚持求真务实,着力加强常委会自身建设

常委会始终把加强自身建设纳入重要议事日程,努力提高依法履职能力和水平。

强化思想政治建设。以党的群众路线教育实践活动为契机,加强政治理论学习。重点学习了党的十八大,十八届三中、四中全会精神和习总书记系列讲话精神,全年召开理论学习会议26次,围绕重点工作开展专题讨论2次,形成调研文章8篇。通过学习讨论,进一步深化了对人民代表大会根本政治制度的认识,加强了理论素养,增强了履职能力。

扎实开展群众路线教育实践活动。按照中央、自治区、银川市和兴庆区各级党委部署要求,组织机关党员干部,认真学习有关文件和领导讲话精神,广泛征求各方面意见,深入查找常委会党组、机关党支部及党员领导干部“四风”方面存在的突出问题,认真撰写修改对照检查材料,组织召开专题民主生活会,班子成员相互开展批评与自我批评,制定整改方案、整改措施并予以公示,按照“两方案一计划”要求,抓好整改落实,深化作风建设,取得了明显成效。

不断完善制度建设的长效机制。认真落实党风廉政建设责任制,严格执行中央“八项规定”,严格执行“五个不直接分管”制度,对领导班子职责分工进行调整,规范审核报批流程,严格财务管理。认真开展办公用房腾退和在职不在岗人员专项清理活动,有效提升了机关服务能力。同时结合群众路线教育实践建章立制活动,进一步完善了《兴庆区人大常委会代表工作考核办法》,制定了《兴庆区人大常委会组成人员考评考核办法》,提升了人大工作的制度化、规范化水平。

切实抓好基层建设。乡镇人大主席团和街道人大工作联络办是代表联系群众、组织代表开展活动的桥梁和纽带。常委会高度重视加强新形势下各乡镇、街道人大代表联络工作,通过创建人大代表社区联络站等新举措,进一步夯实人大基层工作。对工作较为突出的乡镇、街道从事人大联络的工作人员送出去学习培训,有力提升了人大代表联络工作的水平和能力。

各位代表,这些成绩的取得,是兴庆区委正确领导的结果,是全体人大代表和常委会组成人员积极履职、共同努力的结果,也是兴庆区人民政府及法检两院和社会各界大力支持的结果。在此,我谨代表兴庆区人大常委会,向全体代表,向所有关心、支持人大工作的各级领导和社会各界人士,表示崇高的敬意和衷心的感谢!

回顾一年来的工作,我们在看到成绩的同时,也清醒认识到工作中还存在一些不足,主要是:在完善人大监督工作方式方法上有待进一步拓展;在加强全口径预决算审查监督上还不够深入;对新颁布的预算法学习贯彻上有待进一步提高;专题询问因种种原因还没有开展;“三联系”规范化、制度化建设有待进一步完善;常委会依法履职的综合素质有待进一步提升,等等,这些问题和不足,将在今后的工作中认真加以完善和改进。

2015年的主要工作任务

各位代表,2015年是全面完成“十二五”规划的收官之年,是深入贯彻落实党的十八届四中全会精神、全面推进依法治区的开局之年。兴庆区人大常委会工作的总体要求是:认真贯彻党的十八大和十八届三中、四中全会精神,全面落实区委二届七次全会精神,深入推进“8531”工作思路,坚持党的领导、人民当家做主和依法治国有机统一,适应经济发展新常态,履行宪法和法律赋予的职责,全面推进依法治区、推进开放富裕和谐美丽兴庆区建设。

一、坚定法治理念,在推进依法治区上力求新进展

常委会要把学习贯彻党的十八大和十八届三中、四中全会精神,及习近平总书记系列重要讲话精神作为当前和今后一个时期的首要政治任务。深刻领会精神内涵,善于运用法治思维、法治理念,履行监督职权,监督政府职能转变,推进政府依法行政;监督司法机关公正司法;探索人大工作的新思路、新途径、新方法,找准发挥人大作用与服务中心工作的结合点,围绕大局依法履职、立足本职积极创新,努力适应现代治理体系和治理能力建设的要求。

二、依法履行职责,在强化监督上力求新成效

按照区委二届七次全会精神,紧紧围绕“8531”工作思路,结合人大工作实际,常委会将重点从以下方面加强监督:一是听取和审议兴庆区政府关于财

政预算执行、财政决算、本级财政审计等情况的报告；二是听取和审议兴庆区政府关于通贵乡特色小城镇建设、基层卫生医疗服务体系建设、农村土地经营权流转等工作情况的报告；三是听取和审议兴庆区政府关于社区矫正工作开展情况、兴庆区法院关于行政审判工作开展情况、兴庆区检察院关于刑事诉讼监督工作开展情况的报告；四是检查兴庆区政府新预算法实施（预算公开、审计结果公开）情况；五是强化监督职能，适时开展一次专题询问；六是进一步加强和改进信访工作，畅通民意诉求表达渠道，加强重大信访事项督查督办力度。依法做好人事任免工作，推行任命干部就职时向宪法宣誓制度，更好地服务兴庆区经济社会发展大局。

三、发挥主体作用，在代表工作上力求新作为

在全面总结去年代表工作基础上，借鉴外省区代表工作经验，努力在以下五个方面下功夫。一是进一步落实“三联系”制度，在推进问题妥善解决上下功夫，使常委会与代表、代表与群众的联系更紧密、更亲切、更有效。二是进一步加强和改进代表联系基层工作，在密切代表与人民群众联系上下功夫。通过总结交流，进一步完善代表接待制度、建议办理和反馈程序，着力提高为民办实事的成效。三是进一步搭建好代表履职平台，在发挥代表主体作用上下功夫。继续开展代表述职活动，增进代表与选民之间的了解与信任，切实为基层群众办实事、办好事。组织好代表开展专项视察、执法检查、专题调研等活动。四是认真办理代表议案建议，在提高办理实效上下功夫。落实责任，强化督办，促进提升议案建议的办结率、满意率。五是服务代表，在为代表履职创造条件上下功夫。要继续抓好代表履职培训工作，加强对代表小组活动的指导，交流代表活动经验，提高代表履职能力。完善代表列席常委会会议等制度，保障代表知情知政。适时开展届中代表调整、补选工作。落实代表履职档案登记和向选民述职等制度，在银川晚报等新闻媒体公布代表全年履职情况，积极构建代表履职激励约束机制，不断增强代表履职意识。同时，全面推行人大常委会会议，邀请部分基层人大代表和市民列席制度。列席人员可根据会议审议内容现场提问。

四、加强自身建设，在履职能力上力求新提高

强化作风建设，要进一步加强理论武装工作，坚持常委会理论学习制度，强化政治理论、宪法法律和人大业务等方面知识的学习，不断提高常委会组成人员思想政治和业务素质。进一步推进作风整改，不断巩固拓展群众路线教育实践活动成果，坚决防止“四风”问题反弹，促进作风建设规范化、常态化。继续抓好机关组织建设、党风廉政建设和精神文明建设，增强机关凝聚力。加强队伍建设，扎实推进学习型领导班子建设，深入开展工作调研，努力推进基层建设，全面推动人大各项工作不断迈上新台阶。

中国人民政治协商会议 银川市兴庆区第三届委员会常务委员会工作报告(摘要)

——在政协兴庆区第三届委员会第三次会议上

银川市兴庆区政协主席 曹生林

(2015 年 2 月 3 日)

2014 年工作回顾

一、深入开展党的群众路线教育实践活动,开创工作新局面

按照上级党委和兴庆区委的部署,认真开展了以反“四风”为主要内容的群众路线教育实践活动。一是紧密联系实际,稳步有序推进。结合政协工作特点,在区委和银川市第一督导组的指导下,围绕“四风”,查找问题、剖析原因、认真整改。活动中,把关注民生、解决群众实际困难作为活动的落脚点。主席、副主席分别深入到月牙湖乡、掌政镇等乡镇街道走访调查,蹲点了解民情。二是创新工作思路,提高活动效率。通过深入基层开展实践活动,收集群众反映的问题 127 条,发送意见建议函 13 份,转送银川市住房保障局、兴庆区公安分局等 20 多家市、兴庆区相关单位,及时传达群众诉求。解决了银川市三区物业管理权下放、春林村部分村民因户籍性质变更影响医保社保等问题。三是作风切实转变,机制进一步完善。通过开展群众路线教育实践活动,兴庆区政协履职的质量进一步提高、机关思想建设、组织建设、作风建设、制度建设和党的建设都得到了进一步加强。

二、服务发展大局,政治协商实效显著

助推经济发展是政协参政议政的第一要务。广大政协委员紧紧围绕区委提出的“8531”工作思路,深入基层开展调查研究,积极参与协商议政。全年召开常委会议 5 次。在实地视察的基础上,围绕兴庆区打造“创新社会治理先行区”和“义务教育均衡发展”工作积极建言献策,有针对性地提出意见建议 20 余条。委员们围绕“一圈两带优势特色产业区、城乡统筹发展”,提出成立小城镇建设领导班子,科学统筹、合理规划,充分发挥企业市场主体作用,引导企业在城镇化建设中有所作为,争取中央、区市资金支持,强化责任,督促落实的意见;专题协商会围绕“电子商务、物流信息平台建设”,提出培养应用型人才,扶持电商产业发展,利用现有的电商平台,培养成型企业,总结经验、制定政策、完善制度的建议;围绕基层文化建设协商议政,提出有效利用图书馆(室)、广场等文化阵地,营造互助互敬的文化氛围,建立对优秀人才、特色节目的奖励机制及发挥各专业协会作用的建议;为激发青年创业热情,促进青年就业,针对“兴庆区青年创业就业”专题协商,提出进一步强化组织领导、全面了解辖区内青年就业创业情况、加强就业创业培训、落实和完善就业创业政策、建立创业表彰鼓励机制的建议;围绕开展“美丽银川‘7+1’重点工程”、“生态移民逐步致富工程”等相关工作召开主席会议 3 次,在实地视察的基础上,对相关工作进行深入的协商议政,有力促进各项工作持续有效开展。

三、参与中心工作,民主监督进一步加强

按照十八届三中、四中全会和区市党委要求。一是高度重视提案质量和办理实效。积极开展提案工作“双向评议”,组织提案办理“回头看”等活动。三届二次会议以来,共收集提案 201 件,其中委员个人提案 189 件,各民主党派集体提案 12 件,经审查立案 60 件,从中筛选了《关于加快建设通贵乡民族特色小城镇的建议》《关于兴庆区学校后勤物业化管理的建议》等 9 件提案作为 2014 年的重点提案,分别由区委、区政府主要领导,及政协主席、副主席领衔督办。60 件提案交由党委、政府所属相关承办单位办理,办复率达 100%。二是扎实推进民主监督工作。遵照去年制定的《关于委派民主监督员工作实施办法》,在总结经验的基础上,完善监督的方式方法。通过走访、座谈、明察暗访等形式,组织委员深入到辖区有关单位,对单位工作作风、现状及工作效率等情

况进行了解。分别参加了校园及周边环境安全整治、小饭桌食品安全、摩旅节、北塔庙会食品安全检查、掌政镇茂盛村污染、非法加工小作坊取缔等工作。深入到月牙湖乡、通贵乡、掌政镇辖区内13所中小学,面对面与师生们交流。在对北京路某银行的监督过程中发现便民设施位置不当、未贴禁烟标志、自动存取款设备不足等问题,向有关单位提出建议均得到改正。社会反响较好。三是深入开展政协委员联系基层工作。在自治区政协指导下,充分利用现有的基层组织活动场所。按照“十个有”的标准规范化进行建设。将自治区、银川市、兴庆区三级政协委员合计266人分配到银古路办事处、通贵乡等六个基层联系点开展工作。自治区政协副主席李淑芬、司法厅副厅长陈刚等委员深入到通贵乡,为基层百姓切实解决了困难。各联系点现已收集社情民意80余条,实际解决问题60余件,协调解决资金10余万元。通过联系点活动,进一步增强了委员为基层办事的积极性。四是进一步把民主评议作为民主监督的重要举措。先后选派50名政协委员担任银行、监察、政务大厅、税务、监狱等部门的特邀监督员,推荐120名委员担任政风行风评议员。组织委员深入执法部门和窗口行业开展评议监督活动,旁听人民法院重大案件的庭审,推荐委员担任特约监督员、行风评议员、法院陪审员,参与有关行业部门的政风行风评议,为营造公平正义的法制环境起到了积极的作用。

四、广泛凝聚人心,参政议政范围具体全面

坚持把视察调研和建言献策作为履行职能的基础。围绕民生开展视察工作。为促进兴庆区生态环境保护,视察了兴庆区东部水系连通工程及城市“大整治、大绿化”工作。提出城市绿化应注重生态效应,提高京藏高速两边的建设标准,城市绿化多种树少种草,委托社会组织管理,购买社会服务,节约管护成本的建议;为促进老人老有所居、老有所养,视察了兴庆区社区养老服务建设情况,提出培养专业人才,均衡城乡发展,强化政府主导、多方参与的社会养老服务体系建议;为保障吸毒人员更好更快地恢复健康,远离毒品,回归社会,视察了公安分局社区戒毒(康复)工作;为提升兴庆区“农家乐”发展档次,改善农民收入水平,对兴庆区“农家乐”发展状况进行了视察。通过上述一系列活动,体现了关注民生、了解民情、建言献策更务实更有效。深入开展调研活动。围绕“兴庆区老旧小区改造情况”“兴庆区学前教育发展状况”“兴庆区奶牛养殖业发展状况”,开展调研活动。在实施调研过程中,注重发挥好委员的主体作用;通过听汇报、召开座谈会、实地察看、发放问卷、委员约谈等形式,深入基层,广泛听取基层群众的意见;邀请相关专家学者、基层代表及相关部门参与讨论,增强调研活动的实效性。在客观、真实地基础上掌握第一手资料,形成了《兴庆区老旧小区改造情况的调研报告》《兴庆区学前教育发展状况的调研报告》《兴庆区奶牛养殖业发展状况的调研报告》三篇调研报告,并及时将调研报告呈送区委、区政府,供决策参考,得到了爱平书记、韶峰区长的高度重视。积极开展委员小组活动。在专委会的组织带领下,九个活动小组深入开展各具特色的服务群众活动,解决了一些基层的热点难点问题。同时结合自身优势开展了“关注、关爱,慰问辖区教师”等各类公益活动20余次。认真做好文史资料工作。为发挥文史资料在存史、资政、团结、育人等方面独特的作用,召开了文史资料撰稿人座谈会。在此基础上,编辑出版了《兴庆文史资料》第十二期;完成了《自治区政协年鉴》兴庆区政协部分和《兴庆区年鉴》政协部分的编纂任务。

五、发挥政协优势,促进兴庆教育慈善事业发展

为打造教育兴区目标战略,在政协各位委员及企业家的倡导下,积极筹备成立了《兴庆区政协委员爱心助学理事会》。目前共募集资金近百万元。活动中涌现出了王健、陈贤长、夏永贵等一批热心公益,奉献爱心的政协委员。帮助月牙湖回民二中的四名贫困学生、一名患甲状腺癌的年轻老师和二名患白血病的学生;为兴庆区掌政中心小学、兴庆区二十五小学、兴庆区回民中学202名困难学生每人捐助一件羽绒服、一双棉鞋。上述活动,爱心助学理事会共捐助13.76万元。政协委员马建国2014年度为全区公益活动捐赠57.73万元;还有企业家委员连续五年为教育捐款30万元;政协委员、宁夏横城古渡文化旅游开发有限公司负责人出资20万元,为兴庆区辖区中小学师生赠送6.3万张横城冰雪彩灯艺术节门票;各委员活动小组,在教师节、中秋节期间向中小学师生赠送月饼、水果、视力康复卡等物品,价值5.7万元。通过一系列活动进一步调动了委员关心兴庆区教育事业发展、扶贫帮困的积极性。

2015年工作任务

2015年是全面推进依法治国的开局之年,是全面深化改革的关键之年,也是全面完成“十二五”规划的收官之年。政协工作的总体要求是:按照习近平总书记在政协成立65周年大会上的讲话精神,在中共兴庆区委的领导下,继续完善并深入推进实施兴庆区“8531”工作思路,认真履行政治协商、民主监督、参政议政职能,充分发挥协调关系、汇聚力量、建言献策、服务大局的重要作用,以改革创新精神,推进协商民主广泛多层制度化发展。

一、加强理论学习,更加自觉地坚持正确方向

习近平总书记在全国政协成立65周年的讲话,回顾了人民政协建立和发展的历程,高度评价了人民政协的重要作用,为我们在新起点上做好人民政协工作、发展社会主义协商民主,指明了正确方向。我们要认真学习，不断领会精神，把改革创新贯穿于经济社会发展的各个领域、各个环节。自觉把思想和行动统一起来，把握经济新常态，进一步坚定走中国特色社会主义道路的自信心和自觉性。把十八届四中全会精神和党的群众路线教育实践活动贯穿到政协履职的全过程，贯穿到政协工作的各个环节，贯穿到推进政协事业发展的实践中，真正做到思想上有收获，认识上有提高，工作上有创新。充分发挥人民政协作为协商民主重要渠道作用，重点推进政治协商、民主监督、参政议政的制度化、规范化、程序化。

二、围绕工作中心，更加自觉地履行政协职能

区委明确提出了继续完善并深入推进实施“8531”工作思路。我们要充分发挥“人才库、智囊团”作用，紧紧围绕区委、区政府中心工作，就深入推进“八区”建设，全力攻坚“五大”工程，重点突破“三项”任务等工作重点，集中力量搞好调研视察、咨询论证和协商建言工作，为区委、区政府科学决策提供参考依据。一是创新工作举措，力促提案质量。质量是提案的生命，直接关系到参政议政的成效。为了让每一份提案发挥实实在在的效果，继续从抓办理、促落实上下功夫，在抓好提案的交办、督办的同时，着眼于探索创新，力促提案工作取得新的突破。二是深入农村社区基层，狠抓视察调研。视察调研是政协履职的重要载体，组织委员深入基层，深入群众，了解民情，围绕加强农村文化设施建设、村医社会保险、大病医疗报销、政府购买社会服务、残疾人等社会弱势群体权益保护等撰写高质量的视察调研报告，为区委、区政府科学决策建言献策，倾心尽力履行职责。三是围绕热点难点，认真组织开展专题协商。组织政协委员就兴庆区发展中的依法治区、失地农民再就业、城市建设、重点项目工程等重要工作，在深入调研基础上，与党政领导、有关职能部门负责人直接进行协商议政。四是继续鼓励支持政协各参加单位和委员，参加各类慈善和公益活动。关心关爱兴庆区教育事业。五是健全委员基层联系点机制，完善委员联络制度。充分运用意见建议、明察暗访和反映社情民意等方式方法，扎实做好各项工作。

三、围绕政风行风，更加自觉地开展民主监督

2015 年将按照全国政协和区市政协会议精神，继续深入推进民主监督工作，巩固其成效。在纠正四风、执行八项规定方面会同有关部门开展监督，进一步提高相关部门的工作效率和廉政意识。结合工作实际，善于发现问题。将监督结果告知被监督单位与呈送党委、政府相结合，进一步提高民主监督的实效。对履行监督过程中突出表现的政协委员和对自觉接受监督、虚心采纳意见、积极改进工作的单位予以表彰和奖励。

四、积极探索实践，更加自觉地推进协商民主

积极推进协商民主的规范化建设，努力做到协商内容靠制度明确、协商程序靠制度规范、协商成果靠制度落实。进一步增强协商民主的创造性，积极探索协商的新方式新载体新途径，通过专题协商、对口协商、界别协商、提案办理协商等形式，不断增强协商民主的生机与活力。把带有全局性、普遍性、关键性、苗头性的问题及时列为协商议题。通过全体会议、常委会议、主席会议、专题协商会等，充分发挥协商民主重要渠道作用，丰富形式、拓展内容、规范程序、多策并举，推动协商民主广泛多层制度化发展，力促相关工作的开展，推动有关问题的解决，增强协商民主的实效性。

五、把握两大主题，更加自觉地凝聚发展力量

在区委的领导下，围绕团结和民主两大主题，制定好政协年度工作计划，召开好双月座谈会，围绕拆迁安置、移民生活、招商引资、教育卫生、基层干部教育等内容座谈协商。适时调整界别设置和委员构成。最大限度地把社会各个群体、阶层的代表人士吸纳到政协组织中来，不断增强包容性、最大限度的团结和推动各方面力量服务于兴庆区的经济发展。继续组织开展好委员小组活动。通过主题鲜明、形式多样，意义深远的活动，进一步吸引委员、凝聚人心、统一思想、从而体现政协大团结、大联合的宗旨。坚持和完善主席、副主席约谈委员制度。通过主席、副主席联系、约谈委员，面对面了解委员的所想所思，解决委员在履职中遇到的问题和困难，提高委员履职积极性和创造性。积极促进各党派团体和社会各界人士在政协的合作共事。发挥政协作为大团结、大联合组织的作用，邀请他们参加兴庆区政协组织的重要活动。加强同新的社会阶层人士、民族宗教界人士的沟通联系。大力宣传党的民族宗教政策，广泛听取民族、宗教界人士的意见建议，巩固和发展平等团结、和谐互助的社会主义民族关系，发挥宗教界人士和信教群众在促进经济社会发展中的积极作用，推动兴庆区各项事业又好又快发展。

六、不断改革创新，更加自觉地加强自身建设

继续巩固党的群众路线教育实践活动成效，不断加强政协自身建设，为提高履职水平夯实工作基础。进一步增强常委会组成人员的政治意识、大局意识和责任意识，强化领导职能，提升协商议政水平。深入推进委员服务“面对面”活动，加强委员履职考核，激发委员履职热情。积极探索界别活动的新方法新途径，提高界别的履职成效。发挥专委会在调研视察、联系界别和委员中的基础作用，完善工作制度，提升履职能力。认真贯彻落实中央关于改进工作作风、密切联系群众的八项规定，扎实推进政协机关作风建设，凝聚委员和社会各界力量，运用各种形式化解和消除兴庆区经济和社会发展中的矛盾。进一步提高服务大局、服务基层、服务委员、服务群众的水平。

缩略语注释

节俭养德:2014年5月,中宣部、国家发改委发出开展节俭养德全民节约行动的通知,要求以实现中华民族伟大复兴中国梦为根本目标,紧紧围绕社会主义核心价值观的培育践行,在全社会营造厉行节约、拒绝浪费的浓厚氛围。

道德讲堂:是指以推进社会主义核心价值观为根本,以社会公德、职业道德、家庭美德、个人品德教育为重点,弘扬传统美德,以“身边人讲身边事,身边人讲自己事,身边事教育身边人”为主要形式,学习和传播凡人善举,倡导修身律己,引发人们道德自觉,是群众自我净化心灵、自我提升的有效平台。

“8531”工作思路: 2012年12月,兴庆区委二届四次全体会议上提出的2013年及今后一个时期兴庆区的工作思路和奋斗目标,概括为“八区建设、五大工程、三项任务、一个目标”。“八区”建设即打造内陆开放型经济实验区的中心区、银川综合保税区的产业联动区、滨河新区的承载区、“一圈两带”优势特色产业区、城乡一体化示范区、创新社会治理先行区、优质教育文化引领区、综合医疗康体服务区;“五大工程”即重点实施棚户区康居房建设工程、生态移民逐步致富工程、统筹城乡规模推进工程、洁净兴庆工程、人才培训督察考核工程;“三项任务” 即招商引资、上争资金、财政收入任务;“一个目标”即建设开放富裕和谐美丽兴庆区,在自治区率先实现全面建成小康社会。

“四风”:是指形式主义、官僚主义、享乐主义和奢靡之风。

“三下三进”活动:是指2014年兴庆区围绕群众路线教育实践活动开展以下社区、下农村、下企业,进网格、进村队、进现场的下基层活动。

“一带一路”:是指“丝绸之路经济带”和“21世纪海上丝绸之路”的简称。

“两优”环境:是指努力建设在西部最优、比东部更优的投资发展环境。

两桥两路:是指贺兰山东路延伸及兵沟黄河公路大桥,北京东路延伸及滨河黄河大桥。

“一圈两带”:是指新华商圈、商贸物流带、黄河特色产业带。

“11125”和谐社区建设模式:兴庆区全面开展和谐社区建设试点工作,建立“11125”模式。“一委”即大党委;“一系统” 即社会治理网格化信息服务系统;“一队伍”即以网格员为骨干,居委会、物业公司、志愿者、社会组织、企业和个体工商户等广泛参与的服务队伍;“两阵地”即街道市民服务中心、社区服务站;“五项服务”即党组织服务、政务服务、便民服务、物业服务、自治服务。

“335”信访维稳工作法:是兴庆区创新信访维稳工作方法,第一个“3”是筑牢“三道防线”变“被动应对”为“主动预防”,第二个“3”是筑实“三大平台”,构建“全覆盖”群众工作平台、建立“一站式”群众服务平台、搭建“面对面”联合接访平台;“5”是落实“五个到位”,诉求合理的解决到位、要求过高的教育到位、事项终结的稳控到位、生活困难的扶助到位、违法闹访的处理到位。

“六五”普法:2011年4月22日,十一届全国人大常委会第二十次会议作出了关于从2011年至2015年在全体公民中组织实施法制宣传教育第六个五年规划的决议。

“5321”少数民族流动人口服务管理模式:是兴庆区为加强少数民族流动人口服务管理创新开展的工作。“5”是做到“五个必帮”,即对少数民族群众生活困难必帮、重大活动必邀、病重住院必探、特殊情况必访、有重大纠纷必解;“3”是做到“三个必谈”,即与少数民族居民代表每周电话交谈一次,每月面谈一次,每年座谈一次;“2”是开设“两个平台”,即“少数民族之家”、“少数民族流动人口服务站”;“1” 是公开一部热线电话, 加强与外来少数民族居民的联系。

“两违”建筑:是指违法用地、违法建设的建筑。

“三千”精神:是指在兴庆区招商引资和上争资金工作中,发挥“千辛万苦、千方百计、千山万水”忘我的工作精神和饱满的工作热情,超额完成工作任务。

重点项目“工会工地工作站”:是指兴庆区工会创新服务工作方法,在重点项目建设工地建立以“送文化、送法律、送技能、送健康、送关怀”为主要内容的工会临时服务组织。

道德红黄蓝榜:是指兴庆区开展的道德风尚竞赛, 通过以红榜彰扬先进、黄榜曝光后进、蓝榜鞭策后进的创新方式, 引导干部群众坚持从身边小事做起,大力弘扬传统美德,提高辖区居民道德素质和文明风尚,培育和践行社会主义核心价值观。

党风廉政建设“两个责任”:是指在党风廉政建设中,各级党委的主体责任和纪委的监督责任。

“五个不直接分管”:是指在党风廉政建设中,单位一把手将不再直接分管财务、人事、行政审批、公共资源交易和工程建设项目五项工作。

三减两提高:是指对行政审批减程序、减时限、减收费,提高服务质量、提高服务效率。

生活困难群体“救急难”:是指由民政部门牵头多部门联动,主要针对遇到因突发事件导致生活困难的群众进行的及时救助。

“改薄”工程：是指由自治区财政和教育部门统筹专项补助资金，用于支持贫困地区改善薄弱学校义务教育基本办学条件问题，优先购置、建设教学和学生生活最急需的基本设备和设施。

“文化惠民·四送六进”活动：是指在文化惠民活动中开展送演出、送图书、送培训、送电影，进农村、进社区、进校园、进军营、进工地、进特殊教育场所的群众文化活动。

七免一救助：是指对具有宁夏户籍的居民，开展婚前医学免费检查、农村孕产妇免费住院分娩、新生儿四种代谢性疾病免费筛查、新生儿听力障碍疾病免费筛查、先天性疾病患儿免费治疗、农村妇女乳腺癌免费筛查、农村妇女宫颈癌免费筛查，对农村孕产妇急救和农村妇女乳腺癌、宫颈癌治疗给予救助。

移民收入倍增计划：是指构建移民增收长效机制，确保老移民地区人均纯收入年均增长20%以上，生态移民人均纯收入年均增长25%以上。

美丽乡村：2014年按照《宁夏美丽乡村建设实施方案》，把城乡一体化作为美丽乡村建设的战略方向，构建布局合理、功能完善、质量提升的美丽乡村发展体系。以环境优美、农民富裕、民风和顺为目标，大力实施规划引领、农房改造、收入倍增、基础配套、环境整治、生态建设、服务提升、文明创建八大工程，上下联动，统筹推进。

“三严三实”：是指严以修身、严以用权、严以律己，谋事要实、创业要实、做人要实。

两方案一计划一清单：是指在群众路线教育实践活动“回头看”中，各级党组织制定的班子整改方案、专项整治方案、制度建设计划和个人整改清单。

“三同”活动：是指在群众路线教育实践活动中，开展的“同吃同住同劳动”活动。

“堡垒工程”：是银川市提出党建工作要重心下移，抓支部打基础。坚持组织部门、党(工)委和党支部密切配合、联动联抓，建立党支部评星晋级长效机制，以“五好”党支部建立工作评星晋级，发挥好基层党组织的战斗堡垒作用，着力提升基层党组织服务能力。

“先锋工程”：是银川市为了巩固和发展保持共产党员先进性集中教育所取得的成果，更好地开展经常性的党员教育活动，充分发挥共产党员的先锋模范作用，促进党建工作的深入开展而实施的一系列主题实践活动。

“双强六好”：是指进一步加强和改进非公有制企业党的建设工作，促进非公有制企业健康发展，在非公有制企业中开展以党建强、发展强为目标，以生产经营好、企业文化好、劳动关系好、党组织班子好、党员队伍好、社会评价好为标准的“双强六好”党组织创建活动。

童趣

“好干部”标准：是指“信念坚定、为民服务、勤政务实、敢于担当、清正廉洁”的“20字好干部”标准。

宁夏“两区”建设：指宁夏内陆开放型经济试验区和银川综合保税区建设。

环境空气质量二级标准：指对空气中的烟尘、总悬浮颗粒物、二氧化硫等污染物情况进行监测，空气污染指数为51－100，空气质量状况属于良。此时空气质量被认为是可以接受的，除极少数对某种污染物特别敏感的人以外，对公众健康没有危害。

引进股权基金、短期融资券、企业债券等金融项目9个：指经自治区金融办审核认定，兴庆区2014年引进股权基金、短期融资券、企业债券等金融项目9个，包括：1.银行融资类：上海浦发银行银川分行注册资本金1亿元；2. 中期票据类：宁夏国投公司发行10亿元；3.短期融资券类：宁夏国投公司发行10亿元；4.企业债券类：银川城投公司发行18亿元；5.中小企业私募债券类：银川城投公司发行14.9亿元，北方彩新公司发行1亿元，众一建工公司发行1500万元；6.上市再融资类：新百股份公司发行2.3478亿元；7.天交所私募融资类：金竹柳园林绿化公司发行127.8万元，胜利体育公司发行505.35万元，赛恩科技公司发行73.95万元；8. 引资设立担保公司类：中商担保公司注册资本金1亿元；9.引资设立资产管理公司类：观歌泛利资产管理公司注册资金1000万元。

银川新经济服务产业示范园：该示范园是宁港集团投资运营的产业园项目，定位为西部规模最大的新经济服务产业园和全业态电商创展基地。通过“产业资源整合、产业链条延伸、产业效能聚集”三项核心原则，进行基础设施建设和布局规划，打造金融、文化创意、文化旅游、特产经济及葡萄酒五大产业集群。

兴庆义警：即治安志愿者巡防队伍，协助公安机关开展治安巡逻工作，维护社区治安秩序。

“对口直升”和“学区化”招生：2014年，兴庆区对中小学招生政策进行了较大调整，充分发挥优质初中的示范带动作用，选定了六小等9所小学毕业生与银川回中、十五中、北塔中学、五中优质中学进行了对口直升试点；对辖区所有小学的招生片区进行了重新划分，并向社会进行了公示，小学户籍适龄入学儿童全部按划定片区就近入学。

自治区空间发展战略规划：指将“宁夏作为一个城市规划建设”的理念，以大银川都市区为主中心，以石嘴山、固原、中卫为副中心，构建强大的区域空间组织核心，增强辐射带动能力，提升自治区的区域功能和国际化水平。以“沿黄城镇带”“清水河城镇产业带”和“太中银发展轴”“银宁盐发展轴”为纽带，形成大中小城市和建制镇合理分工、功能互补、协同发展的城镇群。

内陆开放型经济试验区：内陆指大陆的内部；开放型经济是与封闭型经济相对立的概念，是一种经济体制模式。2012年9月10日，国务院批复《宁夏内陆开放型经济试验区规划》，标志着宁夏内陆开放型经济试验区正式设立。宁夏将成为内陆地区第一个开放试验区，全国第一个以整个省域为单位的试验区。

丝绸之路经济带：是中国与西亚各国之间形成的一个在经济合作区域，大致在古丝绸之路范围之上。包括西北陕西、甘肃、青海、宁夏、新疆等五省区，西南重庆、四川、云南、广西等四省市区。

综合保税区：是经国务院批准设立在内陆地区的具有保税港区功能的海关特殊监管区域，由海关参照有关规定对综合保税区进行管理，执行保税港区的税收和外汇政策，是国家开放金融、贸易、投资、服务、运输等领域的试验区和先行区。2012年9月10日，国务院批复设立银川综合保税区。

银川临港经济区：是紧靠综合保税区的配套产业园区，充分发挥国家批准“两区”建设的政策优势，全力打造面向中东阿拉伯国家和地区的外向型出口加工基地。

开放内涵式发展道路：指通过内部的深入改革，优化结构，激发活力，增强实力，提高竞争力，在量变引发质变的过程中，实现实质性的跨越式发展。

总部经济：指某区域由于特有的资源优势吸引企业，将总部在该区域集群布局，将生产制造基地布局在具有比较优势的其他地区，而使企业价值链与区域资源实现最优空间耦合，以及由此对该区域经济发展产生重要影响的一种经济形态。

数字化城管：指以信息化手段和移动通信技术手段来处理、分析和管理整个城市的所有部件和事件信息，促进城市人流、物流、资金流、信息流、交通流的通畅与协调。

智慧型城市：指充分利用物联网、互联网、云计算、IT、智能分析等技术手段，对城市居民生活工作、企业经营发展和政府行政管理过程中的相关活动，进行智慧地感知、分析、集成和应对，为市民提供一个更美好的生活和工作环境，为企业创造一个更有利的商业发展环境，为政府构建一个更高效的城市运营管理环境。

面源污染：指溶解和固体的污染物从非特定地点，在降水或融雪的冲刷作用下，通过径流过程而汇入受纳水体，并引起有机污染、水体富营养化或有毒有害等其他形式的污染。

法律十进：指法律进机关、进乡村、进社区、进学校、进企业、进单位、进工地、进军营、进寺院、进家庭的活动。

“大学片”试点工作：针对城市薄弱学校生源流失的现状，将相邻的学校进行实质性合并，采取一个法人，一套班子进行有效的行政管理。原有校区的招生范围统一划为一个大学片，实现了学生统一招生，教师统一调配，资源统一共享。

教育系统“四个样子”活动：即学校要有学校的样子，领导要有领导的样子，教师要有教师的样子，学生要有学生的样子。

梯级名师培养工程：分国家、自治区、银川市、兴庆区和学校五级，遴选各级名校长、名教师和名班主任，采取国培、外送培训、师带徒、工作坊等形式对各级名师进行培训。

“两法衔接”平台：指在行政执法与刑事司法相衔接工作机制框架下，利用政务网的现有网络、设施和有关数据，实现各行政执法机关与司法机关之间的执法资源共享。

银川市兴庆区2014年国民经济和社会发展统计公报

经济总体情况

2014年，兴庆区经济运行稳中趋缓，完成地区生产总值425.9亿元，同比增长8.4%，总量位居自治区、银川市首位，分别占自治区、银川市的15%、31%。三大产业结构为1.5:29.2:69.3。其中：第一产业6.5亿元，同比增长4.1%；第二产业124.2亿元，同比增长9.5%；第三产业295.2亿元，同比增长8%。第三产业中，金融业占30.2%；批发零售业占8.5%；住宿餐饮业占4.2%；房地产业占9%；交通运输、仓储和邮政业占2.6%；非营利性服务业占22%。建筑业、金融业、信息传输计算机服务业拉力较强，增速分别为28.1%、12.8%、11.3%。

1.社会消费品市场缓慢增长。2014年，累计实现社会消费品零售总额

表1　　2013-2014年1-4季度地区生产总值及增速对比表

	2013年(亿元)	2014年(亿元)	2013年增速(%)	2014年增速(%)
1季度	78.4	81.55	8.2	6.6
2季度	168.03	181.35	7.6	7.4
3季度	275.72	299.58	9	9
4季度	389.7	425.9	8.6	8.4

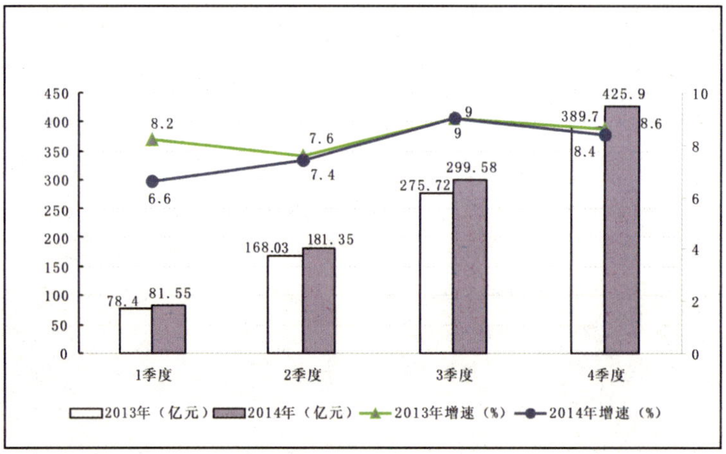

图1　2013—2014年1—4季度地区生产总值及增速对比图

187.34亿元，同比增长6.1%，总量居自治区、银川市第一，分别占自治区、银川市总量的27.83%、48.98%。一是城镇消费拉动有力。城镇累计实现社会消费品零售总额186.41亿元，同比增长6.0%；乡村累计实现社会消费品零售总额0.93亿元，同比增长29.8%。二是批发零售业占主导地位。批发零售业实现商品零售额168.23亿元，同比增长6.4%。其中：零售业实现商品零售额149.66亿元，同比增长6.6%；批发业实现商品零售额18.57亿元，同比增长5.5%。三是住宿业仍处低谷，餐饮业温和回升。住宿业累计实现零售额2.54亿元，同比下降8.7%。其中：限额以上住宿业同比下降13.1%；限额以下住宿业同比增长12.5%。餐饮业累计实现零售额16.57亿元，同比增长5.7%。限额以上餐饮业同比下降7.1%，限额以下餐饮业实现零售额13.52亿元，同比增长9.1%。四是基本生活类商品平稳增长。粮油、食品类商品实现零售额4.65亿元，同比增长25.7%；服装、鞋帽、纺织品类商品实现零售额21.29亿元，同比增长0.6%；中西药品类商品实现零售额23.31亿元，同比增长20.3%，家用电器和音像器材类商品实现零售额14.69亿元，同比增

表 2　　2013 年、2014 年 1—12 月社会消费品零售总额及增速表

	2013 年(亿元)	2014 年(亿元)	2013 年增速(%)	2014 年增速(%)
1—2 月	30.69	31.95	3	4.1
3 月	42.37	44.12	2.9	4.1
4 月	55.64	57.54	3.4	3.1
5 月	66.87	71.1	4.9	3.2
6 月	82.39	85.65	6	4
7 月	96.08	100.46	6.8	4.6
8 月	111.07	116.87	6.8	5.2
9 月	127.39	134.09	7.5	5.3
10 月	143.82	151.61	7.8	5.4
11 月	158.68	168.43	8	6.2
12 月	176.51	187.3	7.9	6.1

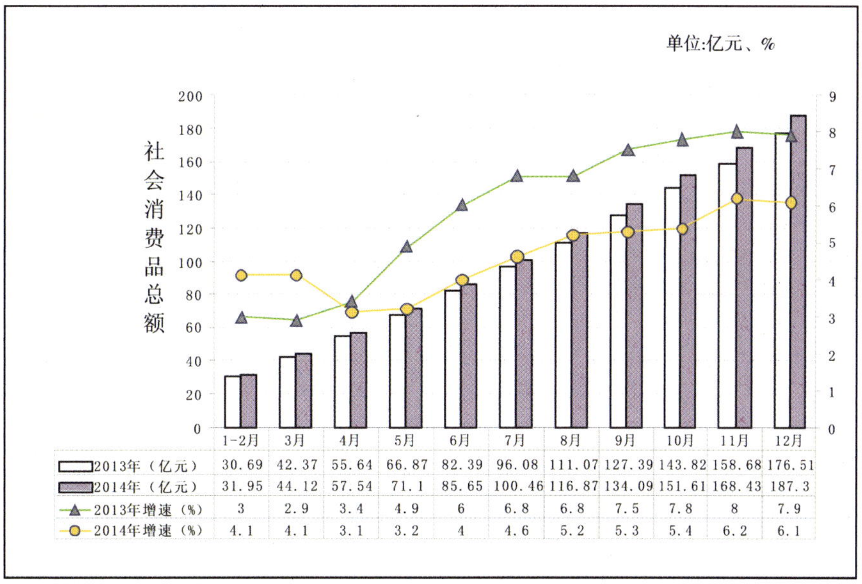

图 2　　2013 年、2014 年 1—12 月固定资产投资总额及增速图

长 1.4%。

2. 固定资产投资高速增长。2014 年，兴庆区完成固定资产投资 178.93 亿元，同比增长 32.4%，较上年同期回升 6.6 个百分点。其中：房地产开发完成投资 83.2 亿元，同比增长 5%，占兴庆区固定资产投资的 46%；自治区、银川市两级的项目完成投资额为 67.9 亿元，同比增长 81%，占兴庆区固定资产投资额的 38%；兴庆区本级的项目完成投资 27.8 亿元，同比增长 51%，占兴庆区固定资产投资额的 16%。

3. 规模以上工业小幅增长。2014 年，兴庆区规模以上工业企业累计完成工业总产值 31.1 亿元，同比增长 24.8%。实现规模以上工业增加值 8.4 亿元，同比增长 10.1%，较上年同期增长 3.2 个百分点，高于自治区增速 1.8 个百分点，低于银川市增速 0.4 个百分点。

4.农业生产平稳增长。2014 年，兴庆区实现农业总产值 14.24 亿元，同比增长 5%。实现农业增加值 6.5 亿元，同比增长 4.1%，较上年同期回升 2 个百分点。粮食种植面积 8059 公顷，同比下降 3%；粮食产量 57550 吨，同比下降 17.71%；渔业产量达 6030 吨，同比增长 30%；蔬菜种植面积 2143 公顷，产量达 135262 吨，同比增长分别为 16.46%和 18.19%；花卉种植面积 210 公顷，同比增长 28.04%，花卉收入比 2013 年同期

表 3　　2013 年、2014 年 1—12 月固定资产投资及增速表

	2013 年(亿元)	2014 年(亿元)	2013 年增速(%)	2014 年增速(%)
1—2 月	1.94	2.16	278	11.3
3 月	9.86	13.27	228	34.5
4 月	19.23	24.87	117	17.3
5 月	32.25	45.54	99.4	31
6 月	48.48	62.82	48.48	29.6
7 月	57	76.76	49.89	34.6
8 月	74.72	107	49.5	44.2
9 月	86.42	121.5	39.4	39
10 月	102.43	142.75	34.1	39.4
11 月	116.77	160.96	28.6	37.8
12 月	135.17	178.93	25.8	32.4

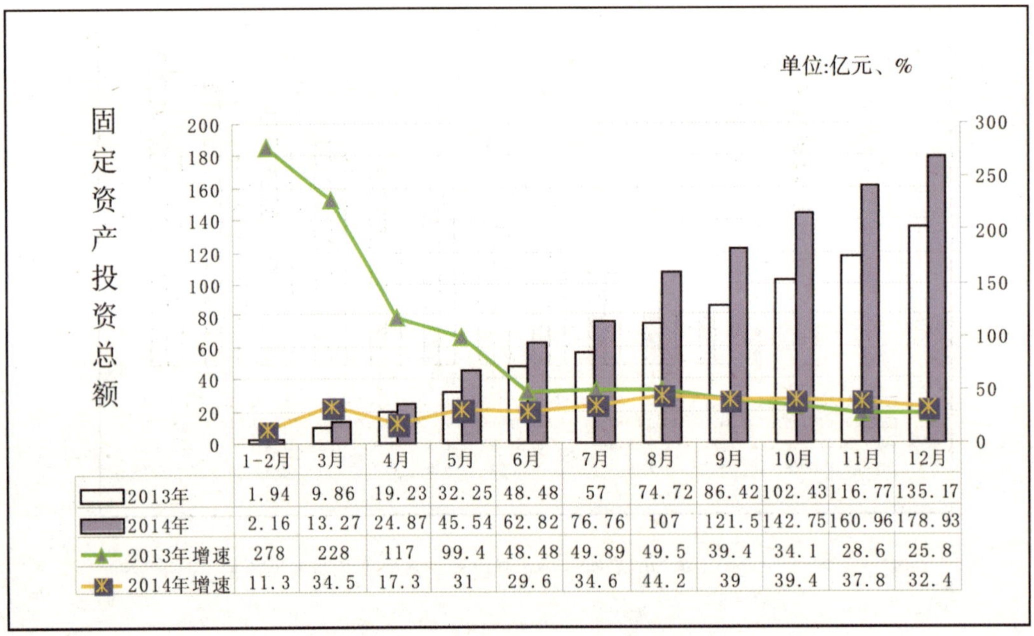

图 3　　2013 年、2014 年 1—12 月固定资产投资总额及增速图

增长 30%。

5.财政收入增长乏力。兴庆区完成地方公共财政预算收入 11.5 亿元,同比增长 14.7%，较上年同期下降 8.1 个百分点。其中:完成税收收入 9.79 亿元,同比增长 12%;罚没收入、行政性收费、国有资源有偿使用收入等非税收入完成 1.72 亿元,同比增长 32.6%。完成地方公共财政预算支出 21.69 亿元，同比增长 18%。

6. 城乡居民收入有所回落。2014 年，城镇居民人均可支配收入 28246.5 元,同比增长 9.3%,增速较上季度增长 0.9 个百分点,较上年同期增长 0.2 个百分点。农村居民人均可支配收入 11676.6 元,同比增长 9.5%,增速较上季度增长 0.2 个百分点，较上年同期回落 2.3 个百分点。

表 4　　2014 年 1—12 月规模以上工业增加值及增速表

	总量(亿元)	增速(%)
1–2 月	1.6	7
3 月	2.4	10.1
4 月	3.1	6.7
5 月	4.1	6.9
6 月	4.8	8.7
7 月	4.4	8.6
8 月	5	8
9 月	5.8	10
10 月	6.4	9.8
11 月	7.3	9.9
12 月	8.4	10.1

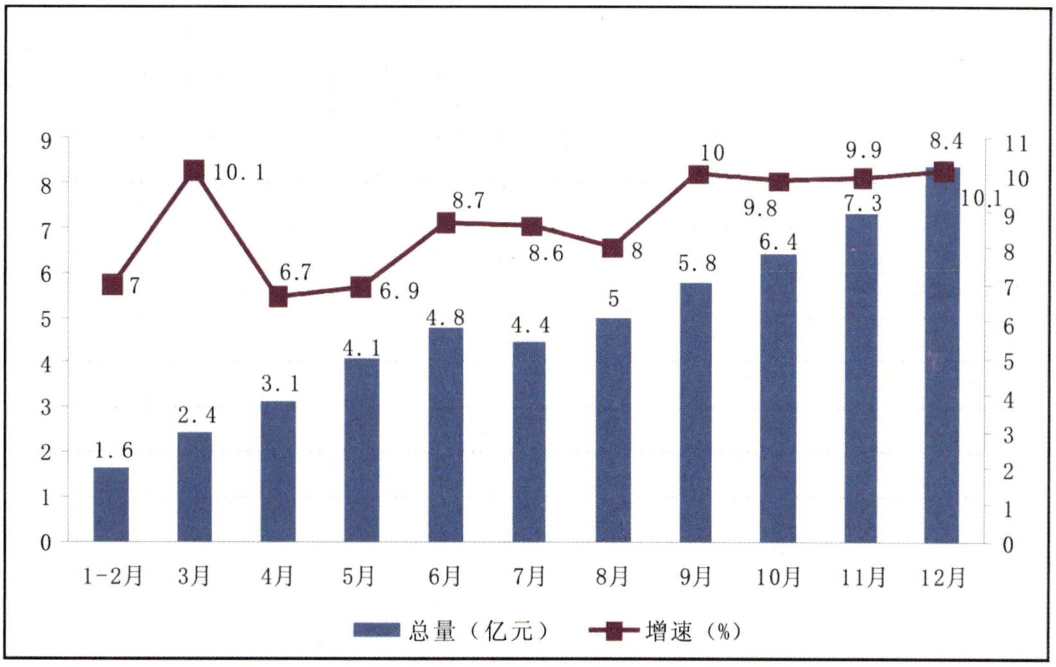

图 4　　2014 年 1—12 月规模以上工业增加值及增速图

表 5　　2013 年、2014 年 1—12 月地方公共财政预算收入及增速表

	2013 年(亿元)	2014 年(亿元)	2013 年增速(%)	2014 年增速(%)
1-2 月	1.64	1.99	18.9	21
3 月	2.13	2.75	4.9	29
4 月	3.08	3.78	11.7	23
5 月	3.58	4.34	11.8	21.1
6 月	5.06	5.97	28.84	18
7 月	5.72	7.2	22.8	25.9
8 月	6.24	7.71	23	24
9 月	6.93	8.32	20.1	20
10 月	8.15	9.49	21.3	16.4
11 月	9.05	10.1	25	11.7
12 月	10.03	11.5	22.8	14.7

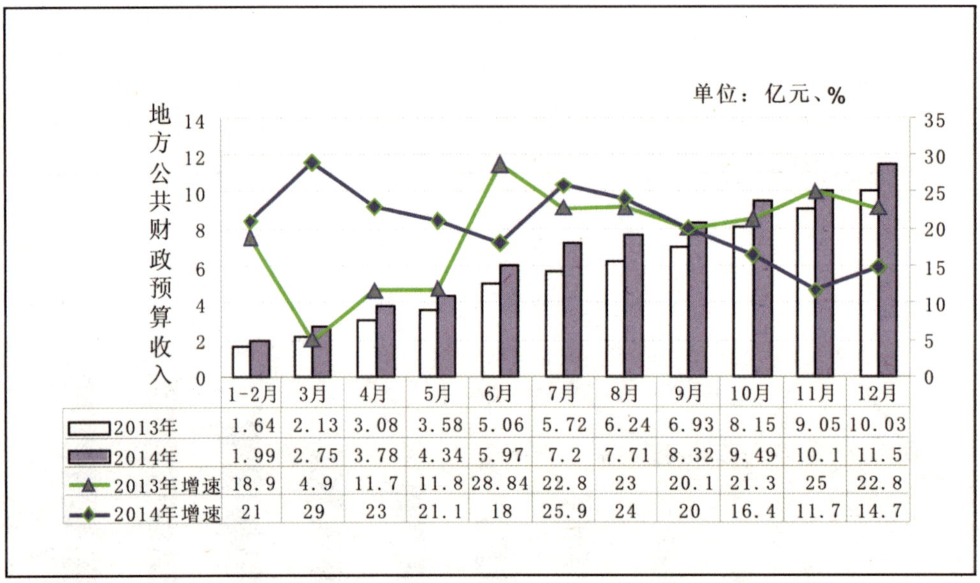

图 5　　2013 年、2014 年 1—12 月地方公共财政预算收入及增速图

表 6　　2013 年、2014 年 1—4 季度城镇居民可支配收入及增速表

	2013 年(元)	2014 年(元)	2013 年增速(%)	2014 年增速(%)
一季度	6607	7260	7.4	9.8
二季度	12170	13598	9	9
三季度	10370	20102	10	8.4
四季度	25971.4	28246.5	9.1	9.3

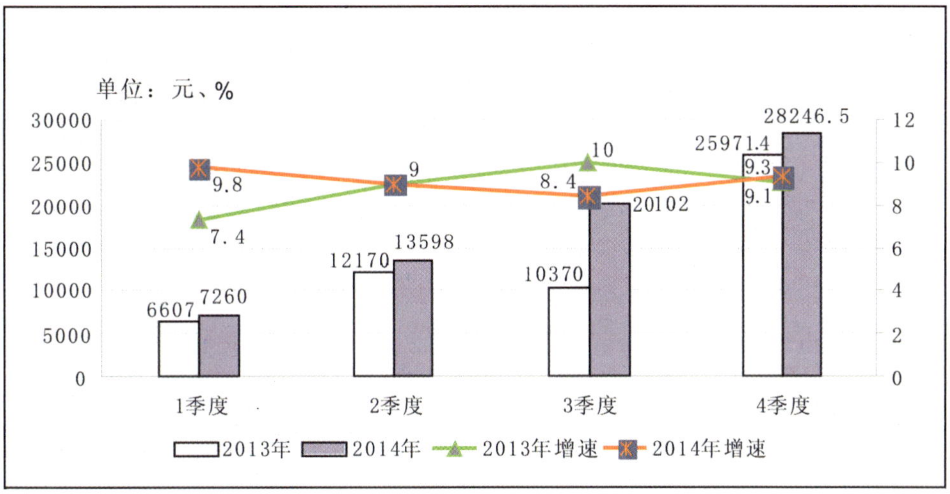

图 6　　2013 年、2014 年 1—4 季度城镇居民可支配收入及增速图

表 7　　**2014 年 1—4 季度农民人均可支配收入及增速表**

	总量(元)	增速(%)
一季度	2707	7.9
二季度	4418	10.83
三季度	7878.4	9.3
四季度	11676.6	9.5

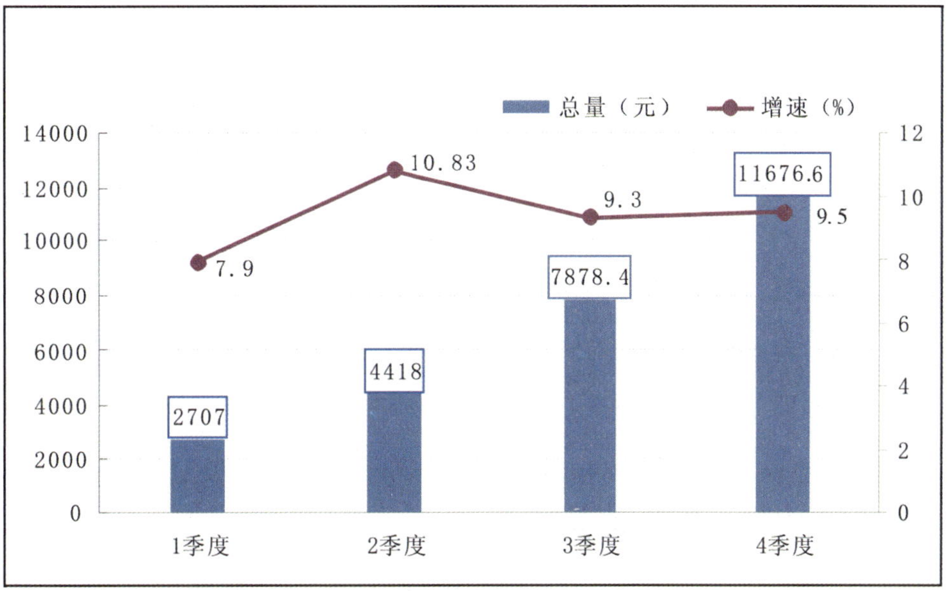

图 7　　2014 年 1—4 季度农民人均可支配收入及增速图

表 8 2013 年、2014 年兴庆区主要经济指标一览表

指标名称	单位	2013 年		2014 年	
		总量	增速(±%)	总量	增速(±%)
一、地区生产总值	亿元	389.7	8.6	425.9	8.4
其中:第一产业	亿元	6.42	2.1	6.5	4.1
第二产业	亿元	116.57	8.4	124.2	9.5
第三产业	亿元	266.72	8.8	295.2	8
二、规模以上工业总产值	亿元	176.51	7.9	8.4	10.1
三、规模以上工业增加值	亿元	78.9	6.9	187.34	6.1
三、社会消费品零售总额	亿元	135.17	25.8	178.93	32.4
四、全社会固定资产投资	亿元	10.03	22.8	11.51	14.7
五、地方财政一般预算收入	亿元	18.37	21.0	21.7	18.0
六、城镇居民人均可支配收入	元	25971.4	9.1	28246.5	9.3
七、农民人均纯收入	元	9876.34	11.8	11676.6	9.5

注:2013 年、2014 年农民人均纯收入为农村居民人均可支配收入

表 9 2013 年、2014 年兴庆区城乡居民可支配收入对比表

城镇居民人均可支配收入				
名称	2014 年(元)	2013 年(元)	增量(元)	增幅(%)
宁夏	23284.5	21475.7	1808.8	8.4
银川市	26117.7	23940.3	2177.4	9.1
兴庆区	28245.5	25835.4	2411.1	9.3
农村居民人均可支配收入				
名称	2014 年(元)	2013 年(元)	增量(元)	增幅(%)
银川市	10275	9341	934	10.0
兴庆区	11677	10663	1014	9.5
月牙湖乡	8208	7485	723	9.7
通贵乡	10720	9790	930	9.5
大新镇	12109	11079	1030	9.3
掌政镇	11769	10778	991	9.2

表 10　　2013 年、2014 年兴庆区经济社会发展主要指标表

项　目	计量单位	2013 年	2014 年
一、街道乡镇基本情况			
街道个数	个	11	11
其中:社区个数	个	72	72
乡(镇)个数	个	4	4
其中:建制镇个数	个	2	2
村民委员会个数	个	34	34
二、人口			
1.常住人口	人	707151	725168
总户数	户	262881	271599
其中:女	人	351383	360347
回族	人	136453	142631
其他少数民族	人	14067	19372
出生率	‰	13.12	9.69
死亡率	‰	4.5	2.63
自然增长率	‰	8.62	7.06
出生政策符合率	%	96.94	95.45
2.乡村人口	人	79284	79195
乡村户数	户	31992	21620
3.户籍人口数	人	552096	557723
年末总户数	户	198886	202616
三、综合经济			
(一)地区生产总值	亿元	389.7	425.9
第一产业增加值	亿元	6.42	6.5
第二产业增加值	亿元	116.57	124.2
其中:工业	亿元	90.62	90.2
第三产业增加值	亿元	266.72	295.2
(二)财政收支			
其中:地方财政一般预算收入	亿元	10.03	11.51
各项税收	亿元	8.79	9.79
地方财政一般预算支出	亿元	18.37	21.69
四、农业			
农作物总播种面积	公顷	12438	11192

表 10 续

项　目	计量单位	2013 年	2014 年
粮食作物播种面积	公顷	9618	8074
其中:稻谷	公顷	6421	4656
小麦	公顷	1184	1274
玉米	公顷	2013	2163
油料播种面积	公顷	89	61
蔬菜播种面积	公顷	1840	2213
粮食总产量	吨	69928	57550
其中:稻谷	吨	51862	36713
小麦	吨	5267	5743
玉米	吨	12799	15094
油料产量	吨	199	194
肉类总产量	吨	4240	2067
蔬菜产量	吨	114437	147687
五、工业及建筑业			
工业			
规模以上工业增加值	亿元	78.9	8.4
规模以上工业企业数	个	16	16
建筑业:			
建筑业企业个数	个	179	173
期末从业人员数	人	28227	74506
建筑业总产值	亿元	199.5	194.4
六、贸易、固定资产投资			
社会消费品零售总额	亿元	176.51	187.34
固定资产投资额	亿元	135.17	178.93
七、教育			
普通中学数	所	22	24
小学数	所	49	46
普通中学专任教师数	人	2390	2714
小学专任教师数	人	2491	2433
普通中学在校学生数	人	38484	24561
小学在校学生数	人	496126	45843
学龄儿童入学率	%	100	100
其中:女童入学率	%	100	100
初中升学率	%	100	100

表 10 续

项　目	计量单位	2013 年	2014 年
5 岁以下儿童死亡率	‰	6.2	4.1
婴儿死亡率	‰	5.54	3.28
产妇住院分娩比例	%	100	100
八、人民生活			
城镇居民人均可支配收入	元	25971.4	28246.5
农村居民人均可支配收入	元	9876.34	11676.6
九、社会保障			
居民最低生活保障人数	万人	0.52	0.53
十、资源与环境			
行政区域土地面积	平方公里	828.26	828.26
城市建成区绿化覆盖率	%	37.5	39
城镇生活污水处理率	%	92	92
农村集中式供水受益人口比重	%	97.2	98
农村自来水普及率	%	100	100
农村卫生厕所普及率	%	106.52	

专 记

银川市兴庆区人民政府 2014 年为民办十件实事

一、建设 10 个农村养老幸福院，实现城市居家养老服务站全覆盖

兴庆区投入 500 万元，建成并投入使用 11 个养老幸福院。其中：大新镇 2 个，掌政镇 2 个，通贵乡 3 个，月牙湖乡 4 个。已全部建成。同时兴庆区 72 个市民服务站全部成立了居家养老服务站，实现居家养老服务站全覆盖。

二、将大病门诊救助最高标准提高至 3 万元，住院救助最高标准提高至 8 万元

兴庆区印发了《关于进一步提高兴庆区城乡困难群众医疗救助累计最高救助限额标准的通知》，落实惠民政策，累计为 6356 名困难群众发放救助金 237 万元。

三、为环卫工人、网格员发放工龄补贴

政府注重在提高环卫工人、社区网格员待遇上下功夫。一是为 1800 多名环卫工人人均增资 100 元，并对 1311 名工作年限较长的一线临聘环卫职工发放工作年限补贴。购置环卫工人流动服务车 4 辆，新建、改建环卫工人休息室 26 处；购买马扎 2000 个，寒冬时节请一线环卫工人吃火锅；在环卫工人节安排全体干部上街替代环卫工人劳动一天，组织全体环卫工人到中卫学习借鉴精细化管理，体验宁夏经济社会发展和变化。二是为 518 名网格员按每满 1 年补贴 10 元 / 月（不满 1 年按 1 年计算）核发工作年限补贴；基础工资由 1300 增至 2000 元，按大专学历 20 元 / 月、大学（本科）学历 30 元 / 月、研究生以上学历 40 元 / 月的标准发放学历工资；按取得助理社会工作师（初级）增加 70 元 / 月、社会工作师（中级）增加 100 元 / 月标准发放职称工资；增加 200 元 / 月的绩效工资，由各单位制定考核办法按月发放；投入 41.4 万元为社区网格员进行了健康体检。

四、为农村学生提供免费营养早餐，为下乡支教教师发放交通补贴

政府投入 680 多万元，在月牙湖乡、通贵乡、掌政镇辖区内 13 所中小学开设早餐食堂，启动农村学生“营养早餐工程”，标准为每人 3 元 / 天，受益学生 7426 名。责成教育局联合卫生和监督管理局对 13 所学校的厨师进行培训，使“营养早餐工程”不仅成为“民心工程”，而且成为放心工程和安全工程。同时，经过政府常务会议研究，为城市教师到农村工作发放交通补贴，其中大新镇、掌政镇、通贵乡每人每月 180 元，月牙湖乡每人每月 280 元。

五、实施学校建设工程

1.新建八里桥中学项目。该项目建设选址在原宁夏工商职业技术学校，土地所有权归银川市教育局。规划建筑面积 12000 平方米，30 个教学班，计划总投资 4000 万元。兴庆区政府与市发改委、市教育局、市财政局先后 3 次到现场实地查看，最终争取将此项目列入银川市政府投资。2015 年由银川市教育局实施并委托代建办负责建设。

2.月牙湖回民二中扩建项目。该项目建设选址在月牙湖回民二中现址西南角。规划建筑面积 2600 平方米，12 个教学班，计划投资 850 万元。建筑主体已封顶。预计 2015 年 5 月投入使用。

3.兴庆区二十二小学迁建项目。该项目建设选址在银川市第十二中学南侧教育预留用地，规划建筑面积 11000 平方米，24 个教学班，计划投资 3000 万元。前期手续已完善，完成工程量 14%。

4.银川五幼迁建项目。该项目选址原定在兴庆区二小旧址，规划建设面积 3000 平方米，15 个教学班，计划投资 2000 万元。由于银川市规划局对银川五幼新建项目选址进行了调整，新的选址至今尚未确定。现已将五幼搬迁至进宁南街 16 号原银川一幼（新建成）幼儿园。

六、学校标准化建设

为促进义务教育均衡发展，参照《宁夏回族自治区中小学教育技术装备标准》，根据教育信息化发展的实际需要，政府投入 9000 多万元，采购了中小学功能室和学科教学仪器设备、音体美器材设备、仪器柜、图书柜、计算机等，实施“三项工程”：宽带网络“校校通”工程、多媒体“班班通”工程和教师备课机“人人通”工程。为中小学配备多媒体白板及配套教学设备636套、教师备课一体机2761台、学生机房18间、录播教室12间，补充图书35万册。顺利通过银川市、自治区对兴庆区义务教育均衡发展工作的验收评估。

七、实施生态移民致富工程

按照自治区生态移民“搬得出、稳得住、逐步能致富”的总体要求，积极引进特色产业、加大对移民的培训力度、培育劳务经纪组织、搭建移民就业平台。在月牙湖针织厂安置就业人员330余人；在花卉基地解决400名生态移民就业；在红树莓基地解决950人就业。在月牙湖乡成立劳务经纪人协会，培养和发展劳务经纪人，使月牙湖乡的劳务经纪人达到35人。2014年生态移民外出务工6500余人，创收7200万元。

八、改善农村出行条件

政府投资4000多万元，完成掌政丰收路、月牙湖防洪堤路等4条37.5公里乡村公路建设，新建月牙湖乡月牧路、塘北路；投入2000万元，对农村11条主干道路7.6万平方米路面进行维修，改善农村出行条件。

九、改善农村基础设施

政府投入1000多万元，实施了掌政镇区主干道路亮化工程，亮化道路7.9公里，已经全部完工并运行。

十、改善农村卫生环境

兴庆区将农村环境卫生长效管理工作作为推进城乡环卫一体化建设的重点。根据各乡镇环境卫生清扫保洁面积和垃圾处理量，统筹安排资金200万元用于农村垃圾清运工作；安排资金为河滩等4个中心村及各乡镇集镇配置镀锌板材质的液压脚踏式分类垃圾箱300个；统筹安排资金104.2万元整治农村主次干道及庄点周边沟渠卫生；筹资1880万余元完成主干道路大整治和农村环境卫生综合整治；启用农村垃圾转运站10座；在通贵乡建设两所农村生活污水处理厂，已完工并启用。

2014年第二届银川滨河冰雪彩灯艺术节

第二届银川滨河冰雪彩灯艺术节于1月10日至2月15日在黄河横城旅游区、军博园举行。黄河横城旅游区艺术作品制作更为多元化，仅彩灯的规模就是第一届的3倍，彩灯有160多组；冰雕吉庆、财运桥、勇者游戏、彩冰古建等大型冰雕作品20余组；雪乡、百寿图、极地风光、动物小品、群马等雪雕20余组；600米展板墙展示独特的剪纸、微雕、面塑、泥塑、内画、皮影、糖人等非物质文化遗产艺术作品。军博园突出冰雪观赏、冰雪娱乐、冰雪文化3大主题，营造冬季冰雪游乐气氛。“民族广场”以“黄河姑娘”迎宾为主雕，沿主雕南北两侧由东向西布设具有地域民族特色的雪雕版“回族花灯”，体现回汉人民的热情好客；“马踏春来景区”以“骏马踏春”为主题创作区域中心主雕，以十二生肖迎马年为侧翼辅雕，突出马年主题；“卡通世界”以“骏马腾飞”为主雕，以白雪公主、大狗布鲁托、恐龙乔伊等10组儿童喜闻乐见的卡通形象为侧翼辅雕，突出新年喜庆气氛；“塞上明珠景区”以“山水凤凰城”大型组雕为中心，“丝绸之路”“民族和谐”两组圆弧形组雕分列南北两侧，展现回汉一家亲、民族幸福的和谐氛围；“冰雪集结号军

大型雪雕·黄河儿女

大型雪雕·凤凰明珠

事博览区"以"海之魂""人民海军""祖国在我心中""银川舰锚链"等6幅军事题材的雪雕为主，呼应园区主题。"冰雪乐翻天体验区"建滑道长150米的大型"雪上飞碟"游乐项目，开设"冰爬犁""冰尜""冰上保龄球"等多项活动。

第一届冰雪彩灯艺术节为市民带来梦幻冰雪、缤纷彩灯的视觉盛宴，本届冰雪彩灯艺术节亮点是将冰雕、雪雕和灯会精品化，侧重游客的参与性和娱乐性，设计许多适合大众参与的冰雪娱乐活动，让游客们体验冰雪运动的乐趣。在"福气满满"的主题彩灯里，大大的"福"字中间预留了镂空的位置供游人拍照，在彩灯中拍照带来一年的好运气；在"中状元"的彩灯里，去体验金榜题名的感觉。

本届冰雪彩灯艺术节，除能观赏到冰雕、雪雕、彩灯外，黄河横城旅游度假区还特别为游客策划了精彩的文艺演出及精美的民俗表演。锣鼓开道，康熙

彩灯·龙腾盛世

皇帝携皇后、宫女侍卫等的古装扮演，让游客眼前一亮；来自哈尔滨的滑冰高手现场表演花样滑冰，60人头绑毛巾、身穿羊皮袄的安塞腰鼓表演场景，更让整个冰雪彩灯艺术盛会激情昂扬；歌舞剧《西夏之恋》，再现当年神秘辉煌的西夏王朝历史；30人组成的唢呐方队表演，贺兰艺术团50人组成的秧歌队也为冰雪彩灯艺术节增添许多精彩。秦腔、说书、杂耍等专场表演使冰雪彩灯艺术节内容缤彩纷呈。

冰雪彩灯艺术节内容的杂、俗、新、奇、廉、泛与市民的逛、赏、品、尝、购、娱，既是传统民俗的传承，也是时尚新潮的体验。

大型冰雕·彩冰古建

兴庆区——中国民间文化艺术之乡

宁夏花儿

“花儿”又称“少年”，是流传在甘肃、宁夏、青海、新疆回族地区的一种民歌，实际上是一种高腔山歌，距今已有500年历史。在“花儿”对唱中，男方称女方为“花儿”，女方称男方为“少年”，这种对人的昵称逐渐成为回族山歌的名称，统称为“花儿”。“花儿”经过漫长的传承，逐步从蒙昧时期即兴咏唱的一字一音、单纯自由的腔民歌，发展成严谨规正、加衬加腔、令调曲牌多样化的调民歌，其最鲜明的特征是羌藏的风格、汉族的语言、回族的曲调。“宁夏花儿”是生成传播于宁夏六盘山一带的山花儿，上承《诗经》《乐府》，下启词曲小令，以花喻人，以花状物，以花言事，以花抒情，长期在山野即兴而唱，自然传承发展。其曲调丰富、别具一格，乡土色彩极为浓郁，深受宁夏人民的喜爱。

2003年，一位爱好“花儿”的中学老师唐祥大胆尝试将“宁夏花儿”引进校园的，得到了师生的喜爱，也为“花儿”的继承发展开辟了新的土壤。2005年，“宁夏花儿”被确定为国家首批非物质文化遗产。2007年，多年从事“花儿”研究的武宇林教授与自治区教育厅韩宏倡导“花儿”进校园，在银川市三区两县抽调音乐课教学骨干经过培训，在各中小学开展“花儿”进校园活动。兴庆区一批中小学音乐教师参加了自治区举办的“花儿”培训班后，纷纷回到学校开起了“花儿”课，将“花儿”引进中小学课堂，在社会上引起强烈的反响，产生了良好的社会效果，一个以“花儿”为先导，打造具有民族地域特色和时代精神的精品文化热潮在兴庆区悄然而起。“花儿进课堂”、全民保护传承“花儿”、让“花儿”进一步为改革开放和新兴的文化市场服务成为共识。银川五中、银川回中、兴庆区回民一小等学校均被命名为宁夏回族“花儿”传承基地，每年都有2000多名学生接受“花儿”课程的学习，兴庆大地“花儿”进校园活动蓬勃开展起来。上放学路上、自习课上、校园里、操场上同学们都会情不自禁地漫几句“花儿”，校内外各类文艺演出活动中，独具民族特色的“花儿”也成了最耀眼的亮点。如今，会唱花儿的人们越来越多，“花儿”逐步从深山走入平川，从农村走向城市，展现在旅游景点、民歌大赛的现场，活跃在大型文艺演出的舞台和影视屏幕上。在兴庆区的大小广场上，但凡有演出就会有一曲“花儿”出现在节目中。

弘扬民族民间文化
建设文化艺术之乡

银川市兴庆区是一座有着1300多年历史的文化古城，宋天禧四年（公元1038年），党项族首领李元昊建立西夏国，为西夏国都兴庆府。辖区内有承天寺塔、海宝塔、钟鼓楼、玉皇阁、南门楼等古建筑群体，东部黄河东岸有横城堡、明长城、兵沟汉墓、黄沙古渡等遗迹遗址，漫长的历史融合西夏文化、黄河文化、回族文化、边塞文化等多元文化元素，形成了深厚的民族文化底蕴，孕育出了独具特色的民族民间文化形式——宁夏花儿。2014年11月，兴庆区被文化部命名为“中国民间文化艺术之乡”。

2012年，兴庆区以银川市创建国家公共文化服务体系示范区为契机，先后出台《创建国家公共文化服务体系示范区实施方案》《关于推进兴庆区文化大发展大繁荣，全面加快文化旅游产业

花儿表演

发展的意见》《打造“文化旅游魅力区”工作方案》等政策性文件，制定《2012 年先期扶持兴庆区优秀民间艺术团队的意见》和《扶持优秀民间文艺团队实施办法》《兴庆区加强乡镇（街道）标准化文化活动中心和村（社区）文化活动室（大院、活动中心）建设工作方案》等，进一步明确兴庆区加快公共文化服务体系建设、创建民间文化艺术之乡的长远规划和近期目标、主要任务和具体措施，为民间文化艺术之乡建设提供有力的政策支持。兴庆区政府也从 2012 年起加大对文化基础设施建设的投入和支持力度，每年安排文化发展专项经费 2000 万元。2012 年拨付民间文艺演出的资金 30 余万元；乡镇、街道文化站，社区、村文化活动室建设资金 80 万元；配套设施建设资金 50 万元；53 个文化站、室电子阅览室建设资金近 700 万元；文化馆、图书馆建设资金 2600 万元；两馆配套设施建设资金 800 万元。2013 年投入近 3000 万元新建建筑面积 7106 平方米的兴庆区文化馆、图书馆，为民间文化艺术活动搭建平台。

秧歌、社火、腰鼓、秦腔、剪纸、书画等民间文化艺术在兴庆区有悠久历史。近年来，政府的倡导，群众踊跃参与，玉皇阁北街威风锣鼓队、富宁街老战士艺术团、秦韵乐秦腔剧团、解放西街星梦艺术团、中山南街金秋艺术团、兴庆区老干部艺术团、掌政镇农民艺术团、草根艺术团等民间艺术团队自发组建，参加“宁夏花儿”、数花演唱、摄影、健身球操、歌唱、舞蹈、器乐演奏、锣鼓表演等文化活动的人员达万人之多。长年坚持活动，多次代表兴庆区参加自治区、银川市组织的大型文化活动，每年承担银川市、兴庆区安排的广场演出、送戏下乡、进工地、进社区等演出任务，极大地丰富了广大人民群众的业余文化生活，促进精神文明建设进程，一大批具有一定水准的文化活动骨干分子脱颖而出。现在，兴庆区已有具有一定水平的锣鼓、秧歌队 15 支，具有一定实力和表演创作能力的民间文艺团队 18 支，掌政镇农民艺术团 2010 年参加全国首届农民文化艺术节演出，获得一个金穗奖和两个银穗奖。

自 2004 年起，兴庆区每年举办一届“湖城之夏·广场文化季”广场文艺演出活动，将业余文艺团队有效组织起来，合理安排演出时间、地点，本着“政府搭台、社会参与、公益演出、群众受益”的原则，每年安排演出百余场次，活动以其时间跨度大、演出场次多、群众参与面广而深受广大群众的喜爱。

为使“花儿”得到更好的传承与发展，兴庆区又开展“花儿”进社区、进景区活动，充分发挥“花儿”传承人的“传帮带”作用，组织他们进社区、进景区进行“花儿”培训，使更多的爱好者加入到“花儿”队伍中，解决民间“花儿”后继无人的难题。每年选送“花儿”传承人外出学习、参加各级各类“花儿”大赛，提高他们的创作水平，培养优秀的民间“花儿”艺术人才。2011 年花儿《尕猫娃卧在锅盖上》获中国文化部中国西部十三省民歌花儿大赛铜奖。2012 年《白纸糊哈的亮窗子》获文化部中国西部十三省民歌花儿大赛，宁夏赛区优秀奖。2012 年出版《宁夏山花儿唐祥演唱歌曲》个人专辑。音乐花儿情景剧《军嫂征婚花为媒》在全国双拥文艺会演荣获三等奖；唐祥 2006 年获西北五省区花儿大赛金奖，2013 年获全国“花儿”大奖赛二等奖。一些民间艺人在“花儿”的基础上，将“花儿”改编为赋予新意的表演唱“数花”，结合宁夏方言的诙谐幽默，又说又唱，为广大的群众所喜爱。

2014 年，根据本地区四季分明的特点创新民间文化活动形式，打造引领性、总括性的“文化兴庆·花开四季”特色文化活动品牌。举办“凤城春潮·市民文化季”开展“千人广场舞大家跳”、职工文艺会演、“文化惠民·四送六进”及百姓大舞台、残疾人文化艺术节、百姓歌手大赛、群星获奖作品巡演等春季特色活动；第十一届“湖城之夏·广场文化季”、秦腔票友大赛、庆八一双拥文艺会演、广场民族健身舞大赛以及湖城消夏音乐会、小明星艺术大赛、“中国梦·我的梦”朗诵比赛等夏季特色活动；“回乡金秋·民族文化季”开展摄影大赛、民族团结月文艺巡演、“欢乐回乡·田园”文化艺术节、回族之花选拔赛、民族时装秀、乡村歌手大赛、“庆十一·我们的中国梦”群众书画大赛、葡萄美酒音乐节、花之声擂台赛、非遗博览会、国庆七天乐、“夕阳红·老年文艺会演”等秋季特色活动；“塞上冬韵·民俗文化季”开展新春文化庙会、雪雕冰灯节、社火表演、新年音乐会、送春联到农家、喜迎新春百场演出下乡村等系列活动。

兴庆区民间文化艺术活动促进了群众文化的发展，也扩大了兴庆区文明建设的对外宣传。2008 年秦韵乐艺术团获西北五省区戏曲演唱最佳表演奖；星梦艺术团编排的说唱节目《婚育新风进回乡》被国家计生委宣教司作为计划生育宣传节目；201 年兴庆区文化馆组队参加全国农民第四套健身秧歌大赛获得道德风尚奖和三等奖；2011 年参加全国中老年健身球操交流展示活动获得规定套路和自选套路优秀奖、道德风尚奖。2013

年兴庆区文化馆荣获银川市巾帼文明岗荣誉称号;2014年创编的广场舞《卓玛》获得自治区第七届“群星奖”银奖。2014年兴庆区文化馆选送的女声组合《枸杞红了》参加2014年“欢乐宁夏”全区群众文艺会演表演三等奖。刘娟主创的花儿《绿韭菜》将代表宁夏参加2015年6月文化部在江苏省苏州市吴江区举办的2014—2016年度“中国民间文化艺术之乡”民歌、山歌展演活动。

“银川”导弹驱逐舰

“银川”舰是我国自主研发的第一代导弹驱逐舰(051型),也是人民海军第一支导弹驱逐舰部队的主力舰队。1972年1月,“银川”舰由大连红旗造船厂开工建造,1976年8月加入人民海军战斗序列,舰号107。1986年8月1日被海军命名为“银川”舰。2012年10月“银川”舰完成其历史使命光荣退役,被移交故乡银川,亮相于黄河之滨,成为黄河军事文化博览园中一道靓丽的风景线,也是黄河军事文化博览园主题标志。

1980年,“银川”舰作为编队指挥舰在南太平洋留下共和国第一道航迹。当年5月1日,以“银川”舰为编队指挥舰的舰艇解缆起航,驶向南太平洋预定海域,担负“东风五号”运载火箭的航渡护航、试验区巡逻警戒、协助打捞数据舱等任务。5月18日上午10时,新中国第一枚洲际导弹出鞘亮剑!几十分钟后,试验区海域西北上空一个亮点钻出云层,划破长空,拉出一道耀眼的白光,直向预定落区飞来。数秒钟后落水,激起了150多米高的冲天水柱。十几分钟后,“数据舱”由172号“超黄蜂”直升机撒网捞起。任务东西横跨50多个经度,4个时区,南北穿过40多个纬度,经过4个台风生成带,中途不能停靠任何码头,在当时来说,是对人民海军远航能力的一次重大考验,也是人民海军第一次冲出岛链,驶入太平洋远海。“银川”舰也在此次任务创海军历史三个第一:航行最远——南太平洋、连续航行时间最长——36天、航海里程最多——9000海里;2008年,作为海上安全保卫指挥舰,“银川”舰为奥运会筑起一条安全可靠的海上防线,被中共中央、国务院授予“支援北京奥运、残奥会先进集体”荣誉称号。“银川”舰服役36年,航行21万余海里,驰骋海疆、战功卓越,圆满完成运载火箭飞行试验警戒、奥运安保、编队远航训练、研练演习等20余项重大任务,多次代表国家陪同外国军舰来访、接待外国驻华武官和访华使者的参观访问,曾荣获海军年度“四无”先进单位、海军军事训练一级单位等荣誉。2000年以后,“银川”舰部分装备呈现老化趋势,特别是电子装备问题更加突出。舰上某型雷达由于厂家解散、修理部门技术储备不足、备件缺损等原因长期居于瘫痪状态。“银川”舰长期属于二类舰艇,严重制约了“银川”舰履行使命任务。

黄河第一舰——银川舰(退役)

“银川”舰回归故里银川,创造了人民海军舰艇退役安置历史上的“四个第一”:第一艘退役后移交命名城市的战舰;第一艘退役后安置于黄河岸边成为“母亲河第一舰”的战舰;第一艘退役后在西北地区建成海洋观教育和国防、爱国主义教育基地的战舰;第一艘退役后以拆解运输、异地组装方式打造起来的战舰。

媒体看兴庆

自食其力，辛苦也是幸福的

1月7日，兴庆区玉皇阁北街信义市场西门斜对面的马路边上，穿戴严实的市民匆匆走过，谁也没注意，有一个小小的修鞋摊正在营业。

这是一个简陋的鞋摊，一辆红色的三轮摩托车前，铺展开了各色修鞋工具。修鞋匠文盛红正在认真地给一位顾客钉着新换的鞋底。尽管气温已经到了零下，但他没戴手套，粗糙的手背上布满了老茧和污渍。铁锤一起一落，钉子稳稳地钉进鞋跟里。他随后拿起胶水沿着鞋子缝隙滴进去，把鞋子捧到嘴边往里面吹气。等胶水干了后，他抄起自制的修鞋刀，细细裁切鞋底边缘。最后用电砂轮机将毛糙的鞋底边缘磨平。大约6分钟后，两只鞋的换底工作就完成了。

鞋摊叫“小文修鞋”，街坊们平时都亲切地叫修鞋匠小文，但很少有人知道他的大名叫文盛红。今年40岁的小文，在这修鞋已有18年了。记者问：“这么冷的天，为啥不租个房子干？”文盛红说：“有好多老顾客，我搬了他们就找不到了。”文盛红每天早晨10点左右出摊，晚上6点左右收摊，一天只吃两顿饭。只有下雨下雪，他才会给自己放放假。

尽管每天修鞋最多时也只能赚四十来块钱，但文盛红很知足，“靠双手吃饭，再苦再累也不怕。”身高只有1.2米左右的他说这话时，底气却很足。谈起个人问题，还没成家的文盛红有些羞涩地表示，现在每天辛苦点，就是盼着让未来的她少吃点苦。

记者从银川市城管局了解到，近年来，为了鼓励残疾人自谋职业，银川市城管、民政及残疾人联合会等相关单位为像文盛红这样有一定手艺的残疾人在市区街道上开设了数十个临时摊点，让他们能够自食其力，有尊严地生活的同时，也用自己的一技之长服务于社会。

（摘自2014年1月8日《银川日报》记者 郭 潇）

环卫工归还钱包 寒风中婉拒酬金

余万林是兴庆区城管南局一线环卫工人，工资不高，家庭生活拮据。但面对捡到装满现金的钱包时，他的选择是等待失主，在完物归还后，婉拒了失主的酬谢金。

1月5日清晨，城管南局清扫二公司玉皇阁南街大班的清扫员余万林，在清扫到南关清真寺附近时，发现地上有一个钱包。他捡起后看到里面鼓鼓地有一沓现金，还有各类卡。余万林见状赶紧将该钱包保管好，在捡到钱包的附近路段边继续保洁作业，边等待失主。不多一会儿，余万林就看见一中年妇女神色慌张地好像在找什么。经上前询问并仔细核对钱包内物品及证件信息，余万林确定对方就是失主后，立即将钱包归还。

手拿失而复得的钱包，失主王女士非常激动，当即就拿出200元硬塞给余万林作为酬谢，但余万林百般推辞，说：“找到你，我很高兴，钱我不会要的，我拿了会亏心。”为了感谢余万林拾金不昧之举，当天，心怀感激的王女士来到兴庆区城管南局，将情况告诉了工作人员。

（摘自2014年1月9日《银川日报》记者 张佳怡）

兴庆区为民办10件实事涵盖养老教育医疗出行等

在兴庆区第三届人民代表大会第二次会议上，兴庆区承诺2014年将为民办十件实事，内容涵盖养老、教育、医疗、出行等诸多方面。

为民办十件实事分别是：加快养老服务业发展，建设农村养老幸福院10个，实现城市居家养老服务站全覆盖；改善师生工作生活条件，为农村学生提供免费营养早餐，为下乡支教教师发放交通补贴；提高城乡困难群众医疗救助标准，将大病门诊救助最高标准提高至3万元，住院救助最高标准提高至8万元；实施生态移民致富工程，做好羊绒针织厂、花卉园区等用工培训，解决生态移民就业1000人；改善农村出行条件，修建丰收路、防洪堤路等乡村道路38公里；改善农村基础设施，实施掌政镇主干道路亮化工程；改善农村卫生环境，启用农村垃圾转运站和污水处理厂；实施学校建设工程，新建八里桥中学、月牙湖回民二中、二十二小、五幼4所学校；抓好学校标准化建设，投入9000万元，标准化配备教学仪器设备，改善办学条件；提高环卫工人、网格员待遇，为环卫工人、网格员发放工龄补贴。

（摘自2014年1月24日《银川日报》记者　叶於亭）

服务不到位　月牙湖乡民生服务中心干部被停职

针对第八期《电视问政》中反映的兴庆区月牙湖乡小塘村四组村民马彦福之子马生元到乡民生服务中心，办理土地流转和粮食补贴过户手续时出现的服务不到位等情况，兴庆区在了解事实的基础上，对分管领导、相关管理窗口工作人员做出罚款、停职相应处分，并出台一系列整改措施，避免今后发生类似情况。

依据《月牙湖乡民生服务中心工作管理制度》规定，给予月牙湖乡乡民生服务中心资金管理窗口A岗工作人员罚款500元，扣除当季度绩效奖50%，且年底不得评先评优的处罚，要求在乡机关干部职工大会上作出深刻检查；给予资金管理窗口B岗工作人员罚款500元，停职3个月，只发给生活费的处罚，要求在乡机关干部职工大会上作出深刻检查；分管领导罚款500元，在乡机关干部大会上作出深刻检查。

同时，从3月份开始，月牙湖乡民生服务中心及时调整岗位，要求各窗口做到一岗多责，树立便民、为民的理念，每天设一名当班主任，主要负责监督窗口工作人员在岗工作情况、为民办事态度、服务质量和效率，并设立政务监督信箱，公布举报电话，认真收集群众意见，接受监督，便于更好地服务百姓，切实履行好为民办事的宗旨。

（摘自2014年3月3日《银川日报》记者　叶於亭）

一张榜单“晒”出乡风新貌

——银川市兴庆区“红黄蓝榜”上的道德实录

近年来，兴庆区在乡（镇）、村张贴道德“红黄蓝榜”，让好人好事上红榜，不道德行为上黄榜，改过自新者上蓝榜。小小一张榜单，从邻里乡亲的身边人、身边事找到了推进农村精神文明建设的突破口，在提升村民思想道德水准、倡导文明乡风方面取得了良好效果。

“红黄蓝榜”上的道德公约

农民技术员鲁守振说起几年前的一次“上榜”经历，至今难忘。“我是个闲不住的人，看见谁家有困难就愿意上去帮一把，没想到因为这个还上了村里的道德‘红榜’！”鲁守振说，上榜很光荣，感觉自己比别人高出半截来。

鲁守振家住兴庆区大新镇燕鸽村，这个村是道德“红黄榜”的发源地。自2008年起，燕鸽村在村规民约的基础上探索出张贴道德“红黄榜”的做法，以改变当时村庄脏乱、人心涣散、邻里纠纷、上访集中等突出问题，提升村民的文明素质和思想道德水平。

要遵纪守法，履行义务；弘扬美德，尊老爱幼；礼貌待人，热情好客……这些抽象的准则以鲜活的事例在一张张榜单上得以体现。鲁守振热心帮助孤儿，带动干部群众及热心人士捐款援助；陈随花14年精心伺候病重婆婆毫无怨言等事迹在“红榜”上留名。而在“黄榜”上，乱堆乱放垃圾、无故拖欠水费、不尽赡养义务、赌博闹事等人和事则被屡次公开曝光。

随着道德“红黄榜”从燕鸽村向其他村庄推广，2013年，道德“红黄榜”上又增添了一个“蓝榜”。对好人好事在“红榜”上表扬，不良行为在“黄榜”上亮丑，改正情况在“蓝榜”上公示，改正突出的还可以转化到“红榜”。过去四年间，各村共张贴“红榜”7000余人次，“黄榜”750余人次，“蓝榜”200余人次。道

德榜单“晒”出民风新气象

目前，道德“红黄蓝榜”已推广至兴庆区的各个乡镇、村落，成为备受村民关注的光荣榜和曝光台。纸上的“红黄蓝”榜单也变成了村民行动上的“指挥棒”。

张贴道德“红黄蓝榜”不仅引导村民弘扬尊老爱幼、家庭和睦、邻里团结等传统美德，也对乡村干部的工作起到监督作用。在大新镇塔桥村，一名村干部因为接待办事群众时态度不好而被微博“投诉”，随后这名村干部的行为就被曝光在“黄榜”上，受到严厉批评。

道德“红黄蓝榜”引发农村道德风尚竞赛，凸显了先进榜样的示范引领作用，也激励了群众不甘人后的朴实热情。如今，上“红榜”的人越来越多，“黄榜”上的人则日渐减少。燕鸽村 2014 年最新一期的道德“红黄蓝榜”评议结果显示，全村 283 户中，被“黄榜”曝光的只有 3 户。

为了发挥道德榜单激发正能量的效力，兴庆区在实践中不断探索，按照“红榜”的褒扬内容，组织各村开展“道德之星”“最美兴庆人” 等评选活动，推出“新型农民星”“孝敬父母星”“科技致富星”以及“诚实守信”“敬业奉献”等百名道德之星。共青团和妇联等组织也开展了 “少年先锋星”“好媳妇、好婆婆”“十星级文明户”等评选活动，树立了一批精神文明建设的先进典型。

全民“上榜”践行核心价值观

近期，兴庆区已着手准备道德“红黄蓝榜”进学校、进社区的试点推广活动。对道德“红黄蓝榜”的评议章程、表现形式、激励机制等积极进行调整和完善。

在基层，乡村干部和村民代表也在为深化道德“红黄蓝榜”活动出谋划策。为了提高道德榜单在农村的知晓率和影响力，大新镇计划将设在村部的道德“红黄蓝榜” 展示牌向农村广播、手机“农讯通” 以及微信等信息发布平台扩展；并将探索“红黄蓝榜”积分制，对屡次上“红榜”者以累积积分兑换物质奖励；对“黄榜”曝光屡次不改者，可考虑取消其享受社会福利、政府补贴等优惠政策的资格。

（摘自 2014 年 3 月 8 日《银川日报》新华社记者　任　玮）

兴庆区 2014 年 11 个棚户区改造项目全部开工

6505 户居民受益

为进一步改善辖区群众居住条件，提高整体环境面貌，兴庆区将加快推进棚户区改造，共实施棚户区改造项目 11 个，涉及拆迁户 6505 户，拆迁面积 263.3 万平方米，建设安置房 61.8 万平方米。

在棚户区改造过程中，兴庆区将拆迁与安置统筹兼顾，优先考虑将丽景街、友爱中心路主干道路两侧交通便利、适宜居住的地段用于康居工程建设，并按照功能齐、配套好、质量高、安全可靠的要求，以及之前调查摸底情况，优化户型设计，满足群众基本居住功能。

在此基础上，兴庆区建立了质量责任追溯制度，加大质量安全监督检查力度，实行工程质量责任终身制，确保群众住上放心房。此外，围绕基础设施、公共服务和生产生活服务三大功能，兴庆区在康居工程建设中不仅配套建设了道路、排水、路灯、绿化等项目，并按照“同步设计、同步施工”的原则，同步建设小区供水、供电、供气、供热等公用设施，确保安置房交付时、各项配套公用设施同时启用，从而为搬迁群众构建丰富便捷的生活圈。在完善兴庆区康居工程建设标准基础上，兴庆区先后又出台了康居工程二次结构以及电器设备、塑钢门窗等技术参数标准，发放到参建企业，并构筑监理单位甲方代表监督、银川市行管处监督、质监站行业监督和农民义务监督员义务监督的四位一体的立体监督模式，确保工程质量阳光透明。

据悉，2014 年年底，兴庆区将有 4 个棚户区项目共计 80 多万平方米交付使用，另有 7 个项目预计在 2015 年年底交付使用。

（摘自 2014 年 3 月 24 日《银川日报》记者　叶於亭）

兴庆区推行失能老人护理补贴

每月为服务人员发放 800 元

兴庆区将为符合条件的失能失智老人所委托的服务人员发放每月 800 元的服务补贴，为老人购买来自近亲属、邻居或由农村社区指派能从事老人日间护理服务的健康人员护理费用，让这些老人安度晚年。据了解，资金由所在的村民委员会和乡镇民政部门两方负责监督并按月发放。

经过前期入户走访调查，兴庆区对老人进行失能评估、收入核查。目前，兴庆区确定了符合条件的失能困难老人 26 名。这项政策在农村全面展开推广，将使这些失能失智老人不再为“明天在哪里”而担忧落泪，也使党和政府的惠民政策真正做到惠民、利民、暖民。

（摘自 2014 年 5 月 8 日《银川日报》记者　王一平）

兴庆区整治问题民办教育机构

取缔一所黑幼儿园　整改两所教培机构

兴庆区综治委联合兴庆区教育、卫生、城管、交警等多部门，对民办教育机构办学条件及校园环境安全等问题进行集中整治。执法中，一所民办幼儿园因无证非法办学被依法取缔，另有2所教育培训机构未经审批私自开设小饭桌，被责令整改。

位于兴庆区新世纪花园小区三组团的幸福双语幼儿园是由一座三层独体别墅改建而成，属于私自改变民用住宅用途，坐落在小区地下车库的通道口处，存在极大安全隐患。兴庆区教育局的工作人员介绍，2013年9月，幸福双语幼儿园在未向教育主管部门报批、不具备办学资质的情况下擅自开园招生，属于无证非法办学。从2013年10月份起，教育局接到周边居民的相关投诉后，多次派相关工作人员下去督查。在检查中该幼儿园的园长拒不配合，对于教育主管部门下发的取缔通知书也置之不理。根据《中华人民共和国民办教育促进法》相关规定，该幼儿园被依法取缔。

检查组还发现有2所教育培训机构未经审批私自开设小饭桌，且卫生条件堪忧。兴庆区第十二小学附近的"新语堂教育"未经教育部门审批，也不能出示卫生许可证、健康证，属于非法机构。执法人员告知，在未获得合法手续前不得继续开办小饭桌。在位于兴庆区中心巷的人众人培训中心，检查人员发现该机构审核通过的是文化课辅导项目，却违规私自开设小饭桌，被责令补办手续限期整改。当日，执法组还发现兴庆区回民第二小学、兴庆区五小等普遍存在校门口高峰期交通混乱、流动商贩难禁等通病。

（摘自2014年4月23日《银川日报》记者　张　宜）

兴庆区建自治区首个孝德教育基地

9月30日，兴庆区首个孝德文化教育基地的牌匾在兴庆区老年公寓加挂。该教育基地面向社会开放，市民皆可参观，并可成为孝德义工，照顾这里的老人。同时兴庆区社会福利院网站(http://xqqfly.com)也同步上线，志愿者可以在这里进行注册，根据福利院的实际需求进行志愿活动。

兴庆区孝德文化教育基地由展厅、教育片以及院内500米孝德文化墙组成。兴庆区社会福利院院长杜新艳介绍，建立孝德文化基地一方面可以使孝德教育成为孩子们成长过程中传统文化熏陶的一个重要内容，让更多的孩子传承和发扬中华美德。另一方面，还可以延伸孝德文化内涵，倡导"大德于心，孝慈于行"的理念，以家庭"小孝"为切入点，以文化引领整个社会的"大孝"，使孝德成为人们的核心价值观，成为人们的文化自觉。

（摘自2014年10月1日《银川日报》记者　王一平）

大棚增收了灌渠清淤了

兴庆区796名干部蹲点基层解民忧

银川市兴庆区掌政镇茂盛村的马成玺温棚茄子摘了4次就卖4000多元，比2013年种西红柿一年的收入翻了一倍还多，这要归功于兴庆区农牧局技术员的秸秆反应堆试验。

马成玺所在的茂盛村现有蔬菜大棚近5万栋，主要种植西红柿。去年因病虫害严重，西红柿的品质、产量双下降，农民收入骤减。兴庆区农牧局得知后，安排技术人员进入温棚，针对土质老化、病虫害蔓延等问题，挑选50栋温棚开展秸秆反应堆、基质实验、蔬菜套种等新技术试验。2014年1月份以来，马成玺种的"试验棚"已采摘过4次茄子，共收入4000多元。

和马成玺一样喜滋滋的，还有掌政镇杨家寨村的村民们。清明小长假后，杨家寨村1500米的二号灌渠从满是生活垃圾的臭水沟成功变身清水渠。原来，兴庆区委书记马爱平在参加杨家寨村4月3日的民主议政日时，听到村民反映入驻该村的中小型企业产生的垃圾不仅影响村容，更使二号灌渠严重受阻，影响灌溉，他便督促相关镇、村，在4天内完成对二号灌渠的整体清淤工作。

兴庆区796名干部和546名网格员蹲点基层，在听民声、访民情的过程中，解民忧、促发展、见实效，结对帮扶基层群众1735户，先后征求群众对农村经济发展、社区事务管理等方面的意见建议15540条，及时解决意见建议13797条。

（摘自2014年4月9日《宁夏日报》记者　张　唯）

兴庆公安现场解决群众诉求

对外地因婚迁入本区人口按户口性质予以落户

“我们村好多因婚姻关系迁入的人，夫妻双方无法落在一个户口上，给生活带来很多不便，希望能够尽快解决。”银川市兴庆区通贵乡通南村村民代表马耀全在会上直言。近日，兴庆区公安分局召开外来人员入户专题研究座谈会，邀请部分外来人员就户口迁移中存在的问题进行现场答疑，并提出了相应解决方案。

近年来，兴庆区不少外来人员因婚姻等原因，将原农业户口变更为城镇户口后，无法享受当地城市社保、农业人口保险等相关政策。为此，群众多次向有关部门反映，一直无法解决。会上，群众代表们畅所欲言，将外来人口入户难、失地农民养老保险制度过时等一系列问题摆在了桌面上。

针对大家提出的问题，兴庆区公安分局要求所属掌政、通贵、大新、月牙湖四个乡镇派出所立即对外地因婚迁入本区人口按照户口性质予以落户；并要求户政、派出所联合乡镇干部对已经签订了房屋、土地转让协议的外来人员进行摸底调查，掌握人员基本情况，提出迁入制度的可行性报告，提交上级相关部门研究。同时，根据兴庆区实际情况，对 60 岁以上失地农民的养老保险问题拿出具体解决方案。

（摘自 2014 年 4 月 21 日《宁夏日报》记者 李建新）

兴庆区代孕“牛妈”诞下首头移植洋奶牛

昨天，在银川市兴庆区万亩奶牛生态养殖场内，一头降生 5 天的小牛犊正在饲养人员的照料下精神十足地进食。据介绍，这头小牛犊是兴庆区首次采用奶牛胚胎移植技术，将国内外最优质的奶牛胚胎移植到该养殖场内一头奶牛子宫内，由其代孕繁殖的首头犊牛。

为提高兴庆区的奶牛品质及种群数量，提高后备奶牛的产奶量和鲜奶品质，增加奶牛养殖效益，兴庆区农牧局积极引进和推广奶牛胚胎移植技术。在兴庆区万亩奶牛生态养殖场内，共有 45 头适配奶牛进行了此项技术的移植，其中 12 头奶牛移植成功。目前，除第一头犊牛健康状况良好，生长发育正常外，其他移植奶牛也将于近日陆续出生。

据悉，兴庆区今年还将计划引进推广胚胎移植奶牛 500 头。

（摘自 2014 年 7 月 16 日《宁夏日报》记者 张 唯）

斥资 650 万元涵盖 23 所学校

兴庆区借暑期为中小学再“美容”

兴庆区现已启动 2014 年 23 所中小学内墙粉刷工程，该工程总投资达 650 万元，计划于 8 月 10 日完工。到 2014 年下半年秋季学期开学，兴庆区涉及内墙粉刷学校的学生便会发现，教室内的墙壁将变得焕然一新。

由于涉及校园环境，兴庆区对该工程十分重视。当天，兴庆区建设交通局邀请自治区建科院专家对粉刷工程进行现场跟踪抽样质检，以监督工程进度。根据专家要求，施工队材料进场首先要进行检测，得到宁夏建科院检验合格报告才能进货，然后施工。同时，校方也可随时对材料进行核对监督。

此次兴庆区 23 所城乡中小学内墙粉刷工程为期 40 天，除内墙粉刷外，还包括墙裙改造等。在 2013 年暑假期间已投资 1.2 亿元完成了 27 所老旧学校外墙保温节能改造工程。内墙粉刷工程实施后，兴庆区城乡中小学老旧校舍条件有望得到进一步改善。

（摘自 2014 年 7 月 20 日《宁夏日报》记者 张 唯）

兴庆区南区地税局：纳税人享受“五星”服务

银川市兴庆区南区地税局对办税服务厅各项硬件设施及相关制度进一步优化，积极向“五星级”办税厅迈进，让纳税人真正享受“五星级”服务。

昨天，记者走进该局办税服务厅，整洁有序、优质高效的办税环境给人留下深刻印象。办税服务区、辅导咨询区、资料取阅区等六大功能区域布局合理，设施完善。为节省纳税人等候时间，前厅又新增设了导税预审区，由导税员提前帮助纳税人做好材料审核工作。仔细观察服务区，饮水机、便民服务箱等放置在最显眼处，打开便民服务箱，常用药、老花镜、针头线脑等一应俱全。服务厅还设置了 VIP 服务室，提供预约延时服务，采取“一对一”纳税辅导，预警企业涉税风险，全面拓宽纳税服务渠道。电子触摸屏、税法宣传大屏幕、服务评价器，让税收优惠政策和涉税信息全公开；行政审批岗、核查人员岗，使窗口与后台联系更紧密，办事效率更高。

（摘自 2014 年 12 月 17 日《宁夏日报》记者 魏 萍）

非公企业助力兴庆区经济稳增长

近年来，银川市兴庆区不断探索适合区域特色和产业特点的非公经济发展模式，将原来多集中于新华商圈的非公经济向城东转移，逐渐形成以商贸物流、现代服务产业为主的非公经济新格局。

记者在中国穆斯林国际商贸城看到，这里已着手打造涉及汽车全业态的汽车公园。“目前商贸城入驻商户已达670多个，年交易额近6000万元。”商贸城负责人说，随着兴庆区在招商、税收等政策方面的支持，这里已逐渐成为集购物、休闲、餐饮、娱乐等产业于一体的新型城市商业中心。

为促使非公有制经济发展步入“快车道”，兴庆区全面推进商贸物流和现代服务产业发展。截至目前，该区不仅形成以中国穆斯林国际商贸城、绿地21城、宁港财富中国为龙头的商贸综合中心，及以宁夏新世纪冷链中心、北环批发市场为核心的民生保障基地，同时还借助宁夏交通物流园、银川众一物流园、红星美凯龙等非公企业，形成仓储物流服务平台和家居产业群。

据介绍，近年来兴庆区东部的商贸物流带共引进42家企业，形成了具有现代特色的城区商业圈，已累计实现商品交易额约160亿元，实现利税约8亿元，提供就业岗位约10万个，为兴庆区经济社会发展起到了巨大的推动作用。

（摘自2014年9月20日《宁夏日报》记者　张　唯）

兴庆区巧做“加减法”　引领教育优质均衡发展

近年来，兴庆区在教育投入上做加法，在缩小城乡差距上做减法，确保辖区每个学生都有学上、上好学，全力打造优质教育文化引领区。

兴庆区将“教育优先发展”作为兴区强区的战略目标之一，争项目、重投入、快建设、促提升，力推教育走上科学快速发展轨道。2010年至今，累计投入12亿元，先后新建、迁建、扩建20多所学校，其中包括为解决进城务工人员子女入学难而建的宁夏首个“新公民学校”，开通“绿色通道”，让外来务工人员子女可就近调剂入学。目前，兴庆区已有60多所中小学校，形成了城市学校、农村学校、移民子弟学校等各具特色、互为补充的立体教育格局。

为缩小新旧学校、城乡学校差距，实现教育公正、同步发展，兴庆区投入1.2亿元，给掌政中学等27所老旧中小学校舍“动手术”，投资1600万元，改造14所中小学运动场，实现辖区内学校塑胶操场“全覆盖”。同时，进行教育信息化基础设施建设，投入5336.9万元，配备多媒体教学设备、录播教室等，一道道光纤将辖区中小学连接成一张“活网络”。

（摘自2014年11月2日《宁夏日报》记者 张慈丽）

一把手说了不算　专家做决定　兴庆区10余政府投资项目节约1300万元

民生工程如何做到既让老百姓满意，又能最大程度节省开支？最近，兴庆区推行规范项目工程造价咨询和招标代理程序新模式，目前已为政府节省1300余万元。

政府的投资项目工程不是由一把手说了算，而是由专家集体评审做决定。兴庆区政府投资建设项目在审批可行性研究报告、初步设计或建设方案前，就组织相关部门、聘请相关专家进行评审论证，提高项目技术上的科学性、可行性，投资的合理性和有效性。目前，已对兴庆区满春中学扩建项目、兴庆区二十二小学项目、23所中小学内粉工程等24个新建项目组织了专家评审会。

而在项目工程造价咨询服务程序方面，兴庆区要求由项目责任单位向兴庆区经济发展局提出申请。在监察局、经发局的监督下，由项目单位从引入的6家中介机构中通过抽签方式抽取1家，委托开展前期项目工程造价咨询服务。各项目负责单位不得随意委托中介机构提供造价咨询服务。

通过严格按照“估算控制概算、概算控制预算、预算控制决算”的原则，兴庆区严控投资成本，保证投资效益最大化。截至目前，兴庆区已对10余个项目进行了工程造价复审，为政府节省资金1300余万元。

（摘自2014年7月23日《银川晚报》记者 杨　薇　实习生 马玉萍）

兴庆区公安在全区首家打破属地管辖

三证可在任意派出所办理

银川市公安局兴庆区分局在全自治区首家推出便民服务新举措，居民补办二代身份证，办理二代临时身份证、居住证，在兴庆辖区所有派出所均可一站办理，不再需要按属地派出所管理原则办理。

兴庆公安分局利用户籍信息联网技术，整合辖区16个派出所的户籍信息，将过去市民补办身份证、办理临时身份证、居住证必须回户籍所在地派出所办理的模式，改变为居民可据自己的实际情况就近办理，节约时间，方便市民。“以前办理临时身份证，最快要3天；现在本人持有效户口本证件，到兴庆区任何一家派出所，等3分钟即可办理。”兴庆区公安分局人口服务与管理科科长闫青宁介绍。

另悉，鉴于公安部门要采集核准身份信息，如果是首次办理身份证或是更换身份证，仍然要到户籍所在地派出所办理。

（摘自2014年11月2日《宁夏日报》记者　刘惠媛）

兴庆区实现居家养老服务全覆盖

银川市兴庆区掌政镇强家庙中心社区寿星老年公寓建成并迎来了首批入住的11名五保老人。兴庆区积极引入社会力量参与居家养老、机构养老，摸索出服务主体多元化、服务层次多样化、服务方式社会化、服务队伍专业化的社会化养老新模式。

强家庙中心社区寿星老年公寓面积2000平方米，集居住、休闲、生活为一体，能为96位老人提供养老、医疗、保健护理，并提供24小时呼叫和流动巡视等服务。据强家庙中心社区党支部书记杨国安介绍，掌政镇孤寡老人和五保户都在这里集中供养。

位于大新镇上前城村的老年公寓是全自治区第一个村办养老机构，该村符合条件的五保户、特困户、孤寡老人都可在这里不花一分钱安度晚年，食宿及生活必需品都由村集体买单。

目前，兴庆区共有60岁以上老年人5.9万名，其中80岁以上4800人、90岁以上460人、百岁老人10人。近年来，兴庆区不断加大对养老机构的投入力度，已建成农村养老“幸福大院”10座、居家养老服务站72个，新建社区老年活动中心21个，实现了居家养老服务全覆盖。

（摘自2014年11月23日《宁夏日报》记者　贾　莉）

兴庆区用优质教育提升民生温度

【口播】 在教育投入上做加法，在缩小城乡差距上做减法。2014年，兴庆区使教育公平的天平从城市“高地”向农村“洼地”倾斜，城乡教育均衡发展为优质教育打底。

在兴庆区通贵中学，八年级4班的同学们围在火山喷发演示模型四周，聚精会神地观察着一场模拟火山喷发。2014年，学校专门建起了专用的历史和地理教室，星象模型、立体地球仪、地形地貌模具、浮雕壁面等多种形式的教学辅助设备一应俱全。如今同学们上历史地理课，都十分感兴趣。

【同期声】 兴庆区通贵中学学生比起以前来说 现在学习不是像以前那么枯燥 学习成绩也提高了不少

发生改变的，不仅仅是通贵中学，而是兴庆区所有的中小学校园。在银川十五中，七年级11班班主任刘俊玲老师正在用触摸式一体机给学生讲解诗词。触摸式一体机不仅能够展示课件，还能把学生做好的卷子、笔记进行分享。

【同期声】 银川十五中语文教师刘俊玲 学生的作业 学生的作文都可以当堂现场现听现改 真正增大了课堂容量 也增强了课堂的时效性

据了解，伴随着“打造优质教育文化引领区”行动，自2010年至今，兴庆区累计投入12亿元，先后新建和迁建了16所学校；对14所中小学运动场进行改造，率先实现辖区内学校塑胶操场全覆盖；为27所老旧中小学校舍进行粉刷、增加外墙保温、更换门窗、更换强电线路，并通过人事制度改革让优秀教师流动起来，培训资金向农村倾斜，“软硬”兼施使兴庆区城乡之间、学校之间的办学差异明显缩小。

【同期声】 兴庆区教育局党工委书记孙自文 所有办学条件标准化也已经实现了 重在应用方面我们不但要配齐 而且要用好 为此每年政府要投入300多万元 在配的过程中边配边培训老师 这样提高利用水平 实现我们重在应用目的。

（银川电视台　李国银　于蓉　韩杰　周永飞）

3 元标准花样多 食品安全有保障

兴庆区 7000 余农村学子吃上免费早餐

兴庆区自 2014 年 6 月起在农村中小学校开展免费营养早餐试点工作，并于 9 月在掌政镇、通贵乡及月牙湖乡的 13 所农村中小学全面实行，截至目前，13 所学校的 7115 名学生已全部吃上免费早餐。

“营养早餐全部现做现吃，不隔夜放置。”掌政中学食堂管理人员杨露指着墙上张贴的食品卫生许可证和工作人员健康证说，免费早餐的标准是每个人 3 元，要用这样的价格，做出一顿让学生吃得饱且有营养的早餐，学校着实要费一番脑筋。为让学生营养均衡，学校不仅收回了食堂外包权，聘请师傅现做早餐，还专门聘请管理人员负责学生食谱，保证每天不重样。为保证学生不浪费食物，每天食堂里还会有值班老师现场监督。

据统计，自 2014 年 9 月农村中小学生免费营养早餐正式实行至今，兴庆区已投入 210 余万元，用于购买早餐食材及支付工作人员工资。此外，兴庆区还通过调查表、监督员、座谈会等形式，对营养早餐工程内的饭菜质量、鸡蛋数量等进行检测及评议，以保证免费早餐的安全和营养。

（摘自 2014 年 12 月 29 日《宁夏日报》记者　张　唯）

弘扬民间文化 扩大非遗影响

兴庆区将征集 200 件非遗作品“入馆”

为弘扬民族民间优秀文化，让广大群众特别是青少年感受中华优秀传统文化的独特魅力，银川市兴庆区文体旅游局将面向银川地区非遗传承人、民间艺术家及爱好者，征集 200 件具有历史传承性的非遗作品和民间艺术创意作品。

在兴庆区现有的非物质文化遗产作品中，汤瓶八诊、贺兰砚制作技艺、回医正骨等 4 项被列入国家级非遗项目名录；鱼尾剑、北塔庙会被列入自治区级非遗项目名录；宁夏花儿民歌、回族砖雕刻技艺、民间面塑技艺等 11 项被列入银川市非遗项目名录。同时，兴庆区还将北塔佛教音乐、农具制作技艺、金丝沙画、民间根雕等 12 项列为本级非遗项目名录。

为扩大非遗的影响力，兴庆区广泛开展非遗进校园活动，将金丝沙画制作技艺、民间面塑技艺、剪纸技艺先后引入兴庆区回民一小、十六小学、二十五小学等中小学校开展课堂实践活动。目前，银川市回民中学、兴庆区回民一小已被列为国家级传承基地，银川二中被列为自治区级传承基地，银川十中被列为银川市级非遗传承基地。

（摘自 2014 年 12 月 30 日《宁夏日报》记者　张　唯）

月牙湖移民村守着花儿发洋财

【导语】 在银川市兴庆区月牙湖生态移民村，有一半以上的壮劳力外出打工挣钱，可是 2014 年许多人不打算再出去了，大伙在 400 栋日光温棚里种上了康乃馨，守在家里也能致富。

【正文】 在温暖如春的日光温棚里，数万朵康乃馨含苞待放，这是牙湖生态移民村村民们收获的一茬康乃馨。

【现场】 “咱们这一茬花收入怎么样？”“收入还可以！”“这一茬最少 4000 元最多 8000 元。”“一年能有几茬？”“一年有三茬。”“这一年能有多少钱？”“两万多块钱。”

【正文】 壮劳力们忙着采摘，上了年纪的老人们则忙着在专业合作社里包装花卉，每打包一束鲜花，合作社支付三毛钱。

【现场】 你这一个月能赚多少钱呀 一个月有三四千块钱 挣钱不跑路离家也近一些 方便 家里也能照顾的好

【正文】 打包的康乃馨按照 ABC 三个等级储存在冷库里，将空运到北京、上海，以及韩国和日本。移民村与国际市场接轨，村民发起了洋财，这并不是一件偶然的事情，宁夏光照时间长，土壤里的干物质丰富，所以种出的鲜花颜色鲜艳，木质化程度高，具有花期长、耐储存、易运输的优势，而且费很低，从花都云南到北京的运费每公斤需要 5 元钱，而从银川到北京只需要八毛钱，运费成本节省 70%以上。银川市不少企业普遍看好了这一行情。2013 年在自治区林业厅的牵线搭桥下，宁夏周景世荣进出口有限公司与移民村村民签订了承包合同，在短短一年时间 400 栋日光温室拔地而起，当年就产生了经济效益。

【同期声】 企业负责人 周志强我们针对移民点的具体情况 和往常的合作模式不一样

以前我们在掌政都是农民的棚 农民的劳动力 我们只提供种苗技术和销售三个环节

但是针对月牙湖移民点刚搬过来没有资金投入的情况 我们从设施设备种苗农药化肥 全部由公司提供 培训移民按照我们的培训进行生产

【正文】 为了提高村民的积极性，企业还与承包户签订了帮扶协议，规定康乃馨收购价格要严格按照品级定价收购，花枝长度达到70厘米，花朵饱满的为A级，收购价格就高，低于标准的按照协议中的市场保护价格统一收购。

【同期声】 月牙湖生态移民村花农：这个种花一年四季都可以不停都有活干么 再一个效益也好 看人家老总要扩建 我还想再包上一个

【同期声】 企业负责人 周志强通过2013年的种植情况来看 我们总结了一下 如果我们在现有的地方把农民的收入再提高的话 就要按照我们葡萄花卉局提供的技术指标来种植 我们2013年A级花达到了80% 2014年A级花要达到90% 这一栋棚就能增加一千多块钱

（宁夏电视台 牛大力 高 凌）

兴庆区政府投入近百万让学生喝放心水

2014年，兴庆区投入近百万元，在辖区58所中校学及幼儿园安装全自动节能饮水机，让孩子们在校期间能喝上干净的温开水，这在我区尚属首次。目前，58所中小学校的安装工作已全部结束。

4月4号课间时分，在银川十五中的开水房里。每台饮水机上有一个100° C的总开关和5个分开关，饮水机里的温开水为40° C，对孩子们来说，温度刚刚好，接上后可以直接喝。目前，饮水机安装已有一个多月了，周一至周五全天开放。

【同期声】 银川市十五中学生 我觉得装了这个饮水机以后 喝水挺方便的 这有热水 凉水还有温水 自己调要喝的温度

据了解，这次为学校安装的全自动节能饮水机经过3级过滤，学生可直接饮用，比自来水更加安全健康。

【同期声】 银川市十五中教务主任 席敦 目前来看这个机子净化了水源 提高了水质 咱们学生用起来特别方便

【同期声】 兴庆区教育局副局长高义 解决了6万多名学生上学期间饮水的问题 让学生喝上安全放心健康的水 这项惠民工程实施以后 深受广大家长学生教师的好评

（银川电视台 李国银 于蓉 韩杰 周永飞）

银川：城中村一年变身景观公园首府南大门改头换面

【导语】 银川市致力于城南道路景观改造，让银川市的南大门改头换面，昔日的城中村，变身为一座市民休闲娱乐的城市花园。

【同期声】 记者 高凌：这里过去还是一条臭水沟和脏乱差的城中村 但是仅仅用了一年的时间 就建成了一个占地面积760亩 结合了水系 亭台 花架 栈道为一体的生态景观公园 这里就是徕龙公园 它的面积比中山公园还要大60亩

【正文】 2013年，自治区实施了主干道路大整治大绿化工程，而徕龙公园所在的这片区域，处在银川南绕城高速公路与109国道交汇处，既是整治重点，也是整治难点。这是属于城中村，农田、养殖场、垃圾场混杂其间，拆迁治理难度较大。银川市的主排水沟永二干沟也从这里穿过，每年排入永二干沟的工业和生活污水有数百万吨，整洁工程量很大。然后银川市兴庆区仅用了3个月时间就完成了拆迁工作，无一户上访。随后7个月的基础工程和绿化工程建设，让附近的老百姓感觉到了银川的速度。

【同期声】 银川市民：建设速度挺快挺好 哎呀 我这没有想到这（原来）臭水沟上 现在成了幸福的地方 确实给我们这地儿的小区造福了

【同期声】 银川市民：每天都来（遛弯）早上一圈晚上一圈 走在这里面感觉那当然不一样了 这鸟语花香的 来年肯定更好了

（宁夏电视台 牛大力 高 凌）

教育均衡让孩子们公平逐梦

【导语】 有教无类，公平施教是教育作为一项社会公共事业的本质要求，国家一直在提倡要让每一个孩子享受到好的教育，而宁夏作为西部欠发达的少数民族自治区，虽然不断地在推进教育的均衡化发展，但由于一些历史原因城市教育差异不可避免地存在着，如何在更高层次上实现教育的公平化、素质化，宁夏的教育人正在开始新的探索。

【正文】 银川市兴庆区回民中学的同学们这个暑假过的格外充实，他们搭乘校车要到黄河岸边上一堂户外科普课。

【现场】 今天利用假期带大家来到这

边 做一些野外的实验 就是咱们在课本上学的但是没有一个实际的体验 今天咱们就带大家来学习

【正文】 同学们被分成了三组，分别是:物理小组、化学小组和生物小组。物理小组利用废旧水瓶制作了一个潜水艇;化学小组正忙着将浑浊的黄河水净化成淡水,而生物小组则在大自然中采集植物标本。这是同学们第一次在野外上科普课。

【同期声】 以前暑假在家里其实也挺爱制作一些小东西的 其实都是折纸和小朋友比赛啊 这个暑假是在户外活动的 而且这种活动可以让我们懂得很多的科学原理

【同期声】 以前在暑假里我们很少有这种活动 就是在家里看看电视玩一玩 我觉得以后这样的活动应该经常组织 让我们参加 既学到了知识 又让我们一起玩

【正文】 在银川市兴庆区东郊的农村里,有许多回民聚居区,由于离城里比较远,曾几何时这里的数学条件与城市相比差距很大,究竟是什么改变了传统这里死板的教学方式?答案就是当地的教师轮岗制度。把城里的特级教师派到农村的学校任教,农村的老师到城里取经充电。夏丽芬是银川市兴庆区二十一小的一位教师,2014 年她被派到了碱富桥小学作轮岗教师，只要是她的课,学校里的教师们都会这样一字排开听课充电。

【同期声】 她上示范课我们在底下听 听完以后你就马上反馈 自己新授的课 人家就给我们评课 一堂课上下来 人家把毛病挑出来

【同期声】 银川市兴庆区教育工委书记 孙自文 这样如果动态的老师交流制度形成以后 就不存在哪个学校老师师资弱强的问题 这样的话老百姓子女都能有好学上 第二无择校各个学校的老师均衡的 也不存在择校的问题了

【正文】 教师轮岗制度只是当地加大教育投入力度的一部分，从 2010 年开始银川市兴庆区累计投入 12 亿元“打造优质教育文化引领区”，让新建学校和老旧学校“并肩而行”。人工草坪、红色的塑胶跑道、多功能教室、远程教室、LED 触控一体机、“校校通”，只要城里有的,我们看到农村的学校都有了。今年 7 月份，银川市兴庆区辖区 13 所农村中小学的 7426 名学生还全部享受到营养早餐。

【同期声】 自治区教育厅领导:这些年我们一直都在做一件事情那就是教育均衡发展

我们要让教育公平这扇大门从城市“高地”向农村“洼地”迈进 要让所有的孩子有学上，上好学 教育公平化了才能真正体现出社会资源分配的公平 促进社会各民族各阶层的安定团结

【正文】 近年来兴庆区坚持教育优先发展战略,全面推进教育改革,基本形成了有区域特征和民族特色的现代教育体系,宁夏教育总体上已经步入全国同步发展层次，基础教育课程改革、教育信息化、中小学党建、义务教育保障机制、民族教育、校舍安全工程、营养改善计划等工作，教育事业已经实现了“有学上”的目标,正在向“上好学”的目标迈进。发展均衡教育,不仅体现了教育公平化,还是维系各族团结,社会和谐稳定的纽带。

（宁夏电视台 牛大力 高 凌）

兴庆区以“四优标准”打造精品康居工程

【口播】 长期以来,环境差、住房旧、配套设施落后等问题成为横亘在棚户区群众与安居幸福生活之间的一堵高墙。今年,兴庆区政府投资 140.44 亿元,续建、新建 16 个康居工程项目,新建住房达 33177 套,让数万群众的安居梦得以实现。

在兴庆区满春小区安置区的施工现场,记者看到,大部分楼房主体建设已经完工,工人们正忙着做外墙装修和内墙保温工作。项目负责人告诉记者,整个工程 50 多道工序，都严格按照图纸设计标准进行施工。在工程审验方面,则采取了企业、政府质监站、住户、监理企业自检四方联合审验的模式。

【同期声】 中建三局满春康居工程项目负责人每一道工序都必须通过这四方验收合格以后我们才能进行下一步施工

而在建设选址方面,兴庆区优先考虑将丽景街、友爱中心主干道两侧交通便利、适宜居住的地段留给康居建设项目,并配套建设医疗、教育、商业、物业等设施。截至目前,满春小学东、西区已经有 32 栋楼房的主体部分已完工,上前小区、塔桥花园等 6 个康居小区将在年底交付使用。

【同期声】 兴庆区康居办主任杨银生 充分利用银行贷款 另外积极协调中央的棚户区改造的补贴资金和市财政 兴庆区财政这几块资金 来确保工程的施工进度 确保 2015 年年底之前全部竣工交付使用。

（银川电视台 维罗妮 吕晓东）

大事记

一 月

1 日 第三次全国经济普查登记工作正式开始。

2 日 兴庆区工会举行“情系困难职工——爱心卡”发放活动，城管环卫、非公企业、社区、建筑工地等建档录入工会帮扶系统的 481 名困难职工领到爱心卡。

3 日 兴庆区委二届六次全体（扩大）会议召开，审议通过《兴庆区区委 2014 年工作要点》《兴庆区第二届委员会工作规则》和《兴庆区区委重大事项集体决策制度实施细则》。

4 日 自治区团委、宁夏志愿者协会、宁夏义工联合会在光明广场举办“快乐雷锋送温暖” 雷锋饺子计划活动启动仪式，兴庆区团委组织辖区志愿者参加。仪式结束后对兴庆区 40 名家庭经济困难学生进行慰问，发放米、面、油等慰问物品。

7 日 兴庆区委宣传部与《新消息报》报社联合举办“颐和地产”兴庆区首届社区文艺大赛，兴庆区各街道 35 支代表队参加。

8 日 兴庆公区安分局刑侦大队在西安一网吧将河南籍犯罪嫌疑人张永抓获。该犯罪嫌疑人于 2013 年 12 月 31 日在银川新华街国芳百货一楼盗窃多家珠宝店金银首饰，涉案价值达 100 余万元。

9 日 银川市民政局领导到兴庆区社会福利院视察养老服务工作。

10 日 共青团兴庆区三届四次全体（扩大）会议在兴庆区检察院七楼会议室召开。兴庆区三届委员会全体委员、各乡镇、街道、社区、村团干部、各中小学团委书记和少队辅导员以及各直属非公有制企业和新社会组织团干部等 150 余人参加。

是日 老干部局完成兴庆区 2013 年退休干部信息采集、录入、校对及上报工作。

13 日 在银川市委组织部、老干部局举办的 2013 年度“我的中国梦”主题征文活动中，兴庆区老干部局刘博阳获二等奖，蔡国胜、吴燕获三等奖。

14 日 自治区统计局副局长朱尼、人口处处长张雪艳及自治区、银川市相关领导在兴庆区督查指导月度劳动力调查工作。

15 日 兴庆区工会启动 2014 年“送温暖”活动，向 371 名符合条件的困难职工每人发放帮扶金 600 元，共发放帮扶金 22.26 万元。

15 日 兴庆区经发局、农牧局、科技局、园林局和月牙湖乡联合召开树莓种植和清真肉兔养殖项目论证会。自治区政策研究室副主任刘策、自治区扶贫办张吉忠、德国园艺专家诺伯特·费舍尔、中国林科院研究员郭浩、宁夏葡萄酒局副局长李怀珠应邀出席。

是日 自治区政协主席齐同生、政协秘书长刘卉等到兴庆区中心敬老院，为 41 位五保老人送去慰问金和慰问品，并致新春的问候。

16 日 自治区扶贫办、移民局党组书记梁积玉到滨河家园调研移民安置情况。

是日 宁夏消防海宝中队在兴庆区社会福利院开展消防安全演练活动。

是日 兴庆区农民运动会在兴庆区体育馆举行，大新镇、通贵乡、月牙湖乡、掌政镇各行政村代表队 300 多人参加。

17 日 自治区党委宣传部在滨河家园举办“三下乡”活动，赠送各类物资价值 38 万元。自治区党委常委、宣传部长蔡国英到滨河家园花卉园区、羊绒针织厂调研。

是日 自治区文化科技卫生“三下乡”集中服务活动在兴庆区月牙湖乡滨河家园文化广场举行启动仪式。自治区党委常委、宣传部长蔡国英，自治区副主席姚爱兴，自治区政协副主席安纯人及银川市、兴庆区主要领导出席。

20 日～23 日 “宁夏百乡千村农民体育活动月·兴庆区农民运动会”“和谐杯”群众书法、绘画、民间剪纸大赛作品展、“兴庆区市民冬季冰上钓鱼比赛”等一系列群众喜闻乐见的文体活动同时举行。

21 日 自治区党委常委、银川市委

书记徐广国带领马凯、周云峰、王勇、李守银、孙建峰、马爱平等银川市和兴庆区负责人慰问兴庆区功模代表、老干部局局长助理张晓虎。

23 日 银川市第三次全国经济普查领导小组办公室副主任刘晓天率督导组到兴庆区检查督导普查登记工作。

是日 兴庆区妇联在银古路街道金南社区举办和谐婚姻家庭知识讲座。

是日 兴庆区工会开展劳模进社区便民服务活动，向 2 户困难职工家庭分别送去中国结、马年吉祥物及 1000 元慰问金；为 2 户困难残疾家庭送去米、面、油等物品。

24 日 新华街在鼓楼南街（步行街）华联商厦门口举行商圈“金色商圈、红色联盟”活动启动仪式，雷朋照明有限公司、苏宁云商电器有限公司、华联商厦、新华百货购物中心、耐克鞋业、乔丹鞋业、七匹狼服饰、海蓝之家服饰等企业和个体商户加盟。兴庆区委书记马爱平、政法委书记孔令杰以及新华街街道市民服务中心党工委负责人参加。

是日 兴庆区四套班子领导在新华街慰问第三次全国经济普查登记基层普查员。

是日 兴庆区四套班子主要领导慰问三户患大病困难职工，分别送去 1000 元至 3000 元慰问金。

是日 在银川市总工会十五届八次全委(扩大)会议上，兴庆区工会获得全市工会系统 2013 年度综合目标责任考核第一名。

26 日 兴庆区法院被自治区高院授予“全区综合性示范法院”荣誉称号。

是日 兴庆区团委在掌政镇典农公园举办首届乡村青年卡拉 OK 大赛。掌政镇、大新镇、通贵乡、月牙湖乡四个乡镇 18 名选手参加比赛。

27 日 兴庆公安分局刑侦大队成功抓获“12·08”抢劫杀人案嫌疑人甘元归。

是月 兴庆区工商联在会员企业中开展为宗教场所订党报党刊活动，胡满华、吴家栋、洪菊明 3 位企业家出资 17000 元为兴庆区 70 多所宗教场所征订《银川日报》。

二月

12 日 天成社区开展“捐衣物、献爱心”中小学生假期社会实践活动，辖区 50 余名中小学生参加，捐赠的 200 余册图书、85 件衣物全部送往月牙湖回民小学。

是日 自治区召开党的群众路线教育实践活动第一批总结暨第二批部署电视电话会议，兴庆区四套班子及其他在职县级领导，区委、区政府各部门负责人，各乡镇党委书记，各街道党工委书记，部分企事业单位主要负责人参加。

是日 兴庆区四套班子领导和各扶贫工作成员单位主要负责人参加自治区农村工作暨扶贫开发工作电视电话会议。

14 日 凤凰北街北安市民服务站举办辖区老年人庆元宵谈家风话和谐茶话会，12 对金婚老人参加。

是日 兴庆区举办大型社火巡演展演活动。

是日 兴庆区团委在银川市海宝公园举办以“志愿银川，温暖城市”为主题的宣传活动，20 支志愿者服务队参加。兴庆区疾病预防控制中心向过往群众发放《认识丙肝危害，提高防控意识》《了解健康知识，科学防治梅毒》《全民动员，抗击艾滋》等宣传资料 1000 份、安全套 600 只。

17 日 自治区党委副书记崔波到兴庆区月牙湖万亩奶牛养殖园区调研奶产业和规模奶牛养殖场畜禽粪便无害化处理，兴庆区领导马爱平、朱韶峰、孔令杰、丁万福、叶建国等陪同。

是日 自治区党委副书记崔波在自治区扶贫办主任董玲陪同下，到月牙湖乡调研扶贫工作，兴庆区委书记马爱平、区长朱韶峰全程陪同。

18 日 兴庆区城管环卫综合执法南局清扫二公司给予捡拾万余元现金悉数奉还的环卫工人余万林 200 元奖励。

18—19 日 厦门优传集团名誉董事长、副总裁王春水就投资建设“银川国际商品保税中心、跨境电子商务交易平台”项目与兴庆区对接洽谈。兴庆区委常委、副区长张新民介绍兴庆区经济社会发展、投资发展机遇、优势特色产业、重点投资领域以及银川商贸物流带项目建设等情况，针对厦门优传集团拟投资建设“银川国际商品保税中心、跨境电子商务交易平台”项目选址用地情况进行重点推介。

20 日 新水桥村“六方”警务调解室挂牌，标志着兴庆区“大调解”工作正式启动。“六方”警务调解室是由兴庆区大新法院、大新镇纪委、大新镇司法所、大新镇派出所新水桥警务室、大新镇新水桥村委会以及新水桥大、小清真寺共同组建的，主要职责是针对法律纠纷、征地拆迁、民族宗教等方面突出矛盾联合调解处理。

是日 兴庆区委书记、人大常委会主任马爱平，政协主席曹生林到兴庆区回民二小、第八小学、银川二十一中和燕鸽幼儿园检查开学情况。

是日 银川市副市长刘卫东一行到兴庆区社会福利院调研职工队伍建设和培训情况。

21 日 兴庆区召开党的群众路线教育实践活动动员大会。区长朱韶峰主持会议，区委书记马爱平安排部署教育实践活动工作，银川市驻兴庆区督导组组长杨波出席会议并做重要讲话。

是日 银川市委讲师团团长高亚东做群众路线教育实践活动专题讲座，兴庆区在职县处级领导和部分退居二线、离退休县处级领导，区委、区政府各部门负责人，各乡镇、街道负责人，村、社区负责人，企业负责人代表、党员代表、无党派人士代表，各民主党派负责人以及兴庆区党的群众路线教育实践活动领导小组办公室工作人员和督导组全体成员近 200 人参加。

22 日 “居然之家银川光耀店招商新闻发布会”成功举行。自治区旅游局副局长卢志平，银川市人大常委会副主任王勇，兴庆区委常委、副区长张新民，银川市经济技术合作局（以下简称“经合局”）副局长陈元文以及国内品牌家居生产厂家代表、经销商户 1000 多人参加。

是日 兴庆区京藏高速公路两侧绿化建设工程项目指挥部成立。

22—23 日 浙江中月集团总裁俞朝忠一行 6 人到兴庆区投资考察，经合局负责人及银川永康商会常务副会长刘采英等陪同考察。

24 日 兴庆区召开宣传思想文化工作会议，表彰命名 7 家文明单位。

25 日 兴庆区在月牙湖乡召开扶贫对象动态调整建档立卡动员大会。

27 日 兴庆区全面启动党的群众路线教育实践活动。

是日 兴庆区召开“宁港财富中国电商园”项目研讨会。兴庆区领导马爱平、肖建东、孔令杰、马少红、张新民、李晓红、石继生，银川市商务局副局长杨伟宁，兴庆区经发局、经合局、商务局、政研督查室、宁港城市发展公司负责人以及北大纵横“宁港财富中国”项目组专家团队参加。

28 日 兴庆区扶贫办在月牙湖乡举办乡村干部扶贫对象建档立卡培训。

是日 中央文明办摄制组到大新镇燕鸽村采访燕鸽村“道德红黄蓝榜”活动开展情况。

三月

1日 兴庆区工会在宁夏人力资源市场举办 2014 年春风行动暨大中专毕业生大型招聘会。

4 日 兴庆区公安分局、兴庆区政法委、各街道、银川市房管局在兴庆区公安分局八楼会议室召开居民小区治安防范工作协调推进会，辖区 15 家物业公司负责人、30 个小区物业管理经理、12 个街道负责人、2 名长庆物业处负责人、8 名社区居委会代表参加。推进会就力争年内投入专项资金 1000 余万元，技防示范小区达到 12 个以上，二、三类小区人防力量投入增加至 390 人，监控探头增加 640 个，防盗门新增 560 个，达到一类小区零发案、二类小区发案同比下降 30%等问题进行讨论。

是日 银川市委常委、副市长马凯带领相关部门负责人到兴庆区月牙湖乡滨河新村，帮助协调解决发展中遇到的问题。

5 日 兴庆区委、政府在湖滨体育馆举行纪念“三八”国际妇女节 104 周年表彰大会暨妇女健身操（舞）大赛，银川市妇联主席李咏梅，兴庆区委副书记、政法委书记孔令杰，区委常委、副区长马少红，区委常委、纪委书记曾祥娟，区委常委、统战部部长王涛，政协副主席李晓红、柴丽云，工会主席、党委办公室主任杜胜出席。大会表彰先进集体、和谐家庭标兵户 95 个，命名巾帼文明岗和巾帼示范村 15 个。

是日 兴庆区组织 10 支学雷锋志愿服务队，开展“人人争做志愿者，天天三五学雷锋”活动。六小、七小、景岳小学等 8 所小学的千余名师生在“红领巾一条街”——中山街开展志愿服务。

是日 由兴庆区残联、兴庆区团委联合开展的学雷锋兴庆区志愿者助残“阳光行动”在银川市特教中心举行，区委书记马爱平、政协主席曹生林亲临活动现场与孩子们互动。

是日 自治区统计局总统计师金国华一行到兴庆区督导第三次经济普查工作。

是日 兴庆区委常委、统战部部长王涛和兴庆区工会主席、党办主任杜胜慰问贫困“两癌”妇女，为其送去 10000 元“两癌”救助金。

是日 兴庆区委召开中心组（扩大）学习会，开展党的群众路线教育实践活动第二次集中学习交流和阶段性测试活动。

7 日 银川市人大常委会副主任段小平、政协副主席孙建峰率市委“重点工程督查组”一行 10 余人对兴庆区旧城南部、塔桥花园康居安置区建设情况进行督查，兴庆区委书记马爱平、区长朱韶峰、政协主席曹生林陪同。

是日 自治区、银川市、兴庆区“和谐家庭”创建统一行动日在兴庆区玉皇阁北街文体活动中心举行，自治区妇联副主席魏艳华、樊虹，自治区民政厅副

古渡夕阳下

厅长高万金，自治区司法厅社区矫正局局长穆凤山，自治区人力资源和社会保障厅副厅长孙晓军，银川市妇联主席李咏梅、副主席王晓瑾，兴庆区委常委王涛参加。

8日 兴庆区工会、妇联、机关工委在银川市北塔湖公园联合举办机关女干部、女职工庆"三八"健步行活动。

9日 兴庆区评选张贴"道德红黄蓝榜"活动被中宣部、中央文明办确定为精神文明建设创新案例。《人民日报》、新华社、中央电视台、中央人民广播电台、《经济日报》《光明日报》、《中国日报》、中国共产党新闻网、中国文明网、凤凰网、新浪网、宁夏新闻网、《宁夏日报》、《银川晚报》等多家媒体先后报道。

10日 自治区财政厅党组书记、厅长张苏安，银川市人大常委会主任孙荣山，银川市人大常委会副主任杨杰等一行到月牙湖乡开展下基层走访调研活动。

12日 兴庆区人民武装部和丽景街联合举行民兵整组点验仪式，街道近200名民兵参加点验大会。

13日 兴庆区妇联在兴庆区会堂举办女性礼仪和魅力修养讲座，兴庆区人大常委会副主任彭丽宏、政协副主席李晓红、柴丽云等领导及来自兴庆区各部门、各乡镇街道200多名妇女干部参加。

是日 自治区林业局春季造林督导组银川组组长余锋一行4人督查兴庆区春季造林进展情况。

14日 全区年度卫生行政处罚案件评查会议结束，兴庆区卫生监督所选送的《李付月非医师行医案》获得2013年年度一等奖，名列全区各县市105份选送案件之首。

是日 通贵乡举办水稻品质提升关键技术培训班，邀请自治区农勘院书记马金虎、自治区原种场场长沈宏刚、自治区农机总站研究员杨明进授课，村民及种粮大户80余人参加。

是日 兴庆区区长朱韶峰主持召开康居工程外网设计论证协调会。副区长王永虎、冯德旺、政府聘用专家组成员、外网设计单位、造价咨询机构、银川市自来水公司、供电局、宁夏哈纳斯新能源公司及相关部门负责人60余人参加。

是日 自治区农村土地承包经营权确权小组一行六人对兴庆区永固村、强家庙、司家桥村这三个试点村的确权工作进行验收。

是日 自治区种子管理局对兴庆境内持证种子生产经营企业经营的玉米杂交种子进行抽检。

16日 自治区党委常委、银川市委书记徐广国、市长马力带领银川市发改委、国土、建设、规划、住房保障等部门负责人一行30余人，在兴庆区委书记马爱平、区长朱韶峰的陪同下，对兴庆区新水小区棚户区改造项目建设情况进行调研。

是日 兴庆区教育局在兴庆区回民二小和银川十五中召开信息化教学资源有效应用启动会，各中小学幼儿园中层领导、学科教研组长及银川市直属小学和各县区的教师代表600余人参加。

18日 自治区党的群众路线教育实践活动联系兴庆区省级领导、自治区政协副主席李淑芬，银川市驻兴庆区督导组组长杨波等一行5人对兴庆区旧城南部四片区棚户区改造项目之一的永乐家园项目建设情况进行调研，兴庆区委书记马爱平就2013年以来兴庆区棚户区改造项目与康居小区建设情况进行简要汇报。

20日 银川市直16个部门在月牙湖乡召开帮扶对接座谈会。

是日 兴庆公安分局治安大队组织警力40余名对兴庆区建发公寓A座3楼"指尚仙境足浴"、B座4楼"御指天娇足浴"进行突击检查，当场抓获涉嫌卖淫嫖娼违法行为人28人。依法对涉嫌卖淫嫖娼的违法行为人李某某、刘某某、胡某某、马某某等28人给予罚款的行政处罚，对容留介绍卖淫王某某处以行政拘留12日并处罚款，对该场所给予罚款并责令停业整顿。

27日 自治区副主席屈东玉带领自治区农牧厅、林业厅等相关部门负责人调研月牙湖乡万亩奶牛生态养殖园区、月牙湖乡生态移民安置区花卉园区、羊绒针织厂、农田开发整理项目区。

28日 兴庆区民政局召开《自治区实施〈村民委员会组织法〉办法（修改草案）》座谈会。自治区民政厅有关领导，兴庆区纪检、组织部、法制办、农牧局、民政局，兴庆区各乡镇分管领导及村委会主任、村民代表参加。

29日 国家关心下一代工作委员会常务副主任闵振环到塔桥村调研。

31日 兴庆区为51所中小学及幼儿园安装直饮水机，6万多名学生受益。

四月

2日 兴庆区2014年麻腮风强化免疫工作技术方案培训班在中心五楼会议室举办，辖区各预防接种点及乡镇卫生院计免专干30人参加。

3—4日 兴庆区教育局分别与银川市第二十一小学、银川实验小学举行挂牌签约仪式。银川市第二十一小学与兴庆区大唐中心小学、海军希望小学，银川实验小学与兴庆区掌政中心小学、官湖小学组成联合发展共同体。

11日 公安部消防局副局长于建华带领国务院消防工作考核组一行6人对兴庆区公安分局西街所2013年消防工作建设情况进行检查验收。

13日 妇女小额担保贷款培训班在掌政镇会堂举办，银川市妇联发展部、兴庆区妇联、掌政镇等有关领导以及掌政镇各村的妇联干部及贷款农户130余人参加。

18日 银川市公交公司工作人员在康华社区为520名65岁以上老年人免费办理乘车"敬老卡"。

是日 新华街举办新华商圈"海悦建国杯"职工技能大赛，来自商圈9家非公企业62名选手参加，比赛内容包括中式铺床、中餐摆台和托盘技能三大部分。

是日 兴庆公安分局刑警大队成功抓获以甘肃籍男子王红星为首的盗窃皮卡车、面包车犯罪团伙，11名犯罪团伙成员被抓捕归案。该犯罪团伙自2012年12月以来先后流窜于银川市、吴忠市利通区、甘肃省宁县、白银等地，利用网上购买的万能钥匙盗窃皮卡车、面包车34辆，涉案总价值200余万元。专案组在甘肃庆城县、甘肃环县、宁夏同心县、中宁县等地追回被盗汽车10辆，为群众挽回经济损失100余万元。

18—29日 第二期(2013年)1225户生态移民分五批次从彭阳县相关乡镇搬迁到月牙湖乡滨河家园生态移民安置区。

19日 中东欧4个国家5个党派代表到滨河家园移民安置区学习考察。

23日 民政部专家组到兴庆区开展"残疾孤儿手术康复明天计划""西部贫困家庭儿童疝气手术康复计划"、贫困家庭先天性心脏病患儿、白血病患儿救治等公益项目的手术患者筛查工作。

是日 兴庆公安分局成立女警察协会。60余名女民警、协勤代表投票推选出首届女警协会会长、副会长及委员。

24日 大新村劳务公司为每位入股村民发放分红3000元现金。

是日 中铁十一局集团有限公司为兴庆区第二十四小学捐赠校服款186400元，校长杨彦文代表学校向中铁十一局赠送锦旗。

25日 "全国免疫规划宣传日"，兴庆区疾控中心将4760份免疫规划、狂犬病各类宣传资料及时分配到各乡镇卫生院、社区卫生服务站。

是日 "给力兴庆、青春倡廉"辩论赛在兴庆区法院拉开了序幕，来自兴庆区的20个单位参加了比赛。大新镇的四名辩手在此前一个星期的时间里积极讨论、充分准备，多方搜集材料，并做过了多次模拟演练。

29日 在银川市行政中心召开的全市关心下一代工作先进集体、先进个人表彰大会上，兴庆区关工委、银古路街道关工委、教育局关工委、玉皇阁北街北关社区关工委、银川市第三中学关工委等获银川市关心下一代工作先进集体；高万金等10名"五老"荣获银川市关心下一代工作先进个人。

是月 残联为1453名符合条件的贫困残疾人做免费身体检查。

是月 兴庆区工商局二分局局长陆川作为全国工商系统先进集体的代表之一参加全国工商系统先进事迹巡回报告。

五月

6日 兴庆区文明城市督查工作领导小组成立，制定《兴庆区迎接全国文明城市复检工作督查方案》。

12日 北京市政协考察团到兴庆区考察土地流转情况。

13日 自治区主席刘慧到月牙湖乡了解生态移民安置及产业发展情况。自治区党委常委、银川市委书记徐广国、自治区副主席李锐等陪同。

是日 凤凰北街街道邀请到原国家救援队资深队员、中国地震应急搜救中心教官、美国AHA心脏协会授权培训师尹航为街道及社区志愿者进行防灾减灾自救应急知识培训。

16日 自治区公安厅党组书记、第一副厅长、自治区禁毒办主任王正升在兴庆区委常委、公安局长魏宁喜的陪同下到通贵乡调研乡镇禁毒工作。

是日 云南新闻出版局观摩团一行在自治区广电局新闻出版局局长朱昌平、银川市新闻出版处和兴庆区文体旅游局相关领导的陪同下到大新镇塔桥村观摩农家书屋交流活动。

22日 全国九三学社中央妇委会在自治区宣传部副部长马凤仙、银川市宣传部副部长冯婷、兴庆区区常委王涛等陪同下，到银古路宝清社区就开展和谐家庭创建暨"康乃馨"关爱单亲母亲行动工作进行调研。

26日 银古路街道丽景社区成立丽景书画院。

28日 银川银丰食品有限公司总经理林峰一行6人来到兴庆区中心敬老院为13名"三无"人员和40位"五保"老人发放爱心粽子，又租大巴车带领40位老人到中山公园游玩。

30日 兴庆区成立全面深化改革领导小组，领导小组下设办公室，设在兴庆区委政策研究督查室，区委副书记担任办公室主任，政研室主任担任副主任。

5月 兴庆区首次引进南美白对虾在掌政镇碱富桥村进行设施温室养殖试验。

六月

3日 兴庆区公安分局在银古路大团结广场开展处置暴力恐怖事件拉动演练，分局指挥中心、治安大队、刑警大队、巡防大队及12个城市派出所123名警力和武装巡逻车、现场勘查车等35台车辆参与演练。

6日 宁夏"2014(第七届)中国环境与健康宣传周"活动在兴庆区通贵乡启动。

7日 自治区"节俭养德全民节约行动"主题活动启动仪式在兴庆区丽水社区举行。自治区党委常委、宣传部部长蔡国英，自治区各厅局、银川市、兴庆区等主要领导出席。

10日 月牙湖回民中学、掌政中学、兴庆区六小碱富桥校区等5所学校免费营养早餐试点开始。

12日 国家工商行政管理总局人事司副司长余宁一行在自治区工商局人事教育处处长贾东晖、银川市工商局局长袁文军的陪同下，带领全国工商行政管理系统先进事迹巡回报告团在银川市工商局兴庆二分局召开先进事迹座谈会。

是日 银川市环境监察支队、兴庆区环保分局、银川市公安局环境安全保卫分局、掌政镇政府联合执法，集中捣毁7家藏匿在农村的非法加工作坊。

16—18日 国家第三次经济普查事后质量督察组在兴庆区3个普查区进行事后质量抽查。

19日 银川市提升城市精细化管理水平及城市文明程度现场会在水产小区召开。银川市市长马力，市委常委、宣传部长王玮，副市长代荣民参加。

22日 兴庆区教育局秋季招生计划出炉，兴庆区辖区内小学招生160个班7920人(含实验小学、二十一小、博文小学)；初中招生148个班7400人(含唐徕回民中学、北塔中学、景博中学、英才学校)。

23日 民政部国家康复辅具研究中心主任韩以贵一行7人视察兴庆区社会福利院福康工程辅具使用情况。

24日 自治区民委主任丁卫东到月牙湖乡滨河家园就生态移民和谐清真寺建设情况进行调研，兴庆区宗教局及月牙湖乡分管领导陪同。

25日 自治区统计局副局长徐秀梅一行对兴庆区规模以上工业企业进行调研。

26日 兴庆区成立统计执法检查领导小组，对4家农业调查单位进行执法检查。

30日 民建兴庆区总支举办参政议政及互联网知识培训班。

七月

2—3日 由宁夏花卉协会主办，银川市兴庆区农牧局承办的第三届西北地区花卉产业交流暨学术研讨会在银川长相忆宾馆召开。

3日 兴庆区正式启用4个环卫工流动服务站，为解放街、北京路、新华街、六盘山4条主干道上巡回作业的环卫工人提供饮水、休息等服务。服务站配有沙发、桌椅、空调、电视、电脑、报警器等，可容纳20人就餐。

14日 兴庆区公安分局经侦大队开展统一清查行动，捣毁传销窝点6个，抓获参与传销人员50余人，各种传销资料及笔记等40余册，笔记本电脑三台。

16日 银川市人大组织各县（区）人大常委会分管副主任到玉皇阁北街北关社区观摩人大代表联系基层工作。

19日 最高人民法院院长、党组书记周强在兴庆区法院视察。

23日 兴庆区公安分局成功抓获3名贩毒嫌疑人，当场缴获毒品海洛因12公斤、贩毒车辆一部。

24日 中央文明办主任徐令义到兴庆区视察。

北塔湖光

八月

5日 自治区林业局、建设厅有关领导，银川市六个县(区)林业局局长观摩兴庆区2014年重点绿化工程建设情况。

7日 全国政协民族和宗教委员会主任朱维群一行12人到银古路丽景市民服务站调研和谐社区创业工作。

9日 全国政协民族宗教委员会领导到塔桥村花卉物流园调研，对兴庆区大新镇失地农民再就业工作表示肯定。

11日 兴庆区政协选举成立爱心助学理事会。

13日 兴庆公安分局在兴庆区民族南街"紫微星座"6号公寓地下车库抓获重庆籍犯罪嫌疑人张万发，依法查获冰毒疑似物7866.2克、运输毒品涉案车辆一部。

是日 兴庆区四所公办幼儿园公开抽号招生在银川回中举行，兴庆区纪检监察和银川国信公证处工作人员做公证监督，300名幼儿抽取入园资格。兴庆区人大代表、政协委员代表、中小学幼儿园教师代表和部分随机抽取的幼儿家长代表参加。

14日 宁夏回族自治区第十四届运动会在银川体育馆落下帷幕，兴庆区160名体育健儿为兴庆区赢得金牌57枚、银牌35枚、铜牌34枚，取得金牌、奖牌、团体总分三个第一的好成绩。同时5人次分别打破1项自治区成年纪录、5项青少年纪录，获体育道德风尚奖。

16—17日 银古路街道丽景社区书画院在新华街东方红广场举行云南赈灾作品义卖活动，书画院书画家白崇飞、崔志鹏、黄淮平等现场作画。活动义卖作品120幅，筹善款3000元。

18 日 兴庆公安分局被公安部确定为《新一代警用 GIS 关键技术及其应用》项目及课题示范单位，是全自治区公安机关唯一入选全国 25 家示范单位的县分局，标志着分局信息化建设工作迈上一个新的台阶。

是日 九三学社兴庆区委会组织社员观摩生态建设。

19 日 自治区统计局人口处组织召开劳动力抽样调查培训，兴庆区统计局带领辖区被抽中的 11 个乡镇、街道统计专干 20 人参加培训会议。兴庆区做抽样调查的有 780 户。

是日 宁夏银川通威饲料有限公司在通贵乡举办水产饲料产品及养殖技术培训班，全乡水产养殖工作人员及养殖户共 30 余人参加。

是日 兴庆区民政局为燕鸽湖管委会 22 户残疾家庭发放低保证。

20 日 自治区党委书记李建华到兴庆区江宁国际酒店用品城调研。

22 日 自治区政协副主席张学武一行到解放西街水产小区视察老旧小区综合治理工作。

26 日 在银川市动物防疫职业技能和兽医实验室检验技能竞赛中，兴庆区代表队获竞赛集体二等奖，掌政镇动物防疫员陈学良获“动物防疫职业技能”竞赛个人第二名。

27 日 兴庆区政协就兴庆区开展“美丽银川‘7+1’”重点工程实施情况召开主席会议。

28 日 “民族团结宁夏行”全国媒体大型宣传报道记者团采访兴庆区玉皇阁北关社区。

是日 丽景街北塔村村民刘亦兵成功考取轻型飞机飞行执照，《航空知识》杂志认定他为中国第一个，也是用自制飞机飞行成功的最年轻的农民，累计安全飞行 300 多个小时。由于对飞行器兴趣浓厚，经过努力 1996 年 12 月刘亦兵驾驶自己制造的飞机翱翔蓝天。他驾驶动力悬挂飞行器参加航拍等多种飞行活动，被誉为“中国农民第一飞”。

29 日 住房和城乡建设部部长陈政高一行在自治区党委常委、银川市委书记徐广国，银川市副市长代荣民等领导的陪同下，调研兴庆区上前城棚户区改造项目。兴庆区委书记、人大常委会主任马爱平，区长朱韶峰参加。

是日 银川市政协主席贺满明在兴庆区月牙湖调研银川通航机场暨通航产业园项目推进情况。

是日 自治区文化厅副厅长贺亚平、银川市文广局副局长郭林一行对掌政镇基层文化体系建设情况进行调研。

是日 安徽省政协在自治区政协相关领导的陪同下到解放西街华新社区视察社会化创新管理工作。

是日 兴庆区旧城改造道路畅通工程指挥部正式向社会公布关于湖滨西街道路畅通工程房屋征收通知。该工程涉及唐徕渠以东、唐徕小学以南、领秀一居以西、湖滨西街以北 2346 户居民的房屋征收。

30 日 自治区党委常委、银川市委书记徐广国到月牙湖实地调研银川通航机场暨通航产业园项目推进情况。银川市领导贺满明、周云峰、夏夕云，银川市发改委、工信局、国土局、规划局、经合局等市直相关部门主要负责人以及兴庆区领导马爱平、朱韶峰、张新民、王永虎、杜胜陪同。

九月

1 日 银川市市长马力带领信访、国土、财政、国资委等部门负责人，邀请兴庆区掌政镇掌政村村民代表，在掌政村开展信访开放日活动，听取村民关于银川鸣翠湖国家湿地公园股权由银川市政府一次性征收诉求。

是日 宁夏回族自治区军区政治部、民政厅、双拥办领导在通贵乡清真大寺视察“军寺共建促和谐”活动开展情况。

3 日 自治区人大常委会副主任孙贵宝在银川市市长马力、自治区住房和城乡建设厅厅长杨玉经、银川市副市长代荣民等领导陪同下，视察兴庆区掌政小城镇建设项目和掌政镇强家庙中心村。兴庆区委书记马爱平、区长朱韶峰及相关乡镇、部门负责人参加。

5 日 兴庆区第三届人大常委会召开第十次会议。兴庆区委书记、人大常委会主任马爱平，副主任肖建东、保少宁、丁万福、张艳芬、彭丽宏及常委会委员出席会议，会议由人大常委会副主任丁万福主持。

9 日 银川市委政研室、市国土局等部门到兴庆区调研农村产权制度改革工作。

15 日 贫困户建档立卡系统录入完成并上报国务院扶贫办。

23 日 自治区组织专家团对兴庆区义务教育均衡发展进行初验。

28 日 自治区深化和谐社区创建工作现场观摩会在兴庆区召开。自治区党委办公厅、政府办公厅、组织部、综治办、民政厅、财政厅、人力资源社会保障厅、住房城乡建设厅、信息化建设办公室负责人以及各市、县(区)政府社区建设工作分管领导、综治办、民政局负责人参加。自治区党委副书记崔波、自治区党委常委、副主席李锐出席观摩会。

是日 兴庆区月牙湖乡塘北路工程开工。塘北公路北连防洪堤公路，南接大塘公路，属四级公路，全长 6 公里，路面宽 6 米，投资近 720 万元。

29 日 第六批 80 户生态移民顺利搬迁至滨河家园。

十月

9 日 自治区党委常委、市委书记徐广国，市长马力调研兴庆区回迁安置房项目。

14 日 自治区党委副书记崔波，自治区党委常委、银川市委书记徐广国，自治区政协副主席、民盟宁夏区委会主任委员安纯人，及自治区教育厅、编办、财政厅、人社厅的相关负责人到月牙湖

现场督办自治区政协十届二次会议提出的《关于重视我区移民地区中小学师资情况的建议》。

是日 国家第六督导检查组在月牙湖乡检查《农村残疾人扶贫开发纲要(2011—2020)》的执行情况。

19—20 日 全国第十二届小学信息技术与学科融合优质课大赛在兴庆区回民二小举行，来自全国 21 个省市、自治区的近 800 余名教师通过模拟展示课、研讨课、微课等课型，呈现涉及小学语文、数学、英语、音乐、体育、美术、信息技术、品德与社会、综合实践、康复技能等学科的 519 节精品课。

21 日 银川市市长马力、副市长马凯在兴庆区委书记马爱平、区长朱韶峰陪同下到通贵乡实地视察并指导秋季农田水利基本建设工作。

22 日 席勒(中国)飞机制造有限公司到兴庆区月牙湖乡实地考察银川通航机场暨通航产业园项目。

是日 银川市市长马力调研兴庆区城市管理工作。

28 日 自治区党委常委、宣传部部长蔡国英就银川市、兴庆区文化产业发展情况进行调研。兴庆区委书记、人大常委会主任马爱平，区委常委、宣传部部长周东海陪同。

30 日 兴庆区第三次全国经济普查完成，普查个体和工商经营者 39986 户，企业单位 9773 家，并接受国家和自治区统计局第三次全国经济普查抽样调查组验收。

是日 银川市副市长钱秀梅带领验收组对兴庆区义务教育均衡发展进行验收，兴庆区义务教育均衡发展通过银川的验收。

十一月

5 日 燕鸽湖“全国社区商业示范社区”创建工作通过中国社区商业工作委员会评审组的检查验收。

11 日 “银川通航产业园暨西北地区通航飞机交付中心建设”项目在第十届中国(珠海)国际航展上成功签订战略合作协议。银川市领导徐广国、马力、王久彬、周云峰、夏夕云、金平、杨有贤、郭伯春及兴庆区区长朱韶峰，北汽集团、北京通用航空公司徐和谊、钱敞增等主要负责人共同出席签约仪式。

25 日 自治区主席刘慧，自治区党委常委、政法委书记、公安厅厅长王雁飞，自治区党委常委、副主席李锐，银川市市长马力等领导在王正升、李德胜、陈栋桥、魏宁喜等区公安厅、市公安局和公安分局负责人陪同下到玉皇阁北街派出所视察基层公安工作。

28 日 自治区扶贫办对兴庆区 2014 年扶贫开发工作进行考核。

十二月

2 日 自治区党委常委、银川市委书记徐广国到兴庆区调研“准备之冬”工作。

10 日 在 2014—2016 年度“中国民间文化艺术之乡”评选中，兴庆区被命名为“中国民间文化艺术之乡”。

11 日 自治区区直机关工委书记叶旭带领自治区检查组一行，对兴庆区 2014 年落实党风廉政建设责任制等工作进行检查考核。

17 日 由兴庆区团委、教育局联合举办的兴庆区 2014 年“成语中华·书香兴庆”中学生成语听写大赛在银川市二十一中多功能厅举行。

23 日 自治区党委统战部副部长兰德明，民委副主任李文明，银川市民委主任马赞雄、副主任王连丛及兴庆区委常委、统战部部长王涛，政府副区长马凌霞一行先后到银川市天主教堂和基督教堂开展圣诞节慰问活动。

24 日 兴庆区委书记马爱平主持召开兴庆区农业农村工作会议，听取农牧局、水务局、园林局、建设交通局、农发办、扶贫办、治沙林场、国土资源分局等部门 2014 年的工作汇报和 2015 年工作思路。

26 日 “百乡千村农民体育活动月”暨月牙湖乡滨河家园第三届农民运动会在滨河三村村部开幕。

兴庆区综览

自然环境

【地理位置】 兴庆区地处银川平原中北部，位于北纬 38°53′、东经 106°16′，地势由西南向东北逐渐倾斜，西南高、东北低，坡度为 0.2‰，海拔 1112.5~1107.5 米，地形开阔、平缓，辖区面积 828 平方公里，居银川市政治、经济、文化中心区域。

【自然资源】 兴庆区有近一半土地位于鄂尔多斯台地边缘，耕地面积 18.86 万亩，水浇地占 14.3%。黄河是流经兴庆区唯一的河流，流程 29.3 公里(银川过境长度 78.4 公里)，水域面积 12.5 万亩，是兴庆区境内主要水资源。以黄河为界，河西各乡镇以自流灌溉为主；河东以沙漠、草原为主，土地贫瘠，灌溉困难，是兴庆区生态建设重点区域。自秦汉以来，形成唐徕渠、红花渠、大新渠、汉延渠、惠农渠、民生渠六条干支渠。湖泊湿地众多，占地百亩以上的湖泊有 11 处：银湖 110 亩、清水湖 2000 亩、章子湖 595 亩、孔雀湖 400 亩、小园湖 404 亩、北塔湖 1448.25 亩、燕鸽湖 242 亩、丽景湖 200 亩、碱湖 557 亩、锅底湖 200 亩、鸣翠湖 12200 亩。鸣翠湖是兴庆区最大的湖泊，也是国家湿地公园。植被除农耕部分外，主要是天然林、人工林和水生植被。水生植被以芦苇、蒲草、慈姑为主，有 180 余种。兴庆区有国家重点保护的野生动物数十种、鸟类数百种。野生动物主要分布在黄河以东荒漠草原区，鸟类主要分布在永久性湖泊、湿地，特别是鸣翠湖、章子湖、孔雀湖等内陆候鸟迁徙通道上。湿地野生动物 120 余种，有国家一级重点保护鸟类黑鹳、中华秋沙鸭、白尾海雕等，二级重点保护鸟类大小天鹅、鸳鸯等。兴庆区拥有较为丰富的煤炭资源，只要集中在月牙湖地区的红墩子煤田，总面积 300 平方公里，储存量约达 14 亿吨 ~ 16 亿吨，种类有工业用炼焦配煤、动力煤和化工用煤。

【气候特征】 兴庆区属中温带干旱气候区，气候基本特征是：干旱少雨，蒸发强烈；日照时间长，太阳辐射强，昼夜温差大；冬寒无奇冷，夏热无酷暑，春季多风沙，秋季雨集中，春迟、夏短、秋早、冬长，无霜期短而多变。2014 年银川市年平均气温为 10.7℃，较常年平均气温偏高，为 1961 年以来的第 3 高值，其中 1 月气温最低，平均气温为 -15.1℃；7 月气温最高，平均气温为 24.7℃。全年累计降水量为 169.2 毫米，属于降水较少的地区之一，多年平均降水日数为 44.6 天。年平均蒸发量 1313.0 毫米，是年平均降水量的 7.8 倍。兴庆区地处贺兰山东侧，是宁夏风速最小的地区之一，2014 年平均风速为 1.7 米 / 秒，大风日数多年平均为 13.2 天，极大风速为 17.6 米 / 秒。无霜期较短，霜冻初日在 10 月 15 日左右，终日在 3 月 22 日左右，平均无霜期 224 天。年内出现了不同程度异常天气气候事件及气象灾害：2014 年遇近 54 年“最暖”春节；终雪、初雪之晚创纪录；全市首场透雨较常年明显偏早，春季冷暖变幅大，春夏季提前，夏季“热—凉”急转入秋早，秋末气温高，入冬偏晚。

【空气监测】 2014 年，银川市空气质量优良天数 274 天，较 2013 年同比增加 22 天，兴庆区首要污染物以 PM10 为主，其次是 SO_2、PM2.5。冬季采暖污染物排放量较大，加之冬季大气层结稳定，不利于大气污染物扩散，致使 1 月、2 月和 11 月、12 月 SO_2、NO_2、PM10、PM2.5、CO 质量浓度较高。夏季污染排放量少，且大气层结不稳定，易于污染物扩散，SO_2、NO_2、PM10、PM2.5、CO 质量浓度均较低。受太阳辐射和降水的影响，O_3 浓度最高月为 5 月，次高月为 10 月。

历史文化

【建置沿革】 “兴庆区”正式命名是 2002 年 11 月银川市行政区划调整时。兴庆早在 1000 多年前的西夏王朝就是银川古城的名字。1949 年 9 月 29 日银川市人民政府成立，1949 年 12 月 23 日宁夏省人民政府成立，省市治所就置于

今兴庆区。当时的区划分4个区域，设置4个区公所21个乡政府。1958年10月宁夏回族自治人民政府成立，改置为东街、西街两个人民公社。1961年1月东街、西街两个人民公社合并成立银川市城区人民公社。2002年11月银川市进行行政区划调整，撤销了早前设置的城区、郊区和新城区（含新市区），相应地设置了兴庆区、金凤区和西夏区，城区改名为兴庆区，办公地址仍在原地即北京东路471号。

【历史遗存】 悠久的历史给兴庆区留下了丰富的文化遗产和风景名胜，黄河的流经、古老的西夏文化和浓郁的穆斯林民族文化赋予了兴庆区“西夏古都、塞上江南、大漠黄河、回乡风情”深厚的文化底蕴。古老的承天寺、海宝塔、玉皇阁，还有黄河古渡口，秦、汉时期屯兵之地“兵沟”及其兵沟汉墓群、浑怀障遗址、兵沟大峡谷，都笼罩着神秘的面纱，也见证着兴庆区乃至银川历史的发展。

【旅游景区】 鸣翠湖景区　银川鸣翠湖国家湿地公园位于银川市东侧兴庆区掌政镇，距市区9公里，东邻黄河3公里，南有鹤泉湖，北连清水湖。总面积10000余亩，现有员工110人。近年来，随着景区基础设施及公共服务设施的不断完善，鸣翠湖湿地公园的品牌建设不断加强，核心竞争能力不断提高，先后被评为“全国青少年户外体育活动营地”、“全国休闲农业示范点”、“自治区级科普教育基地”、“自治区文明风景旅游景区”、“中国生态保护最佳湿地”奖、“国家AAAA级旅游景区”、“国家水利风景区”。

黄河横城旅游景区　黄河横城旅游休闲度假区地处银川市滨河新区核心区域，始建于2007年6月，总投资4.5亿元，占地3800亩，距银川市区13公里、河东机场2公里，交通便利，区位优势突出，是银川市的东大门。度假区是银川市打造滨河新区全域AAAAA级旅游景区建设的中心地带，是国家AAA级旅游景区、国家文化产业示范基地、宁夏首家自家车营地、西夏学研究基地。黄河横城以黄河文化为主题，西夏文化为特色，景区有迷人的黄河风光和深厚的历史文化积淀，丰富多彩的娱乐项目，集旅游观光、自驾娱乐、休闲度假为一体的综合性旅游度假区。度假区有职员268人，其中酒店餐饮78人，乐舞团演职人员68人。先后建成可容纳近万人自助烧烤的沙滩烧烤长廊，能安置近千顶帐篷的休闲自驾露宿营地，可接纳200人就餐、住宿并设有大小型会议室的三星级假日酒店。建有展现西夏风格、古色古香的竖街，彰显古代特色、古老风韵的四合院，疯狂卡丁车场和西夏艺术馆等建筑群。还有可供儿童玩耍的水上乐园。投资2500万元拍摄大型音乐剧《西夏之恋》供游客观赏；投资500万元购置两艘可供游客餐饮、娱乐、观光、游玩的大型黄河游船和四艘快艇。

黄沙古渡景区　黄沙古渡是一处古老的黄河渡口，明朝庆靖王朱栴诗《黄沙古渡》描述了这里的壮丽景色，也阐述了黄沙古渡在交通上的重要地位。景区位于银川市兴庆区月牙湖，距银川市52公里，距银川河东机场38公里，距银川火车站66公里，景区规划面积55.3平方公里，分别由门户区、沙漠野生动植物观赏区、黄河湿地公园、黄河古渡、月牙湖、黄河古镇六大区域构成。黄沙古渡原生态旅游景区是国家AAAA级旅游景区、国家级湿地公园、中国最佳生态休闲旅游胜地、明清宁夏八景之一。景区内的大漠风光、黄河古韵、自然湿地、黄沙拥长河的塞外奇景，是原生态自助游的好去处。在这里，有康熙大

北京路远眺

帝渡黄河的古渡口、昭君出塞和亲留在大漠的月牙湖；有古老的羊皮筏子、原始的沙漠之舟骆驼、现代的黄河龙舟；还有刺激的沙海冲浪。景区内有中国原生藏獒展示基地、宁夏民俗文化博物馆和宁夏沙漠野生动物救助中心。

兵沟景区　兵沟汉墓群位于宁夏陶乐西南、明长城以北，经水洞沟、哨墩子，全长30余里，占地约2万亩，是一条东西走向的天然峡谷，有汉墓100多座，是不同时期分葬的汉代宫墓。史书记载，这里是秦、汉时期屯兵之地，故称“兵沟”。相传秦朝大将蒙恬、汉朝卫青曾在此征战过。

景点一：地宫　兵沟汉墓群是西北目前发现最为集中、数量最大的汉代墓葬群，时代为西汉中期至东汉初期，距今2000多年。103座汉墓星罗棋布，占地面积达四、五平方千米。目前已发掘和清理了四座墓葬，墓室距地表16米深，有方木结构墓室、表砖结构墓室和土窑洞墓室。兵沟汉墓有单葬墓、合葬墓，从内部结构看有砖墓室、木墓室、石墓室、土墓室，墓室内呈拱形，用子母青砖箍建，墓室宽敞，是目前该区发现的最集中、分布最广、数量最大的汉代墓群，具有极高的文物考古和旅游价值。

景点二：浑怀障遗址　浑怀障遗址，是秦代重要历史文化遗存。秦始皇32年派大将蒙恬率30万兵北逐匈奴，收复河南地（也就是今天河套地区），次年又在河套地区筑城，设亭障以御匈奴，蒙恬在此建立“浑怀障”，屯兵戍边。蒙恬(?—前210年)，秦始皇时期的著名将领，被誉为“中华第一勇士”。汉族，祖籍齐国，山东人。传说他曾改良过毛笔（有史记载第一人），是祖国西北最早的开发者，也是古代开发宁夏第一人。蒙恬出身于一个世代名将之家。祖父蒙骜为秦国名将，事秦昭王，官至上卿。庄襄王二年（前248），曾经伐韩、攻赵、取魏国城，为秦立下了战功。其父蒙武曾为秦裨将军，与王翦一起灭楚，亦屡立战功。蒙恬少年习刑狱法，担任过审理狱讼的文书。兵沟展馆着重展出的是蒙恬将军生平事迹，以及他建设北疆，抗击匈奴，修缮万里长城的伟大业绩。

景点三：兵沟大峡谷　兵沟大峡谷地形独特，沟壑纵横，跌宕逶迤直达大漠草原深处。沟内野鸽飞翔，红嘴鸭戛然声起，珍珠泉水潺潺汇集成溪流流向大河。罕有的大漠冬青花盛开着金色的花朵，更显峡谷天地之灵气，充满着神秘的色彩，是探秘古战场苍凉悲壮的绝佳所在。

景点四：影视基地《贺兰雪》《绝地苍狼》《陈真》《大漠豪情》《大沙暴》《武士》《苦泉纪事》《边城落日》等十几个影视剧组都在此进行外景拍摄。如今，兵沟大峡谷已成为西北著名的保持原始峡谷风貌的影视外景地。

区划人口

【行政区划】　2014年兴庆区行政区域划分为大新镇、掌政镇、通贵乡、月牙湖乡和凤凰北街、前进街、胜利街、玉皇阁北街、富宁街、文化街、解放西街、丽景街、新华街、中山南街、银古路11个街道、燕鸽湖管委会，有72个社区，34个村民委员会。

【人口】　2014年，兴庆区有常住人口725168人，总户数271599户。其中：女性360347人，回族142631人，其他少数民族19372人。出生率9.69‰，死亡率2.63‰，自然增长率7.06‰，计划生育率95.45%，出生人口性别比（以女孩为100）108。乡村人口数79195人，乡村户数21620户。年末户籍人口数557723人，年末总户数202616户。

国民经济

【经济指标】　2014年，兴庆区全年完成地区生产总值425.9亿元，其中：第一产业增加值6.5亿元，第二产业增加值124.2亿元，第三产业增加值295.2亿元；财政公共预算收入21.3亿元，地方财政一般性支出21.69亿元；社会消费品零售总额187.34亿元；全社会固定资产投资178.93亿元；城镇居民人均可支配收入28247元，农村居民可支配收入11677元。

【农业】　全年实现农业总产值11.88亿元，较上年增长4%，实现农业增加值5.48亿元，较上年增长2%，农民纯收入达到10962元，较上年增长11%。特色优势产业产值10.1亿元，较上年增长4.7%，特色优势产业产值占农业总产值85%。设施花卉新建温室1689亩，中拱棚建设1786亩，花卉总产量1.324亿（枝）盆，总值1.47亿元，较上年增长24.6%；在掌政镇、通贵乡创建优质稻高产创建示范片2个，总面积2.4万亩，有机稻生产面积1.5万亩；瓜菜种植面积5.6万亩，总产量31.35万吨，实现总产值3.1亿元。其中，露地瓜菜1万亩；设施瓜菜4.6万亩。新成立5个合作社，8个家庭农场，申报农业产业化项目28个。其中：优质粮食1个，园艺产业7个，清真牛羊肉1个，适水产业3个，休闲农业1个，农业专业示范社3个，科技创新模式1个，土地流转6个，龙头企业5个。争取产业化项目资金343万元。粮食总播种面积稳定在16.55万亩，与上年基本持平。其中：小麦2.16万亩，增加0.46万亩；水稻10.32万亩，减少0.88万亩；玉米4.07万亩，增加0.47万亩，玉米47.6%用于青贮。粮食总产量7.43万吨。其中：水稻5.33万吨，小麦0.67万吨，玉米1.43万吨。

【畜牧业】　奶牛存栏量达到31057头。其中，成奶牛16749头；育成牛9350头；犊牛4958头。鲜奶产量达到9.935万吨。畜牧业总产值达到1.88亿元。肉牛饲养量10227头，其中：存栏4654头，出栏5573头。羊只饲养量121356只，其中：存栏43982只，出栏73740只。生猪饲养量42321头，其中：存栏

12587头，出栏29734头。禽类饲养量599865只，其中:存栏256300只，出栏343565只。肉类总产量到达5548吨，禽类总产量1119吨。水产养殖面积2.8万亩，水产品总产量达6030吨，较上年增长3%，渔业总产值达7790万元，较上年增长2.5%。其中:精养水面10703亩，粗养2247亩，湖泊14900亩，人工水系487亩。

【林业】 完成农村造林5029亩，栽植各类乔灌木及地被474.85万株，草坪69.12万平方米。其中：绿色通道1374亩，农田林网271亩，庄点绿化302亩，经济林2020亩，市民休闲森林公园1062亩。经验收，成活率达85%以上合格面积3171.2亩。其中：绿色通道1763.4亩，农田林网105.8亩，庄点绿化302亩，经济林1000亩。实施第二轮天然林资源保护工程10.7万亩。

【水利】 建设高标准农田4.65万亩，清淤沟道531条375公里，清淤渠道676条492公里，整修农路963条685公里；完成西丰沟等7条骨干沟道清淤整治工程，清淤长52.5公里；秋翻地8.2万亩（其中机深翻4.5万亩）；秋施肥1.85万亩，秸秆还田1.85万亩；秋季新造林50亩，植树0.8万株，补植0.5万株，新林带整修1000亩，林木管护1万亩，绑扎涂白20万株。实施京藏高速路防洪排涝工程，总投资1.695亿元，总规划水面面积3936亩。

【工业】 工业企业发展总体保持平稳运行态势，在外部因素增多，内生动力不足的情况下，仍出现增速逐季上扬的发展态势。规模以上工业企业累计完成工业总产值31.1亿元，同比增长24.8%，较三季度增长2.3个百分点，较上半年增长7.5个百分点；实现增加值8.4亿元，同比增长10.1%，增速较三季度增长0.1个百分点，较上半年增长1.4个百分点，高于自治区增速1.8个百分点，低于银川市增速0.4个百分点。规模以上工业综合能源消费量40997.2吨标准煤，同比下降32.3%，较三季度回落18.8个百分点，较上半年回落22.4个百分点，产值能耗0.1吨标准煤/万元，同比下降0.1个百分点，与三季度持平，较上半年回落0.1个百分点。实现出口交货值2.1亿元，同比增长60.8%，较三季度下降33.7个百分点，较上半年下降128.4个百分点，完成工业出口交货值0.1亿元，同比下降52.5%。

【商贸物流】 实施招商引资项目24个，实际到位资金69.91亿元(不含房地产项目到位资金)，完成自治区、银川市下达的60亿元任务任务的116.5%。当年引进的各类股权基金、短期融资券、企业债券等金融项目到位资金58.6亿元。当年引进世界500强企业1家(上海浦发银行，排名383位)；新开工建设项目有银川永泰城购物中心及主题乐园、四季青国际服装城、世和天玺国际中心、恒大御景、月牙湖乡爱飞翔清真免养殖加工基地、月牙湖乡小塘村现代农业科技示范园、通贵乡现代都市农业生态观光园等9个，总投资约163亿元；新开业运营项目有上海浦发银行银川分行、宁夏观歌泛利中小企业助贷投资管理中心、北京物美大卖场、檀溪谷欢乐水世界、美德亨大厦、居然之家建材商场和银川家居馆、大兆发超市蓝泰店，总投资35亿元；新签约项目有银川通航产业园、颐和盛世广场城市综合体、东城湖商业广场、广安城市综合体，总投资约233亿元。2014年度内合同项目开工率100%，资金到位率达97.1%，协议项目转合同项目达50%，储备项目成功对接且实施率达30%。商贸物流带引入商贸物流市场项目42个，总投资约350亿元。其中:机电市场3个;民生保障类6个;生活消费类1个;商业综合体10个;办公、酒店类2个;家居、建材类市场11个;物流市场4个;汽车、汽配市场4个;农资、农具市场1个。实现交易额218.4亿元，同比增长5.3%，利税11.5亿元，同比增长11%，就业人数10.2万人，提供就业岗位9.4万个，同比增长8.5%。

社会发展

【康居安置区建设】 通贵集镇安置区一期规划占地41亩，总建筑面积2.2万平方米，建设安置房152套，完成项目前期准备和征地拆迁、施工招投标等工作；新建月牙湖生态移民三期安置房831户，建设300平方米村委会、180平方米卫生室、1000平方米广场各1处，100平方米水冲式厕所3座，铺设给排水11公里，硬化巷道8公里，完成房屋主体砌筑，外网完成约70%；续建通贵乡幸福村庄河滩二期安置房256套，建筑面积2.85万平方米，房屋建设已竣工验收，正在进行道路、水、电、气等外网配套建设；投资542万元，在掌政镇强家庙中心村、通贵乡河滩幸福村庄建设阳光暖房1074户；完成住建厅第一批110户农村危房改造任务；完成建设用地约24.1亩，总建筑面积约8万平方米的新华西街道路畅通及中卫巷棚户区更新改造项目安置区；开工建设用地面积约137.1亩，总建筑面积约41万平方米的湖滨西街道路畅通及唐徕小区旧城改造安置区；完成17个老旧小区供暖、排水等基础设施进行改造。

【村镇公路建设】 续建完成掌政丰收路、月牙湖海淘南村至规划庄点路、月牙湖防洪堤路、月牙湖牛场路等4条乡村公路，共计37.5公里；完成月牙湖乡月牧路、塘北路2条，共计12公里的项目招投标和路基整理；投资1100万元，维修孔司路、塔白路等辖区主干道路面近7万平方米，维修大塘北路、司家桥巷道路、银佐路等九条乡村公路路面6000余平方米，并对沿线交通标志全部更新完善；新建掌政镇纬二路市政道路589米；续建乡镇路、经二路共计1公里；完成兴庆区内京藏高速公路两侧1-19标段，作业面南北长约10.5公里，东西约1.5公里的水系开挖连接、湖岸周边景观绿化任务。

【医疗卫生】 兴庆区建设标准化村卫生室34所，2014年，结合东部城乡康居安置区建设实际，在新建康居安置区内增设4个社区卫生服务站。开展入户健康体检、建立档案、追踪随访等11类50项公共卫生服务工作，完成农村居民健康体检65840人，建立电子档案5.1万人；0～6岁以下儿童系统管理人数为1219人；孕产妇保健系统管理人数为176人；高血压规范管理人数4981人；糖尿病规范化管理人数为716人；65岁老年人5067人，接受管理人数4831人。农村孕产妇住院分娩补助912人，免费住院分娩补助率达100%；免费筛查农村妇女乳腺癌B超筛查800人；免费宫颈癌筛查2502人；登记结婚8948人，免费婚前医学检查8812人；新生儿人数13866人（包含流动人口2590人），新生儿两病筛查人数12624人（免费筛查10034人）；新生儿听力筛查12659人（免费筛查10069人）。报告肺结核、疑似肺结核患者384例，追踪384例。其中：重复报告62例；住院患者8例；到位273例；未到位40例（查无此人5例，拒绝就诊10例，外出5例，非结核死亡16例，其他原因未到4例）。定点医院接待初诊病人363例，归口管理病人118例，其中初治涂阳50例，涂阴病人59例，复发涂阳2例，初治失败涂阳3例，其他1例，未查痰3例。完成甲肝抗体、戊肝抗体、谷丙转氨酶、梅毒血浆快速反应试验38734人次，无阳性；艾滋病抗体初筛VCT7849人份，其中VCT2234人份、银川监教中心2186人份、女子监狱218人份、FSW400人份、吸毒哨点400人份、男子戒毒所1575人份、女子戒毒所436人份。HIV抗体阳性9例、梅毒螺旋体抗体阳性222例，HCV抗体阳性95例；完成布病血清学检测235人份，66例阳性；完成公共场所（空气、公用具）4305份样品的检测，不合格16份；包虫病血清学检测，对4404份血清学样本进行包虫抗体检测，检测出包虫抗体阳性16例，阳性率为0.36%，犬细粒棘球绦虫抗原检测，对509份犬粪进行抗原检测，1例阳性。慢性病综合防治干预统计兴庆区总人口为707576人，建立家庭健康档案459729份，建立电子家庭健康档案381291份，18岁以上人口为499031人。发现高血压病人38818人，18岁以上高血压发病率为7.78%，管理高血压病人38570人，规范管理病人37193；发现糖尿病病人11897人，18岁以上糖尿病发病率为2.38%，管理糖尿病病人11572人，规范管理病人10923；65岁以上人口为90487人，管理老年人为48641人，管理率为53.82%。报告乙丙类传染病4309例，报告发病率608.98/10万。其中：报告乙类传染病1969例，报告发病率278.27/10万；报告丙类传染病2340例，报告发病率为330.71/10万。审核传染病报告卡片12144张。乙肝疫苗应接种21875人，实接种21817人；卡介苗应接种8495人，实接种8455人；脊灰应接种19099人，实接种19069人；无细胞百白破三联应接种23626人，实接种23600人；白破二联应接种5567人，实接种5548人；麻疹类疫苗应接种13369人，实接种13354人；A群流脑疫苗应接种15048人，实接种15026人；A+C群流脑疫苗应接种6547人，实接种6503人；乙脑疫苗应接种12655人，实接种12638人；甲肝应接种5887人，实接种5880人。接种乙肝疫苗10484剂次；23价肺炎疫苗3130剂次；7价肺炎疫苗554剂次；狂犬病疫苗17232剂次；狂犬病球蛋白疫苗1249剂次；流脑A+C+Y+W135疫苗1988剂次；甲肝灭活疫苗1276剂次；甲乙肝疫苗179剂次；Hib疫苗5260剂次；水痘疫苗5985剂次；流感疫苗6431剂次；气管炎疫苗347剂次；灭活脊灰疫苗2245剂次。

【劳动就业服务】 2014年，开展“就业援助月”和“春风行动”等系列就业服务专项活动。登记认定就业援助对象120人。组织小型专场招聘会4场，54家用工单位和1018余人次参加，23名就业困难人员实现就业，98名就业困难人员享受到优惠政策。对11个街道、两乡两镇（燕鸽湖管委会）劳动保障所上报的29户就业援助对象进行“就业援助、真情相助”入户走访慰问，给每户困难职工家庭发放一套就业政策书籍，提供20家企业用工最新招聘信息，和60余个技能培训项目的免费培训志愿表，供援助对象选择用工单位和培训项目，发放慰问金300元。银川市就业援助慰问92名援助人员，送去优惠政策书籍、岗位信息、免费培训项目和灵活就业社会保险补贴发放程序、补贴办法等，发放慰问金600元。完成银川市就业和社会保障“一卡通”信息网络建设，两乡两镇和燕鸽湖管委会及11个街道完成“一卡通”装机调试，实现银川市—兴庆区—街道三级就业与社会保障信息网络资源共享。截至年底，城镇新增就业人数7957人，城镇就业困难人员实现再就业532人，登记失业率3.06%，“零就业家庭”实现动态消零。全年城乡劳动力培训1070人，生态移民就业培训620人，农村劳动力转移就业10747人，实现工资性收入9461万元。办理“就业失业登记证”19580人。其中：办理失业登记3218人；办理就业登记16362人。申报符合享受社保条件的灵活就业人员8059人，争取自治区补贴资金1124.9万元，银川市补贴资金1181.19万元；审核发放失业保险金945人，发放失业保险金96万元。聘用公益性岗位人员1025名，为公益性岗位人员发放2013年绩效奖100多万元。

【城乡居民生活】 城乡居民养老保险参保缴费195495人。其中：一档参保缴费总人数 107159 人，城镇居民 63139 人，农村居民 44020 人；二档参保缴费总人数 64647 人，城镇居民 55814 人，农村居民 8833 人；三档参保缴费总人数 23689 人，城镇居民 20998 人，农村居民 2691 人，零缴费特困人员 2625 人。城乡居民医保累计完成住院报销 533 人次 2941312 元；门诊报销 215346 人次 2326042 元；一般诊疗费报销 215346 人次 740596.5 元；退费 67 人次，退费金额 19500 元。对已签订服务协议 38 家基层医疗机构进行“一卡通”网络连通，完成新迁地址的 2 家村卫生室和未联通网络的 5 家村卫生室网络连通，累计完成社会保障卡信息成功采集并制卡数据 14795 人，接受待发社会保障卡 219542 张。其中：城乡居民社会保障卡 216161 张，生态移民社会保障卡 3381 张。发出城乡居民社会保障卡 190847 张。接待城乡居民社保卡信息查询 10000 余人次，补办社会保障卡 1264 张。接收整理生态移民社会保障卡 3381 张；对生态移民基本医疗保险关系、基本养老保险转移接续进一步核实，累计完成 1163 户 4783 人生态移民基本医疗保险关系核实。从 6 月 1 日起将生态移民基本医疗费用报销工作纳入兴庆区城乡居民医疗保险日常报销，保障生态移民及时就医。举办劳动争议调解宣讲培训 2 期，培训街道办事处工会及辖区企业负责人 60 余人；办理辖区企业劳动合同备案 151 家 852 人，办理合同变更解除 224 家 887 人，办理建筑企业农民工合同备案 6 家 559 人，办理合同变更解除 5 家 278 人。兴庆区劳动人事争议仲裁委立案受理 368 件(其中不予受理 32 件)，涉及劳动者人数 353 人。其中：涉及劳动报酬 81 件；社会保险 39 件；工伤保险 27 件；确认劳动关系 120 件；解除、终止劳动合同 87 件；其他各种相关争议 14 件。结案 242 件，涉及金额 506.1 万元。其中：调解结案 115 件；裁决结案 74 件；其他结案 53 件。用人单位胜诉 27 件，劳动者胜诉 176 件，双方部分胜诉 38 件，其他 46 件。

【社会保障服务】 2014 年，兴庆区有城乡低保对象 3425 户 5005 人，发放城乡低保资金 1146.18 万元，各类补贴 151.19 万元；为城乡 800 名高龄老人发放高龄津贴 246.74 万元；45 名孤儿发放孤儿养育津贴 23.05 万元；67 名农村五保户发放五保供养金 37.53 万元；1309 名享受低保的重度残疾人发放残疾人津贴 241.3 万元；6234 名困难群众发放医疗救助金 189 万元。节日期间走访、慰问、补助各类困难群众 2471 户，发放慰问金(品)161 万元。下拨 158 万元救灾救济资金确保冬令春荒期间灾民的基本生活不受影响。办理住房保障申请 1845 份。其中：廉租住房 594 份；公共租赁住房 958 份；经济适用住房 265 份；限价商品房 21 份；租赁补贴 5 份；租金核减 2 份。5158 名 60 岁以上老年人办理了“老年人优待证”。355 名优抚对象发放医疗补助金 40.44 万元，779 名优抚对象发放优抚资金 416.6 万元，495 名优抚对象发放慰问金 31.46 万元，336 名退役士兵发放优待金 225.06 万元。依法办理结婚登记 4336 对，离婚登记 1531 对，补办结婚证 1341 对，出具无婚姻登记证明 8609 份。38 人发放殡葬救助金 3.8 万元，处理无名尸体 26 具，城市火化率达到 96%；建立城市社区居家养老服务站 72 个，建设社区老年活动中心 21 个。

【教育】 2014 年，出台《兴庆区学校中层干部考核及交流工作方案》，加强学校中层干部队伍建设，按照公推比选的方式调整和交流 2 名小学校长、6 名中学和幼儿园副校（园）长、12 名总务主任。面向全自治区招聘特岗教师 20 名，公招幼儿教师 50 名，为月牙湖乡特招事业单位教师 17 名；面向全自治区公开选调教师 80 名，其中解决兴庆区两地分距教师和家庭困难教师 60 名；完成 2014 年教师资格认定工作，受理网报申请 2709 人，经审核符合认定条件的 2625 人，经过教学能力测试合格 109 人；办理教师资格证书 2604 本，办理教师正常退休手续 55 人。一年级新生入学 5765 名，其中，外来务工人员子女 2600 多名，占一年级新生入学总人数的 35%。初中招生近 6000 人，并妥善安置 700 多名第三批彭阳移民子女的就学问

大学生村干部创业观摩

题。取消小学升入初中、初中升入高中择校生的各种优惠政策,择校现象得到有效遏制,择校生比例总体控制在10%以内。对市内四所公办幼儿园实行公开抽号招生,幼儿入园学生300名。完成2014年全国4417名普通高校考生和5029名全国成人高校考生报名、体检、信息采集、口语测试、考试、投档、录取、档案整理移交工作。审批民办幼儿园4所,民办教育培训机构8所。对上年度年检优秀的24个单位进行表彰奖励,对19个基本合格的单位及5个年检不合格单位进行通报。对非法办学机构进行摸排统计,联合综治、卫生等相关部门开展2次专项整治,下发取缔通知书12份,整改通知书77份。与162所民办学校签订综合管理责任书,47所幼儿园签订食品卫生安全责任书,有园车的幼儿园签订校车安全责任书。

【文化体育】 争取自治区文化厅、银川市文广局设施设备资金500万元用于基层文化站、农民文化大院、电子阅览室建设;投入30万元逐步完善月牙湖乡文化站配套设施建设;投入60万元加大村和社区文化活动室、群众文艺团队、文化大院等文化示范点及各民间文化团队的扶持力度。扶持前进街成立秦腔艺术团购买秦腔服装3万元;为15个乡镇、街道拨付免费开放经费22.5万元;投入92万元资金用于乡镇、街道文化站、社区(村)创建国家公共文化服务体系示范区;投入15万元鼓励文艺团队创作新作品。全年深入城乡放映高新数字电影1275场。其中:农村放映758场(含室内固定放映);广场社区放映517场。举办"同筑中国梦·山水聚真情·兴庆展风采"摄影展,展出兴庆区范毅强、刘胜冬、高春雨、沙峰、魏庆五位摄影爱好者的100幅摄影作品;组织辖区摄影爱好者参加宁夏文联、宁夏摄影家协会组织的"宁夏一日·定格56周年"摄影大赛,兴庆区参赛的200余幅作品从不同角度、全方位记录和展示兴庆区经济和社会发展成就。收集、整理非遗项目资料,组织5个项目8名传承人参加银川市第三批非遗项目代表性传承人申报。先后举办"宁夏百乡千村农民体育活动月"兴庆区农民运动会、"檀溪杯"市民冰钓运动会、财政纪检系统趣味运动会、兴庆区市民垂钓比赛及"宁港·财富中国杯"宁夏·兴庆第五届鸣翠湖端午休闲体育运动会,2300余名体育爱好者参加比赛。组队参加银川市第六届端午龙舟赛,兴庆区男队获得300米直道竞速赛第三名,1200米竞速赛第一名。开展全民健身运动,兴庆区有30人以上规模的晨晚练点147个,每个街道平均拥有晨晚练体育活动点12个,体育场地面积1423586.62平方米,人均占有体育场地面积2.1平方米;辖区有国家三级以上社会体育指导员1554名,每千人拥有2.3名社会体育指导员。

【旅游】 政府出台《关于推进兴庆区文化大繁荣全面加快文化旅游产业发展的意见》《关于加快兴庆区农家乐发展的办法》,发挥"向西开放,旅游先行"区位优势,加大对文化旅游基础设施建设的投入和支持力度。积极参与国家、自治区、银川市乡村旅游示范点争创活动,重点从食品卫生安全、基础设施建设、从业人员培训、乡村旅游产品开发等方面提升农家乐旅游服务档次。全力打造黄沙古渡、鸣翠湖、黄河横城度假区、兵沟旅游区、檀溪谷水上乐园等旅游景区和景点,实现兴庆区旅游业的持续健康发展。全年接待游客74万人次,同比增长8%;旅游收入7110万元,同比增长14.7%。其中,农家乐接待游客32万人次,旅游收入2700万元。

组织机构及负责人(截至2014年12月31日在职)

中共银川市兴庆区第二届委员会

书　　记　马爱平

副 书 记　朱韶峰　孔令杰

常　　委　马爱平　朱韶峰　孔令杰　魏宁喜
　　　　　杜曼九　马少红　周东海　曾祥娟　汪定勇
　　　　　王　涛　张新民　王慧春(2014年3月止)
　　　　　古剑(2014年8月起)

委　　员　(按姓氏笔画为序)
　　　　　丁万福　马力兵　马少红　马爱平　王　涛
　　　　　王永虎　王全存　王建宁
　　　　　王慧春(2014年3月止)
　　　　　古　剑(2014年8月起)　孔令杰
　　　　　冯德旺　刘胜林(2014年8月起)　刘春玲
　　　　　汪定勇　牟　玲　朱韶峰　杜　胜　杜曼九
　　　　　李晓红　杨　锋(2014年1月止)
　　　　　陈建国　张新民　周东海　周会荣　赵景宝
　　　　　曾祥娟　强殿伟(2014年12月止)　魏宁喜

候补委员　杨学文　马建军　马保林　冯　泽　杨国军
　　　　　杨　玲　刘　平　彭丽宏

银川市兴庆区第三届人民代表大会常务委员会

主　　任　马爱平

副 主 任　肖建东　保少宁(回)　丁万福
　　　　　张艳芬(2014年10月止)　彭丽红

委　　员　王正义　丹丽红(回)　冯建敏　牟　玲
　　　　　闫　利　刘春玲　杜　胜　杨万军　杨卫红
　　　　　吴淑琴(2014年11月止)　张晓娟　陈学明
　　　　　杭金弟　赵惠芳　姜　文(2014年1月止)
　　　　　袁　泉(回)　韩巨林　黎　谱　高艳华
　　　　　牛金才(2014年1月起)
　　　　　沈爱红(2014年 1 月起)
　　　　　陆建平(2014年 1 月起)

人大常委会办公室

主　　任　杭金弟

人大常委会财政经济工作委员会

主　　任　冯建敏

人大常委会教科文卫工作委员会

主　　任　杨卫红

人大常委会法制工作委员会

主　　任　吴淑琴(2014年11月止)

人大常委会代表联络工作委员会

主　　任　高艳华

银川市兴庆区人民政府

区　　长　朱韶峰

副 区 长　马少红　张新民　王永虎　叶建国(8月止)
　　　　　吴小平　冯德旺(2月起)　张艳芬(10月起)

中国人民政治协商会议银川市兴庆区第三届委员会

主　　席　曹生林

副 主 席　杨久红　李晓红　柴丽云(2014年2月起)

秘 书 长　鲍铁力

常务委员　边志武　马　丽　王伟忠　马佐民
　　　　　杨迎珍　胡绪山　周德倩　董瑞宁
　　　　　沈炳南　樊莉萍　温迎春　张　奕
　　　　　王洪丽　虎　峰　陈娅银　章万有
　　　　　夏永贵　刘　军　孙慧鹏　马建国
　　　　　段文海　俞明建

政协办公室

主　　任　鲍铁力

提案委员会

主　　任　王　勇(2014年9月止)
　　　　　边志武(2014年9月起)

经济和法制委员会

主　　任　(空缺)

副 主 任　高群红

教科文卫体委员会

主　　任　康　莉

中共银川市兴庆区纪律检查委员会

书　　记　曾祥娟

副 书 记　马力兵　杨学文

常　　委　曾祥娟　马力兵　杨学文　王永林　庞文兵
　　　　　马凤霞　李　刚

委　　员　曾祥娟　马力兵　杨学文　王永林　庞文兵
　　　　　马凤霞　李　刚　金永芳　屠国建　闫念国
　　　　　杜毓英　耿红宁　樊莉萍　武俊华　姬晓莉
　　　　　张　敏　邢　波　王彦忠　苏　黎

案件审理室主任　王永林

监察室主任　马凤霞

办公室主任　庞文兵

执法监察室主任　李　刚

银川市兴庆区监察局(政府部门,与纪委合署)

局　　长　马力兵

副 局 长　金永芳

效能办主任　马力兵

副 主 任　白怀川

中共银川市兴庆区委员会工作部门

中共银川市兴庆区委员会办公室

主　　任　杜　胜

副 主 任　刘永忠　王富军　邱春英

中共银川市兴庆区委员会组织部

部　　长　杜曼九

机关党工委书记、副部长　刘春玲

非公有制经济组织和社会组织党工委书记　马建平

副 部 长　姬晓莉

人才办主任　张佩叶

电教中心主任　宋学华

中共银川市兴庆区委员会宣传部

部　　长　周东海

副 部 长　陈德卫(2014年9月止)　李国银
　　　　　陈　洁(2014年1月起)
　　　　　杨晓玲(2014年9月起)

精神文明办公室主任　陈德卫(2014年9月止)　杨晓玲

外宣办主任　李国银

中共银川市兴庆区政法委员会

书　　记　孔令杰

副 书 记　任福东

副秘书长　杨婷婷

办公室主任　钦丽红

中共银川市兴庆区委员会统战部

部　　长　王　涛

副 部 长　李志刚　王　莹

银川市兴庆区民族宗教事务局(政府部门,与统战部合署)

局　　长　李志刚

副 局 长　王　莹

清真食品管理办公室主任　吴世君

中共银川市兴庆区委员会政策研究督查室

主　　任　刘永忠

副 主 任　哈　兵(10月止)　房　静

中共银川市兴庆区机构编制委员会办公室

主　　任　赵惠芳

副 主 任　王　理

事业登记管理局局长　曹卫红

中共银川市兴庆区委员会老干部局

局　　长　张铁岭

副 局 长　卢　娜(2014年9月止)
　　　　　李　英(2014年9月起)

关心下一代工作委员会办公室主任　王克伟

银川市兴庆区信访督办局

局　　长　刘　烨(2014年12月止)

副 局 长　范　伏

银川市兴庆区档案局

局　　长　张　敏

副 局 长　郝　峰

银川市兴庆区人民法院

院　　长　姜　戈

副　院　长　刘安民　柴　明　孟宪来（2014年3月止）
　　　　　　毛晓红
纪委组长　尹淑华

银川市兴庆区人民检察院

检察长、党组书记　刘定远
副检察长　张志春　沈子君　王大江
纪检组组长　苏　黎
政工科科长　马　迪
反贪局局长　向大杰
办公室主任　刘　银

银川市公安局兴庆区分局（市属）

局　　　长　魏宁喜
政　　　委　王逢安
纪委书记　张保国
副　局　长　李晓磊　杨建华　曾晓隆　杨东生

银川市兴庆区人民武装部

部　　　长　江定勇
政　　　委　许亚林
副　部　长　张海清（2014年3月止）
　　　　　　霍军明（2014年4月起）

兴庆区群众团体

银川市兴庆区工会工作委员会

主　　　席　杜　胜
副　主　席　樊莉萍
经费审查委员会主任　周晶英
机关工会主席　黄明才

共青团银川市兴庆区委员会

书　　　记　王燕菊（2014年3月起）
副　书　记　王燕菊（2014年3月止）（空缺）

银川兴庆区妇女联合会

主　　　席　牟　玲
副　主　席　郝莉敏

银川市兴庆区科学技术协会

主　　　席　杨　伟

银川市兴庆区工商业联合会

党组书记　杨万军
主　　　席　柴丽云（2014年3月止）
　　　　　　王　勇（2014年9月起）

银川市兴庆区残疾人联合会

名义主席　曹生林
主　　　席　马少红
副　主　席　尉　岚　武俊华
理　事　长　尉　岚
副理事长　张　奕
康复中心主任　林汝兰

银川市兴庆区人民政府
工作部门及所属事业单位

银川市兴庆区政府办公室

主　　　任　赵景宝（2014年12月止）
副　主　任　倪晓军　魏鹏（2014年9月起）　袁　辉
法制办主任　倪晓军
政务服务中心主任　官　宁

银川市兴庆区人民政府招标投标办公室（临时机构）

主　　　任　闫念国

银川市兴庆区经济发展局

局　　　长　杨　剑
副　局　长　卢　洁　宋　辉

安全生产监督管理局

局　　　长　沈炳南

商务局

局　　　长　张　玲
物价监督检查所所长　乔惠林

银川市兴庆区教育局

教育工委书记　孙自文
局　　　长　刘胜林（10月止）　孙自文（10月起）
教育纪工委书记　哈　兵（10月起）
副　局　长　马晨晓　哈　兵（10月起）　高　义

银川市兴庆区科技局

局　　　长　王杰民

银川市兴庆区民政局

局　　　长　武俊华
副局长、双拥办主任　曹　青
副　局　长　蔡　颙　于　刚
老龄办副主任　祁学峰
办公室主任　李学刚

银川市兴庆区社会福利院

书　　　记　冯永胜
院　　　长　杜新艳

副 院 长 黄莉婷 马 静

银川市兴庆区司法局

局 长 梁景虎

副 局 长 马保强 金爱琴

银川市兴庆区财政局

局 长 冯德旺

党总支书记 杜毓英

副 局 长 艾敬炜

会计核算中心主任 郝晓晴

农业项目开发办公室主任 刘建民

银川市兴庆区人力资源和社会保障局

局 长 王建宁

副 局 长 张永生 陈 林 金朝霞 江洪涛

劳动人事争议仲裁院院长 王应龙

劳动监察大队队长 陆 涛

社会保险经办服务中心主任 杨晓红

银川市兴庆区劳动就业服务局

局 长 马建宏

副 局 长 赵红梅 梁小丹

银川市兴庆区建设交通局

局 长 马 伟

支部书记 郑 耿

副 局 长 哈占祥 高 平

银川市兴庆区水务局

局 长 咸 波

副局长、防汛抗旱指挥部办公室主任 朱占才

副 局 长 陈 青

水政监察大队队长 门淑霞

银川市兴庆区农牧局

局 长 汪洪波

党支部书记 马成忠(2014 年 12 月止)

副 局 长 印 联 黄利虎

纪检组长 贾丽媛

扶贫办

主 任 李兴俊

副 主 任 邵军高

移民办

主 任 丁万福

副 主 任 马保林 李兴俊

银川市兴庆区文化体育旅游局

局 长 陈 洁

副 局 长 路 程 惠 平

文化馆馆长 刘 娟

文联主席 赵菊芬(2014 年 12 月起)

银川市兴庆区卫生食品药品监督管理局

局 长 马建军

副局长、党工委书记 田孝峰

副 局 长 魏 联 吴丁友

银川市兴庆区人口和计划生育局

局 长 杨 玲

副 局 长 文 菁 张红声

银川市兴庆区审计局

局 长 冯 泽

副 局 长 张占兵

张晓岚

银川市兴庆区统计局

局 长 邢 波

副 局 长 保雪岚

银川市兴庆区园林管理局

局 长 张建刚

副 局 长 马 康 张学进

绿化养护中心主任 王 平

绿化委员会主任 张建刚

银川市兴庆区城市管理综合执法局(南局)

局 长 王利明

党总支书记 耿红宁

副 局 长 李 明

执法大队副队长 王淑娟

银川市兴庆区城市管理综合执法局(北局)

局 长 李 虎

党总支书记 王爱华

副 局 长 刘世杰

党总支副书记、工会主席 任桂霞

执法大队副队长 于兴旺

银川市兴庆区经济技术合作局

局 长 黄 涛

副 局 长 王海鹏

银川市兴庆区国有控股有限公司

董事长兼总经理 周彩霞

副 经 理 蒋文才 马文梅

银川市兴庆区月牙湖治沙林场

场长、支部书记 喇建雄

副　场　长　李树军

银川市兴庆区月牙湖草原管理站

站　　　长　官　平

副　站　长　杨汝峰

银川市兴庆区征地拆迁办公室(临时机构)

主　　　任　马兴俊(2014 年 5 月止)

　　　　　　陈建全(2014 年 5 月起)

副　主　任　丁小军

银川市兴庆区康居工程建设领导小组办公室(临时机构)

主　　　任　杨银生

副　主　任　张永丽

银川市兴庆区地方志编审委员会办公室(待编制单位)

主　　　任　郝　峰

银川市兴庆区民主党派

民革兴庆区总支

主　　　委　马　刚(6 月止)　周德倩(6 月起)

副　主　委　聂　新

民盟兴庆区总支

主　　　委　胡绪山

副　主　委　张艳芬　徐建方

民建兴庆区总支

主　　　委　温迎春

副　主　委　马建宝　黄　瑛

民进兴庆区总支

主　　　委　张　奕

副　主　委　朱　灵　杨　英

农工党兴庆区总支

主　　　委　马春晟

副　主　委　王洪丽　张　涛

九三学社兴庆区委员会

主　　　委　董瑞宁

副　主　委　黄朝克　贾孟辉

银川市直属部门

银川市商贸物流服务中心

主　　　任　王永虎

副　主　任　杨　锋(2014 年 3 月止)

　　　　　　石继生(2014 年 3 月起)

　　　　　　周振勇(2014 年 11 月起)

　　　　　　赵景宝(2014 年 12 月起)

银川市国土资源局兴庆区分局

局　　　长　沙向明

副　局　长　金　然

银川市环境保护局兴庆区分局

局　　　长　王　辉

副　局　长　刘　虎(2014 年 3 月止)

　　　　　　苟元珠(2014 年 3 月起)

银川市工商局兴庆一分局

党总支书记、局长　马宗卫

副　局　长　刘丽凤　章　健　蔡　炜

银川市工商局兴庆二分局

局　　　长　陆　川

副　局　长　郎随永　苏　军　雷　勇

银川市兴庆区南区国税局

党组书记、局长　王　言

副　局　长　丁福生　吴永强　胡建军　李　渤

纪检组长　　兰　芳

银川市兴庆区北区国税局

党组书记、局长　张允良

副　局　长　孙伟军　张　炜　李　蓉　李建华

纪 检 组 长　顾彦东(2014 年 12 月止)

银川市兴庆区南区地税局

党组书记、局长　王建功(2014 年 2 月止)

　　　　　　　　谭学亮(2014 年 2 月起)

党组副书记　罗宁生

副　局　长　徐文霞　王　刚(2014 年 1 月止)

　　　　　　徐　琳(2014 年 4 月起)

纪 检 组 长　邹　健(2014 年 4 月起)

银川市兴庆区北区地税局

局　　　长　王永明(2014 年 2 月止)

　　　　　　徐　辉(2014 年 2 月起)

副　书　记　王银生

副　局　长　甄耀奇(2014 年 4 月止)

　　　　　　陈轶洋(2014 年 4 月起)　张玉晓

纪 检 组 长　陈轶洋(2014 年 4 月止)

　　　　　　吴晓明(2014 年 4 月起)

银川市兴庆区交警一大队

大　队　长　白振忠(2013 年 12 月止)

　　　　　　薛晶胜((2013 年 12 月起)

教 导 员 姚翠萍（2013 年 12 月止）
王大伟（2013 年 12 月起）

银川市兴庆区交警二大队

大 队 长 李麒杰（2013 年 12 月止）
段光天（2013 年 12 月起）

教 导 员 王 鹏（2013 年 12 月止）
梁建红（2013 年 12 月起）

银川市质量技术监督局兴庆分局

局 长 张 辉

副 局 长 王玉贤 刘 军

基层政府

月牙湖乡

中共银川市兴庆区月牙湖乡委员会

书 记 马保林

副 书 记 屠尚清（2014 年 6 月止）
苏月芳 孔 铮（2014 年 6 月起）

纪委书记、武装部部长 王 斌

工会主席 苏月芳

银川市兴庆区月牙湖乡人大主席团

主 席 马保林

副 主 席 苏月芳

银川市兴庆区月牙湖乡人民政府

乡 长 屠尚清（2014 年 6 月止）
孔 铮（2014 年 6 月起）

副 乡 长 罗海霞 唐 锋 马 元（2014 年 4 月止）
范伯瑞（2014 年 12 月起）

通贵乡

中共银川市兴庆区通贵乡委员会

书 记 王 琰

副 书 记 杨国军 闫永胜

纪委书记、武装部部长 刘立刚

工会主席 陈学明

银川市兴庆区通贵乡人大主席团

主 席 王 琰

副 主 席 陈学明

银川市兴庆区通贵乡人民政府

乡 长 杨国军

副 乡 长 白 辉 王富福

大新镇

中共银川市兴庆区大新镇委员会

书 记 王全存

副 书 记 王文生 马万永

纪委书记、工会主席 张 军

武装部部长 马万永

银川市兴庆区大新镇人大主席团

主 席 王全存

副 主 席 马建军

银川市兴庆区大新镇人民政府

镇 长 王文生

副 镇 长 张学平 赵艳华

副镇长、拆迁办副主任 吕学军

掌政镇

中共银川市兴庆区掌政镇委员会

书 记 王 丽

副 书 记 梁云霞 马兴俊（2014 年 4 月起）

纪委书记、工会主席 梁云霞

武装部长 杜 方

银川市兴庆区掌政镇人大主席团

主 席 王 丽

副 主 席 杜 方

银川市兴庆区掌政镇人民政府

镇 长 马兴俊（2014 年 4 月起）

副 镇 长 杜 方 马洪梅 兀海浩

兴庆区燕鸽湖管委会

主 任 张晓丽

副 主 任 杨桂香

前进街街道

中共银川市兴庆区前进街街道工作委员会

书 记 王 超

副 书 记　马　坚　石　干
纪工委书记、工会主席　（空缺）
武装部部长　王　军
银川市兴庆区前进街街道办事处
主　　任　马　坚
副 主 任　王　军　马　婷（2014年3月起）

解放西街街道

中共银川市兴庆区解放西街街道工作委员会
书　　记　锁成龙
副 书 记　杨晨华
副书记、纪工委书记、工会主席　谢春丽
副 书 记　陆正学（2014年9月起）
武装部部长　陆正学
银川市兴庆区人大常务委员会联络办公室
主　　任　锁成龙（兼）
副 主 任　唐秀斌
银川市兴庆区解放西街街道办事处
主　　任　杨晨华
副 主 任　陆正学（2014年9月止）　李新斌

胜利街街道

中共银川市兴庆区胜利街街道工作委员会
书　　记　周泽云
副 书 记　马　巍
　　　　　马克军
纪工委书记　马克军
副书记、武装部部长、工会主席　刘　军
银川市兴庆区人大常务委会联络办公室
主　　任　周泽云（兼）
副 主 任　李俊明
银川市兴庆区胜利街街道办事处
主　　任　马　巍
副 主 任　李俊明　张　倩　张德凤（2014年3月起）

凤凰北街街道

中共银川市兴庆区凤凰北街街道工作委员会
书　　记　周会荣
副 书 记　姜超东　潘文丽(2014年8月止)
　　　　　曹永全(2014年8月起)
武装部部长　姜超东
工会主席　潘文丽（2014年8月止)
　　　　　曹永全(2014年8月起)
银川市兴庆区人大常务委会联络办公室
主　　任　周会荣（兼）
银川市兴庆区凤凰北街街道办事处
主　　任　魏小宝
副 主 任　曹永全（2014年8月止）
　　　　　马伟兵（2014年4月起）

中山南街街道

中共银川市兴庆区中山北街街道工作委员会
书　　记　司雁啸
副 书 记　丁 岩
纪工委书记、工会主席　（空缺）
武装部部长　丁　岩
银川市兴庆区中山南街街道办事处
主　　任　陈德卫（2014年9月起）
副 主 任　李国梅（2014年3月起）
　　　　　朱成业（2014年3月起）

富宁街街道

中共银川市兴庆区富宁街街道工作委员会
书　　记　王　莉
副 书 记　许汝先
纪委书记　姜　召（2014年4月起）
武装部部长　马文成
工会主席　姜　召（2014年4月起）
银川市兴庆区人大常务委会联络办公室
主　　任　王　莉
副 主 任　杨跃明
银川市兴庆区富宁街道办事处
主　　任　王建宁
副 主 任　赵　昕　马文成

玉皇阁北街街道

中共银川市兴庆区玉皇阁北街街道工作委员会

书　　记　马咏晖

副 书 记　马建平　李小琴

副书记、纪工委书记、武装部长、工会主席　吕成良

银川市兴庆区人大常务委会联络办公室

主　　任　马咏晖(兼)

银川市兴庆区玉皇阁北街街道办事处

主　　任　马建平

副 主 任　姚淑芳

　　　　　沈　杰

新华街街道

中共银川市兴庆区新华街街道工作委员会

书　　记　魏建新

副 书 记　安凤梅

　　　　　陈继文

武装部部长　陈继文

纪工委书记、工会主席　安凤梅

银川市兴庆区新华街街道办事处

主　　任　马　丽

副 主 任　王春华(2014 年 4 月起)

文化街街道

中共银川市兴庆区文化街街道工作委员会

书　　记　屠国建

副 书 记　仇永清　张文静　杨晓玲(2014 年 7 月止)

武装部部长　张文静

纪工委书记　杨晓玲(2014 年 7 月止)

　　　　　张文静(2014 年 7 月起)

工会主席　杨晓玲(2014 年 7 月止)

　　　　　孙　静(2014 年 7 月起)

银川市兴庆区人大常务委会联络办公室

主　　任　屠国建(兼)

副 主 任　马桂林

银川市兴庆区文化街街道办事处

主　　任　仇永清

副 主 任　孙　静(2014 年 4 月起)

　　　　　白晓东(2014 年 4 月起)

丽景街街道

中共银川市兴庆区丽景街街道工作委员会

书　　记　刘　平

副 书 记　闫　兵(2014 年 10 月止)　马海峻

银川市兴庆区丽景街街道办事处

主　　任　王彦忠

副 主 任　冯彦虎　武　丽

银古路街道

中共银川市兴庆区银古路街道工作委员会

书　　记　陈建国

副 书 记　官力彬(2014 年 1 月起)　陈瑞丰

武装部部长　陈瑞丰

纪工委书记、工会主席　(空缺)

银川市兴庆区银古路街道办事处

主　　任　杨子阳

副 主 任　官力彬(2014 年 1 月止)

　　　　　邢吉才(2014 年 4 月起)

　　　　　米　丽(2014 年 1 月起)

政党政务

中共银川市兴庆区委员会

综述

【概况】 2014年,兴庆区党委团结带领辖区各族干部群众,紧紧围绕自治区“四个宁夏”建设和银川市“2258”工作思路,按照“四个银川”建设走在前、作表率的要求,坚定不移地实施“8531”工作思路,扎实开展党的群众路线教育实践活动,有效应对经济下行压力,经济发展稳中有进,改革开放稳步推进,民生事业显著改善,社会大局和谐稳定,“四个兴庆”建设迈出坚实步伐。全年完成地区生产总值426.7亿元,同比增长9.5%;全社会固定资产投资171.7亿元,同比增长27%;社会消费品零售总额186.5亿元,同比增长6%;财政公共预算收入11.5亿元,同比增长14.7%;城镇和农村居民人均可支配收入均增长10%;规模以上工业增加值8亿元,同比增长10%;城镇登记失业率控制在4%以内。“为民办十件实事”全部完成。

【群众路线教育实践活动】 坚持教育实践活动与推动工作两手抓、两促进,特别是把活动成效体现在解决发展中存在的突出问题及人民群众反映的热点问题上。围绕“照镜子、正衣冠、洗洗澡、治治病”总要求,紧扣“为民、务实、清廉”主题,聚焦“四风”突出问题,完善长效机制,坚持以上率下、步步深入,用制度管权、管人、管事,加强专项整治工作。年内各级党组织和领导干部参学率100%,举办各类学习班、报告会和专题研讨会801场;开展“连心共建·蹲点实践”“三下三进”活动,1373名领导干部带头深入基层,联系村居102个,包抓项目112个,帮扶群众1735户;各级党组织制定整改措施5276条,已整改5184条;清理废止规章制度59项,修订完善12项,新建26项;全面完成30个方面45项专项整治任务,撤销各类评比达标考核72项,化解信访积案45件,发放各类惠农资金5716万元。

【“八区”建设】 以国家实施“一带一路”战略为契机,推进各项改革和“两优”环境建设,区域性教育、医疗、文化、商贸物流中心的优势明显增强,内陆开放型经济试验区的中心区雏形渐显;围绕黄金珠宝、电子商务等重点产业,加强项目对接,促进产业融合,邀请60多家国内外企业参观考察,组织和参加外出招商、重要节会10余次,达成合作意向20多个,颐和城市综合体等4个总投资233亿元的招商项目成功签约,综合保税区的产业联动区融入加快;实施“两桥两路”等重点项目征地拆迁,做好老城区与滨河新区快速通道打通工作,拆除各类建筑60万平方米,修编两乡两镇小城镇和产业规划,在休闲旅游、临空经济、生产性服务业等产业上主动对接,高起点规划建设银川通用机场暨通航产业园项目,滨河新区的承载区作用显现;启动“十三五”规划、《兴庆区商贸服务业发展规划》编制工作,永泰城等项目有序推进,浦发银行银川分行、居然之家、大兆发等项目开业运营,新华百货、银川商城等传统商贸企业转型升级,立达建材五金家居博览城、宁港财富中国、四季青国际服装城等一批项目建设步伐加快。物流带落户大型专业市场项目43个,完成投资350亿元,年交易额218亿元,实现利税11.5亿元,就业10.2万人。农业优势特色产业稳步发展,落实瓜菜种植5.6万亩,建设蔬菜直销点24个,花卉种植7400亩,万亩牛场奶牛入园1.2万头,奶牛存栏3.1万头。黄沙古渡等景区、檀溪欢乐谷等特色景点和农家乐全年接待游客72万人次,旅游直接收入6800万元,“一圈两带”优势特色产业区实力增强;启动兴庆区村镇体系五年规划编制工作,完成通贵乡总体规划和掌政、大新规划修编工作,城镇化达96.05%,居全区首位。城乡居民基本医疗保险参保率100%,养老保险参保率95%。全年发放低保、社会救助等资金5568万元,建成老年活动中心30个,建设农村幸福大院10个,城镇新增就业和农村劳动力转移就业2万人,城乡一体化示范区规模推进；创新社会治理先行区，建立以城市网格化管理为基础的“11125”和谐社区建设模式，建立市民服务站72个，设立居民代办点101个，建立数据库和视频监控、社会治理网格及掌上移动三大平台，链接所有区直部门、街道和561个网格。优质教育文化引领区成效明显。各类学校发展共同体实现全覆盖，投入8000万元，实施4所学校迁扩建项目、23所学校内部粉刷、2所学校标准化操场建设以及17所学校弱电改造；投入9551万元为中小学配置仪器设备，为7426名农村中小学生提供免费营养早餐；培训教师3300余人次，招聘、选调教师167名；推行“阳光招生”，建立对口直升和公办幼儿园招生摇号公示制度，开辟外来务工子女入学绿色通道。开展“书香兴庆”等活动，建立各类文化队伍73个，举办群众文化艺术活动435场次，形成以23家大型医院为核心、4个乡镇卫生院、200余个村卫生室和社区卫生服务站为基础的15分钟卫生服务圈。

【实施“五大”工程】 城中(边)村棚户区改造、道路畅通工程。强力推进444万平方米的上前小区、塔桥花园等18个康居项目和新华西街、湖滨西街安置区建设，安置5147户1.6万人。投入5000万元对17个老旧小区进行改造，4800余户15000名群众受益；生态移民工程。提前完成3979套安置房和道路、给排水、学校等基础设施建设，开发土地15300亩。累计搬迁移民3155户13150人。引进羊绒针织厂、周景世荣花卉等6家劳动密集型企业，保证每个家庭都有稳定收入，新移民人均可支配收入达5700元；统筹城乡规模推进工程。掌政特色小城镇安置区二期、创业园、商业街交付使用，商住区、赵家湖生态湿地保护开发等项目道路、给排水、亮化美化工程完成；完成幸福村庄、阳光暖房、农村危房改造1440户建设任务；新建乡村公路38公里；建设高标准农田4.65万亩，清淤沟渠道1207条，整修农路963条。完成通贵乡农村饮水安全改造、银北百万亩盐碱地改良、掌政节水改造工程。洁净兴庆工程。投入1.5亿元，配齐配强环卫设施，提高环卫工人待遇，保证1700余万平方米道路、街面、公园林带的清洁；拆除违法违章建筑92万平方米。投入900余万元硬化农村公路两侧人行道。京藏高速公路两侧水系连通和绿化工程。新增水面3935亩，造林绿化面积1488亩，荣获自治区主干道两侧大整治大绿化工作一等奖。人才培训督查考核工程。培训干部和各类人才3000人次。提拔10名年轻干部到街道任职，选派36名新提拔和年轻后备干部到一线挂职锻炼。柔性引进各类人才48名。

【完成“三项”任务】 引进、实施招商引资项目24个，总投资109亿元，到位资金69.91亿元，完成区市下达任务的116.5%；引进各类股权基金、短期融资券、企业债券等金融项目，到位资金58.6亿元。继续发扬“三千”精神，争资金、引项目，全年实施政府投资项目82个，上争各类资金13.5亿元。财政收入超额完成，公共财政预算收入同比增长14.7%，超额完成年初14%的目标任务。

【基层党组织建设】 落实党建工作责任制，实施党建创新项目16个，为民服务和发展项目127个。组建社区大党委69个，网格党支部561个，功能性党小组150个；整改16个软弱涣散党组织，调整6名不称职的支部书记；出台处置不合格党员暂行办法，成立新华商圈大党委、建设商贸行业党工委，在9个重点项目工地建立“工会工作站”，构建区域党建工作新格局。

北门航拍图

【思想理论建设】 加强区委中心组理论学习，举办专题报告会和学习会，学习领会习近平总书记十八大以来系列重要讲话和十八届三中、四中全会精神，在中央、区市等主流媒体刊播新闻4500余条。培育践行社会主义核心价值观，开展“节俭养德”全民行动、“道德讲堂”等活动，中央电视台先后3次宣传报道兴庆区，“道德红黄蓝榜”被中宣部作为精神文明建设创新案例并进行推广。

【党风廉政建设】 落实中央“八项规定”、区市相关规定和党风廉政建设“两个责任”，全面推行一把手“五个不直接分管”制度；加强重点领域、行业和岗位的监督，清退办公用房5629平方米，“三公”经费同比下降26.12%；严肃查处违纪违规案件，通报单位93个，问责干部180人次，查处违纪案件30案35人。

常委会议

【第二届党委第54次常委会议】 1月13日，兴庆区委书记马爱平主持召开。会议传达学习自治区党委常委会纪要精神、自治区党委书记李建华在参加自治区十一届人大三次会议银川市代表团审议时的讲话精神和市委2014年第2次常委会议精神并研究兴庆区贯彻落实意见，听取了人大党组、政协党组工作汇报。研究并原则同意召开兴庆区人大三届二次会议和政协兴庆区三届二次会议；原则同意兴庆区“两会”上人大、政协和“一府两院”、计划、财政工作报告；同意推荐大新镇武装部、掌政镇武装部为银川市基层建设标兵单位，推荐杜方、刘光明为银川市基层建设标兵个人，推荐周泽云为银川市党管武装好书记，表彰王全存等4人为兴庆区党管武装好领导，月牙湖乡武装部等4个单位为兴庆区先进基层人民武装部，通贵乡民兵应急救援分队等5个单位为兴庆区先进民兵连，徐飞等9人为兴庆区先进基层民兵干部、民兵；同意命名银川市烈士陵园管理所等7个单位为2013年度兴庆区级文明单位，推荐银川市道路运输管理局等6个单位为第十六批自治区级文明单位；同意推荐王永为自治区信访先进个人。

【第二届党委第55次常委会议】 2月12日，兴庆区委书记马爱平主持召开。听取市委组织部副部长张正标关于干部大会选票推荐结果的通报，根据考察组反馈的民主推荐结果，确定冯德旺、柴丽云同志为副处级干部考察对象建议人选。

【第二届党委第56次常委会议】 2月20日，兴庆区委书记马爱平主持召开。会议传达学习了中央及区市政法工作会议和全区平安创建暨信访工作推进会精神，全国及自治区未成年人思想道德建设工作电视电话会议精神，自治区组织部长会议精神、自治区统战部长视频会议精神，银川市委2014年第4次、第5次常委会议及银川市委书记徐广国在兴庆区调研汇报会上的讲话精神并研究兴庆区贯彻落实意见；研究召开兴庆区党委工作会议和纪委全会事宜、兴庆区党的群众路线教育实践活动实施方案及相关事宜；原则同意《进一步深化平安兴庆建设的实施意见》《兴庆区少数民族流动人口服务管理体系建设试点工作方案》，同意表彰2009—2013年度平安建设暨信访维稳工作先进集体和先进个人，同意命名兴庆区工会等4个单位为2013年度兴庆区民族团结进步模范单位，命名月牙湖乡海陶北村等3个村为民族团结进步模范村，命名胜利街街道家园社区等8个社区为民族团结进步模范社区，命名回民实验小学和通南回民小学为民族团结进步模范学校，同意推荐银古路街道宝清社区为全国“三八”红旗集体，推荐银川市回民中学为银川市“三八”红旗集体，推荐邹玉萍为银川市“三八”红旗手，同意推荐月牙湖乡人民政府为银川市信访工作先进集体，推荐许汝先为银川市信访工作先进个人。

【第二届党委第57次常委会议】 3月12日，兴庆区委书记马爱平主持召开。会议传达学习了全区查办案件工作会议精神并研究兴庆区贯彻落实意见；会议原则同意将兴庆区依法治区领导小组办公室调整到司法局；原则同意2014年督查工作的相关方案，同意政府党组提交的西部国际经贸城、东城湖银泰商业广场项目招商事宜和月牙湖生态移民奶牛托管方案；同意《兴庆区农业主导产业发展规划及扶持政策意见（2014—2016年）》《兴庆区科技创新工作实施意见》；同意白梅、张红梅等10人为兴庆区“三八”红旗手，同意胜利街街道等10个单位为“三八”红旗集体，兴庆区第三小学为兴庆区优秀妇女组织，张桂霞等20人为兴庆区优秀妇女工作者，新华街富宁社区等10个单位为兴庆区维护妇女儿童权益先进集体，同意新华街街道市民服务中心等10个单位为兴庆区级巾帼文明岗，掌政镇五渡桥村等5个单位为兴庆区级巾帼示范村，施雪冲等10人为兴庆区和谐家庭标兵户；会议研究了干部议题。

【第二届党委第58次常委会议】 3月21日，兴庆区委书记马爱平主持召开。会议传达学习了中共中央办公厅《关于加强乡镇干部队伍建设的若干意见》、李建华书记调研银川市群众路线活动重要讲话和银川市委8次常委（扩大）会议精神并研究兴庆区贯彻落实意见；传达了《关于2013年度银川市对兴庆区绩效考评结果的报告》，审议《兴庆区2013年度绩效考评结果的报告》，原则同意《2014年兴庆区绩效考评工作方案》《关于拟表彰2013年兴庆区重点工作专项工作先进集体和先进个人的方案》；同意《兴庆区政府聘用的非在编人员劳动报酬管理实施方案》《非在编人员管理办法（试行）》；同意偿还宁夏银行2600万元贷款；同意推荐杨伟为全区科普工作先进个人；同意纪委关于月牙湖干部违纪情况的处理意见。

【第二届党委第60次常委会议】 4月24日，兴庆区委书记马爱平主持召开。会议传达学习了自治区、银川市一季度经济形势分析会和银川市委2014年第10次常委会议精神并研究兴庆区贯彻落实意见；传达学习了自治区《关于清理规范全区城市社区各类创评活动的通知》《2014年第一季度全区信访形势分析报告》《关于全面推行县委权力公开透明运行工作的意见》和银川市《关于全国两会期间我市信访维稳工作及群众进京上访情况的通报》、银川市纪委《建立健全惩治预防反腐败体系2013-2017年工作规划》、银川市群众路线教育领导小组办公室关于《"端正作风形象，树好四个样子"教育整顿行动》和《开展四风问题风险防控专项行动》通知精神；听取兴庆区赴永康、芜湖等地招商考察情况汇报和2014年第二批政府投资项目情况汇报；研究了迎接义务教育均衡发展验收工作事宜、唐徕市场征地拆迁补偿事宜；原则同意推荐兴庆区法院团支部、盛世开元拍卖有限公司团支部为自治区级"五四红旗团支部"，银川市第十五中学刘岩为自治区级"优秀团员"，兴庆区团委西部计划志愿者祁芸为自治区级优秀志愿者，推荐银川市第十五中学团委书记马涛为银川市级"青年五四奖章"，兴庆区团委、凤凰北街街道团工委为银川市级"五四红旗团委"，红星美凯龙家居生活广场团支部为银川市级"五四红旗团支部"，兴庆区团委干事杨涛为银川市级"优秀团干部"，银川市第三中学学生王安琪、银川市第二十一中学学生王珊珊为银川市级"优秀团员"。

【第二届党委第61次常委会议】 5月14日，兴庆区委书记马爱平主持召开。会议传达学习了自治区党委办公厅《关于加强乡镇干部队伍建设的实施方案》、自治区《建立健全重大决策社会稳定风险评估事项报备及监督考评机制》《国家信访局关于进一步规范信访事项受理办理程序引导来访人依法逐级走访的办法》、全区民族团结进步暨和谐寺观教堂创建活动现场交流会精神和《银川市党和国家机关及其工作人员不当行为导致信访问题发生的问责办法（试行）》、银川市十三届党委2014年第12次常委会议精神并研究兴庆区贯彻落实意见、干部议题。

【第二届党委第62次常委会议】 6月9日，兴庆区委书记马爱平主持召开。会议学习观看了习近平总书记指导兰考县委常委班子专题民主生活会有关新闻报道视频，传达学习了中央教育实践活动领导小组相关文件精神、中宣部节俭养德全民节约行动电视电话会议精神，传达学习了自治区工商联督查兴庆区贯彻中央和自治区相关文件情况通报；听取兴庆区赴宁波等地学习考察城市管理综合执法情况汇报和赴重庆等地招商活动和近期招商引资工作汇报；研究了建设"中国西部徽商经济总部""银川颐和盛世商业广场"招商项目相关事宜；原则同意政府党组提交会议研究的《关于命名宁港·财富中国项目为"银川新经济服务产业示范园"的请示》《兴庆区街道办事处管理范围界线调整方案》《关于兴庆区街道网格员工资福利管理办法（暂行）》《2013年农业农村工作表彰奖励及2014年考评方案》《关于追补2011年义务教育经费的请示》《关于增补公办幼儿园教师的请示》《关于对2011-2013年连续三年考核优秀公务员记三等功进行表彰的决定》；原则通过了《区委常委班子党的群众路线教育实践活动对照检查材料》《兴庆区第八个党建月活动实施方案》；研究了干部议题。

【第二届党委第63次常委会议】 6月12日，兴庆区区委书记马爱平主持召开。会议专题传达学习了自治区党委书记李建华指导永宁县委班子专题民主生活会重要讲话和自治区党委常委、银川市委书记徐广国的讲话精神并研究贯彻落实意见。

【第二届党委第65次常委会议】 8月4日，兴庆区委书记马爱平主持召开。会议传达学习了中央纪委转职能、转方式、转作风专题研讨班及自治区党委书记李建华、纪委书记陈绪国的重要讲话

大团结广场

精神、全国经济责任审计工作电视电话会议精神、自治区《关于在全区开展戒毒康复工作试点的通知》、崔波在全区信访联席会议上的讲话及相关文件精神和银川市委2014年第19次常委会议精神；听取赴深圳、无锡等地招商考察情况汇报；研究了《兴庆区教育系统人事制度改革方案》；原则同意政府党组提交的《兴庆区政府职能转变和机构改革实施方案》《2014年第三批政府投资项目情况报告》、2014年6月政府重点项目建设资金支出计划和实施通贵乡集镇安置区一期建设项目。

【第二届党委第66次常委会议】 8月25日，兴庆区区委书记马爱平主持召开。会议传达学习了自治区《关于落实党风廉政建设党委主体责任和纪委监督责任的意见》、自治区党委书记李建华调研银川市的重要讲话和市委常委扩大会议精神；原则通过纪委提交的《关于调整兴庆区纪委(监察局)牵头或参与的兴庆区党委、政府议事机构》《兴庆区党政主要领导干部不直接分管干部人事财务等工作暂行规定》《兴庆区关于开展“转作风抓发展”实施方案》《关于兑现2013年度城乡环境卫生长效管理以奖代补资金》《通贵乡集镇安置区征地拆迁补偿安置实施方案》《关于拨付义务教育均衡发展验收设备款和基本建设工程款等资金的请示》《兴庆区籍初中毕业生进入宁夏职业技术学院参加中职教育给予学习费用补贴的请示》《兴庆区与宁夏银行业批发贷款担保有限公司合作的请示》《关于支付宁夏檀溪房地产开发有限公司代建掌政小城镇基础设施费用的请示》和2014年8月政府重点项目建设资金支出计划；同意推荐段文海为全国民族团结进步模范个人，推荐退休干部第二党支部为全区离退休干部先进集体，焦淑华、付冬梅为全区离退休干部先进个人。研究了干部议题。

【第二届党委第68次常委会议】 10月13日，兴庆区区委书记马爱平主持召开。会议传达学习了中央和区市党的群众路线教育实践活动总结会精神，中央民族工作会议及自治区干部大会精神，全区加强政法机关服务型窗口单位建设推进会精神，全区纪委书记纪检组长专题学习会和党风廉政建设主体责任培训班会议精神，全区产业发展和重点工作现场交流会、全区深化“和谐社区”创建工作现场观摩会精神，全区培养选拔年轻干部和干部监督工作会议精神，银川市委十三届23次常委会议精神；原则同意组织部提交的《兴庆区党的群众路线教育实践活动总结》、纪委提交的《关于落实党风廉政建设党委主体责任和纪委监督责任的实施意见（试行）》；分别听取兴庆区赴成都、重庆考察民族宗教，赴南宁、贵阳参加东盟博览会以及赴北京、西安外出招商引资情况汇报，听取近期信访维稳工作情况汇报；同意政府党组提交的《第十四届全运会兴庆区体育代表团获奖人员奖金分配方案》、庆祝第三十个教师节及表彰事宜。研究了干部议题。

【第二届党委第69次常委会议】 10月27日，兴庆区委书记马爱平主持召开。会议传达学习了党的十八届四中全会、十八届中央纪委第四次全会和市委2014年第24次常委会议精神；通报了《兴庆区参加全国社会扶贫工作电视电话会议暨“10·17”全国扶贫日活动宁夏启动仪式情况的调查报告》

【第二届党委第70次常委会议】 11月6日，兴庆区委书记马爱平主持召开。会议传达学习了全区领导干部专题学习班、全区前三季度经济形势分析会、十三届市委2014年第25次常委会、银川市政府职能转变和机构改革动员大会精神；原则同意上报《兴庆区“准备之冬”和2015年工作思路报告》。

【第二届党委第71次常委会议】 12月17日，兴庆区委书记马爱平主持召开。会议传达学习了自治区党委十一届四次全体会议精神、全区禁毒工作会议及相关文件精神、银川市委书记徐广国调研兴庆区“准备之冬”讲话精神；听取兴庆区外出学习考察和招商引资情况汇报；原则同意政策研究督查室提交的《兴庆区全面深化改革领导小组工作规则》《兴庆区全面深化改革领导小组专项小组成员名单》《兴庆区全面深化改革领导小组专项小组工作规则》《兴庆区全面深化改革领导小组办公室工作规则》，政府党组提交的《兴庆区“十三五”规划编制工作实施方案》《成立兴庆区城市综合管理委员会请示》《兴庆区2013年度优秀人员健康休养方案》《关于向上级部门申报吴涛同志为烈士的请示》，撤销强家庙村和永固村村委会，合并设立强家庙中心村村民委员会，组织部提交的《关于组建兴庆区群众路线教育实践活动巡回督导组方案》，编办提交的《兴庆区人民政府职能转变和机构改革实施意见》，老干部局提交的关于《新形势下加强离退休干部党支部建设的意见》；同意推荐兴庆区委老干部局退休干部第一党支部为银川市离退休干部先进集体，推荐刘油清、高万金为银川市离退休干部先进个人，同意纪委关于对强殿伟和耿红宁违纪行为予以处理的请示，同意补选兴庆区三届人大代表。研究了干部任免事宜。

（供稿人：梁 庆）

组织工作

【概况】 2014年，兴庆区组织工作围绕基层党组织建设，结合开展路线教育实践活动，发挥党员干部先锋模范带头作用，开展“双强六好”非公有制企业党组织创建活动。以思想政治建设为重点，加强领导班子建设，把社会主义核心价值观教育贯穿于区委班子思想政治建设的全过程，对党员和党员领导干部加强思想政治教育。坚持求真务实，提高用权为民的公信力。深化干部人事制度改革，不断加强干部队伍建设，完善创新干部培养选拔任用机制。拓宽监督渠道，整治选人用人不正之风。注重人才工作培养，落实完善人才工作制度，健全激励机制，营造人才创业发展和谐环境。加强组织工作信息报道，全年各类报刊杂志上登载信息 179 篇。

【基层党组织建设“堡垒”工程】 建立基层党组织晋位升级长效机制，实施先进党组织“标兵工程”、一般党组织“提升工程”、软弱涣散党组织“转化工程”，强力推进各级党组织晋位升级。坚持标准，严格把关，以一步到位解决班子建设紧要问题、打好基础解决组织运转的长远问题、建立机制解决服务群众“最后一公里”的问题为整改方向，对确定的 16 个软弱涣散党组织建立 “1+N”整改提升、联动帮建工作机制，即安排县级领导“一对一”驻点联系、城乡党组织结对共建、同系统先进党组织和涣散党组织联姻、各部门对口帮扶，通过“撤、换、育、派”等方式，配齐配强 7 个基层党组织班子，对 6 名不称职的支部书记进行了调整。

【党员“先锋”工程】 结合树立好“四个样子”教育整顿活动，严格程序，注重实效，开展支部专题组织生活会，进行批评和自我批评。各级党组织按照“一诺两评一公示一定星”的要求，召开党员大会，对党员进行先锋指数考评。兴庆区 36 个村、67 个社区、34 个机关、10 个直属党组织、110 个非公企业党组织均按要求和程序召开专题组织生活会，并按照“党员先锋指数考评办法”对党员进行民主评议。

【开展“下基层”和“蹲点”实践活动】 以乡镇、街道为单位，召开下基层人员调整对接会、协调会，让“下基层”干部了解乡镇、街道和村居的基本情况及存在的主要问题，方便下基层单位开展工作。统一印制《机关干部“下基层”连心记录卡》，督促干部下基层、办实事。以“三下三进”活动（下网格、进社区，下农村、进村队，下企业、进现场）为抓手，机关、街道社区干部深入居民家中了解情况解决问题，农口部门和乡、镇村干部深入农户家中办实事解难题，31 名在职县处级领导干部帮助联系点理清工作思路、找准工作方法、解决工作难题。活动中，机关干部“下基层”平均达到 5 天以上，人均走访群众 40 多户；传达各类政策 1327 条，征求意见建议 17243 条，已落实 15800 多条；实施帮扶项目 140 多个，联系非公企业 2305 家。开展“连心共建”蹲点实践活动，做到四个全覆盖，即：兴庆区 31 名副处级以上领导“一对二”全覆盖 62 个村（社区）、65 个部门、16 个乡镇（街道、管委会）；“一帮一”“一帮多”全覆盖 168 个村（社区）、学校、非公企业、乡镇卫生院；县级领导包项目，业务部门成立工作组，全覆盖驻点联系 110 个建设项目；兴庆区 796 名下基层干部和 546 名网格员 “一连一”“一连二”全覆盖结对帮扶基层群众 1735 户。

2014 年 1 月 24 日，兴庆区委常委、组织部部长杜曼九慰问困难老党员

【实施为民服务专项资金项目】 坚持“项目实施是否让大多数人受益” 的标准，“按程序推进、分步骤实施、有记录备案、可责任倒查”的工作要求，实行项目初评筛选、实地踏勘、分批验收、监督审计机制，全面实施为民服务专项资金项目，各乡镇、街道统一聘请监理，街道干部、社区工作人员和居民代表组成监督委员会，实现监督全覆盖。2014 年，兴庆区为民服务和发展专项资金项目共 8 大类 127 个。其中：农村基础设施建设类 30 个；农业产业服务类 3 个；农村问题类 14 个；社区文化场所建设类 29 个；平安社区创建类 5 个；社区老年人管理服务类 5 个；其他类别 41 个。资金总额 1306 万元，银川市配套 784 万元，兴庆区配套 522 万元。

【按规定落实村干部任职职务补贴和社区工作者工作报酬】 将村干部工资与发展村集体经济相挂钩，实行村干部待遇与评星定级联动考核办法。村干部任职年职务补贴达到兴庆区农民人均纯收入的 1.6 倍，平均年工资为 14500 元。从 7 月份开始，在社区工作者 2000 元左右的工资基础上，完成工作任务的增加 200 元绩效工资；在社区工作满一年，每月增加 10 元，满两年每月增加 20 元，以此类推。大专学历每月增加 20 元，本科学历每月增加 30 元，研究生学历每月增加 40 元；助理社会工作师每月增加70元,社会工作师每月增加100元。社区书记和市民服务站站长每月发300元岗位津贴。每两年对村干部、社区工作者进行一次体检。2014年,72个社区、36个村的750名工作人员接受体检,体验费平均每人800元。

【基层党组织“三级联述联评联考”制度】 落实农村基层党组织“联述联评联考”制度,开展党组织书记抓党建工作双向述职、基层党组织向党员大会(党员代表会议)报告工作和党员评议基层党组织领导班子成员的“双述双评”活动。参会党员群众对党组织工作报告进行评议和讨论,并进行民主测评。

【基层党组织换届】 建立基层党组织换届工作告知制度和换届选举档案,创新基层党组织选举方式,全面推行“公推直选”,切实推动基层民主,保障党员权益。2013年顺利完成37个村“两委”换届选举任务,2014年因城市拆迁改造工作需延期换届的丽景街满春村也按规定完成换届选举任务。在村党组织换届选举中,党员参与率达到90%,选出委员167名,党支部书记37名,村支部书记与村主任“一肩挑”18人,占总数的48.6%;新当选支部书记16名,连任支部书记21人,换届后班子成员平均年龄45.3岁,比上届降低1.5岁;大专以上学历131人。有9名大学生“村官”进入村党支部班子,3人担任书记、2人担任副书记、4人担任委员。

【街道社区区域化党建】 以便于党组织管理、党员发挥作用为原则,创新党组织设置模式,形成“街道—社区—网格—楼宇”四级联动、全面覆盖的党组织构架,成立69个街道“大工委”,涵盖325家机关事业单位、群团组织、新经济组织和新社会组织,形成了社区大党委统领下的“一核多元”服务体系;组建67个社区“大党委”,采取“1+n”方式,吸纳辖区机关事业单位、群团组织、非公经济组织和社会组织负责人担任社区党委兼职委员,形成党建工作共抓、服务资源共享、民生难题共解、和谐社区共建的社区党建新格局;以一个网格300~700户为标准,将兴庆区城市社区统一划分为561个网格,全部建立网格党支部,通过推行党组织设置进网格、资源配置进网格、管理服务进网格、党员活动进网格,进一步扩大基础党组织在社区的覆盖面和影响力。成立功能型党小组150个,吸纳党员志愿者3000余人,带头开展项目化菜单式为民服务项目40余项。农村普遍推行“网格化管理、组团式服务”管理模式,通过建立健全以基层党组织为核心的村民自治机制,使管理服务横向到边、纵向到底,构建了农村党建工作新格局;建立市民学校,在3个社区开展街道市民学校试点工作,探索建立市民学校“五化模式”,即软硬件设施规范化、师资储备社会化、学员管理信息化、教学模式多元化和运行管理制度化;按照社区网格化管理、精细化服务的目标,探索“和谐”社区创新和改革,借助“智慧宁夏”“智慧民政”平台深入开展便民商业进社区、便民服务进家庭活动,满足居民购物、餐饮、家政服务等基本生活需求。建立连接兴庆区区直29个部门、11个街道、561个网格的信息平台,为每位网格员统一配备专用手机,24小时为民服务,实现“掌上网格”。网格员累计入户178660户,解决2287件与群众生活关系密切的重大事项,受理居民申请事项50857件,办结47973件。

【机关企事业单位党组织“三会一课”制度】 抓好《机关党建工作条例》的落实,以“五个好”规范化机关党支部创建活动为载体,在各机关党组织中实施“堡垒工程”评星晋级,转变软弱涣散机关党组织2个,提升机关党组织凝聚力、战斗力,确立机关党建创新项目18个,打造一批机关特色鲜明的党组织示范点。落实机关党组织“三会一课”、党性定期分析、民主评议党员等制度,结合党的群众路线教育实践活动,对1479名机关党员进行民主评议和先锋指数考评。在机关党员中开展“三提一转”活动(提能力、提标准、提效率、转作风),实施以服务改革、服务发展、服务民生、服务群众、服务党员为主要内容的党员星级志愿服务活动,将每年的6月定为“党员志愿服务活动月”,切实为群众排忧解难。6月,兴庆区机关工委代表自治区和银川市工委出席了全国县级机关党建研讨会并做交流发言,“当好传承人、念好为民诀”经验材料被中央直属机关工委紫光阁杂志刊发。

【合理设置学校党组织】 在兴庆区所

2014年10月13日,兴庆区人才工作推进会暨首批人才示范单位授牌仪式

属12所中学、35所小学、4所公办幼儿园建立学校党总支6个，学校党支部63个，按教研内容设置功能党小组255个，各学校党组织在落实党内各项制度的基础上，紧紧围绕服务学生、服务家长、服务社会，积极组织党员教师开展各种教学教研活动和志愿服务，有力促进学校教研教学水平的提升。2所中学、1所小学、1所幼儿园被自治区定为校园党建示范点；2所中学、1所小学被银川市定为校园党建示范点。兴庆区六小开展的社区“红领巾四点半课堂”受到社会群众的高度赞誉，被银川市委组织部定为党建示范项目。教育党工委以“四比三优两满意”活动为载体，结合党的群众路线教育实践活动在所属学校广泛开展党员教师先锋指数考评工作，经各学校党组织评选推荐，教育工委集体表彰9星级党员116名，各校园党组织表彰8星级党员102名。

【选派党建指导员到非公有制经济组织和社会组织】 按照自治区、银川市要求，兴庆区对辖区非公企业情况进行摸底，核准企业底数，按照全覆盖的目标，选派216名机关、街道、社区干部兼任非公企业党建指导员，指导308家非公企业党组织（单独组建179家、联合组建129家）；选派各所属主管单位部门干部担任197家社会组织指导员，开展社会组织党组织结对帮扶活动。党建指导员下派之前，各选派单位都进行统一培训，工作期间，明确由各选派单位进行教育管理培训、考核评价、奖励、补贴等。

【创新干部培养选拔任用机制】 贯彻落实银川市好干部标准，多管齐下、多措并举，加大干部储备、培养、选拔工作力度。抓好年轻干部的培养选拔，把基层和生产一线作为培养干部基础阵地，使他们在艰苦地区、复杂环境、关键岗位上砥砺品质、锤炼作风、增长才干，调整10名35岁以下年轻的机关干部到街道担任领导职务，提拔使用乡镇、街道、重点项目建设一线干部4名。公开招考机关工作人员177名，其中30岁以下74名，优秀人才80名。将4名30岁以下优秀年轻干部充实到乡镇，优化党政领导班子成员年龄结构、知识层次和业务经历。

【引进产业发展急需紧缺人才】 实施“3111物流及商贸产业紧缺人才培养计划”“现代农业产业领军人才培养引进计划”和“名师名校长培养计划”“党政人才培养计划”4个重点人才项目。围绕设施花卉、蔬菜、有机稻、奶产业、适水产业等优势特色产业，柔性引进区内外专家48人，组建5个不同产业的专家技术团队，深入种养基地，大力开展科技服务，针对各产业关键技术问题进行研讨，为打造现代都市农业精品区提供技术支撑；围绕教育强区目标，通过公开招考、公开竞聘，为移民地区幼儿园、中小学校引进区内教育骨干和优秀人才170名；面向社会招录65名园林农牧、商贸物流、卫生、教育专业技术人才进入党政人才队伍。

【完善多元化人才培养格局】 开展党政人才知识更新和能力提升工作，开设“兴庆优才讲坛”、开展活页文选，区委书记推荐理论文章等活动，先后举办十八届三中全会精神、城镇建设规划、电子商务等干部能力提升和专业知识更新培训5期，培训各级党政领导干部1500人次。选派68名县处级、科级公务员参加浙江大学、北京行政学院、区、市党校调训，对新任职23名公务员进行任职培训；4月，在宁夏水力、电力设计院等企业举办高新企业培训班，参加能源监测等系列培训。6月，依托宁夏职业技术学院举办现代物流与电子商务专题培训班两期，60名党政领导干部和商贸物流企业经营管理人员参训；投入300万元加大对教师的培训力度，建立名师各校长工作室10个，带动培养骨干教师500人，实施“城乡互动人才培养计划”和“优质教育资源共享行动计划”；抓紧抓好卫生系统人才队伍建设，通过选派人员参加业务培训、技能大赛和经验交流等形式，开展管理、专业技术和护理人才等专题培训班，培训管理人才50名，专业技术人才100名；对470名社会工作人才队伍进行综合能力和法规政策等专项培训；依托蔬菜基地建设，培养蔬菜种植人才69名；依托花卉基地，培养花卉种植人才24名，依托养殖基地，培养培训肉羊、肉牛、奶牛、水产、生猪、家禽、特色养殖技术人才540人次，培训村级防疫员30人次；依托粮食生产基地建设，培养、培训粮食高产创建技术、病虫害统防统治、测土配方施肥等技术人才860人次；以建成种养殖基地为载体，培养、培训农机驾驶员、维修员等技能带动型人才3200人次。发挥蔬菜、粮食、水产、花卉四大产业的16个产业示范基地，采取讲课与实地指导相结合等形式培训1460名实用人才；组织兴庆区教育、卫生、农林、水利等部门3100名专业技术人员参加《专技人员团队建设与创新》培训。

（供稿人：万立洪）

宣传工作

【概况】 2014年，兴庆区学习贯彻党的十八大、十八届三中、四中全会和习近平总书记系列讲话精神，结合自治区、银川市“两会”精神和工作目标要求，围绕区委、区政府“8531”工作思路，提高舆论引导能力，提升文明创建水平，推动文化发展繁荣，全面开展宣传思想文化工作，建设开放富裕和谐美丽兴庆区。举办区委中心组（扩大）专题讲座5场，邀请区、市讲师团成员解读十八届三中、四中全会精神，编印学习活页文选11期6600册，征订、购置《党委中心组》《群众路线学习读本》《习近平总书记系列讲话精神》辅导读本等学习材料3000余本，组建兴庆区干部宣讲团，开展巡回宣讲60场次，举办党的十八届三中全会精神专题巡回演出 50 场次。

【社会主义核心价值观宣传】 组织社会主义核心价值观“六进”活动（进机关、进学校、进社区、进农村、进窗口行业、进文明单位），打造社会主义核心价值观主题公园 1 个，主题街巷 10 个，制作张贴社会主义核心价值观、“讲文明、树新风”公益广告、遵德守礼提示牌、中国梦公益广告 10000 余张，打造孝德文化教育基地 1 个，培育践行社会主义核心价值观示范点 4 个。

【文明单位创建活动】 开展“星级文明户”“五好文明家庭”“幸福家庭”“和谐民风进万家”等文明创建活动。推荐申报国家级文明单位 2 家、文明村镇 1 家，自治区文明单位 4 家、文明村镇 1 家；银川市文明单位 5 家、文明村镇 2 家，培育和验收兴庆区文明单位 2 家，复验市级以上文明单位 39 家。

【思想道德建设】 开展“四德”教育，推荐评选最美银川人 21 名，道德模范 27 人，宁夏好人 20 名；推进“道德讲堂”建设，承办银川市道德讲堂示范课 3 次；开展“节俭养德 人人行动”主题活动，承办自治区“节俭养德 全民行动”大型宣传活动；推广“道德红黄蓝榜”活动，农村“道德红黄蓝榜”活动被中宣部评选为全国精神文明建设创新案例。向区、市推荐乡村学校少年宫 3 个，争取中央专项彩票公益金支持乡村学校少年宫 2 个。在中、小学推行“日行一善”、中华经典诵读和“中国梦”教育等主题实践活动，加强未成年人思想道德建设。以清明节、国庆节等传统节日为契机，组织未成年人开展“网上祭英烈”“向国旗敬礼、做有道德的人”等“我们的节日”系列活动。

【志愿者服务活动】 承办银川市志愿者服务工作现场观摩会，推广志愿服务好做法。发展网络志愿者 430 名，制作发放志愿者服装 1000 件、帽子 2000 顶、文明督导袖标 4000 个；保护志愿者权益，协调兴庆区各单位和各级文明单位为志愿者购买人身意外伤害保险，以“红红火火过大年”“校地共建、美丽兴庆”“志愿银川、情暖兴庆”等主题志愿服务活动为载体，广泛开展志愿服务活动。

【诚信兴庆建设】 开展寻找“身边诚信事”活动，推荐 3 名诚信模范参评感动银川“十大诚信模范人物”，推荐 2 名选手参加银川市“诚信的力量”演讲比赛，推荐宁夏诚信单位 13 家。在银川市第三届“文明诚信个体工商户”评选活动中，有 44 家个体工商户被评选为银川市“文明诚信个体工商户”。

【新闻媒体报道】 在《银川日报》开辟民情日记专栏，推出反映重点工程建设、招商引资、平安建设等专版 10 个，编辑稿件 100 余篇；中央电视台《新闻联播》及《新闻直播间》栏目分别对兴庆区棚户区改造及徕龙公园建设等进行深入报道。在银川广播电视台推出“兴庆正能量——身边好人”专题宣传 30 期；做好新华兴庆政务通手机报编辑工作，编辑报送信息 7000 余条，刊发 3000 余条。组织策划记者采访，全面深入报道兴庆区各项事业发展。在各级媒体刊播新闻 4500 多条；《宁夏日报》《银川日报》及银川电视台做头版头条报道 18 条，专版报道 38 版；银川电视台《县区新闻》栏目采编新闻 190 多条；制作新闻专题宣传片 10 个。

【重大舆情处置】 成立兴庆区网络重大舆情应对领导小组，建立兴庆区信息员 QQ 群，吸收会员 100 多人。培训新闻信息员、微博管理员等 150 多人，编发《舆情专报》30 期，重要舆情动态 16 期；督促、指导涉事单位就湖滨西街打通、东部水系建设、天都十六区建设等舆情进行应对处置，协助有关单位应对处置重大舆情 10 起。

【公共文化服务】 完善“两馆一站”设施设备配置，文化馆内设 7 个功能室，图书馆内设 9 个功能室，馆藏图书 5 万余册。建设 16 个农民文化大院，推进 10 个街道中心图书馆建设工程，合理布局建设 20 个图书流通服务点。打造“湖城之夏·广场文化季”文艺演出、“千人广场舞大家跳”、“摄影大赛”、“非遗进校园”“文化惠民·四送六进”等群众文化活动品牌。举办“唱响兴庆·秦腔票友大赛”及银川市“塞上明珠·梨园春色”西北片区秦腔戏曲票友邀请赛选拔赛；启动“兴庆读书日”活动，建立周末广场阅读点 3 个、大型商场图书角 11 处。为月牙湖乡、掌政镇、通贵乡送音响设备、社火服装、道具等，鼓励农村群众文艺发展。组织 7 支队伍和 20 名个人参加第

3 月 9 日，兴庆区评选张贴“道德红黄蓝榜”活动被中宣部、中央文明办确定的精神文明建设创新案例

二届"书香银川中华经典诵读电视大赛"活动，并取得 1 个一等奖和 4 个三等奖的好成绩。坚持面向城乡、服务基层，培训文艺骨干、文化志愿者 1000 余人，举办百姓健康舞、国家三级社会体育指导员、摄影、书画与养生培训班和讲座 12 期次，培训人员 1000 多人次。12 月 16 日，兴庆区被文化部命名为 2014—2016 年度"中国民间文化艺术之乡"。

（供稿人：杨小虎）

统战工作

【概况】 2014 年，兴庆区统战工作把握"大团结、大联合"主题，积极鼓励和支持各民主党派、工商联建睿智之言、献务实之策，坚持重大问题和重要工作同党外人士进行政治协商制度。加强民族团结，巩固宗教和谐稳定局面，着力建设"开放富裕和谐美丽兴庆区"。

【统战专题会议】 召开专题会议 4 次，专题汇报 2 次，召开民主党派和工商联负责人民主协商会、座谈会、通报会 7 次，提高民主协商的水平和能力。

【完善各党派工作制度】 制定《兴庆区各民主党派工作考核细则》，从自身建设、参政议政、民主监督、社会服务四个方面进行量化考核，调动各党派工作积极性；完善《对口联系的工作制度》，各党派主动与对口单位进行对接，开展形式多样、内容丰富的活动。

【教育实践活动】 开展党的群众路线教育实践活动。在"认真、严格、深刻、实效"上下功夫，转变工作作风，巩固群众观念，践行群众路线，切实解决"四风"突出问题。活动中集中学习 25 次，召开专题讨论会 5 次，领导上党课 3 次，个人完成学习笔记 3 万余字，征求查找"四风"问题 21 条；各民主党派、工商联、无党派人士以"坚持和发展中国特色社会主义"教育实践活动为抓手，开展"下基层、访民意、谏真言、献良策、促发展"活动；在非公经济人士中开展理想信念教育实践活动，深化"三个自信"，坚持中国特色社会主义道路，诚信守法、义利兼顾、回馈社会。

【多党合作参政议政】 组织各民主党派、无党派人士，参加培训教育活动 7 次，参训人数达 380 人次。听取党外人士对《兴庆区区委工作要点》《兴庆区政府工作报告》的意见建议，征求并吸纳党外人士在通贵乡小城镇建设、"美丽银川""美丽乡村"建设、"村收集、镇转运、区处理"三级联动模式等重大决策过程中的宝贵意见。2014 年，兴庆区各民主党派提交自治区、银川市、兴庆区三级提案、意见建议 109 件，撰写调研报告 22 篇。

【争取少数民族发展项目】 筛选上报自治区级项目 7 个，市级项目 4 个，争取资金 257 万元，较上年增加 156 万元，增幅 40%。

【"民族宗教事务管理年"活动】 开展斋月及"两节"系列慰问活动，安排专项资金 9.3 万元，对 16 所清真寺、30 名宗教界人士和少数民族贫困大学生进行慰问；完成 121 名朝觐群众的服务工作；依法取缔 3 个宗教非法聚会点。实现宗教教职人员生活补贴覆盖，对担任人大代表、政协委员和宗教团体主要职务的宗教界人士，给予适当的生活补贴。开展"念好两本经，再做新贡献"主题活动，面向辖区宗教界人士和信教群众，分层次开展主题实践活动。在城市开展"念好教义经，传递正能量"卧尔兹演讲和古兰经诵读，在乡镇开展"念好致富经，共同奔小康"宣传活动，引导教职人员率先致富、勤劳致富。

【民族团结进步创建】 通过"拓宽思路、健全机制、夯实基础、创新服务"，做好民族团结进步创建工作。在玉皇阁北街北关社区迎接全国百余家媒体"民族团结宁夏行"大型宣传报道活动，在富宁街自强社区开辟民族文化宣传长廊和百米公民道德墙，集中宣传民俗文化和道德模范，在凤凰北街崇安社区建立"民族文化教育传承基地"，营造浓厚的民族团结宣传氛围。2014 年，创建自治区、银川市和兴庆区民族团结进步模范单位 28 家。

【非公经济领域统战工作】 动员工商联会员企业出资 17000 元为辖区 70 所宗教场所征订《银川日报》等党报党刊；30 家企业捐资 60 余万元，慰问贫困老党员、老革命、老模范和扶贫助学；促进基层分会和各会员企业的沟通与联系，开展丰富多彩的文化体育活动；组织召开兴庆区工商联三届三次全体执委会议，增补主席 1 人、副主席 9 人、执委 10 人；落实《兴庆区力争实现招商引资到位资金突破 60 亿元实施方案》责任单位职责，搭建招商引资平台，完成到位资金 3.5 亿元。

【宗教活动场所管理】 对兴庆区 95 家宗教场所进行安全隐患排查，针对管理者的安全消防意识淡薄等问题进行专题培训，为宗教场所配备消防器材 84 组，对电路老化和缺乏照明设备的 4 个乡镇 66 所宗教活动场所，安排专项经费进行维修。开展端正教风为主题的和谐寺观教堂创建活动，组织专兼职宗教干部、教职人员和场所管理人员开展《宗教活动安全管理暂行办法》等学习培训活动 4 次，参加人数 450 人次。

【少数民族流动人口服务管理体系建设试点工作】 按照相关要求，明确工作思路和目标，"横向学习，纵向取经"，推进"5321"服务机制，在 10 个试点社区根据实际情况，以"规定动作不走样，自选动作有创新"方针，开展试点工作。

（供稿人：王　莹）

政策研究

【概况】 2014年，认真履行“六大”职能，起草各类政策性文件、领导讲话及汇报材料等143件，编报《决策参考》6期；迎接区市督查及对下督查80次，编发专报、通报64期；督办回复批示件26件。开展党的群众路线教育实践活动，发放征求意见表300份、召开恳谈会2场次、开展谈心活动32人次，收集到各类意见建议55条。下基层24人次、蹲点6次(天)，结对帮扶基层生活困难人员16人次，为社区党员讲党课3场次。

【重点工作专项督查】 按照“全方位督查、突出重点、突出实效”的原则，围绕“8531”各项工作任务，先后制定印发《兴庆区2014年重点工程重大项目督查方案》《关于采取“挂图作战”方式推进项目工作的通知》《关于2014年兴庆区县级领导包项目责任分工和2014年兴庆区县级领导包重点工作责任分工的通知》《兴庆区开展“转作风抓发展”活动实施方案》等，加大巡视督查力度，力促各项工作按时限推进。对兴庆区委、政府2014年重点项目建设整体推进情况、上报银川市20个重点项目、区委常委会和专题会议研究决定的重点建设项目、兴庆区县级领导包项目责任制落实情况、“和谐社区”冲刺阶段任务完成情况以及“转作风抓发展”活动落实情况等事关全局的工作进行督查，提出存在的问题、对策及建议，共督查55次，编发督查通报、专报55期。对新建和续建项目进度进行重点督查，要求建设单位及相关责任单位每月网上填报项目进展，其中康居安置区、棚户区改造工程进度每周填报；立达建材城项目、永泰城市综合体项目、宁港财富中国、金茂生活港二期等项目随时进行督查；掌政镇特色小城镇建设、农村产权制度改革工作、干部下基层、教育系统师德师风建设、书香校园建设等进行专项督查，共督查10次，编发通报10期。

【配合上级巡视督查】 将区市的督查事项、时限、项目、地点第一时间报告区委、区政府相关领导，与区委办公室、政府办公室沟通，协调区委或政府分管领导做好巡视督查的准备工作。对督查中存在的问题，能解决的第一时间予以回复报告，暂时无法解决的，说明原因并积极予以催办，涉及市直部门、周边县区或超出兴庆区职责范围内的事情，有礼有节予以回复。2014年，迎接自治区党委督查室督查3次，银川市重大项目巡视督查、踩点、调研、现场办公等12次。

【电子化绩效考评】 制定《兴庆区2014年绩效考评工作方案》，与绩效考评系统开发网络公司对接，就系统运行过程中发现的问题进行修改完善，维护升级兴庆区绩效考评系统，启动2014年绩效考评工作。下发《关于做好2014年度自治区效能目标管理考核有关工作的通知》和《关于认真做好银川市上半年绩效考评有关工作的通知》，对自治区效能目标管理考核、银川市绩效考评指标进行细化分解，明确责任主体，要求各责任单位加强与上级对口部门的对接，做好考核指标的落实工作，确保高标准完成自治区、银川市下达的各项目标任务。银川市半年绩效考评结束后，召开绩效考评结果分析会，分析失分原因，制定整改措施，争取年终考核取得进步。按照《银川市关于分解落实2014年下半年主要经济发展目标的通知》《全市“转作风 抓发展”活动重要指标重点工作重大项目考核办法》《关于启用重点工作管理系统的通知》要求，印发《兴庆区对自治区、银川市重要指标重点工作重大项目考核进行责任分工的通知》，将兴庆区承担自治区、银川市年度重要指标、重点工作、重点项目及考核任务进行细化分工，督促各责任单位做好网上填报工作。

【督办领导批示件】 印发《兴庆区关于进一步规范领导批示件办理工作的实施办法》，对自治区、银川市和兴庆区领导审阅各类公文、阅读信息、简报、新闻媒体报道及来信作出的批示意见，明确办理程序和责任部门，及时将文件转交承办单位或具体承办人，并经常同承办单位和承办人对接，掌握批示件的办理进度和进展情况，督促承办单位和承办人按期办理，避免“有批示无结果、有结果无反馈、有反馈不及时”等现象发生。2014年受理自治区、银川市领导批示件26件，已答复25件，正在办理1件。

【农业农村工作】 围绕“三农”工作，履行农村工作领导小组办公室职责，与自治区、银川市党委农办沟通和联系，与兴庆区农村工作领导小组各成员单位密切配合，探索研究农村工作。先后召开兴庆区农业农村工作会议、农村工作领导小组会议5次，起草印发《关于学习宣传贯彻2014年中央一号文件精神的通知》《关于宁夏农业农村工作考评任务分解的通知》《兴庆区农业主导产业发展规划及扶持政策的意见》《兴庆区2014年农业农村工作要点》《兴庆区2014年农业农村工作考评方案》《关于开展2014年机关干部下农村送政策促发展活动的通知》等文件。修订完成《兴庆区2014年打造城乡一体化示范区实施方案》，协调各相关部门和乡镇推进城乡社会保障、社会事业等工作。配合区党委政研室、银川市委政研室关于村庄变迁、农村产权制度改革、优势特色产业发展等调研工作16次。

（供稿人：张相）

机构编制

【概况】 贯彻机构编制政策精神，按照自治区、银川市有关机构编制工作的政策、规定做好兴庆区机构编制管理工作。根据《自治区机构编制委员会关于对机构编制核查和进一步完善机构编制实名制的通知》(宁编发〔2014〕12号)精神，做好兴庆区编制实名制工作的动态管理，对机构和人员编制进行全面核查，摸清兴庆区机关、事业单位机构编制和实有人员情况，盘活机构编制资源。争取自治区、银川市编办支持，增加编制基数。2014 年自治区编办批准事业单位副科级领导职数 6 名，行政编制 26 名；同意兴庆区四所幼儿园招聘幼儿教师 50 名，公开招聘事业单位工作人员 11 名，选调教师 42 名。

【编制补充调整程序】 补充行政机关、事业单位占编人员，用人单位首先向编办申报《银川市兴庆区行政机关事业单位使用编制申报表》，经编办审定，编委会研究决定；补充行政占编人员，由兴庆区编办填报《党政群机关事业单位编制使用控编单》由银川市编办审核；事业单位人员内部编制调整，由用人单位申报《银川市兴庆区行政机关事业单位使用编制申报表》，编办审核空编情况后出具控编单，人力资源和社会保障局办理调动、工资套改手续，财政局核拨工资及其他相关经费。

【行政审批和管理事项】 按照兴庆区委办公室、政府办公室《关于在兴庆区开展审批事项"清零"工作重新确定审批和管理事项的通知》（银兴党办〔2014〕64 号）要求，会同纪委监察局、法制办、政务服务中心，按照"谁审批、谁负责""谁管理、谁负责"的原则，简政放权，精简行政审批事项，规范管理。8 月 19 日至 21 日，开展审批事项"清零"工作。兴庆区各部门执行的行政审批事项（行政许可和部门管理事项）有 65 项，其中：行政审批事项 45 项，部门管理事项 20 项。45 项行政审批事项原法定审批办理时间为 1398 个工作日，现办理时间减少为 794 个工作日，减少 604 个工作日。

【事业单位年度检验】 2014 年 4 月开始对兴庆区 64 家法人事业单位进行网上年度检验，坚持逐日督促，当日受理、当日办结。经检验，64 家法人事业单位全部合格。同时，按程序对 16 个法人事业单位进行变更登记。

【事业单位改革分类】 遵循事业单位政事分开、事企分开、管办分开和精减高效的原则，根据自治区、银川市事业单位改革分类要求，对兴庆区 120 个事业单位进行分类。其中：行政类 1 个，公益一类 113 个，公益二类 6 个。按照行政级别分为县级 89 个，乡级 31 个，其中正处级单位 1 个、正科级单位 2 个、副科级单位 12 个。

（供稿人：王理）

档案管理

【概况】 与司法局、保密局等单位配合，对工作人员进行岗前法律学习、职业道德教育和岗位业务知识培训，提高工作人员的服务意识和业务水平。推进档案数字化建设，整合档案信息资源，拓宽档案服务领域。落实档案管理"八防"措施（即防水、防火、防盗、防蛀、防高温、防光、防尘、防霉），延长档案的使用寿命和耐久性。

【新档案馆搬迁】 年初新馆建设工程竣工，1 月按照采购程序，投资 102 万元为新馆购置手动加智能档案密集架 416 立方米，7 月安装完毕，8 月正式投入使用，9 月完成搬迁工作。

【婚姻档案查询】 根据婚姻档案查询频率高的具体实际，从兴庆区民政局婚姻登记处接收婚姻档案，历时 8 个月，投入资金近 50 万元，2014 年 2 月完成馆藏婚姻档案数字化处理工作，提供婚姻档案查询 10671 人次。

【机关文书档案归档】 自 2000 年，除区委办公室、政府办公室的文书档案进馆外，其他政府部门、乡镇、街道等单位的文书档案尚未进馆。搬入新馆后兴庆区档案局立即着手将 2000～2013 年机关文书档案按规范要求整理接收进馆，实现文书档案与电子档案同步归档管理。10 月，投入资金 57 万元，以招标的方式开始文书档案数字化处理。

【档案规范管理培训】 邀请银川市档案局业务骨干到兴庆区档案局进行业务指导，并以参观学习的形式到区、市档案馆实地学习库房管理、机关档案整理。组织局（馆）干部参加自治区、银川市档案局举办的档案知识培训班、局（馆）长业务培训班。5 月 16 日，举办档案管理工作培训班，从机关文书档案管理及归档方法、电子文件归档与管理规范、档案库（室）的科学管理以及照片档案的归档整理方法等逐一讲解。7 月 23 日，举办新农村建设档案管理工作培训班，档案局全体工作人员和乡镇及所辖站、办、所、村级档案管理人员 67 人参加培训。培训内容包括乡镇及村级文书档案归档方法、照片档案和实物档案的管理等。

（供稿人：张敏）

老干部工作

【概况】 老干部工作围绕兴庆区区委中心工作和基层党组织建设活动，对老干部党员进行管理和教育。组织离退休干部参观学习，上门入户慰问离退休老干部，落实离退休干部生活待遇，接待老干部来访（来电），发挥离退休干部作用。关心下一代，开展"中国梦 我的梦 培养和践行社会主义核心价值观"主题教育活动。

【老干部理论学习】 组织老干部学习领会党的十八大精神、十八届三中、四中全会精神和习近平总书记系列重要讲话精神，观看《苏联亡党亡国 20 年祭——俄罗斯人在诉说》专题纪录片、《南平红荔》《天上的菊美》等教育影片；开展中华"经典"诗词朗诵会、"中国梦、我的梦”主题猜谜语、中华成语比赛、书法、摄影、手工制作、重温入党诗词、朗诵党员语录等活动丰富老干部理论学习形式,利用有病看望和入户慰问机会给老干部党员送学习材料、学习笔记、购买学习用具。

【老干部信访工作】 完善《信访工作制度》,落实信访工作领导责任制,建立老干部来信来访工作台账。凡遇老干部来访,要求工作人员按照“首问责任制”和“四个一”要求,把老干部来信来访当家书,把老干部反映的问题当家事,把老干部工作当家业,千方百计解决老干部的合理诉求,提高老干部的归属感、信任感和幸福感。全年接待老干部来访(来电)100余人次,办结率100%。

【老干部艺术团】 老干部艺术团每周二、六进行排练,编排多样形式的文艺节目参加各类文艺活动。2014年演出活动39场,先后获得自治区群众文艺会演三等奖、银川市中老年文艺会演二等奖、社会民间文艺团体展演声乐二等奖、诵读大赛兴庆赛区三等奖、职工文艺会演三等奖和首届社区文艺大赛二等奖。

【落实离退休干部政治待遇】 1月24日,组织召开兴庆区老干部情况通报会,兴庆区主要领导与离退休干部代表60余人参加;8月25日召开离退休干部大会,通报老干部局领导班子专题民主生活会情况。先后分6批组织离退休干部230余人到兴庆区大新镇新渠稍花卉基地、贺兰山岩画区、石嘴山市博物馆、国务院直属五七干校博物馆和吴忠、月牙湖乡、水洞沟、红柳湾、青海等地参观学习。

【落实离退休干部生活待遇】 兴庆区财政统筹离休干部医药费100万元,每月按比例按时缴纳退休干部医药费。为186名离退休干部做身体检查,建立健康档案;每月按时发放离退休干部、遗孀生活费,为异地居住老同志及时寄送工资、慰问金,经常打电话询问他们的生活、身体情况。给80岁以上离退休干部订送生日蛋糕。每逢节日兴庆区委主要领导都要上门入户慰问老干部。2014年看望慰问离退休老干部、遗孀385人次,送慰问金31万元

【老干部亲情化服务】 继续开展“八必访”亲情化服务活动(即:老干部生病必访、生活发生困难必访、家庭发生意外必访、家庭发生矛盾必访、80岁以上生日必访、各项待遇落实发生困难必访、思想有顾虑必访、单位有重大活动必访),及时掌握老干部的思想动态,切实做到进老干部的门,问老干部的事,解老干部的忧。将每月10—15日定为“特殊问候日”,对异地居住长期患病的老同志上门慰问或电话慰问。开展“五抓五心”服务老干部活动:一抓“两项”待遇落实,让老干部“放心”;二抓服务质量提升,让老干部“暖心”;三抓思想交流沟通,让老干部“顺心”;四抓余热作用发挥,让老干部“开心”;五抓活动促特长发挥,让老干部“舒心”。建立离退休干部困难帮扶机制,对11位家庭生活困难的离退休干部和8名离休干部遗孀发放2000元~3000元资金帮扶,共计帮扶资金4.2万元。根据宁夏人力资源和社会保障厅下发的《关于调整我区企事业单位离休人员死亡一次性抚恤金发放标准的通知》精神,为2011年8月以后去世的离休事业干部补发抚恤金32.9658万元。

【关心下一代工作】 兴庆区关工委坚持以社会主义核心价值体系教育为根本,对辖区内的青少年开展“中国梦 我的梦 培养和践行社会主义核心价值观”主题教育活动。组织3名“五老”深入社区、乡镇、学校做宣讲报告43场次,受教育青少年达3.7万人次。联合兴庆区宣传部、教育局、财政局、公安分局、司法局、政法委、法制办等部门,深入学校,开展“关爱明天、普法先行”青少年普法教育活动。投入20余万元购买《全国青少年普法教育读本》,制作186块宣传栏。银川市关工委为孩子们捐赠《青春堡垒—中小学生预防犯罪手册》《生命之光—中小学生安全自救手册》《低碳行动—中小学生节能减排手册》《健康生活—中小学生食品安全手册》《大爱无疆—中小学生道德情操手册》等系列图书1000册组织辖区1000名青少年开展法律知识竞赛活动,选拔

2014年6月11日,老干部艺术团在全区群众文艺大赛中演唱《枸杞熟了》

460 学生参加全国、全区青少年法律知识竞赛活动，有 37 名中小学生获奖。其中：全国一等奖 4 名，二等奖 4 名，三等奖 5 名，优秀奖 2 名；自治区一等奖 1 名，二等奖 3 名，三等奖 8 名，优秀奖 10 名。有 3 所学校申报创建“零犯罪学校”，银川市第十中学获全国创建“零犯罪学校”先进单位。

（供稿人：丁　敏）

信访工作

【概况】 坚持用群众工作统揽信访工作的理念，以“事要解决”为核心，围绕完善长效机制、狠抓工作落实、解决群众诉求开展信访工作，领导干部定期接访、带案下访，妥善化解疑难信访案件，维护信访群众的合法权益。2 月 21 日，召开兴庆区信访联席会议，传达中央、自治区以及银川市信访工作会议精神，安排全国“两会”期间兴庆区信访工作。2 月 27 日，召开兴庆区平安建设暨政法综治信访工作会议，对兴庆区 2014 年信访工作进行再部署。全年召开信访联席会议 12 次、专题会议 22 次。1—12 月，接待群众上访 436 批 1451 人次，已办结 410 件；受理网上转办信件 91 件，办结 91 件；兴庆区为民解忧督办中心受理“12345”市长热线 2801 件，已办结 2801 件，办结率 100%；政民互动平台收到 WEB 信件 363 件，已办结 363 件，办结率 100%；自接来电 130 件，已办结 130 件，办结率 100%。

【领导干部下访接访】 结合《关于中央和国家机关定期组织干部下访的意见》的文件精神，建立兴庆区县级干部定期带案下访制度，采取定期县级干部下访、带案督办、召开专题会等形式，对信访积案逐项逐事进行化解，同时在各乡镇、街道开展联合接访及“信访开放日”活动。完善县级领导接待日制度，动员各方力量参与信访工作。工作日安排一名县级领导和一名部门主要领导到司法信访调解中心接待来访群众，做到有安排，有公示，并通过短信温馨提示，确保领导到岗接访。每天安排一名律师或法律服务工作者到中心值班，对需要法律服务或者应该通过法律渠道解决的信访问题，由中心工作人员接访后，交由律师或法律服务工作者进行接谈，预防、疏导、化解社会矛盾，推动信访工作法治化，维护社会和谐稳定。推行妇女代理信访制度，针对婚姻家庭矛盾、邻里纠纷等侵害妇女儿童合法权益的信访事项，由基层妇女主任代理调解矛盾纠纷，化解信访问题。

【信访件网上办结】 兴庆区有 18 个部门接入全国信访信息系统，1—12 月接待群众到兴庆区上访的 436 件信访件按规定全部录入全国信访信息系统。全年接自治区网上直转信访件 48 件，办结 48 件，办结率 100%；接银川市网上直转信访件 68 件，办结率 100%；办理自治区、银川市信联办交办信访件 28 件，已全部办结。

【矛盾纠纷排查化解】 充分发挥乡镇司法、信访、街道网格员的作用，开展不稳定因素大排查活动，加强矛盾纠纷排查化解力度，尤其是对初信初访问题及时化解，减少重信重访，遏制进京非正常上访事件发生。1—12 月，受理初信初访案件 423 件 1437 人次，办结 410 件，其他未办结案件均已落实包案领导和责任单位；进入“三级终结”程序的 5 件，涉法涉诉案件的 15 件，由兴庆区政法委协调办理。

（供稿人：周丽娟）

银川市兴庆区人大常委会

综述

【概况】 2014 年，兴庆区人大常委会认真贯彻落实党的十八大、十八届三中、四中全会精神，围绕“8531”工作思路，履行宪法和法律赋予的监督职责，扎实开展党的群众路线教育实践活动，圆满完成兴庆区三届人大二次会议确定的各项任务，促进“一府两院”依法行政、公正司法。召开常委会会议 6 次，组织视察、执法检查和工作调研 18 次，听取和审议“一府两院”工作报告 14 项，作出审议意见 13 项，依法任免国家机关工作人员 62 名，任命人民陪审员 80 名。做好信访件的登记、转办、交办和督办工作，引导群众合理表达诉求，协调解决拆迁、涉法涉诉等方面群众反映强烈的信访问题，促进信访矛盾的化解，接待来访群众 158 人（次），受理群众来信 26 件，办理上级人大常委会交办的信访案件 15 件，办结率 100%。

【重点项目监督检查】 将经济领域中的大项目建设列为重点监督议题，听取兴庆区政府关于 2014 年重点项目进展情况的汇报。组织代表深入神林巷东西区、税务小区等老旧小区改造工程现场，康居工程、丽景街综合老年活动中心、兴庆区图书馆等重点项目建设现场检查调研，了解工程进展情况和存在的问题。及时协调，搞好服务，督促政府及职能部门落实解决项目资金、项目进度、工程质量等方面的问题。

【公共财政预决算监督】 听取兴庆区 2014 年上半年国民经济和社会发展计划执行情况及下半年工作安排的报告、2013 年财政决算和 2014 年上半年财政预算执行情况的报告及本级财政预算执行和其他财政收支审计情况的报告，审查批准政府 2013 年财政决算。成立财政预决算审查咨询专家小组，参与财政审查监督活动。落实中央“八项规定”精神，加大对“三公”经费监管的力度，优化经济结构，保障和改善民生。

【教育与劳动就业培训督查】 听取兴庆区政府关于推进义务教育均衡发展

工作报告，深入辖区各中小学，全面了解硬件建设、师资配备等情况，针对大班额、经费投入不足、教育资源不均衡等问题，提出合理化建议。对两乡两镇的中小学义务教育阶段控辍保学工作情况进行专项督查。听取兴庆区政府关于失地农民、生态移民劳动就业技能培训工作情况的报告，组织代表深入月牙湖移民安置区开展调研，从完善基础设施建设到以产业支撑带动移民致富，失地农民、生态移民转变就业观念与就业服务体系建立等方面提出意见和建议。

【城市文明建设督查】 听取兴庆区政府关于生态园林建设工作进展情况的报告，针对城市绿化覆盖率低、绿化管护力量薄弱、农村林网建设水平较低等问题，向政府及相关部门提出合理化建议6条。先后两次组织代表深入城管环卫工作一线调研“洁净兴庆”工程进展情况，督促政府全面提升精细化管理水平，推动城市管理信息化平台建设，发挥好城管巡回法庭的宣传调解作用。

【保障群众合法权益监督】 对兴庆区人民法院、检察院关于优化执行权分权制约机制运行情况和关于查办预防职务犯罪工作情况进行督查，打击贪污贿赂、渎职侵权等职务犯罪行为，营造良好的法治环境，切实保障人民合法权益。对兴庆区政府贯彻实施《中华人民共和国食品安全法》情况进行检查，抽查部分小食品加工厂和销售店，检查小食品生产、销售达标情况，保障人民群众健康权益。

【提高代表履职能力】 2014年，因3名代表辞职、1名代表去世、4名代表调离本行政区域而终止兴庆区三届人大代表职务，常委会依法按程序补选兴庆区人大代表8名。为提高代表履职能力，将履职讲座、集中培训、主题学习结合起来，组织全体人大代表参加“如何提出高质量的建议”的专题辅导，组织常委会组成人员及部分代表到全国人大深圳培训基地参加人大工作知识培训，为每位代表订阅《人民代表报》《宁夏人大》等报刊拓宽代表视野。完善代表联系基层群众制度，通过走访座谈、参加“民主议政日”“网格体验日”“代表接待日”等多种形式，了解社情民意，倾听群众呼声。督办代表议案建议，注重办理实效，收集到意见建议346件。其中，代表口头答复办理252件；乡镇街道办理52件；县区办理25件；银川市办理16件；自治区办理1件。

常委会议

【兴庆区第三届人大常委会第六次会议】 2014年1月9日，兴庆区三届人大常委会召开第六次常委会，会议听取和审议了政府关于兴庆区三届人大一次会议代表议案、建议、意见办理情况的报告和调用兴庆区预算稳定调节基金的报告；审议通过了兴庆区人大常委会关于兴庆区人民政府调用兴庆区预算稳定调节基金的决议、人大常委会2013年工作报告和工作要点以及三届人大二次会议的相关材料；常委会组成人员表决同意雍根业辞去代表职务、姜文辞去委员职务；任命汤红霞为人大办公室副主任。

【兴庆区第三届人大常委会第七次会议】 2014年3月13日，兴庆区第三届人大常委会第七次会议在兴庆区机关综合楼四号会议室举行。人大常委会主任马爱平、副主任肖建东、保少宁、丁万福、彭丽宏和委员杜胜、袁泉、韩巨林、王正义、杭金弟、冯建敏、杨卫红、吴淑琴、高艳华、牟玲、刘春玲、杨万军、赵惠芳、陈学明、闫利、牛金才、沈爱红、陆建平、黎谱、丹丽红共25人出席会议。副主任张艳芬、委员张晓娟因事请假。兴庆区委常委、政府副区长马少红，政协副主席李晓红，法院院长姜戈，检察院检察长刘定远，兴庆区政府办公室主任，人大常委会办公室副主任，各乡（镇）人大主席团专职副主席，各人大街道联络办公室副主任列席会议。受兴庆区人大常委会主任马爱平委托，彭丽宏副主任主持会议。会议传达了银川市第十四届人民代表大会第二次会议和自治区第十一届人民代表大会第二次会议精神；听取和审议了兴庆区人民检察院关于查办和预防职务犯罪工作情况的报告、关于撤销迎接义务教育均衡发展验收采购教学仪器设备议案的说明；通过了撤销兴庆区政府关于迎接义务教育均衡发展验收采购教学仪器设备议案的决定。根据兴庆区区长、兴庆区人民法院院长提请的人事任免议案，接受王慧春同志辞去兴庆区副区长职务的请求；任命冯德旺为兴庆区副区长，马凌霞为兴庆区副区长（挂职）；王英为兴庆区人民法院审判员、民事审判第一庭副庭长。会议结束时，马爱平作总结讲话。

【兴庆区第三届人大常委会第八次会议】 2014年5月15日，兴庆区三届人大常委会第八次会议在兴庆区机关综合楼四号会议室举行。兴庆区人大常委会副主任肖建东、保少宁、丁万福、张艳芬、彭丽宏和委员韩巨林、王正义、杭金弟、冯建敏、杨卫红、吴淑琴、高艳华、牟玲、刘春玲、杨万军、陈学明、牛金才、沈爱红、陆建平、黎谱、丹丽红共21人出席了会议。兴庆区副区长吴小平、马凌霞，人民法院院长姜戈，政协副主席李晓红，检察院副检察长张志春，兴庆区政府办公室主任，人大常委会办公室副主任，各乡（镇）人大主席团专职副主席，各人大街道联络办公室副主任列席会议。受兴庆区人大常委会主任马爱平委托，保少宁副主任主持会议。会议听取和审议了关于失地农民、生态移民劳动就业技能培训工作开展情况的报告、关于推进义务教育均衡发展工作实施情况的报告；通过了关于补充兴庆区三届人民代表大会常务委员会代表资格审查委员会委员的决定。根据兴庆区人民法院院长、检察院检察长提请的议案,免去李建民兴庆区人民法院审判委员会委员职务,郭华璋兴庆区人民法院审判委员会委员、审判员职务,高峰、胡宽义、张婧、杨静仪兴庆区人民法院审判员职务,乔强兴庆区人民法院执行二庭副庭长、审判员职务,刘兆平兴庆区人民法院小额诉讼审判庭副庭长、审判员职务,余淑云兴庆区人民法院月牙湖法庭副庭长、审判员职务,王富福兴庆区人民法院大新法庭副庭长、审判员职务;任命陈燕为兴庆区人民检察院检察员。会议结束时,肖建东副主任作总结讲话。

【兴庆区第三届人大常委会第九次会议】 2014 年 7 月 24 日,兴庆区三届人大常委会第九次会议在兴庆区机关综合楼新三楼会议室举行。兴庆区人大常委会副主任肖建东、保少宁、丁万福、张艳芬、彭丽宏和委员韩巨林、王正义、牟玲、刘春玲、赵惠芳、杭金弟、冯建敏、杨卫红、吴淑琴、高艳华、陈学明、闫利、牛金才、陆建平、丹丽红共 20 人出席了会议。兴庆区人大常委会主任马爱平,委员杜胜、袁泉、杨万军、沈爱红、黎谱、张晓娟因事请假。兴庆区副区长马少红、冯德旺,人民法院院长姜戈、检察院检察长刘定远,兴庆区政府办公室、经济发展局、审计局的负责人,人大常委会办公室副主任,各乡(镇)人大主席团专职副主席,各人大街道联络办公室副主任,兴庆区政协副主席李晓红,部分兴庆区人大代表列席会议。兴庆区人大常委会副主任保少宁主持会议。会议听取了兴庆区 2014 年上半年国民经济和社会发展计划执行情况的报告、2013 年兴庆区本级财政预算执行和其他财政收支审计情况的报告、兴庆区人民法院 2014 年上半年工作情况的报告、兴庆区人民检察院 2014 年上半年工作情况的报告、兴庆区 2013 年本级财政决算和 2014 年上半年财政预算执行情况的报告,人大常委会财经工作委员会主任冯建敏介绍了关于调研兴庆区 2014 年上半年国民经济发展计划执行情况和人大财政预决算监督审查专家组关于兴庆区 2013 年本级财政决算和 2014 年上半年财政预算执行情况的初步审查报告。分组审议了"一府两院"的几项工作报告。兴庆区人大常委会财经委主任冯建敏作了关于兴庆区 2013 年本级财政决算的审查报告。常委会组成人员以无记名投票表决了"一府两院"的几项工作报告,均为满意。举手表决通过了兴庆区人大常委会关于兴庆区 2013 年本级财政决算的决议(草案)。根据兴庆区委的建议,兴庆区人大常委会主任马爱平、人民法院院长姜戈提请的议案依法进行人事任免。任命:杭金弟为兴庆区人大常委会办公室主任、冯建敏为兴庆区人大常委会财经工作委员会主任、杨卫红为兴庆区人大常委会教科文卫工作委员会主任、吴淑琴为兴庆区人大常委会法制工作委员会主任;夏晓红、张志贤、赵晓颖、辛建国为兴庆区人民法院审判委员会委员;张建国、李海波、张晶晶、胡小兵、李国群、弥天亮、杨永生、王连锋、范秀利、魏钰邦、董杨、张慧、马云、白梅、吴楠为兴庆区人民法院审判员;任命王丕恒、顾小红、武志久、吴爱贤、纳莺萍、宋文宽、刘长兴、马丽宁、范自立、马翠兰、马玉忠、杨伟红、王红燕、张玉明、扈廷刚、王萍、沈素梅、周宝恒、曲海宁、史化平、邢学梅、秦玉玲、张彦坤、张淑霞、仇芳、贾玉清、田小燕、郑培贤、强敏娟、刘德贤、陈涛、彭和凤、李淑琴、王秉发、雷泽兰、张蕾、张晓欣、季春玮、靳颖、马俊兰、田宝、吕彩琴、王鹏、王龙、刘启、李宁华、蔡菊芳、吴秀敏、王惠宁、闫乔生、宋梅、沐朝阳、常毓起、张敏、何裕隆、赵东晓、李后栋、杨秀红、朱春燕、李文雅、杨学峰、拓万智、杜佳元、舒学军、董卓婷、李斌、齐广霞、杨荣斌、杨纳、张平、马东晨、周晶英、陈波、裴红意、林晓君、魏淑环、王静霞、胡翠霞、顾洁、马桂林八十人为兴庆区人民法院人民陪审员。免去:窦玉萍兴庆区人民法院审判员职务、王洪林兴庆区人民法院人民陪审员职务。会议结束时,肖建东副主任作总结讲话。

【兴庆区第三届人大常委会第十次会议】 2014 年 9 月 5 日,兴庆区三届人大常委会第十次会议在兴庆区机关综合楼新四楼会议室举行。兴庆区人大常委会副主任肖建东、保少宁、丁万福、张艳芬、彭丽宏和委员杜胜、韩巨林、沈爱红、刘春玲、杨万军、赵惠芳、杭金弟、冯建敏、杨卫红、吴淑琴、高艳华、陈学明、闫利、牛金才、陆建平、张晓娟、丹丽红共 23 人出席会议。兴庆区人大常委会主任马爱平、委员王正义、袁泉、牟玲、黎谱因事请假。会议听取和审议了生态园林建设和统计工作报告、法院关于优化执行权分权制约机制运行情况的报告,常委会组成人员以无记名投票表决方式通过了三项工作报告。任命古剑为兴庆区副区长(挂职)。会议结束时,肖建东副主任作总结讲话。

【兴庆区第三届人大常委会第十一次会议】 2014 年 11 月 7 日,庆区三届人大常委会第十一次会议在兴庆区机关综合楼新四楼会议室举行。兴庆区人大常委会副主任肖建东、保少宁、丁万福、张艳芬、彭丽宏和委员杜胜、韩巨林、沈爱红、刘春玲、杨万军、赵惠芳、杭金弟、冯建敏、杨卫红、吴淑琴、高艳华、陈学明、牛金才、陆建平、王正义、袁泉、牟玲、黎谱、张晓娟、丹丽红共 25 人出席了会议。兴庆区人大常委会主任马爱平、委员闫利因事请假。会议听取和审议了 2014 年重点项目建设及洁净兴庆工作情况汇报、2013 年本级预算执行和其他财政收支审计结果落实情况报告。常委会组成人员以无记名投票方式表决通过两项工作报告,表决通过《兴庆区三届人大常委会组成人员出席常委会会议量化考核办法(草案)》。

接受张艳芬辞去兴庆区三届人民

代表大会常务委员会副主任职务和吴淑琴、姜文、郑耿辞去兴庆区三届人民代表大会代表职务。任命张艳芬为兴庆区人民政府副区长，孙自文为兴庆区教育局局长，刘银、孙晓伟为兴庆区人民检察院检察委员会委员，杨丽芳为兴庆区人民检察院检察员；免去吴淑琴兴庆区人大常委会法制工作委员会主任职务、刘胜林兴庆区教育局局长职务。会议结束时，肖建东副主任作总结讲话。

（供稿人：王志兵）

银川市兴庆区人民政府

综 述

【概况】 围绕宁夏“两区”建设和银川市“2258”工作方略，全面落实区委“8531”工作思路，把“八区”建设作为提升兴庆区发展内涵和区域核心竞争力的战略任务，把“五大”工程作为优化环境、改善民生的重中之重，把“三项”任务作为壮大区域经济实力、促进社会发展的主要抓手，迎难而上，务实苦干完成了兴庆区三届人大二次会议确定的各项目标任务。地区生产总值425.9亿元，占全市的31%，增长8.4%，三次产业比例为1.5:29.2:69.3；全社会固定资产投资178.9亿元，增长32.4%；社会消费品零售总额187.3亿元，增长6.1%；地方财政公共预算收入11.5亿元，增长14.7%。地区生产总值、社会消费品零售总额两项指标总量位居自治区各县区首位；取消行政事业性收费21项，减少审批事项24项，减少办理时限604个工作日。城市生活垃圾无害化处理率达到100%，城市绿化覆盖率39%，辖区空气质量好于二级以上天数274天。城镇居民人均可支配收入28247元，增长9.3%；农村居民人均可支配收入11677元，增长9.5%。城镇新增就业10247人，农村劳动力转移就业10747人，城镇登记失业率控制在4%以内；城乡居民基本医疗保险参保率100%，养老保险参保率95%；人口出生率9.69‰，出生政策符合率95.45%。

【投资项目建设】 围绕“一圈两带”优势特色产业，把产业转型升级作为提升区域经济竞争力的关键，年内实施招商引资项目24个，到位资金69.91亿元，完成下达任务的116.5%；引进股权基金、短期融资券、企业债券等金融项目13个，到位资金58.6亿元；实施政府投资项目82个，上争资金13.5亿元，完成目标任务的104%。世界500强企业上海浦东发展银行落地，成功引入中商担保公司等金融项目。

【第一产业发展】 粮食播种面积16.6万亩，瓜菜种植5.6万亩；引进百合、绣球、郁金香等花卉新品种，花卉种植7400亩，总产值达1.47亿元；完成万亩奶牛养殖园区污水处理厂建设，辖区奶牛存栏总量3.1万头，奶产业实现产值4.2亿元；农村产权制度改革有序开展，农村集体土地确权登记工作全面推进，流转土地3.5万亩，培育发展农民专业合作社69家，家庭农场29个，龙头企业19家，申报农业产业化项目28个；投入2000余万元，实施科技助农项目72个。第一产业增加值6.5亿元，增长4.1%。

【第三产业发展规划】 启动以现代服务业为主的第三产业发展规划的编制工作，银川永泰城、立达国际建材五金家居博览城等续建项目进度加快，恒大御景、四季青国际服装城等一批大项目顺利实施，宁港财富银川新经济服务产业示范园引领服务业转型升级；新华商圈提档升级，银祥高端商业购物中心、世和天玺国际中心等项目建设加快，居然之家建材家居商场、北京物美大卖场、大兆发超市蓝泰店等项目开业运营。商贸物流带交易额218亿元，实现利税11.5亿元，就业人数10.2万人；沿黄旅游业带发展平稳，赵家湖生态旅游景区建设加快，檀溪谷欢乐水世界项目开业运营，鸣翠湖、黄沙古渡等景区基础设施完善，年内接待国内外游客74万人次，旅游收入7110万元。第三产业增加值295.2亿元，增长8%。

【棚户区改造工程】 实施城中村、城边村棚户区改造和主干道路两侧大整治大绿化等工程，征收土地9000余亩，拆除各类建筑物100万平方米；新建、续建18个康居工程，总面积444万平方

鲜花装扮的南门广场

米，累计完成投资 86 亿元；新华西街安置区完工，湖滨西街安置区进展顺利；投入 5535 万元对 17 个老旧小区进行改造，改造面积 34 万平方米，增加技防、人防设施，4817 户 1.5 万居民受益。

【生态移民致富工程】 投入 1.18 亿元，完成 829 套安置房及道路、商网、给排水等配套设施建设，搬迁安置生态移民 1248 户。引进劳动密集型企业 6 家，发展花卉、红树莓等特色产业，外出务工 6500 余人，移民地区人均可支配收入 8208 元。

【统筹城乡规模推进工程】 启动兴庆区村镇体系五年规划编制工作和通贵乡民族特色小城镇安置区一期工程；完成通贵乡总体规划编制和掌政镇、大新镇规划修编，通贵乡农村饮水安全改造、掌政镇节水改造等工程；掌政小城镇安置区三期工程主体完工，安置区二期、创业园、商业街工程交付使用，道路建设和亮化工程全部完工；幸福村庄、阳光暖房、农村危房改造 1440 户；建设高标准农田 4.65 万亩；掌政镇丰收路、月牙湖乡防洪堤路等 4 条乡村道路投入使用，月牙湖乡月牧路、塘北路加速建设；完成 11 条农村主干道路 7.6 万平方米路面维修和银通路、通西路两侧人行道硬化。

【洁净兴庆工程】 投入 1.5 亿元，实施城市精细化管理。提高环卫工人待遇，设立环卫工人爱心救助基金，为一线环卫职工增资、发放工作年限补贴、建设休息室 30 处、配发马扎 2000 个，主干道路机械化清扫作业率达 100%；开展“两违”整治工作，拆除整治“两违”建筑 92 万平方米；成立城市管理综合执法大队和城管巡回法庭，开展门头牌匾、渣土撒漏等 8 类专项整治；强化“美丽乡村”建设，全面推进农村生活垃圾“户集、村收、镇运、区处理”的工作模式；二排沟、永二干沟环境综合治理，建成徕

月牙湖乡移民新村——花卉园区

龙公园向市民开放，实施京藏高速公路两侧水系连通和绿化工程，新增水面 3935 亩，造林绿化 1488 亩；完成农村造林 5029 亩，对 12 条城市新增街巷配套绿化，建成小微公园 11 个，新增城市绿地 6 公顷。

【社会综合治理】 围绕打造创新社会治理先行区，建立以城市网格化管理为基础的“11125”和谐社区建设模式。投入 1000 万元，对街道市民服务站用房进行维修改造，建立市民服务站 72 个、居民代办点 101 个、新建社区老年活动中心 30 个、居家养老服务站 72 个，实现城市居家养老服务站全覆盖。搭建数据库和视频监控、社会治理网格及掌上移动三大平台，成立兴庆区信访事项复查委员会，建立领导干部定期接访、带案下访工作机制，化解信访积案 45 件，调解各类矛盾纠纷 6246 件。加强治安力量，增加公安协勤 30 名，组建 104 支“兴庆义警”队伍，为 504 名协勤人员增加工资；安排专项经费 200 万元，开展戒毒康复试点工作。发案数同比下降 28.1%，破案数上升 8.3%。打击非法传销行为，捣毁传销窝点 131 个，遣散传销人员 987 人。

【教育均衡化发展】 投入 8000 万元，迁扩建 4 所学校、23 所学校内墙粉刷、2 所学校建标准化操场、17 所学校弱电改造；投入 9550 万元，采购标准化和信息化教学仪器设备；投入 680 万元，实施学生“幸福成长工程”，为 7426 名农村在校生提供免费营养早餐，为 58 所学校安装直饮水机，近 6 万名师生喝上干净的饮用水；实现城乡校际联合发展共同体全覆盖，推行九年一贯制学校“对口直升”和“学区化”招生，开辟外来务工子女入学“绿色通道”，实行幼儿园入园公开摇号制度，启动政府购买学前教育试点工作，“大班额”和“择校热”等问题得到缓解；招聘和选调中小学、幼儿园教师 171 名，提高中小学生均公用经费 150 元和 130 元；鼓励初中毕业生参加中职教育，对兴庆区籍 2014 年升入职业技术学院初中毕业生，给予每年 1500 元的补贴。

【文化体育卫生建设】 建成文化馆、图书馆并免费对外开放，新建街道图书馆 10 个、农民文化大院 16 个；成立文联及书法、美术、摄影等 8 个协会，对 73 支民间文艺团队进行评星定级，鼓励创编文艺作品，举办“书香兴庆”等群体文化活动 285 场次；体育成绩突出，在自治

区第十四届运动会上获得金牌、奖牌、团体总分三个第一的好成绩；打造综合医疗康体服务区，新建掌政镇中心卫生院、大新镇社区卫生服务中心、5个社区卫生服务站和34所标准化村卫生室，引进马氏济慈堂回医中医医院。建设健康主题公园2个，为6.5万名农村居民建立健康档案，形成以23家大中型医疗机构为核心，32个乡镇卫生院（社区卫生站）、302个村卫生室和个体医疗机构为基础的“15分钟健康服务圈”。

【民生社会保障】 政府财政支出的76%用于改善民生，10项民生实事全部完成。投入1900余万元，新建蔬菜直销店32个；投入400万元，建成农村养老幸福大院10个。开展城乡困难群众医疗救助和城乡居民医疗保障，发放各类救济救助优抚资金5568万元，医疗救助金237万元，城乡居民医疗保险报销959万元，“救急难”试点救助328人。筹措社会资金500万元，对6000名困难群众为“送温暖”。实施人才培养计划，培训农村实用人才、干部职工、失地农民2.55万人次。

【政府自身建设】 严格执行中央“八项规定”和区市若干规定，政府班子整改“四风”问题18项，解决各类民生问题165件。转变“文山会海”，政府发文同比下降15%，会议减少20%，清退办公用房4103平方米，“三公”经费下降26.12%。办理人大代表议案、建议和政协委员提案160件，基本满意和满意率100%。

常务会议
（第三届）

【第十三次常务会议】 2014年1月11日，兴庆区区长朱韶峰主持召开。会议原则通过《政府工作报告（讨论稿）》《银川市兴庆区2013年国民经济和社会发展计划执行情况及2014年国民经济和社会发展计划草案的报告（讨论稿）》《银川市兴庆区人民政府关于兴庆区2013年财政预算执行情况和2014年财政预算草案的报告（讨论稿）》《银川市兴庆区人民政府关于兴庆区人大三届一次会议代表议案建议意见办理情况的报告（讨论稿）》《银川市兴庆区人民政府关于兴庆区政协三届一次会议委员提案办理情况的通报（讨论稿）》，提请区委常委会议研究；研究了银古路街道光华门村八队遗留问题，开展部分困难群众和干部职工慰问活动事宜，车辆购置事宜。

【第十四次常务会议】 2014年1月28日，兴庆区区长朱韶峰主持召开。会议听取了兴庆区2014年第一批政府投资项目调整情况的汇报；研究了掌政镇创业园20套小作坊相关事宜、月牙湖乡政府旧址资产对外出租、马瑶等辞职、增加“送温暖”春节慰问活动经费、昊检小区旧城改造项目、通贵乡土地流转、招商引资项目有关、主干道路大整治大绿化土地租赁、京藏高速水系建设和生态移民奶牛托管有关事宜；讨论了《兴庆区农业主导产业发展规划及规划政策意见（2014—2016年）》《兴庆区科技创新工作实施意见》；安排了春节期间车辆管理、应急值班等事宜；会议还研究了其他工作和干部事宜。

【第十五次常务会议】 2014年3月7日，兴庆区区长朱韶峰主持召开。会议听取了东部防洪排涝工程建设情况及绿化方案的汇报，财政局关于政府行政事业单位出租房屋管理情况、2014年2月政府重点项目资金支出计划的汇报；研究了《关于表彰2013年兴庆区重点工作专项工作先进集体和先进个人的方案》《关于2013年度银川市对兴庆区绩效考评结果的报告》《兴庆区2013年度绩效考评结果的报告》《兴庆区2014年绩效考评工作方案》《兴庆区村（社区）干部健康体检工作方案》《兴庆区政府聘用的非在编人员劳动报酬管理实施方案》《兴庆区政府聘用的非在编人员管理办法（试行）》和建设“西部电子商务中心”项目、偿还宁夏银行2600万元贷款、通贵乡通北小学租赁、通贵乡农业综合开发项目等事宜，以及购置环卫工人流动服务车和城管巡回法庭专用车和王少平工亡补偿金等相关事宜。

【第十六次常务会议】 2014年4月10日，兴庆区区长朱韶峰主持召开。会议听取了2014年第二批政府投资项目情况、关于兴庆区万亩奶牛生态养殖场生产经营管理、兴庆区康居工程进展情况的汇报，金继军、纳秀兰行政诉讼案件情况的汇报，2012年至2013年兴庆区政府投资项目审计决算、财政局关于兴庆区2014年第一季度预算执行情况、商贸物流带存量土地及相关问题的汇报；研究了《银川市兴庆区政策性农业保险办法（修订）》、滨河新区薰衣草生态休闲旅游度假项目办理草原使用证、兴庆区到期重点林业工程管护、命名兴庆区2013年度绿化达标单位、掌政镇小城镇污水处理厂运行方案、掌政镇掌政村原集体资产拆迁安置、拨付通贵乡集镇道路建设项目征地拆迁补偿及土地流转费用、通贵乡小城镇建设及掌政镇安置区四期项目建设合作、购置路政执法车辆及增加公路养护用房、启用掌政镇区等10座垃圾转运站、银川市第三幼儿园旧址及兴庆区检察院旧址临街营业房续租、迎接义务教育均衡发展验收工作、唐徕市场征地拆迁补偿、燕庆公司北市场征地拆迁补偿、满春小学扩建征用土地、表彰兴庆区2013年度招商引资工作先进集体和先进个人、为兴庆区一线临聘环卫职工增资并发放工作年限补贴和王殿生等9人信访遗留问题，掌政镇洼路村、五渡桥村土地流转，拨付通贵乡高标准农田项目平田整地、绿化林带土方资金，解决王转梅等两名聘用职工养老保险，授予韩微、丁国栋同志兴庆区“见义勇为积极分子”荣誉称号等事宜;还研究了干部问题。

【第十七次常务会议】 2014 年 5 月 28 日,兴庆区区长朱韶峰主持召开。会议听取了兴庆区康居工程进展情况、兴庆区失地农民培训及就业工作开展情况的汇报;研究了大新派出所人员经费、增加街道市民服务站工作经费、游乐社区办公用房购置、命名宁港·财富中国项目为“银川新经济服务产业示范园”、招商引资项目、海利达公司申请聚丰苑安置房退房、兴庆区街道办事处管辖范围界线调整、兑现 2013 年农业农村工作奖励及 2014 年考核奖励办法、通贵乡张桂英希望小学土地回收和通贵乡、掌政镇土地增减挂钩项目土地复垦,追补 2011 年义务教育经费、兴庆区公办幼儿园补充教师、治沙林场职工住房公积金单位应缴款、掌政镇强家庙中心村老年公寓托管、兴庆区三小旧址临街营业房到期续租、银古路街道办事处购置老年活动用房、增加创新社会管理工作信息化建设经费,以及上前城村 7、8 队拆迁安置和王安琪辞职,王永林等 28 名公务员 2011—2013 年连续三年考核优秀拟记三等功相关事宜。会议还研究了干部问题。

【第十八次常务会议】 2014 年 6 月 19 日,兴庆区区长朱韶峰主持召开。会议听取了近期重点招商项目进展情况、兴庆区 2014 年第三批政府投资类项目情况汇报;研究了通贵乡集镇安置区一期建设工程、组建银川公交兴庆有限公司、文化街道办公用房、《筑梦兴庆》(暂定名)编撰工作、购置校车、处置掌政中学等 10 所中小学旧锅炉、掌政中学扩建项目变更签证、《兴庆区教育系统人事管理改革方案》、兴庆区政府职能转变和机构改革实施方案、2014 年 6 月兴庆区政府重点项目建设资金支出、开展兴庆区社区戒毒康复试点工作相关事宜。

【第十九次常务会议】 2014 年 8 月 7 日,兴庆区区长朱韶峰主持召开。会议传达学习了全国经济责任审计工作电视电话会议精神;听取了兴庆区上半年上争项目资金情况和对西安督察局例行督察认定违法用地进行整改的汇报;研究了兑现 2013 年度城乡环境卫生长效管理以奖代补资金、徕龙公园养护管理、城市绿化养护生产设备购置、万亩奶牛养殖园区污水处理厂建设、《兴庆区通贵乡集镇安置区征地拆迁补偿安置实施方案》、《通贵乡张桂英希望小学测算报告》、银川市第五中学建设项目、兴庆区回民二小海宝逸夫校区等学校校舍维修改造、兴庆区掌政中心小学等六所学校食堂改造、兴庆区月牙湖乡原乡政府办公楼改造为教师周转房、拨付义务教育均衡发展验收设备款和基本建设工程款、为特岗教师缴纳社会保险、引进上海尚德实验小学、社区蔬菜直销店建设、《兴庆区国有公建商网运作方案》;化解掌政镇王峰、通贵乡马兆成信访案件资金、《兴庆区庆“八一”双拥活动方案》、《兴庆区开展“救急难”试点工作实施方案》、兴庆区籍初中毕业生进入宁夏职业技术学院参加中职教育给予学习费用补贴、为兴庆区公益性岗位人员进行健康体检;兴庆区与宁夏银行业批发贷款担保有限公司合作、划拨司法行政业务用房、2014 年 8 月兴庆区政府重点项目建设资金支出事宜和向宁夏檀溪房地产开发有限公司返还土地出让金事宜。

【第二十次常务会议】 2014 年 9 月 2 日,兴庆区区长朱韶峰主持召开。会议研究了教师节表彰和第十四届全运会兴庆区代表团获奖人员奖金分配方案相关事宜

【第二十一次常务会议】 2014 年 10 月 31 日,兴庆区区长朱韶峰主持召开。会议听取了万亩奶牛养殖园区现状和存在问题的汇报;研究了《兴庆区“十三五”规划编制工作实施方案》《兴庆区义务教育均衡验收回民一小等五所面积不达标学校整改方案》《兴庆区开展城乡居民普惠性健康体检工作实施方案》《兴庆区万亩奶牛养殖园区与蒙牛集团奶牛托管协议》、建立兴庆区城管巡回法庭司法保障常态机制、兴庆区交警大队增加协勤人员、二大队配置通勤客车、公安分局协勤保障经费预算、新华街道办公用房续租、兴庆区境内铁路沿线环境卫生长效管理外包服务、二排沟沿线清扫保洁对外发包、银川市移交绿地保洁经费购买压缩式垃圾车、通贵乡土地流转征地拆迁补偿、月牙湖乡红树莓基地建设运行经费、月牙湖乡购置工具车,撤销强家庙、永固两个村委会,

满春康居住宅小区

合并设立强家庙中心村村民委员会，月牙湖乡、掌政镇道路命名，2014年科技项目查验、核拨2013年度兴庆区灵活就业生活保险补贴资金、丽景街双庄村失地农民就业市场项目用地、兴庆区国土城管直属执法监察大队聘用人员工伤死亡赔偿、袁桂兰信访化解、公布行政审批事项目录、老放映员生活补助费、增加重度残疾人生活津贴、月牙湖回民二中校车采购、提高本级中小学生均公用经费、2014年教育质量综合评价奖励资金分配、核拨代课教师工资、2013年度优秀人员健康休养、成立兴庆区人民政府信访事项复查委员会、2014年9—10月兴庆区政府重点项目建设资金支出和给予王建功兴庆区"见义勇为积极分子"荣誉称号、陈彪国家赔偿、吴涛申报烈士、叶建国医疗费用相关事宜；补议了兴庆区庆祝银川市第九个"环卫工人节"系列活动相关事宜。会议还研究了干部问题。

【第二十二次常务会议】 2014年12月5日，兴庆区区长朱韶峰主持召开。会议传达学习了《宁夏回族自治区政府投资项目管理和责任追究办法》；研究了兴庆区体育馆建设项目、规划建设社区卫生服务机构、命名兴庆区健康促进示范单位、友爱木材市场搬迁补偿，大新镇上前城村二队住户刘伟、邢芳房屋拆迁安置补偿、拨付通贵乡土地流转补贴资金、将月牙湖乡卫生院旧址划拨给月牙湖村作为幸福院多功能室、实施政府采购学前教育服务试点工作、成立兴庆区信息化建设领导小组、为街道及法制办购置工具车、动用兴庆区2014年总预备费、何素珍计划生育手术术后并发症医疗费补发事宜。

专题会议

【专题纪要2号】 1月14日，政府副区长张新民主持召开会议，就鸿天房天都16街区部分建筑遮挡高台寺幼儿园采光一事进行协调，兴庆区政府法制办、教育局基教办、鸿天房天都公司、高台寺幼儿园等单位负责人参加。会议决定：1.经协调，鸿天房公司与高台寺幼儿园均同意按照收购的方式进行处理，即郑平涛等人不再举办幼儿园，由鸿天房公司向郑平涛等幼儿园举办人赔偿遮挡采光期间所造成的营业损失，并协商收购高台寺幼儿园房产（含特殊用途装修、设备等费用）；2.由郑平涛等幼儿园举办人负责选择有资质的会计师事务所（或资产评估单位）对所要赔偿的项目进行测算提供财务凭证、票据、依据等；3.测算完毕后，兴庆区政府再次组织鸿天房公司和高台寺幼儿园核算赔偿数额，协商解决赔偿分歧；4.新园在投入使用前，现址幼儿园经营管理维持现状。双方签订正式收购补偿协议后，由兴庆区教育局监督公开遴选新的幼儿园举办人并全面接受幼儿园师生。

【专题纪要3号】 1月29日，政府副区长王永虎、叶建国主持召开东部水系连通工程专题会议，水务局、财政局、监察局、审计局、招标办相关负责人参加。听取水务局等相关部门关于东部水系连通工程进展情况、政策对接情况和存在问题的汇报。会议决定：1.施工企业报名日期截至1月30日中午12点，报名单位需具备水利工程总承包3级以上（含3级）资质，并在自治区水利厅备案；2.由招标办负责，2月4日前，各报名施工单位须向招标办缴纳保证金100万元；3.各报名施工单位在缴纳保证金后，须向水务局提供水利工程机械设备准备情况，由水务局负责对各报名单位进行资格审核；4.由招标办牵头，财政局、审计局、监察局配合，于2月5日前采取抓阄方式完成施工标段划分；5.由建设交通局、农发办、水务局负责，做好与各自负责标段所在乡镇的工作对接，务必于2月7日前完成净地的征收工作，由拆迁办负责，务必于2月14日前完成地上附着物的拆迁工作；6.由水务局负责，于2月6日至2月7日，完成对各标段的技术交底工作；7.由招标办负责，选择三家具备水利监理丙级资质的监理单位对工程进行监理；8.由水务局负责，做好第三方质量检测工作；9.由财政局先行拨付水务局20万元前期工作经费，用于设立指挥部、购买工作必需品等工作开支；10.2月7日，由水务局、建设交通局、农发办负责，确保各自标段的机械设备全部到位，水系开挖工程全面开工。

【专题纪要4号】 2月28日，银川市兴庆区委常委、副区长张新民主持召开会议。兴庆区政府分管信访工作的副区长冯德旺、信访局、教育局、通贵乡、交警队、通南村委会等单位负责人及金义保家属、王洋家属参加。会议就金义保涉嫌酒后驾驶，在通南小学门口发生交通事故，致使通南小学学生王洋死亡，引发王洋家属于2014年3月3日上午群体到兴庆区政府上访事件进行协调处理。在听取了交警二大队关于事故发生情况的汇报后决定：经会议协调，肇事方代表金义贵与受害人代表王国峰等双方主要家属现场签订赔偿协议书，肇事方家属一次性向受害人家属赔偿24万元了结此事并息诉罢访。关于政府对王洋家庭的救助问题：1.由通贵乡和教育局一次性向王洋的家庭支付20000元（教育局和通贵乡各承担10000元）的救助金，民政局按照相关政策核拨5000元救助金，于3月3日下午17点之前发放到位。鉴于王洋的父亲王国峰患有严重疾病，由通贵乡负责协调民政、卫生等部门，纳入大病救助的范围；2.由于王洋家庭因祸致贫，王洋的弟弟年纪尚小，由教育局负责，将其纳入特困生的结对帮扶救助工程，确保孩子在义务教育期间就学生活开支不受影响。高中和大学期间的救助问题另行按照相关政策解决；3.由通贵乡负责，民政局等有关部门配合，及时掌握肇事责任方和受害方的家庭经济情况，切实了解群众困难,分情况按照相关政策办理扶危济困事宜。

【专题纪要 6 号】 3 月 4 日，政府副区长王永虎主持召开会议,专题研究宁夏通信器材有限公司项目用地征收补偿有关事宜,拆迁办、宁夏通信器材有限公司等单位、部门负责人参加。会议听取了兴庆区征地拆迁办公室关于宁夏通信器材有限公司项目用地征收补偿情况的汇报,对宁夏通信器材有限公司提出的要求进行充分讨论。经会议研究决定:1. 原则同意兴庆区征地拆迁办公室提交会议研究的宁夏通信器材有限公司建设项目征收补偿测算报告,并按照会议意见进行修改完善;2. 为确保宁夏通信器材有限公司建设项目顺利推进，妥善解决好征收区域百姓安置问题，项目征地拆迁工作分二期实施,一期先实施宁夏通信器材有限公司建设项目 50 亩用地区域内的征地拆迁工作，返还的 5431.92 平方米房屋全部安置到大新安置区,所需安置费用列入大新安置区建设费用中,待兴庆区与银川市核算安置区费用时,一并协商解决。

【专题纪要 7 号】 3 月 18 日,政府副区长、康居工程建设领导小组副组长王永虎在大新镇会议室主持召开,就阁笛湖安置区建设中存在的问题进行专题研究。会议决定:1.由兴庆区拆迁办对燕庆公司北市场占地及附着物进行测算核定,于 3 月 20 日前将测算结果报政府;2.阁笛湖安置区东侧燕庆公司农民自建营业房待安置区建成后,从配套建设的商业房中进行产权置换;3. 燕庆公司提出北市场搬迁，存在同商户解除合同、辞退员工、搬迁、拆除等费用。同时,市场每年房屋出租收入 55 间 55 万元,菜棚摊位收入 19.4 万元，早市收入 72 万元,共计收入 146.4 万元,经同燕庆公司商议,今年给予燕庆公司 100 万元的市场经营补贴和搬迁费用,待拆迁办测算报告经政府审核之后再拿出燕庆北市场的具体解决方案;4.由大新镇负责,认真做好市场经营户与群众的工作，于 4 月 1 日前将燕庆公司北市场进行拆除,同时对北侧部分群众搭建的临时建筑进行拆除;5. 康居办要加强同大新镇燕庆公司的协调,督促施工单位加快工程进度,确保工程质量、安全。

【专题纪要 8 号】 3 月 25 日,政府副区长王永虎在大新镇召集宁夏海利达房地产有限公司（以下简称：海利达公司)、信访督办局、大新镇、塔桥村负责人,就塔桥村八、九队农民营业房安置事宜进行专题研究，并同海利达公司、大新镇、塔桥村达成共识。会议决定:1. 本着尊重历史、照顾现实的原则,兴庆区政府已将海利达公司反映的问题书面报告了市政府,并且继续跟踪协调市政府和相关部门尽快答复企业。同时，希望企业也要主动与市政府及相关部门沟通对接,尽快解决存在问题;2.就大新镇欠海利达公司安置区配套费的问题，由大新镇同海利达公司核算后,上报兴庆区政府予以化解;3.关于塔桥八、九队农民营业房安置面积按协议约定的数量执行。海利达公司必须在 3 月底将返还营业房交由大新镇，由大新镇、塔桥村拿出分配方案,尽快分配到户;4. 希望海利达公司作为社会有社会责任感的企业,以大局为重,以老百姓的利益为重,不能以任何理由拖延老百姓的安置,做诚信企业。否则,由此引发的一切后果由海利达公司负责。

【专题纪要 9 号】 3 月 21 日,政府副区长吴小平主持召开会议,就掌政镇污水处理厂相关问题进行论证,财政、审计、环保、掌政镇的相关负责人与自治区设计院总工程师孔青等 6 位专家参加。会议确定专家评审程序:1. 听取掌政镇污水处理厂项目建设情况,对设计、施工图纸进行会审;2.现场勘查;3.推举专家组长;4. 查验资料，各专家提出论证意见;5. 专家组长汇总意见，形成最终结论。推选银川市第五污水处理厂高级工程师张生荣为组长。会议决定由掌政镇牵头,根据专家结论,会后立即组织对后续建设进行完善。

【专题纪要 10 号】 3 月 24 日，政府副区长张新民主持召开会议,听取有关单位对项目准备工作的情况汇报,就兴庆区部分教育工程有关事宜进行研究,兴庆区监察局、经发局、教育局、财政局、审计局、招标办等单位负责人及有关专家参加。会议研究了回民一小等十三所学校弱电综合布线工程、24 所学校 2013 年暑期外墙保温维修改造遗漏弱电综合布线部分工程量和会兴庆区镇河小学等 19 所学校内墙粉刷等事宜。

【专题纪要 11 号】 3 月 20 日，政府副区长王永虎、叶建国主持召开会议,专题研究兴庆区京藏高速公路两侧湿地公园及廊道绿化工程招投标工作事宜。监察局、建设交通局、园林管理局、水务局、审计局、农发办、招标办等相关部门负责人参加。会议决定:1.兴庆区京藏高速公路两侧湿地公园及廊道绿化工程共划分为 12 个标段;2.参与招投标的施工企业需缴纳 300 万的工程履约保证金，方可参加投标工作;3. 由招标办牵头,园林管理局配合,财政、审计、监察等部门同时介入,严格按照招投标的相关规定,公开、公正、公平地完成招投标的程序。

【专题纪要 12 号】 4 月 4 日,兴庆区政府召开会议,专题研究唐徕市场拆迁补偿问题,经政府研究提出处理意见:1.关于海宝公司提出 6.8 亩的市场公共用地，要求政府按国有商业用地进行赔偿,经政府调查核实,该宗土地属集体土地，不能按照国有商业用地进行赔偿;2. 关于海宝公司提出如不能按照国有商业用地进行赔偿，则要求用 6.8 亩土地置换一个同面积的市场,因该宗土地属集体土地,置换市场不符合国家相

关政策的规定；3. 鉴于唐徕市场是原郊区政府和工商部门于1993年同意建设的失地农民就业市场，经营年限长，是海宝公司全体职工经济收入的主要来源。本着“尊重历史、照顾现实”的原则，政府在依法依规处理市场拆迁问题的同时，充分考虑了海宝公司全体职工的生活现状和就业问题，经政府研究，决定以唐徕市场6.8亩土地的年租赁费收入38万元为依据，连续给海宝公司支付25年的市场租赁费，另外给海宝公司每年2万元的工作经费，共计每年支付海宝公司40万元，政府将该笔资金列入财政预算，并于每年4月底前拨付海宝公司；4. 该笔资金只能用于解决海宝公司职工生计问题，海宝公司对外债权债务应由公司自行承担；五、政府要求海宝公司切实负起责任，每年将政府拨付的资金按现有分配方式，进行公示足额发放到职工手中，不得占有、挪用，如出现此类问题，将依法追究海宝公司责任。

【专题纪要13号】 3月26日，政府副区长王永虎在丽景街街道办事处召开信访联席会议，专题研究丽景街办事处征地拆迁信访遗留问题。丽景街街道、拆迁办等单位负责人及涉及的拆迁户参加。会议决定：鉴于拆迁户陈贵、陈刚在征地拆迁项目中起了积极带头作用，同意参照项目征收区域补偿标准和另外22户房屋建设年限，将其建于2003年至2007年的砖混结构房屋（陈贵砖混结构房屋为477.2平方米，陈刚为587.52平方米）按0.55系数进行返房，2007年以后所建砖混结构房屋（陈贵砖混结构房屋为90.76平方米，陈刚为380平方米）按0.3系数进行返房。陈贵、陈刚加建二层房屋按照项目征收区域政策，不予认可；关于自治区广电局广播站国有土地征收事宜会议决定：1. 对自治区广电局广播站权属2672.8平方米（折合4.01亩）国有土地上规划许可以外，由承租户马玉礼建设的2000余平方米各类建筑物参照集体土地征收补偿标准予以货币补偿，所需补偿款列入中阿财富广场建设项目经费中，由兴庆区财政拨付。2.由丽景街办事处牵头与自治区广电局广播站协商沟通，签订该宗国有土地规划许可以外2000余平方米各类建筑物协议，协议认定补偿款由丽景街办事处拨付自治区广电局广播站。3.关于承租户马玉礼在自治区广电局广播站权属2672.8平方米（折合4.01亩）国有土地建设的规划许可以外2000余平方米各类房屋补偿（含经营损失费等）事宜，由自治区广电局广播站负责解决。

【专题纪要15号】 4月11日，副区长张新民主持召开会议，听取兴庆区政府办公室关于鸿天房置业有限公司与高台寺幼儿园收购协议的签订工作和收购款项支付情况的汇报，并就高台寺中心幼儿园及教职工搬迁过渡有关事宜进行研究。会议决定：1.兴庆区劳动就业局作为监督方，负责审核高台寺中心幼儿园为在岗教职工各类保障费用的缴纳情况，相关费用高台寺中心幼儿园应缴纳至2014年3月31日；2. 兴庆区教育局负责草拟告幼儿家长和教职工一封信及整体搬迁幼儿、教职工实施方案，并以鸿天房公司、高台寺幼儿园名义于4月11日下午下班前正式发放每一位教职工和幼儿家长。由教育局负责，于4月11日下午召集高台寺幼儿园、鸿天房置业有限公司、都市阳光幼儿园和中山南街办事处等单位召开现场会，书面征求学生家长和教职工意见（该项工作于4月14日上午12点之前完成），促使幼儿家长和教职工整体搬迁至都市阳光幼儿园进行过渡，过渡期限至鸿天房项目区新建幼儿园建成投入使用，并协调高台寺幼儿园、都市阳光幼儿园接待幼儿家长和教职工到都市阳光幼儿园实地看园。高台寺幼儿园向全体幼儿家长及教职工说明幼儿园收购及幼儿和教职工分流安置事项，做好思想工作；3.由中山南街办事处、银古路办事处配合鸿天房置业有限公司、高台寺幼儿园根据家长意愿组织学生家长开展搬迁过渡和就近择园入读等事宜；4. 兴庆区教育局负责指导都市阳光幼儿园及高台寺幼儿园重新办理学生入学、老师就业登记手续。从4月14日起，由鸿天房公司每月按标准对搬迁进入都市阳光幼儿园的幼儿和教职工实有人数核拨伙食费和交通补助（每人每月补助50元伙食费，每人每天补助5元交通费），并交由都市阳光幼儿园统一管理，直至过渡期结束并搬回天都16街区新建幼儿园为止。在过渡期间，都市阳光幼儿园要保证足额发放交通补助费，并将伙食补助费全部用于搬迁幼儿，不得挪作他用。搬迁后随迁的教职工待遇不变，具体待遇以高台寺幼儿园与教职工签订的书面用工合同为准；5. 高台寺幼儿园移交的教学设施设备经高台寺中心幼儿园、鸿天房置业有限公司、都市阳光幼儿园三方签字确认后，统一交由都市阳光幼儿园管理使用；6. 都市阳光幼儿园要确保接收搬迁入园的教职工在过渡期内工资报酬与过去保持同一水平。按照相关部门批准的收费标准收取学费，确保幼儿就学质量不降低，搬迁幼儿、教职工在园内生活期间的安全等相关责任由都市阳光幼儿园负责。

【专题纪要16号】 4月16日，区委副书记孔令杰、政府副区长张新民主持召开会议，就银川四幼托管高台寺中心幼儿园有关事宜进行研究。宣传部、政府办、教育局、宁夏鸿天房置业有限公司和银川四幼等单位负责人参加。会议决定：1. 同意由银川四幼于2014年4月17日起，正式全面接管高台寺中心幼儿园，并暂时在原址进行过渡。教育局于2014年4月17日上午主持召开由鸿天房置业有限公司、银川四幼等单位负责人参加的高台寺中心幼儿园全体教职工大会，宣布由银川四幼接管该园的决定，托管期限暂定为4月17日起至新园建成之后，新园建成后的办园方式由宁夏鸿天房置业有限公司与银川四幼协商解决；2. 宁夏鸿天房置业有限公司和银川四幼分别在4月17日的教职工大会上发表声明，即：(1)宁夏鸿天房置业有限公司委托银川四幼全面接管高台寺中心幼儿园，接管过渡期间，幼儿园运营收益归银川四幼，并由宁夏鸿天房置业有限公司按照师生在园实际人数每人每月发放伙食补助费50元（款项拨至幼儿园进行管理）；(2)银川四幼同意接管高台寺中心幼儿园，在接管期间保证保教质量不下降、师生在园伙食标准不降低、教职工待遇不降低；3.4月17日下午，由幼儿园负责以班级为单位召开学生家长会，向家长通报银川四幼接管幼儿园并在原址进行过渡的相关决定，要耐心做好家长思想工作，让家长放心；4.过渡期间，宁夏鸿天房置业有限公司每月按照在园实有师生人数及时发放伙食补助费，并不得具体干涉幼儿园的日常管理工作，幼儿园的收费继续按照有关部门批准的标准正常收取，扣除办园成本后剩余的收益部分归银川四幼所有；5.银川四幼要认真负责，做好师生在园生活期间的安全工作，并保证足额将伙食补助费用于师生伙食，不得擅自截留或挪作他用；6. 兴庆区宣传部门要加强和银川市宣传部门的对接，及时掌握和报告舆情动态，并做好回复和跟帖工作。

【专题纪要17号】 4月16日，政府区长朱韶峰召开会议，就兴庆区土地管理，特别是土地复垦、卫片执法图斑拆除等工作进行研究。王永虎、冯德旺、商贸物流服务中心副主任石继生、经济发展局、建设交通局、财政局、水务局、国土分局、康居办、拆迁办、农发办、大新镇、掌政镇、通贵乡、新渠稍村、新水村、大新村等单位负责人参加。研究决定：1.按照属地管理原则，由大新镇、掌政镇、通贵乡负责，于5月7日前对2013年土地卫片执法检查中清查出的、整改不合格的58个卫片图斑(其中：大新镇17个、掌政镇17个、通贵乡5个)进行全面整改，逾期整改不到位的，依法追究相关人员责任。由国土分局负责，做好土地卫片执法检查图斑清理的督查工作；2.大新镇要按照高标准农田的标准，尽快组织对京藏高速公路两侧需复垦土地进行复垦；由水务局、农发办负责，尽快组织设计单位，就京藏高速公路两侧复垦土地复沟、复渠提出设计方案，组织专家论证后，按招投标程序组织实施。对已征用的复垦土地，由大新镇负责，与农户签订协议，继续由沿线农户无偿耕种，协议须明确不得加盖任何建筑物、不得种植经果林；3.各乡镇要对征地拆迁补偿资金使用情况进行自查，确保群众征地拆迁补偿足额按时发放到位，不得截留、挪用。由财政局负责，对银川市明确由兴庆区实施的征地拆迁包干项目资金使用情况进行自查，不得截留、挪用；4.经济发展局要对所有政府投资类项目进行梳理，凡规划、土地等相关手续不完善的一律停工，待建设单位完善规划、土地等相关手续后，按程序申请复工；5.由建设交通局负责，中山南街街道办事处配合，尽快组织专业机构对税务小区进行危房等级评定。中山南街街道办事处要组织设计单位尽快提出税务小区改造方案，报政府相关会议研究后组织实施；6. 由建设交通局负责，民族宗教事务局配合，尽快组织专业机构对沙滩清真寺进行危房等级评定；7.掌政镇、月牙湖乡涉及的设施农业温棚建设暂不实施，待请示区市国土部门同意后组织实施。

【专题纪要18号】 4月29日，政府区长朱韶峰主持召开会议，就鸿天房公司天都16区农民安置区项目影响安和园、安康园住户日照事宜进行研究。银川市规划管理局局长闫广、副局长金波、兴庆区副区长冯德旺，宁夏鸿天房置业有限公司（以下简称“鸿天房公司”)负责人参加。会议决定：1.由鸿天房公司负责，尽快完成天都16区安置区项目相关开工手续的办理工作；2. 建议由银川市规划局委托有资质的设计单位，由安和园、安康园小区影响日照的住户委托代表进行参与，对天都16区安置区项目影响安和园、安康园小区的日照问题重新进行分析，将分析报告公示并逐户送达；3.由鸿天房公司负责，按照核实后的日照分析报告，对日照不满足规范要求的住户予以货币补偿；4.由中山南街街道办事处、鸿天房公司负责，对日照受影响的小区住户，逐户入户做好解释安抚工作，进一步征求群众意见；5.由兴庆区政府办公室负责，及时将天都16区安置区项目影响安和园、安康园小区住户日照的具体情况上报银川市政府，并建议将安和园、安康园小区列入银川市旧城改造计划范围。

【专题纪要19号】 4月23日，政府副区长张新民主持召开会议，就满春小学扩建项目供暖方式问题进行研究。兴庆区招标办、财政局、经发局、教育局、审计局等单位相关负责人及相关专家、设计员参加。会议听取设计单位关于设计方案的说明，研究决定：1.会议同意将满春小学扩建项目作为采用电暖气方式供暖试点项目；2. 由教育局负责敦促电暖气供货商尽快提出电暖气造价方案，办理供电手续，并提供燃煤供暖与电暖气运行前后费用的比较参数；3. 由教育局负责，招标办配合，根据国家规范制定供暖参数，制作标书及时组织实施招投标工作。

【专题纪要20号】 5月9日，政府副区长、康居工程建设领导小组副组长王永虎主持召开会议，就光华门6、11队安置区建设等事宜进行研究。康居办、银古路办事处、光华门村、宁夏光耀房地产开发公司相关负责人参加。研究决定：1. 光耀公司负责安排专人与市政府相关部门对接，尽快办理完善光华门6、

11队安置区项目的土地、规划、建设手续，并将规划设计方案、户型等向光华门村群众进行公布、公示；2.宁夏光耀房地产开发公司立即组织车辆、机械进行现场渣土清理、基坑开挖，待规划、建设手续完善后方可进行基础施工；3. 康居办、银古路街道办事处监督，宁夏光耀房地产开发公司必须于2016年5月31日前完成安置房施工及各项配套工程，并交付使用。施工工期24个月(自2014年6月1日至2016年5月31日)；4.银古路街道办事处负责，做好光华门村群众的工作，协调处理挡工等问题；5.宁夏光耀房地产开发公司负责，必须于2014年5月20日前完成光华门二期唐华苑高层住宅的验收工作，并交付使用。同时，安排好维修人员，及时做好房屋的维修工作。

【专题纪要21号】 5月22日，政府区长朱韶峰主持召开会议，就尚东帝景小区遗留问题进行研究。银川市信访督办局副局长杨迎珍、兴庆区政府副区长王永虎、冯德旺、公安分局、法院、法制办、信访督办局、银古路街道办事处、丽景街街道办事处等单位负责人参加。会议决定：1.经与宁夏隆湖房地产公司协商，委托银古路街道办事处、丽景街街道办事处代发拖欠拆迁群众的征地补偿资金；2.由财政局负责，将从市财政借来的5378.2214万元资金按程序拨付银古路街道办事处、丽景街街道办事处，其中：涉及高台寺村2队49户，2906.2538万元；高台寺村4队49户，1789.8374万元；满春村1队15户，682.1302万元；3.由银古路街道办事处、丽景街街道办事处负责，将高台寺村2、4队和满春村1队征地拆迁补偿资金发放明细进行公示，公示期结束后，如群众无异议，尽快按程序发放。

【专题纪要24号】 6月12日，政府副区长王永虎、冯德旺召开会议，对京藏高速公路防洪排涝及绿化工程、徕龙公园建设工程进行研究。经济发展局、监察局、建设交通局、园林管理局、水务局、农发办、招标办等部门负责人参加。一、京藏高速公路防洪排涝及绿化工程相关事宜，会议决定：1.原则同意将恢复湖系开挖时破坏的灌排体系过程中，开挖渠道、排水沟道及建筑物的工程量，列入2014年秋季高标准农田建设中予以落实；2. 由水务局负责，将复垦过程中，调用16、19、30标段机械所产生的费用，列入各标段工程量予以核定；3.由招标办牵头，各建设单位配合，对弃土场土方价格进行论证，拿出具体意见报政府常务会议研究；4. 原则同意增加施工过程中原有湖面冰的外运工程量；5. 原则同意对局部标段湖底高程比设计底高程低的地段，按照实际开挖量计算工程量；6. 原则同意增加章子湖景观桥和渡槽3处建设工程，由水务局作为项目法人进行招标工作；7.由水务局负责，将东燕鸽湖开挖过程中，清理占用基本农田淤泥的相关费用，列入具体施工标段工程量中予以核定；8.由水务局负责，将杨家寨路以北、蜡塔渠以南复垦地段前期的水系开挖工作，列入京藏高速公路防洪排涝整体工程中予以立项；由大新镇负责该地段土方回填，即农田建设具体施工；由农发办负责该地段渠道的砌护改造和建筑物配套施工，并对所涉及工程进行立项、招投标工作；9.因目前施工条件不成熟，拟在京藏高速公路西侧开挖长1980米的排水沟暂不予实施，待2014年秋季农田水利基本建设工作中予以考虑；10.对18、19标段淤泥拉运造价不予增加。二、关于京藏高速公路两侧湿地公园及廊道绿化工程，会议决定：1. 原则同意增加绿化工程全段16眼水井和配套接电建设工程，由园林管理局负责按程序招标进行建设；2.原则同意将第11标小石潭以北至银通路段的苗木采购及栽植费用列入工程总价内；3. 原则同意对京藏高速公路东侧银通路北段60亩土地进行绿化，增加打井、接电、铺设管道及绿化工程；4.原则同意对章子湖西侧推土场边坡80亩土地进行绿化，并设计栽植马兰，增加铺设管道微喷；5. 原则同意对京藏高速公路两侧原有设计进行适当调整，增加桃树1200株、千屈菜30万株、大刺槐35株、大馒头柳10株，含三年养护费，计入各施工标段造价；6. 原则同意在高速公路原有走水口处做0.7米见方的接雨槽123处，埋压160PVC管道8493米；7. 原则同意将碱湖西侧及燕鸽湖水道(12标)百脉根改为德国进口紫花苜蓿进行种植，相关费用不予增加；8.原则同意在不突破总苗木量的情况下，将梨树调整为等价格的桃树进行种植；9.原则同意将用于恢复在开挖北碱湖、春林湖和顶管建设时，已毁坏的银横路原有林带的苗木费用及树木栽植、管护费用，计入工程总价内；10.原则同意增加孔雀公园建设过程中，铺设湖边583.7米PVC供水管、铺设湖底258.4米镀锌管及接电等费用，并计入总造价；11.鉴于高速公路两侧绿化用地土质较差，原则上不再对公路两侧常青树进行补植。三、关于徕龙公园建设相关事宜，会议决定：1. 原则同意增加徕龙公园二次设计费50万元，并完善相关手续；2.原则同意将工程建设过程中的死亡苗木费、栽植费、清理费计入工程总价内，5个月的养护费不予考虑。四、会议要求：1.由水务局负责，尽快对京藏高速公路防洪排涝工程的工程量进行核准，并于6月20日前完成工程可研性报告；2.由经济发展局牵头，水务局、园林管理局配合，按照银川市相关部门的要求，上报京藏高速公路防洪排涝工程建设相关文件，确保银川市对该项目予以立项；3. 由水务局、园林管理局牵头，相关部门配合，对工程建设过程中，已经专题会议纪要明确需增加的工程量，尽快补齐招标相关手续；对其他需要增加和减少的工程量，严格按照《兴庆区建设工程变更管理暂行办法》的要求，补齐工程变更单等相关手续，50万元以下的，报审计部门决算；50万元以上的，报政府常务会议研究。

【专题纪要 25 号】 6月3日,政府副区长冯德旺主持召开会议,专题研究鸿天房公司天都16区农民安置区项目影响安和园、安康园住户日照事宜。银川市规划管理局副局长金波,兴庆区信访督办局、中山南街街办事处、中山南街派出所,及鸿天房置业有限公司负责人参加。会议决定:1.由银川市规划管理局、兴庆区公安分局、兴庆区信访督办局、中山南街街道办事处等单位组成接访工作组,负责对因鸿天房公司天都16区农民安置区项目影响安和园、安康园住户日照问题,所引发的上访群众的接待、疏导工作;2.由兴庆区公安分局负责,抽调干警,对煽动和组织非法上访的重点人员进行跟踪督查,依法予以处理;3.由中山南街街道办事处负责,积极引导愿意通过诉讼渠道解决影响采光问题的住户,由兴庆区政府提供法律援助,用法律武器维护自身合法权益;4.针对部分群众反映采光补偿不合理的情况,由鸿天房公司负责,对涉及日照影响相对严重的安和园13#、14#楼和安康苑3#、4#楼居民,通过协商给予适当安抚;5.由兴庆区宣传部负责,银川市规划管理局配合,从新华东街旧城改造项目的角度,在自治区、银川市主流媒体对天都16区农民安置区项目进行公开报道。

【专题纪要 27 号】 7月4日,政府副区长、教育工作领导小组副组长张新民主持召开兴庆区教育工作领导小组会议,就兴庆区薄弱学校改造计划等事宜进行研究,教育工作领导小组成员单位相关负责人参加。一、关于兴庆区上报教育厅全面薄改计划有关事宜会议决定:1.原则同意教育局关于“兴庆区中小学‘全面薄改计划’规划方案”,由教育局按照会议精神修改完善后上报自治区教育厅(并抄送兴庆区经发局),争取国家专项资金支持;2. 本次薄改计划要注重从以下几方面进行规划,一是解决校舍建筑面积不达标的问题(16所学校),二是要对照教育信息化验收标准,解决好教育信息化建设问题,三是解决教学仪器设备的配置问题,四是要解决寄宿制学校建设和学生生活设施改善问题。二、关于建设农村学校营养早餐食堂事宜会议决定:1. 鉴于海军希望小学现有设施无法改建为食堂,原则同意在该校建设300平方米的学生食堂,以满足学生就餐需要;2.同意对三小春林校区、十六小镇河校区、大塘中心小学、官湖小学、唐徕回民小学通南校区、掌政中心小学早餐食堂进行维修改造,使其符合供应学生营养早餐的条件;3. 三小春林校区等6所需要维修食堂的学校,由教育局负责提出具体建设方案,经发局配合做好控制价交各学校利用暑假实践实施维修,资金由财政拨学校支付;4.关于该项工程拨付资金事宜,由教育局负责,一周内报请政府常务会议研究。三、关于将回民三小司家桥校区设立为学生社会实践教育基地事宜会议决定:原则同意将回民三小司家桥校区设立为兴庆区中小学生社会实践教育基地,要高标准规划建设,所需资金由教育局负责纳入“全面薄改计划”上报教育厅,争取国家专项资金解决。四、补充在编教师事宜会议决定:1. 随着银川五中建成并投入使用、月牙湖二中接收移民学生600多名,致使兴庆区所属学校秋季开学将面临教师紧缺的状况,为解决该问题,原则同意选调80名教师(其中:小学教师30名,银川五中教师30名,月牙湖二中教师20名),其中:月牙湖二中地处偏远,通过公开招考的方式进行定向选聘,并签订书面合同;2.教育局牵头,人社局、编办配合,尽快提出选调方案报区市有关部门批准,确保在暑假期间完成选调工作;3. 对于纳入拟选调范围的教师,按照兴庆区教师调入管理办法要求,要组织专家进行听课并进行考察,选调一批教学水平精湛、师德高尚的教师补充到兴庆区教育系统中。五、2014年幼儿园招生工作会议决定:原则同意2014年幼儿园招生工作指导意见,由教育局按照会议精神修改完善后向社会公布。六、关于公办幼儿园补充合同制教师具体办法,会议决定:原则同意《公办幼儿园补充合同制教师具体办法》,由教育局按照会议精神修改完善后实施。

【专题纪要 28 号】 7月9日,政府区长朱韶峰在丽景街街道三楼会议室主持召开会议,就宁夏通和房地产开发有限公司(以下简称:通和公司)项目建设中存在的问题进行专题研究,会议决定挂牌土地范围内的拆迁事宜由丽景街办事处牵头,拆迁办配合,务必于7月底将宁夏国际汽车城项目剩余4户拆迁户房屋拆除,确保项目建设顺利开工;宁夏国际汽车城二期项目建设未安置房屋21740平方米的费用:1. 由通和公司尽快提供21740平方米安置房用于拆迁户安置;2.由王永虎副区长负责,将项目拆迁安置中存在的问题核实后上报市政府研究解决;双庄安置区(金水花苑)土地手续由冯德旺副区长牵头,财政局、国控公司配合,将通和公司欠兴庆区国控公司365万元,与通和公司借给兴庆区财政365万元进行抵顶,并由国控公司负责尽快办理安置区用地的土地手续;丽景街街道办公楼的置换:1. 同意将通和公司销售中心三层办公用房同丽景街办事处现有办公楼按照旧改拆迁政策1:1等面积进行置换;2.丽景街办事处尽快与通和公司进行协商,并起草合同,提交法制办审核;3.由丽景街办事处按简单装修的原则制定新办公场所装修方案,报政府审核;4、街道办事处办公用房使用面积严格按照相关标准执行,剩余面积统一由兴庆区政府办公室调剂使用;月牙湖乡林场胡杨景区旅游发展项目:1. 由张新民副区长牵头,邀请相关专家以及银川市规划局等相关部门,就规划事宜进行再论证,并提出意见;2. 由宁夏东野胡杨林开发有限公司按照论证会的意见,进一步修改完善;3.由法制办对《兴庆区治沙林场胡杨林、沙枣林地承包经营协议书》进行审核,并由兴庆区治沙林场同宁夏东野胡杨林开发有限公司签订承包经营协议;4. 宁夏东野胡杨林开发有限公司今后的建设、保护、经营必须严格按照严格按照批准规划执行。

【专题纪要 29 号】 7 月 10 日,政府副区长冯德旺召开主干道路大整治大绿化考核验收工作准备会,对各责任部门的内页资料进行检查,并对京藏高速公路防洪排涝及绿化工程各标段工作情况进行实地检查。监察局、审计局、园林管理局、水务局、农发办、招标办等部门负责人参加。会议决定:1.由水务局、园林管理局、爱卫办、拆迁办负责,按照《自治区主干道路大整治大绿化工程考核验收评分细则》要求,进一步做好内业资料的收集整理工作,做到条理清楚,前后数据完整统一;2. 由水务局负责,对防洪排涝工程 2 标段的建筑垃圾进行清理;3.由水务局负责,对防洪排涝工程全线各标段的水系进行补水;4.由园林管理局、农发办、建设交通局负责,将各自所负责绿化工程各标段内的杂草、枯树、死树进行清除,对新种植树木进行修整,对沿线白色垃圾、土块等进行清理;5.由建设交通局负责,对掌政镇小石潭附近的丰收路路肩两侧的人行道进行修整;6.由大新镇、掌政镇负责,对各自镇区复垦区域内种植的农作物进行修整,达到整齐划一的效果;7.由水务局负责,对京藏高速公路防洪排涝工程所开挖水系进行统一管理,其他单位不得以任何理由私自对外承包;8. 以上会议决定事项,各部门于 7 月 20 日前全面完成。

【专题纪要 32 号】 7 月 31 日,政府副区长王永虎在大新镇主持召开会议,就大新村三队村民纳金贵、纳金凤房屋拆迁补偿事宜进行研究。会议决定:1.由拆迁办、大新镇负责,本着尊重事实的原则,将测算图房屋结构标注清楚,院内房屋配套设施落实清楚;2.纳金贵、纳金凤房屋拆迁按照 50%进行实物返还;3.由纳金贵、纳金凤尽快将房屋设计图纸、房屋拆迁前图片等资料提供至拆迁办。

【专题纪要 33 号】 8 月 4 日,政府副区长吴小平主持召开会议,就深刻汲取江苏昆山“8·2”爆炸事故教训,立即在辖区开展安全生产隐患大排查工作进行专题部署。安监、建设交通、卫生、商务、公安、质监、交警、消防等部门分管领导和各相关行业安全生产专家参加。会议决定:1.由安监局牵头,中石油宁夏分公司配合,对加油、加气站的安全台账、消防设施维护、油罐区安全管理、应急预案及演练情况进行全面检查。重点要求各加油、加气站严格遵守《加油站装卸油安全管理制度》,只能在凌晨 2 时至 5 时实施装卸油作业,并确保油气运输车辆在装卸油气时段外的运输和储存安全,确保加油站安全经营;2.由卫生局牵头,质监分局配合,开展对辖区各医疗机构医用氧气专项检查,重点检查医用氧气的购进、储存和医用制气设备的管理情况;3.由公安分局负责,消防大队配合,加大日常巡查力度,开展对高温高热气象条件下的人员密集场所和消防重点消防单位及区域的消防安全检查;4.由质监分局负责,对车用燃气气瓶安装单位(燃气汽车改装单位)进行安全检查。对未取得汽车“油改气”改装资质,擅自从事“油改气”汽车改装业务的,要严肃查处。加强对车用燃气气瓶安装单位、加气站的监督管理工作,保证改装质量和充装安全,确保车用燃气气瓶使用安全;5.由建设交通局负责,重点对辖区各建筑工地基坑支护、模板工程、脚手架工程、建筑起重设备等高危工程、消防安全责任制建立及消防设施配备情况进行重点检查;6. 由哈纳斯公司负责,开展对老旧小区天然气管道老化、损毁情况的排查工作,将排查结果报政府备案。兴庆区在 2014 年第三次安委会上,将对各部门实施方案及检查情况予以通报。

【专题纪要 34 号】 8 月 6 日,政府副区长王永虎在丽景街街道召开征地拆迁信访联席会议,专题研究丽景街办事处征地拆迁信访遗留问题。丽景街办事处、拆迁办等单位负责人及涉及的拆迁户参加。会议决定:1.鉴于拆迁户陈贵、陈刚 2002 年拆迁没有享受新划宅基地政策,在征地拆迁项目中起了积极带头作用,同意参照项目征收区域补偿标准和另外 22 户房屋建设年限,将其建于 2003 年至 2007 年的砖混结构房屋(陈贵砖混结构房屋为 477.2 平方米,陈刚为 587.52 平方米)按 0.60 系数进行返房,2007 年以后所建砖混结构房屋(陈贵砖混结构房屋为 90.76 平方米,陈刚为 380 平方米)按 0.39 系数进行返房。陈贵返房面积为 321.71 平方米、陈刚返房面积为 500.71 平方米。2.陈刚加盖二层房屋按照项目征收区域政策,不予认可。会议还研究了金马合作社马玉礼附着物补偿款、双庄二队征地拆迁等项目有关事宜。

【专题纪要 35 号】 8 月 20 日,政府副区长张新民主持召开世和·天玺国际中心项目工程进度工作会议,就项目建设事项进行专题研究。银川市建设局建筑行业管理处、兴庆区环保分局、公安分局、城管北局、解放西街办事处及世和公司等单位负责人参加。会议决定:1.世和公司要加快相关建设手续办理进度,10 月 10 日前办好土地使用证、规划许可证,争取尽快办理好施工许可证。10 月底前完成基础开挖作业,年底主体完成正负零;要委托专业机构完成施工对周边居民影响产生噪音污染的评估和地基开挖对附近住宅楼地基沉降的评估,制定有效措施杜绝或将影响降低到最小,若确有影响,要积极做好居民的沟通补偿工作,防止出现上访或阻挡施工的情况发生;2. 由解放西街办事处负责,密切关注周边居民利益诉求,特别是要加强与物业公司联系,详细了解相关情况,及时同物业公司和居民沟通交流意见,作好居民的思想工作,防止因利益纠葛等原因造成居民上访或挡工事件的发生;3.由兴庆区公安分局负责,严肃查处为强包工程恶意挡工、组织群体性上访、媒体恶意炒作事件发生;4.由环保分局负责,尽快协助完成工程相关环评工作,督促企业做好降噪隔离工作,企业要进一步优化施工组织,按照环保部门要求,将产生噪音较大的作业安排在白天施工,杜绝夜间施工噪音扰民的现象发生;5.兴庆区城管北局负责,督促企业在进出口设立冲淋装置,做好进出车辆的清洗防尘工作,不得出现洒、漏渣土的情况;安排好清扫车辆,及时对施工路段进行清扫,降低污染物对居民生活的影响。及时协调做好渣土费的上缴工作;6.各单位要做好服务工作,对项目建设中出现的问题要及时协调,不能及时协调解决的要报政府,由政府出面协调解决。若因工作不力,协调不到位引发挡工、停工,将对相关部门及责任人进行问责。

【专题纪要 37 号】 9 月 11 日,政府副区长张新民主持召开教育局建设项目变更签证问题工作会议,就兴庆区二十三所中小学内粉项目和月牙湖大塘中心小学教师周转房项目变更签证问题进行专题研究。兴庆区经发局、财政局、教育局、建设交通局、审计局及招标办负责人参加。会议听取了教育局对项目建设变更签证相关工作情况汇报,研究决定:按照《兴庆区建设工程变更签证管理暂行办法》,对暑期实施的二十三所学校内墙粉刷工程变更签证后进行决算审结案工作。一、二十三所学校内粉刷项目:1. 一标段中标价为 166.6789 万元,其中兴庆区掌政中学测算漏计面积 3300 平方米,估算费用为 15.18 万元;兴庆区上前城小学增加工程量面积 760 平方米,估算费用 3.5 万元;兴庆区回民中学增加油漆面积 300 平方米,估算费用 1.5 万元;兴庆区六小碱富桥校区漏项面积 100 平方米,估算费用 0.46 万元。共计 20.64 万元;2.二标段中标价为 159.359363 万元,其中兴庆区第九小学计算失误,造成乳胶漆工程量少了 335.52 平方米,另教学楼走廊栏板墙面漆皮脱落需增加粉刷面积 264.82 平方米,估算费用为 3 万元;增加教育局门房面积为 157 平方米,估算费用为 1 万元。共计 4 万元;3. 三标段中标价为 151.420921 万元,其中兴庆区回民二小新水桥校区需增加防水和墙面处理,估算费用 8 万元;兴庆区第十八小学需增加面积 1000 平方米,估算资金为 4.7 万元;银川市第二十中学需要增加面积约 700 平方米,估算费用 3.5 万元;官湖小学漏计踢脚线 145 平方米,估算费用 0.7 万元;兴庆区回民实验小学新渠稍校区造价公司漏计踢脚线 100 平方米,估算费用 0.5 万元。共计 17.4 万元;4.四标段粉刷学校中标价为 154.430931 万元,其中回民二小海宝逸夫校区需要对 18 个教室进行粉刷,面积约 3200 平方米,估算资金 15 万元;兴庆区第二小学外墙面瓷砖少计 300 平方米,估算资金 3 万元。共计 18 万元;5.兴庆区教育局二十三所学校内粉项目总造价 631.890115 万元,以上各项变更签证费用估算价合计为 60.04 万元,工程变更签证造价控制在项目中标价的 10%以内,根据《兴庆区建设工程变更签证管理暂行办法》,会议同意进行变更,由教育局、经发局、财政局、建设交通局、审计局、招标办按程序签订变更意见单,工程总造价最终以审计决算为准;二、月牙湖大塘中心小学教师周转房项目,该项目中标价 334 万元,该项目主要变更内容如下:1. 因供电无法满足施工需要,施工队租用柴油发电机;2.地下水位较高,增加降水作业;3.二层为坡屋顶,增加吊顶;厕所木质门换为塑钢玻璃门;4.由于水压问题,太阳能集热器更换为电热水器。以上四项内容变更初步估算需增加费用 30 万元,工程变更签证造价控制在项目中标价的 10%以内,根据《兴庆区建设工程变更签证管理暂行办法》,会议同意变更,由教育局、经发局、财政局、建设交通局、审计局、招标办按程序签订变更意见单,工程总造价最终以审计决算为准。

【专题纪要 38 号】 9 月 12 日,政府副区长张新民主持召开永泰地产银通路高压线移线问题工作会议,银川市商服中心、长庆石油基地燕鸽湖物业服务处、元光电力公司、永泰地产负责人参加。会议听取了元光电力公司关于银通路高压线路移线相关情况汇报研究决定:1. 同意按元光电力公司设计方案铺设临时线路,解决长庆石油基地用电问题;2. 临时铺设线路涉及资金全部由永泰地产负责支付;3. 元光电力公司负责按设计要求提供详细施工图纸;4. 银通路修通前维持临时铺设线路使用,期间如长庆石油基地需要增加至三回路用电,所增加的二个回路接入资金由兴庆区政府出资解决;银通路修通后,所有线路按规划进入地下管道,建设资金由银川市供电局、长庆石油基地燕鸽湖物业服务处、永泰地产及涉及的施工方等协商解决;5. 如果长庆石油燕鸽湖物业服务处线路检修中发生的农民挡工等问题,由银川市商贸物流服务中心牵头同大新镇政府协调解决。

【专题纪要 39 号】 9 月 3 日,政府副区长王永虎在通贵乡现场办公,研究通贵乡河滩中心村二期哈纳斯天然气中压管网接入安装工程建设事宜,会议决定:由建设交通局与通贵乡政府共同负责,加强与哈纳斯天然气公司的协商,争取尽快完成天然气安装的各项工作,确保中心村二期按时交工、按时分房。鉴于哈纳斯天然气公司的特殊性,所有价格只能按照该公司的预算执行,无法履行正常的招投标和审计程序,为保证

施工工期，按照哈纳斯天然气公司方面的建议，可与负责天然气中低压土建工程的宁夏石油化工建设有限公司签订施工合同，由该公司先行进场施工。中心村二期壁挂炉和天然气中低压安装工程待与哈纳斯天然气公司商定最终价格后再行签订。

【专题纪要 40 号】 6 月 12 日，政府区长朱韶峰召开会议，专题研究满春小学扩建征收补偿资金相关事宜。会议决定：1. 原则同意拆迁办提交会议研究的满春小学扩建征收测算补偿方案，征收补偿资金共计 570 万元。具体如下：（一）土地补偿：13.25 亩 × 4 万元 / 亩 =53 万元。（二）房屋补偿：参照银政发〔2010〕240 号文件及有关拆迁政策的规定，房屋补偿 475.07 万元，其中：(1)砖房：284.69 × 400 元 / 平方米 =11.39 万元；(2)钢架库房（高 6 米）：4636.8 平方米 × 1000 元 / 平方米 =463.68 万元。（三）其他附着物补偿 3.94 万元，其中：(1)砖围墙：207.5 米 × 180 元 / 米 =3.74 万元；(2)三相电：1 套 × 2000 元 / 套 =0.2 万元。（四）搬迁费：7.99 万元。（五）土方：30 万元。2.扩建满春小学征收土地所需 570 万元资金由财政按程序核拨，资金核拨到位后，宁夏建元房地产开发有限公司须在 15 日内交付净地。

【专题纪要 41 号】 9 月 12 日，政府区长朱韶峰召开专题会议，就大新镇上前城村历史遗留问题进行研究。政府副区长、银川商贸物流服务中心主任王永虎，银川商贸物流服务中心副主任石继生，康居办、拆迁办、经济技术合作局、大新镇等相关部门负责人及上前城村委班子成员、村队负责人参加。会议决定：1. 成立上前城村历史遗留问题化解工作领导小组，王永虎副区长任组长，大新镇、康居办、拆迁办、财政局、监察局、审计局等相关部门为成员，对 2003 年以来的上前城村历史遗留问题进行逐一核实，提出具体意见，报政府相关会议研究后予以化解；2. 由上前城村负责，提出预留 120 亩土地用于发展村集体经济的具体方案，报政府相关会议研究后报请市政府审批；3. 对聚丰苑小区规划范围内，规划设计方案已由市规划局审批通过的 2 栋住宅楼，原则同意由上前城村组织实施建设；4. 原则同意上前城村组建物业管理公司，由上前城村负责，与中房、白云等物业管理经验丰富的公司进行对接，按照一级物业企业的服务标准，对物业公司人员进行专业化培训。物业费不足的问题，可通过政府补贴电瓶车、巡逻车等公共设施和在上前城安置区为村集体预留部分营业房对外出租的方式解决；5.由拆迁办负责，按照银川市相关文件要求，尽快对西部国际经贸城、浙江轻纺城项目的拆迁成本进行测算，提交政府相关会议研究。

【专题纪要 42 号】 9 月 25 日，政府副区长王永虎在康居办主持召开会议，就近期浙江创业建设工程有限公司（下称“浙江创业公司”）代建兴庆区大新、燕鸽五队、塔桥北区康居工程，因拖欠农民工工资而引发农民工群体上访事件进行专题研究。会议决定：1.由兴庆区劳动监察大队尽快核实三个安置区项目经理名下建设公司和劳务公司是否具备相应资质。如果相应资质齐全，在建项目再发生一起农民工上访事件则上报自治区建设厅和浙江省住建厅列入“黑名单”，造成严重后果的直接清除出兴庆区建设市场；如果名下没有相应资质的建设公司和劳务公司，根据相关规定约谈浙江创业公司相关负责人，如拒不整改，政府将采取其他措施；2. 为确保工程建设资金拨付到位后，及时发放农民工工资，今后所拨付的工程建设资金，必须由浙江创业公司提供安置区资金分配名单，由康居办核实后，分批拨付，做到兑现一批拨付一批；3.今后，康居办给在建康居工程拨付工程建设资金时，要及时告知兴庆区劳动监察大队，由劳动监察大队及时跟踪核查农民工工资的兑现情况，发现问题及时纠正。

【专题纪要 43 号】 9 月 29 日，政府区长朱韶峰召开会议，专题研究建筑领域清欠农民工工资事宜。政府副区长王永虎、吴小平、冯德旺，政府办公室、审计局、人力资源社会保障局、建设交通局、信访督办局、国有资产控股有限公司、法制办、康居办负责人及富地房地产公司、中建三局、中建六局负责人参加。会议决定：1.由冯德旺副区长负责，进一步加强政府投资类项目支付款项审批五联单的审核工作，严格按照工程建设进度、完成比例、已付款情况进行工程款支付；2.由人力资源社会保障局负责，同建设单位密切配合，主动下工地、进企业督查农民工工资清欠工作，发现问题及时责令企业整改；3. 由信访督办局负责，对因企业拖欠农民工工资所引发的上访事件进行备案，并按月上报政府；由人力资源社会保障局负责，对未及时清理农民工工资欠款的建筑类企业进行备案，及时上报政府。由政府将拖欠农民工工资的企业名单报送区、市相关部门，并建议住建厅将该企业列入黑名单，清出宁夏建筑市场；4.鉴于湖滨西街道路畅通工程旧城改造项目安置区建设工程资金紧缺，影响国庆期间的正常施工，由财政局负责，筹措资金 2000 万元，支付富地公司工程款。由王永虎副区长负责，按程序拨付企业。其中：1000 万元全部用于购买各类施工材料，另外 1000 万元直付中建六局，全部用于支付农民工工资；5. 鉴于掌政安置区三期工程建设资金已转由国家开发银行贷款，为便于今后管理，即日起将国有资产控股有限公司管理的掌政安置区三期工程项目交由康居办进行管理。由冯德旺副区长牵头，财政局、审计局、康居办、国有资产控股有限公司配合，做好工程相关手续的移交工作；6. 鉴于个别施工单位拿到工程款后，将款项挪作他用，没有及时发放农民工工资造成拖欠，由财政局、建筑工程项目各建设单位负

责，今后在向施工单位发放工程款时，分期分批进行支付，在确保施工单位将第一笔工程款用于支付农民工工资后，再向施工单位支付剩余款项。

【专题纪要 44 号】 9 月 30 日，政府区长朱韶峰召开专题会议，就征地拆迁工作相关事宜进行研究。政府副区长马少红、冯德旺、财政局、审计局、监察局、政府办、法制办、经济发展局、建设交通局、拆迁办、康居办、大新镇、掌政镇、通贵乡、月牙湖乡负责人及宁夏富地房地产公司相关人员参加。会议决定：1.成立城中村、旧城改造房屋拆迁复核工作领导小组，政府区长朱韶峰任组长，政府副区长马少红、王永虎、冯德旺任副组长，财政局、审计局、监察局、政府办、法制办、经济发展局、建设交通局、拆迁办、康居办、大新镇、掌政镇、通贵乡、月牙湖乡负责人及宁夏富地房地产公司相关人员为成员，复核工作领导小组办公室设在拆迁办，陈建全兼任办公室主任；2.由拆迁办牵头，各乡镇、康居办等相关部门配合，于 2014 年 10 月 8 日将 2013 年以来城中(边)村征地拆迁面积、返还安置房屋面积、腾退土地面积、解决失地农民就业人数等相关数据资料进行复核、统计、汇总，以表格形式报政府办公室，鉴于拆迁量较大，由袁辉副主任牵头，组织财政、监察、审计等相关部门进行抽查复核。统计表要在各乡镇、村进行公示，同时对外公布政府办、监察局监督举报电话，由政府办、监察局安排专人接听电话并做好登记工作；3.由政府办公室、旧城改造道路畅通工程指挥部办公室负责，对旧城改造道路畅通工程涉及的新华西街中卫巷、湖滨西街唐徕小区拆迁量进行复核；4. 政府办公室、旧城改造道路畅通工程指挥部办公室要加强公章管理，做好公章使用的登记管理工作；5.自本次会议之日起，旧城改造道路畅通工程指挥部办公室日常工作交由政府办公室副主任袁辉负责；6. 鉴于宁夏富地房地产公司法人暂不能履行工作职责，旧城改造道路畅通工程涉及的新华西街中卫巷、湖滨西街唐徕小区两个安置区建设交由兴庆区政府托管，两个安置区项目中涉及企业开发的部分，由企业自筹资金抓紧建设。成立新华西街中卫巷、湖滨西街唐徕小区安置区建设项目托管工作领导小组，政府区长朱韶峰任组长，政府副区长马少红、王永虎、冯德旺任副组长，财政局、审计局、监察局、政府办、法制办、经济发展局、建设交通局负责人及宁夏富地房地产公司相关人员为成员，托管工作领导小组办公室设在建设交通局，马伟兼任办公室主任，具体负责项目托管日常事务；7. 由宁夏富地房地产公司负责，对新华西街中卫巷、湖滨西街唐徕小区安置区建设进度、材料供应、资金拨付等情况进行梳理，下一次项目建设托管工作领导小组会议上听取汇报；8.对在此次城中村、旧城改造拆迁数据复核工作中，核查出的问题给予一定时间进行整改，逾期不予整改或整改不到位的将按相关规定严肃处理。

【专题纪要 45 号】 9 月 30 日，政府副区长王永虎主持召开会议，就西安督查局例行督察意见限期整改事宜进行安排部署。兴庆区国土分局、监察局、经发局、大新镇、掌政镇、月牙湖乡等单位负责人参加。会议决定：1.违法征地 13 宗及违法征地建设水系公园道路绿化 17 宗，按照国土厅的要求，完善退地手续，由大新、掌政两镇组织召开村民代表大会，形成退地决议并进行公证，此项工作于 10 月 10 日前完成；2. 对违法违规占用土地的 27 宗案件、宅基地违法违规用地的 79 宗及其他违法违规占地面积 0.5 公顷以下的用地项目 68 宗案已立案的，须查处整改到位；未拆除的，须拆除复耕到位；已拆除的，须复耕到位，此项工作于 10 月 15 日之前完成；3.2014 年 10 月 8 日国庆节上班后，由国土分局负责对辖区违法占用土地的整改情况进行初次检查验收，请各单位务必于 10 月 15 日前将涉及的违法违规问题必须按照限期整改内容及要求整改到位，对违法违规占用土地问题整改不力的单位将追究相关领导的责任；4.各相关单位对基本农田违法图斑拆除工作要高度重视，采取坚决有效的措施，对违法占地的情况积极组织拆除清理并复垦，务必于 2014 年 10 月 15 日前完成相关工作。

【专题纪要 46 号】 10 月 16 日，政府区长朱韶峰召开专题会议，就征地拆迁、安置房分配、过渡费发放等相关事宜进行研究。政府副区长张艳芬、冯德旺、政府办、财政局、法制办、建设交通局、康居办、银古路街道办事处、民乐村、光华门村负责人及宁夏富地房地产公司相关人员参加。会议决定：1.由张艳芬、冯德旺副区长负责，财政、监察、审计等相关部门配合，对今后各乡镇、街道、部门上报政府研究的征地拆迁项目测算报告等进行复核后，再提交政府相关会议研究；2.由拆迁办负责，对 2014 年底前涉及集体土地征地拆迁需支付的过渡费进行统计，需由市财政承担的报请市政府核拨，需由本级财政承担的报政府相关会议研究后予以核拨；3.由旧改办、康居办负责，对新华西街道路畅通及中卫巷旧城改造项目、湖滨西街道路畅通及唐徕小区旧城改造项目需发放的过渡费进行统计，报请市政府核拨；4.由旧改办、康居办负责，对旧城南部征地拆迁、各安置区建设进展情况、银川市审核认定资金、已拨付资金等情况核实后，提出具体意见报政府相关会议研究；5.由银古路街道办事处负责，就旧城南部安置区房屋分配事宜提出具体方案，同时摸清剩余未安置群众及安置区选址建设情况，报政府相关会议研究；6.因富地公司法定代表人暂不能履职，为确保中卫巷及唐徕小区安置区建设进度，由政府办公室起草文件，向市政府申请建设资金，资金到位后由建设交通局、宁夏富地房地产公司及各施工、材

料供应企业等付款单位签订三方协议，直接将市政府核拨的资金付给各施工企业、监理公司、设计单位、劳务公司、材料及设备供应商等；7. 由劳动监察大队负责，对各建设项目农民工工资支付情况进行统计。为确保各建设项目农民工工资按时发放，今后各建设单位工程款到位后，采取分批拨付方式，在确认农民工工资发放到位后，拨付剩余工程款；8.由民乐村、光华门村负责，做好拆迁群众的维稳工作。

【专题纪要 47 号】 10 月 22 日，政府区长朱韶峰召开专题会议，就征地拆迁安置房分配、过渡费发放等相关事宜进行研究。政府副区长张艳芬、政府办、财政局、拆迁办相关人员参加。会议决定：1. 今后所有征地拆迁项目，均以拆迁办为征收主体，与拆迁对象签订征地拆迁安置协议；2.各乡镇、涉农街道办事处涉及康居工程的房屋分配，统一由康居办负责制定方案进行公示、分配；3.对拆迁办汇总的应由市级财政承担过渡费，由兴庆区财政局先行垫付，拆迁办按复核小组审核结果予以发放，待市级资金核拨到位后冲抵；4. 涉及需本级财政支付的过渡费，由张艳芬副区长牵头，财政、监察、审计等相关部门配合进行复核后，提交政府相关会议研究。

【专题纪要 48 号】 10 月 23 日，政府副区长吴小平主持召开丽景社区卫生服务站的建设工作专题会议，财政、经发、审计、卫生、招标办、丽景街办事处等部门分管负责人参加。会议决定：1.由丽景街办事处负责组织丽景社区卫生服务站的后续建设，对卫生服务站与丽景街办事处办公楼进行一体化装修，并由卫生局派专人现场进行技术指导；2. 由经发局对社区卫生服务站装修工作进行立项；3. 由卫生局尽快启动服务站医疗设备采购程序，并向丽景街办事处支付 60 万元卫生服务站建设专项经费，用于解决装修工程及相关配套设施费用；4. 由财政局、审计局和招标办负责完善相关手续；5.该工程在 2014 年 11 月 20 日前交工。

【专题纪要 49 号】 11 月 7 日，政府区长朱韶峰召开专题会议，就原唐徕市场征地拆迁及唐徕小区安置区建设相关事宜进行研究。政府副区长王永虎、冯德旺、政府办、法制办、财政局、建设交通局、凤凰北街及宁夏富地房地产公司相关人员参加。1.关于原唐徕市场征地拆迁补偿事宜，会议决定：由王永虎副区长牵头，凤凰北街街道办事处、政府办、法制办等相关单位配合，就原唐徕市场征地拆迁补偿事宜，与海宝公司再次商议，达成一致意见后，由兴庆区旧改办与海宝公司签订征地拆迁补偿协议，将补偿资金拨付海宝公司，由海宝公司对市场地上附着物进行补偿；2. 关于原唐徕市场租赁户租金退款事宜，会议决定：由建设交通局负责，依据兴庆区法院民事裁决书确定的退款金额，将退款拨付兴庆区法院，由法院执行退款；3.关于唐徕小区建设事宜，会议决定：鉴于近期唐徕小区安置区施工单位多次反映工程款、材料供应款等资金垫付压力大，可能导致安置区建设停工的实际情况，为确保唐徕小区安置区工程正常施工进度，兴庆区本级财政先行垫付资金 5000 万元，由建设交通局、宁夏富地房地产公司及各施工、材料供应企业等付款单位签订三方协议，直接拨付给各施工企业、劳务公司、材料及设备供应商等，待银川市财政资金到位后扣减。

【专题纪要 50 号】 11 月 17 日，政府区长朱韶峰召开会议，专题研究大新镇上前城村友爱木材市场搬迁事宜。政府副区长张新民、张艳芬，经济技术合作局、拆迁办、大新镇及华尊立达公司负责人参加。会议决定：1.由拆迁办牵头，财政、审计、监察等部门配合，对大新镇上前城村友爱木材市场搬迁的各项费用逐一予以复核，做到有理有据，测算报告经相关责任单位签字确认后，报政府相关会议研究；2. 待友爱木材市场搬迁的各项费用复核完毕且经政府研究确认后，由立达公司出资 100 万元，用于补偿友爱木材市场搬迁及商户停业损失等相关费用；其余搬迁各项费用由兴庆区财政予以核拨，确保 11 月底前完成该木材市场的搬迁工作；3. 由华尊立达公司负责，对友爱木材市场拆迁后的渣土进行清理，相关费用由华尊立达公司承担；4.由华尊立达公司负责，在 2014 年 11 月、2014 年 12 月、2015 年 1 月，每月支付兴庆区政府 1000 万元，逐步抵顶华尊立达公司对兴庆区关于立达国际建材五金家居博览城 1.3 亿元的土地出让金；5.由华尊立达公司负责，尽快拿出大新镇塔桥村仓储物流项目规划方案，报政府研究；6.由经济技术合作局负责，将华尊立达公司 2015 年建设项目列入兴庆区 2015 年的招商引资项目，在“准备之冬”工作中，尽最大的努力帮助企业解决项目建设过程中的各类问题；7.由张艳芬副区长牵头，审计局负责，可委托有相关资质的中介机构开展部分政府投资项目的审计工作，以解决审计局人员不足的问题。

（供稿人：马海东）

中国人民政治协商会议银川市兴庆区委员会

综　述

【概况】 2014 年，认真履行政治协商、民主监督、参政议政职能，深入开展党的群众路线教育实践活动，把关注民生、解决群众实际困难作为工作的落脚点，创新工作思路，深入基层开展实践活动。收集群众反映的问题 127 条，向银川市住房保障局、兴庆区公安分局等银川市、兴庆区相关单位发送意见建议函 13 份，及时传达群众诉求。

【政协提案办理】 重视提案质量和办理实效，开展提案工作“双向评议”、提案办理“回头看”等活动，收集提案201件。其中：委员个人提案189件；各民主党派集体提案12件。经审查立案60件，交由党委、政府所属单位办理；《关于加快建设通贵乡民族特色小城镇的建议》《关于兴庆区学校后勤物业化管理的建议》等9件提案作为2014年的重点提案，分别由区委、区政府主要领导，政协主席、副主席领衔督办，60件提案办复率达100%。

【政协民主监督】 通过走访、座谈、明察暗访等形式，组织委员深入到辖区，对单位工作作风、工作效率等情况进行检查。先后委派民主监督员参加校园及周边环境安全整治、小饭桌食品安全、摩旅节、北塔庙会食品安全、掌政镇茂盛村环境污染、非法加工小作坊取缔等检查工作；深入到月牙湖乡、通贵乡、掌政镇辖区内13所中小学，面对面与师生们进行交流；对北京路某银行的便民设施位置不当、未贴禁烟标志、自动存取款设备不足等问题，向有关单位提出建议并得到改正。按照“十个有”的规范标准，将自治区、银川市、兴庆区三级政协委员266人分配到银古路街道、通贵乡等六个基层联系点开展工作，各联系点收集社情民意80余条，解决实际问题60个，协调解决资金10余万元。先后选派50名政协委员担任银行、监察、政务大厅、税务、监狱等部门的特邀监督员，推荐120名委员担任政风行风评议员。

【参政议政 建言献策】 视察兴庆区东部水系连通工程及城市“大整治、大绿化”工作，提出城市绿化应注重生态效应，提高京藏高速两边的建设标准，城市绿化多种树少种草，委托社会组织管理，购买社会服务，节约管护成本的建议；视察兴庆区社区养老服务建设情况，提出培养专业人才，均衡城乡发展，强化政府主导、多方参与的社会养老服务体系建议；视察兴庆区“农家乐”发展状况，提出提升兴庆区“农家乐”发展档次，改善农民收入水平的建议。围绕兴庆区老旧小区改造、兴庆区学前教育发展、兴庆区奶牛养殖业发展状况，通过听汇报、召开座谈会、实地察看、发放问卷、委员约谈等形式，邀请相关专家学者、基层代表及相关部门参与讨论，形成《兴庆区老旧小区改造情况的调研报告》《兴庆区学前教育发展状况的调研报告》《兴庆区奶牛养殖业发展状况的调研报告》，并及时将调研报告呈送区委、区政府。开展委员小组活动，九个活动小组开展各具特色的服务群众活动，解决了一些热点难点问题。召开文史资料撰稿人座谈会，编辑出版了《兴庆文史资料》第十二期，完成《自治区政协年鉴》兴庆区政协部分和《兴庆区年鉴》政协部分的撰稿。

【政协教育慈善事业】 实施教育兴区战略，在企业界的政协委员倡导下，筹备成立了兴庆区政协委员爱心助学理事会，募集资金近百万元。活动中涌现出王健、陈贤长、夏永贵等一批热心公益、奉献爱心的政协委员。爱心助学理事捐助13.76万元，为兴庆区掌政中心小学、兴庆区二十五小学、兴庆区回民中学202名困难学生每人捐助一件羽绒服、一双棉鞋；月牙湖回民二中的四名贫困学生、一名患甲状腺癌的年轻老师和二名患白血病的学生也得到帮助。政协委员、宁夏横城古渡文化旅游开发有限公司负责人出资20万元，为兴庆区辖区中小学师生赠送6.3万张横城冰雪彩灯艺术节门票；政协委员马建国2014年度为公益活动捐赠57.73万元；教师节、中秋节期间，各委员活动小组向中小学师生赠送月饼、水果、视力康复卡等，价值5.7万元。

常务委员会议

【政协三届第六次会议】 2014年1月2日，在兴庆区政府三楼常务会议室召开，曹生林主席主持。应到27人，实到26人。会议听取了兴庆区人民政府2013年工作报告、2014年国民经济和社会发展计划报告、2013年财政预算执行情况和2014年财政预算报告；政府副区长马少红应邀参加。

【政协三届第七次会议】 2014年1月22日，在兴庆区政府三楼常务会议室召开，曹生林主席主持。应到27人，实到27人。会议通过《政协兴庆区第三届委员会第二次会议提案审查情况的报告（草案）》《政协兴庆区第三届委员会第二次会议政治决议（草案）》。

【政协三届第八次会议】 2014年3月6日，在兴庆区政府六楼会议室召开，曹生林主席主持。应到27人，实到25人。会议研究通过了《兴庆区政协2014年工作要点》。

【政协三届第九次会议】 2014年6月13日，在兴庆区政府四楼视屏会议室召开，曹生林主席主持。应到27人，实到24人。会议听取了兴庆区人民政府关于推进义务教育均衡发展、创新社会治理先行区的工作汇报；党委副书记孔令杰、政府副区长张新民、马凌霞，人大常委会副主任张艳芬应邀参加。

【政协三届第十次会议】 2014年9月19日，在兴庆区政府四楼视屏会议室召开，曹生林主席主持会议。应到27人，实到27人。会议听取了兴庆区人民政府关于兴庆区开展“一圈两带优势特色产业区”“城乡统筹发展暨小城镇建设”实施情况的汇报；政府常务副区长马少红、副区长冯德旺、人大常委会副主任张艳芬应邀参加。

专门委员会

【提案委员会】 三届二次会议以来，征集到提案201件。其中，委员个人提案189件；各民主党派集体提案12件。经审查，属兴庆区职权范围的143件，将内容相同的合并为121件，立案60件，立案率49.6%，已解决50件，占83%，列入解决计划的10件，占17%；61件作为意见建议，转有关部门予以参考。超出兴庆区职权范围的，提交上级政协组织予以办理，已全部办复。3月，召开提案交办会议，将60件立案的提案交由24个单位和部门进行办理，并提出具体要求，明确各承办单位的责任。8月，组织委员对政协三届二次会议以来提案办理情况进行全面督查，由三个专门委员会分别牵头组成三个提案督办视察组，重点对民政、教育等提案办理情况进行监督。9月，组织召开政协提案工作“双向评议”会议，抽选10个提案和10个提案承办单位作为评议对象，采取听取汇报、查看资料、座谈交流等方法，提办双方进行沟通交流，并将评议结果向全体委员和承办单位进行通报。

【经济法制委员会】 围绕区委、区政府的中心工作，开展兴庆区老旧小区改造工程专题调研，发挥委员的主体作用，通过听汇报、召开座谈会、实地察看等形式，全面、客观、真实地掌握第一手资料，形成《兴庆区老旧小区改造情况调研报告》。7月，涉及9个街道的17个小区老旧小区的改造工程全面动工；6月19日，组织委员对兴庆区公安分局社区戒毒工作进行检查，实地查看富宁街、前进街、玉皇阁北街社区戒毒（康复）工作开展情况，听取兴庆区公安分局社区戒毒（康复）工作情况汇报，通过视察，委员们对兴庆区公安分局社区戒毒工作提出意见和建议；组织经法委委员对东部水系联通工程、社区养老服务体系建设、“大整治、大绿化”工作、“农家乐”发展、社区医疗服务工作情况视察；围绕政风行风，分三组深入基层开展监督工作。法院为确保监督工作落到实处，特聘请蒲志伟、云海红、司明扬、金燕萍4位政协委员为兴庆区法院廉洁监督员。各小组发放问卷调查240份，满意率达到90%。

【教科文卫体委员会】 对兴庆区社区养老服务体系建设、农家乐发展、社区医疗服务工作开展情况进行专题视察，调研兴庆区幼儿园整体发展。为进一步促进兴庆区学前教育均衡发展，缓解入园贵、入园难的问题，6月上旬组成课题调研小组，对兴庆区学前教育发展状况进行调研。围绕兴庆区社区养老服务体系建设工作、农家乐发展情况、社区医疗服务工作开展情况等方面群众关心的热点问题，开展三次专题视察活动。教科文卫体全体委员对宁夏银行北京路支行、人保财险兴庆分公司、银川市环境保护局兴庆分局、兴庆区卫生和食品用药品监督管理局、教育局及银川三中六个单位开展民主监督。

2014年5月8日，兴庆区政协召开基层文化建设座谈会

专题协商会议

【电子商务及物流信息平台建设座谈会】 4月，召开促进兴庆区电子商务、物流产业发展信息平台座谈会，政协委员、政府相关部门及创业代表近50人参加。参会代表就电子商务发展的政策环境、市场环境提出意见和建议，希望政府能在电子商务的推广、初级电子商务人才的培养和高级人才引入、吸引大型物流企业落户等方面加大力度，提升兴庆区电子商务发展水平。

【基层文化建设座谈会】 5月8日，召开基层文化建设座谈会，委员们对兴庆区基层文化建设提出建议：要合理利用现有的图书馆（室）、广场等文化阵地，发挥文化服务生活、服务经济建设的作用，提高居民的素质修养与生活情趣，营造互助互敬的文化氛围；政府加大资金投入和项目的跟进，建立对优秀人才、特色节目的奖励机制，激发创作热情；分类指导、有效利用好人才资源，协调好区、市与兴庆区的人才、地缘优势，创新特色文化产品；加强人才培训和大中院校的交流合作，吸引更多的专业人才参与到基层文化建设中，激发文化潜能；城市和农村要区别对待，倾斜对农村基层文化建设的扶持力度；发挥好各文艺团体协会的引领带头作用。

【青年创业就业专题协商会】 5月，召开兴庆区青年创业专题协商会，政协委员、政府相关部门及创业代表参加，就业局局长汇报青年创业就业工作开展情况。通过座谈，委员们建议政府相关部门要鼓励青年人自主创业，激发他们的创业热情，转变就业观念，充分发挥青年人思想活跃、创造性强的特点，为他们搭建创业舞台，降低因资金短缺、知识储备不足等创业“门槛”，引导其科学、合理利用资金，化危机为转机，化转机为动力，让创业者顺应时代发展和城市化建设进程，尽快成长为青年创业的成功样板，带动周边更多青年人实现创业就业。

【开发城市旅游景点专题协商会】 8月15日，召开开发兴庆区城市旅游景点专题协商会。委员们建议兴庆区城市旅游景点的开发应当坚持五个结合：一是研究和规划相结合，兴庆区是银川市的政治经济文化中心，有深厚的历史文化渊源，急需组织专家学者深入研究发掘，发掘兴庆区独具特色的西夏文化、回乡文化、黄河文化，合理规划，稳步有序开发；二是文化建设和景点开发相结合，景点是载体，文化是内涵，要相互结合同步推进；三是保护和开发相结合，历史文化古迹属于珍贵资源，过度开发或管理不善，都不利于文物的留存；四是重点和统筹相结合，要统筹规划，突出重点，突出特色，协调自治区、银川市和兴庆区相关部门，共同努力，共同呼吁，共建美丽兴庆；五是景点建设和城市建设相结合，兴庆区城市现代化发展飞速，旅游景点建设相对滞后，要同步发展，打造具有人文亲和力的城市旅游产业。

【招商引资工作座谈会】 9月，召开招商引资工作座谈会，政协委员、政府相关部门及企业代表参加。通过座谈委员们建议：一是经济发展要定好位，突出商贸物流服务业特色，把“一圈两带”作为经济增长点，带动文化、旅游、教育等其他产业发展；二是严格审查引进企业的效益和资质，避免引进的企业说得多做得少，占用土地无力开工，浪费资源；三是强化对引进企业的监管工作，要组织第三方机构进行适时评估，对企业建设进度、发展情况、合同兑现等进行有效的监管；四是政府要做好引进企业的服务工作，对承诺的优惠政策及时兑现，特别是工商、税务等部门落实好政策，做好服务工作；五是优化融资渠道，有效利用民间资本，缓解企业融资困难。

2014年7月11日，兴庆区政协领导视察农家乐发展情况

【商贸物流工作座谈会】 12月，召开兴庆区商贸物流发展协商座谈会，政协委员、政府相关部门及企业代表参加，商贸物流服务中心负责人汇报2014年工作完成情况。通过座谈委员们建议要做好辖区内的商贸物流业规划编制，优化商贸服务空间，降低配送成本，定期召开商贸物流企业座谈会，宣传有关经济政策，听取意见，帮助他们解决工作中存在的问题。

重要活动

【政协上半年政情通报会暨政协委员爱心助学理事会成立大会】 8月8日，在兴庆区政府三楼礼堂兴庆区政协主席曹生林主席主持召开兴庆区政协上半年政情通报会暨政协委员爱心助学理事会成立大会。

【曹生林外出考察】 10月14日，政协主席曹生林率经济法制委人员赴贺兰、灵武、永宁考察学习。

【合肥市包河区政协到兴庆区考察】 8月12日，合肥市包河区政协副主席万正友一行7人，到兴庆区考察大气污染防治工作，兴庆区政协副主席杨久红陪同。

【延安市吴旗县政协到兴庆区考察】 8月12日，延安市吴旗县政协副主席杜光福一行12人，到兴庆区考察学习小食品加工生产集中监管工作，政协副主席李晓红陪同。

【西宁市城东区政协到兴庆区考察】 9月23日，西宁市城东区政协副主席马跃祥一行8人，到兴庆区考察学习民族团结进步工作，政协副主席杨久红陪同。

【辽宁省盘锦市双台子区政协到兴庆区考察】 10月23日，辽宁省盘锦市双台子区政协副主席蒋文夫一行2人，到兴庆区政协考察学习协商民主制度建设工作，政协副主席杨久红陪同。

【灵武市政协到兴庆区考察】 10月30日，灵武市政协经科委主任吴生海一行5人，到兴庆区考察学习移民安置及产业发展、基本公共服务、移民政策落实等方面工作。政协提案委主任边志武陪同。

【吕梁市石楼县政协到兴庆区考察】 11月10日，吕梁市石楼县政协黄河旅游开发项目领导组成员一行14人，到兴庆区考察学习旅游景点项目开发、管理工作，政协副主席杨久红陪同。

（供稿人：王怀成　段帅）

银川市兴庆区纪律检查委员会

【概况】 2014年，出台《中共兴庆区委关于落实党风廉政建设党委主体责任和纪委监督责任的实施意见（试行）》，明确责任，规范权力运行，落实五个不分管、“三转”。清理议事协调机构32个，保留牵头议事机构3个，继续参与议事机构8个，退出议事协调机构21个；清理违规办公用房面积，腾退办公用房5629平方米；开展在编不在岗人员专项清理，清理74人，其中36人已返回单位上班，其他人因病及其他原因已按照规定进行处理；加强八项规定执行情况监督检查，对掌政镇杨家寨村党支部公款旅游违反中央八项规定的行为进行严肃查处。“三公”经费支出同比下降26.1%；追责问效，明察暗访36次，下发通报34期，通报单位93个，问责干部180人，其中科级干部24人，约谈各级干部40人。受理群众信访举报134件，其中：上级转办73件，自收61件，完成初核49件，立案30件。查处各类违纪人员35人，其中大案1件，要案9件，移送司法机关立案处理1人，收缴违纪资金38.78万元，为国家和集体挽回经济损失110余万元。

【明确两个责任】 落实党风廉政建设责任制，区委制定下发《兴庆区2014年党风廉政建设和反腐败工作任务》《2014年兴庆区党风廉政建设和反腐败工作暨落实〈工作规划〉主要任务分工》，将反腐败工作及落实《工作规划》任务分解为10个方面47项，明确16名县级领导和37个牵头、协办部门（单位）的责任。区常委常会研究出台《中共兴庆区委关于落实党风廉政建设党委主体责任和纪委监督责任的实施意见（试行）》，明确党（工）委（党组）、党（工）委（党组）主要负责人、党（工）委（党组）班子成员主体责任的具体内容，明确纪（工）委监督责任清单。出台《兴庆区全面推行区委权力公开透明运行工作实施方案》，全面公开区委、区委各职能部门权力清单，厘清职责权限，规范权力运行流程，把权力晒在阳光下。根据自治区《党政主要领导干部不直接分管干部人事财务等工作暂行规定》，兴庆区纪委牵头，人社局、财政局、法制办、招标办、经发局分别制定党政机关主要负责人不直接分管干部人事、财务、行政审批、公共资源交易和工程建设项目标5项工作的具体实施办法，纪委监察局制订《兴庆区落实党政主要领导干部不直接分管干部人事财务等工作监督检查办法》，分解主要领导干部的权力，促进权力规范运行。

【多措并举落实“三转”】 兴庆区纪委、监察局认真落实中央纪检监察机关要转职能、转方式、转作风的要求，聚焦中心任务，坚守责任担当，强化执纪问责，全力查办案件。一是将工作人员力量向主业聚集，配齐配强纪检监察室工作人员，信访、执法监察室主要精力放在案件查办上。充分调动基层力量，上下联动，实行查办案件责任制，将案件查处任务指标分解到各乡镇纪委、街道纪工委和派驻联合纪检组；二是精简兴庆区纪委监察局牵头或参与的各类议事协调机构，清理议事协调机构32个，保留牵头议事机构3个，继续参与议事机构8个，退出议事协调机构21个。下发《关于向相关主责部门移交工作的通知》，将“两个责任”检查考核、党务公开等9项工作分别移交给区委办、组织部等主责部门，通过清理议事机构，移交职能外事项，不再承担和参与各类招投标监管、工程验收、两违治理等工作，解决过多参与职能部门业务工作造成纪检监察机关四面出击、职能泛化、主业弱化等问题。

【行政审批事项清理】 对兴庆区各部门实施的行政许可、部门管理等事项进行清空，重新“洗牌”、重新梳理、重新确认，按照“依法依规，应减必减，简政放权”的原则，全面清理各部门的审批事

2014年3月20日，兴庆区纪委举办纪检监察干部培训班

2014 年 1 月 10 日，兴庆区村民监督委员会成员培训班

项和管理事项。45 项行政许可事项原法定审批办理时间为 1398 个工作日，现办理时间为 794 个工作日，减少 604 个工作日，审批流程减少 24 项；对涉及民生服务内容进行梳理和归类，向乡镇民生服务中心下放服务事项 52 项，向街道市民服务中心下放服务事项 51 项，各服务中心可以直接办理的事项达 35 项；建立 105 个村（社区）为民办事全程代办点，先后分两批下放“计划生育审批、出生登记、流动人口婚育证明、独生子女光荣证申办”等 29 项民生服务类事项，由村（社区）代办员为市民群众提供全程代办和咨询、帮扶、调解等服务工作。

【干部廉洁自律教育】 召开兴庆区干部廉政警示教育大会，通过通报查办的违纪违法、违反八项规定、违反《问责办法》的典型案件，对全体党员领导干部敲响警钟，加以警示；组织县处级领导、各部门、单位一把手共 140 余人到自治区廉政教育基地参观，全方位接受警示教育；举办村民监督委员会成员以及村两委班子主要负责人培训班，规范农村基层干部廉洁履职行为；举办“青春倡廉·给力兴庆”青年辩论赛，通过思辨，引导青年对反腐败问题深入思考；在兴庆政务通开通廉政小贴士，覆盖兴庆区各级干部、工作人员 10000 余人，发送廉政小贴士 30 条；与移动公司合作，开通党风廉政宣传彩漫平台，将党风廉政政策法规、干部作风建设、典型案例、警示内容等，以鲜活、生动、形象的彩色动画、漫画形式发送到党员领导干部手机上，每月发送 1 至 2 次，覆盖兴庆区 400 余名各级党政领导干部。

【纪检干部队伍建设】 为了确保纪检监察干部依纪依法、安全、文明办案，做到正人先正己，严防“灯下黑”，开展集中培训 2 次，邀请市纪委领导、业务负责人分别授课，印发《纪检监察模拟案卷》手册，人手一本。为 4 个乡镇纪委、11 个街道纪工委、5 个联合派驻纪检组配备 20 台查办案件专用计算机。结合党的群众路线教育实践活动，出台《兴庆区纪检监察干部“十个严禁”规定》《兴庆区纪委监察局监督检查工作暂行规定》《兴庆区纪委监察局查办案件工作暂行规定》《兴庆区纪委监察局信访接待暂行规定》，对纪检干部工作、生活等行为规范做出了硬性规定，对开展执纪监督、查办案件、信访接待等提出了纪律性要求。公开纪委监督举报电话、邮箱，聘请特邀监察员，实行“开门反腐”，打造“阳光纪检”。

（供稿人：庞文兵）

民主党派·群众团体

民主党派

民盟兴庆区总支

【概况】 2014年，民盟兴庆区总支把盟员紧密地团结在总支的周围，认真学习中共十八届三中、四中全会精神，以习近平同志的重要讲话为指导，领会各项文件的精神实质，充分调动广大盟员的积极性，增强民主党派接受中国共产党领导的自觉性，坚定走中国特色社会主义政治发展道路的信心。创造团结、和谐稳定的环境和条件，为盟员全面履行民主党派职责奠定坚实的基础。

【盟员建言献策】 按照盟的上级组织要求和兴庆区党委的部署，号召盟员在自己的工作岗位上努力工作，尽职尽责，积极参加盟上级组织的各项活动，配合民盟市委会和区委会的工作，提高组织的凝聚力、向心力。要求盟员发挥主观能动性和积极性，克服所在单位面广、环境各异、统一行动不变的困难，明确加入党派组织的作用和意义。全年盟员个人提交的提案、意见建议2个，调研报告3篇。

【盟员社会活动】 4月，组织盟员在亲水体育馆举办体育竞赛活动；5月，组织全体盟员参加一次户外联谊活动，增进友谊，相互学习，增强盟组织的凝聚力；组织盟员参加民盟市委会组织的参观滨河新区建设，让广大盟员亲眼看到昔日的荒漠变成今日的绿洲，感受到新区建设速度和新区的希望；8月，组织盟员到兴庆区月牙湖乡调研，参观移民新村建设及万亩牛场，感受兴庆区党委政府为移民建设和当地民生所做的工作；邀请清华大学博士作关于《经济全球化，一带一路战略与宁夏发展机遇》主题讲座。

（供稿人：谢宏伟）

民建兴庆区总支

【概况】 2014年，民建兴庆区总支围绕兴庆区党委、政府的中心工作，按照银川市“两区”建设发展任务和兴庆区“8531”工作思路，开展参政议政、民主监督和社会服务活动，履行参政党职能，组织各支部骨干会员参加由银川市统战部在宁夏社会主义学院举办的理论学习培训班，参加民建区委会、民建银川市委会举办的2014年会员理论学习班，稳步做好组织发展工作，按照会的组织发展程序，把一些高素质、充满活力、有开拓进取精神和参政议政能力的中青年人士吸收到组织中来。2014年总支会员66人，经济界会员30人，大专以上学历56人，各级人大代表、政协委员12人次。

【关注民生，发挥参政议政和民主监督作用】 围绕银川市、兴庆区经济社会发展中的重点、难点和热点问题，在深入调研的基础上提出有针对性的意见和建议。在各级人大、政协会议召开之前，总支委员会提前召开提案、议案工作交流会，对代表、委员进行培训，要求大家紧扣兴庆区党委、政府的中心工作提出高质量的提案和议案。全年提交集体提案3件，委员联名提案2件，个人提案17件；黄瑛、王瑞新、马鄰源会员结合自己工作分别撰写关于幼儿教育、土地流转、商贸物流等方面的调研文章6篇；温迎春、黄瑛、蒲志伟会员根据政协民主监督工作安排，分别带领政协教科文卫体委员会和经济法制委员会的三个民主监督小组的政协委员，对兴庆区教育局、银川三中、兴庆区卫生和食品药品监督管理局、兴庆区法院、兴庆区国税南局等单位开展民主监督评议工作，通过走访座谈、调研、暗访、民主测评等形式，深入了解被监督单位工作作风、现状及工作效率等情况，并就存在的问题经政协反馈被监督单位，及时督导整改，提高其服务能力和水平。会员蒲志伟还被兴庆区法院评为优秀廉政监督员。

【开展社会服务工作】 总支积极倡导会员开展社会捐助活动。4月20日，慰问2014年1月12日在银川市海宝公园北塔湖冰窟溺亡夫妇留下的一双儿女，将总支扶贫济困资金账户中 3000 元捐款送到姐弟俩手中;5 月 30 日，支部骨干会员与银川市兴庆区回民实验小学的全体师生共同参加“童心共筑科学梦·庆六一儿童节”主题队日活动，总支向学校捐赠价值 2000 元的儿童体育器材;9 月 30 日，民建银川市委会主委达英、兴庆区总支主委温迎春带领总支部分骨干会员到银川市兴庆区社会福利院开展重阳节慰问活动，送去价值 8000 元的电视、牛奶、毛巾、牙膏等物品，传递着民建人对老年人的关爱、温暖之情;王瑞新会员向永宁县胜利乡中心小学捐献价值 10 万元电脑;蒲志伟、肖丹娜会员各向兴庆区政协爱心助学基金捐款 2000 元和 1000 元。据不完全统计，总支会员及会员企业参与扶贫济困、向贫困乡村小学(包括幼儿园)捐资助学等各类社会服务活动 6 次，捐款 12 万元;3 月 25 日，总支二支部会员杨玉明律师在兴庆区第六小学为辖属百余名民办幼儿园园长进行专题法律讲座;10 月 16 日，民建兴庆区总支邀请银川市紧急救援中心培训科科长朱瑾，为银川市兴庆区社会福利院的 30 多位护理人员做《老年人冬季疾病预防和实施救援》的应急救护知识培训讲座;5 月 10 日，总支副主委、兴庆区幼儿教育专家黄瑛受民建市委会邀请到银川市统一战线教育基地——金凤区良田镇泾龙村为四十多位学龄前儿童的妈妈普及幼儿教育知识。10 月 17 日，总支主委、兴庆区健康教育所所长温迎春受民建市委会邀请到泾龙村为当地村民讲授健康素养知识。

(供稿人:温迎春)

民进兴庆区总支

【概况】 民进兴庆区总支在民进市委会和兴庆区委统战部的领导下，发挥参政党的职能，努力开创民进基层工作的新局面。2014 年，机关支部在参政议政方面，充分发挥会员知识面广、思想活跃、参政议政能力强的优势，以政协和会员所在单位为舞台，积极参加各种视察调研，反映社情民意，出台调查报告、提案、建议十多项。

【被采纳的提案】 “关于解决兴庆区民族北街香鱼王子酒店以北私家车乱停乱放，侵占人行道问题”“对居民小区内警务公开栏以调整的片警信息及时进行更换”“关于兴庆区第七小学教学楼加固”等提案得已实施;“关于教师学科结构合理化的建议”“关于进一步改善薄弱学校的办学条件促进教育均衡发展的建议”“关于对减轻中小学教师工作负担进行立法细则解释的建议”“关于加强兴庆区青少年法制教育的建议”等均被采纳。

(供稿人:张　奕)

九三学社

【概况】 九三学社银川市兴庆区委会在社市委会的领导下，围绕中共兴庆区委和政府的中心工作，不断加强自身建设，切实履行参政议政、民主监督职责，积极建言献策，深入开展调查研究和形式多样的社会实践活动。坚持“集体领导、民主集中、个别酝酿、会议决定”的工作程序，注重领导班子成员之间合作共事和后备干部队伍的培养。2014 年，有社员 55 人，平均年龄 55.6 岁。其中：在职 37 人，离退休 18 人;大学学历 48 人，中专学历 7 人；高级以上职称 34 人，中级职称 21 人;女性 32 人，男性 23 人。由三个支社组成，其中：一支社 20 人、二支社 21 人、三支社 14 人。

【九三学社社员思想理论学习】 2 月，向社员们传达学习自治区、银川市、兴庆区“两会”精神;3 月，组织社员学习了《九三学社宁夏区委开展坚持和发展中国特色社会主义学习实践活动实施方案》和《九三学社银川市委开展坚持和发展中国特色社会主义学习实践活动实施方案》;5 月，九三学社银川市兴庆区委会在兴庆区政府五楼会议室召开组织生活会，传达学习九三银发〔2014〕15 号《关于下发“开展坚持和发展中国特色社会主义学习实践活动”推荐学习图书的通知》，要求社员们结合“国史、党史、社史”的学习，推荐阅读《九三学社章程》《九三学社手册》《学习习近平总书记重要讲话（增订本）》《习近平关于实现中华民族伟大复兴的中国梦论述摘要》《中国特色社会主义学习读本》《〈中共中央关于加强新形势下党外代表人士队伍建设的意见〉学习问答》等，并将推荐阅读图书 6 种近 100 册发给社员，要求社员们积极撰写读书心得及有关理论文章;6 月，组织社员参加中共银川市委统战部在宁夏社会主义学院 4 楼举办的“同心大讲堂”;8 月，组织社员参加社市委会在银川市行政中心举办开展坚持和发展中国特色社会主义学习实践系列活动“树立和践行社会主义核心价值体系身边先进人物事迹报告会”。

【政协委员议政】 九三学社有兴庆区第三届政协委员 7 人、银川市第十二届政协委员 3 人、自治区政协委员3 人，他们以“两会”为平台，以视察、座谈、调研、通报会为知情渠道，充分发挥人大代表、政协委员的作用，开展多层次、多方位的参政议政活动。2014 年，提交自治区、银川市、兴庆区三级提案、建议 49 件。其中：自治区 4 件;银川市 26 件;兴庆区 19 件。完成《关于兴庆区兴庆区京藏高速公路两侧湿地公园及廊道绿化工程实施情况的调研》《关于兴庆区老旧小区改造情况的调研》《统一战线在构建社会主义和谐社会中的优势和作用》《统一战线与党的群众路线》以及《民主党派基层组织建设的探索与思考》调研报告，参与社中央开展的第八届《九三论坛》征文活动，提交《正确理解和践行科学的政绩观势在必行》《政

绩观存在的问题及对策》2 篇论文，向银川市委会提交《坚定信念 科学发展—学习习近平总书记系列讲话心得》《中国梦与个人梦的同频共振》《传承回医药文化 打造回医脑病名科》《兢兢业业，潜心钻研踏踏实实，认真履职》等 4 篇理论文章。

【参政课题研究】 组织社员参加社区委会开展的参政议政课题，先后申报了《宁夏司法救助制度相关问题研究》《宁夏深化科技体制改革问题、科研经费投入成效及科技成果转化存在问题研究》《宁夏农村土地承包经营权流转问题研究》《律师执业权利保障机制与违法违规执业惩戒问题研究》《宁夏城市社区卫生服务问题研究》《宁夏国有经营性文化单位转企改制相关问题研究》《我区回医药院内制剂的研制、审批、生产和使用现状调研》《宁夏中小学生校服现状与对策的调查与研究》《我区医生多点执业情况的调研》《义务教育阶段中小学生阅读情况调查研究》等 10 项课题。

【发挥优势，开展服务】 “三八”国际妇女节 104 周年之际，组织社员参加社区委会、市委会联合举办的“妇女科普知识宣传”活动，参观宁夏农林科技院信息研究所的电子图书馆、数字农家书屋、银川科技园、银川科技大厦、森淼园林公司种苗生物工程国家重点实验室等，丰富社员的科普知识；4 月 4 日，黄朝克、赵敏丽、李淑芳社员参加在闽宁镇铁西回民小学开展的“百名专家进乡村入学堂”活动；7 月 11 日，组织离退休老社员参观考察银川黄河军事文化博览园建设情况；8 月 16 日，组织社员观摩了兴庆区徕龙公园和银川市滨河新区；9 月，在第十五个民族团结月期间，李淑芳社员积极牵线搭桥，将她所在中学的桌椅 300 余套，捐赠给铁西回民小学校

（供稿人：董瑞宁）

群众团体

工　会

【概况】 2014 年，兴庆区工会紧紧围绕兴庆区工作大局，深入开展党的群众路线教育实践活动，以创建和谐劳动关系为主线，建立学习型、服务型、创新型工会组织，发挥组织优势、履行工会职能，实施建功立业、素质提升、和谐创建、维权帮扶、组织建设五大工程。11 个街道、4 个乡镇建立基层工会组织 848 个。其中：区域性工会联合会 70 个；行业性工会联合会 5 个；独立建会非公有制企业工会 697 个；机关行政事业单位工会 76 个。涵盖单位 5964 个，职工 79394 人，会员 79157 人，会员入会率 99%。2014 年净增工会组织 32 家，净增会员 1777 人。

【工资集体协商】 完善工资集体协商工作机制，按照自治区、银川市总工会《工资集体协商 2014-2018 年提质增效工作规划》目标，坚持“三个到位”（即调查研究到位，确定工资集体协商方式；宣传发动到位，达成工资集体协商共识；组织领导到位，形成工资集体协商合力），突出“七有”举措（明方法，操作“有序”；建队伍，指导“有力”；重实情，协商“有据”；定法人，协商“有体”；存同异，个体“有别”；树典型，引导“有向”；强监督，履约“有果”），扩大工资协商覆盖面。探索开展区域内小企业行业性工资集体协商，按照“区域定底线，行业定标准”，以街道、社区 10 人左右规模的小企业为重点，先后开展家电、美容美发、汽修汽配、纸业印刷、连锁超市、园林绿化、办公家具、消防器材等区域内小企业行业性工资协商，签订行业性工资集体协商合同。根据兴庆区微小企业数量大、规模小、分布广、种类多、情况杂等特点，推广微小企业“全员议薪”工资协商新模式，让企业老板与全体职工展开面对面平等公开谈判，形成微小企业工资集体协商职工群策群力、集思广益、科学维权、共促发展的良好局面。

【职业化工会工作者素质提升工程】 按照《银川市职业化工会工作者素质提升（2014—2016 年）规划》，出台《兴庆区工会工作者素质提升三年规划》和《兴庆区职业化工会工作者素质提升活动 2014 年工作安排》，通过开展工会干部业务理论学习考试、素质展演、知识竞赛、演讲比赛、读书征文、调研评选等系列活动，打造新时期兴庆工会学习型、政策型、服务型、发展型、创新型、和谐型、务实型、奉献型工作者队伍。利用现代信息技术，加大工会 QQ、微信集群覆盖面，提高工作效率，实现快捷、便利、准确掌握工作动态，做到为企业、职工更好服务。

【保护女职工合法权益】 实施女职工“三项工程”，推进女职工组织规范化建设，通过开展“两癌”筛查，举办女职工心理健康、礼仪、家庭教育等讲座，为困难女职工进行免费体检、建立心理咨询室和庆“三八”女职工健身操大赛、“青春有约，缘聚工会”青年职工联谊会等形式多样的工会工作，保护女职工的合法权益。

（供稿人：王文娟）

共青团

【概况】 2014 年，兴庆区团委围绕兴庆区党政中心工作，坚持心系青年群众跟党走，按照兴庆区“8531”工作思路，履行组织青年、引导青年、服务青年和维护青少年合法权益职能，不断创新工作重点，加强团建基础，活跃基层团组织工作。年内，荣获全国少先队“红领巾阅读推广计划”优秀组织单位称号、宁夏回族自治区“2013—2014 年大学生志愿服务西部计划项目办”称号、“2013 年度希望工程筹资工作三等奖”、“2014 年银川市少年儿童故事大王比赛优秀组织

奖”、2014 年银川市“青春共筑中国梦”党团知识竞赛优秀组织奖等 5 项荣誉。

【城市街道区域化团建】 在 11 个街道开展兴庆区“六个一”城市街道区域化团建工作，推进非公经济组织和新社会组织团建，探索总结系统、优势特色行业、青年自治组织、特色街区和文化行业等 5 个领域的团建模式。建立城市青年区域工作共建委员会 11 个；青少年工作阵地、青年中心、青年汇、青年家园或新市民学校等 11 个；新建团组织 198 个；联系青年社会组织 22 个；建立青年交流、交友、社区参与的新媒体阵地 11 个；围绕青年学习成才、就业创业、婚恋交友、社会融入等形成区域品牌工作项目 11 个，团组织覆盖面近 100%。

【创新农村共青团工作方法】 探索信息化条件下共青团开展工作的新领域、新方法，开通“青春兴庆”微信公众服务平台，推送各类信息 35 期 65 条，研发制作 50000 张共青团员卡，形成联系团员青年的新平台。在兴庆区所辖的四个乡镇开展农村微信体系建设，打造指尖上的共青团，畅通基层团组织信息沟通渠道，丰富联系团员青年的手段，将广大青年紧密团结在组织周围。2014 年，4 个乡镇新建直属团组织 80 个。其中：事业单位 22 个；金融机构 1 个，村社团组织 11 个，非公有制经济团组织 13 个，农村专业合作社组织 4 个，大学生“村官”组织 4 个，兴趣小组 8 个，其他团组织 17 个。团委支部书记大多是兼职，平均年龄 35 周岁。

【团干部培训】 将团干部培训工作纳入兴庆区干部教育培训计划，全年举办团队干部培训班 5 期，提高基层团干部的整体素质，调动团干部组织青年、服务青年、引导青年、维护青少年合法权益的工作热情；组织部分少先队辅导员参加自治区、银川市少先队辅导员及少先队工作者培训班，提高少先队辅导员的工作水平和业务能力；对乡镇、街道、非公有制和新社会组织团干部进行全员轮训。

【团内创先争优】 团委号召辖区各级团组织和广大团员青年积极投身“美丽兴庆”“青春建功生态移民”等工作中，开展团内创先争优活动，涌现出“五四红旗团委（总支、支部）”18 个、“优秀大学生志愿者”16 人、“优秀团干部”和“优秀共青团员”34 人，突击队和生力军作用得到充分发挥。

【青少年思想道德建设】 在兴庆区少先队组织中广泛开展“红领巾相约中国梦”“向国旗敬礼”活动，设计并开展“少年心·中国梦”少年故事大王比赛、“欢乐童心·飞 Young 中国梦”主题校园行、“乐享童年·畅想未来”儿童图文创作大赛、“我是小小中国通——看图猜成语”网上知识竞答等活动，以活动为载体，加强青少年思想道德建设。全年开展团队日活动 300 余次、“我的中国梦”交流座谈会 9 次、学习讨论会 4 次、青春大讲堂 29 场，覆盖兴庆区青少年 5 万多人。精心组织“五四”“六一”“七一”等纪念活动，引导青少年把实现“中国梦”与“我的梦”紧密结合起来，坚定跟党走中国特色社会主义道路的理想信念。

2014 年 11 月 27 日，兴庆区团委组织志愿者义务献血

【青年创业就业】 开展“奋斗的青春最美丽”先进事迹分享会，表彰奖励致富好青年，举办青年农民、产业工人培训班 15 次，培训青年 500 余人，为广大待业青年提供就业岗位；与兴庆区创业办联合举办“凝聚创业激情 点燃青春梦想”兴庆区第三届青年创业大赛，给予创业青年 1000~3000 元不等的奖金，带动青年创业。帮助 11 个创业青年向宁夏青年就业创业基金会递交贷款申请，有 4 名青年获得创业贷款 43 万元；新建创业就业见习基地 3 家，为大学毕业生提供见习岗位 200 个，帮助他们树立正确的就业观和择业观，在就业的基础上鼓励创业。

【志愿服务活动常态化】 构建党委政府主导、宣传部门牵头、共青团主动实施、全社会积极参与的志愿服务工作体系，推进“校地共建 美丽兴庆”志愿服务活动。开展和谐社区建设，服务移民搬迁安置，为困难户、残疾人、志愿者、少年儿童等特殊人群送去节日的慰问，为乡村贫困小学捐资助学，组织 50 名农民工子女去森林公园观看恐龙展。做防震减灾、节能减排、禁毒防艾等宣传志愿服务活动 30 余次。

【特殊青少年帮扶活动】 开展“你的问

题我来解决”问卷调查，了解青少年存在的主要问题，指导社区开展特殊青少年帮扶活动。下发实施方案，制作流程图，印发统计表，对辖区内闲散青少年和特殊青少年进行登记。通过“两会解童忧·爱心圆童梦”活动及兴庆区团委的努力争取，为14名青少年争取社会爱心人士10万余元的帮助，对他们进行“一对一”结对帮扶。

【“希望工程”捐资助学活动】 全年争取大学生圆梦行动助学金37.6万元，筹得“希望工程·一路同行”助学金10.6万余元，累计资助家庭困难学生107人，协调兴庆区法院为兴庆区第十一小学配置“七彩小屋”1个，并指导上好新学期第一堂法制课。在兴庆区丽景街庆春社区建立青年中心，将其打造成共青团关爱农民工子女的品牌工程。

（供稿人：陶雪梅）

妇联

【概况】 2014年，兴庆区妇女工作贯彻落实党的十八大、十八届三中全会和中国妇女十一大精神，以提高妇女（母亲）素质为切入点，以妇女儿童得实惠、普受惠、长受惠为目标，开展和谐家庭建设“五项”关爱行动，维护妇女儿童合法权益、主动参与社会治理创新。先后举办“非诚勿扰·缘来挺好”兴庆区第三届青年联谊会和以“妇女秀才艺 共筑家庭梦”为主题的“和谐家庭”创建统一行动，举办女性礼仪和魅力修养、男女平等基本国策、婚姻家庭、亲子教育等专题讲座40余场。推荐80多个家庭参加“最美家庭”评选。其中，2个家庭被评为全国五好文明家庭，1个家庭入选全国“传承好家风的好妈好爸”，5个家庭被评为自治区“最美家庭”，兴庆区妇联荣获自治区寻找“最美家庭”活动宣传奖。

【和谐家庭创建】 制定下发《兴庆区推进和谐家庭创建活动工作方案》，协调民政局、司法局、劳动就业服务局、团委开展五大关爱行动（“阳光救助”经济困难家庭、“亲情帮扶”刑满释放人员行动、“青春护航”关爱闲散青少年家庭、“康乃馨”关爱单亲母亲家庭行动、零就业家庭“清零”）。召开和谐家庭创建工作推进会，举办11场次“康乃馨”讲座。母亲节期间在玉皇阁北街文体活动中心举行“爱在心中，感恩更美”亲子运动会，在“康乃馨”家园举办迎新年联谊会。兴庆区各级妇女组织以为广大单亲母亲办实事、解难事为己任，深入开展“四送一促”活动（送健康、送关爱、送项目、送服务、促和谐），争取各级妇联组织和爱心人士救助金、粮油、衣物等价值20万多元。

【未成年人思想道德建设】 在“六一”儿童节到来之际，与团委、银川市广播电视台举办“欢乐童心·飞Young中国梦”主题校园行活动，为月牙湖希望小学捐赠近4万元的香粽、学习用品及书籍；为宁夏红太阳爱心园28名智残儿童送去价值2500元营养品、学习用品，并组织志愿者与孩子一起包粽子、吃粽子；到月牙湖乡滨河新村幼儿园举办“快乐‘六一’放飞梦想”文艺会演，向孩子们赠送价值6000多元精美图书、玩具等用品。与兴庆区教育局开展“学前教育宣传月”活动，通过传播先进的学前教育理念和科学育儿知识；暑假在各乡镇、街道举办6场“和谐家庭亲子教育讲座”，现场为家长和孩子发放“守护童年 春蕾行动”《儿童手册》和《家长手册》，为未成年人思想道德养成营造健康积极的生活环境。

【开展城乡妇女争先创优活动】 将创建“巾帼文明岗”和“巾帼示范村”作为提升城乡妇女素质，展示女性风采的载体和平台。在月牙湖乡举办“情系姐妹，爱满人间”留守妇女“双学双比”技能比武暨趣味运动会，推进城乡妇女争先创优工作。“三八”节期间，命名10个兴庆区级“巾帼文明岗”和5个“巾帼文明示范村”。

【妇女创业就业】 发挥妇联组织职能，鼓励和帮助妇女创业就业，自强自立，发家致富。2014年，帮助307名农村妇女在银行借贷小额担保贷款1529万元。

【维护妇女儿童合法权益】 发挥自治区“两规划”示范区的引领示范作用，对2013年“两规划”进行监测，协调各有关成员单位解决妇女儿童发展中的重、难、关问题。协调兴庆区司法局成立婚姻家庭纠纷调解委员会，与法院、司法局、民政局部门建立婚姻家庭纠纷调解服务机制，与综治办联合下发《在兴庆区

2014年4月2日，妇联与女子监狱组织女子监狱服刑人员参观新渠稍妇女创业基地及园区花卉产业

乡镇街道综治工作中心建立妇女儿童维权工作站的工作意见》的通知，切实维护妇女儿童的合法权益；利用“三八”维权周、“12·4”宪法宣传日等开展系列活动，提高妇女的维权意识和法律素质；慰问家庭贫困的妇女、单亲贫困母亲，送去价值10多万元的物品和现金。全年争取“两癌”救助金和女大学生助学金近40万元，接待办理妇女来电来访40件，举办妇女普法大讲堂25场。

【基层妇女组织规范化建设】 按照“两个所有”“三个一”和“五亮”的要求，规范和深化示范妇女之家创建工作，扎实开展“下基层、访妇情、解民忧、办实事”活动，在村（居）建立妇女工作台账。2014年妇联开展下基层慰问走访活动20余次，举办妇女干部培训班3期，培训妇女干部500人次。建立兴庆区妇女之家106家，其中，自治区级11个，银川市级6个。银古路街道宝清社区被评为全国三八红旗集体。

（供稿人：郭东丽）

残联

【社区残疾人康复服务】 根据自治区《残疾人社区规范化建设标准》的要求，推进康复托养工作，建立完善托养服务机构。2014年，成立大新镇上前城村幸福大院残疾人托养中心、兴庆区悦康残疾人托养服务中心，以集中托养和日间照料为主，开展残疾人康复服务工作。银古路丽景社区成功创建为自治区规范化残疾人社区康复站。实施“助明”“助听”“助行”等康复扶助，开展残疾人“重塑未来”中国行活动，为骨科疾病造成的肢残患者进行康复治疗，筛查43人，符合条件为2人；白内障复明工程完成手术31人；低视力验配工作检查116人；“国龙爱心助残”骨关节置换慈善项目资助2人；免费为5名残疾人安装助听器；为19名肢体残缺者装配假肢及矫形器；配发残疾人辅助器具480件；开展无障碍摸底调查，无障碍改造家庭41户，改造资金22万元。为160名贫困精神病人提供医疗救助；争取中国残联彩票公益金项目，为320名贫困精神病患者免费发放药品，为9名重症精神病患者提供住院补助，发放补助金1.68万元。

【残疾人就业服务】 认真贯彻落实《残疾人就业条例》，全面提高残疾人自身素质和就业能力，提高就业比例。开展“就业援助月”专项活动，残联和劳动就业局安排资金2万元，慰问就业困难人员，为就业困难残疾人员每人发放慰问金300元；走访残疾失业家属40户，登记失业残疾人38人，纳入年度培训计划20人，帮助残疾人享受专项扶持政策人数20人。帮扶残疾人就业创业，主动协调银川市城管局为15名残疾人申请冷饮、维修摊位。发放2013年度残疾人个体工商户养老保险补贴51人12万元，2014年残疾人个体工商户养老保险补贴60人12.3万元。2014年残疾人自主创业申报29人，发放创业扶持资金17.4万元。加强残疾人劳动技能培训，提高残疾人就业创业能力。依托宁夏富康物业服务有限公司创建残疾人职业培训基地，举办手工制作、丝带绣、手机纳米贴膜、计算机中级应用残疾人职业技能培训班，免费培训残疾人85人；举办农村残疾人实用技术培训班2期培训人数276人；完成基层残疾人就业指导员远程培训任务12人。在第五届银川市残疾人职业技能竞赛上，兴庆区荣获银川市残疾人职业技能竞赛团体第一名。

【残疾人扶贫解困】 开展“送温暖”慰问活动，将享受低保的重度贫困残疾人家庭全部纳入慰问范围，元旦、春节期间慰问贫困残疾人1220人，发放慰问金额73.6万元；全国“助残日”，投入11万元为320户贫困残疾人送去米、面、油等慰问品，兴庆区65个机关单位对145户贫困残疾人家庭长期进行帮扶。根据银川市《关于做好2014年农村贫困残疾人扶贫项目申报工作的通知》，将大新镇新渠稍村残疾人花卉温棚和月牙湖乡滨河新村残疾人红树莓种植示范基地确定为农村贫困残疾人扶贫项目。在两个扶持项目中银川市投入16万元，兴庆区按照1:1比例匹配资金16万元，扶持两乡80户贫困残疾人家庭发展种植业。在大新镇兴燕花卉园区挂牌成立兴庆区残疾人扶贫就业基地。今年月牙湖乡周景世荣花卉基地和掌政现代农业示范基地申请自治区级农村残疾人扶贫基地，11月自治区残联进行验收认定。组织部下发《兴庆区“农村

2014年12月3日，自治区残联残疾人康复辅具暨创业就业扶持资金发放仪式在兴庆区康复中心隆重举行

基层党组织助残扶贫工程”实施方案》，要求兴庆区各乡镇(村)基层党组对25户贫困残疾人家庭进行结对帮扶。

【残疾人基本生活政策保障】 兴庆区政府21次常务会议研究决定增加重度残疾人生活津贴，同意为兴庆区1622名未享受最低生活保障待遇的一、二级重度残疾人员增加救助津贴，一级重度残疾在原有基础上每月增加100元，二级重度残疾在原有基础上每月增加50元。从2014年1月份起执行，所需经费由财政按程序核拨，并列入年度财政预算。

【残疾人学生入学救助】 为实现自治区残联六代会确定的扶残助学全覆盖目标，确保残疾人学生和困难残疾人家庭学生上起学、安心学、不辍学，开展残疾人学生和困难残疾人家庭学生调查摸底，掌握残疾人家庭子女及残疾学生在校就读基本情况。2014年，学前教育阶段有残疾儿童18人，义务教育阶段113人，高中阶段8人；残疾人家庭子女学前教育阶段29人，义务教育阶段207人，高中阶段62人。10名学前教育阶段残疾学生资助3万元；12名考入大中专院校残疾学生发放助学金1.95万元；10名学前教育阶段、20名义务教育阶段残疾学生资助0.9万元；8名贫困残疾人高中生进行资助0.64万元。

【残疾人权益保护】 开展残疾人法律救助，维护残疾人的合法权益，2014年接受残疾人信访件11个，全部处理回复。为423名肢体残疾人发放2014年度机动轮椅车燃油补贴11万元；办理二代残疾人证1251人，累计达到11609人；办理公交“爱心卡”4445人，办理率达到38%。

【公益性岗位残疾人安置】 3月，面向社会公开招聘选拔10名优秀残疾人专职委员；4月，又申请25个残疾人公益性岗位，6月进行公开报名、考试、劳动合同签订，有95名残疾人专职委员在基层服务；7月，组织各街道、乡镇的残疾人专职委员、联络员、康复员及残联工作人员等137人参加关于就业、就业优惠政策以及残疾人社会保障、医疗保障和残疾人基层组织建设、残疾人康复等方面内容的培训。

【丰富残疾人文化体育生活】 针对2014年第二十四次全国助残日及助残月召开专题会议，制定一系列活动方案。在海宝公园举办“共享文化·放飞梦想”残疾人文化艺术演出，在兴庆区文体活动中心举办盲人定向技能及文化趣味竞赛，在兴庆区富华社区景观街举办“中国梦 我的梦”残疾人艺术展。各街道残联与残联各协会开展残疾人才艺展、趣味运动会、文艺演出等多项助残活动。为迎接中残联对创建全国残疾人文化体育示范市建设检查，确定自强社区、丽景社区、富华、塔桥、镇河五个社区(村)为兴庆区创建示范点，以点带面，开展创建工作，最终通过中残联验收。投入3.2万元推进双城门、永安、康华等六个社区“残疾人文化进社区”工作，在通贵乡文化大舞台举办“我梦最美”残疾人文艺会演和艺先锋“心目影院”盲人电影公益解说活动。选拔18名残疾人运动员，备战2015年第九届全国残疾人运动会和第六届全国特奥会。派出8名队员参加2014年银川市残疾人象棋比赛，以总分第一的优异成绩，获得团体总分第一名。

(供稿人：李静)

工商联

【概况】 2014年，兴庆区工商联会员已发展到92个。兴庆区工商联围绕兴庆区委、区政府中心工作，紧扣兴庆区“8531”工作思路，贯彻落实《中共中央国务院关于加强和改进新形势下工商联工作的意见》(中发〔2010〕第16号)精神，结合兴庆区工商联工作和非公有制经济发展的实际，制定了兴庆区《关于加强和改进新形势下工商联工作的意见》。认真履行职能，发挥工商联统战性、经济性、民间性作用，开拓进取，扎实工作，促进兴庆区非公有制企业健康发展和非公有制经济人士健康成长。

【搭建政企对话平台】 发挥桥梁和纽带作用，积极搭建政府与非公企业人士对话平台，在组织召开执委会、培训会等大型会议时，邀请政府以及有关部门负责人参加，并就兴庆区招商政策、产业导向、投资平台、合作项目等情况予以通报，建立政府与非公企业定期联系和信息互通机制，畅通政府与非公企业之间的沟通渠道。邀请来自林业、机械、房地产、家具、畜牧业等各个领域的非公企业代表出席自治区党委统战部非公有制经济人士理想信念教育实践活动视频会议和兴庆区工商联企业代表调研座谈会，针对各民营企业存在的困难问题，特别是涉及政府职能转变的问题深入进行了交流。

【提升非公经济人士综合素质】 学习贯彻党的十八届三中、四中全会及中央经济工作会议精神，引导广大非公有制经济人士主动适应新常态，积极抢抓新机遇，提早谋划新发展，进一步提升非公企业出资人的现代企业经营能力，促进兴庆区非公有制经济健康发展，与兴庆区“两新”组织党工委联合举办非公企业《适应新常态培育新优势化解企业融资难题》专题知识讲座，有100多名中小微企业负责人和管理人员参加。组织部分非公经济人士参加银川市委统战部在浙江大学举办的“银川市非公有制经济代表人士研修班”，以及区市工商联举办的企业创新管理、转型升级等专题讲座，先后培训人数达150人次。

【反映非公经济利益诉求】 深入企业开展调查研究，及时向区委、区政府反映非公经济利益诉求，撰写调研报告1

2014 年 3 月 19 日，兴庆区工商联组织会员企业观看自治区深入开展非公有制经济人士理想信念教育实践专题片

篇，向银川市工商联提交政协提案 5 件，向兴庆区政协提交提案 22 件。

【提升工商联的影响力】 深入 30 多家非公企业，了解企业经营情况，和非公经济人士进行沟通交流。举办非公企业职工运动会，增进工商联会员企业及基层分会之间的沟通与交流，培养团队精神，增强企业的凝聚力和向心力，提升工商联的影响力。银古路街道公商联分会组织辖区企业工商联会员到银川市滨河新区观摩银川综合保税区和滨河新区规划馆及在建的黄河大桥；掌政镇基层分会组织会员到区内外进行观摩学习，开阔非公经济人士视野，增强发展信心；玉皇阁北街街道基层分会与工会联合会在辖区女职工中举办以“绿色出行，健康出发”为主题健康生活健步走活动；胜利街基层分会与工会联合组织来自街道社区的 80 余名女职工举办歌咏比赛活动；会员企业海利达发展集团开展为每一位女员工送上一盆绿色植物，举办羽毛球比赛，将健康和快乐带给每一位员工。在会员企业中开展为宗教场所订党报党刊活动，胡满华、吴家栋、洪菊明等 3 位企业家出资 17000 元为兴庆区 70 多所宗教场所征订《银川日报》。两节期间，号召会员企业开展对帮扶的贫困老党员、老革命、老模范进行慰问活动。银川童话餐饮文化传播有限公司领导一行慰问了家住兴庆区富宁街的老党员李淑霞，为老人送去了大米，面粉、食用油等生活用品，并祝福老人渡过一个安乐祥和的春节。会员企业宁夏宝云实业有限公司为京藏高速水系连通工程建设者，送去米、面、油、鸡蛋、奶制品以及羊肉等慰问品。“七一”期间，兴庆区工商联慰问了前进街陶瓷社区 12 名困难职工。

法　治

公　安

综　述

【概况】 兴庆区公安分局内设机构5个，大队9个，派出所21个。核定行政编制403人，现有民警385人，其中男民警325人，女民警60人，中共党员348名，所、队一线警力350人，占全局总警力的90.9%。2014年，开展缉枪治爆、"打侵财、攻命案、保平安"、"打传销"、"打假币"等一系列专项行动，全年破刑事案件4742起（破现行案件3171起），同比上升8.34%，打击处理各类刑事犯罪人员1579人，刑事拘留843人，移送起诉659人。其中，破八类刑事案件347起，比2013年多破84起，破案率达81.8%，超出目标任务1.8个百分点；破"两抢一盗"等侵财案件4010起，破案绝对数同比上升18.58%；破经济案件94起（传销案件14起），同比上升4%；命案发生13起，破14起（破积案1起），现发命案实现年内发一破一的工作目标。尤其是"12·08"抢劫杀人案、"6·24"故意杀人案、"12·23"杀人抛尸案等一批影响大、性质恶劣的严重暴力犯罪案件和自治区公安厅挂牌督办的系列皮卡车被盗案件、新华街攀爬阳台入室抢劫案、福建籍犯罪团伙网络诈骗案等系列侵财大要案件的侦破，得到上级部门的肯定和群众的赞誉。有24个基层单位、34名民警先后受到上级表彰奖励；1个基层大队荣立集体二等功、2个基层部门荣立集体三等功，1名民警荣立个人二等功，21名民警荣立个人三等功；分局荣获银川市公安机关执法竞赛二等奖、宪法知识竞赛二等奖，巡防三大队获得全区"青年文明号"荣誉称号；国保业务技能比武在银川市、自治区和全国三级比武中夺魁；分局被评为全区五市公安机关中心分局执法质量优秀等级。

【缉毒禁吸专项行动】 采取一手抓缉毒破案，一手抓禁吸强戒的措施，开展缉毒禁吸专项行动，先后成功侦破了"3·04"省级毒品目标案件、"7·23"跨省贩毒案件和"8·13"特大毒品案件，缴获毒品32.82公斤。全年破获毒品刑事案件86起，查获吸毒人员1546人，其中强制隔离戒毒639人，社区戒毒246人，治安拘留处罚661人。毒品案件查破完成自治区公安厅下达任务的143.33%，银川市下达任务的134.38%；强戒人头数完成自治区公安厅下达任务的138.62%，银川市下达任务的133.40%。

【涉黄涉赌案件查处】 以民意为导向，紧盯涉黄涉赌突出问题，重拳出击，加强涉黄涉赌整治，先后依法查处、取缔辖区所有涉赌游戏厅，铲除建发公寓

2014年8月1日，兴庆区公安分局破获特大跨省贩毒案

2014 年 7 月 11 日，公安分局开展集中打击传销专项行动

“指尚仙境足浴”“御指天娇足浴”“聚华苑茶艺”等一批涉黄涉赌窝点。分局全年查结各类行政案件 5539 起，查处违法人员 7896 人。其中，查结黄赌案件 107 起，依法收缴流散枪支 4 把、弹药 1324 发、雷管 49 枚、管制刀具 1366 把、易制毒化学品 8786 公斤，罚没款 302.4 万余元。

【居民小区治安防范】 多方协调，筹措资金 2323.19 万元用于居民小区安防建设，72 个小区技防设施得到改造，小区物业管理规范率达 22.9%，一、二、三类小区可防性案件同比下降 77.5%、30.7%、20.0%。“两警联勤”、网格巡防、屯警街面，打现行，防暴恐，震慑街面犯罪，确保 21 个重点部位及要地安全。组建 2000 余人的兴庆义警队伍，形成“警力有限，民力无穷”的专群合力，义警成为“眼睛”、“耳朵”、宣传员、调解员，向公安机关提供违法犯罪线索 87 条，协助查破案件 87 起，抓获嫌疑人 62 名，调解纠纷 360 起，开展宣传 160 次；开通“微警务”平台，创建“微信群”，利用网络实现信息共享；派出所推行社区网格员“挂牌上岗”制度、旅店业“积分制”管理制度；启动“警医联动”巡防机制，发挥群众参与治安防范的积极性，营造浓厚的社会群防氛围。缉毒部门协同街道完善 7 个“绿荫工作室”运作机制，与 12 家企业签订“阳光工程”安置协议。2014 年，分局受理各类接报警 84057 起，同比 2013 年减少 692 起，立刑事案件 7878 起，同比下降 28.1%；立侵财案件 7189 起，同比下降 29.09%；发命案 13 起，同比减少 10 起，下降 43.48%。

【案件执法质量提升】 立足执法规范化建设，为基层一线配备车载执法记录仪 16 部，执法记录仪 300 部；规范嫌疑人询问、讯问和信息采集制度，完善执法办案区硬件设施，落实现场记录仪采集和犯罪嫌疑人音视频证据上传，建立“执法质量全程考”、“法制工作一小时”、“考长制”、刑事、行政案件考评“四个一”等制度。分局办理各类案件 17794 起，刑事案件自评率 98.9%，行政案件自评率 98.8%，高质量、高效率办理适用“轻刑快办”刑事案件 30 起。

【户籍服务窗口建设】 以服务窗口为抓手促实战、树形象，以抓窗口建设倒逼执法工作，以落实常态的监督走访提升服务水平，以规范制度、推行便民利民措施提升服务质量。先后投资 300 余万元对全局 16 个派出所户籍服务窗口设施和解放西街、银古路等 4 个街道派出所执法办案区、户籍室进行改造，制定值班所队长负责制、警务公开制、五项责任制、“六个一”、“四服务”及“四个严禁”等制度，推行 16 个派出所“三证”统一办理措施。全年服务窗口解决公民求助 48089 起，调解纠纷 8874 起，户籍民警累计加班 100 多天，加班办理户籍业务 260 余次，上门服务 185 次，主动送身份证 196 张，为学生办身份证 816 张，节假日解决群众问题 31 条，群众满意度明显提升，服务型窗口建设成效显著，收到锦旗和感谢信 20 余件。

案件侦破

【刑警大队成功侦破系列拦路抢劫案件】 2014 年 9 月 16 日，刑警大队通过信息研判与传统侦查相结合的方式，成功打掉一系列盗抢团伙，抓获团伙人员 6 人，破获抢劫、盗窃案件 40 余起。

2014 年 8 月以来，兴庆区连续发生多起持刀拦路抢劫案件，极大地危害了人民群众生命财产安全。针对此类系列抢劫案件的发生，刑警大队高度重视，多次召开案情分析研判会，抽调精干警力开展案件侦破工作。一是调取案发现场及周边监控视频，确定犯罪嫌疑人体貌特征；二是对辖区类似案件进行全面梳理，开展串并案侦查；三是对此类现场提取的痕迹物证进行分析比对；四是对辖区内易发案的街道进行夜伏布控；五是对被抢物品进行布控。

侦查员综合案件信息，通过走访摸排、视频侦查、旅店业查询、重点人员调查、照片辨认等多种方式、多层次长达 20 天的艰苦细致缜密侦查，最终锁定了以马某某为首的团伙成员具有重大作案嫌疑。9 月 16 日，侦查员将犯罪嫌疑人马某某抓获。后又相继将该团伙其他人员杨某、魏某某、李某某、虎某等人抓获。经审讯，嫌疑人交代了自今年以来该团伙采取交叉作案，流窜于银川市三区拦路抢劫、“抬死人”盗窃 40 余起的犯罪事实。

【“6·27”恶性入室强奸、抢劫、敲诈勒索案件】 7 月 1 日，刑警大队经过四昼夜的艰苦奋战，在市公安局相关部门的大力配合下，成功侦破“6·27”恶性入室抢劫、强奸、敲诈勒索案。这起性质恶劣的案件，从案发到侦破仅用时4天就成功告破，彰显了兴庆刑侦维护正义、严惩犯罪的决心和力度。

6月27日13时38分，大队接到群众报警称：受害人张某在其凤凰花园B区的住房内被两名租房男子强奸。出警后，经了解：受害人为了将其在凤凰花园的一处闲置住房出租，便在58同城网上登记了租房信息，6月27日中午11时许，有一名陌生男子电话联系受害人张某，声称看到58同城的租房信息后要租其房子，后双方约定在凤凰花园看房并签订合同。当日12时许，受害人张某按照约定，领着两名租房男子来到所出租的房屋看房，在准备签订合同的时候，两名男子突然将受害人张某控制在小卧室内，并将其双手、嘴、眼睛用胶带缠住后实施轮奸；事毕，二人又利用手机对其裸体进行拍照，以此要挟索要人民币五万元，并扬言若受害人不交钱就将裸照发给受害人手机通讯录中的亲属、朋友公之于众；最后，二人将张某身上的现金2000元钱抢走后逃离现场。

接到报案后，大队侦查员立即向大队、分局领导汇报了相关案情。局领导高度重视此案，明确指出：“此案性质恶劣，影响极坏，要速侦速破。”按照局领导的指示，大队在有限的剩余警力中，立即抽调民警成立了以新华中队为班底的专案组开展专案攻坚。

专案组根据受害人反映的情况，首先对小区内的监控进行了调取，经过受害人的辨认，准确地获取了两名男子的体貌特征，同时积极协调市局相关部门对受害人所提供的嫌疑人联系方式进行布控。6月28日，专案组经过会商，决定采取“引蛇出洞”的方式对两名嫌疑男子进行抓捕，对具体的抓捕细节进行了深入探讨并制定了翔实的抓捕方案。侦查员冒充受害人与嫌疑人进行短信联系，经过三天数十条短信的联系，侦查员终于与嫌疑人就现金换取照片的事宜谈妥，并约定7月1日下午在石油城附近进行交易。

7月1日17时许，侦查员通过近五个小时的蹲守，成功将前来交易的嫌疑人王启超抓获。经过突审，嫌疑人供述了其强奸、敲诈勒索、抢劫的犯罪事实，并提供了另一名嫌疑人常锐的联系方式。18时许，侦查员在市公安局相关部门的大力配合下，将嫌疑人常锐抓获。至此，这起恶性入室强奸、抢劫、敲诈勒索案件得以成功告破。

2014年10月28日，兴庆区公安分局代表自治区公安厅参加全国公安机关国保业务比武竞赛荣获一等奖

目前，两名犯罪嫌疑人已被刑事拘留。

【摧毁暴力抢劫中学生团伙案】 6月19日，分局刑侦大队雷霆出击，在中考前期，一举摧毁一个专门抢劫在校学生的未成年犯罪团伙，抓获团伙成员孙某（15岁）、胡某（16岁，外号：三毛）、李某（16岁）、刘某（16岁）、郭某（14岁）、崔某（16岁）、马某（17岁）七人，破获系列拦路抢劫在校学生案件十余起。

6月3日22时许，在校学生宋某放学回家途中行至三林南巷与铁路路口处时，被六名男子持刀抢去手机、自行车、书包等物；6月4日20时许，在校学生周某在利民街与长城路交叉口工地门口被四名男子以辣椒水喷眼睛使其暂时丧失行为能力的方式，将受害学生周某的手机抢走。案件发生后，犯罪团伙针对在校学生实施暴力抢劫的消息迅速在广大师生和家长中扩散，给在校学生和家长，尤其是面临中考的学生及其家长造成了极大的心理恐慌。

为此，分局领导高度重视，立即责成刑侦大队全力侦办，迅速破案。按照分局领导的指示，大队立即成立了以新华中队为班底的行动组进行攻坚。侦查员立即对两起案件进行了梳理分析，发现这两起案件犯罪嫌疑人选择侵害对象都是在校学生，其作案手段，作案特点基本相同，应属于同一伙人交叉作案，遂将其进行串并案侦查。

侦查员通过回访受害学生，获悉了一条重要线索，6月3日发生的持刀拦路抢劫案件中，其中一名嫌疑人身着校服，并反映该男子感觉似曾相识，好像姓胡，是十中的初中生。得此线索后，侦查员遂立即联系十中保卫部门，对十中胡姓且在校表现较差的男生进行排摸。经过排查，侦查员掌握了一名叫胡佳伟甘肃籍初三学生，因为学习不好，于今年四月一直辍学在家。通过调取该胡的户籍照片，经过受害人辨认确定了该胡佳伟即为6月3日实施抢劫的其中一名嫌疑人。

随后，侦查员快速出击，在胡佳伟所租住的出租房内成功将胡佳伟及其同伙成员四人抓获归案。经突审，犯罪嫌疑人供述了其余3名团伙成员。为将该团伙一网打尽，迅速侦破该系列案件，行动小组不顾连夜侦查的劳累，19日凌晨乘胜追击，将熟睡中的2名犯罪嫌疑刘某和崔某一一抓获。19日上午，最后一个主要犯罪嫌疑人孙某也被抓获归案。

至此，这一专门针对中学生实施暴力抢劫的系列案件得以成功告破，在及时消除社会不良影响的同时，获得了广大师生的一致好评。

【系列皮卡车被盗案】 2014年4月18日，兴庆区公安分局刑警大队在区、市相关部门的大力配合下，经过近半年缜密侦查，成功摧毁一个流窜于陕、甘、宁三省专门盗窃皮卡车、面包车的犯罪团伙，一举抓获犯罪嫌疑人11名，破获系列盗窃汽车案件34起，并追回被盗窃汽车10辆，为群众挽回经济损失100余万元。

2014年年初，兴庆区公安分局刑警大队反盗抢中队经过对兴庆辖区及周边县市皮卡车、面包车被盗案件的梳理串并、分析研判，准确锁定了以甘肃籍男子王红星等人为首的犯罪团伙，刑警大队专门成立了以李伟副大队长为组长、反盗窃中队民警为主力的专案组全力开展专案侦破。专案组民警多次往返甘肃庆城县、宁县、环县、平川、陕西定边、吴旗和宁夏固原市、中宁县等地，对该犯罪团伙成员构成及被盗汽车的去向开展调查。专案组通过进一步工作了解到该系列案件部分案件分别被甘肃、宁夏等地公安机关侦查办理，并对该团伙部分嫌疑人进行了布控上网。专案组主动向兄弟单位联络，通报情况，将全案线索集中侦办，经过近半年的缜密侦查和经营，4月初，专案组就该系列案件向公安厅刑侦总队进行了专题汇报，因主要发案地为兴庆区，为便于侦查起诉和迅速突破案件公安厅将列为该案挂牌督办责任单位。4月18日，兴庆公安分局刑警大队调集全队力量，在区厅、市局相关部门的大力协助下对该案嫌疑人进行收网，成功抓获了该犯罪团伙成员王某某、李某某、郑某、慕某某等11人。经审讯攻坚，犯罪嫌疑人王某某等人供述自2012年12月以来先后流窜于银川市、吴忠市利通区、甘肃省宁县、白银等地，利用网上购买的万能钥匙盗窃皮卡车、面包车共计34辆，涉案总价值200余万元，并将所将所盗汽车低价销赃从中获利30余万元的犯罪事实。

道路交通管理

【概况】 2014年，落实《公安机关窗口单位建设服务规定》，转变服务理念，改进服务方式，提高服务效率，从细微处入手，盘活警力资源，发挥一警多能的功效，推出利用远程监控调度指挥民警、协警疏堵保畅新举措。利用微信监控设备等信息化手段侦破“4·29”“6·7”等重大交通事故逃逸案，为群众解惑答疑38件，挽回群众巨大经济损失。加大辖区静、动态交通管控，创新、利用先进技术和科技手段，使辖区交管工作更加趋于精细化管理。方便群众及时处理交通违法行为，让信息多跑路、让群众少跑路，在银行设立罚款代收点，方便群众办理交通事故罚款缴费，日均收取罚款3万余元，全年收取交通违法罚款1000余万元。

【交通安全设施设置】 邀请部门技术人员及相关职能科室、部分机动车驾驶人员，就交通安全设施设置征求合理化建议，将现代化交通设施更好的投入到适宜安装的路口、路段，减少警力的投入，全天候的服务，方便市民安全出行。2014年，对辖区155条街道、311处路段、295个路口、138个灯控路口、641个停车场交通设施进行系统排摸。在实地观察后，提出25条合理化建议，对8处路口的红绿灯配时进行调整，对7处停车场加装了U型隔离护栏，规范停车场经营及管理。

【交通违法行为整治】 在加强疏堵保畅、交通安全宣传的同时，加大交通违法行为整治力度。优化勤务网格化模式，科学、合理安排警力，在做好静、动态交通管控的基础上，对重点路段、重点时段过往车辆进行检查。由原来固定式检查模式改进为主动出击模式及巡逻检查模式，发现可疑车辆，及时检查

2014年12月3日，兴庆区交警大队开展整治摩托车涉牌涉证交通违法行为专项行动

纠正，严查酒后驾驶、无证驾驶、超速、超员、超载等交通违法行。截至年底，开展各类专项整治50余次，处罚各种道路交通违法行为12万余起，行政拘留459人次起，罚款1174.092万元。其中醉酒驾驶交通违法行为73起，酒后驾驶交通违法行为8起，无证驾驶交通违法行为510起，使用伪造、变造机动车号牌交通违法行为30起。

【交通事故处理】 截至年底，交通事故接警18027起，同比上升10%；办理一般程序272起，同比上升13%；办理伤人事故231起，同比上升12%；死亡事故41起，同比上升20%（2014年3～8月份京藏高速大修期间高速半封闭，许多大货车途径辖区109线、友爱街、银通路等，实际死亡事故50起，同比上升28%）；简易事故3989起，同比上升80%；逃逸案件17起（伤人12起、财产损失1起、死亡4起、侦破3起）；查处危险驾驶55起、交通肇事36起。

【创新全民参与交通新模式】 在做好日常交管工作的同时，兴庆区政府招录15名交通协警员、34名公益性岗位人员安排在北京路、中山街等各主要路口参加执勤。各驾校初考驾驶证学员参加交通执勤教学体验，与行政事业单位、街道、社区、企业、学校、宁夏义工联合会沟通合作，利用闲暇时间组织社会力量在辖区部分主要路口和交警共同参加交通执勤，开展关爱生命、文明出行交通安全宣传活动，形成群防群治的全新理念，构建全民参与交通的新模式。

【执勤执法及应急处置】 全年接受警卫执勤任务106起，派出警力3211人次，顺利完成中央领导人来银视察、环青海湖国际自行车赛、县域经济工作观摩等各级别警卫任务；完成黄河横城“2014冰雪彩灯艺术节”和掌政镇“檀溪谷·水上乐园”开业的道路交通安全保卫任务；全警参与银川市创建卫生文明城市工作，连续加班加点近20多天，协调各方力量，配合创建卫生文明城市检查验收。恶劣天气和突发情况下的交通紧急处置案件达到40余起。3—8月，京藏高速（沙湖—叶盛）道路维修，及时调整勤务模式，半年时间投入警力912人次，加班加点360多小时，有效解决了石油城周围群众安全出行的问题。调动燕鸽湖基地的安保宣传车，与社区联合开展“‘情满旅途’交警同行”春运宣传活动，各中队建立《春运客运车辆检查登记本》制度，对7座以上的客运车辆进行逐车检查登记。

【农村道路交通安全宣传】 春节前夕，组织民警进辖区乡村，为村民写春联，送祝福，开展道路交通安全宣传；在农村中小学校中，与学校联手开展各种形式的道路交通安全宣传教育。全年在报刊上的发表稿件254篇，自治区、银川市两级交通音乐台采用稿件近150篇，与交通音乐台电话连线76次，宁夏电视台和银川市电视台等多个栏目报道大队新闻40余次，专题片8个，办大队黑板报21期，工作简报128期，分局新闻资讯420条，宣传民警深入企事业单位、部队、中小学校和幼儿园，举办各类道路交通安全讲座29场次。

【倡导文明交通新风尚】 全年民警、协警做好人好事13件。6月6日，交警二大队副大队长吴海军为一位来自内蒙古即将流产的妇女提供帮助，部署警力，疏导交通，开通一条绿色交通通道，为孕妇母子平安争取时间；12月20日，交警二大队副大队长贾万良为定边肠梗阻女婴邓雪妍快速用警车开道，将其送到宁夏医科大学附属医院；12月24日，交警二大队中队长周永康驾驶警车为坠楼伤者开道，树立良好的城市交警新风尚。

（供稿人：苑克明　马玉萍）

检　察

【概况】 2014年，兴庆区检察院以执法办案为中心，规范执法为重点，贯彻落实上级工作会议精神，把握检察工作的新思路、新要求，查办和预防职务犯罪，密切关注社会治安和公共安全领域出现的新情况，突出打击“两抢一盗”、强奸、伤害等暴力犯罪和涉毒犯罪等严重影响人民群众安全感的犯罪行为。年内接待行贿犯罪档案查询人数6050人（次），进行行贿犯罪档案查询4389次；受理贪污贿赂等职务犯罪线索33件，立案侦查17件23人，其中大案13件15人，要案3件4人，移送审查起诉19件28人；收到法院有罪判决22件29人；受理渎职侵权案件线索8件，立案侦查1件2人，移送审查起诉2案5人，法院作有罪判决1案3人，查办职

2014年4月12日，兴庆区检察院开展立案监督工作

2014 年 2 月 9 日，兴庆区主要领导带领消防等部门检查火锅店内煤气罐使用情况

务犯罪立案人数位居自治区基层检察院首位。

【预防职务犯罪】 随着中央惩治和预防腐败的决心和力度不断加大，查办和预防职务犯罪无疑是检察工作的重中之重，兴庆区检察院党组在抓好全面工作的同时，把主要精力放在抓自侦工作上，深化“侦防一体化”工作格局，在重点行业、重大工程领域，采取宣传教育、预防咨询、检察建议等措施，开展个案预防、行业预防。在月牙湖乡、银川市公路管理局等单位开展职务犯罪预防“六进”活动；与兴庆区纪委、监察局联合开展重要节日“保廉促廉”倡议活动；与中铁十一局集团银川兵沟黄河大桥项目部签订《企检共建协议书》；在西夏热电厂、邮政储蓄银行等企业、单位开展警示教育讲座 15 次，开展预防咨询 5 次；针对大要案件开展“八个一”活动，抓好个案预防。

【提升批捕、起诉结案质效】 建立轻刑快办工作机制，简化诉讼文书制作，加快案件审查和内部审批速度，与公安机关沟通配合，提高了办案效率，部分案件当天完成审查、录入、提审、讨论、决定等程序；严把案件事实、证据、法律适用和程序关，执行非法证据排除规则，落实不诉案件回访制度，严控衡量办案质量的硬指标，杜绝“带病”批捕、起诉。年内受理公安机关提请批准逮捕案件 815 件 1113 人，经审查决定批准逮捕 558 件 731 人，不批准逮捕 256 件 380 人，公安机关撤回 1 件 2 人，结案率 100%；受理公安机关和检察院自侦部门移送审查起诉案件 847 件 1123 人，提起公诉 810 件 1055 人，不起诉 13 件 16 人，正在审查 24 件 52 人，结案率 97.2%。

【立案侦查监督】 监督公安机关立案 11 案 13 人，案数和人数同比分别上升 120%和 160%；监督公安机关撤销案件 21 案 28 人，案数和人数同比分别上升 61.5%和 21.7%；侦查追捕遗漏犯罪嫌疑人 58 人，与上年同比上升 34.9%；追诉遗漏犯罪嫌疑人 13 人，追加犯罪事实 36 起，追加漏罪 6 个；向公安机关发出纠正违法通知书 13 份，检察建议书 11 分，全部被采纳，与上年同比分别上升 57%和 80%。刑事审判监督，提请刑事抗诉 10 件 12 人，市检察院支持 8 件 9 人，法院改判 6 件 12 人；民事行政监督，受理申诉案件 57 件，对生效的民事行政判决裁定监督 8 件，对执行案件监督 36 件，向法院发出检察建议 27 份，法院采纳 25 件，不支持监督 3 件，终结审查 5 件；对审判程序违法行为的监督案件 3 件，发检察建议 2 件，法院采纳 2 件，不支持监督申请 1 件；办理行政执法监督案件 10 件，发检察建议 10 件全部被采纳；对社区矫正单位提出书面纠正意见 5 份并回复，监督监管机关撤销缓刑 5 人，对暂予监外执行罪犯收监执行 1 人。

【未成年人犯罪刑事检察】 建立未成年人犯罪刑事检察“捕、诉、防、控、监”一体化格局，落实宽严相济刑事政策，对初犯、偶犯、过失犯等轻微刑事案件，慎捕慎诉；深入辖区十几所中学开设“家长课堂”“心灵驿站”，举办法制讲座 15 次，发放《青少年犯罪案例选编》书籍、挂图、传单、视听资料等 3000 余份，受教育人数达 3 万余人；拍摄预防未成年人犯罪警示教育微电影《歧途》和未成年人犯罪检察工作纪实片《救赎》到学校监所等地播放，对未成年人及监护人进行法制宣传教育，有效预防未成年人犯罪。受理公安机关提请批捕案件 140 件 205 人，批准逮捕 110 件 157 人，受理公安机关移送起诉案件 119 件 199 人，起诉 114 件 192 人。对未成年犯罪嫌疑人不批捕 48 人，相对不起诉 3 人，依法保障未成年犯罪嫌疑人合法权益。微电影《歧途》通过新浪网向社会公开播放后点击率达 15 万次。收到了良好的社会效果和法律效果，未成年人犯罪刑事检察工作经验被《法治新报》《宁夏日报》《检察日报》多次报道，被自治区检察院、最高人民检察院向全区、全国检察机关转发。

【办理涉检信访案件】 开展“五心四声”服务，全面实行服务公示制，落实首问责任制，坚持检察长接访、控告申诉科与业务科室联合接访制度，及时化解矛盾。规范信访接待行为，做到信访接待无漏登、无流失、无拖办，服务方式

"零距离"、服务事项"零积压"、服务质量"零差错"。加强办理案件各个环节的风险评估，减少涉检信访案件发生。受理群众来信来访 234 件(次)，办理不服法院刑事判决申诉案件 5 件 5 人，刑事赔偿案件 1 件 1 人，刑事被害人救助 4 件 4 人，救助金额 5 万元。对 5 件 5 人举报有功人员进行奖励，奖励金额 14000 元。

【规范检察执法程序】 一是坚持案件质量"源头"把关机制。加强协商沟通和业务培训，统一执法思想和证据标准，提高批捕率，降低退侦率。二是强化办案内部督察机制。加强案件动态监督，案管中心采取"七查"法严把案件受理关口，及时对案件流转情况全程进行动态监督，并对整改落实情况跟踪监督，实现执法过程可视、可控、可查；所有案件由主管领导主持科务会集中讨论把关，对不捕、不诉案件从涉嫌犯罪事实、证据和法律适用三个方面，由承办人、部门负责人、主管检察长进行"三级分析"、"三级说理"；重大疑难案件、有争议或不捕、不诉、撤案等"敏感"案件由检委会集体研究决定，杜绝人为因素影响案件质量；疑难复杂和社会影响大的案件，邀请公、检、法资深专家、律师以及法学专家为案件"把脉"；采取"五查"法评查案件，减少执法不规范问题发生；加大督察问责力度，完善干警执法档案，使干警执法办案轨迹"一目了然"；严格落实不诉案件回访制度。三是拓展外部监督。充分利用信息化平台媒介深化检务公开，及时公开工作动态、案件信息和生效法律文书，做到以公开促公正、提质效；坚持定期向人大、政协汇报检察工作制度，主动接受监督；在重点乡镇建立民生检察服务站，开展"巡回检察"，及时解决群众合理诉求。全年召开检委会 94 次，审议决定各类案件 582 件。

（供稿人：何玉霞）

审　判

综　述

【概况】 兴庆区人民法院内设机构 18 个，核定政法编制 191 人，实有政法编干警 173 人，事业编干警 7 人。2014 年，围绕"司法为民、公正司法"主线，巩固和深化"全区综合性示范法院"品牌，深入学习贯彻党的十八大、十八届三中、四中全会精神，落实兴庆区"8531"工作思路，审务、队伍、政务建设等方面逐步走上规范化、精细化管理道路。年内受理各类案件 15396 件，结案 12740 件，同比上升 20.27%和 18.68%，审限内结案率 99.63%，同比上升 0.46 个百分点。其中，受理各类审判案件 11529 件，审结 9908 件；受理执行案件 3867 件，执结 2832 件，执结率为 73.24%，执结标的金额 6.93 亿元。被授予全国文明单位、全国法院少年法庭工作先进集体等多项荣誉，被自治区高院确定为"全区综合性示范法院"，全市法院"一岗双责"考核和兴庆区绩效考核连续四年蝉联第一名和优秀奖。

【刑事案件受理】 受理各类刑事案件 943 件 1295 人，已审结 881 件 1191 人，审限内结案率为 99.77%。坚持宽严相济刑事政策，依法严惩故意伤害、强奸、抢劫、抢夺等影响群众安全感的暴力犯罪案件，审结 265 件 446 人；依法从宽处罚轻刑事犯罪，判处缓刑、免于刑事处罚等非监禁刑 267 人；审结贪污贿赂、渎职犯罪案件 28 件 48 人，其中，原石嘴山市公安消防支队惠农区大队副大队长韩宝林贪污、挪用公款一案社会影响较大，经审理依法判处有期徒刑八年；严厉打击毒品犯罪、危险驾驶犯罪，分别审结 94 件 101 人和 106 件 106 人。

【民商事纠纷调处】 受理各类民商事案件 10446 件，审结 8900 件，审限内结案率 99.53%。依法审理关系到人民群众切身利益的案件，审结劳动争议、人身损害、财产损害、婚姻家庭、民间借贷等涉及民生的案件 3437 件；坚持"案结、事了、人和"的理念，诉前委托调解案件 1786 件，调解成功 1161 件，成功率 65.01%；深化判前释法、判后答疑、执行和解工作，民商事案件调撤率 56.20%。

2014 年 5 月 9 日，检察院干警到大新中学开展"青春护航"主题活动

【加大执行力度　维护法律权威】 开

展集中清理涉民生案件活动,成立保全组办理诉前及诉讼财产保全,预防审判阶段被告转移财产。执结追索劳动报酬、工伤赔偿等涉民生案件 181 件,财产保全案件 548 件,涉案标的达 1.6 亿元。提高执行威慑力,对被执行人开展限制高消费及悬赏执行,媒体曝光被执行人信息 4 次,涉及 160 个单位、494 人;对 17 名长期躲避执行的被执行人,以拒不履行人民法院生效裁判罪移送公安机关立案侦查;坚持阳光执行,对当事人有异议的案件,公开听证、代表委员监督执行 1 件、当事人见证执行 1345 件。

2014 年 7 月 19 日,最高人民法院院长周强(前右二)在兴庆区法院调研,现场查看二维码信息查询系统

【行政类案件调处】 受理各类行政案件 95 件,审结 82 件,审限内结案率 97.56%;受理行政非诉执行案件 13 件,执结 13 件,执行率为 100%;行政诉讼协调,经协调结案的行政诉讼案件占 56.48%。推行兴庆区、贺兰县、灵武市三县区行政案件相对集中管辖试点工作,其中受理涉及贺兰县的案件 10 件,涉及灵武市的案件 14 件。

【涉诉信访案件受理】 制定《兴庆区法院涉诉信访工作实施细则》,实行周一院领导接待、平时专职法官接待制度,成立涉诉信访办公室。接待群众来信来访 3761 人(件)次,受理信访案件 29 件,已化解 13 件;受理申诉、申请再审案件 31 件,再审 14 件,审结 14 件。加大司法救助力度,依法为经济确有困难的当事人减、缓、免诉讼费 31.58 万元,为 32 名特困当事人发放司法救助金 126 万余元。

【未成年人审判】 不断完善“三审合一”“合适成年人”参与诉讼、民事审判“社会观护员”等机制,拓展保护未成年人合法权益工作的广度和深度,受理未成年人刑事案件 148 件 272 人,结案 145 件 267 人,判处缓刑 103 人,重新犯罪率为 0.59%;受理未成年人民事案件 41 件,结案 40 件。

【刑事“轻刑快办”】 作为银川市政法委确定的“轻刑快办”试点法院,兴庆区法院在“轻刑快办”开展创新性工作,建立办案机制,审结“轻刑快办”案件 158 件 163 人,占同期受理刑事案件总数的 34.21%,平均审理天数仅为 7 天。

【城市管理巡回法庭】 城市管理巡回法庭利用现场办案、巡回审判、快速执结等方式,规范商户不文明行为,为行政机关提供法律指导。办结案件 4 件,配合城管开展专项治理 25 次,起到了治理一个,教育一片的作用。

【专业化合议庭】 专业化合议庭的建立和运行有力推进了专业化、职业化、精细化审判,为司法改革打下了良好的基础。七个专业化合议庭受理案件 3977 件,审结 3402 件,调撤 2913 件。

【完善审务管理体系】 制定《审判流程管理办法》《电脑随机分案管理办法》《裁判文书上网制度》《院领导办案制度》等 21 项制度,随机分案、扎口结案、审限审批统一管理,在中国裁判网录入生效裁判文书 5533 份。实行动态管理,上下班人像打卡,车辆全部安装 GPS 定位系统,将监察室按职责分为审务政务、民事执行案件、对外委托鉴定及评估拍卖三个督察小组,每周至少开展三次督察工作。全年领导班子成员带头办案 39 件,开展审务、政务督察 210 次,发出审务、政务督查通报 55 期,处罚 240 人次,其中当场处罚 6 次,发出建议书、告知书共计 18 份,结案均衡度达到 0.71%。

【庭审监督】 认真办理人大转办、督办的案件,落实政协委员提案,制定《关于主动接受政协民主监督员监督办法》,庭审过程邀请人大代表、政协委员旁听庭审、评查案件、调研法院工作 97 人次,聘请 3 名民主监督员担任廉洁司法监督员;新增选人民陪审员 80 名,将所有人民陪审员聘为人民调解员、廉洁司法监督员,落实人民陪审员“倍增计划”,人民陪审员参与审理案件 2363 件,陪审率为 91.24%。

【建立信息化平台,提供为民司法服务】 自主设计无线自助服务系统,群众在法院审判区域可以随意查询诉讼指南、开

庭信息等22项内容；开通网上预约立案，缩短立案时间；开通远程开庭视频为困难当事人节约诉讼成本，提升了审判效率；LED大屏每日直播一个庭审，满足群众旁听庭审需求。

【落实依法治区工作】 开展送法进校园活动，以模拟法庭、讲法制课的方式营造学法、守法、用法氛围。结合“12·4”国家宪法日、民族团结月等载体，邀请各界人士1000余人走进法院，深入社区、村镇、工地开展“进社区”、“法院开放日”活动，举办座谈会、法律讲座、法律咨询31场次，巡回办案128件，诉前化解各类纠纷64件。

典型案例

【何某非法经营罪一审刑事判决书】

公诉机关：宁夏回族自治区银川市兴庆区人民检察院。

被告人：何某，女，1969年10月9日出生，汉族，初中文化，个体从业人员，户籍所在地湖北省天门市，住宁夏回族自治区银川市兴庆区。2014年5月16日因涉嫌非法经营罪，由银川市公安局直属分局刑事拘留，同年6月19日经本院批准，同日由银川市公安局直属分局执行逮捕。现羁押于银川市看守所。

辩护人：何明，陕西知本律师事务所律师。

银川市兴庆区人民检察院以银兴检刑诉字(2014)第589号起诉书指控被告人何某犯非法经营罪，于2014年10月16日向本院提起公诉。本院依法组成合议庭，于2014年11月11日公开开庭进行了审理。银川市兴庆区人民检察院指派代理检察员张楠出庭支持公诉，被告人何某及其辩护人到庭参加诉讼。现已审理终结。

银川市兴庆区人民检察院指控，2013年6月至11月，被告人何某在银川市兴庆区长城东路“强人”劳保专卖店先后向李某甲、王某某销售未取得无线电型号核准代码的无线电发射设备(工作频率为934-954MHz)两套，得款11.9万元。经鉴定，何某销售的无线电发射设备在工作状态下能够干扰和屏蔽一定范围内的移动运营商信号，并搜索出附近的手机号码，将短信发送到这些手机上，其工作原理与“伪基站”的工作原理完全相符。

公诉机关认为，被告人何某的行为已构成非法经营罪，应适用《中华人民共和国刑法》第二百二十五条之规定定罪量刑，并提交了证实被告人犯罪的关于无线电发射设备的检测说明、证人证言、被告人供述、常住人口信息等相关证据。

被告人何某辩称，其销售未取得无线电型号核准代码的无线电发射设备二套，只得款110000元。对公诉机关指控的其他犯罪事实无异议，表示自愿认罪。

被告人何某的辩护人提出的辩护意见是，非法经营数额应为110000元。被告人何某具有坦白情节，当庭悔罪态度积极，主观恶性较小，请求对其适用缓刑。

经审理查明，2013年6月至11月，被告人何某在其经营的银川市兴庆区长城东路“强人劳保专卖店”，通过其表弟施某先后向李某甲、王某某销售未取得无线电型号核准代码的无线电发射设备(工作频率为934-954MHz)两套，得款110000元。后销售给王某某无线电发射设备因质量问题被退货，向王某某退款50000元。经鉴定，何某销售的无线电发射设备在工作状态下能够干扰和屏蔽一定范围内的移动运营商信号，并搜索出附近的手机号码，将短信发送到这些手机上，其工作原理与“伪基站”的工作原理完全相符。被告人何某归案后如实供述其犯罪行为。

上述事实，有公诉机关当庭出示，并经法庭质证、认证的以下证据予以证实：

(一)常住人口信息，证实被告人何某犯罪时系成年人。

(二)个体工商户营业执照，证实“强人劳保专卖店”经营范围及方式为皮鞋、劳保用品零售，无经营电子通讯产品的相关资质。

(三)顺丰速运快递单信息，证实犯罪嫌疑人何某在银川接受其弟弟何卫兵通过顺丰速递运送的涉案“伪基站”设备的事实。

(四)证人李某乙的证言，证实大约2013年8、9月份，何某分别收到两台无线电子设备，设备由快递送至何某的商店，包装上写着何某的名字，是何某签收的设备的事实。

(五)证人施某的证言，证实2013年初，何卫兵给何某和施某分别电话，说其与他人合伙生产了一款电子产品，可群发广告，让何某和其在银川联系出售。施某通过部队干部田某先后以60000元和50000元出售了两台“伪基站”设备，钱都交给何某了。后来有一套设备退回到田某处，田某催施某把50000元货款退回来，因为何某劳保店用钱紧张，施某就替何某把50000元退款给了田某的事实。

(六)证人田某的证言，证实2013年7月左右，田某受施某委托帮忙销售“短信群发”无线电设备，田某联系到了王某。后田某通过王某联系到了设备的买家，先后二次出售给买家，取货地点是何某的“强人劳保专卖店”，两套设备销售金额分别为60000元和50000元，全部由王某交付给了施某。后来，有一套设备从王某处退回到田某处，田某通知施某拿走，施某以没时间为由，一直没拿的事实。

(七)证人王某证言，证实2013年6月，李某甲告诉王某，自己想要购买一台“伪基站”设备。王某便通过田某联系到施某，从何某店内取得一台“伪基站”设备，将设备以60000元的价格卖给了李某甲。2013年9月，王某又欲购买一台“伪基站设备”。王某请来李某甲帮忙检验设备有无缺损，其验货后发现少一台电脑，施某承诺随后将所缺电脑补上，王某便交付了先前谈好的50000元现金。几天后，王某从电视、网络上了解到使用这种设备是违法的，便将这套设备退给了施某，施某返还了50000元货款的事实。

（八）证人李某甲证言，证实2013年7月，李某甲联系王某，想要购买一套“伪基站设备”，王某取得设备后便让李某甲去森林半岛交易，李某甲到达森林半岛后以60000元的价格购得了设备，完成了交易。后李某甲让其朋友蒲某用设备尝试发短信，2013年11月27日，蒲某外出使用该设备，并于2013年11月30日被满城北街派出所抓获，设备也被没收了。几天后，王某说也买了一套一样的设备，让李某甲看下，李某甲拆开王某的箱子，发现少了一台笔记本电脑，李某甲告诉王某该套设备缺东西的事实。

（九）证人蒲某的证言，证实2013年11月27日，李某甲让其帮忙试试一套短信群发设备，蒲某把设备放在车里，外出测试，但觉得有问题。同月30日继续出去测试，车开到新城，蒲某打开设备，准备试试设备，突然被无线电管委会和公安民警抓获。

（十）被告人何某的供述，证实其一共出售了两套无线电发射设备，这两套设备均通过表弟施某帮忙销售，施某联系好买家后，有人从其劳保店取货。这两套设备，一套出售了60000元，一套出售了50000元。这两套设备销售的具体时间记不清，大概一次是6月份出售的，一次是7月份。具体卖给谁也不清楚，都是施某在帮忙联系。何某还称全套设备由一台电脑，一部主机，一个天线，和一部类似老式电话的东西组成，可以对周围200米范围内群发广告短信。以50000元销售出去的设备，买家以质量问题退货，当时因何某资金紧张，施某帮其垫了50000元退款的事实.

（十一）银行账户信息及交易流水信息、施某银行卡复印件，证实户名为“银川市兴庆区强人劳保专卖店”的主账号为64×××43，持卡人姓名为何某，该户POS机于2013年7月28日分别和卡号为53×××17、40×××82的施某持有并使用的银行卡刷卡交易共计119000元。何某于次日从银行取出相应款项的事实。

（十二）鉴定聘请书、鉴定意见、鉴定意见通知书，证实银川市公安局直属分局委托宁夏回族自治区无线电管委会进行鉴定，被告人的设备是无型号、无厂家的私自组装的无线电发射设备，其工作原理与“伪基站”的工作原理完全相符。该鉴定结果已经告知被告人，被告人对此无异议。

（十三）伪基站照片，证实涉案“伪基站”设备的外观以及其各部分组成结构的事实。

（十四）宁夏无线电管理行政执法文书，证实2013年11月30日，宁夏无线管理委员会查扣何某卖给李某甲并由蒲某使用的伪基站设备的事实。

（十五）移交物品、文件清单，证实中国人民解放军某部队政治部向银川市公安局直属分局移交了涉案伪基站。Acer牌笔记本电脑一台、天线两个、灰白色机箱两个、黑色机箱一个的事实。

（十六）扣押物品清单，证实2014年5月15日，银川市公安局直属分局从何某处扣押了acer牌微型计算机一台、三星牌手机一部、账本一本的事实。

（十七）抓捕经过，证实2014年5月15日，公安机关将被告人何某抓获的事实。在抓捕过程中，被告人没有反抗行为，其对违法行为供认不讳。

本院认为，被告人何某违反国家规定，非法销售“伪基站”设备，经营数额达11万元，其行为已构成非法经营罪。公诉机关指控被告人犯罪的罪名成立。对何某应处五年以下有期徒刑或者拘役，并处或者单处违法所得一倍以上五倍以下罚金。公诉机关指控被告人何某非法经营数额为119000元的意见，经查，被告人何某供述其共出售了两套无线电发射设备，得款110000元，且证人施某、田某、王某、李某甲证言证实何某分别以60000元和50000元的价格，出售了两套无线电发射设备，证据间能够相互印证，故诉机关指控被告人何某非法经营数额为119000元的意见本院不予支持，本院认定被告人何某非法经营数额为110000元。被告人及其辩护人相应辩解意见，本院予以采纳。被告人何某归案后如实供述犯罪事实，具有坦白情节，依法可从轻处罚。根据被告人何某的犯罪情节及悔罪表现，依法可对其适用缓刑。辩护人的相应辩护意见，本院予以采纳。为了维护社会秩序，保护经营许可证的市场管理制度不受侵犯。依照《中华人民共和国刑法》第二百二十五条第（一）项、第六十七条第三款、第七十二条第一款、第三款、第七十三条第二款、第三款、第五十二条、第五十三条之规定，判决如下：

被告人何某犯非法经营罪，判处有期徒刑一年，缓刑二年，并处罚金人民币五万元（罚金已交纳）。

（缓刑考验期限从判决确定之日起计算）。

如不服本判决，可在接到判决书的第二日起十日内，通过本院或直接上诉于宁夏回族自治区银川市中级人民法院，书面上诉的，应当提交上诉状正本五份。

审 判 长　　毛晓红
代理审判员　　严　辉
人民陪审员　　刘长兴

二〇一四年十二月六日
书 记 员　　段　琼

附：本案适用的法律条文

《中华人民共和国刑法》

第二百二十五条　违反国家规定，有下列非法经营行为之一，扰乱市场秩序，情节严重的，处五年以下有期徒刑或者拘役，并处或者单处违法所得一倍

以上五倍以下罚金；情节特别严重的，处五年以上有期徒刑，并处违法所得一倍以上五倍以下罚金或者没收财产：

（一）未经许可经营法律、行政法规规定的专营、专卖物品或者其他限制买卖的物品的；

（二）买卖进出口许可证、进出口原产地证明以及其他法律、行政法规规定的经营许可证或者批准文件的；

（三）未经国家有关主管部门批准非法经营证券、期货保险业务的，或者非法从事资金支付结算业务的；

（四）其他严重扰乱市场秩序的非法经营行为。

第六十七条　犯罪以后自动投案，如实供述自己的罪行的，是自首。对于自首的犯罪分子，可以从轻或者减轻处罚。其中，犯罪较轻的，可以免除处罚。

被采取强制措施的犯罪嫌疑人、被告人和正在服刑的罪犯，如实供述司法机关还未掌握的本人其他罪行的，以自首论。

犯罪嫌疑人虽不具有前两款规定的自首情节，但是如实供述自己罪行的，可以从轻处罚；因其如实供述自己罪行，避免特别严重后果发生的，可以减轻处罚。

第七十二条　对于被判处拘役、三年以下有期徒刑的犯罪分子，同时符合下列条件的，可以宣告缓刑，对其中不满十八周岁的人、怀孕的妇女和已满七十五周岁的人，应当宣告缓刑：

（一）犯罪情节较轻；

（二）有悔罪表现；

（三）没有再犯罪的危险；

（四）宣告缓刑对所居住社区没有重大不良影响。

宣告缓刑，可以根据犯罪情况，同时禁止犯罪分子在缓刑考验期限内从事特定活动，进入特定区域、场所，接触特定的人。

被宣告缓刑的犯罪分子，如果被判处附加刑，附加刑仍须执行。

第七十三条　拘役的缓刑考验期限为原判刑期以上一年以下，但是不能少于二个月。

有期徒刑的缓刑考验期限为原判刑期以上五年以下，但是不能少于一年。

缓刑考验期限，从判决确定之日起计算。

第五十二条　判处罚金，应当根据犯罪情节决定罚金数额。

第五十三条　罚金在判决指定的期限内一次或者分期缴纳。期满不缴纳的，强制缴纳。对于不能全部缴纳罚金的，人民法院在任何时候发现被执行人有可以执行的财产，应当随时追缴。如果由于遭遇不能抗拒的灾祸缴纳确实有困难的，可以酌情减少或者免除。

【黄某甲单位行贿罪一审刑事判决书】

公诉机关：宁夏回族自治区银川市兴庆区人民检察院。

被告人：黄某甲，男，1981 年 11 月 30 日出生，汉族，高中文化，户籍所在地福建省南安市，住宁夏回族自治区银川市兴庆区。2014 年 9 月 25 日因涉嫌犯单位行贿罪，由银川市兴庆区人民检察院取保候审。

银川市兴庆区人民检察院以银兴检刑诉字（2014）第 665 号起诉书指控被告人黄某甲犯单位行贿罪，于 2014 年 11 月 21 日向本院提起公诉。本院依法组成合议庭，于 2014 年 12 月 4 日公开开庭审理了本案。银川市兴庆区人民检察院指派检察员王金宝出庭支持公诉，被告人黄某甲到庭参加诉讼。现已审理终结。

银川市兴庆区人民检察院指控，2009 年 1 月至 9 月，被告人黄某甲担任宁夏紫云花都娱乐有限公司法定代表人、执行董事期间，为使宁夏紫云花都娱乐有限公司在日常经营中获得当地公安机关的照顾，黄某甲通过金某（另案处理）给予时任银川市兴庆区政法委书记、银川市公安局兴庆区分局局长周某现金 10 万元。

公诉机关认为，被告人黄某甲作为宁夏紫云花都娱乐有限公司的法定代表人，为单位谋取不正当利益而行贿，其行为已构成单位行贿罪。应适用《中华人民共和国刑法》第三百九十三条之规定定罪量刑。为证明被告人黄某甲犯罪，公诉机关向法庭提交了被告人黄某甲的常住人口信息、证人金某、周某的等人的证言、被告人黄某甲的供述等证明被告人犯罪的证据。

被告人黄某甲对公诉机关指控单位行贿罪的罪名不表异议，并表示自愿认罪。

经审理查明，2009 年 1 月至 9 月，被告人黄某甲担任宁夏紫云花都娱乐有限公司法定代表人、执行董事期间，为使宁夏紫云花都娱乐有限公司在日常经营中获得当地公安机关的照顾，黄某甲通过金某（另案处理）给予时任银川市兴庆区政法委书记、银川市公安局兴庆区分局局长周某现金 10 万元。被告人黄某甲归案后如实供述了自己的犯罪行为。

另查明，2012 年 10 月 23 日，经银川市工商行政管理局批准，宁夏紫云花都娱乐有限公司注销。

上述事实，被告人黄某甲在开庭审理中无异议，并有公诉机关提供，经法庭质证、认证的被告人黄某甲的户籍证明、立案决定书、企业信息、企业变更信息、公司设立登记审核表、公司设立登记申请书、公司董事会成员、监事会成员、经理情况、宁夏紫云花都娱乐有限公司法定代表人登记表、核发《企业法人营业执照》及归档情况、宁夏紫云花都娱乐有限公司公司章程、指定代表或者共同委托代理人的证明、任职书、房屋租赁合同、卫生许可证、娱乐营业许可证、公司变更登记申请书、企业登记办颁证及归档记录表、指定代表或者共同委托代理人的证明、章程修正案、股东会决定、任职书、宁夏紫云花都娱乐有限公司法定代表人登记表、宁夏紫云花都有限公司股东出资情况表、股权转让协议、公司注销登记申请表、指定代表或者共同委托代理人的证明、股东大会决议、注销税务登记申请审批表、宁夏紫云花都娱乐有限公司清算报告、注销公告、证明、企业法人营业执照、工商企业印章缴毁登记表、双重户口注销证明、被告人黄某甲自述材料、证人金某、周某、黄某乙的证言、被告人黄某甲在公安机关及庭审的供述、被告人黄某甲的身份证复印件予以证实,足以认定。

本院认为,被告人黄某甲作为宁夏紫云花都娱乐有限公司的法定代表人,向党政领导、司法工作人员行贿10万元,其行为已构成单位行贿罪。公诉机关指控的被告人黄某甲犯单位行贿罪的罪名成立,本院予以采纳。对被告人黄某甲应处五年以下有期徒刑或者拘役。被告人黄某甲归案后如实供述了其犯罪事实,系坦白,依法可从轻处罚。根据被告人黄某甲的犯罪情节及悔罪表现,依法可对被告人黄某甲适用缓刑。为了维护社会秩序,保护国家工作人员职务行为的廉洁性不受侵犯,依照《中华人民共和国刑法》第三百九十三条、第三十条、第三十一条、第六十七条第三款、第七十二条第一款、第七十三条第一款、第三款之规定,判决如下:

被告人黄某甲犯单位行贿罪,判处拘役五个月,缓刑一年。

(缓刑考验期从判决确定之日起计算)。

如不服本判决,可在接到判决书的第二日起十日内,通过本院或直接上诉于宁夏回族自治区银川市中级人民法院,书面上诉的,应当提交上诉状正本五份。

审 判 长　　刘 旭
代理审判员　　严 辉
代理审判员　　孙 锋

二〇一四年十二月八日
书 记 员　　姚 艳

附:本判决所适用的法律条文

《中华人民共和国刑法》

第三百九十三条　单位为谋取不正当利益而行贿,或者违反国家规定,给予国家工作人员以回扣、手续费,情节严重的,对单位判处罚金,并对其直接负责的主管人员和其他直接责任人员,处五年以下有期徒刑或者拘役。因行贿取得的违法所得归个人所有的,依照本法第三百八十九条、第三百九十条的规定定罪处罚。

第三十条　公司、企业、事业单位、机关、团体实施的危害社会的行为,法律规定为单位犯罪的,应当负刑事责任。第三十一条单位犯罪的,对单位判处罚金,并对其直接负责的主管人员和其他直接责任人员判处刑罚。本法分则和其他法律另有规定的,依照规定。第六十七条犯罪以后自动投案,如实供述自己的罪行的,是自首。对于自首的犯罪分子,可以从轻或者减轻处罚。其中,犯罪较轻的,可以免除处罚。

被采取强制措施的犯罪嫌疑人、被告人和正在服刑的罪犯,如实供述司法机关还未掌握的本人其他罪行的,以自首论。

犯罪嫌疑人虽不具有前两款规定的自首情节,但是如实供述自己的罪行的,可以从轻处罚;因其如实供述自己罪行,避免特别严重后果发生的,可以减轻处罚。

第七十二条　对于被判处拘役、三年以下有期徒刑的犯罪分子,同时符合下列条件的,可以宣告缓刑,对其中不满十八周岁的人、怀孕的妇女和已满七十五周岁的人,应当宣告缓刑:(一)犯罪情节较轻;(二)有悔罪表现;(三)没有再犯罪的危险;(四)宣告缓刑对所居住社区没有重大不良影响。

宣告缓刑,可以根据犯罪情况,同时禁止犯罪分子在缓刑考验期限内从事特定活动,进入特定区域、场所,接触特定的人。

被宣告缓刑的犯罪分子如果被判处附加刑,附加刑仍须执行。

第七十三条　拘役的缓刑考验期限为原判刑期以上一年以下,但是不能少于二个月。有期徒刑的缓刑考验期限为原判刑期以上五年以下,但是不能少于一年。缓刑考验期限,从判决确定之日起计算。

【贺鹏与宁夏医科大学总医院医疗损害责任纠纷一审民事判决书】 原告:贺鹏,男,1990年11月29日出生,汉族,无业,住宁夏回族自治区永宁县。

委托代理人:杨秀芳(系原告之母),农民,住宁夏回族自治区永宁县。

委托代理人:王春毅,宁夏灵州律师事务所律师。

被告:宁夏医科大学总医院,住所地宁夏回族自治区银川市兴庆区。

法定代表人:杨银学,该院院长。

委托代理人:刘笑天,宁夏合天律师事务所律师。

原告贺鹏诉被告宁夏医科大学总医院医疗损害责任纠纷一案,本院于2014年3月21日立案受理。依法由审判员张志华适用简易程序于2014年4月16日公开开庭进行了审理。诉讼中,原告申请本院于2014年6月25日通过银川市中级人民法院委托北京天平司法鉴定中心对被告宁夏医科大学总医院对患者贺鹏实施的诊疗行为是否存在过错参与度、对患者贺鹏实施的诊疗行为与贺鹏的损害结果之间是否存在因果关系、贺鹏的伤残等级进行鉴定。第一次庭审中,原告的委托代理人杨秀芳、王春毅到庭参加诉讼,被告的委托代理人刘笑天到庭参加诉讼。后因案情复杂,本院裁定转入普通程序,并依法组成合议庭,于2014年11月10日公开开庭进行了审理。第二次庭审中,原告贺鹏的委托代理人王春毅、杨秀芳到庭参加诉讼,被告宁夏医科大学总医院的委托代理人刘笑天到庭参加诉讼。本案现已审理终结。

原告诉称，原告因右上肢刺伤，于2013年9月29日晚上12时左右，到被告处急诊室诊疗，由于急诊科大夫对病人的原发损伤没有按照医疗诊治规范及时处理，在2013年9月30日凌晨六点才告知原告的家属将病人转院到宁夏医科大学总医院心脑血管病医院救治，而手术开始时已是九点四十分，延误了最佳治疗时机，最终导致原告右上肢前臂截肢的严重后果，给原告留下终身残疾。依据北京天平司法鉴定中心的鉴定意见：1. 宁夏医科大学总医院对被鉴定人贺鹏的诊疗过程中存在医疗过失，医疗过失与被鉴定人贺鹏相关损害后果之间存在因果关系，属主要责任；2. 被鉴定人贺鹏伤情构成Ⅴ级伤残。由于被告延误了最佳治疗时机，导致原告被截肢的后果，被告的侵权行为，损害了原告的身体健康，并且给原告造成极大的精神伤害。故原告诉至法院，请求依法判令：一、被告赔偿原告医疗费24428.68元、误工费12240元（48961元／年÷12月×3个月）、陪护费10000元（45933元／年÷365天×93天）、住院伙食补助费400元、营养补助费1500元、交通费1247.4元、医疗事故鉴定费2000元、伤残赔偿金237976.8元（19831.4元／年×20年×60%）、精神损害抚慰金100000元、残疾辅助器具费500000元、司法鉴定费5000元，以上各项共计896665.88元；二、本案诉讼费由被告承担。诉讼中，原告申请增加伤残赔偿金24019.2元。

原告围绕其诉讼请求向本院提交以下证据：

证据一：门诊病历、住院病案、医疗事故鉴定书各一份，证明目的：原告于2013年9月29日晚12时左右在被告处急诊科就诊，原告自2013年9月29日晚12时入院，开始手术却是在9个多小时后进行的，直接造成原告的右上肢远端肌肉缺血性坏死，依据专家组分析意见，因院方延误最佳治疗时间，以及不规范的诊疗行为，最终导致原告的残疾。依据鉴定结论，被告对原告的治疗构成二级丁等医疗事故，相当于五级伤残，被告应按五级伤残赔偿。被告对原告提交的该组证据中的门诊病历、住院病案的真实性认可，对证明目的不予认可。对医疗事故的真实性、合法性、关联性均不予认可，该医疗事故鉴定已经原告申请撤销，不是合法有效的鉴定结论，无法证明原告的伤残等级。

证据二：治疗费票据39张、医疗事故鉴定费票据1张及部分交通费票据，证明目的：原告在被告处的急诊科支付诊疗费为6335.47元，住院期间的诊疗费为18093.21元，两项合计24428.68元，支付事故鉴定费2000元，交通费为1247.4元。被告对原告提交的该组证据中的医疗费收据的真实性予以认可，对鉴定费票据不予认可，该鉴定是原告单方委托鉴定的，且该鉴定并未生效，应该由原告自行承担。对交通费票据均不予认可，该票据无法体现这些花费是因为患者诊疗所需，且大部分票据的时间都是2014年3月份的，望法庭酌情处理。

证据三：房租协议，某某家常菜馆证明，街道办事处介绍信各一份，证明目的：原告的母亲于2011年3月10日与李某甲签订租房协议，租赁房屋的地址位于银川市西夏区，面积50平方米，每月租金600元。原告于2011年5月至2013年9月期间在宁夏银川市西夏区同兴路某某家常菜馆打工，原告在该社区居住近三年的事实。被告对原告提交的该组证据均不认可，认为应当以原告的户籍登记地为准，即使要证明在城镇居住，应当有暂住证予以证明，对这些证据的真实性无法确认。

证据四：假肢安装诊断证明一份，证明目的：原告在德林义肢康复器材有限公司银川分公司预订的假肢型号为：AEDZ37上臂感应曲肘旋腕电子手，一个义肢的价格为100880元，使用年限为每十年更换一次。被告对原告提交的该证据认为只能证明原告现安装的价格，不是鉴定机构的意见，对证明目的不予认可。

证据五：病历及照片各一份，证明目的：现在原告变得暴躁、孤僻，精神出现异常，在家中常常对其母亲拳打脚踢，与以前判若两人，原告因右上肢截肢出现精神分裂。被告对原告提交的该证据不予认可，与本案无关联性，也没有相关鉴定机构的意见，不能证明其证明目的，且该证据的真实性无法确认，不予认可。对患者的精神是否分裂，应由相关司法鉴定部门鉴定，被告认为患

2014年12月4日，兴庆区法院法官集体宣誓

者即便患有精神分裂，也不能证明与被告诊疗行为有因果关系。

证据六：鉴定费票据、北京天平司法鉴定中心的司法鉴定书各一份，证明目的：原告向北京天平司法鉴定中心交纳鉴定费5000元，司法鉴定意见为被告宁夏医科大学总医院在对被鉴定人贺鹏的诊疗过程中存在医疗过失，医疗过失与被鉴定人贺鹏相关损害后果之间存在因果关系，属主要责任，且被鉴定人贺鹏的伤情构成V级伤残。被告对原告提交的鉴定费凭证的真实性认可，对金额以发票为准。对该鉴定意见书不予认可。该鉴定中心认为被告在诊疗过程中延误最佳诊疗时机，存在过错，系主要责任，原告认为该鉴定结论依据不足。根据原告向法庭提交的急诊科病历的记载，值班医生实施了一系列符合诊疗规范的诊疗行为，并向患者家属告知了相关诊疗事项及风险，结合原告提供的《宁夏医科大学总医院临时医嘱单》，说明被告对患者给予了积极及时的治疗。根据住院病案记载，不存在观察动脉、神经记录不详的情形。鉴定机构对被告贻误患者最佳治疗时机的分析没有考虑到患者当时的病情危重情况，被告未在第一时间对患者进行损伤手术治疗是因为患者刀砍伤造成大动脉出血，患者当时不具备手术条件。患者的损害后果，主要是因为他人刀砍伤伤情严重所致，而非被告的诊疗行为所致，被告认为该鉴定意见书鉴定结论依据明显不足。

被告辩称，被告天平司法鉴定中心出具的司法鉴定意见依据不足，原告要求被告承担责任没有事实依据和法律依据。关于原告的诉请，医疗费、陪护费、住院伙食补助费、交通费在被告认可的范围内请法庭予以确认。医疗事故鉴定费2000元因被告已经撤销，该鉴定没有产生效力，不能证明原告的伤残等级为五级，应该由原告自行承担。关于残疾赔偿金，被告认为应当按照原告户籍登记为准，以农村人口的标准计算。关于残疾辅助器具费，原告主张的500000元没有实际发生，待发生后另行主张。

被告围绕其诉讼请求向法庭提交鉴定费发票一份，证明其替原告在北京天平司法鉴定中心支付鉴定费5000元的事实。原告对被告提交的该证据的真实性，合法性，关联性无异议。

经审理查明，原告因右上肢被刀砍伤，于2013年9月29日晚上12时许到被告急诊科治疗，2013年9月30日凌晨六点被转到被告心脑血管病医院住院救治。被诊断为：失血性休克；右上肢刀砍伤，右尺桡动脉断裂，右上肢正中神经、桡神经断裂，右前臂缺血坏死。当日，被行右上肢肘关节离断术，于2013年10月8日治愈出院。门诊及住院治疗共计9天，支付医疗费24428.68元（其中门诊费6335.47元，住院期间的治疗费18093.21元）。原告在住院治疗期间，医嘱陪护一人，住院及出院后的恢复期间主要由其母杨秀芳护理，杨秀芳系农民。现原告以被告延误了最佳治疗时机，导致其右上肢前臂截肢为由诉至本院，请求依法判如所请。

另查明，诉讼前，原告于2013年12月30日通过银川市卫生局委托银川市医学会对宁夏医科大学总医院于2013年9月30日至2013年10月8日期间对患者贺鹏的医疗行为，是否构成医疗事故进行鉴定，专家组分析意见为：一、急诊病历书写不详细，具体就诊时间不准确，无会诊记录、诊疗过程记录不详。二、诊治不规范，无血压记录，止血带上松记录不详，观察动脉、神经记录不详；三、对原发损失未及时处理，导致延误最佳治疗时间，导致最终结果。鉴定结论为：根据《医疗事故处理条例》和《医疗事故分级标准（试行）》的有关规定，专家组一致认为本例构成二级丁等医疗事故。为此，本案原告向银川市医学会交纳鉴定费2000元。本案被告不服银川市医学会作出的鉴定结论，向宁夏回族自治区医学会申请复鉴。在复鉴期间，原告将被告诉至本院，在诉讼中，原告向宁夏回族自治区医学会申请终止对医疗事故进行鉴定，2014年4月17日，该医学会下发通知终止对原被告医疗事故争议的技术鉴定，该医疗事故鉴定意见未发生法律效力。根据原告申请，本院于2014年6月25日通过银川市中级人民法院委托北京天平司法鉴定中心对被告宁夏医科大学总医院对患者贺鹏实施的诊疗行为是否存在过错及参与度；对患者贺鹏实施的诊疗行为与贺鹏的损害结果之间是否存在因果关系；贺鹏的伤残等级进行鉴定。2014年10月21日，北京天平司法鉴定中心作出北天司鉴（2014）临鉴字1186号《北京天平司法鉴定中心司法鉴定意见书》一份，鉴定意见为：宁夏医科大学总医院对被鉴定人贺鹏的诊疗过程中存在医疗过失，医疗过失与被鉴定人贺鹏相关损害后果之间存在因果关系，属主要责任；被鉴定人贺鹏伤情构成V级伤残。在鉴定过程中，原、被告各自向鉴定机构交纳鉴定费5000元。

再查明，原告系农村户口，2011年5月至2013年9月期间在银川市西夏区某某家常菜馆打工，银川市西夏区文昌路街道办事处文昌北路社区居委会出具证明，原告自2011年3月10日起一直租住在三公司家属区。宁夏回族自治区2013年颁行的在岗职工年平均工资为48961元，城镇居民可支配收入为19831.4元/年，城镇居民人均消费性支出为14067.2元，餐饮业为28920元，农村居民人均纯收入为6180.3元。

上述事实有原、被告当庭陈述及医疗费票据、鉴定费票据、交通费票据、房租协议、某某家常菜馆证明、街道办事处介绍信、假肢安装诊断证明、病例、照片、司法鉴定意见书在案为凭，经开庭质证和本院审查核实，可以采信。

本院认为，因医疗行为引起的侵权诉讼，原告应当对医疗机构对患者有过错、损害后果、诊疗活动与损害后果之间存在因果关系承担举证责任。其上述

举证的过程，即为进行司法过错鉴定的过程。专门鉴定机构作出的医疗机构是否在诊疗过程中存在过错以及诊疗行为与损害后果之间是否具有因果关系的鉴定结论，作为证据形式之一，在医疗损害赔偿纠纷案件中具有极为重要的证明价值。

本案中，北京天平司法鉴定中心对作为医疗机构的被告对原告的诊疗行为是否存在过错、是否具有因果关系作出明确评价，经本院审查核实可以确认以下事实：2013年9月29日晚22时许原告主因“刀砍伤右上肢1小时”至被告门诊治疗，门诊初步诊断失血性休克，右上肢刀砍伤，血管损失。于2013年9月30日7时46分入住被告医院，后行手术治疗。从原告伤后至手术治疗时间在10小时以上，被告的急诊病历中并未详细记载抢救情况，具体就诊时间不明确，原告休克程度、治疗措施以及休克纠正情况无相关记录，急诊病历中无血压记录，止血带上松记录不详，动脉、神经观察情况记录不详。被告在急诊时已考虑到可能存在血管损伤，并未及时进行血运重建，错过最佳治疗时机，导致原告右上肢肘关节以上截肢。被告的诊疗行为与原告的损害后果之间存在因果关系。结合以上事实，并参照鉴定机构出具的鉴定意见，本院确认被告的过错参与度为80%并承担与过错参与度相一致的赔偿责任较宜。

关于原告诉请的医疗费，因原告住院治疗自行支付医疗费24428.68元，本院予以确认。因原告共计住院8天，关于原告诉请的住院伙食补助费400元，本院予以支持，超出部分不予支持。原告主张的交通费问题，因该项开支系原告治疗及其家人到北京天平司法鉴定中心参加司法听证会必然产生的合理费用，故本院确认该项支出为1000元较宜。关于原告主张的护理费及误工费问题，因原告在住院治疗及康复期间由其母亲主要陪护，医嘱陪护一人，其母亲系农民。对于护理费的计算标准，应当参照2013年度本地区农村居民人均纯收入6180.3元为标准，结合2004公安部颁行人身损害受伤人员误工损失评定准则（GA／T521-2004）肢体离断误工时间为90日以及原告住院治疗9天，本院确认原告的护理费为1676元（6180.3元／年÷365天×99天）；在事故发生前从事厨师职业，参照宁夏回族自治区2013年度颁行的餐饮业为28920元为标准，原告的误工费为7844元（28920元／年÷365天×99天）。关于原告主张的残疾赔偿金问题，原告生于1990年11月29日，在事故发生前从事厨师，参照宁夏回族自治区2013年度颁行的城镇居民人均可支配收入为19831.4元为标准，结合原告的伤残程度（五级）本院确认原告主张的残疾赔偿金为237976.8元（19831.4元×20年×60%）。关于原告主张的营养费问题，结合原告的伤情本院酌定原告的营养费为1000元。

综上，被告应当按照80%的赔偿责任向原告共计赔偿各项损失为219460.38元[（医疗费24428.68元+住院伙食补助费400元+交通费1000元+护理费1676元+误工费7844元+营养费1000元+残疾赔偿金237976.8元）×80%]。关于原告主张的精神损害抚慰金，鉴于被告的过错医疗行为，使得原告遭受了较大的精神痛苦，本院酌定被告赔偿原告精神损害抚慰金20000元较宜，超出部分不予支持。关于原告主张的残疾辅助器具费问题，虽然原告向本院提交了假肢安装诊断证明书一份，但原告未实际安装，该笔费用也未实际发生，故对原告的该项诉请本院不予支持，待实际发生后，原告可另行主张。关于原告要求被告承担因医疗事故鉴定支付鉴定费2000元的问题，因医疗事故鉴定报告未生效，故原告要求被告承担该项费用的诉讼请求，本院不予支持。依照《中华人民共和国侵权责任法》第五十四条，《最高人民法院关于审理人身损害赔偿案件适用法律若干问题的解释》第十七条、第十八条、第十九条、第二十条、第二十一条、第二十二条、第二十三条、第二十四条、第二十五条、第三十五条，《最高人民法院关于确定民事侵权精神损害赔偿责任若干问题的解释》第八条、第十条之规定，判决如下：

一、被告宁夏医科大学总医院于本判决生效之日起十日内赔偿原告贺鹏医疗费、住院伙食补助费、交通费、误工费、护理费、营养费、残疾赔偿金的各项经济损失219460.38元及精神损害抚慰金20000元，共计239460.38元；

二、驳回原告贺鹏的其他诉讼请求。

如果被告宁夏医科大学总医院未按本判决指定的期间履行给付金钱义务，应当依照《中华人民共和国民事诉讼法》第二百五十三条之规定向原告贺鹏加倍支付迟延履行期间的债务利息。

案件受理费4878元，由原告贺鹏负担3599元，被告宁夏医科大学总医院负担1279元（此款原告贺鹏已预交，被告宁夏医科大学总医院应随同上述赔偿款一并支付给原告贺鹏）；鉴定费10000元，原告贺鹏负担2000元，被告宁夏医科大学总医院负担8000元（其中原告贺鹏已预交5000元，被告宁夏医科大学总医院应随同上述款项一并支付给原告贺鹏3000元）。

如不服本判决，可在判决书送达之日起十五日内，向本院递交上诉状，并按对方当事人的人数提出副本，上诉于宁夏回族自治区银川市中级人民法院。

审　判　长　　张志华
人民陪审员　　何裕隆
人民陪审员　　赵东晓

二〇一四年十二月四日
书　记　员　　刘益辰

附：本案适用的相关法律条文

《中华人民共和国侵权责任法》

第五十四条　患者在诊疗活动中受到损害，医疗机构及其医务人员有过错的，由医疗机构承担赔偿责任。

《最高人民法院关于审理人身损害赔偿案件适用法律若干问题的解释》

第十七条　受害人遭受人身损害，因就医治疗支出的各项费用以及因误工减少的收入，包括医疗费、误工费、护理费、交通费、住宿费、住院伙食补助费、必要的营养费，赔偿义务人应当予以赔偿。

受害人因伤致残的，其因增加生活上需要所支出的必要费用以及因丧失劳动能力导致的收入损失，包括残疾赔偿金、残疾辅助器具费、被扶养人生活费，以及因康复护理、继续治疗实际发生的必要的康复费、护理费、后续治疗费，赔偿义务人也应当予以赔偿。

受害人死亡的，赔偿义务人除应当根据抢救治疗情况赔偿本条第一款规定的相关费用外，还应当赔偿丧葬费、被扶养人生活费、死亡补偿费以及受害人亲属办理丧葬事宜支出的交通费、住宿费和误工损失等其他合理费用。

第十八条　受害人或者死者近亲属遭受精神损害，赔偿权利人向人民法院请求赔偿精神损害抚慰金的，适用《最高人民法院关于确定民事侵权精神损害赔偿责任若干问题的解释》予以确定。

精神损害抚慰金的请求权，不得让与或者继承。但赔偿义务人已经以书面方式承诺给予金钱赔偿，或者赔偿权利人已经向人民法院起诉的除外。

第十九条　医疗费根据医疗机构出具的医药费、住院费等收款凭证，结合病历和诊断证明等相关证据确定。赔偿义务人对治疗的必要性和合理性有异议的，应当承担相应的举证责任。

医疗费的赔偿数额，按照一审法庭辩论终结前实际发生的数额确定。器官功能恢复训练所必要的康复费、适当的整容费以及其他后续治疗费，赔偿权利人可以待实际发生后另行起诉。但根据医疗证明或者鉴定结论确定必然发生的费用，可以与已经发生的医疗费一并予以赔偿。

第二十条　误工费根据受害人的误工时间和收入状况确定。

误工时间根据受害人接受治疗的医疗机构出具的证明确定。受害人因伤致残持续误工的，误工时间可以计算至定残日前一天。

受害人有固定收入的，误工费按照实际减少的收入计算。受害人无固定收入的，按照其最近三年的平均收入计算；受害人不能举证证明其最近三年的平均收入状况的，可以参照受诉法院所在地相同或者相近行业上一年度职工的平均工资计算。

2014 年 4 月 4 日，兴庆区法院新任法警宣誓

第二十一条　护理费根据护理人员的收入状况和护理人数、护理期限确定。

护理人员有收入的，参照误工费的规定计算；护理人员没有收入或者雇佣护工的，参照当地护工从事同等级别护理的劳务报酬标准计算。护理人员原则上为一人，但医疗机构或者鉴定机构有明确意见的，可以参照确定护理人员人数。

护理期限应计算至受害人恢复生活自理能力时止。受害人因残疾不能恢复生活自理能力的，可以根据其年龄、健康状况等因素确定合理的护理期限，但最长不超过二十年。

受害人定残后的护理，应当根据其护理依赖程度并结合配制残疾辅助器具的情况确定护理级别。

第二十二条　交通费根据受害人及其必要的陪护人员因就医或者转院治疗实际发生的费用计算。交通费应当以正式票据为凭；有关凭据应当与就医地点、时间、人数、次数相符合。

第二十三条　住院伙食补助费可以参照当地国家机关一般工作人员的出差伙食补助标准予以确定。

受害人确有必要到外地治疗，因客观原因不能住院，受害人本人及其陪护人员实际发生的住宿费和伙食费，其合理部分应予赔偿。

第二十四条　营养费根据受害人伤残情况参照医疗机构的意见确定。

第二十五条　残疾赔偿金根据受害人丧失劳动能力程度或者伤残等级，按照受诉法院所在地上一年度城镇居民人均可支配收入或者农村居民人均纯收入标准，自定残之日起按二十年计算。但六十周岁以上的，年龄每增加一岁减少一年；七十五周岁以上的，按五年计算。

受害人因伤致残但实际收入没有减少，或者伤残等级较轻但造成职业妨害严重影响其劳动就业的，可以对残疾赔偿金作相应调整。

第三十五条 本解释所称“城镇居民人均可支配收入”、“农村居民人均纯收入”、“城镇居民人均消费性支出”、“农村居民人均年生活消费支出”、“职工平均工资”，按照政府统计部门公布的各省、自治区、直辖市以及经济特区和计划单列市上一年度相关统计数据确定。

“上一年度”，是指一审法庭辩论终结时的上一统计年度。

《最高人民法院关于确定民事侵权精神损害赔偿责任若干问题的解释》

第八条 因侵权致人精神损害，但未造成严重后果，受害人请求赔偿精神损害的，一般不予支持，人民法院可以根据情形判令侵权人停止侵害、恢复名誉、消除影响、赔礼道歉。

因侵权致人精神损害，造成严重后果的，人民法院除判令侵权人承担停止侵害、恢复名誉、消除影响、赔礼道歉等民事责任外，可以根据受害人一方的请求判令其赔偿相应的精神损害抚慰金。第十条精神损害的赔偿数额根据以下因素确定：

（一）侵权人的过错程度，法律另有规定的除外；

（二）侵害的手段、场合、行为方式等具体情节；

（三）侵权行为所造成的后果；

（四）侵权人的获利情况；

（五）侵权人承担责任的经济能力；

（六）受诉法院所在地平均生活水平。

法律、行政法规对残疾赔偿金、死亡赔偿金等有明确规定的，适用法律、行政法规的规定。

《中华人民共和国民事诉讼法》

第十四条 人民检察院有权对民事诉讼实行法律监督。

第二百三十九条 申请执行的期间为二年。申请执行时效的中止、中断，适用法律有关诉讼时效中止、中断的规定。

前款规定的期间，从法律文书规定履行期间的最后一日起计算；法律文书规定分期履行的，从规定的每次履行期间的最后一日起计算；法律文书未规定履行期间的，从法律文书生效之日起计算。

【彭凤琴与银川金达实业公司、宁夏华尊立达房地产开发集团有限公司房屋拆迁安置补偿合同纠纷一审民事判决书】 原告：彭凤琴，女，1954年2月18日出生，汉族，无业，住宁夏回族自治区银川市兴庆区。

委托代理人：李永军、张兴龙，宁夏朔方律师事务所律师。

被告：银川金达实业公司，住所地宁夏回族自治区银川市兴庆区。

法定代表人：谢金河，该公司经理。

委托代理人：卢翠兰，杨传旺，宁夏正义达律师事务所律师。

被告：宁夏华尊立达房地产开发集团有限公司，住所地宁夏回族自治区银川市兴庆区。

法定代理人：张达。

委托代理人：刘军德，男，住宁夏回族自治区银川市兴庆区。

委托代理人：王磊，男，住宁夏回族自治区银川市永宁县。

原告彭凤琴诉被告银川金达实业公司（以下简称金达公司）、宁夏华尊立达房地产开发集团有限公司（以下简称华尊立达公司）拆迁安置补偿纠纷一案，本院于2012年8月29日受理后，依法组成合议庭于2012年9月28日公开开庭进行了审理。原告的委托代理人李永军、张兴龙，被告金达公司的委托代理人卢翠兰、杨传旺，被告华尊立达公司的委托代理人刘军德、王磊到庭参加诉讼。本案现已审理终结。

原告彭凤琴诉称，2002年5月23日，被告华尊立达公司与被告金达公司签订《房地产合作开发协议》一份，协议约定双方合作开发江南水乡及景园1区项目，该开发项目由被告华尊立达公司全部投资建设，被告金达公司以该项目全部用地作为投资，被告华尊立达公司作为投资一方，于2003年6月20日前将获得总建筑面积为24200平方米的框架结构、可以上市交易且具有独立的国有土地使用权的房屋交付给被告金达公司，被告华尊立达公司负责交纳土地出让金，提供办理商品房产权证的相关手续。协议签订后，二被告对上述协议进行了公证。同年9月9日，原告与被告金达公司签订了《拆迁补偿安置协议》并经银川市郊区公证处进行了公证，双方约定，原告于2002年10月5日前自行完成本户搬迁、拆迁，被告金达公司在完成拆迁当日起18个月内分配给原告720.12平方米的框架住宅楼及135平方米的框架营业房。上述协议签订后，二被告未按公证书公证的协议时间对原告进行安置，直至2006年，二被告才将原告安置到位于丽景湖康居新村的房屋，未进行原址安置，与协议约定的安置地点相差甚远，而且协议约定房屋为框架结构，但现有房屋为砖混结构。2012年3月，原告办理房产证时才得知丽景湖康居新村的房屋为康居安置房，被告华尊立达公司建设初期并未向政府缴纳土地出让金，该房屋不允许上市交易，只能办理康居房屋产权证，与当初协议约定的可以上市交易的、具有商品房房屋产权性质，并且具有独立的土地使用权证的条件不一致。后原告多次与二被告交涉，要求二被告为原告缴纳土地出让金，办理商品房产权证并且赔偿原告所分配的房屋从框架结构变成砖混结构的差价损失71232元。但二被告相互推诿不予解决，故原告诉至本院，请求判令：一、二被告为原告办理兴庆区一处房屋的商品房产权证，并缴纳该房屋的相关费用；二、二被告赔偿分配给原告的该套房屋从框架结构变成砖混结构的差价损失71232元；三、本案的诉讼费用二被告承担。

被告金达公司辩称，被告金达公司和原告签订的协议没有约定原地址安置，被告完成了安置义务。原告的安置地点确定后，被告给原告增加了8%的安置面积，实际上就是对安置地点变更、框架结构变为砖混结构的补偿，原告对此无异议并且在产权人姓名确定表中签字确认。另外协议中没有约定所交付的房屋可以上市交易等内容，仅对补偿费和安置楼房面积做了约定。被告金达公司本身没有办理房产证的能力，办理房产证是第二被告的义务，被告金达公司已经把相关资料提交给了第二被告。

被告华尊立达公司辩称，二被告合作开发江南水乡的土地是事实，开发经过合法的批准。协议约定给被告金达公司返还24200平方米，被告华尊立达公司返还了江南水乡2栋房屋。工程竣工后，由于安置返还的房屋面积比较大，包括原告在内的部分安置户要求面积小的房屋。经政府调解后，其中24户同意被安置到康居新村，每户补偿安置面积8%，现在原告说不知道把他们安置到康居新村与事实不符。目前房产证可以办理，办证的主体是原告，办证中所产生的费用应该由原告自己承担。另外，原告与第二被告没有任何合同关系，原告起诉第二被告属于主体错误。最后，原告被安置到康居新村是在2006年，原告已取得房屋的物权，现在仅剩办证问题，到现在为止，物权转化成债权，已经超过了诉讼时效。

经审理查明，2001年12月18日，被告金达公司与被告华尊立达公司就合作开发被告金达公司位于原宁夏聋哑学校南侧、109国道西侧的土地签订《房地产合作开发协议》一份，约定合作开发项目名称为江南水乡、景园1区，项目由被告华尊立达公司全额投资进行报批建设，被告金达公司以该项目全部用地作为投资，双方按项目建成的实用房屋建筑面积进行分配。项目小区竣工后，被告金达公司可分配获得实用房屋总建筑面积24200平方米，其中可分配6层及6层以下住宅18600平方米，1~2层商业网点为5600平方米，所分配的全部房屋为全框架结构，被告华尊立达公司需负责交纳土地出让金、城市基础设施配套费、人防结建费、征地管理费等费用，必须保证给被告金达公司返还能够上市交易并协助办理房屋产权的有关手续。被告金达公司的义务主要有：负责解决本开发项目用地上的居民安置、拆迁、补偿、土地纠纷等问题，按国家规定承担自己方获得的房屋在办理产权证时交纳的各种税费。上述合作协议签订后，被告金达公司于2002年9月9日与原告彭凤琴达成《拆迁补偿安置协议》一份，约定由原告彭凤琴自行拆迁本户房屋及其他地上附着物，协议拆迁期限自协议签订之日起10月5日前完成本户搬迁、拆迁，耕地补偿金为419018元，其中留抵购房款的补偿费为405680元，货币资金补偿为13338元，被告金达公司应当支付原告搬迁补助费及临时安置补偿费，应当在完成拆迁当月起18个月内向原告分配新楼房，如遇不可抗因素可适当延长分房时间，新楼房为框架结构，分为1-2层营业房和住宅楼两种，被告金达公司应分配给原告住宅楼720.12平方米，营业房135平方米，营业房为每平方米680元，原告应交营业房款91800元，住宅楼房每平方米560元，应交住宅楼购房款以具体所在楼层房价计算确定。上述协议签订后，原告即进行了拆迁，被告华尊立达公司对涉案土地进行了开发建设。2006年，被告华尊立达公司对拆迁返还房屋进行了分配，根据被告金达公司与被告华尊立达公司于2006年11月20日签订达成的《立达公司、金达公司关于房屋安置情况的明细及清单》，被告华尊立达公司实际向被告金达公司返还营业房69套，总建筑面积8162.63平方米，住宅楼212套，总建筑面积23612.74平方米(其中含江南水乡住宅面积21351.95平方米，康居住宅面积2260.79平方米，在江南水乡未安置的面积，在康居丽景湖新村安置增加8%面积，共向金达公司增补147.84平方米。其中原告在江南水乡共分得住宅房5套（共579.59平方米），营业房1套（共130.58平方米），在康居丽景湖分配住房2套(共181平方米)，其中位于兴庆区的涉案房屋面积为89.04平方米，原告在《确定房屋产权人姓名登记表》中对上述情况签名进行了确认，针对该套房屋，被告金达公司于2006年9月15日向被告华尊立达公司发出《通知》一份，载明："我公司彭凤琴现已交回住宅房屋128.21平方米，要求在康居一处安置住宅房壹套，望予办理"。后被告华尊立达公司按照上述要求为原告安置了上述房屋，该房屋系砖混结构，土地性质为划拨，与原告在江南水乡分配的框架结构房屋商品房不同。原告认为二被告共同开发建设江南水乡及景园1区项目，明确约定被告华尊立达公司分配的房屋均为框架结构，可以上市交易、具有独立土地使用权的商品房，但其所分配的涉案房屋却为砖混结构房屋，且不可上市交易，不具有独立土地使用权的康居房。故原告诉至本院，请求判如所请。

另查明，被告金达公司系原告所在的友爱一队村民委员会成立的公司。对外以公司名义代表原告在内的村民与被告华尊立达公司签订《房地产合作开发协议》。

本院认定的上述事实，有原告提交的公证书两份、证明，被告金达公司提交的拆迁安置补偿协议、房地产合作开发协议、房屋安置情况明细及清单一份、产权人姓名登记表，被告华尊立达公司提交的公证书、房屋安置情况明细及清单、金达公司拆迁返还房屋明细表、通知、测量报告书及原、被告的当庭相关陈述，以上证据经庭审质证核实，符合证据的真实性、合法性及关联性，本院予以采信。

本院认为，被告金达公司作为原告所在的友爱一队村民委员会设立的公司，对外以公司的名义代表包括原告在内的村民与被告华尊立达公司签订《房地产合作开发协议》，协议明确约定被

告华尊立达公司开发后，所分配的全部房屋为全框架结构，被告华尊立达公司需负责交纳土地出让金、城市基础设施配套费、人防结建费、征地管理费等费用，并保证给被告金达公司返还能够上市交易的房屋并协助办理房屋产权的有关手续。按照上述协议，被告华尊立达公司应当为原告所分配的位于银川市兴庆区一处房屋办理房屋产权证书，因该房屋土地性质为划拨土地，且房屋属于康居安置房，故被告华尊立达公司应当为原告办理康居商品房房屋产权证，并按照房地产行政管理部门的规定缴纳土地出让金等相关费税。同时，被告金达公司作为《房地产合作开发协议》的相对方，同时也是《拆迁补偿安置协议》的相对人，应当与被告华尊立达公司共同协助原告办理涉案房屋的房屋产权证。对于原告关于二被告赔偿该套房屋从框架结构变成砖混结构的差价损失 71232 元的主张，因在分配涉案房屋时，被告华尊立达公司已经对未在江南水乡 A 区的安置面积，以给予 8% 面积优惠的方式进行了补偿，且该种安置也是各方当事人经过协商后，原告认可和接受的，原告在接受涉案房屋 6 年之后，要求二被告赔偿从框架结构变成砖混结构损失主张，无事实和法律依据，本院不予支持。依照《中华人民共和国合同法》第六十条、第一百零七条之规定，判决如下：

一、被告宁夏华尊立达房地产开发集团有限公司、银川金达实业公司于本判决生效之日起十日内协助原告彭凤琴办理位于银川市兴庆区丽一处房屋的康居商品房房屋产权证，土地出让金由被告宁夏华尊立达房地产开发集团有限公司承担，其他税费按照房地产行政管理部门及税务部门的规定由相应义务人承担；

二、驳回原告彭凤琴的其他诉讼请求。

案件受理费 200 元，由被告宁夏华尊立达房地产开发集团有限公司负担（该款原告彭凤琴已预交，被告宁夏华尊立达房地产开发集团有限公司随上述款项一并给付彭凤琴）。

如不服本判决，可在判决书送达之日起十五日内，向本院递交上诉状，并按对方当事人的人数提交副本，上诉于宁夏回族自治区银川市中级人民法院。

审 判 长　马金利
代理审判员　张　慧
人民陪审员　文星菊

二〇一四年十二月十五日
书 记 员　赵　杰

附：本案适用的相关法律条文

第六十条　当事人应当按照约定全面履行自己的义务。

当事人应当遵循诚实信用原则，根据合同的性质、目的和交易习惯履行通知、协助、保密等义务。

第一百零七条　当事人一方不履行合同义务或者履行合同义务不符合约定的，应当承担继续履行、采取补救措施或者赔偿损失等违约责任。

《中华人民共和国民事诉讼法》

第二百三十九条　申请执行的期间为二年。申请执行时效的中止、中断，适用法律有关诉讼时效中止、中断的规定。

前款规定的期间，从法律文书规定履行期间的最后一日起计算；法律文书规定分期履行的，从规定的每次履行期间的最后一日起计算；法律文书未规定履行期间的，从法律文书生效之日起计算。

第十四条　人民检察院有权对民事诉讼实行法律监督。

【马成与中国平安财产保险股份有限公司宁夏分公司、银川市第一人民医院责任保险合同纠纷一审民事判决书】 原告：马成，男，1978 年 1 月 16 日出生，回族，住宁夏回族自治区银川市兴庆区。

被告：中国平安财产保险股份有限公司宁夏分公司，住所地宁夏回族自治区银川市兴庆区。

负责人施增辉，该公司经理。

委托代理人：刘兵，住宁夏回族自治区银川市兴庆区。

被告：银川市第一人民医院，住所地宁夏回族自治区银川市兴庆区。

法定代表人姚成立，该院院长。

委托代理人：王国宁，宁夏正义达律师事务所律师。

第三人：李某某，女，1968 年 1 月 17 日出生，汉族，无业，住宁夏回族自治区银川市兴庆区。

原告马成诉被告中国平安财产保险股份有限公司宁夏分公司（以下简称平安财险宁夏分公司）、银川市第一人民医院（以下简称市医院）、第三人李某某责任保险合同纠纷、财产损害赔偿纠纷一案，本院于 2014 年 6 月 16 日立案受理后，依法由审判员任海权适用简易程序于 2014 年 7 月 3 日公开开庭进行了审理。后因案情复杂，本院决定将本案转换适用普通程序，并依法组成合议庭于 2014 年 11 月 10 日公开开庭进行了审理。第一次开庭，原告马成，被告平安财险宁夏分公司的委托代理人刘兵，被告市医院的委托代理人王国宁，第三人李某某到庭参加诉讼；第二次开庭，原告马成，被告市医院的委托代理人王国宁到庭参加诉讼。被告平安财险宁夏分公司、第三人李某某经本院依法传唤，未到庭参加诉讼，本院依法缺席审理。本案现已审理终结。

原告马成诉称，2010 年 2 月 2 日 13 时 40 分许，原告马成驾驶宁 A××××× 号轿车沿银川市兴庆区丽景北街由南向北行驶至满春家园门口路段，与第三人李某某推自行车由东向西横过丽景街时发生碰撞，造成李某某受伤、车辆受损的交通事故。经银川市公安局交警支队兴庆区二大队认定，被告马成负事故主要责任，李某某负次要

责任。事发当日，李某某入住被告市医院住院治疗并发生了医疗事故。经兴庆区人民法院判决，被告市医院应对李某某的全部损失承担80%的赔偿责任。该判决业已生效并已履行完毕。事发时，原告驾驶的宁A×××××号轿车在被告平安财险宁夏分公司投保了交强险和商业三者险，其中商业三者险的金额为100000元，且投保了不计免赔率附加险。2013年12月，第三人李某某以机动车交通事故赔偿为由，将原告马成、平安财险宁夏分公司等诉至兴庆区法院。经法院主持调解，上述三方达成了调解协议并已履行。因原告马成在治疗过程中垫付门诊费771.76元、住院费18500元并未在上述医疗纠纷以及交通事故赔偿纠纷诉讼过程中处理，故原告诉至法院，请求判令被告平安财产宁夏分公司、市医院赔付原告垫付的医疗费合计19271.76元；本案诉讼费由被告承担；李三人李某某不承担责任。

被告平安财险宁夏分公司辩称，我公司愿在原告诉请费用中承担10%的赔偿责任。

被告市医院辩称，第一，第三人李某某在向我院主张医疗过错赔偿时，并未主张本案原告马成垫付的费用，故应视为对该部分费用的放弃；第二，本案是保险合同纠纷，我院并非保险合同当事人，也未向原告收取过任何费用，即便是收取，也仅仅是收取了李某某缴纳的费用。故原告诉我院主体错误。故请驳回对我院的诉请。

第三人李某某认可原告的各项诉请。

经审理查明，2010年2月2日13时40分许，原告马成驾驶宁A×××××号轿车沿银川市兴庆区丽景北街由南向北行驶至满春家园门口路段，与第三人李某某推自行车由东向西横过丽景街时发生碰撞，造成李某某受伤、车辆受损的交通事故。经银川市公安局交警支队兴庆区二大队认定，被告马成负事故主要责任，李某某负次要责任。事发当日，李某某入住银川市第一人民医院住院治疗至同年4月19日。截至出院时止，共产生事发当天的门诊费771.76元、住院费60699.2元。其中原告马成支付门诊费771.76元、交纳住院押金18500元，另为李某某支付护工费用800元。原告交纳住院押金3000元，剩余医疗费至今尚未交纳。本案事发时，宁A×××××号轿车在被告平安财险宁夏分公司投保了交强险和商业三者险，其中商业三者险的金额为100000元，且投保了不计免赔率附加险。

另查明，2010年9月20日，原告主张银川市第一人民医院存在医疗过错，将该院诉至本院。本院认定：被告市医院在治疗李某某交通事故伤过程中，并未完全排除李某某自身存在的治疗禁忌症，未能发现李某某患有糖尿病。等原告糖尿病确诊时，距李某某住院治疗已一月有余。此后李某某右肾形成脓肿，不能完全排除治疗措施不当这一诱因。此后针对李某某右肾脓肿所进行的“右肾脓肿穿刺引流术”，仍然存在手术方式不当的过失，加之李某某本身患有的糖尿病、外伤造成抵抗力下降、泌尿系结石等因素，最终导致了李某某右肾切除的损害后果。因此，被告市医院在对李某某的治疗行为中存在漏诊、手术方式不当等多方面过错，应对李某某的损害后果承担80%的赔偿责任。遂确认李某某各项损失为：医疗费3000元、伙食补助费3800元、护理费3040元、误工费22200元、伤残赔偿金122752元、交通费2614元、住宿费520元，合计157926元，被告市医院承担上述损失的80%即126340.8元，同时还应承担精神损害抚慰金20000元，共计146340.8元。该判决已生效并已履行完毕。

还查明，2013年12月16日，第三人李某某以机动车交通事故赔偿为由，将原告马成、平安财险宁夏分公司等诉至本院。经法院主持调解，上述三方达成调解协议。协议约定：一、被告平安财险宁夏分公司在宁A×××××号车辆交强险和商业三者险范围内赔偿李某某误工费3000元、护理费1500元、住院伙食补助费400元、伤残赔偿金12275.2元，合计17175.2元；二、原告李某某收到上述赔偿款后，其与被告马成的交通事故赔偿纠纷、原告李某某与被告中国平安财产保险股份有限公司宁夏分公司的保险请求权纠纷就此了结，再无争议。上述协议已履行完毕。

本院认定的上述事实，有原告提供的住院押金收据七份、门诊费票据七份、保险费发票二份、保单二份，被告市医院提供的(2010)兴民初字第5105号民事判决书，第三人李某某提供的(2014)兴民初字第41号民事调解书及原、被告当庭相关陈述在案为凭，经本院开庭质证和审查，符合证据的客观性，合法性，关联性，本院予以采信。

本院认为，本案原告与被告平安财险宁夏分公司系保险合同法律关系，明确无误，本院予以认定。即对于原告在交通事故中为受害者垫付的相关费用，被告平安财险宁夏分公司应向原告依法进行理赔。对于原告与被告市医院的法律关系，各方存在争议。本院认为，上述二者的法律关系，联系点在于被告市医院在救治交通事故受害人即第三人李某某的过程中产生了医疗过错这一事实。正是由于这一事实，导致了本案原告马成垫付的部分医疗费用于本不属于交通事故导致的伤、病治疗中。故被告市医院的医疗过错行为造成了原告马成的财产损害，二者属于侵权法律关系。故被告市医院抗辩原告马成与其并无法律关系的主张不能成立，本院不予采纳。

对于医疗过错行为，本院业已判令被告市医院对于第三人李某某在涉案交通事故受伤后产生的各项损失承担80%的赔偿责任。而无论是上述判决，还是2013年12月李某某与本案原告、被告平安财险宁夏分公司之间的交通事故赔偿诉讼，均未对原告马成所垫付的

门诊费771.76元、住院费18500元作出处理。原因在于李某某在交通事故发生后仅支付了3000元医疗费。被告市医院抗辩李某某在主张医疗过错赔偿时并未主张原告马成垫付的费用，可视为放弃了该部分费用。本院认为，李某某起诉市医院存在医疗过错，法院当然仅对李某某本人支出的医疗费作出处理。此种情形下，且不论李某某未表示放弃，就是李某某明确作出放弃的表示，也不能对垫付医疗费的原告产生约束力。故被告市医院的上述抗辩理由，本院亦不予采纳。

显然，前述责任比例，当然地适用于医疗费的赔偿。即不论医疗费是由哪一方支出，只要支出方主张权利，被告市医院均应按照上述责任比例赔偿。故对于原告垫付的19271.76元医疗费（门诊费771.76元+住院费18500元），被告市医院应赔偿15417.41元（19271.76元×80%）。对于被告平安财险宁夏分公司的赔偿比例，涉及涉案交通事故各方责任比例的划分。交警部门已认定，原告马成承担事故主要责任，第三人李某某承担事故次要责任，且交通事故系由原告驾驶的机动车与李某某推行的自行车相撞造成。依据《宁夏回族自治区道路交通安全条例》第七十条之规定："机动车与非机动车、行人发生交通事故……机动车一方负事故主要责任的，承担百分之八十至百分之九十的赔偿责任。"对于本案而言，李某某本人至少要承担10%的责任，即被告市医院和被告平安财险宁夏分公司最多只承担90%的责任。原告垫付的医疗费已有80%应由被告市医院赔偿，且被告平安财险宁夏分公司在本案中愿意承担10%的责任。故该公司的自愿负担行为，与法不悖，本院据此确定该公司应赔偿原告1927.18元（19271.76元×10%）。原告已明确表示放弃要求第三人李某某承担责任，本院予以尊重并准许。被告平安财险宁夏分公司、第三人李某某第二次庭审时经本院合法传唤，无正当理由拒不到庭参加诉讼，应视为放弃了相应的答辩及质证的权利。依照《中华人民共和国侵权责任法》第六条第一款、第十五条第一款第（六）项、第四十八条，《中华人民共和国道路交通安全法》第七十六条第一款第（二）项，《中华人民共和国保险法》第六十五条，《最高人民法院关于审理人身损害赔偿案件适用法律若干问题的解释》第十九条，《中华人民共和国民事诉讼法》第一百四十四条之规定，判决如下：

一、被告银川市第一人民医院于本判决生效之日起十日内赔偿原告马成垫付的医疗费15417.41元；

二、被告中国平安财产保险股份有限公司宁夏分公司于本判决生效之日起十日内赔偿原告马成垫付的医疗费1927.18元。

如果未按本判决指定的期间履行给付金钱义务，应当依照《中华人民共和国民事诉讼法》第二百五十三条之规定，加倍支付迟延履行期间的债务利息。

案件受理费282元，减半收取141元，由原告马成负担28元，由被告银川市第一人民医院负担113元（此款原告马成已预交，被告银川市第一人民医院随上述款项一并支付原告马成）。

如不服本判决，可在判决书送达之日起十五日内，向本院递交上诉状，并按对方当事人的人数提出副本，上诉于宁夏回族自治区银川市中级人民法院。

审 判 长　任海权
人民陪审员　白彩霞
人民陪审员　张彦坤

二〇一四年十一月十三日
书 记 员　金梅茹

附：本案适用的相关法律条文：

《中华人民共和国侵权责任法》

第六条　行为人因过错侵害他人民事权益，应当承担侵权责任。

根据法律规定推定行为人有过错，行为人不能证明自己没有过错的，应当承担侵权责任。

第十五条　承担侵权责任的方式主要有：

（一）停止侵害；

（二）排除妨碍；

（三）消除危险；

（四）返还财产；

（五）恢复原状；

（六）赔偿损失；

（七）赔礼道歉；

（八）消除影响、恢复名誉。

以上承担侵权责任的方式，可以单独适用，也可以合并适用。

第四十八条　机动车发生交通事故造成损害的，依照道路交通安全法的有关规定承担赔偿责任。

《中华人民共和国道路交通安全法》

第七十六条　机动车发生交通事故造成人身伤亡、财产损失的，由保险公司在机动车第三者责任强制保险责任限额范围内予以赔偿；不足的部分，按照下列规定承担赔偿责任：

（一）机动车之间发生交通事故的，由有过错的一方承担赔偿责任；双方都有过错的，按照各自过错的比例分担责任。

（二）机动车与非机动车驾驶人、行人之间发生交通事故，非机动车驾驶人、行人没有过错的，由机动车一方承担赔偿责任；有证据证明非机动车驾驶人、行人有过错的，根据过错程度适当减轻机动车一方的赔偿责任；机动车一方没有过错的，承担不超过百分之十的赔偿责任。

交通事故的损失是由非机动车驾驶人、行人故意碰撞机动车造成的，机动车一方不承担赔偿责任。

《中华人民共和国保险法》

第六十五条　保险人对责任保险的被保险人给第三者造成的损害，可以依照法律的规定或者合同的约定，直接向该第三者赔偿保险金。

责任保险的被保险人给第三者造成损害,被保险人对第三者应负的赔偿责任确定的,根据被保险人的请求,保险人应当直接向该第三者赔偿保险金。被保险人怠于请求的,第三者有权就其应获赔偿部分直接向保险人请求赔偿保险金。

责任保险的被保险人给第三者造成损害,被保险人未向该第三者赔偿的,保险人不得向被保险人赔偿保险金。

责任保险是指以被保险人对第三者依法应负的赔偿责任为保险标的的保险。

《最高人民法院关于审理人身损害赔偿案件适用法律若干问题的解释》

第十九条 医疗费根据医疗机构出具的医药费、住院费等收款凭证,结合病历和诊断证明等相关证据确定。赔偿义务人对治疗的必要性和合理性有异议的,应当承担相应的举证责任。

医疗费的赔偿数额,按照一审法庭辩论终结前实际发生的数额确定。器官功能恢复训练所必要的康复费、适当的整容费以及其他后续治疗费,赔偿权利人可以待实际发生后另行起诉。但根据医疗证明或者鉴定结论确定必然发生的费用,可以与已经发生的医疗费一并予以赔偿。

《中华人民共和国民事诉讼法》

第十四条 人民检察院有权对民事诉讼实行法律监督。

第一百四十四条 被告经传票传唤,无正当理由拒不到庭的,或者未经法庭许可中途退庭的,可以缺席判决。

第二百三十九条 申请执行的期间为二年。申请执行时效的中止、中断,适用法律有关诉讼时效中止、中断的规定。

前款规定的期间,从法律文书规定履行期间的最后一日起计算;法律文书规定分期履行的,从规定的每次履行期间的最后一日起计算;法律文书未规定履行期间的,从法律文书生效之日起计算。

(供稿人:马 晶)

司法行政

【概况】 按照市依法治市领导小组办公室工作要求,结合实际,制定下发《兴庆区2014年依法治区工作要点》,全面开展依法治区工作指导监督。对兴庆区51个依法治区成员单位依法治区工作进行督查;开展"守法好公民"推进宣传活动,经过各乡镇、街道和各单位的层层推荐和严格把关,产生8名兴庆区"守法好公民"拟推荐人选;完善乡镇、街道法律顾问工作,15个乡镇、街道按要求签订聘任合同;推进信访法律服务工,组织兴庆区24名法律服务工作者和法律援助律师轮流值班,答复信访人提出的信访事件;根据区委要求,及时抽调人员,搭建写作班子,经过宁大教授指导,发放征求意见多方论证草拟《兴庆区依法治区工作实施方案》;针对领导干部、公务员、青少年、企业经营管理者、村(居)民、外来务工人员六类普法重点对象,结合地域、行业法律需求特点,多内容、多层次的开展"法律十进"活动。2014年,对已建立的12个法制宣传示范点进行内容更新及设施维修,又投资10余万元在月牙湖乡、月牙湖回民中学、滨河四村和沙湖宾馆中山店建立"兴庆区生态移民法制宣传教育基地""法律进学校""法律进乡村""法律进企业"示范点,设置展板78块;开展"法律进机关·依法办实事"主题实践活动,为区直各部门各单位送去600本《公务员法律知识读本》,为辖区56所中小学56670名学生征订《"六五"普法青少年法制教育读本》60000册;在18个建筑施工工地举行20次法制宣传、法律服务、法律援助和法治文艺节目演出活动,发放《公民学法300问》、《法律援助服务手册》、《人民调解知识读本》、普法四字经、法制宣传扑克、法制宣传画和印有法制宣传内容的雨披、围裙、扇子、雨伞等50000余份。2014年兴庆区司法局被中华全国人民调解委员会授予2014年度人民调解宣传工作先进单位称号。

【普法宣传】 多方联合,形成普法合力,本着"谁主管、谁普法,谁用工、谁普法"的原则,各辖区单位充分利用电子屏幕,大力宣传部门法。2014年,各成员单位举办法制宣传活动117场次、演出法治文艺节目51场、出法制宣传专栏400多版,展出各种宣传展板981面,散发各种宣传材料124900多本(册、份)、出动流动法制宣传车30次;在城乡接

2014年12月27日,兴庆区司法局组织辖区400余社区服刑人员参加法律知识考试

2014年9月15日，银川市司法行政推进会观摩兴庆区“法律进社区”示范点

合部和乡镇农贸市场、庄点重点宣传《土地法》《水法》《禁毒法》《禁止传销条例》和《出租房屋管理条例》等法律法规，编发法制信息162期，各类媒体采用102篇(条)；在兴庆区政府综合办公楼LED屏幕开设法制宣传专栏，一季度宣传一部法规，一周宣传一个案例，已宣传《宪法》《民法》《物权法》等5部法律法规52个典型案例；利用综治宣传月、“3·15”消费者权益保护日、“5·12”防震减灾宣传日、全民禁毒宣传月以及“12·4”等重要法律法规颁布实施纪念日，举办大型法制宣传活动11场次；利用兴庆法律援助微博宣传《法律援助条例》《刑诉法》《物权法》《国家赔偿法》《侵权责任法》《消费者权益保护费》等，拥有粉丝4063人，针对粉丝提出的问题，由专业律师进行答复。

【法律援助】 创建规范化法律援助便民服务窗口，提高法律援助的公众知晓率，提升法律援助服务水平。组织十二家单位在宁园开展法律援助宣传咨询活动，发放法律援助口袋书、法律援助宣传围裙，法律援助范围、条件、程序，彩票公益金、“一卡通”便民功能等法律援助宣传资料1500多份。聘请五位律师，轮流值班。2014年接待来电来访1559人次；办理援助案件469件。其中：民事援助案件办理243件；刑事援助案件225件；行政援助案件1件，符合为民办实事要求的465件。通过中央彩票公益金法律援助项目受理80件；受理农民工案件128件，残疾人案件29件，老年人案件22件，妇女案件54件，未成年人案件170件，为受援人员挽回经济损失346.9万元。

【人民调解】 依托宁夏和谐婚姻家庭辅导咨询中心、鉴证知识产权司法鉴定机构建立自治区首个婚姻家庭纠纷人民调解委员会和鉴证消费纠纷人民调解委员会，进行婚姻家庭纠纷调处、交通事故损害赔偿纠纷调解。2014年调解成功2510件，调处率97%，同比上升1%，无民转刑案件发生。

【矛盾纠纷化解】 落实以案定补制度，认真开展每季度一次的人民调解案卷评查工作，对存在的问题和不足及时予以指导和纠正，强化依法调解意识和案卷制作规范化意识。及时拨付发放以案定补资金，确保财政资金发挥最大的激励作用，使矛盾纠纷得到及时有效化解。2014年，兴庆区各级人民调解组织开展矛盾纠纷排查1700余次，受理各类矛盾纠纷2990件，调处成功2900件，调解率和调解成功率达100%和97%。其中，化解疑难复杂、重特大矛盾纠纷414件，协议涉及金额3780余万元；化解邻里纠纷916件；赔偿纠纷365件；婚姻家庭纠纷363件；征地拆迁纠纷91件；房屋宅基地纠纷52件；土地承包纠纷114件；合同纠纷90件；劳动纠纷70件；其他纠纷515件。防止群体性上访272件，涉及1200余人。参与专项治理活动102次，防止民间纠纷转化为刑事案件2件。

【社区矫正】 针对“轻刑快办”的改革试点，改进审前社会调查评估工作，明确“轻刑快办”的适用范围，缩短调查评估时间为3天，简化调查评估程序和事项，做好调查笔录及证明材料的收集，实行所长负责制，完成轻刑快办审前调查68份；成立矫正小组，执行社区矫正舆情研判制度和突发事件应急处置机制，对6名暂予监外执行人员身体状况进行复查，及时以书面形式报告银川市司法局和检察院。提请撤缓收监9例，法院下达裁定7例收监执行原判刑期，暂予监外执行收监1例。实行社区矫正警察分工包所制。派3名警察指导监督15个司法所的日常管理工作，确保入矫教育、重点人员集中教育、公益劳动、处遇管理、外出请假等工作的规范。成立由局分管领导带队的督察小组，不定期对各所日常工作进行突击性检查。“5·15”感恩日、“6·26”禁毒日分别组织辖区内200多名社区矫正重点人员到宁夏入监教育中心、强制隔离戒毒所参加警示教育；12月27日，组织446名社区矫正人员参加“兴庆区社区服刑人员法律知识考试”。2014年，累计接收社区矫正人员1129人，累计解除社区矫正人员654人，在册475人。其中，管制1人，占0.3%；缓刑460人，占96.8%；假释8人，占1.7%；暂予监外执行6人，占1.2%。

【刑释解教人员安置帮教】 兴庆区五年内刑释解教人员897人，通过完善衔接制度，强化帮教责任，落实帮教政策，切实抓好重大节日和重要节点的维稳工作，及时做好刑释解教人员信息核查工作。2014年刑释解教人员衔接率100%，安置率95%。

（供稿人：张益伟）

政法及综合治理

【概况】 加强治安防控体系建设，推行网格员"挂牌上岗"工作法，建立完善警企联动座谈、社区民警案件回访制度，推进居民住宅小区安防建设，创新组建"义警"队伍，按照"网格化"巡逻和街面武装巡逻部署要求，全方位开展治安防范工作。全年出警4000余人次，车辆1350台次，盘查可疑人员280余人，收缴管制器具20余件；协调街道、居委会和42个物业公司投入资金505.1万元，新增小区保安279名，安装视频监控24套、探头590个、更新监控探头355个、新增高清探头48个、电子巡更25套、门禁410套，增加红外对射系统49套。规范化物业管理小区72个（一类小区27个，二类小区45个），改造数量占同类小区（314个）的22.9%，一、二、三类小区发案同比分别下降了77.3%、30.4%、16.0%；建立银古"巡防义警队"、新华"出租车V车义警队"、北街"校园义警队"等32支1408人。

【矛盾纠纷排查调处】 建立乡镇、街道和部门定期排查、滚动排查、专项排查联动工作机制，落实矛盾纠纷排查调处和信访工作制度，发挥兴庆区司法信访调解中心和各乡镇（街道）综治信访维稳中心作用，人民调解、行政调解、司法调解有效衔接，化解老矛盾，预防新矛盾。2014年，矛盾纠纷"三调联动"调处案件4867件。其中，人民调解1950件，司法调解936件，行政调解1981件。

【综治普法宣传】 3月，各街道、乡镇和综治成员单位、辖区企事业单位集中开展综治宣传月活动，发放宣传材料2万余份，接受群众咨询43次5000余人。政法委在《长安》杂志、《宁夏日报》、《法治新报》、银川电视台文体频道等新闻媒体上刊发播放新闻、专版、专题片9条（篇），组织参加大型法制宣传活动3场，组织法制讲座报告30场，展出展板191块、刊发普法信息45篇，表彰奖励见义勇为先进个人5人。

【维稳与安全防控】 一是严厉打击"法轮功""实际神"等邪教组织，先后受理查破"门徒会"25起、"法轮功"案件2起，取缔地下教会点3处，处理违法犯罪人员53人；二是制定《处置暴恐事件工作预案》，组织2次反恐演练，开展街面"两警联勤"武装巡逻，落实新疆籍维族人员和重点人员排查稳控工作。先后登记入网入册新疆籍维吾尔族人员750人，新疆籍维吾尔族在校学生55人，登记常住人员52人、暂住人员60人。对25名街面摆摊设点和暂居宾馆流动新疆维吾尔族人员和137名刑释人员、56名信访重点人员、183名精神病人落实稳控；三是果断处置各类群体性、突发性事件148起。其中，非法上访、聚众阻路事件124起；挡工事件24起。完成全国"两会"、中央领导人来银视察、自行车环湖赛等18项重大活动安保任务，派出警力6790余人次，出动警车1820台次。

2014年12月2日，自治区党委常委、政法委书记、公安厅厅长王雁飞（前右二）调研"兴庆义警"建设

【校园及周边环境安全集中整治】 综治委组织教育、公安、交警、城管、卫生等部门，对辖区校园的安全工作进行检查，对民办教育办学机构、办学条件及校园周边环境进行集中整治。依法对新世纪花园小区"幸福双语幼儿园"因无证非法办学予以取缔；对位于兴庆区十二小附近的"新语堂教育"、位于中心巷的"人众人培训中心"未经审批私自开设小饭桌责令限期整改；对部分学校门口上下学交通混乱、流动商贩的问题进行整治。

【老旧小区安防设施及综合治理改造】 2014年，投入5535万元对52个老旧小区安防设施等进行改造。

【兴庆区信息网暨社会服务治理平台建设】 重点实施了兴庆区社会服务治理平台建设，截至年底，11个街道69个市民服务站专网已调通49个，PC终端全部配置到位，采集终端全部完成切割，49个职能部门实现网络连通，玉皇阁北街街道服务平台投入使用。召开兴庆区

网络信息采集工作会议，整合信息采集录入力量，培训3轮1500人次，完成党、政49个职能部门联络专员培训指导100余人次和28个职能部门的公章采集及制作工作。兴庆区的入库数据340214人、房屋197692套、单位场所416个。通过平台处理事件188件，12345受理转办事件94件，网格员记载民情日志5673条。此项工作在9月28日自治区召开的全区深化和谐社区创建工作现场观摩会上进行推广。

【流动人口及特殊人群管理】 建立以流动人口服务管理站点为依托，辅警和专职协管管人、管房、管物的模式。截至年底，办理居住证6652个，登记流动人口36691人，登记率达到95%，出租房屋登记备案率达95%以上，房屋承租人纳入管理率达到95%以上。接收社区矫正1067人，解除602人，在矫人员465人；刑释解教人员167人，衔接率100%，安置率80.8%，有违法犯罪前科记录流动人口预警信息处置率达到100%，

【社区戒毒康复人员就业安置基地建设】 2014年兴庆区人民政府规划3块建设用地，建设可容纳100人以上的集中就业安置(康复)基地。同时倡导企业积极承担社会责任，大力支持社会化禁毒事业，选择本地具备吸纳实力和条件的大中型企业通过组织“警企联谊”、座谈协商等方式安置戒毒(康复)人员就业。2014年6月26日，在第27个国际禁毒日到来之际，兴庆区禁毒委与本地12家知名大中型企业签订就业安置合作协议，建立事业型“阳光工程”就业安置基地，每个就业安置基地原则上安置30名(其中两家不低于50名)社区戒毒(康复)人员就业。企业提供涉及物流、建筑、养殖等多种安置就业岗位，政府及公安机关依照协议和法律规定履行相关的政策支持和对就业人员的管理职责。同时，运用分散就业、提供公益岗位、鼓励自主创业等多种方式，积极为社区戒毒社区康复人员提供就业机会。前进街、玉皇阁北街、解放西街等街道及社区就业安置示范点，安置就业社区戒毒(康复)人员4名，政府通过购买服务提供公岗安置就业20名。兴庆区符合就业安置条件的吸毒人员993人，已有653人实现就业，占总数的65.7%。

(供稿人:马 强)

行政执法

【概况】 2014年，兴庆区人民政府法制办围绕区委、区政府的中心工作，以严格执法为突破口，重点单位为切入点，努力建设法治政府。印发《兴庆区人民政府2014年依法行政工作要点》《兴庆区人民政府工作规则》《中共银川市兴庆区党委重大事项集体决策制度实施细则（试行)》《兴庆区规范性文件备案制度》和《兴庆区重大事项社会稳定风险评估集体决策制度(试行)》等文件，从贯彻有关会议精神、调整依法行政领导小组、完善依法行政联席会议制度，推进行政机关负责人出庭应诉、强化依法行政考核、编制新版政府行政职权目录、清理行政审批事项等18个方面开展行政执法工作。全年政府常务会议专题学习法律法规4次，组织领导干部学法603人次，公务员学法1209人次。

【完善行政执法程序】 开展乡镇、街道执法权试点工作，4月30日，完成9个执法部门与4个乡镇6个街道的《行政执法委托协议书》的签订工作，编印执法人员办案手册下发给执法人员，便于基层执法人员按程序依法行政执法。

【政府聘请法律顾问】 12月5日，兴庆区政府与宁夏浩晟律师事务所签订聘请法律顾问合作协议，为各乡镇、街道、部门聘请法律顾问，兴庆区政府聘请法律顾问常驻办公，受聘律师参与政府行政决策和行政执法各个环节，负责处理政府涉法涉诉事宜，为政府行政行为进行合法性把关。截至10月，累计代表政府出庭应诉案件26件，起草、审核、修改各类协议80余份，协助政府处理各类突发事件10余起。

【搭建行政管理电子平台】 根据自治区法制办《关于做好〈政府法制综合业务管理平台〉开通运行有关事项的通知》精神，投入1000万元，依靠北京科学技术研究院技术力量，搭建社会服务、行政管理综合电子平台，实现兴庆区社会服务、行政管理的电子化、信息化、网络化。就兴庆区政府法制建设进行了重点推进，配备工作电脑、扫描仪等信息化基础设施，实现相关业务数据共享。

(供稿人:蒋国勇)

人民武装·驻军

国防动员与民兵训练

【概况】 2014年,人民武装工作坚持以习近平主席系列讲话精神为指导,认真学习贯彻党的十八届四中全会、全军政工会议精神,依据新形势下军事战备方针,全面贯彻落实两级军区、银川警备区党委扩大会议精神,围绕听党指挥、能打胜仗、作风优良这一强军目标,狠抓年度各项工作的有效落实。始终把思想政治建设摆在首位,坚持常学常抓常议,确保部队建设的正确方向。开展“做好五个样子、端正作风形象”教育活动,强化军人意识。利用民兵整组,开展民兵形势政策、献身强军目标等教育,增强民兵预备役人员献身强军实践的使命意识。

【军事战备工作】 修订完善各类战备预案和非战争军事行动方案,定期组织机关对相关预案进行推演。结合人武部整体搬迁,投资36万元,购买应急分队物资装备,定制各类战备库室物资柜和货架,按照新颁发的《人武部战备工作规定》要求,对战备资料室、战备图库、战备物料库等器材装备进行补充和规范设置,达到战备设施配套,功能齐全。11月,兰州军区动员部对军事战备工作进行检查。

银川市警备区政委史清银(前排左一)在兴庆区大新镇视察党管武装工作

【民兵组织整顿】 按照警备区民兵组织整顿的实施意见和贺兰县整组现场会,机关分为4个组包干到乡镇、街道,采取蹲点指导、驻点帮教的办法,按照一个单位一个单位过,完成要求基干民兵的整组任务。

【机关军事训练】 按照人武部机关军事训练计划,认真抓干部智能、技能、体能训练。坚持每天下午1小时体能训练,不断提高机关干部军事素质,迎接宁夏军分区对师团主官考核、警备区年度军事考核。

【民兵训练】 在编实配齐建强的基础上,注重从实战出发,从难从严抓民兵应急和救援分队训练。5月24日至6月2日,应急连、应急救援分队骨干及基层武装部专干,在贺兰县民兵训练基地进行为期10天的野外驻训。训练采取统一组织,分批分类同步推进,分练与合练相结合的方法,对战术基础动作、通信装备使用,轻武器操作、防爆维稳队形、抗震救援车的展开与撤收、搭设帐篷等12个课目进行训练。警备区组织各部团进行观摩。配备民兵应急连携运行物资39类,配备应急救援分队9类装备物资和各类标识标牌(套),组织实装拉动驻训,检验逐行任务保障能力。

【国防动员】 国防动员委员会调整部分

成员单位，指导各专业办公室正规化建设。利用兴庆区应急联合指挥平台，及时与公安、应急办、民政等部门调适互联互通，适时对辖区重点部位进行监控，定期组织应急分队开展应急处突等演练。定期组织大新镇抗震救灾应急救援分队进行演练，组织掌政、通贵等民兵开展防凌防汛演练。利用兴庆区网格化管理系统，对辖区适龄青年进行摸底，了解掌握适龄青年基本情况和个人信息，为兵役登记数据库更新提供支撑。

【征兵工作】 针对2014年征兵政策和条件调整变化，及早开始宣传动员。从3月下旬开始，持续进行三个多月大学生征集宣传活动，以宁夏医科大学为主，外地回城大学生上门宣传，部分街道集中在南门广场、光明广场、星月广场和步行街进行宣传，其他乡镇在本单位定点宣传，社区村组张贴公告300多张、宣传彩页5000余份。认真开展征兵工作培训，重点进行基层专武干部的登记报名操作系统培训；政治考核人员的培训，熟悉考核标准、方法；体检医生培训，掌握新增内容和检查要求。严密组织走访考核，征兵办公室提前与公安、教育、检察等部门沟通，成立组织机构，明确任务分工，督导各组织及时展开政治考核工作，按照谁政审、谁签字、谁负责的要求，深入街道社区，逐人逐户进行走访，认真对体检合格人员进行政治考核，完成新兵征集任务。

【正规化建设】 按照“四个基本”信息化建设要求，认真抓了经常性工作和新建办公楼等正规化建设。按照“五个样子”要求抓问题整治。在学习教育的基础上，着力开展突出问题整治，认真研究修订完善中心组理论学习制度、干部教育管理规定、职工管理规定、职工绩效考评等6项制度规定，开展检查军容风纪、队列会操、应急拉动等“九个一”活动，从军人最基本的要求做起，从落实制度严起，从日常养成抓起，坚持“五个样子”标准，纠治军事单位地方化的倾向性问题。

银川市市长马力（前排左二）在兴庆区主要领导陪同下到大新镇检查民兵工作

【双拥建设】 开展“军地共创共建、军地互利双赢”活动，协调宁夏医科大学军人心理健康服务中心——兵心驿站专家组分别到兰州军区21军61师驻甘肃天水、张掖和宁夏军区独立团、给水团等部队官兵开展心理讲座、心理咨询和治疗。开展部寺共建，给通贵清真大寺赠送图书40余册，投入14000元制作宣传橱窗。“八一”建军节兴庆区四套班子领导慰问抗战英雄、军警烈属和遗属12人次。开展“平安创建”活动，组织民兵应急连开展反恐维稳和应急处突训练。春节、五一等节日，组织民兵应急连在新华街道进行执勤巡逻。投身“四个银川”建设，组织人武专武干部60余人次参加银川市滨河新区、综合保税区义务植树。依托宁夏宏强传媒集团有限公司，举办“国之重器、鼎力中华”银川爱国主义教育军工展，通过图片资料、重型武器展示、真人cs实战体验等，强化全民国防观念。

【军事安全管理】 开展“学条令、训队列、整秩序”和“三个强化、三个反对，大力纠治非军化倾向问题”等教育活动，组织干部职工加强条令条例和安全管理规定等相关法规学习，强化条令意识，严格落实制度。组织驾驶员、保密员等关键岗位人员进行政治考核，加强车辆装备的使用管理。开展涉密载体“清零”行动和安全隐患排查等活动，先后3次组织安全保密隐患排查，对办公电脑进行清理，检修维护各办公室屏蔽器，对8个部位部分损坏的屏蔽器及时更换；集中时间对车库进行清理整治，对涉密文电核对；对涉密介质的使用，坚持按照早领取晚存放，严格落实责任制。加强干部职工纪律教育，与干部职工鉴定不涉足娱乐会所责任书，健全八小时以外的人员管理和制度规定。及时对驻地民社情等进行摸底排查，集中开展问题隐患整治，确保人武部及周边环境安全稳定。

【后勤规范化管理】 编制2014年年度经费预算，每季度向党委汇报预算执行情况。修订本级《财务管理补充规定》，制定《兴庆区人武部严格控制行政消耗性开支管理措施》。坚持党委理财、议财制度，认真落实连审会签制度。结合兰州军区关于民兵预备役整组点验评估细则和个人战备携运行配备标准，为应急救援分队配备特警服、特警帽、特警靴、特警腰带和各类标识牌，应急救援分队配备个人携运行物资类 39 类，对在编现役干部配备各类战备物资。兴庆区委、区政府集中军地财力、人力，建成军地联合网格指挥中心、民兵救援物资储备库、应急连连部和应急器材库。区委议军会解决 200 万元保障经费，纳入政府年度预算。

（供稿人：霍军明）

银川警备区

【概况】 2014 年，银川警备区全面贯彻党的十八大和十八届三中全会精神，高举中国特色社会主义伟大旗帜，以邓小平理论、“三个代表”重要思想、科学发展观为指导，坚决贯彻落实习主席一系列决策指示，围绕党在新形势下的强军目标，坚持抓中心谋打赢、抓班子强队伍、抓作风促落实、抓创新谋发展，确保部队听党指挥、能打胜仗、作风优良，在新的起点上推动部队民兵预备役建设科学发展。

【战备工作】 加强日常战备建设。制定警备区、人武部战斗力标准体系，结合上级指示要求，指导新建人武部抓好战备库室建设，机关投入资金补充战备器材库器材；投入补充后勤战备物资库军需被装、野营帐篷等物资器材；协调银川市为预备役高炮团官兵购置了个人战备物资。修订完善警备区支援保障和应急处突战备计划，规范战区所属内卫军分区战备计划内容样式。落实战备演练。警备区先后组织拉动演练 10 余次，拉动人武部带民兵分队 30 余次，全面检验部队日常战备水平和实际行动能力。5 月，警备区机关带贺兰县民兵分队拉动演练，论证《战备工作规定》民兵分队战备演练程序和时间，研究探索机关带民兵应急分队综合性战备演练的方法路子，演练内容制作成《民兵分队综合性战备演练八步法》录像片在兰州军区战备条例集训上播放，受到广泛好评。5 月至 9 月，针对反恐维稳、动员支前和抢险救灾为主要课题，先后带人武部、民兵应急营、预备役高炮团拉动演练 7 次，研究解决一批制约战备拉动的瓶颈问题。10 月指导高炮团进行全员额整建制战备演练考核。12 月，警备区机关带人武部、预备役高炮团带民兵分队分两线进行冬季野营拉练，全面检验部队“走、打、吃、住、防、管、修、联、供”能力。大力提升战备水平。指导新建人武部建成集作战指挥、应急救援、战备训练等功能为一体的作战指挥视频系统，全面升级视频会议硬件设备。购置海事卫星电话、对讲机等通信装备，提高执行野外任务和部队机动时的通联保障能力。指导各人武部采集党政机关、能源工厂、通信枢纽、交通要点、宗教场所等重要目标 21 个，列入全军重要目标整编数据库。依托市人防卫星通信系统、3G 图传系统开设野战视频会议，整合军地资源，系统跨网联通，创新通信保障手段。

【应急力量建设】 落实“平时服务、急时应急、战时应战”要求，坚持组建在身边、常抓在手中、用在关键时，突出抓市、县两级“一营三连”应急处突力量，2 支自治区预备役专业救援力量，2 支民兵抗震救援力量和 24 支乡镇民兵应急救援力量建设，着力提高信息化条件下快速反应、快速动员和遂行多样化军事任务的能力。指导六部一团采取“多专业同训、多方法联训、多途径促训”的方法，组织 12 支民兵预备役应急分队，以高炮操作、抢险救灾、维稳处突、通信抢修和工程保障等为主要内容进行集中驻训，指导西夏区、高炮团应急分队高标准接受宁夏军区拉动检验，提高遂行多样化军事任务能力。

【首长机关训练】 2014 年，坚持每月三天军事训练，每日最后一小时体能训练，每周二、四晚业务学习，认真抓军事理论、专业技能和体能训练，全员参加宁夏军区组织的战术标图规定集训；分别参加宁夏军区军社情研究和要地夺控战理论研究。7 月、11 月组织人武部军事训练考核，军事技能平均合格率达到 92.2%；11 月，警备区机关迎接宁夏军区军事斗争准备和年终军事训练考核，军事理论、指挥技能名列前茅，取得军事斗争准备第二名的成绩。

【民兵预备役训练】 警备区军事训练在上级机关的正确指导和警备区党委的坚强领导下，着眼强军目标，全面贯彻实战化标准要求，着力提高应对多种安全威胁、完成多样化军事任务的能力，取得了较好成绩。6 月 25 日，在兴庆区应急分队野外驻训点，组织部团主官、军事科长、预备役营（连）长、专武干部进行了现场观摩，规范了训练内容和方法程序。7 月，各人武部借鉴观摩做法，在民兵训练基地分期分批进行了 7 至 10 天的集中驻训，探索了多专业同训、多方法联训、多途径促训的方法。

【预备役高炮团战备拉动演练】 8 月下旬，根据宁夏军区通知要求，预备役高炮团动员集结银川市预备役人员分四个阶段进行战备演练，全面检验部队遂行任务能力。演练中克服了现役人员少、经费缺少、物资缺乏的困难，也真实暴露了部队战斗力建设存在的弱项和问题。

【冬季野营拉练】 12 月中旬，警备区组织各县(市、区)人武部和预备役高炮团现役干部、战士、职工及民兵预备役官兵，各类装备器材 80 余件（门），采取“机关带人武部、预备役团带分队”的形式，分两线开展冬季严寒条件下野营拉练训练。拉练围绕提高部队严寒条件下遂行任务能力，着眼强化战斗作风，以“联得上、走得动、吃得热、睡得暖、管理好”为目标，采取“计划导调与随机导调相结合、文书导调与情况诱导”相结合的方式，走一路、演一路、考一路、评一

路，主要演练了抗敌袭扰、防敌化学袭击、占领炮兵阵地、强行军等10个内容，组织野炊、搭设帐篷、伪装、强行军等4个课目的评比竞赛。通过练指挥、练机动、练协同、练作风、练保障，强化了官兵战斗养成、摔打锻炼了部队，全面提升了官兵严寒条件下遂行任务能力。

【民兵组织整顿】 3月，结合民兵组织整顿，分工常委深入基层武装部、编兵单位，指导抓好组织整顿，依托贺兰县人武部，组织部团主官、专武干部，进行组织整顿“十三步法”示范观摩，指导预备役高炮团组织全员额实装组织整顿集中大点验，总结探索“三个便于”（便于领导、便于管理、便于训练）、“三个突破”（突破行政机构划分，突破企业所有制性质，突破县（区）地域界线）、“三个不编”（不编离开银川打工的人员，不编没有组织管理的人员，不编流动在外3个月以上的人员）、“四个延伸”（向政府机关、事业单位延伸，向文教卫生、科研机构延伸，向组织领导坚强、管理教育严格的国有企业延伸，向生产效益好、专业人才多的股份制企业和民营企业延伸）的方法路子，较好解决了编兵不实、不科学的问题，做法被宁夏军区转发。警备区着力解决整组交叉重复编兵的做法被4月7日《中国国防报》头版头条刊发。

【兵员征集】 按照自治区人民政府、宁夏军区2014年征兵命令和自治区征兵办公室要求，完成征集任务。所征新兵中，党团员459人，占征集任务60.3%；大专以上文化程度256人，占征集任务33.6%，高中以上文化程度469人（不含大专以上），占征集任务61.6%。自治区政府副主席李锐、军区韩副政委、自治区征兵办领导和银川市市长马力分别到贺兰县征兵体检站、金凤区征兵体检站对新兵体检情况进行检查指导并给予充分肯定。

【营区基础设施建设】 按照建设现代营房的要求，对营区环境实施综合整治改造。先后完成长城宾馆后院附属平房拆除、营区道路修筑、广场铺设、办公楼安装自来水净化器等项目施工，投入47.6万元完成营区道路、广场铺设；投入187.5万元，用于营区绿化、美化，种植草坪20亩，栽种苗木34种831株；投入31.4万元，对营区围墙进行整修。协调供热公司对营区东侧车库进行改造更换，完成东院售房区集资楼供暖管道分户改造、老旧房屋整修等工程。先后投资40万元对民兵武器装备仓库生活区的食堂宿舍进行整修，投资1.3万元为武器库购买安装生活设施设备，投资15.75万元解决官兵吃水难、用水难的问题。收回长城宾馆租赁房屋，协调自治区建设工程质量监督检验站完成长城宾馆质量评估鉴定。清查警备区基本建设项目情况和现有房地产资源详细底数，收集汇总了图片、影像及文字等相关资料，建立完善基础数据库。先后普查登记军用土地7块860.64万亩，重新签订房屋租赁合同11份。

【军交卫生】 落实车辆审批制度、驾驶员安全教育制度和每周五车场日制度；严格车辆、驾驶员年度审验工作，交通法规学习、驾驶技能考核验收，实行驾驶员记分；严格车辆检查保养、驾驶员体检；指派专人，办理新车接运手续；先后两次组织驾驶员集中教育整顿。落实油料供应标准，按时间节点完成油料保障专项整治，办理油料保障关系转递。2014年，警备区机关累计出车1200余台次，总行程35万公里，安全无事故。完成2名申请评残同志材料的审核上报，1名患重病同志病情转送及医疗数据审核等工作；协调解放军第五医院，为45名团以上干部和76名营以下干部、战士、职工进行健康检查。加强对药品食品管理监督，定期更换过期药品、检查食品卫生，确保营区卫生安全。规范保障卡办理程序，完成数据维护、信息审核、调入调出、工薪发放和实力比对等工作。

【基建营房两项普查】 清查警备区基本建设项目和现有房地产资源项目情况，搞清基本数据、梳理突出问题、规范资料管理、补办相关手续、强化法纪观念。12月，接受宁夏军区检查验收，得分率为97.32%。

【军民共建】 以“同学创新理论、互解发展难题、联育四有新人、共建和谐社会”为主题，开展军民共建活动，持续推进“四进四助”，稳妥推开在清真寺升国旗奏国歌活动。金凤区人武部协调建成宝湖实验小学国防教育展室，永宁县人武部协调建成闽宁镇国防教育一条街，促进了民族团结、社会稳定。组织军地工作组走访驻银7个师团级单位，协调市委、政府研究解决驻银部队干部住房、绕城高速平吉堡出口封堵、五医院门前垃圾站等问题。协调海军新列装驱逐舰命名“银川舰”，协调总部退役潜艇落户滨河新区，军地携手抓了军事文化博览园建设，先后有30余万人次参观游览、接受国防教育。协调驻银部队、民兵预备役“百连万人”参加银川市滨河新区、综合保税区绿化工程大会战，为“四个银川”建设做出积极贡献。

（供稿人：孙新宇 王飞 祝凌 贾治军 吕建飞）

消　防

【概况】 兴庆区消防大队下辖新华、海宝2个消防中队，有执勤消防车10台，消防监督车1台，消防摩托车2台，辖区内消防重点单位205家。2014年，大队检查单位3115家，督促整改火灾隐患或者消防违法行为3416起，临时查封46家，责令“三停”17家，罚款67.65万元，拘留1人；派出所检查单位6639家，督促整改火灾隐患或者消防违法行为3147起，下发责令改正通知书1436份。

【签订消防安全责任书】 2014 年，围绕自治区、银川市两级政府消防工作会议精神，兴庆区政府召开 5 次消防安全联席会议，将消防工作列入政府的重要工作日程，同各乡镇、街道、部门签订《2014 年消防安全目标责任书》，明确消防安全职责和任务；明确辖区 205 家重点单位落实消防安全主体责任；对“四个能力”“户籍化”管理工作进行培训；公安派出所开展“全年消防监督工作”动员部署会，明确派出所三级列管单位的界定和监督检查的任务指标，先后迎接部局、总队、支队督导组、自治区、银川市、兴庆区各级消防检查 20 余次。

【安全生产管理】 召开兴庆区安全生产会议，部署安全生产工作，表彰安全生产先进单位和个人。政府与各乡镇、街道签订安全生产责任书。要求做好节假日和重大活动之前安全生产管理工作。重点开展四项工作：一是开展“清剿火患·消防志愿者在行动”主题消防志愿服务活动，对辖区内宗教场所和“三未”工程、高层住宅及 205 家消防安全重点单位的消防安全隐患进行集中排查整治。二是按照《全区消防部队执法检查“回头看”和“四个一律”专项督察工作方案》要求，针对网上执法质量考评发现的具有普遍性和倾向性的突出执法问题，及时进行纠正，剖析原因，研究制定针对性工作措施。三是按照《关于贯彻落实王雁飞常委重要批示切实提高公安窗口建设的通知》要求，改善消防服务窗口环境，优化配备窗口服务人员和必要的硬件设备、软件资料，提升服务质量，树立严格执法、热情服务的窗口形象。四是坚持以整治行动牵引基础工作扎实推进，以基础建设保障整治行动取得成效，完成各项重大安保活动和日常监督任务、网格化管理、重点单位“四个能力”巩固达标、户籍化信息数据的维护和应用及培训等级管理工作，落实社会单位消防安全主体责任。

【消防安全保卫】 2014 年，先后完成谁是球王中国羽毛球民间争霸赛西北大区赛消防安全保卫工作、第六届中国西部（银川）房·车博览会消防安全保卫、2014 年第二届中国（银川）滨河自驾车旅游节暨首届西部大漠音乐节活动安全保卫、中国广播艺术团赴银演出消防安全保卫、2014 年银川市第六届端午龙舟赛安全保卫、第十三届环青海湖公路自行车赛（宁夏段）消防安全保卫、第十一届中国宁夏（银川）国际汽车摩托车自驾旅游节消防安全保卫、宁夏回族自治区第十四届运动会消防安全保卫、2014 中国（宁夏）国际清真食品穆斯林用品交易会消防安全保卫、党的十八届四中全会暨 APEC 峰会消防安全保卫、2015 年第三届银川滨河冰雪彩灯艺术节活动安全保卫等 20 余项重大安保工作。重大节日期间消防安全保卫工作，没有发生一起执勤安保事故。

【农村消防】 遏制农村火灾多发态势，维护农村社会公共安全，按照《银川市人民政府办公厅关于进一步加强农村消防工作的实施意见》文件精神，在掌政镇、大新镇、月牙湖乡、通贵乡建立专职消防站，招聘 16 名公安消防协警经过灭火救援业务技能培训，在各消防站指导农村消防工作。

【消防知识宣传】 结合社区消防工作，推行消防宣传进社区，通过发放消防宣传材料等方式，使消防宣传走入千家万户。2014 年，贯彻《全民消防安全宣传教育纲要》，开展列管单位分类别、分层次培训活动，重点推进《消防安全常识二十条》和人员密集场所消防安全“三提示”普及性宣传工作，充分利用广播、电视、报刊、网络、手机“五位一体”的消防宣传渠道，开展“96119”举报投诉受理奖惩，在各级电视台播放消防新闻 20 条，开辟专栏 8 期，在各类报刊、网络刊登稿件 30 余篇，发送消防短消息 3 余万条，在人员密集场所和社区安装 LED 宣传栏 80 余块。

（供稿人：王晓琴）

兴庆区消防大队组织民兵进行抗洪救灾演练

农牧·绿化·水利

综　述

【概况】 2014年，农牧局认真贯彻落实党的十八届三中全会和自治区、银川市农业农村工作会议精神，紧紧围绕区委“8531”工作思路确定的目标任务，按照兴庆区2014年农业农村工作要点具体要求，顺应城镇化快速发展趋势，立足区位优势和资源优势，继续坚持以四大农业主导产业（设施花卉、优质稻、瓜菜、奶产业）为重点，农业效益显著提高、农民收入显著增加为核心，推广先进农业技术、设备为引领，重点项目建设为抓手，创新农业经营主体为突破，深入开展党的群众路线教育实践活动为契机，进一步调整优化农业经济结构，加强农村基础设施和综合能力建设，加快农村集体产权制度改革，不断提升农业干部综合素质，努力促进农业提质增效，农村和谐稳定，农民富裕文明。

【主要经济指标完成情况】 全年实现农业总产值11.88亿元，较上年增长4%；实现农业增加值5.48亿元，较上年增长2%；农民纯收入达到10962元，较去年增长11%。特色优势产业产值10.1亿元，较上年增长4.7%，特色优势产业产值占农业总产值85%。设施花卉新建温室1689亩，中拱棚建设1786亩，花卉总产量1.324亿（枝）盒，总值1.47亿元，较上年增长24.6%；在掌政镇、通贵乡创建优质稻高产创建示范片2个，总面积2.4万亩，有机稻生产面积1.5万亩；瓜菜种植面积5.6万亩，总产量31.35万吨，实现总产值3.1亿元。其中，露地瓜菜1万亩；设施瓜菜4.6万亩。粮食作物播种面积16.55万亩，粮食总产量到达8.6万吨。其中，小麦播种面积2.16万亩；玉米播种面积4.07万亩；水稻播种面积10.32万亩。畜牧业总产值达到1.88亿元。奶牛存栏量达到31057头。其中，成奶牛16749头；育成牛9350头；犊牛4958头。鲜奶产量达到9.935万吨。肉牛饲养量10227头，其中：存栏4654头，出栏5573头。羊只饲养量121356只，其中：存栏43982只，出栏73740只。生猪饲养量42321头，其中：存栏12587头，出栏29734头。禽类饲养量599865只，其中:存栏256300只，出栏343565只。肉类总产量到达5548吨，禽类总产量1119吨。水产养殖面积2.8万亩，水产品总产量达6030吨，较去年增长3%，渔业总产值达7790万元，较上年增长2.5%。其中：精养水面10703亩，粗养2247亩，湖泊14900亩，人工水系487亩。新成立5个合作社，8个家庭农场，申报农业产业化项目28个。其中：优质粮食1个，园艺产业7

兴庆区领导检查督导通贵乡农建工作

个,清真牛羊肉1个,适水产业3个,休闲农业1个,农业专业示范社3个,科技创新模式1个,土地流转6个,龙头企业5个,争取产业化项目资金343万元。

“三农”建设

【概况】 结合农业产业结构的特点,鼓励、引导农民成立农业专业合作社进行合作生产,根据《兴庆区农村土地承包经营权确权登记工作方案的通知》精神,依法开展农村土地经营权流转和农村土地承包经营权确权登记工作。加强农资市场、农产品质量安全执法检查,维护农民合法权益。

【生态循环农业建设】 兴庆区政府率先在全自治区建设生态循环农业示范区,对农村种养业产生的废弃物和以农产品为原料的城市工业及乡镇企业产生的废弃物有效利用,实施以有机肥生产、加工、销售为主的龙头带动战略。农作物废弃物、畜禽粪便沼渣、沼液、城市化粪等利用有氧、厌氧、腐熟、发酵等工艺加工成适合各种作物生长的有机肥料和有机质,并通过添加作物营养元素,使其成为作物生长的全价肥料。2014年,建设银川市兴庆区生态移民区、宁夏豪奔种植养殖专业合作社大型沼气项目2处,推广沼肥3000吨,推广设施蔬菜、花卉施用有机肥4000亩,扶持有机肥加工场1个。

【申报2014年农业产业化项目】 2014年能源产业办协调各业务站、办以及辖区龙头企业、专业合作社、种养大户积极申报农业产业化项目,申报产业化项目28个,项目资金343万元。其中,优质粮食1个;园艺产业7个;清真牛羊肉1个;适水产业3个;休闲农业1个;农民专业示范社3个;科技创新模式1个;土地流转6个;龙头企业5个。争取到农业部“基层农技推广体系改革与建设补助项目”1个,项目资金80万元。9月完成实施方案的编写上报、科技示范户和技术指导员遴选、示范基地的确定等前期工作。

【新型农民培训】 2014年兴庆区新型职业农民培训350人,其中生产经营型200人,专业技术能型150人。生产经营性主要包括专业大户,家庭农场主、农民合作社骨干等,累计培训时间15天;专业技能型培训包括长期稳定在农业企业、农民合作社、家庭农场等新型农业经营主体中从事劳动作业的农业劳动力,培训时间累计约7天。培育模式及内容:实行“分段式、重实训、参与式”培育模式,由培训向培育转变,实行全过程培养。根据农业生产周期和农时季节分段安排课程,强化分类指导,对生产经营型和专业技能型分类分产业开展培训,做到“一班一案”建立指导员制度,注重实践技能操作;结合农民特点和学习规律,针对农民实际需求制定培育内容,注重针对性、实用性和规范性,做好后续跟踪服务。

“莓”开眼笑

【农村土地承包经营权确权登记】 2014年,农村土地承包经营权确权登记工作涉及2个乡2个镇27个村,农户1.7万户,面积约18万亩。印发《告农民朋友的一封信》2万张,发放到户,阐明土地确权工作的重要性和紧迫性,让农民掌握土地确权颁证工作的原则、程序、范围;编印《银川市兴庆区农村土地承包经营权确权登记工作宣传册》2000本,明确工作的背景、意见、作用,确权登记的流程、相关问题的政策解释,区、乡(镇)、村工作人员人手一册;举办培训班10场,300余人参加培训,完成27个村农户入户调查和《户籍信息登记表》《入户调查表》《发包户调查表》填写工作,建立农户的纸质档案和电子档案,下发27个村地籍草图,对农户地块面积、位置进行确认和标注,12个村已完成一轮(草图)农户地块面积、位置的标注和确认,其余各村地籍草图正在标注中。

【农村土地经营权流转】 2014年,完成土地流转面积6000余亩,主要集中在通贵乡。农村土地流转面积累计达到35922亩,涉及农户5399户。其中:出租24233亩;转包4698亩;转让6986亩;互换5亩。

【村集体“三资”清理】 年初,农经站与各乡镇、涉农办事处农经站签订了目标责任书,按照三个步骤、五个环节完成农村“三资”清理及专项整治工作。举办

1期财务电算化培训班，1期村集体财务会计人员培训班，印发资料120余份，参训人员达56人(次)。农经站印发12套表格，要求村“三资”清理小组对2013年底账面实有数加上账外未入账的数额认真清理核实登记，各乡镇根据各村核实结果，及时与账面上的结存数量进行核对，并编制《账存实存对比表》；资产核实中发现的盘盈、盘亏、呆死账登记造册，并做出书面说明，村“三资”清理小组在每一页上都进行签字确认，村民代表大会会议记录等资料由参加会议的村民代表进行签字确认，并对结果进行为期7天的公示，公示无异议后，由区、乡两级组织人员进行审计后上报乡镇审批，按照《村集体经济组织会计制度》相关规定进行处置。2014年，村集体资金总额6791万元，资产总额6.01亿元，资源面积15.7万亩，负债9795万元。

【农民专业合作社】 坚持“民办、民管、民收益”“自主经营、自负盈亏、风险共担、利益共享”的原则，结合农业产业结构的特点，鼓励、引导、扶持农民联合、合作，组建农民专业合作社。2014年新成立2个合作社，累计有专业合作社67个，自治区示范合作社11个，银川市级示范合作社15个，合作社社员有4861人，辐射带动当地农民1.1万多户，比非会员户年均增收1400多元。

【家庭农场】 在掌政镇、通贵乡引导农民大户成立家庭农场，经农牧局审核、工商局注册，2014年成立家庭农场8个，累计达到26个，固定资产总额4325万元。家庭农场家庭成员64人，长期雇工47人，短期雇工157人，总经营面积6913亩，其中流转土地面积6381亩，养殖奶牛1070头(只)。经营范围涉及粮食种植、设施蔬菜、花卉、奶牛养殖、水产养殖及休闲观光农业等。同时对家庭农场进行百分制测评，推荐3个参加自治区家庭农场2星评定。

【农业行政执法】 组织执法人员通过农资下乡、“三送活动”等形式深入乡镇农资市场开展“放心农资下乡进村宣传周”“安全生产月”宣传周和食品安全宣传月活动，邀请专家、教授对农资经营人员进行农资业务知识、农业法律法规和经营技能培训，培训100人(次)；向农民印发农牧业法律资料2万余份，现场向农民宣讲真假伪劣种子和农药的识别、选购、使用常识；先后派出执法人员360人次，执法车辆94车次，检查种子生产经营企业126户次，种子经营门店96家次，农药肥料经营单位46户，兽药经营户60户次；对79家规模养殖场，50个生鲜乳收购站，43辆生鲜乳收购车辆进行检查，查获不合格产品400公斤，货值1万余元；立案查处3起违法经营假劣种子案件，罚款3.9万元；抽查农业投入品样品141个，其中：农药样品17个，种子样品32个，兽药样品92个；抽验农产品样品1157个，其中：生鲜乳样品79批次236个，蔬菜样品798个，水果样品123个，检测合格率均为100%。调解农资纠纷7起，为农民挽回经济损失12万元。

【规范农资市场经营】 将行政许可与行政处罚等法定职责细化明确，确保各项法定职责在实际工作中得到全面履行和有效落实。2014年新办理生鲜乳收购许可证2件、生鲜乳车辆准运证2家、办理兽药经营许可证2件、农作物种子生产经营许可项目审批12件、审核上报办理1件、草种经营许可项目审核3件、备案登记种子代销户24家。对辖区境内种子企业及经营门店进行全面检查，以三证、经营范围、种子质量、标签标识、种子包装、经营档案、调种发票等为检查内容，对西北农资城、丽景南街和掌政、通贵、月牙湖等乡镇种子经营网点进行全面检查。检查种子企业和委托经营网点126家次，检查种子经营档案32份，检查种子标签标识22份，抽检各类种子样品32份。同时，选取两个乡镇10个村50户农户开展种子经营入户倒查工作，对辖区内38家种子经营企业、49家种子经营门店进行了倒查登记检查，均未发现相关违法行为。

表11　　2014年春季主要农资产品价格表(截至2月10日)

一、种子

品种		2013年同期零售价(元/公斤)	2014年零售价(元/公斤)
春小麦良种		4.0	4.2
春小麦原种		4.4	4.4
常规水稻种子		4.4	4.6
常规水稻原种		4.8	5.0
杂交玉米	正大12号	23	23
	宁单11号	23.5	24
	先玉335	22	24

二、肥料

表 12　　2014 年春季化肥市场零售价格表

品种	2013 年同期零售价(元 / 袋)	2014 年市场零售价(元 / 袋)	涨幅(%)
尿素	85	69	-18.80
二铵	180	150	-16.70
碳铵	33	31	-6.10

【“三个服务团队”】 根据 2014 年农业工作安排和区、市惠农政策，农牧局组建三个服务团队。一是组建以农业中心、畜牧水产中心 8 名农业专家为主的科技服务团队，重点开展科技培训、技术推广、技术咨询、病虫害防治等工作。二是组建以能源产业化办公室工作人员为主的农业产业化服务团队，重点开展项目争取、农民专业合作组织项目申报指导、农村能源服务、重点项目实施工作。三是组建以农业执法大队、农机监理站为主的法律法规服务团队，重点开展农业生产资料监管、法律法规宣传、农业生产安全监管、农产品质量安全监管和农民权益维护工作。三个服务团队帮助解决生产技术问题 38 个；列入政府重点项目的 4 个，为茂盛村、孔雀村、洼路村等争取“一村一品”产业化项目 4 个，指导 22 家农民专业合作社、家庭农场申报区、市产业项目；查处农资违法案件 12 起，为农民挽回损失 14 万多元。

【月牙湖万亩奶牛生态养殖园区污水处理厂】 建设月牙湖万亩奶牛生态养殖园区污水处理厂，项目总投资 1304 万元。其中，申请国家专项资金 260 万元，兴庆区本级配套 1044 万元。截至年底，投资 900 万元完成土建工程量 90%，生化池、调节池等主体都已完工，设备正在安装。

【生态移民帮扶工作】 2014 年在月牙湖生态移民区实施农村能源项目，安装太阳能热水器 1192 台、太阳灶 1192 台、太阳能光伏路灯 49 盏；实施产业帮扶工作，完成第三批奶牛托管任务 1249 头，新建设设施花卉园区 200 亩，设施园艺面积达到 800 亩，实现生态移民户均增收 3000 元。

【设施农业效益倍增计划】 2014 年，在大新镇新渠稍村九队、十二队，掌政镇洼路村四队、九队，镇河村七队，茂盛村三队，月牙湖乡小塘村五队建成日光温室 1368 亩，新建温室实现当年建设、当年完工、当年投产；在兴庆区大新镇新渠村，掌政镇茂盛村、孔雀村、掌政村、镇河村、洼路村，月牙湖乡小塘村阳畦地、复垦地、流转地集中连片新建大中拱棚 1015 亩。

粮食生产

【概况】 2014 年，兴庆区始终把粮食生产作为“三农”工作的首要任务，以科技创新为手段，以惠民增收为目的，加大政策扶持，整合项目资金，强化责任落实，粮食生产取得新进展。实行稻旱轮作，粮食总播种面积稳定在 16.55 万亩，与上年基本持平。其中：小麦 2.16 万亩，增加 0.46 万亩；水稻 10.32 万亩，减少 0.88 万亩；玉米 4.07 万亩，增加 0.47 万亩，玉米 47.6%用于青贮。粮食总产量 7.43 万吨。其中：水稻 5.33 万吨，小麦 0.67 万吨，玉米 1.43 万吨。

【高产水稻种植】 创建水稻高产示范片 2.4 万亩。其中：掌政镇 1.2 万亩；通贵乡 1.2 万亩。有机水稻种植面积 1.5 万亩。其中：月牙湖草原管理站 1.2 万亩（含 1480 亩有机认证，1850 亩转换认证）；通贵乡 0.3 万亩（含 1080 亩转换认证）。

【大棚育秧新技术】 落实工厂化大棚育秧点 2 个，搭建育秧大棚 103 栋。其中：通贵乡通南村宁夏昊御现代农业产业化专业合作社搭建育秧大棚 30 栋，提供秧苗 5000 亩；掌政镇五渡桥村种植大户郭春搭建育秧大棚 73 栋。全部采用移动棚钢架搭建，跨度 6.5 ~ 6.7 米，间距 1.5 米，高度 2.2 米 ~ 2.5 米，已通过自治区、银川市的检查验收。

【农作物良种补贴】 农作物良种补贴总面积 165554 亩，补贴金额 2171645 元。其中：小麦补贴面积 21603 亩，每亩补贴 10 元，补贴资金 21.6 万元；水稻补贴面积 10.32 亩，每亩补贴 15 元，补贴资金 154.83 万元；玉米补贴面积 40730 亩，每亩补贴 10 元，补贴资金 40.73 万元。

【粮食政策性保险投保】 按照“政府引导，平稳运作，自立自愿，协同推进”的原则，开展粮食政策性保险工作，兴庆区政府将农户自筹部分全部列为政府承担，16.55 万亩粮食作物全部参加了投保。

【粮食优新品种的推广】 小麦主推品种宁春 4 号、宁春 39 号；玉米主推品种先玉 335、正大 12 号；水稻主推品种宁粳 45 号、宁粳 44 号、宁粳 28 号、吉粳 105、宁粳 43 号。

【新品种展示】 新品种展示区以水稻为主。掌政镇永固村、强家庙村、碱富桥村、永南村、五渡桥村 5 个点展示品种：宁粳 28 号、宁粳 43 号、宁粳 44 号、吉

粳 105；通贵乡通北村 1 队，通北村 2 队、通北村 3 队、通北村 4 队、通北村 7 队 5 个点，展示品种：宁粳 28 号、宁粳 44 号、宁粳 45 号；草原管理站黄河峰源合作社种植基地，展示品种：宁粳 28 号、宁粳 43 号、宁粳 45 号。

【粮油高产综合示范片（园区）】 在掌政镇（永固村、强家庙村、碱富桥村、永南村、五渡桥村 5 个村）和通贵乡通北村创建粮油高产万亩示范片 2 个，每个综合示范片（园区）面积 12000 亩。综合示范片（园区）设立高产创建标志牌，与技术人员签订高产创建目标考核责任书，建立规范的田间档案，责任到人，及时记载作物生育期的各项指标。示范区主推优良品种：宁粳 43 号、宁粳 45 号、宁粳 28 号、吉粳 105 等。在掌政镇遴选 3 个、通贵乡遴选 2 个具有代表性的水稻核心区，每个核心区安排 100 亩，每亩给予 40 公斤水稻配方肥物化补贴，以点带面，推进高产创建工作。

【有机稻综合示范】 创建有机稻综合示范点 2 个。通贵乡通南村有机稻综合示范点面积 3000 亩，核心区面积 2400 亩，主要展示优良品种、大棚工厂化育秧、旱育稀植、有机大米生产、有机肥施用、病虫害绿色综合防控技术，并在示范点周边开挖鱼塘、蟹沟、搭建鸡鸭养殖棚舍等辅助设施，在田间养殖鱼、扣蟹、欧洲雁、绿头鸭、稻田鸡等，使基地极具特色，形成集工厂化大棚育秧、有机水稻种植、田间动植物套养等为一体，经济效益、社会效益、生态效益相统一的现代化农业综合示范园区。月牙湖草原管理站有机稻综合示范点占地面积 12000 亩，种植有机水稻面积为 5000 亩，其中保持认证 1480 亩，新认证 3520 亩，大面积推广新品种宁粳 28 号、宁粳 43 号、宁粳 45 号。推广宽窄行播种技术，稻田养蟹技术，实现年产有机水稻 1800 吨。

【新品种、技术试验】 掌政镇水稻新品种展示试验供试品种：318、2009G-19、181、宁粳 44、宁粳 23、307、32；实验地点在掌政镇强家庙村。在掌政镇强家庙村进行 2BD-10 型水稻精量穴直播机穴播试验。通贵乡在通北村 7 队试种水稻新品种 318、2009G-19、181；玉米新品种屯玉 168。

【测土配方施肥及病虫害专业化统防统治】 配方肥经过多年推广已得到广大农户的认可，配方肥使用超过 1000 吨；坚持“预防为主、综合防治”的植保方针，先后对小麦、玉米、水稻田间杂草、病害虫进行普防，在病虫害发生高峰期，对水稻稻瘟病、玉米黏虫开展统防统治，植保面积 6.56 万亩，防治率达到 100%。

【技术培训与指导】 2014 年举办技术培训 30 场次。其中：粮食培训班 18 次，培训人员 1100 名；植保技术培训 4 次，培训人员 280 名。召开现场会 8 次，印发资料近 2000 份。培训内容主要有：水稻旱直播大面积高产栽培技术要点；水稻保墒旱直播、大棚育秧及旱育稀植技术；水稻品质提升关键技术；水稻病虫草害综合防治技术；水稻主栽品种特征特性。结合科技承包工作，每个科技人员上与单位、下与科技示范户分别签订科技承包服务协议书，定期入户面对面指导或通过电话与示范户保持经常性的联系，及时提供技术咨询服务。同时为 226 户科技示范户发放物化补贴（八福仙有机无机复混肥）9.2 吨。

花卉产业

【概况】 兴庆区花卉产业探索与区位优势相适应的模式，实施以设施农业为突破的现代农业示范工程，通过建设产业基地、强化科技培训、培育龙头企业等措施，加快设施花卉发展步伐。2014 年，在大新镇、掌政镇、月牙湖乡新建温室点 5 个，建设温室 1689 亩。其中：大新镇 1 个，分布在新渠村九、十、十二队，建设温室 700 亩；掌政镇 3 个，分布在茂盛村二队、镇河村七队，洼路村四、九队，建设温室 782 亩；月牙湖乡小塘村 1 个，建设温室 207 亩。建设中拱棚 1786 亩，其中：大新镇 150 亩，掌政镇 1592 亩。全年种植花卉总面积 7367.5 亩，其中：鲜切花面积 3692.7 亩；盆栽植物 1265.8 亩；观赏苗木 2408.95 亩。总产量 1.324 亿枝 / 株 / 盆，产值 1.47 亿

月牙湖乡移民新村康乃馨种植大棚

元。种植面积与 2013 年 6071.64 亩相比,增长 21%。

【花卉种植技术培训】 结合花卉种植过程中存在的问题,农业中心协同企业、专业合作社,举办 8 期培训班,培训人次 2340 人,邀请区内外花卉专家进行讲座和田间指导 2 次。

【花卉产业的政策引导与资金扶持】 结合设施农业发展计划,坚持"园区带动"战略,重视龙头企业的示范带动作用,通过优惠政策和资金扶持,引进培育一批设施花卉龙头企业入驻各园区,采取"公司 + 基地 + 农户"的经营模式,开展技术示范、花卉种苗供应和信息咨询,并与农户签订技术服务和花卉产品收购销售协议。制定兴庆区农业主导产业发展 2014-2016 年三年规划及资金扶持意见,安排 550 万元专项资金,通过"兴庆区设施效益倍增计划"上争区市资金为 892.3 万元全部用于设施花卉产业发展。

【开拓花卉市场营销渠道】 争取项目资金建设花卉冷藏保鲜库,在抓好设施花卉生产的同时,不断强化产前、产中、产后的技术和信息服务,积极支持企业开拓外埠花卉销售窗口,成功举办第三届西北地区花卉发展暨产业技术交流大会,打造花卉品牌,拓展花卉销售渠道。

蔬菜产业

【概况】 兴庆区蔬菜农技推广按照自治区蔬菜产业优化升级推进计划,围绕市场需求,发展特色蔬菜产业。2014 年瓜菜种植面积 5.6 万亩,其中:露地蔬菜 1 万亩(早春露地蔬菜 0.19 万亩,夏季蔬菜 0.46 万亩,秋季蔬菜 0.35 万亩);设施蔬菜 4.6 万亩(冬春菜 1.98 万亩,夏提前 0.36 万亩,秋冬季 2.26 万亩)。露地蔬菜主要采取永久性蔬菜基地和农户分散种植两种模式,品种以番茄、辣椒、黄瓜、小叶菜为主;设施蔬菜品种以番茄、黄瓜、西芹、辣椒、茭瓜、叶菜为主。全年蔬菜产量 31.35 万吨,产值 3.1 亿元,其中设施蔬菜产量 26.92 万吨,产值 2.3 亿元。

【蔬菜测土配方施肥】 2014 年蔬菜测土配方施肥项目重点运用于设施蔬菜测土配方施肥技术推广,全年推广设施蔬菜测土配方施肥(水肥一体化)面积 5 万亩。项目实施过程中,培植种植大户 96 户,科技示范户 100 户,发放施肥建议卡 1 万份,指导农户科学施肥 0.68 万户;应用专家施肥系统 3 台,建立服务新型经营组织 4 个,配方肥标志性示范区 1 个。服务新型经营主体 1.5 万亩,配方肥应用面积 1 万亩。作蔬菜肥效试验 4 个,养分吸收测定试验 1 个,单因素试验 3 个,水溶肥试验 1 个。

【蔬菜产业滴灌水肥一体化技术】 2014 年,由银川怡人花香花卉种植农民专业合作社、银川春耘种植养殖专业合作社、银川市籽润农林科技有限公司三家分别在月牙湖乡生态移民新村、掌政镇孔雀村 3 队、掌政镇五渡桥实施蔬菜产业滴灌水肥一体化技术。各实施单位已完成主体设备、基地蓄水池、主管管沟开挖、主管铺设及回填工程;副主管、支管铺设,滴灌带铺设,滴灌带旁通、各级管路所需的弯头、堵头、三通、过滤器、施肥器等配套设备正在加紧进行安装调试。

【秸秆生物反应堆技术应用与推广】 2013 ~ 2014 年秸秆生物反应堆技术示范推广项目实施时间为 2013 年 10 月至 2014 年 6 月,示范点为规模相对集中、示范带动效果显著的掌政镇五渡桥蔬菜园区和茂盛园区日光温室,两个示范点有温室 25 座。其中:掌政镇五渡桥蔬菜园区示范 19 座温室;茂盛蔬菜园区 6 座。示范行下内置式秸秆生物反应堆技术 15 座,行间内置式秸秆生物反应堆技术 10 座。技术推广 52 座温室,面积 56 亩,涉及农户 38 户。示范推广番茄、辣椒、茭瓜、黄瓜、甜瓜等。据跟踪调查显示:每亩平均节省农药费 50 元,上市提前 5 天,上市量提高 8%。仅这三项每亩可增收 1517.68 元,推广 56 亩,至少可增收 8.5 万元。

【新特优蔬菜品种试验种植】 引进彩色辣椒、番茄、秋葵、水果苤蓝、塔花等 13 个新特优蔬菜品种,除软红外其余 12 个品种均种植成功,其中秋葵、水果苤蓝、塔花、荷兰樱桃萝卜上市得到市场认可,可作为兴庆区新特优蔬菜品种

设施农业·甜瓜

在本地推广种植。

【新骨架材料空心蔬菜棚推广】 继2013年新型多功能无焊接镀锌骨架节能日光温室率先在兴庆区掌政镇昆仑示范园区、杨家寨、孔雀村试验示范推广13栋388间后，受到自治区专家和农民的认可，并被推广至吴忠、贺兰等周边县区设施园区。2014年，参照宁夏原标准NXG–1型空心棚，在掌政镇孔雀村复垦区改造建成119栋1897间新骨架材料的空心棚。经测算，以60米空心棚建设为例，新骨架材料空心棚造价10884元，旧式空心棚8310元，新棚造价高2574元，但具有节能增温、使用期长等优点，可进行示范推广，实现传统空心棚的更新换代。

【永久性蔬菜生产基地】 兴庆区现有永久性蔬菜生产基地6588亩，其中设施蔬菜完成5747亩（茂盛村1900亩、洼路村1380亩、五渡桥村2269亩、春耘种植养殖专业合作社198亩），露地蔬菜完成841亩（茂盛村841亩）。

【基本蔬菜价格政策性保险】 2014年9月9日，宁夏基本蔬菜价格政策性保险在全区12个蔬菜生产市、县（区）全面推开，集中连片种植的西红柿、辣椒、芹菜、茄子、土豆、韭菜、青萝卜、茭瓜、大白菜、黄瓜10种蔬菜纳入保险。为确保蔬菜生产企业、合作社、种植大户积极参保，自治区出台保费的80%由政府价格调节基金承担，20%由蔬菜生产投保人承担的优惠政策。

农机管理

【概况】 2014年农机站以农机安全生产为目的，以提高农机化作业水平为目标，以农机购置补贴为重点，加强农机安全监理工作，预防和减少农机事故的发生，保障人民生命财产安全。分别于乡镇农机站、农机专业合作社签订安全生产责任书，以全国安全生产月活动为契机，深入乡村道路、田间地头、集贸市场、农林场、农机合作社宣传农机安全知识和操作规程，对运营作业的拖拉机联合收割机等进行检查；每月召开一次农机安全工作会议，分析农机生产安全状况。全年检查拖拉机、联合收割机运营作业1080台，查出违规违章驾驶员36名，超载、超长、超高、超宽车辆50台。

【农机免费管理】 根据年初制定的农机免费管理工作实施方案，10月8日–11月30日，对兴庆区范围内的拖拉机、联合收割机及驾驶操作人员，进行免费挂牌和年度检审验。严格按照区、市农机部门要求，拖拉机、联合收割机检验率达到82%，驾驶员审验率达到86%以上；农机作业公司及农机专业合作社拖拉机、联合收割机检验率和驾驶员审验率达到100%；免费为农民家中拖拉机、联合收割机喷漆喷号，对新驾驶员进行培训考核，考核合格者发给驾驶证、行驶证。

【农机普查】 年初，自治区农机化管理局下发的《关于宁夏农业机械及驾驶操作人员普查工作实施方案的通知》，政府下拨9.8万元农机普查经费，圆满完成农机及驾驶操作人员普查工作。农机普查工作得到自治区农机部门的高度赞扬，并向全区各县、市进行推广。

【农机购置补贴】 自治区实行“自主购机、定额补贴、县级结算、直补到卡”的补贴政策，将农机购置补贴资金下达到各市、县（区），补贴资金由市、县（区）财政结算兑付，直接打入补贴对象的账户。自治区农牧厅下达给兴庆区农机购置补贴资金696万元，其中，中央补贴670万元，自治区补贴26万元。根据自治区农牧厅农机化管理局下发的《宁夏2014年农业机械购置补贴实施方案》的通知精神，印发《兴庆区2014年农业机械购置补贴实施方案》并成立领导小组，在农机站设立兴庆区2014年农机购置补贴办公室。2014年，辖区农民购置动力机械及配套农机具176台，补贴资金258.98万元；畜牧养殖机械851台（件），补贴资金71.12万元；设施农业机械1476台（套），补贴资金17.712万元。补贴各类农业机械2503台（套、件），受益农户123户，补贴各类农业机械金额347.812万元。

【水稻全程机械化生产示范园区建设】 2014年年初，委托兴庆区浩强农机专业合作社在兴庆区掌政镇强家庙村建设三千亩区县共建水稻全程机械化生产示范园区。5月4日，农机站邀请自治区农机专家，引进华南大学研制的精量穴播机、青铜峡民乐机械有限公司生产的精量穴播机、贺兰洪栋农业机械有限公司生产的旱地穴播机，在示范园区进行常规旱直播实验。通过对比实验、测产，三种机械的应用比人工插秧省时、省力、省种、省财均在30%以上。自治区农机推广总站以奖代补示范园区10万元。

【兴庆区恒丰农机作业维修合作社】 为培育新型农业主题，提升农机合作组织的建设和社会化服务水平，按照规模化、运作企业化、服务市场化的模式，在通贵乡成立兴庆区恒丰农机作业维修合作社，占地面积11000平方米。其中：停车场面积6600平方米；机库面积2300平方米；修理加工车间270平方米；配件室100平方米；会议室、员工宿舍、食堂1730平方米。自治区补贴项目资金25万元，公司自筹268万元。

【农机服务组织】 7月，银川市农牧局下达申报2014年农机服务组织项目，通过验收合格后，每家以奖代补5万元资金。农机站会同畜牧水产中心对符合申报条件的农机组织进行审核，最后申报宁夏天地缘锦绣园林花卉有限公司、宁夏玉恒养殖专业合作社、银川怡人花香花卉种植农民专业合作社、银川浩强农机专业合作社、银川源农农机专业合作社五家农机服务组织，经银川市农牧局考察验收，已全部合格。

水产业

【概况】 兴庆区水产工作坚持稳中求进、生产生态并重、增收增效并举的原则，同步推进池塘标准化养殖，围绕“提质、扩量、增效”推进适水产业建设。2014年，有水面28337亩。其中：精养水面10703亩，粗养2247亩，湖泊14900亩，人工水系487亩。成鱼养殖面积8250亩，鱼种养殖面积2453亩，水产品总产量达6030吨，比上年增加180吨，渔业总产值达7790万元，比上年增加190万元。

【旧池塘改造】 根据自治区农牧厅、银川市农牧局关于大力发展适水产业的有关精神，兴庆区农牧局把旧池塘改造作为全年的中心工作来抓。通过应用池塘底质改良、水质净化调控、信息化管理等技术，建成减排环保、优质高效的标准化池塘。2014年兴庆区完成池塘改造面积2175亩，其中精养池塘改造1375亩，湖泊800亩。

【稻蟹生态种养技术推广】 兴庆区依托优质稻种植基地排灌设施配套、土质、水质条件良好的资源优势，进行稻蟹生态种养技术推广。2014年，稻蟹种养面积6130亩。其中：掌政镇2090亩；通贵乡3040亩；月牙湖1000亩。水稻每亩产量在650～700公斤，与常规稻田产量一致，成本下降10%左右，每亩水稻净收入由800元提高到1000元；稻田河蟹养殖平均亩产河蟹13公斤，平均规格达到82克左右，亩达1300元。

【标准化健康养殖示范场建设】 2014年在掌政镇西河滩渔场创建1个准化健康养殖示范场，项目区渔业机械化使用率达到100%，水产优良品种、优新技术应用率达到95%，项目区渔业水质和水产品质量均达到无公害标准，平均每亩水面降本增效10%以上。

【名特优新水产养殖示范推广】 为解决兴庆区水产养殖品种结构单一和传统养殖品种混杂、退化严重的问题，2014年引进“黄河鲤”“福瑞鲤”“异育银鲫”“南美白对虾”“斑点叉尾鮰”“丁桂”等名优水产养殖品种在掌政镇赵府滩渔场和通贵乡通西渔场进行示范推广，示范推广面积5000亩。

【渔业环境、水产品质量安全检测】 大面积推广无公害水产健康养殖技术是促进渔业增效、渔农增收，提高水产品质量安全的一项重大举措。兴庆区农牧局把渔业水域环境监测和水产品质量安全检测工作作为中心工作，设立渔业环境水源监测点1个，水环境监测点2个，落实科技示范点13个，科技入户130户。科技人员通过科技承包，监督、指导养鱼户按照科学饲料管理措施进行生产，对饲料、肥料、渔药等生产投入品的使用进行检查指导，填写水产养殖生产记录册。全年检测养殖池塘水体3次、水样8个；抽样检测鱼用饲料1次，3个品牌、5个样品；抽样检测水产品2次。其中：鲤鱼6个样品；草鱼3个样品，检测结果都达到无公害要求标准。为避免养殖水体污染，选用微生态制剂药物，如光合细菌、EM菌、肥水王等生物制剂对水质进行调控，杜绝孔雀石绿、呋喃唑酮、氯霉素等国家禁用药物的使用，确保整个养殖周期水质条件符合淡水养殖用水标准。

【渔业科技培训】 结合兴庆区基层农技推广体系改革与建设示范县项目的实施，围绕提升水产品质量安全开展科技培训。通过水产技术专家现场指导和举办科技培训班的形式，对养殖户进行无公害水质调控管理技术、安全使用鱼药、科学合理投饲等技术培训，推广微生态制剂进行水质调控，减少尿素、二铵等化工肥料在养殖池塘中的使用，降低水体中氨氮、亚硝酸盐的含量。2014年举办技术培训班8场次，参加人数达820人(次)，发放技术资料1000余份。

【水产养殖病害防治】 贯彻“预防为主，防重于治”的疫情防治方针，重点加强暴发性鱼病的防治和监测工作，按照“四消”措施，编印《北方常规鱼病防治措施》《细菌性烂鳃病防治要点》等技术资料，指导养殖户做好季节性鱼病的防治工作。全年设立鱼病测报点4处，对3000亩的养殖水面，5个主要养殖品种进行定点监测，及时掌握病害发生情况和流行动态，诊治鱼病350例。

【渔政执法】 为了保护和增殖水生野生动物资源，保障兴庆区水域滩涂资源合理开发利用，规范水产苗种繁育和养殖生产秩序，兴庆区制定了《2014年兴庆区水产品专项整治行动实施方案》《兴庆区渔业安全生产整治实施方案》，强化水产养殖管理。一是实施黄河兴庆区段休渔工作。禁渔期间，发放张贴休渔期禁渔通告100余份、悬挂宣传条幅3幅。对电、炸、毒鱼等违法行为依法严肃处理，查处渔业安全隐患9起，处罚违法捕鱼事件3起，没收非法捕鱼用电瓶2台、网具5张，放生野生鱼类30余公斤。二是开展水产品药残专项整治工作，对辖区内从事鱼药销售网点及水产品销售市场进行全面检查并发放养殖禁用药物目录，从源头上杜绝违禁药物流入生产环节。

畜牧业

【概况】 兴庆区农牧局继续实施科技推广和技术服务工作，抓紧兴庆区万亩奶牛养殖园区基础设施建设和奶牛存栏进度，重视畜产品质量安全和畜禽健康养殖。2014年，奶牛存栏31057头，牛

奶产量 99350 吨；饲养肉牛 10227 头；饲养羊只 121356 只，出栏 73740 只；饲养生猪 42321 头，出栏 29734 头；饲养禽类 599865 只，出栏 343565 只。

【奶牛、肉牛、肉羊标准化规模场建设】 2014 年，实施种子奶牛基地项目，引进优质进口性控冻精繁育奶牛 2500 头，涉及奶牛规模场 7 个，补助资金 50 万元；实施基础母牛扩群项目，年繁育犊牛 500 头，涉及肉牛养殖户 20 户，补助资金 25 万元；实施基础母羊扩群项目，新增基础母羊 4000 只以上，涉及肉羊养殖户 27 户。按照自治区技术监督局发布的《标准化肉牛场建设规范》(DB64/T756-2012) 标准，在掌政镇强家庙村新建标准化肉牛养殖场 1 个，占地 17 亩，棚圈建设面积 3210 平方米；在月牙湖海陶南村、兵沟旅游区、通贵乡通北村，新建标准化肉羊标准化养殖场 3 个，总占地面积 455 亩，棚圈建设面积 13004 平方米，存栏羊只 4300 只。全年肉牛饲养量达到 1.1 万头，肉羊饲养量达到 12 万只。

【动物免疫工作】 全年发放牛羊“O 型 - 亚洲 I 型 -A 型” 三价灭活疫苗 2700 瓶，猪口蹄疫灭活苗 1450 瓶，累计免疫口蹄疫：牛 8.26 万头次、羊 12.27 万只次，猪 5.84 万头次；发放小反刍兽疫活疫苗 940 瓶，累计免疫羊只 7.52 万只次；发放重组禽流感病毒 H5 亚型二价灭活疫苗 1640 瓶，累计免疫各种禽类 73.8 万只次；发放高致病性猪蓝耳病活疫苗 3000 瓶，免疫猪蓝耳病 5.12 万头次；发放猪瘟活疫苗 5000 瓶，免疫猪瘟 5.86 万头次；免疫鸡新城 87.56 万只次，免疫密度均达到 100%。发放消毒药 2200 公斤，消毒面积达到 2572.8 万平方米。

【动物免疫抗体监(检)测】 集中监测牛口蹄疫 520 份、羊口蹄疫 325 份、猪口蹄疫 370 份，猪瘟 370 份，禽流感 665 份，新城疫 525 份。免疫抗体水平监测结果为：牛、羊、猪口蹄疫合格率分别为 97.2%、82.3%、84.8%；猪瘟合格率为 86.7%；禽流感(Re-4)、(Re-6)合格率分别为 92.6%和 92.4%；鸡新城疫合格率为 91.3%，均达到农业部规定的合格率标准。

【动物疫病防控应急物资储备】 2014 年，动物疫病防控应急物资储备充足，货物摆放整齐有序。储存消毒药 2 吨、高压电动消毒机 3 台、高压汽油消毒机 3 台、便携式喷雾器 20 架、防护服 500 套、白大褂 130 套、防寒棉大衣 60 件、动物尸体袋 2500 条、帐篷 2 个等。

【动物饲养环节卫生监管】 一是对辖区动物规模养殖场(户)进行登记备案、分级管理、量化监督管理。对辖区存栏生猪 100 头以上、牛 50 头以上、羊 300 只以上和家禽、兔等小畜禽 3000 只以上的养殖场(户)进行摸底、备案登记，并上报区、市动物卫生监督所。二是对辖区规模养殖场(户)的免疫、动物标识的佩戴、消毒、兽药、饲料及饲料添加剂使用情况等重点检查，确保免疫密度和免疫质量达到农业部要求。三是对养殖场周边、沟、渠、路、湖泊滩地、垃圾集散地及卫生环境较差的区域进行拉网式排查，发现病死动物及时进行处置。按照《宁夏生猪规模养殖场无害化处理经费补助工作实施方案》的要求，做好辖区规模养殖场病死猪无害化处理工作登记、审核、汇总及上报工作，严禁病死动物的随意抛弃。四是对达不到动物防疫条件的规模养殖场下发整改通知书，限期进行整改。

【动物产品卫生安全监管】 在大新镇、掌政镇、通贵乡和月牙湖乡设置了 4 个检疫申报点，要求检疫人员到场、到户检疫，从源头上杜绝病害动物流入市场；同时，严格外调动物检疫监督管理，执行审核、审批和备案制度，对调入动物隔离观察，严防外源性动物疫病传入辖区。

【辖区动物诊疗专项整治】 对辖区 12 个动物诊疗机构各项规章制度及处方、病历、药品的购入和使用情况、消毒记录等进行全面检查，严禁将医疗垃圾混入生活垃圾，并做好垃圾处理记录。年内处理医疗纠纷案 3 起。

【兽药、饲料经营管理】 对兽药、饲料经营网点和规模养殖场(户)的饲料、兽药购进、使用、存放等进行突击检查。要求养殖场如实记录饲料、兽药等投入品的来源，并保留相关凭证；要求养殖场建立完善免疫、治疗和无害化处理病死畜禽档案，严禁在饲料、兽药中添加违禁药物，严禁奶牛养殖场在小公牛宰杀、血液收集处理中注射有害药物。制定《兴庆区兽用处方药和非处方药管理办法》，举办兽药、饲料使用质量管理规范、兽用处方药和非处方药管理办法等培训班，利用科技赶集、入户检查、培训等方式宣传《中华人民共和国农产品质量安全法》《兽药管理条例》和《饲料和饲料添加剂管理条例》等知识，发放《兴庆区动物健康养殖宣传资料》《致广大养殖户一份信》等宣传材料 1000 余份。2014 年，农牧部门累计派出农业执法人员 49 人次，车辆 26 台次，检查饲料生产经营户 14 家次，生猪养殖场(户)98 个，肉牛养殖场(户)2 场次，肉羊养殖场(户)6 家次，其他畜禽养殖场(户)328 个。

（供稿人：张 钦 康安民）

城乡绿化

【概况】 2014 年，兴庆区生态园林建设坚持“科学规划、因地制宜、宜景则景、宜林则林”的原则，按照区委“8531”工作思路和自治区主干道路大整治大绿化工作部署，突出抓好重点生态建设项目、社会绿化、农田林网和治沙造林工程，全面推进城市街巷道路行道树栽植、鲜花展摆、空中花篮等园林绿化工作，督促督导辖区庭院单位、居住小区、公园广场等开展绿化养护管理，生态建设事业跨上新台阶。

【城市绿化管护】 结合城市道路新扩建工程，实行道路与绿化同步延伸，坚持“修一路、绿一线、成一景”的原则，在穆斯林国际商贸城2号路、8号路、湖滨西街等10余条城市新增次干道、街巷新植补植3000余株行道树，同步完成浇灌、涂红刷白、扶正、病虫害防治等工作，做到道路景观绿化效果一步到位、一次成型。动员辖区单位开展新建居住区和庭院单位绿化，支持辖区学校进行绿化景观提升，在胜利街寺南小区、文化街丰收小区进行“三无小区”绿化改造试点，对丽景湖公园、十八小西侧、双福街绿化带等公共绿地进行绿化补植和改造提升，完成各类乔灌木及地被新植补植65万余株。在绿化风格上本着“宜乔则乔、宜灌则灌、宜花则花”的原则，实现了观叶、观花、观景相互结合，常绿与落叶苗木相互搭配，既达到绿化美化目的，又收到良好的社会效果。“五一”节期间指导完成新华街、凤凰花园、建设大厦门口等街头空地、公园广场鲜花展摆5万余盆，在凤凰北街、新华街悬挂垂掉式矮牵牛400余盆，营造欢乐、祥和、喜庆的城市氛围。同时，加强南门广场、东花园、政府大院、柏悦酒店、大团结广场等绿化管护工作，城市新增绿地6公顷。

喜悦的花农

【农村绿化造林】 2014年，完成农村造林5029亩，栽植各类乔灌木及地被474.85万株，草坪69.12万平方米。其中：绿色通道1374亩，农田林网271亩，庄点绿化302亩，经济林2020亩，市民休闲森林公园1062亩。经验收，成活率达85%以上合格面积3171.2亩。其中：绿色通道1763.4亩，农田林网105.8亩，庄点绿化302亩，经济林1000亩。

【强家庙中心村二期村镇绿化】 以建设现代化生态园林型城镇为目标，推进城镇绿化和村庄绿化，完成强家庙中心村二期绿化工程71亩，植物布局以绿为主，道路两侧、小广场和楼间空地分别设计栽植落叶乔木（乡土树种为主）、常青树、花灌木、各种地被等，组成高低变化、层次分明、错落有致的景观效果，力求营造简约、精致、舒畅的绿化美化效果，栽植各类乔木3000余株、花灌木30万株、地被14万株。

【月牙湖移民安置区三期庄点绿化】 实施城乡一体生态绿化工程，将园林绿化向乡镇辐射，向移民安置区延伸，不断完善安置区农田林网和庄点绿化建设，完成绿化面积210亩（含巷道92条，主路3条，三角地块150块），栽植各类乔灌木2.7万株，打井4口。旨在使安置区内、外形成完整的保土固沙、防止风沙侵蚀的生态安全屏障，打造成全区庄点绿化精品。

【月牙湖地区经果林基地建设】 为改善月牙湖地区生态环境脆弱，风沙大、降水少，土地贫瘠，经济社会发展缓慢的现状，促进月牙湖地区农村经济产业结构调整，发展林果经济。在滨河家园三期建设1000亩红树莓基地；投资101万元。

【月牙湖针织厂绿化工程】 突出以人为本，以绿为美，在位于月牙湖乡政府北侧，占地面积88亩的月牙湖针织厂进行绿化。绿化总面积21亩。按照三季有花、四季常绿的绿化标准，乔灌结合，栽植各类乔灌木12.6万株，地被5万余株。

【移民安置区道路绿化建设】 完成移民安置区以南道路防护林廊道绿化，全长2300米，宽5～12米，绿化面积102亩，栽植常青树、杏树、苹果树等6500余株，实现安置区经济与绿化同步进行，生态与环境相得益彰。

【徕龙公园绿化建设工程】 徕龙公园是兴庆区主干道路大整治大绿化第一阶段重点工程，也是作为银川市区域内沟渠整治和主干道两侧绿化的示范工程和样板工程。该公园位于南环高速公路南侧，唐徕渠东侧，109国道西侧，永二干沟北侧，总面积760亩，其中水域面积190亩。公园自2013年6月中旬开始征地拆迁，7月初进行景观湖开挖及驳岸砌护工程，8月进入基础设施建设，年底初步完成景观水道、基础设施、景观小品工作。2014年春季开始进行园林绿化续建工程，栽植各类乔灌木及地被140万株、种植草坪15万平方米，同时完成园内基础设施建设，5月底全面建设完成，6月12日正式向市民开放。

【京藏高速公路两侧湿地公园及廊道绿化工程】 按照自治区主干道路大整治大绿化的总体要求和银川市总体规划，2014年春对京藏高速公路两侧的章子湖、碱湖、春林湖周边及京藏高速公路沿线进行绿化，该绿化工程南起永二干沟，北至第二排水沟，路经大新镇、掌政镇孔雀村等。绿化总面积1488亩，分13

个标段进行栽植，由园林局、建设交通局、水务局、农发办负责组织实施。工程自4月初开始实施，安装主管道13000米、支管道10755米、做检查井56口、打机井16眼、平整草坪种植场地465.6亩、进种植土67425立方米、栽植各类乔灌木65193株、地被及草坪274550.3平方米。其中：乔木51130株、常青树4969株、灌木9094株、地被138701.3平方米、草坪135849平方米。

【集体林权制度改革】 根据自治区集体林权制度改革领导小组的安排部署，兴庆区按计划分步骤全面开展改革工作。按照《中华人民共和国农村土地承包法》《中华人民共和国村民委员会组织法》等法律、法规和有关政策规定，以“公平、公开、公正”的原则，民主决策，实施“阳光作业”，操作过程严格做到“程序、方法、内容、结果”四公开，确保村民的知情权和参与权。兴庆区参与林改的单位有1个乡2个镇19个村150个村民小组，涉及农户2045户，参加林改的林地面积2388.45亩。其中，集体承包面积1511.64亩；联产承包151.62亩；个人承包经营675.19亩。签订林木承包管护合同411份，确权率达到100%。

【天然林资源保护】 实施第二轮天然林资源保护工程（2011年–2020年）9.5万亩，主要分布在月牙湖乡、月牙湖治沙林场、通贵乡和掌政镇、大新镇。抽调专业技术人员分别对2011年~2013年天保工程二期资金使用情况，2013年度天然林资源保护工程、2013年度森林抚育实施情况等进行自查，建立健全档案资料。

【森林保护与防火】 兴庆区政府发布《银川市兴庆区人民政府办公室关于加强兴庆区森林防火工作的紧急通知》和森林防火戒严令，兴庆区园林管理局编写了《兴庆区森林火灾应急处理预案》《兴庆区2014年森林防火宣传实施方案》并在滨河大道两侧及兴庆区重点林地悬挂森林防火宣传警示牌。兴庆区森林防火办每天派出工作人员进行野外巡查，严格执行野外用火审批制度，严禁擅自烧荒、烧秸秆等禁火令行为。对存在火灾隐患或防火工作落实不到位的单位下达《森林防火安全隐患整改通知书》。全年兴庆区林业执法大队办理林政审批事宜19起，处理政府信访督办件30起，接到上级部门和群众林政案件举报电话98个，处理案件128起，办案率100%。

滨河大道森林防火宣传

【野生动物保护】 根据自治区林业局《自治区林业局关于做好2014年陆生野生动物疫源疫病监测防控工作的通知》（宁林（办）发〔2014〕19号）文件精神及《银川市湿地管理办公室关于2014年陆生野生动物疫源疫病监测防控工作的安排》要求，兴庆区林业局组织执法大队人员不定期对候鸟等野生动物栖息地和主要分布地带进行巡护和看守；结合银川市“爱鸟周”“保护野生动物宣传月”等活动制作“爱鸟周”活动宣传展板，发放宣传彩页10000份。

（供稿人：赵娟）

水　利

【概况】 兴庆区按照因地制宜，突出重点，“抓投入、促建设，抓管理、保实效，抓改革、活机制，强基础、惠民生”指导思想，农田水利基本建设工作突出七大特点：一是结合“下基层”活动，在制定农建实施方案前深入到各乡镇村队征求村民意见，将村民意愿作为农建工作的出发点和落脚点，做到为民、利民、惠民；二是以项目建设为契机，通过整合国土整治项目、农业综合开发项目、灌区续建配套项目、银北排碱等项目，全面推进农建工作；三是以土地流转区域为中心，对即将流转的基本农田列入农建实施方案，重点进行支持和建设；四是以资金补助为保障，每亩补助从20元提高到70元，对稻旱轮作的机深翻给予相应补助；五是以点面结合为突破，统筹兼顾，发动各乡镇村因地制宜全面开展农田基本建设；六是以高效节水灌溉技术推广为重点，将高效节水灌溉技术推广做为农田灌溉方式转变的重点，在月牙湖乡完成5000亩的高效节水灌溉任务；七是以大众监督做保

证，将沟道、渠道开挖标准和监督电话张贴田间地头，让广大村民共同监督，保证工程建设质量。

【农田水利基本建设】 2014年，建设高标准农田4.65万亩，清淤沟道531条375公里，清淤渠道676条492公里，整修农路963条685公里；完成西丰沟等7条骨干沟道清淤整治工程，清淤长52.5公里；完成秋翻地8.2万亩（其中机深翻4.5万亩）；秋施肥1.85万亩，秸秆还田1.85万亩；完成秋季新造林50亩，植树0.8万株，补植0.5万株，新林带整修1000亩，完成林木管护1万亩，绑扎涂白20万株。

【京藏高速路防洪排涝工程】 为了进一步完善银川市城市东部防洪排水体系，打通银川市东部南北排水大通道，实现东部洪水南北调度，畅通防洪和排水通道，改善农田排水条件，改造中低产田，提高农业综合生产能力，实施了京藏高速路防洪排涝工程。工程总投资1.695亿元，总规划水面面积3936亩。其中：新开挖水系1.577公里，增加水面94亩；整治湖泊湿地7处3842亩。配套各类建筑物43座。其中：溢流堰1座，过路顶管涵洞6座，拱桥3座，渡槽2座，退水口6座，退水8座，尾水16座，管涵1座。开挖土方5310070立方米，回填土方9465立方米，浇筑混凝土1254立方米，砌石6534立方米，用钢筋16吨、顶管870米、闸门23套、砼管道232米。

【银北百万亩盐碱地改良工程】 3月9日，分3个施工标段开工建设银北地区百万亩盐碱地改良骨干排水沟道治理工程，重点治理七一沟和跃进沟，沟道基础采用土工格栅治理，护坡在设计水位以下采用干砌石治理，在设计水位以上采用草坪砖治理，总长度3.2公里，配套建筑物42座，自治区国土厅投资320万元。工程全部竣工，并基本通过兴庆区自验。

【掌政节水改造及月牙湖治沙林场农水治理工程】 在掌政镇砌护渠道17条长16.6公里，配套建筑物46座，畦田口3876座；在治沙林场砌护斗渠2条长2.8公里，配套建筑物23座。总投资379万元，工程全部竣工，并通过兴庆区自验。

【通贵农村饮水安全改造工程】 2012年年底开始实施的通贵农村饮水安全改造工程经过克服多方面阻力，于2014年6月10日竣工并通过自验。饮用水标准远超国家二类饮用水质，清澈、甘甜，口感佳，接近国家一类饮用水质，改变了通贵乡12000多住户饮用苦咸水的历史，成为兴庆区第一座具有高标准水处理设施的现代化农村自来水厂。

【月牙湖生态移民安置区农田整治和人畜饮水工程后续工作】 2014年，月牙湖生态移民三期农田整治后续种植2500亩经果林滴灌设施配套工程全部完成，并完成工程验收。

【月牙湖扬水泵站及渡槽更新改造工程】 工程总投资5100万元，其中，泵站改造工程为2000万元，压力管道铺设工程为3100万元。泵站改造工程批复文件（宁水计发[2013]69号）已下达，并完成工程招标，施工单位正式进驻工地施工开始，工程竣工，可解决项目区3万多亩农田灌溉困难的问题。

【防汛抗旱工作】 2014年汛期，兴庆区防汛办严格落实防汛值班和防汛应急预案制度，接受自治区、银川市防汛办的督导检查。在掌政镇、通贵乡和月牙湖乡储备铅丝6吨，编织袋4万条，备防石7500方，木椽子3100根，麻绳900米，手电筒、雨衣、雨鞋、救生衣各30件；成立抢险应急队伍3支共800人，其中：掌政镇300人、通贵乡300人、月牙湖乡200人。

【水政监察工作】 2014年，进行水政法律大型室外宣传活动4次，发放水法宣传读本、画册6000多份，宣传物品3000多件；巡查24次，查办水利违法案件6起。其中：移交市局1起，现场制止1起，办结4起。水务局培训水政执法人员16人，12人考试达标，完成执法证新证申领和老证换证工作。

（供稿人：郑同华）

驻地工业·房地产业

工业企业

【概况】 2014年,兴庆区着力解决工业发展的突出矛盾和问题,工业企业发展总体保持平稳运行态势,在外部因素增多,内生动力不足的情况下,仍出现增速逐季上扬的发展态势。规模以上工业企业累计完成工业总产值31.1亿元,同比增长24.8%,较三季度增长2.3个百分点,较上半年增长7.5个百分点;实现增加值8.4亿元,同比增长10.1%,增速较三季度增长0.1个百分点,较上半年增长1.4个百分点,高于自治区增速1.8个百分点,低于银川市增速0.4个百分点。

【重工业与轻工业】 2014年,以燃气生产和供应业、电气机械和器材制造业等行业为支柱的重工业完成工业总产值29.2亿元,占兴庆区工业总产值的93.8%,同比增长26.5%,较三季度增长2.1个百分点,较上半年增长5.3个百分点;完成销售产值28.6亿元,占兴庆区工业销售产值的93.6%,同比增长31.3%,较三季度下降0.7个百分点,较上半年增长8.9个百分点,累计产销率98.2%,较三季度下降0.6个百分点,较上半年增长0.3个百分点;完成工业增加值7.3亿元,同比增长11.4%,增速较三季度增长0.2个百分点,较上半年增长1.1个百分点;以纺织服装、服饰业、水的生产和供应业为主的轻工业完成工业总产值1.9亿元,占兴庆区工业总产值的6.2%,同比增长4.2%,较三季度增长1.8个百分点,较上半年增长5.9个百分点;完成销售产值2.0亿元,占兴庆区工业销售产值的6.4%,同比增长2.8%,较三季度下降1.2个百分点,较上半年增长5.1个百分点,累计产销率101%,分别较三季度和上半年增长1个百分点;完成工业增加值1.2亿元,同比增长3%,增速较三季度下降1.4个百分点,较上半年下降2.6个百分点。

【股份制企业与国有企业】 2014年度,股份制企业完成工业总产值27.9亿元,同比增长27.7%,较三季度增长2.4个百分点,较上半年增长6.1个百分点;完成工业增加值7.9亿元,同比增长10.6%,增速分别较三季度和上半年增长0.2个百分点;国有企业完成工业总产值3.2亿元,同比增长4.4%,较三季度增长1.1个百分点,较上半年增长2.5个百分点;完成工业增加值0.5亿元,同比增长3.0%,增速较三季度下降0.8个百分点,较上半年下降0.9个百分点。

【宁夏隆康供热有限责任公司】 宁夏隆康供热有限责任公司始建于2004年10月,位于银川市兴庆区双庄康居新村北侧,是银川市东北区域规模最大的现代化供热企业,拥有先进的自动化控制设备和一支专业化素质较强的供热队伍。厂区占地面积16亩,建筑面积6661平方米,固定资产4200余万元。主要供暖区域为景墨家园东西区、庆丰苑、东湖苑、春润苑、春桥园、金水花园、玺云台、骏景茗居、雅庆园等10个住宅小区和国际汽车城、农资城两个较大型商贸区。供暖面积210余万平方米,供暖用户26000多户。建有65吨锅炉1台,40吨锅炉2台,130吨循环流化床锅炉1台。脱硫除尘、循环水沉淀二次再利用、封闭式煤场等基础设施完备,供热资质三级企业。2012年被银川市环保局评为锅炉房环境管理先进单位,2013年被银川市住房保障局评为供热诚信企业,2014年被市环保局树为环保设施技改样板工程指定企业。

【银川市热力公司】 银川市热力公司成立于1987年,银川市属国有企业,供热企业一级资质。有唐徕、湖滨、北苑、仁义、银湖、西环、育才、新立燃煤供热站9个,换热站18个,至2014年供热面积达到了270万平方米,服务用户达2.7万余户。2014年,公司全面推进变频节电技术,每月平均节电17万千瓦时。根据银川市"两宜"城市建设要求,对北苑、银湖、湖滨三个供热站安装四台除尘脱硫装置,经过改造和两级除尘及脱硫,除尘率达到90%,脱硫率也从以前

的30%提高到80%。利用旧城改造的有利时机，将唐徕小区80万平方米供热管网全部重新铺设，更换为公司自主生产的直埋管，保证供热质量。

【宁夏三瑞机械环保设备有限公司】 宁夏三瑞机械环保设备有限公司成立于1998年，位于银川市兴庆区科技园，注册资金1518万元，公司占地28亩，建筑面积4500多平方米，是集科研设计、生产加工、销售为一体的具有独立法人资格的有限责任公司。年生产能力8000万元，是西北地区最具有优势的环保设备及专业输送设备生产厂家，产品远销陕西、甘肃、内蒙古、山西、山东、北京等地区，在宁夏境内市场占有率达7%以上。2014年总资产达5334万元，实现销售收入2659万元，利润317万元，上交各种税费100多万元，负债1292万元，负债率24%。2014年公司研发的低压脉冲长袋除尘器，获得银川市首台套产品扶持资金50万元，通过自治区级《新产品新技术》鉴定。

【卧龙电气银川变压器有限公司】 卧龙电气银川变压器有限公司始建于1968年，位于银川市兴庆科技园，占地面积6.6万平方米，总建筑面积40000平方米，总资产7亿元，具备年产各类变压器1200万千伏安的生产能力。2005年8月承购改制重组，成为沪市上市公司——卧龙电气集团股份有限公司(股票代码600580)的全资子公司。公司是原国家机械工业部在宁夏的定点厂，属国家装备制造业企业。公司专业研发、生产制造330千伏及以下输变电用电力变压器和电气化铁路、高速铁路牵引变压器，是国家电器工业协会变压器行业理事单位；是国内电力变压器行业骨干生产厂，自治区和银川市骨干企业。“卧龙”牌电力变压器、牵引变压器一直是自治区名牌产品。公司是国家级“高新技术企业”，是国家科技部认定的“国家重点高新技术企业”“国家重点技术依托单位”与国家科技部“火炬”计划承担实施单位。2012年被评为宁夏回族自治区“院士工作站”。公司建有国家技术中心和国家地方联合工程实验室两大科技创新平台。公司连续3年被宁夏银行评为AAA级信用单位，是宁夏百强企业、银川市小巨人企业。2014年，公司自主研制的SSZ11-24兆伏安/220千伏有载调压电力变压器、SSZ11-6.3兆伏安/110千伏有载调压电力变压器、SZ11-25000千伏安/千伏电力变压器、S13-M·RL系列立体卷铁心节能型配电变压器、SBH15系列非晶合金变压器、DQY-63000千伏安/220千伏节能型高速铁路牵引变压器、OD-32000千伏安/2×27.5千伏自耦牵引变压器顺利通过国家级产品鉴定。330千伏牵引变压器正式进入产品批量生产。全年实现销售收入5亿元，同比增长39%，创利税8960万元

工业生产

【工业生产产值】 2014年，兴庆区8个大类行业中有5个行业增加值保持增长，2个行业同比下降。其中：电器机械和器材制造业完成产值5亿元，同比增长61%，较三季度下降5.4个百分点，较上半年下降27.3个百分点；非金属矿物制品业完成产值2.6亿元，同比增长29.4%，较三季度下降27个百分点，较上半年下降115.4个百分点；电力、热力生产和供应业完成产值5.3亿元，同比增长32.3%，较三季度下降8.7个百分点，较上半年增长27.2个百分点；水的生产和供应业完成产值1.7亿元，同比增长5.8%，较三季度下降1.1个百分点，较上半年增长2.7个百分点；燃气生产和供应业完成产值16亿元，同比增长17.3%，较三季度增长11.6个百分点，较上半年增长12.8个百分点；纺织服装、服饰业完成产值0.3亿元，同比下降4.5%，较三季度回升17.6个百分点，较上半年回升57.4个百分点；通用设备制造业完成产值0.2亿元，同比下降31.1%，较三季度回升1.2个百分点，较上半年下降41.6个百分点。

【工业销售产值】 2014年，兴庆区规模以上工业呈现生产与销售同步增长态势，完成销售产值30.6亿元，同比增长29%，实现累计产销率98.4%，较三季度下降0.4个百分点，较上半年增长0.2个百分点，其中：大中型工业企业完成销售产值19.2亿元，占兴庆区工业销售产值的62.6%，同比增长28.6%，较三季度增长6.4个百分点，较上半年增长13.9个百分点；小型工业企业完成销售产值11.4亿元，占兴庆区工业销售产值的37.4%，同比增长29.7%，较三季度下降11.7个百分点，较上半年增长6.8个百分点。

【出口交货值有所回落】 兴庆区的工业出口交货值全部集中由银川市滨河磨料磨具有限责任公司完成，实现出口交货值2.1亿元，同比增长60.8%，较三季度下降33.7个百分点，较上半年下降128.4个百分点，完成工业出口交货值0.1亿元，同比下降52.5%。

工业生产能耗

【概况】 2014年度，兴庆区规模以上工业综合能源消费量40997.2吨标准煤，同比下降32.3%，较三季度回落18.8个百分点，较上半年回落22.4个百分点，产值能耗0.1吨标准煤/万元，同比下降0.1个百分点，与三季度持平，较上半年回落0.1个百分点。

【轻、重工业企业能耗】 2014年度，轻工业企业能源消费量6434.3吨标准煤，同比增长15.1%，较三季度增长14.5个百分点，较上半年增长15.8个百分点，产值能耗0.3吨标准煤/万元，同比增长38.1%，较三季度增长55.1个百分点，较上半年增长52.2个百分点；重工业企

业能源消费34562.9万吨标准煤，同比下降74%，较三季度回落25.9个百分点，较上半年回落29.9个百分点，产值能耗0.1吨标准煤/万元，同比下降81%，较三季度回落11.1个百分点，较上半年回落23.4个百分点。

【各行业能源消费】 兴庆区的15家规模以上工业企业共涉及9个行业，2014年度增幅居前两位的是：非金属矿物制品业综合能源消费量为1706.3吨标准煤，同比增长533.2%，较三季度增长526.7个百分点，较上半年增长527.4个百分点，产值能耗0.1吨标准煤/万元，同比增长1068.6%；水的生产和供应业综合能源消费量6065.3吨标准煤，同比增长17.1%，较三季度增长17.2个百分点，较上半年增长17.9个百分点，产值能耗0.4吨标准煤/万元，同比下降38.7%。降幅居前两位的行业为：燃气生产及供应业综合能源消费量1950.6吨标准煤，同比下降98.7%，较三季度回落4个百分点，较上半年回落170.2个百分点，产值能耗0.01吨标准煤/万元，同比下降99.2%；电气机械及器材制造业综合能源消费量3073.6吨标准煤，同比下降56.1%，较三季度回落268.7个百分点，较上半年回落251个百分点，产值能耗0.1吨标准煤/万元，同比下降67.6%。

【按5000吨标准煤能量划分能源消费】 2014年度，兴庆区规模以上工业企业中综合能源消费量在5000吨标准煤以下的企业共11家，综合能源消费量9404.5吨标准煤，同比下降89.6%，较三季度回落56.3个百分点，较上半年回落59.6个百分点；产值能耗0.03吨标准煤/万元，同比下降92.6%。综合能源消费量在5000吨标准煤以上的企业4家，综合能源消费总量31592.7吨标准煤，同比下降43.4%，较三季度回落1223.4个百分点，较上半年回落37.9个百分点；产值能耗1.1吨标准煤/万元，同比下降33.2%。

【国有制企业与股份制企业能耗】 兴庆区的规模以上工业企业中，共有国有制企业2家，综合能源消费量8324.3吨标准煤，同比下降10.1%，较三季度回落7.8个百分点，较上半年回落7.5个百分点；产值能耗0.3吨标准煤/万元，同比下降19.5%；股份制企业13家，综合能源消费量32672.9吨标准煤，同比下降70.3%，较三季度回落33.8个百分点，较上半年回落36.1个百分点；产值能耗0.1吨标准煤/万元，同比下降78.5%。高耗能行业单耗的下降是兴庆区规模以上工业能耗总量下降的一个重要因素。

（供稿人：步春花）

房地产业

【辖区房地产企业】

宁夏祥顺房地产开发有限公司
宁夏房地产开发集团有限公司
宁夏恒诺房地产开发有限公司
宁夏鸿丰投资置业有限公司
宁夏北方温和房地产开发有限公司
宁夏青春房地产开发有限公司
银川市通城置业集团房地产有限公司
宁夏中房实业集团股份有限公司
永泰房地产集团（银川）有限公司
宁夏绿地房地产有限责任公司
宁夏京能创业房地产开发有限公司
银川胡商投资有限公司
宁夏京能房地产开发有限公司
银川众一集团房地产开发有限公司
宁夏家园房地产开发有限公司
宁夏众一发展集团有限公司
宁夏正丰房地产开发有限公司
宁夏东方华港房地产开发有限公司
宁夏嘉华房地产开发有限公司
宁夏众和房地产开发有限公司
宁夏协力厚房地产开发有限公司
宁夏圣华恒基房地产开发有限公司
宁夏盛世光大房地产开发有限公司
宁夏怡兰置业有限公司
宁夏昊天房地产开发有限公司
宁夏住宅建设发展（集团）有限公司
宁夏农丰房地产开发有限责任公司
宁夏三鑫房地产开发有限公司
宁夏富地房地产开发有限公司
宁夏力豪房地产开发有限公司
宁夏蓝泰实业有限公司
宁夏长恒房地产开发有限公司
上海绿地集团银川置业有限公司
宁夏庆华投资置业有限公司
宁夏怡宇置业有限公司
宁夏新材房地产开发有限公司
宁夏川宇房地产开发有限公司
宁夏宁房房地产开发有限公司
银川力鼎房地产开发有限公司
宁夏浩华房地产综合开发有限公司
宁夏嘉屋房地产有限公司
银川恺祥达房地产开发有限公司
宁夏地德人和房地产开发有限公司
宁夏昊业房地产开发有限公司
银川市一建房地产开发有限公司
银川第一市政房地产开发有限公司
宁夏共享地产有限公司
宁夏合家欢房地产开发有限公司
宁夏大唐盛世房地产开发有限公司
宁夏温博房地产开发有限公司
宁夏银帝房地产开发有限公司
宁港城市建设发展有限公司
宁夏房地产综合开发有限公司
宁夏龙源房地产开发有限公司
宁夏中恒房地产开发有限公司
宁夏华城实业开发有限公司
宁夏荣安房地产开发有限公司
宁夏宏昌房地产开发有限公司
宁夏天成市场开发有限责任公司
宁夏丰地房地产开发有限公司
宁夏正源房地产开发有限公司
宁夏建艺房地产开发有限公司
宁夏利鑫置业有限公司
银川鑫鑫房地产开发有限公司
宁夏天豹房地产开发有限公司
宁夏荣恒房地产集团有限责任公司
银川三建房地产开发有限公司
宁夏大众房地产开发有限公司

宁夏隆盛房地产开发有限公司
宁夏江河房地产开发有限公司
宁夏巨锋房地产开发有限公司
银川大地房地产开发有限责任公司
银川市规划建筑设计研究院发展有限公司
宁夏名都实业集团有限公司
宁夏丽基房地产开发有限公司
宁夏英力特房地产开发有限公司
宁夏瑞德房地产开发有限公司
宁夏光耀房地产开发有限公司
宁夏德融房地产开发有限公司
银川建发集团股份有限公司
宁夏江宁实业有限公司
宁夏兴洲房地产开发有限公司
宁夏海和房地产开发有限公司
宁夏鼎辉置业有限公司
宁夏新思维房地产开发有限公司
宁夏东城湖房地产开发有限公司
宁夏三泰合富房地产开发有限公司
宁夏建宇房地产开发有限公司
宁夏建元房地产开发有限公司
银川康民房地产开发有限公司
宁夏华尊立达房地产开发集团有限公司
宁夏华兴达房地产开发有限公司
宁夏鸿天房置业有限公司
宁夏逸家房地产开发有限公司
宁夏吉泰房地产开发有限公司
银川市龙盘房地产开发有限公司
宁夏银古实业有限公司
宁夏致远房地产开发有限公司
宁夏弘德建设发展有限公司
宁夏盛荣房地产开发有限公司
宁夏汇丰投资置业有限公司
宁夏盛昌房地产开发有限公司
宁夏鑫德盛房地产开发有限公司
宁夏凯尔星房地产开发有限公司
宁夏金色阳光房地产开发有限公司
宁夏林威房地产开发有限公司
宁夏天贸房地产开发有限公司
宁夏华健房地产开发有限公司
宁夏路桥房地产开发有限公司
宁夏亘元房地产开发有限公司
宁夏上陵房地产开发有限公司
银川博源房地产开发有限公司
宁夏通和房地产开发有限公司
宁夏富龙房地产开发有限公司
宁夏凯威地产开发有限公司
宁夏海利达房地产开发有限公司
宁夏畅顺通物流置业有限公司
宁夏宝丰地产开发有限公司
宁夏诚敏房地产开发有限公司
银川黄河顺丰房地产开发有限公司
宁夏檀溪房地产开发有限公司
宁夏长登房地产开发有限公司
长庆房地产开发有限责任公司

【宁夏中房集团】 宁夏中房集团，前身为中房集团银川房地产开发有限责任公司，成立于1982年。2007年11月，以大股东身份参股宁夏黄河银行；2007年12月22日，宁夏中房小额贷款公司注册成立；2009年12月31日，总投资预计超过12亿元的宁夏中房宁东物流园区获得自治区发改委批准立项；2011年，推行集团化管理，宁夏中房集团挂牌成立；作为宁夏本土成立时间最早、累计开发规模最大并首家取得国家一级资质的房地产企业，经营范围涉及房地产开发、金融、物流、采暖供热、物业服务、教育等多个领域，在银川、西宁、河北香河、陕西咸阳各拥有一家房地产开发企业，在宁夏拥有一家运营资金数亿元、全国百强的小额贷款公司和一家占地4000余亩的大型物流公司。宁夏中房集团累计投资逾百亿元，开发各类房屋近800万平方米，建设了银川火车站、银川兴隆商厦、银川新时尚广场、西宁市全民健身中心、西宁市第三中学等多个城市地标及公益项目，承建了银川市解放东西大街、民族北街、步行街及西宁市南小街等城市干道；建成唐徕小区、牡丹园、高尔夫家园、丽景湖畔、东城人家、玺云台、粹园、西宁国际村、西宁都市绿洲、西宁夏都府邸、西宁城北国际村、西宁萨尔斯堡、咸阳阳光美域等数十个功能完善、配套优良的住宅小区。其中，高尔夫家园、丽景湖畔、东城人家荣获国家建筑质量最高奖—广厦杯。中房小区里曾留下了胡锦涛、江泽民、乔石、李瑞环、曾庆红、贾庆林、罗干等党和国家领导人视察的足迹。作为宁夏首届十大公益企业之一和宁夏慈善总会创会企业，多年来，宁夏中房积极支持助学、助残、抗震救灾、扶贫、老旧小区改造、山区失学女童重返校园以及公共环境、市政道路建设等公益事业。宁夏中房将公益主要方向确立为社区孤寡老人、农民工子弟及推行社会健康生活方式，主办数场全民公益乐跑及慰问活动，以实际行动践行着一个责任企业、一个好企业的庄严承诺，捐助价值已超过亿元。

【银川建发集团股份有限公司】 银川建发集团股份有限公司始创于1993年，具有国家一级房地产开发资质，国家一级物业服务资质，是一家以房地产开发为主业，兼营商业地产运营、物业服务、金融投资为一体的多元化集团化民营股份制企业，总资产82亿元。作为本土企业，建发集团累积开发建设各类商品房400余万平方米，物业服务面积350万平方米，自持核心商业物业面积40余万平方米。房地产开发、商业地产运营以及物业服务等方面在本行业起着引领示范作用。先后为消费者精心打造了“建发城市花园”“碧水蓝天”“宝湖庭院”“南辰雅园”“兴洲花园”“宝湖湾”等高品质住宅小区，宝湖湾于2014年获得国家广厦奖。成功建设运营的城市综合体—建发·东方红广场、建发·现代城分别于2008年和2012年获得国家广厦奖。2014年3月16日，总建筑面积84万平方米，与北京王府井集团、银川市文广局联合开发建设、总投资50亿元的城市级综合体——建发大阅城正式开工建设。公司连续被授予“全国精神文明建设单位”、“中国房地产诚信企业”、国家级“重合同守信用企业”称号，通过了国家“房地产AAA级信用等级”

建发·现代城

认证，被评为中国房地产“西北十强”企业；先后被授予“全区百强企业”“全区百强纳税企业”；连续18年稳居银川房地产十强企业。自公司成立以来，先后向见义勇为基金会、文化、教育等公益事业累计捐赠3000余万元，年上缴税金过亿元。建发集团以“构筑和谐建发，打造百年老店”为愿景，以“满意在建发”为目标，践行“精耕细作做项目、精雕细琢做工程、精益求精做工作、精打细算搞经营”的经营理念，努力在提升首府银川的城市形象、繁荣地方经济、改善人居品质等方面做出突出贡献。

【宁夏亘元房地产开发有限公司】 宁夏亘元房地产开发有限公司成立于2001年，是神华宁夏煤业集团的全资子公司，公司初始注册资本金1000万元，现注册资本金3.5亿元，存量资产现值超过100亿元。2007年初晋升为国家一级开发企业资质。2008年以来，公司以建设“西部一流、中国百强”房地产企业为目标，立足高远、乘势而上，通过自我积累和专业合作，顺利实现了跨越式发展的战略目标，连续多年获得“宁夏百强纳税企业”“银川市十强房地产开发企业”“宁夏十大慈善公益企业” 和国家、自治区、银川市“重合同守信誉企业”等荣誉称号。连续4年项目开发规模均在200万平方米以上，公司资产总量、存量建设用地、开发建设能力、企业品牌和社会影响力等综合实力稳居宁夏房地产行业首位。公司坚持走专业化合作道路，积极引进北京市建筑设计研究院、中国建筑集团等“国字号”的优秀设计、建筑企业，与北京建工集团等27家一级资质的施工单位、中国建筑技术集团等12家甲级资质的监理单位签订战略合作协议书，与专业的营销、造价等管理团队深度合作，确保了开发项目不仅成为精品工程，而且极大地提升了项目知名度和社会影响力。站在长远发展、可持续发展和高速发展的高度，牢固树立“人才强企”的发展理念，积极实施人才引进战略，为公司实现跨越式发展提供了强有力的人力资源保障。专业化合作发展和人才强企战略，使公司在11年时间内迅速成长为宁夏回族自治区综合实力最强的房地产企业。根据中国房地产研究会、中国房地产业协会、中国房地产测评中心《2013年度中国房地产开发企业500强测评报告》，宁夏亘元房地产开发有限公司继2012年首次进入中国房地产百强企业后，2013年排名持续上升，荣列第80位，并连续4年位列宁夏十强之首。公司始终坚持以“诚信、创新、服务”为宗旨，以“打造典范人居，创造品质生活”为使命，以“高标准、高效率、高品质”和“迁居优先、兼顾市场”为基点，创新管理模式，完善管理体系，累计开发建设项目20余个。其中，太阳都市花园、望都郡府、香溪美地等项目成为首府典范人居；水木灵州、太阳城、银子湖·水都等迁居工程成为矿区职工提升生活品质的幸福家园。2011年7月开工建设的宁夏亘元万豪酒店是集“国际品牌超五星级酒店、时尚购物中心、AAAAA智能化甲级写字楼”为一体的宁夏地标性建筑，项目设计高度216米、建筑面积17.4万平方米，成为提升银川城市国际化的一道靓丽风景线。公司把“回报社会、关注民生”作为国企的担当，先后投入近3000万元，致力于扶贫济困、捐资助学、救助孤残等各类社会公益事业，树立了良好的企业形象和社会公信力。站在新的历史起点上，公司将与时俱进，开拓创新，促进地方房地产行业健康有序发展，推动自治区经济社会又好又快发展。

（供稿人：韩玉波）

城乡建设·公路交通

村镇建设

【概况】 2014年，围绕“8531”工作思路，抓好村镇建设、公路建设养护及旧城改造等重点工作，全面完成了各项目标任务。

【通贵集镇安置区】 通贵集镇安置区一期规划占地41亩，总建筑面积2.2万平方米，建设住宅152套，2014年完成项目前期准备和征地拆迁、施工招投标等工作。

【月牙湖生态移民安置区】 新建月牙湖生态移民三期安置房831户，公共设施有村委会、卫生室、广场、水冲式厕所等，铺设给排水11公里，硬化巷道8公里。2014年完成房屋主体砌筑，外网完成约70%。

【通贵乡河滩幸福村庄】 续建通贵乡河滩二期住宅256套，建筑面积2.85万平方米，房屋建设及道路、水、电、气等外网配套建设均已完成。

【阳光暖房建设】 投资542万元，在掌政镇强家庙中心村、通贵乡河滩幸福村庄建设阳光暖房1074户。

【农村危房改造】 已落实自治区住建厅第一批110户农村危房改造任务并全部开工建设，2014年10月底建设完成。

【道路畅通及老旧小区改造】 完成新华西街道路畅通及中卫巷棚户区更新改造，面积24.1亩，总建筑面积约8万平方米；湖滨西街道路畅通及唐徕小区旧城改造，面积137.1亩，总建筑面积约41万平方米，已完成一层主体建设；总概算投资约5000万元，完成17个老旧小区114栋住宅楼4817户供暖、排水、屋顶防水、楼道照明系统、安防系统、道路铺装等基础设施建设，改造面积约90万平方米。

银川市委书记徐广国（前排右四）检查康居工程

康居工程

【概况】 2014年，康居工程续建项目16个。其中：政府主导棚户区改造项目有满春三期A区、B区、上前小区、塔桥花园、友爱小区、燕鸽小区、大新小区、新水小区、满春小区、满春花园、八里小区11个；企业主导项目有旧城南部四片区、光华门二期唐华苑、民

表 13　　兴庆区 2014 年老旧小区专项改造工程分布表

街道	改造小区	四至
丽景街街道	雅苑社区 景墨家园 C 区	东至清和北街，南至书香雅苑，西至双福巷，北至沙渠路
文化街街道	山河湾社区 光华二道巷	东至光华二道巷，南至光华巷头道巷，西至鼓楼北街，北至正义巷、仪器厂家属院
	丰收社区 建设小区	东至湖滨花园，南至公建巷住宅，西至民族北街，北至光明巷
富宁街街道	利群社区 党委 87 号大院	东至上海新村，南至新华街，西至利民街，北至利群西街
	大庙社区 康乐小区	东至康乐苑一、二村，南至自治区转业军官安置办公室，西至龙祥园、信诚小区，北至宁夏纺织进口出口公司、宁夏种子总公司、宁夏对外经济贸易大厦
中山南街街道	康华社区 税务小区	东至红花渠，南至东环批发市场，西至银川长途电信传输局家属院、市工行解放东街住宅小区，北至宁夏电信公司家属院
	康华社区 财贸小区	东至宁夏乳品饮料总公司乳品厂，南至康华苑小高台寺安居工程住宅区康华小区，西至银川丽达百货副食品批发市场，北至解放东街
银古路街道	金南社区 友爱三区	东至宁夏福临门木业装饰有限公司、银川新达工程机械公司，南至宁夏水利水电工程安装工程处宿舍，西至清和南街，北至民乐一组
凤凰北街街道	兴隆社区 西桥一巷阳澄社区公安小区	东至市石油公司家属院，南至西桥一巷，西至唐徕渠管理处、市政二公司家属院，北至宁夏气象局住宅楼、区轻纺总会家属楼
	阳澄社区 公安小区	东至宁夏福临门木业装饰有限公司、银川新达工程机械公司，南至宁夏水利水电工程安装工程处宿舍，西至清和南街，北至民乐一组
解放西街街道	银湖社区 体育巷东区	东至体育巷，南至湖滨体育场，西至进宁北街、银川中房第二建筑工程有限公司，北至神林巷
	北苑社区 水产巷 14# 楼	
玉皇阁北街街道	永康社区 永康巷小区	东至东升大厦、亚洲证券有限责任公司，南至解放东街，西至永康北巷、中国平安人寿保险股份有限公司，北至永康商业中心
	永康社区 星河北区	东至银锐小区，西至益民巷，南至德胜一区，北至交通学校
	北关社区 中山北街小区	东至北兴巷、绣水园小区，南至中苑小区，西至中山北街，北至北桥巷、绣水园小区
胜利街街道	清和社区 裕隆小区城东路	东至清和南街，南至永通巷，西至南桥农贸市场，北至玫园小区
	双城门社区 寺南小区	东至武警宁夏总队家属院、银川市工商行政管理局，南至银川市兴庆区回民一小，西至玉皇阁南街，北至长城东路

乐、高台寺、永泰小区 5 个。规划占地面积 2203.35 亩，建筑面积 368.18 万平方米，总投资 114.96 亿元，已完成投资 86.08 亿元。其中：住宅 29412 套，面积 235.5 万平方米；公寓 2407 套，面积 60.15 万平方米；商业用房 17.75 万平方米；公益用房 5.4 万平方米；地下建筑 49.38 万平方米。光华门二期唐华苑建筑面积 16.3 万平方米、满春三期 A 区

建筑面积 9.11 万平方米、B 区建筑面积 21.4 万平方米，合计 46.81 万平方米，公建项目 64 万平方米竣工并交付使用，旧城南部 22 万平方米具备交付条件。开工新建康居工程项目 2 个，规划占地面积 180 亩，规划建筑面积 26.3 万平方米，总投资 8.42 亿元，已完成投资 3.51 亿元。其中：住宅 2014 套，20.6 万平方米；商业用房 1.7 万平方米；公益用房 1 万平方米；地下建筑 3 万平方米。

【棚户区改造项目】 经银川市住建局、发改委审批通过，将八里小区、满春三期 A、B 区、满春小区、新水小区、满春花园、大新小区、永泰小区、燕鸽小区及失地农民公寓、友爱小区、塔桥花园、上前小区 11 个项目列入棚户区改造项目，涉及拆迁户 8450 户，拆迁面积 524.7 万平方米，返还面积 156.2 万平方米，争取到国家棚户区改造项目补助及基础设施配套资金 2.17 亿元并全部到位，并将八里小区、友爱小区、满春花园、掌政小城镇安置区 4 个项目列入国开行棚户区改造贷款。为保障项目实施，组织人员对 8450 户的拆迁协议全部录入棚改项目管理系统。

【康居工程资金保障】 争取银川市财政专项资金，上争资金 4.6 亿元，占全年上争资金任务 3.5 亿元的 132.8 %；同时争取银川市土储局、自治区农发行、自治区国开行支持，按工程进度及时到位银行贷款资金 35 亿元。按照银川市政府要求停止农发行贷款项目后，及时将 8 个项目转为国开行贷款，保证了工程资金及时到位。

【康居工程建设标准具体化】 在完善《兴庆区康居工程建设项目管理办法》和《兴庆区康居工程建设标准》的基础上，多次组织专家讨论形成《兴庆区康居工程住宅、商业、公建、地下建筑标准作法》，并编制兴庆区康居工程《主体二次构造施工工序及要求》《塑钢门窗技术标准》《电气设备技术标准及推荐品牌》《室内外管材管件推荐选用品牌》等材料，将各种要求标准、指标具体化，要求参建单位按标准建设。

【规范康居工程施工建设程序】 聘请宁夏华恒信工程造价咨询有限公司、宁夏正业通工程有限责任公司、山东正方建设项目有限责任公司银川分公司 3 家造价咨询机构完成各项目预算编制；康居办会同招标办在兴庆区监察、发改、财政、审计等部门的监督下公开招标 1 家设计单位、4 家施工(代建)单位、4 家监理单位和 831 部电梯、满春三期 B 区壁挂炉、太阳能热水器设备采购。招标过程严格执行《中华人民共和国招标投标法》，推行“三公开两监督制度”(招标信息发布公开，投标申请人资格审查结果公开，中标结果公开和场内监督、场外监督)，采取投标单位缴纳履约保证金制度，引进实力强、信誉好、技术优、质量过硬的单位参与项目招标；康居办召集监察、发改、财政、审计、法制办等部门讨论拟定康居工程施工合同书。根据银川市财政局建设工程资金支付相关规定及康居工程各项目合同约定，项目资金支付按工程进度的 70%、工程综合验收决算后按 95%的比例支付。施工单位按月申报工程进度，监理单位审核后上报康居办，康居办安排造价咨询单位进行审定，并出具《工程进度预算书》和《工程进度款支付表》。

【强化康居工程质量管理】 针对项目多、工程技术人员少的实际，选派 7 名甲方代表到各安置区施工现场进行监督管理。构成“四位一体”的立体监督模式，在银川市行管处、质监站、安监站监督的基础上，配备 60 名农民义务监督员实施工程建设监督。康居办同各施工单位签订安全生产目标责任书，要求施工单位同下属相关人员、施工队签订责任书。督促施工企业建立健全工程质量和安全生产自我保证体系，全年开展安全生产自查和大检查 16 场次，确保每个施工环节安全运行。

2014 年 9 月 2 日，兴庆区主要领导调研老旧小区改造

【安置房屋分配及房屋手续办理】 2014 年，完成满春三期、光华门二期及公建项目的安置房分配工作，向银古路街道移交分配安置房及公寓；全年审核 427 套康居

房产证办理资料，协调、配合相关部门办理凤翔园、康华园、东盛苑、高台二队丽景新村、八一小区康居楼等五个小区的康居房屋产权证；完成凤翔园、东盛苑、丽景新村三个小区康居房屋土地勘察和土地划拨前期工作；对失地农民享受5平方米营业房20平方米公寓实行动态管理，审核上报2012年4月以来新增的16520人失地农民；督促宁夏聚丰房地产公司和宁夏住宅公司两家施工单位尽快完善友爱聚丰苑、八里桥雅和苑竣工备案手续。

（供稿人：马思敏）

公路建设

【概况】 兴庆区地域面积828平方公里，辖区2个乡2个镇11个街道办事处，有乡村公路沥青混凝土路面道路121条350余公里，其中列入自治区公路管理局下达的养护指标中乡道16条，89.895公里；村道45条，155.229公里；专用公路1条，0.84公里；辖区公路中有桥梁21座、涵洞554孔。

【乡村公路建设及养护】 续建完成掌政丰收路、月牙湖海淘南村至规划庄点路、月牙湖防洪堤路、月牙湖牛场路等4条乡村公路，共计37.5公里；新建月牙湖乡月牧路、塘北路2条，共计12公里；投资1100万元，维修孔司路、塔白路等辖区主干道路面近7万平方米，维修大塘北路、司家桥巷道路、银佐路等九条乡村公路路面6000余平方米，并对沿线交通标志全部更新完善。新建掌政镇纬二路589米；续建乡镇路、经二路共计1公里；镇区主干道路照明设施已建设完成，部分正在运行调试。

【市政基础设施建设】 2014年，兴庆区有市政管辖道路199条，城市道路总长度为209.4公里，机动车道及非机动车道总面积509.04万m^2，人行道面积169.55万m^2。银川市城市建设局为提升城市道路档次，构建更加合理的城市路网框架，投资17亿元，组织实施市政基础设施建设项目60项，包括新建续建城市主次干道和保障性住房周边道路37条，10条小街巷改造、城市亮化、城市防汛及污水处理设施建设等工程，建设总长55公里，建设道路总面积212万平方米。在兴庆区辖区内重点实施大连路、凤凰南街、凤凰北街、新华东街等城市主次干道；编制《银川市城市排水防涝综合规划(2014—2030)》，完成新华街(凤凰街—富宁街)、富宁街(南熏路—新华街)老旧排水管网；对上海路、北京路、凤凰街、鼓楼北街等街区146栋建(构)筑物的亮化设施进行检修；完成北京路、中山北街、进宁南街等主次干道道路、照明设施维修及部分桥梁栏杆加固维修。

2014年10月20日，兴庆区主要领导检查新华街道路畅通中卫巷棚户区改造项目

【市政道路建设】 新建纬二路、续建乡镇路、经二路。这三条路是掌政镇区市政道路规划中的重要组成部分。其中，新建道路纬二路为Ⅲ级城市主干路，全长863米，红线宽度20米，起点与经五路相连，终点与经三路相接。续建乡镇路为Ⅲ级城市主干路，全长2089米，红线宽度30米，起点接永二干沟桥，终点与现状纬六路连接。经二路为Ⅲ级城市主干路，全长1086.3米，红线宽度20米，起点与纬三路相连，终点与纬五路相接。镇区主干道路照明设施已建设完成，路灯采用高压钠灯光源，单叉路灯对称布设在两侧人行道内，灯杆高度9米，灯杆间距50米，配套建设给水、排水工程等。

【京藏高速公路防洪排涝工程】 完成兴庆区内京藏高速公路两侧1-19标段，作业面南北长约10.5公里，东西约1.5公里的水系开挖连接、湖岸周边景观绿化任务。其中，防洪排涝工程包括永二干沟至章子湖段(1~14标段)、孔雀湖段(15、16标段)、孔雀湖与燕鸽湖连通段(17标段)、燕鸽湖段(18、19标段)，总开挖土方量3514271.80立方米。公路两侧及湖系四周景观绿化工程三、四、五、六标段已完成前期绿化，总绿化面积270亩，种植乔木18542株、灌木2182株、水生植物48239平方米，地被24101平方米、百脉根245407平方米，进入后期管护阶段。

城乡服务与管理

城管环卫综合执法

【概况】 2014年城管环卫综合执法围绕兴庆区8531工作思路，以“洁净兴庆”“美丽兴庆”“平安兴庆”“主干道路大整治大绿化”等工程为统领，开展城市环境卫生和市容市貌综合整治、校园周边环境整治、餐厨垃圾专项整治、牌匾标识专项整治、食品安全专项整治，着力解决一些难点问题，实现城市精细化管理目标，全面提升城市品位。2014年12月根据《兴庆区人民政府职能转变和机构改革方案》文件精神，兴庆区城管环卫综合执法北局更名为兴庆区市容环境卫生服务中心。

【占道摊点、流动摊贩综合管理】 结合“洁净兴庆”“美丽银川”活动，打破常规的执法作息时间，采取守点、巡线、集中整治等措施，集中开展专项整治行动，将非法占道整治工作与网格化管理紧密结合。要求各责任中队按照职责科学调配执法力量，实施“无缝隙”执法管理，消除管理盲区。对一些问题较多、容易“回潮”的路段或区域，实行“阵地式”专人值守。对占道经营、无证经营摊贩、临街门面延伸占道及露天烧烤摊点等进行规范和整治。坚决取缔学校周边和主要路段口处未经许可的占道经营摊点，严格规定所有固定摊位须在划定范围内经营，不得超出经营品种、私拉乱接，垃圾收集桶(箱)须自备到位。年内，集中开展专项整治行动20余次，查处劝导占道经营3367起，店外经营2349起，下发《限期整改通知书》1052份，取缔非法流动摊点472个，暂扣各类经营工具500余件。

2014年2月13日，兴庆区主要领导为环卫工人发放防寒服

【夜市烧烤专项整治】 结合兴庆区区情制定相应的管理规定，按照疏堵结合的原则，在辖区内设置10处夜市烧烤摊区：即北安巷(亘元房地产门前黔塘江火锅)路东、双瑞巷(富洋烧烤)路西、双福食街(垃圾中转站至景墨家园C区西门)路东、兴仁巷(邻秀一居北大门—北地下车场出入口处)路南、凤凰北街(锦泰花园东门—清湖苑东门)路西、民运村(上海路林带北侧—民运村东门)路西、阳橙巷(牛大烧烤至傻蛋烤吧)两侧、清真美食城(北京东路—观景巷)、景福巷在水一方C区(北京东路—天奇宾馆南侧路)路西、熙春巷在水一方D区(北京东路—二十四小南侧路)路西。印发《致烧烤经营者的一封信》《市区夜市烧烤经营业主保证书》，并明确烧烤夜市的管理标准、设市、收市时间，按照要求安排专人管理门前机动车停放秩序，严禁设置外置音响，严格规范店面周边环境卫生，对经营场地采取铺设油毡等保护措施。烧烤炉必须进店经营，防止油烟污染，并配备垃圾桶和清扫工具，随时收集废弃物，保持摊点周围的卫生整洁。

【城市“三乱”现象整治】 根据《银川市城管局整治“三乱”实施方案》，成立四支“三乱”清理小分队，逐街巷进行拉网式清理整治。制发《治理乱涂写乱刻画乱张贴办法》，发动市民投入到整治“三乱”小广告的行动中来。基本达到中心道路，商业、交通等人流密集区域无“三乱”现象。整治“三乱”1238起，清理小广告882平方米，玻璃贴纸946起，条幅、横幅545条。

【商铺门头牌匾标识整治】 为提升城市形象，建设“美好银川”，根据《银川市市容和环境卫生管理条例》《银川市户外广告设置设施管理条例》和市政府5月20日《关于开展户外广告专项整治的通告》及市长马力8月13日现场办公会议纪要精神，对辖区经营户门头牌匾、电子屏、各类标识的安装、悬挂进行检查，整理门头牌匾1107个，清理LED灯437个，拆除侧招264个、破损门头83块。

【犬只饲养规范管理】 按照《银川市养犬管理条例》规定，制定《依法养犬行为保证书》《文明养犬通知》，严肃查处辖区范围内的无主犬、无证犬、流浪犬，严格规范约束养犬人的行为。对频繁出入宠物商店和动物医院及早市的犬只进行检查，无证的犬只责令现场办证和年检。联合辖区部分动物诊所进入小区做专业宣传，设立定点兽医机构提供便民办证年检优化服务和专业化咨询指导服务，普及犬类知识。对无主流浪犬类做适当处理。年内抓捕流浪犬只52条，办理“犬只准养证”110张，年检犬只133只；查处政府督办犬只扰民投诉83起，电话投诉310起，回复率100%。

【校园周边环境集中整治】 继续在校园周边市容秩序整治行动中抓巩固、求长效，在上下学高峰时段，固定在学校周边区域设立高峰岗，定人定岗，定时巡查和流动检查，依法及时查处校区周边各类涉及城管职责方面的违法违章行为，确保学校周边市容秩序随时有人管、问题有人查，打造规范有序校区环境。2014年累计派出执法人员1600余人次，取缔无照商贩、临街店铺超范围经营2570起，口头警告店外经营、占道经营1500余起，下发《限期整改通知书》960余份，暂扣各类经营工具400余件，作出当场处罚500余起，清理乱贴乱画小广告、横幅450余处。

【门前“三包”管理制度】 按照《银川市门前“三包”责任制管理办法》（银川市人民政府令第1号）的规定，结合银川市城管局门前“三包”推进会的要求，北局将辖区解放街、文化街作为门前“三包”责任制管理试点街道，并联合兴庆区法院城管法庭、公安、工商、卫生等部门对试点街巷“门前三包”落实情况进行联合执法。签订《门前“三包”责任书》516份。其中：解放街280份，文化街25份，中山北街71份，丽景北街87份，民族街44份，北京东路9份。市局下拨的100块门前“三包”责任牌已发放完毕，自筹资金8000余元定制门前“三包”责任牌1000块，已发放门前“三包”责任牌132块。

2014年6月17日，个体餐饮者为环卫工人提供免费午餐

【市容和环境卫生综合整治】 根据“美丽银川”“洁净兴庆”工作要求，及时制定下发相应的工作方案，将辖区49条城市主次干道及背街小巷科学划分为5条严管街、19条控制街、25条规范街。推行中队、公司包街，监管员包线，环卫工人包片的网格化分级管理模式，区域内定人员、定岗位、定任务、定目标、定奖惩，实行“管理、执法、服务”为一体化管理。中山南街、新华街、民族南街、宝湖路、凤凰街为管理示范街，要求监管员不间断的巡查，发现问题及时通知环卫工人，时限为20分钟，超时或处理不达标的，给予扣分处理。严管街每日晨7:00前完成初扫，7:00～晚22:00保洁；控制街每日晨7:30前完成初扫，7:30～晚22:00保洁；规范街每日晨8:00前完成初扫，8:00～晚22:00保洁。保洁标准达到五无（无堆积物、无果皮纸屑、无砖瓦土石、无污泥积水、无痰涕）、五净（路面净、垃圾箱净、道边道牙净、树坑周围净、井盖净），行道树坑、空调压缩机后、公交车站台、十字路口、果皮箱底部、围墙根、自行车修理点、报刊亭等细微区域了不留卫生死角。辖区434万平方米城市公共道路清扫保洁覆盖率达100%；32条主次干道实施机械化作业，严管街每日17:00前完成6次洒水，控

制街每日 16:00 前完成 4 次洒水。

【城管联合执法】 打造“立法、依法、执法、司法”四法环境，与公安、工商、食品安全、城管法庭等部门建立密切配合，资源共享，建立执法联动机制，按照各自的执法权限，各司其职、各尽其责，形成执法整治合力。查处各类违反市容和环境卫生管理条例案件 396 件，下发《责令改正通知书》396 份，《行政处罚事先告知书》59 份，《行政处罚决定书》42 份，制作询问笔录 37 份。

【餐厨垃圾处理】 按照检查一家、登记一家、不留死角的工作原则，重点对民族街、新华街等街、巷进行监管。截至年底，印制下发《银川市餐厨垃圾管理条例》宣传材料 800 份，制作餐厨垃圾管理电子档案 83 份，处理餐厨垃圾相关投诉 17 起，纠正违规摆放泔水桶行为 42 起。

【违法违规建设专项整治】 按照银川市违法违规建设专项整治工作方案，查处辖区涉及违法用地类图斑 216 宗 894876.08 平方米，整治销号 186 宗 849386.08 平方米，剩余 30 宗 39397 平方米；城区违法违规建设 1183 处 26250 平方米，已拆 92 处 20659 平方米，剩余 42 处 4775 平方米。完成总体违建面积的 98.8%，未完成的拆违任务均属于银政办发〔2014〕60 号文件中反映的问题，兴庆区已按照文件精神督促各职能部门办理临建手续，同时上报市拆违办协调规划、国土部门作销号处理。接收各类违建督办单 27 份，转办函 17 份，电话投诉 46 起，群众反映强烈的违建 1 处，涉及违建 40 余处，违建面积 1534 余平方米。

【违章建筑拆除】 针对擅自加层、搭建偏房、违规建设等现象，严格按照银川市违法违规建设专项整治工作方案，严格依照法律程序，采取多项措施开展拆除违章搭建专项整治工作。一是多层面宣传，通过各种宣传方式，广泛向群众讲解违章建筑的危害，做到政策入户，群众知晓；二是健全网络，加大监管力度，加强信息沟通体系建设，做到有情况及时反馈，把问题处理在初发期。截至年底，拆除“两违”7 处，违建面积 816 平方米；

【城管信访案件办理】 主动做好上访安抚和下访解忧工作，及时化解和疏导各种矛盾。截至年底处理“12345”督办案件 774 件。其中：市长热线 537 件，领导批示件 36 件，政府互动平台 191 件，信访来信 2 件，银川市城管局督办件 6 件，兴庆区爱卫办督办件 2 件。回复率 100%，满意 95%以上。收到数字化派遣案件 23991 件，按期处置 22834 件，按期处置率为 95.4%。

（供稿人：韩玉波）

环卫工人休息室

城乡环境卫生综合治理

【概况】 2014 年，兴庆区爱卫办在各成员单位的共同努力下，充分发挥“组织动员、综合协调、监督考核”职能，围绕兴庆区“8531”工作思路，以实施“洁净兴庆”工程为抓手，深入开展城乡市容环境卫生综合整治、主干道路环境卫生大整治、沟渠沿线环境卫生综合治理、病媒生物防制、爱国卫生先进单位创建等重点工作，推进城乡环卫一体化进程，不断改善城乡环境面貌。

【环卫管理资金投入】 2014 年，兴庆区投入 1000 多万元支持城乡环卫一体化建设。一是自元月起，为 1839 名一线临聘环卫职工月增资 100 元，为 1311 名一线临聘环卫职工发放工作年限补贴 232.12 万元；增加城管协管员等政府长聘人员工资，为城管队员订制工作制服 500 余套。二是投入资金 440 万元购置 4 辆环卫工人流动服务车，新建、改建环卫工人休息室 26 处；投入 50 多万元在二排沟、红花渠沿线投放垃圾箱 60 个，为乡镇集镇和中心村配置垃圾箱近 300 个；投入资金 400 多万元为农村配齐垃圾收运人员，购置垃圾收集转运车等，启用乡镇垃圾转运站，成立农村清扫保洁队伍，确保农村垃圾及时收集，转运达到无害化处理要求。

【城市精细化管理】 开展“垃圾不落地，兴庆更美丽”活动，安排车辆每天分三个时间段对沿街商户垃圾进行定点集中收运；投入洗扫车、吸尘车等环卫机械对 25 条主次干道进行机械化环卫作业，对解放街、新华街等车流量密集

的重点区域每天凌晨至6点完成夜间洗扫，对其他适宜于白天机械作业的主干道进行定时清扫，主次干道洒水降尘和机械化环卫作业达到100%；开展市容市貌专项整治行动20余次，下发《限期整改通知书》500余份，查处各类违章占道经营行为1200余起，取缔非法流动摊点800余处，暂扣各类经营工具170余件；批准设置门头牌匾98个，下发限期拆除通知书317份，拆除违规设置门头牌匾、楼体广告、电子标识及户外灯箱557块，清理各类条幅、喷绘布、破损对联、灯笼807处；清理城市“三乱”和橱窗玻璃乱贴乱画等3万余平方米；建立餐厨垃圾管理电子档案83份，处理餐厨垃圾相关投诉17起，纠正违规摆放泔水桶行为82起，印制下发餐厨垃圾处置宣传材料800份；对辖区109处夜市烧烤摊点进行规范管理，取缔未经审批擅自经营的露天夜市30余处，立案查处12家；将新华街、南薰路、文化街、解放街列为门前三包创建示范街，印制《银川市门前“三包”责任制管理办法》9万份，与沿街商户、企事业单位签订门前三包责任书520多份，挂牌公示260个。城管巡回法庭处理各类案件30件，现场快速办结强制执行案件3起，调解案件20余起，规范城管执法案卷100余份。对辖区31家建筑工地进行登记备案，查处渣土撒漏污染路面行为66起。

【主干道路及村庄环境卫生大整治】 以主干道路大整治大绿化工程为契机，改善农村环境脏乱差面貌。一是按照属地管理要求，对辖区范围内高速公路沿线两侧废旧物资收购点、闲置温棚、残墙断壁、砂石料厂、煤场、私搭乱建、“五堆”等脏乱点拍照取证建立台账并及时彻底清理。二是各乡镇安排204人定期对京藏高速、青银高速、203省道两侧暴露垃圾、杂物进行保洁。三是对农村庄点、巷道、院落、沟、渠、湖、田、林、路、房前屋后、房顶进行综合整治，实行农村生活垃圾“户集、村收、镇运、区处理”。全年两乡两镇32个村庄整治庄点巷道150余条，硬化路面10万平方米，砌筑围墙近5000米，粉刷面积20余万平方米，修补破损设施795处，拆除违建2222户245万平方米，制作乡村文化宣传墙8处约2500米，砌垃圾池300个，设置垃圾箱300个；责任单位集中清理高速公路两侧200米范围内卫生脏乱点300余处，整治主干道周边沟渠路123条，清理垃圾杂物95332吨，拆除闲置温棚78万平方米，清理污水668万立方，清理淤泥367万立方米。

【病媒生物防制】 组织街道社区卫生专干近200人次参加银川市城管局、疾控中心组织的病媒生物防制培训班，爱卫月期间组织爱卫会成员单位在光明广场开展病媒生物防制知识宣传，展出宣传展板44块，发放宣传材料2万余份。提高居民“四害”防制意识和参与防制的积极性，投入资金近43万元完成消杀药品招标采购和城市农村病媒生物消杀工作，聘请专业公司对辖区11个街道1521栋居民楼和75150米地下管道、暖气沟进行越冬蚊蝇蟑螂滋生地熏杀活动，减少“四害”滋生和疾病传播。

【爱国卫生创建】 做好2014年爱国卫生创建工作，根据自治区、银川市爱卫办有关创建工作要求，在辖区单位申请和各街道的推荐下，依据卫生先进单位、卫生达标小区的考核标准，对所申报的单位进行培育、指导、考核、验收。2014年，辖区申报三级卫生先进单位和居民达标小区共12家。其中：卫生先进单位10家；卫生达标居民小区2个。申报自治区级卫生先进单位3家、居民达标小区1个；申报银川市市级卫生先进单位3家(已验收通过)；兴庆区级卫生先进单位5家、居民达标小区1个。

【城乡市容环境卫生监督考核】 一是整合城市管理资源，理顺城市管理体制，成立兴庆区城市综合管理委员会。通过每月召开一次联席会议，对涉及多部门、跨区域的重大事项和涉及全局性的难点、热点问题统一研究、协调处置。二是根据《银川市城市环境综合管理长效考核办法及细则》，修改完善《洁净兴庆工程长效管理考核办法及细则》，将城乡市容环境卫生和专项重点工程列入督查范围，建立日督查、旬通报，月考核、季通报、年评比的长效管理机制。排在前两名的单位用“红旗”标示，末尾两名用“黄旗”标示，其他用“蓝旗”标示，并将每月得分和排名“红蓝黄”榜在兴庆区政府LED电子信息屏上滚动播放。对月度考核连续两个月排在末位的单位，报请政府对主要责任人实行诫勉谈话，单位不能在年度综合考核中受奖，主要责任人，具体责任人不得评先评优。三是建立领导巡查、爱卫办督查、责任单位自查的卫生管理制度。年内爱卫办发督查通报30期，下发整改通知书5份，跟踪督促责任单位整改问题近500多项；由爱卫办牵头协调办理人大代表意见建议、政协委员议案7项，党的群众路线教育实践活动期间办理环境卫生方面的问题及意见15条，提交政府相关专题汇报5项。

【数字化城管】 发挥数字化城管在城市精细化管理中的突出作用。截至年底，数字化指挥平台接受涉及城市管理案件60890件，各责任单位处置57057件，结案56848件，结案率96.84%，按期结案率63.99%，综合指标83.3分，评价等级为B级。

(供稿人：郝吉彬)

商贸·物流

新华商圈

【概况】 兴庆区商贸格局主要以“一圈两带”为主。“一圈”为新华商圈,以银川市新华东街与步行街交汇处为中心,半径为1.5公里向外辐射。新华商圈是宁夏乃至内蒙古、甘肃、陕西等周边省区老百姓购物的首选之地，有新华百货、国芳百盛、华联、大中电器、苏宁电器、东方商城、银川商城、温州商城等21家国内知名商贸企业，总营业面积42万平方米,年交易额近35亿元,解决就业人数近5万人。

【银川新华百货商店股份有限公司】 银川新华百货商店股份有限公司位于新华东街繁华地段,是由宁夏最大的国有商业企业——银川市新华百货商店经股份制改组于1997年1月3日创立的宁夏第一家商业上市公司。2014年实现营业收入68亿元,荣登2013年度零售上市公司营业收入排名第22名,宁夏百强企业第八名。在兴庆区辖区内有新华、东方红、购物中心、老大楼、现代城5个百货店；东方红、盛世春天、清和、老大楼、清和北街5个大卖场;东方红、金泰、购物中心、东门、共享春天、新华百货6个电器商场;阳澄巷、东门、现代城、胜利南街、阳光巷、在水一方B区、福星苑、银横路康民花园、临湖小区、民族北街10个生活超市；景墨家园、育才等20个便利店。

新华百货大楼

【温州商城(一期)】 温州商城(一期)是由宁夏温州商城有限公司投资建设,总投资1.5亿元，营业面积约3万平方米,商户数量约为2800余个,从业人员约为8000人。主营商品为小百货、文化用品、玩具、箱包、工艺装饰品、针织品,床上用品、服装、鞋、童装、布料等,同时设有温州商城地下农贸厅，主营海鲜、水产类批发。2012年交易额约为19亿元;2013年交易额约为15.2亿元,与上一年相比下降20%;2014年交易额为12.2亿元,与上一年相比下降20%。

【银川商城】 银川商城是由宁夏国禾投资集团有限公司投资建设,营业面积约为11万平方米，商户数量约为3400个,从业人员约为10000人,主营商品为小百货、文化用品、玩具、箱包、工艺装饰品、针织品,床上用品、服装、鞋、童装、布料等。2012年交易额约为13.5亿元;2013年交易额约为10.8亿元,与上一年相比下降20%;2014年交易额约为9.7亿元,与上一年相比下降10%。

【南方商城】 南方商城是由银川南方商城有限公司投资建设,总投资约5000万元,营业面积4300平方米,商户数量约为400个,从业人员800人。主营批发大众化商品,如配饰物件、家庭日常用

品、服装等，偏向中低消费水平人群。2012年交易额约为1.9亿元；2013年交易额约为1.5亿元，与上一年相比下降22%；2014年交易额为1.2亿元，与上一年相比下降20%。

【东方商城】 东方商城是由银川市东方开发有限公司投资建设，营业面积1万平方米，商户数量约为850个，从业人员3000人。主营小百货、文化用品、玩具、箱包、工艺装饰品、针织品，床上用品、服装、鞋、童装、布料等。2012年交易额约为800万元；2013年交易额约为700万元，与上一年相比下降13%；2014年10月底商城开始装修。

【兴隆商厦】 兴隆商厦是由宁夏中房商贸物业有限公司投资建设，营业面积15506平方米，商户数量163个，从业人员900人。主营床上用品、服装、鞋、童装、布料等。2012年交易额约为420万元；2013年交易额约为320万元，与上一年相比下降25%；2014年交易额为200万元，与上一年相比下降38%。

【新时尚广场】 新时尚广场是由宁夏中房商贸物业有限公司投资建设，营业面积9020平方米，商户数量138个，从业人员260人。主营服装、鞋等。2012年交易额约为410万元；2013年交易额约为310万元，与上一年相比下降25%；2014年交易额为230万元，与上一年相比下降26%。

【新华商圈现状及存在的问题】 1.新华商圈虽然是宁夏乃至周边地区最大的商贸流通集散地，拥有周边地区无法比拟的区位优势和品牌效应，但近几年来，随着新兴行业的异军突起，空间地域的优势已开始弱化，同时，以电子商务为主的新兴行业已开始领导居民的消费理念，网购已成为居民消费的重要渠道。新华商圈作为老牌商贸集散区，仍以传统业态为主，规模偏小，层次偏低，先进业态的集聚度不高，现代物流、商务服务、文化创意、科技信息、电子商务等现代商贸服务业态处于初期发展阶段，在向现代商贸服务业转型升级中步伐较慢，基本处于自我满足和自我服务阶段，故在电子商务等新兴行业冲击下，交易额出现明显下滑趋势。2012年至2014年，各大商场、商城交易额逐年下降，尽管采取降价促销、优惠活动等措施刺激消费，但成效不明显；2.各大商场、商城定位差异不明显，“专业批发市场虽大不强，传统百货业不大不强，现代流通业既小又散”是新华商圈现阶段的真实写照。同时，相应的娱乐、休闲、餐饮功能不完备，交通拥挤、停车位严重不足，无法满足消费者复合型消费的需求；3. 各种因素影响下的产业萧条与管理方逐年增加的运营管理成本的矛盾日渐凸显。为防止安全生产事故发生，很多商城按照要求必须对消防设施进行更新，相关费用的增加让管理方也入不敷出，只能通过提高租金来弥补损失，而经营者表示“生意难做，利润越来越低”。

招商引资

【概况】 2014年，兴庆区实施招商引资项目24个，实际到位资金69.91亿元（不含房地产项目到位资金），完成自治区、银川市下达的60亿元任务的116.5%。当年引进的各类股权基金、短期融资券、企业债券等金融项目到位资金58.6亿元。当年引进世界500强企业1家(上海浦发银行，排名383位)；新开工建设项目有银川永泰城购物中心及主题乐园、四季青国际服装城、世和天玺国际中心、恒大御景、月牙湖乡爱飞翔清真兔养殖加工基地、月牙湖乡小塘村现代农业科技示范园、通贵乡现代都市农业生态观光园等9个，总投资约163亿元；新开业运营项目有上海浦发银行银川分行、宁夏观歌泛利中小企业助贷投资管理中心、北京物美大卖场、檀溪谷欢乐水世界、美德亨大厦、居然之家建材商场和银川家居馆、大兆发超市蓝泰店，总投资35亿元；新签约项目有银川通航产业园、颐和盛世广场城市综合体、东城湖商业广场、广安城市综合体，总投资约233亿元。2014年度内合同项目开工率100%，资金到位率达97.1%，协议项目转合同项目达50%，储备项目成功对接且实施率达30%。

【招商引资措施】 2014年，制定《招商引资到位资金突破65亿元实施方案》《打造银川综合保税区的产业联动实施方案》《兴庆区重点工程重大项目存在的问题暨化解推进的分工安排》《关于进一步加快招商引资项目建设进度的通知》《关于建立兴庆区准备之冬项目建设推进事宜办结制度的通知》等工作制度，编印《开展路线教育、提升党员素质，打造“五好五熟五会”招商队伍》《落实8531思路，建设开放富裕和谐美丽的兴庆区》宣传手册，上报招商工作信息62篇，招商考察报告7篇，调研报告2篇，在国家级、自治区级和市级媒体刊登招商信息47篇。区委、人大、政府、政协主要领导和相关县级领导率队外出招商考察10余次，组队参加津洽会、渝洽会、西洽会、哈洽会、呼包银榆经洽会、中国（宁夏）非公经济论坛等自治区、银川市组织的重要对外招商推介活动，先后接待广东颐和集团、广州恒大集团、北汽集团、北京永泰集团、北京星河互联集团、北京居然之家、台湾大润发、河北东旭集团、厦门优传集团、浙江银泰集团、浙江中月集团、重庆网商协会、温州市场建设考察团等60多家投资企业实地考察，达成合作意向20多个。

【打造跨境电子商务核心区】 2014年，加快推进和建设电子商务核心区，总投资90亿元的“宁港财富中国”全业态电商创展基地与总投资3亿元的“中国穆斯林电子商务产业园”（主要建设内容：

宁夏产业带、阿拉伯国家特色产品实体店、中国宁夏穆斯林跨境电子商务交易平台、快递公司分拣中心等)的建设、推进,将实现线上与线下,虚拟与实体,技术与应用互动发展,直接带动2000人以上就业,间接影响5000人以上的就业规模。

【发展总部经济初见端倪】 2014年,总投资90亿元的“宁港财富中国”项目被银川市命名为“银川新经济服务产业示范园”,成为西北地区规模最大的新经济服务产业示范园和全业态电商创展基地。园区规划五大产业体系,着力打造金融综合服务、文化创意、文化旅游、特产经济及葡萄酒五大产业集群,构筑丰富的新经济服务产业链,对宁夏乃至西部产业发展有着重要作用。

【新兴商贸业态呈现新发展】 2014年,总投资125亿元的银川永泰城购物中心及主题乐园开工建设,永泰城购物中心、主题乐园、泰莱时代影城、奥特莱斯、国际酒店、高档写字楼、商超、KTV、电玩等九大业态将合力拉动银川东部区域的商业价值,有力改善东部地区商务环境。

【金融服务业加速发展】 2014年,作为世界排名第460位的世界500强企业之一的上海浦发银行注资1亿元成功进驻新华商圈;总投资6亿元的宁夏观歌泛利中小企业助贷投资管理中心先期注资5500万元开业运营;当年引进的各类股权基金、短期融资券、企业债券等到位资金20亿元。

商贸物流带

【概况】 商贸物流带东至京藏高速公路银川段,西临清河街,南至迎宾广场,北接贺兰德胜工业园,南北长约12公里,总占地面积2.14万亩。按照产业业态,将商贸物流带划分为A、B、C、D、E五个发展区域,重点发展家居、机电、建材、汽车、农产品等十几类商贸物流产业大型专业市场。截至2014年,商贸物流带引入商贸物流市场项目42个,总投资约350亿元。其中:机电市场3个,民生保障类6个,生活消费类1个,商业综合体10个,办公、酒店类2个,家居、建材类市场11个,物流市场4个,汽车、汽配市场4个,农资、农具市场1个。实现交易额218.4亿元,同比增长5.3%;利税11.5亿元,同比增长11%;就业人数10.2万人,提供就业岗位9.4万个,同比增长8.5%。形成了中国穆斯林国际商贸城、绿地21城、宁港财富中国为龙头的商贸综合中心,宁夏新世纪冷链中心、北环批发市场为核心的民生保障基地,宁夏交通物流园、银川众一物流园为基础的仓储物流服务平台,红星美凯龙、月星家居广场为代表的知名家居产业群,宁夏汽车城、江宁国际酒店用品城为引领的时尚消费产业链。

【提升商贸物流带集聚效应】 2014年,总投资70亿元的立达国际建材五金家居博览城、总投资35亿元的绿地21城、总投资25亿元的宁夏旅游集散中心、总投资12亿元银川四季青国际服装城等一批重点招商项目加快建设,总投资11亿元的美得亨大厦、总投资2亿元的居然之家建材商场和银川家居馆、总投资2000万元的宁夏结婚中心暨宁夏结婚文化创意产业园开业运营,使商贸物流带集聚效应不断提升。

【通航产业稳步有序推进】 2014年,总投资200亿元以上的“银川通用机场暨通航产业园”项目被市委、市政府列为重点项目(初步建设内容:通航机场、航空培训、航空科普、飞行体验、航空救援、航空表演、旅游及航空器材生产维修等)。项目建成后,将打造成为辐射西北地区的航空旅游示范基地、航空科普基地、航空人才培训基地、航空体验拓展基地、航空产业基地。与北汽集团签订了“银川通航产业园”战略合作协议;基本完成东西宽300米、南北长2000米跑道(约897亩)的土地平整工作;完成11000亩规划用地测绘工作,完成1:10000、1:2000、1:500地形图,确定了高程点、坐标点;正在委托北京航空航天大学通用航空产业研究中心编制《银川通航产业园产业发展概规》。

【助推特色小城镇建设成效明显】 2014年,总投资30亿元的赵家湖生态旅游综合开发、总投资1.5亿元的月牙湖乡爱飞翔清真兔养殖加工基地、总投资1亿元的月牙湖乡小塘村现代农业科技示范园、总投资1亿元的通贵乡现代都市农业生态观光园等一批招商项目加快建设;总投资3亿元的掌政镇檀溪谷欢乐水世界建成运营。

【新世纪农产品冷链物流中心】 新世纪农产品冷链物流中心是以大型冷库储藏为核心,农副产品加工、配送、交易为一体的多功能现代化冷链物流平台,主要有海鲜肉类(冻品)、果蔬、粮油调味、副食四大经营业态。注册资本为500万元,占地面积275亩,总投资5.3亿元,总负债4000万元,建筑面积173800平方米。其中:农产品交易区面积80000平方米,配送中心50000平方米,冷藏中心16000平方米,交易大棚9000平方米,商业配套(住宿、餐饮、零售)15000平方米,服务中心6800平方米。市场有经营户380户。其中:水果商户182户,海鲜商户40户,调味品商户20户,副食商户18户,其他商户40户。海鲜(冻品)、水果交易量占市场总交易量的80%。

【宁夏众一物流有限公司】 宁夏众一物流有限公司隶属于宁夏众一发展集团有限公司,成立于1999年,是集分拣包装、集疏中转、仓储配送、信息服务、货物配载、业务管理、流通加工等物流服务于一体的现代综合型物流园区。注册资金 3000 万元，占地面积 287.95 亩，资产总额 2.8 亿元，资产负债率 51%。园区内有信息采集发布区、货运配载区、零担集散区、停车区、仓储区、宾馆服务区、汽车修理区、餐饮超市区、商务办公区以及司机之家等十大服务区。园区有会员车辆 10200 辆，日均车流量 1600 辆以上，入驻客户包括中国外运、中冶美利、远成物流、邮政速递、长江浪潮、安快物流等 419 家，开通国内主要城市地区物流专线 60 余条，货物流通范围覆盖全国各大中城市，年货运吞吐总量 760 万吨，年实现营业收入 8240 万元，净利润 1413 万元，上缴税费达 1000 多万元。

【宁夏交通国际物流港】 宁夏交通国际物流港是宁夏交通运输厅直属国有独资企业，注册资本 3000 万元，企业资产总额 2.8 亿元。内设 8 个职能部门和银古物流中心、中卫物流中心、银古零担快运公司、银古伟杰货运公司、中宁物流配送中心、广州冷链产品配送中心、宁夏货运车辆动态监控服务中心、宁夏货运信息交易中心等 8 个分支机构企业，是集仓储、配送、零担运输、货物中转、货运信息交易为一体的大型综合物流中心，主要经营运输、配载、货运代理，仓储、配送、快递、停车、修理、信息服务等 17 项物流业务，是国家交通运输部在全国规划的 45 个公路运输主枢纽之一，也是国家 AAAA 级综合性物流企业。

【银古物流中心】 银古物流中心是宁夏区内最大的家电仓储配送、零担货运集散中转、货运信息交易和货运车辆动态(卫星)监控服务中心，是宁夏地区乃至西北地区最大的公路货运枢纽和综合性物流园区之一，已成为宁夏在全国最知名的物流品牌。银古物流中心是宁夏现代物流协会副会长单位，2007 年被人事部和中国物流与采购联合会授予“全国物流先进企业”称号，2009 年被宁夏现代物流协会评为物流企业“先进单位”，被银川市委、市政府命名为银川市首批“小巨人”企业，被交通运输部评为全国百家“优质服务货运站”，并且通过了 ISO 9001 质量管理体系认证，2010 年通过中国物流与采购联合会评审，成为宁夏第一家国家级 AAAA 物流企业，2012 年被国家工信部授予“国家中小企业公共服务(信息)示范平台”。2014 年，启动“二次创业”战略，重点发展三方物流业务，尤其是加大零担运输、冷链运输、城市及区域配送业务，先后投资 700 多万元，成立“银古物流‘供港蔬菜’”冷链运输车队和城市配送车队，现承接“供港蔬菜”运输业务以及“太太乐鸡精”“苏宁电器网购”等配送业务；同时，对银古物流中心经营布局也做了大的调整，以发展零担货运集散业务为重点，先后改扩建零担库房 5000 多平方米，吸引区内外 40 多家零担运输业户入住。

【银川通和汽车城有限公司】 银川通和汽车城有限公司位于银川市兴庆区清和北街 1039 号，成立于 2005 年 11 月，注册资金 500 万元。一期工程总建筑面积 22.9 万平方米，于 2005 年 8 月开工建设，2007 年 12 月 30 日竣工交付使用；二期总规划建设面积 231814 平方米，2013 年 5 月已竣工交付使用。已形成经济型轿车、轻重卡车、汽车装潢用品、汽车配件、汽车修理、工程机械、二手车市场七大专业市场，已入住商户达 1000 余家，年产值 60 多亿元，安排就业人口 2 万余人，安置失地农民 2000 余人，初步形成以汽车行业为主的特大型专业市场。其中 8# 楼定位为“国际汽车城名车汇”，一楼为国内外高中档轿车大型展厅，二楼为汽车用品一站式服务，三楼汇聚国内外品牌二手车交易市场，截至 2014 年 2 月，商户入驻率已达 50%，2014 年 4 月，成功举办一次汽车展销会。根据国际汽车城总体规划全部完工后将达到竣工交付使用面积 117 万平方米、安排近 5000 户中小型商家经营，安置就业人口可达到 10 万人。

兴庆区汽车城

【银川永泰城】 银川永泰城位于银通路以南，友爱中心路以东，新华东街以北，燕庆路以西，总投资 125 亿元，占地面积 805 亩，建筑面积 233 万平方米，项目建设周期为 5 年。是由永泰房地产(集团)有限公司投资建设的以大型主题游乐园为驱动，集国际五星级酒店、大型购物中心、区域型总部办公集群、公寓及中高档住宅于一体的全能型城市综合体。2014 年开工建设建筑面积约 60 万平方米的 2 号和 3 号商业地块，年度投资 10 亿元。项目全部建成开业后，每年将持续贡献税收 2 亿元以上，可提供约 2 万多人就业

【宁港财富中国】 宁港财富中国位于丽景北街以东，中国穆斯林国际商贸城以南，规划8号路以西，规划6号路以北，占地面积680亩，总投资90亿元。是由宁港城市发展公司建设的集金融、特产、文化旅游、文化创意、葡萄酒五大产业为一体的宁夏新经济服务产业示范园，项目建设周期为5年。2014年开工建设占地面积40万平方米的财富广场1号、4号地块，年度投资10亿元。项目全部建成后，可容纳商家和企业近1万户，提供2万多个就业岗位，实现年交易额150亿元，年创税收8亿元以上。

【立达国际建材五金家居博览城】 立达国际建材五金家居博览城位于丽景南街以东，燕庆南路以西，纬十四路以北，双医路以南，占地面积994亩，总投资70亿元。是宁夏华尊立达房地产开发有限公司投资建设的集大型品牌家具卖场、水暖、瓷砖、卫浴、铝合金、五金、装饰材料、灯具、布艺、洁具厨具、木门、地板展销、仓储、物流于一体的商业综合体，配套建设高端写字楼、星级酒店、公寓及高档住宅区等。项目建设周期为3至5年。2014年开工建设30万平方米的64号、66号地块，年度投资10亿元。项目全部建成后，可容纳商家1万多户，提供3万多个就业岗位，实现年交易额200亿元，年创税收10亿元以上。

【金茂国际生活港】 金茂国际生活港位于丽景南街以东、友爱中心路以西、银古路以南、宝湖路以北，占地面积430亩，总投资35亿元。是宁夏鑫德盛房地产开发有限公司投资建设的集商务、金融、文化、教育、商业、旅游、服务业等多种业态于一体的新型高端的城市综合体。项目由金茂时代广场、金茂新天地、星级酒店、写字楼、公寓、情景式商业街等部分组成，建设周期为3至4年。2014年开工建设60万平方米A区、B区，年度计划投资5亿元。项目全部建成后，可容纳商家1万多户，提供2万多个就业岗位，实现年交易额100亿元，年创税收5亿元以上。

【鸿天房天都16街区】 鸿天房天都16街区位于新华东街以南，建发花园小区以东，景明巷以北，黄河明珠大酒店以西，占地面积214亩，总投资27亿元。是由宁夏鸿天房置业有限公司投资建设的安置区、住宅区、酒店式公寓、5A级写字楼、五星级酒店、商业大卖场等综合体。项目建设周期为2至3年。2014年投资9亿元，开工建设安置房区、商品房区。项目建成后可容纳商家3000多户，提供5000多个就业岗位，实现年交易额15亿元，年创税收3亿元以上。

【北环蔬菜果品综合批发市场】 北环蔬菜果品综合批发市场建于1991年，是以蔬菜批发为龙头，集蔬菜、鲜肉、水产、畜禽蛋、水果、豆制品、冷冻食品等农副产品批发、加工、仓储、配送、集散为一体的综合性批发市场，占地面积280亩，总建筑面积10万平方米，营业面积85000平方米。市场注册资本为2100万元，总投资7.1679亿元，总负债5.8389亿元。市场内拥有各类批发商、经销商、代理商1000余户，从业人员7000余人。市场设有21个经营区，11座遮阳交易大棚，2700吨气调保鲜库，各种固定摊位1100个。日成交量100万公斤，日成交额300万元，日客流量3万人次。海南、山东、广东、广西、四川等二十多个省市区的各种蔬菜在此集散。北环批发市场2014年的蔬菜交易量达60.15万吨，总交易额15.16亿元，其中客菜占67%。

民生项目建设

【概况】 2014年，围绕"四个兴庆"建设全面开展民生保障服务工作，按照"经济工作项目化、项目工作具体化"的要求，实施项目带动战略，突出抓好经济

新建成的穆斯林商贸城

运行监测、项目申报审批、资金争取、商贸及市场监管等重点工作。

【经济运行监测】 结合宏观经济形势和兴庆区发展需要，科学提出兴庆区2014年主要经济和社会发展计划指标建议，并经兴庆区三届人大二次会议审议通过。1—9月份，完成地区生产总值299.58亿元，同比增长9%（其中：第一产业5.83亿元，同比增长5.7%；第二产业94.05亿元，同比增长10.6%；第三产业199.7亿元，同比增长8.1%）；社会消费品零售总额134.09亿元，同比增长5.3%；规模以上工业增加值5.8亿元，同比增长10%；固定资产投资121.5亿元，同比增长39%；公共财政一般预算收入8.32亿元，同比增长20%；城市居民人均可支配收入20102.4元，同比增长8.4%；农村居民人均可支配收入7878.4元，同比增长9.3%。

【商贸发展调研与培训】 根据兴庆区产业发展需求，组织专业人员对兴庆区47家大型商业网点进行走访和课题调研，编写《兴庆区商贸服务业发展规划》，明确兴庆区商贸发展定位，着力发展"一圈、两带、四中心"的商贸格局，打造宁夏乃至周边地区最大的商贸服务业集中区域，明确兴庆区商贸服务业发展方向。同时，做好信息报送工作，为领导决策提供第一手资料。先后报送各类信息100余篇，其中20余篇被《宁夏日报》《银川日报》《银川晚报》等媒体刊登。配合兴庆区人才办举办兴庆区科级干部及相关商贸服务企业管理层人员参加的电子商务培训班，讲解当前互联网经济与电子商务热点问题及现代物流业发展前景，提高干部对电子商务的认识。

【民生项目编制、储备和建设】 紧盯2014年自治区、银川市项目资金重点投资领域和方向，牵头组织召开项目建设协调会，对2014年拟实施的各类建设项目进行筛选、论证，最终确定兴庆区实施各类建设项目112个，总投资741.8亿元，年度计划投资178.1亿元。其中：政府投资项目65个，总投资15亿元，年度计划投资10.3亿元；康居工程项目17个，总投资119.2亿元，年度计划投资63.3亿元；社会投资项目30个，总投资607.6亿元，年度计划投资104.5亿元。通过"准备之冬"的精心筹划和"建设之春""发展之夏"的扎实苦干，京藏高速公路防洪排涝及绿化工程、老旧小区改造、掌政小城镇、中心村、满春中学扩建、23所中小学校校舍内部粉刷、掌政卫生院等一批民生事业项目顺利推进，投资1.5亿元的徕龙公园免费向市民开放。

2014年9月14日，执法人员深入辖区校园周边经营户开展校园周边食品专项整治工作

【完成上争资金任务】 印发《关于印发2014年兴庆区各部门上争资金目标任务的通知》（银兴党办发〔2014〕24号），明确兴庆区2014年上争资金13亿元的目标任务和有关的责任部门、单位。其中：一类部门23个，上争资金任务12.72亿元；二类部门17个，上争资金任务0.28亿元。争取批复资金11.32亿元，占全年目标任务的87.1%；到位资金10.23亿元，占全年目标任务的78.7%。

【民生项目建设推进】 完善"挂图作战、倒排工期"工作机制，以图表方式明确每个项目的前期手续办理、开工时间、建设进度及建成达效等各环节时间节点，并把倒排工期表发放给项目责任单位、施工企业主要负责人和包项目县级领导，每月对所承担或包抓项目的完成投资情况、建设进度情况进行实时对照和标注；分三批及时下达政府投资项目计划表，确保按照倒排工期的时限节点完成建设任务；每月制定项目进度报表上报有关领导，帮助领导全面掌握项目建设进展和存在困难，及时排解存在的问题；牵头对2013年以来政府投资建设的52个项目的土地手续办理情况进行自查，做好兴庆区政府投资建设项目土地手续办理工作；积极协调项目责任单位，推进2014年重点项目建设进度，并配合政研督查室做好每月项目督查，定期制发督查通报，对督查出的问题明确整改时限，限期要求完成。

【做好政府投资项目评审、论证及招标价控制】 强化项目专家评审机制，实施的新建重点项目必须经过专家评审后才能组织实施。已对满春中学扩建工

程等37个项目组织了专家评审，总投资1840万元。起草《进一步规范兴庆区政府投资项目工程造价咨询和招标代理程序的通知》(银兴政办发〔2014〕19号)文件，明确项目前期工程造价咨询服务和招标代理程序，引入政府投资招标控制价复审机制，贯彻“估算控制概算、概算控制预算、预算控制决算”的精细管理理念，为政府节省资金1600余万元。

【助推工业经济提档升级】 紧盯工业企业运行动向和市场变化，及时跟踪把握重点行业、重点企业、重点产品以及价格、生产、销售等情况。推进卧龙电器等企业实施技术改造项目，引导鼓励企业购置先进设备，提高装备水平，从而提高企业经济效益，增强企业市场竞争能力。加强对项目的政策服务，指导帮助企业做好项目的筛选、储备、申报，争取更多的项目列入中央和自治区扶持计划。对区域内的企业，特别是重点企业、拉动型企业逐户走访、上门服务，协助企业积极争取各类项目扶持资金，提高技术创新能力和项目建设力度。2014年，兴庆区工业经济运行趋势不断向好，1—9月份，规模以上工业企业完成工业总产值21.37亿元，同比增长22.5%；实现工业增加值5.8亿元，同比增长10%。

【生活必需品市场监测】 对与百姓生活密切相关的72种生活必需品进行定期监测，对各乡镇蔬菜种植情况进行调查统计，了解和掌握兴庆区蔬菜为主的鲜活农产品生产流通现状。及时了解监测商品价格变动，掌握动态信息并加以分析上报，便于宏观调控，保障民生。实施社区蔬菜直销店民生工程，让蔬菜直销店延伸到社区，使市民买上便宜菜、放心菜。社区蔬菜直销店严格执行28种蔬菜价格低于银川市物价局发布的蔬菜市场平均零售价格15%(原30平方米左右直销店低于市场平均价格10%)以上的规定，作为政府调控市场蔬菜价格、方便居民生活的有效手段，增加鲜活农产品市场流通竞争主体，促进蔬菜市场价格的充分竞争，抑制蔬菜等鲜活农产品价格过快上涨。兴庆区现有蔬菜直销店77个。

【酒类流通备案登记】 简化改革酒类流通审批手续，缩短办理时间，推行“一日审批制度”，将原有的酒类流通审批时限由3个工作日缩减到1个工作日，对手续齐全且无任何投诉的酒类流通企业，实行当日审核，次日办理完结的审批制度。2014年，备案登记16家酒类流通企业。其中：餐饮业1家，批发类4家，零售类11家。

【成品油管理】 对辖区32家成品油经营企业进行年审，审核通过30家企业，未通过审核2家企业。

【价格举报和价格鉴证】 对群众生活必需品价格进行定期检查监测，安排专人值班接听和处置群众“12358”价格举报电话。特别是在元旦、春节、国庆等重大节假日期间，加强辖区内市场检查和巡查力度，密切关注市场价格动态，维护良好价格市场秩序。针对农村群众反映强烈的农村供水价格问题，协调协助银川市物价局制定兴庆区农村供水价格，规范兴庆区农村饮水工程的供水价格，认真受理查处“12358”群众价格举报。全年办理价格举报702件。为公安、交警、法院等司法行政执法机关出具价格鉴证认证报告283份。

【收费清理和重新登记】 对兴庆区行政事业性收费进行清理和重新登记上报，对82个行政事业性收费单位、91个民办幼儿园及社会培训机构的收费和收费备案执行情况进行审验和检查，换发和办理收费许可证52个。按照银川市发改委、财政局、监察局《关于贯彻执行政府取消和减免一批行政事业性及中介服务性收费的通知》的要求，及时取消涉及兴庆区有关收费单位的收费，仅取消档案查询费一项就减轻群众负担53万元。

（供稿人：刘佳）

财政·税收

财 政

【概况】 2014年，兴庆区财政贯彻落实党的十八大、十八届三中、四中全会精神，围绕兴庆区三届人大二次会议确定的工作目标，充分发挥财政职能，坚定不移抓收支、促发展、调结构、保民生，各项重点工作得到有效开展和落实。

【公共财政预算收入】 兴庆区公共财政预算收入115067万元，为年度预算114400万元的101%，同比增长14.7％，完成了兴庆区三届人大二次会议确定的收入任务和增长目标。主要收入项目的完成情况：税收收入完成97887万元，同比增长12%；国有资源有偿使用收入等非税收入完成17180万元；基金预算收入80367万元（自治区、银川市专项补助）。

【公共财政预算支出】 兴庆区三届人大二次会议批准的2014年公共财政预算支出129794万元。其中：公共财政预算支出125794万元；上解支出4000万元。经三届人大常委会第十二次会议通过调入预算稳定调节基金7447万元，本年自治区、银川市专项补助78814万元，上年结余2514万元，财政预算支出数调整为218569万元，实际支出215544万元。其中：公共财政预算支出数调整为214223万元，实际支出211198万元，为年度变动预算的98.6%；上解支出数调整为4346万元，实际上解支出4346万元。基金预算支出94574万元。其中：国有土地使用权出让金安排的支出80917万元，新增建设用地土地有偿使用费安排的支出1857万元，政府住房基金安排的支出10700万元；车辆通行费安排的支出550万元；社会保障和就业安排的支出319万元；文化事业建设费安排的支出10万元，其他支出221万元。

【财政收支平衡】 2014年公共财政预算收入完成115067万元，体制补助15394万元，自治区、银川市专项补助78814万元，上年结余2514万元，调入预算稳定调节基金7447万元。财政资金来源总额为219236万元，财政支出总额为215544万元。财政资金总来源与总支出相抵，年终结余3692万元。其中：专项结余974万元；净结余2051万元；安排预算稳定调节基金667万元。财政基金预算收入完成88173万元，上年结余11291万元，基金来源总额为99464万元，基金预算支出总额为94574万元，收支相抵，年终基金滚存结余4890万元。

兴庆区财政局讨论各预算单位2015年预算情况

【财政收支运行平稳】 认真做好增收节支、统筹兼顾，推进减负增效、优化服务，重点保障民生事业，改善收支结构。一是提升收入管理和服务水平，推进税源专业化、精细化管理，提高收入的主动性、科学性；二是开展“营改增”试点改革，避免服务类企业与上游企业之间的重复征税，减轻服务类企业的税收负担，加速企业的设备更新与改造；三是优化财政支出结构，统筹各项财政资金，确保财政收支平衡，有保有压，合理安排支出结构，保障各项重点支出需要，增加民生事业投入。2014 年，民生支出 235690 万元，占财政预算总支出的 76%。

2015 年部门预算项目布置会议暨培训班

【支持教育文化事业】 2014 年，投入教育专项资金 20996 万元，确保自治区义务教育均衡发展验收通过。其中：投入义务教育经费保障机制改革资金 4311 万元，年生均经费农村小学达到 805 元，农村初中 1025 元，城市小学 662 元，城市中学 900 元；投入 500 万元，足额提供教师培训、集团化教育等经费保障；将农村税费改革转移支付资金 344.25 万元的 65% 直接拨付到兴庆区教育局，拨付金额 223.76 万元，重点用于农村中小学的支出；投入 765 万元用于特岗教师、教师生活补贴及骨干津贴专项资金等；投入 783 万元用于中小学校取暖费。拨付教育基建工程资金 7122.24 万元，用于二幼、满春中学、掌政中学等学校的迁建、扩建项目，23 所学校内墙粉刷，2 所学校标准化操场建设以及 17 所学校弱电改造；拨付 7291 万元用于购置中小学设备仪器（包括计算机），实现校际间、城乡间的教学研讨。

【支持社会保障体系建设】 争取自治区、银川市公益性岗位补贴资金 2927.6 万元，帮助 900 名“4050”城镇下岗失业人员实现再就业；投入 820.45 万元用于公岗人员 2013 年绩效考核；投入农村劳动力职业技能培训经费 60 万元；投入城乡低保资金 1941.29 万元；投入城乡基本公共卫生服务项目资金 506.13 万元，扩大报销比例和范围；投入 161 万元构建城乡大病医疗救助体系，有 6454 名低保对象、五保户、优抚对象等困难群体享受救助；投入 208 万元冬令春荒救灾资金，重点帮助城乡贫困人口等弱势群体以及遭受自然灾害的人群解决好基本生活；投入 161.35 万元用于元旦、春节慰问，惠及重点优抚对象、城乡低保、高龄老人、五保户、三无老人、孤儿和社区工作者等；投入 42.7 万元用于解决孤儿、流浪乞讨人员生活救助补助；投入 326.4 万元用于解决兴庆区 1622 名重度残疾人的生活津贴。

【加大社会管理工作力度】 投入 5535 万元，对 17 个老旧小区进行综合整治；投入 1270 万元实施环卫工人“免费营养早餐、午餐”工程及缴纳社会保险，提高环卫工人待遇；投入 149 万元，用于化解信访疑难案件，促进和谐兴庆建设；投入 30.1 万元为街道社区 567 名社区网格员配置统一服装；投入 28 万元，妥善解决 170 余名卸任村干部、社区工作者的生活。

【推进重点项目实施】 京藏高速公路两侧防洪排涝及绿化工程，总投资 2.4 亿元。其中：水系开挖工程投资 1.6 亿元；水系绿化工程投资 0.8 亿元。投入资金 5027.1 万元用于工程建设，新建、续建康居工程项目 18 个，规划建筑面积 444 万平方米，截至 12 月，完成投资 86.08 亿元，拨付工程款 44.68 亿元。投入乡村道路项目工程 3029.04 万元，用于危桥道路改造、农村公路建设、掌政小城镇交通项目、月牙湖牛场路公路项目和月牙湖防洪堤公路项目的建设。投入 3305 万元，用于农村环境保护、新建农村垃圾中转站、购置机动垃圾车、环保垃圾箱等环保设备。投入 700 万元新建月牙湖奶牛污水处理场。投入 3644.3 万元用于丽景街老年人活动中心、国防培训大楼、胜利街活动中心、卫生监督大楼等项目的建设。掌政特色小城镇建设项目投入资金 1.5 亿元，用于掌政安置区二期、三期工程建设，安置区二期已竣工，农民顺利入住，三期主体封顶，幼儿园、典农公园、镇区道路等建设项目也已投入使用；强家庙、河滩两个中心村项目投入 8180.57 万元，强家庙一期、二期、河滩一期工程已竣工交付使用，河滩二期工程正在建设；生态移民工程投入资金 1.18 亿元，一、二期工程已全部竣工，安置移民 3155 户 13150 人，三期工程正在建设中。兴庆区投资建设的月牙湖针织厂投入资金 1932 万元，项目已完工并投产。

【预算编制】 细化预算编制，强化预算执行刚性，完善管理制度。2015年部门预算严格遵守《预算法》及《预算法实施条例》，按照“保工资、保运转、保民生”方针，先基本支出，后项目支出，先重点项目支出，后一般项目支出。采取项目支出和基本支出分步、错时编报的方式，9月底，提前开始项目支出预算编制；11月初，进行基本支出预算编制。2015年的预算编制采取开门纳谏、多方参与的方式，主动邀请兴庆区财经委、政府主管领导参与并监督预算编制全过程。在审定项目预算时也是先由财政局预算编制小组初筛后，邀请预算单位负责人、财务人员共同参与、协商预算安排，极大地提高了预算编制的科学性和准确性。

【财政投资评审与政府采购】 完善分类评审办法，提高评审效能，本级财政送审投资额在50万以下评审项目181项，已审结125项，送审金额2851.48万元，定案金额为2329.35万元，审减率为22.9%，节约资金522.13万元。2014年完成货物类采购项目434项，采购预算金额3.79亿元，中标金额3.32亿元，节约财政资金0.47亿元；完成服务类采购项目40项，服务项目按费率中标；完成工程项目招标89项，工程预算为65.75亿元，中标金额为64.92亿元，节约财政资金0.83亿元。

【扩大财政预算公开范围】 推进政府财政预算、部门预算、“三公”经费预算公开，建立厉行节约长效机制，实施“三公”经费季报制度，每季度末在财政内网上报《厉行节约支出季报》并与兴庆区纪检委联合对党政机关“三公”经费支出情况进行不定期监控检查。兴庆区67个一级预算单位中已有50个单位实行预算公开、32个部门公开“三公”经费。2014年，三公经费实际数为1429.87万元，同比下降26.12%。

【财政监督检查】 对15个单位进行津贴补贴专项检查，下放的22家预算单位会计档案进行专项检查，聘请第三方对7家单位开展“小金库”专项检查，开展惠民政策落实情况专项整治活动，集中对涉及民政救助、征地拆迁补偿、财政补贴等直接面向群众分配、发放环节进行全面检查与治理。

（供稿人：张红梅）

国家税务

【概况】 兴庆区国家税务局按照区域划分为南北两区。2014年，国家税务局南区主要承担解放街以南、清和街以西、银古路以南至永宁县以北区域内纳税人的税收征管工作。截至年底，控管各类纳税人22797户。其中：一般纳税人2828户；小规模纳税人4407；个体户15562户。税户数量占银川市税户的27%。税户以从事批发零售业的商贸企业为主，有金融保险业58户，大型日用百货商场6家（新华百货、老大楼、国芳百货、北京华联、宁夏华联、华润万家），大型电器商场2家（苏宁电器商场、国美电器），各类专业封闭市场25个（温州商城、银川商城、东方商城、南方商城、飞天灯饰、龙海灯饰、美信广场、新时尚广场、复兴桥商厦、地下商场、家友广场、家友地下灯饰、心连心手机城、时代电脑城、未来电子城、家友通讯手机城、西塔农贸市场、西塔酒店用品市场、西塔古玩市场、月星、美德亨、红星美凯龙、居然之家、龙盘家具、康乐家私）。截至11月20日，累计完成税收130245万元，同比增长18.85%，增收20662万元，占年度税收计划135000万元的96.48%。其中：小区级收入累计完成6472万元，同比增长25%，增收1266万元；营改增完成5357万元，同比增长303%，增收4042万元。依法为760户所得税纳税人减免所得税25213万元，为169户增值税纳税人减免增值税4784万元，为122户符合退税政策企业办理退税1498万元。

国税局北区主要负责兴庆区唐徕渠以东，解放街、银古路以北，清河街以东，贺兰山路以南，灵武、陶乐镇以西区域内纳税人的征管工作。2014年，登记开业各类纳税人18577户。其中：一般纳税人3744户；小规模纳税人6794户；个体工商业户8039户。“营改增”户数3014户。其中：一般纳税人546户，小规模纳税人2196户，个体工商业户272户。实现税收75359万元，完成年度税收的93.04%，同比增长31.64%，增收18113万元（改征增值税15494万元）。组织银川市、兴庆区级收入29059万元，同比增长89.9%，增收13758万元。

【营改增试点工作】 按照自治区、银川市国税局工作要求，采取逐户核查、认真比对、准确录入的递进式工作方法，对涉及铁路邮政业和电信业营改增试点的纳税人户籍进行确认核查和信息采集录入，全面完成营改增试点工作。2014年，实际服务的营改增纳税人1355户。其中：一般纳税人187户，小规模纳税人1004户，个体工商业户187户。

【纳税咨询与辅导】 利用纳税宣传辅导咨询系统，每月由专人及时更新、回复纳税辅导咨询内容，公布纳税辅导培训计划。2014年发布最新税收政策、规定380条，集中组织新办户、季度重点行业纳税人培训16次，培训纳税人3800户次；召开税企座谈会16余场，与815家企业代表面对面交流，征求意见建议25条，与1500多户企业通过微信进行交流，解答企业咨询的问题。

【“便民办税春风行动”大走访】 按照群众路线教育实践活动和“便民办税春风行动”的总体部署，制定活动方案，确定走访的形式及内容。各税务分局、驻厂组确定和上报走访对象，每半月报送一次走访纳税人情况，全年走访各类纳税人4169户。

【纳税评估】 建立专项评估和日常评估工作机制，通过加强初步审核和案头分析，增加选取评估对象的准确性。开展各税种综合联评，建立典型行业或产品的纳税评估模型，补充风险特征库及预警值，提炼分行业风险识别方法，制作“一窗式”比对单，通过评估补税模块补充申报反映评估成果，将纳税评估工作全程录入税收征管辅助系统，发挥“以评促管”作用。年内对 25 户企业实施纳税评估，补缴税款 1048 万元。

【专业市场委托代征税款】 按照“成熟一个，推行一个”的原则，在深入调研、宣传引导的基础上，建立专业市场委托代征税款代开发票管理模式，实现专业市场内个体零散税收从“一对多”向“一对一”转变，达到“统一领票、统一开具、统一收款、统一申报”的目的。全年 8 个市场的 1300 余户纳税人代开发票 1.73 万份，代开金额 5100 万元，代征税款 540 万元。代开发票份数较上年增加 9300 份，代征税款较上年增加 176 万元。

【工作绩效考评】 先后四次召开绩效管理工作培训和研讨会，结合银川市国税局 2.0 版指标和日常工作实际，围绕指标设定、评估分析、考评执行等方面存在的问题进行交流讨论，研究制定《兴庆南区国税局绩效管理办法》《兴庆南区国税局 2014 年绩效管理工作实施方案》《兴庆南区国税局 2014 年绩效计划》和《兴庆南区国税局绩效管理分析评估工作规则》。组织各部门对 5 大类 241 项工作绩效考评指标进行逐一分解。各考评部门建立绩效管理日常考评台账，按要求及时采集数据，登记日常考评台账，做到内容明确、标准规范、信息完整、真实准确、可考可查，确保过程管理留有“痕迹”。考评部门严格按照绩效指标考评标准和监控要求，按月、季、半年或规定时点进行考评和量化打分，考评结果按季度兑现和通报。

【税收执法督查】 成立法规和监察部门成员组成的执法检查组，依照《税收执法检查规则》，结合日常税收征管现状，比对系统数据分析，采取部门自查、重点检查、深入实地核查的方式，对 4 个分局进行执法检查，发现执法过错进行相应的培训辅导，督促责任部门及时改正执法过错。对自治区国税局下发的 43 项 34 条疑点数据进行核查，经核实纠正执法过错 15 条，补缴税款 10.55 万元，罚款 2 万元。

兴庆区国税局开通微信公众平台

【税收业务培训】通过集中培训、网络答题、定期学习等形式，加强税收管理人员综合征管系统应用软件的操作、税收管理员相关业务知识以及新政策、新规定、新操作规程的培训辅导，全局参加各级各类培训及以会代训 3503 人次。重视人力资源的合理流动和优化配置，激励中层干部竞聘及双向择岗。年内选拔配备科所长正副职 28 名，交流轮岗一般干部 44 名，调整面达到 35%。

【完善税收管理制度】 建立改进工作作风和密切联系群众税收管理制度，分 4 类 20 项研究制定具体的制度和整改措施。制定改进税收管理、重点税源管理和加强干部职工管理方面的制度 4 项；领导班子下访调研及接待方面的制度 2 项；政府采购及资产管理方面的制度 2 项。废止、修订、新建各项制度共 19 项。

【提升办税服务质量】 按照自治区、银川市国税局部署，设立自助办税室，推广应用自助办税机。拓展办税渠道，方便纳税人就近办理涉税事项。推行同城通办、电话申报和网上办税，方便纳税人办税。解决内部流转问题，缩减涉税审批事项，对 4 种业务实行“免填单”，避免纳税人多头找、重复跑的现象。完善办税服务厅工作制度和业务流程，办税大厅设置 2 名导税员，负责一楼大厅引导和二楼纳税人相关联络和接待事宜，及时帮助解答纳税人提出的问题。对业务量集中的涉税事项逐一梳理，采取上墙公开、彩页宣传等方式告知纳税人。限时办结事项“集中受理、内部流转、限时办结、窗口出件”；即时办结事项“当场受理、当场办结、当场出件、事后监管”。

【规范办税人员从税行为】 结合“便民办税春风行”活动，在楼梯口明显位置设置“外出去向管理”牌，实施动态管理。组成联合检查小组，不定期对人员

在岗、着装、服务态度、办公环境等情况进行随机检查，发现问题及时通报纠正。进企业、访税户时要着装整齐，行为规范。围绕总局“三个三”总体要求，聘请7名特邀监察员，加强外部监督，实行责任倒查，提高廉政监督检查的质效。年内对5名干部进行通报批评并经济惩戒1990元，对1名包片领导进行连带责任追究。

【税源企业税收分析】 坚持三级税收分析机制和月、季、年分析制度，强化对重点税源企业的服务和监控分析，通过重点户、重点项目的跟踪服务，详细掌握重点纳税户的经营及纳税情况。科学合理下达税收计划，对市本级任务进行分配，落实层层包干责任制，坚持按旬发布收入进度，按月进行进度考核。明确“依法治税，应收尽收，不虚收，不惜收”的工作思路，不折不扣地落实纳税人依法享受的结构性减税、西部大开发等税收优惠政策。规范税务机关进户执法管理，整合减少28种税务检查事项，减轻纳税人负担。

【出口退税管理】 截至2014年10月底，有出口企业103个，31个企业发生出口业务，出口额3260.96万美元，办理出口退税1979万元，免抵529万元，达到预计退税率的83.58%；对11户出口企业日常出口退税管理，在函调系统中发函47份，涉及发票705份，税额740万元。

【落实税收优惠政策】 坚持税收服务于经济发展的指导思想，执行《涉税事项办理规范》和《企业所得税优惠备案管理办法》，加强所得税税收优惠管理，落实税收优惠的受理、核查、审批确认、备案的权限及政策执行。对新办企业申请税收优惠即时办结，多渠道宣传小微企业税收优惠政策、备案程序及税收优惠的申报。2014年，受理增值税减免税112户，增值税减免户数累计达到492户，减免增值税19133万元；受理所得税减免税25户，所得税减免户数累计达到987户（包括小微企业税收优惠），减免所得税13581万元；享受小微企业税收优惠政策的企业880个，受惠面达到99.85%。

【规范税种管理】 一是按照《增值税一般纳税人资格认定管理办法》的要求，及时做好一般纳税人的认定管理，特别是营改增一般纳税人的认定。1—10月新认定一般纳税人706户。二是农产品加工行业“预约定耗”管理和“两头在外”商贸企业的日常管理。通过摸底调查、政策宣传，规范23户农产品加工企业的发票使用、进项税额抵扣及预约定耗管理；对“两头在外”企业加大预警监控，每月提取预警数据，对用票量大且开票金额异常的企业进行核查和分析。8户涉嫌接收虚开的企业移交稽查处理，对54户走逃企业当年度领购发票作失控及停供发票处理，对33户企业的169份发票发出核查函。三是所得税管理，完成所得税汇算工作，汇算清缴面达到98.83%，共申报5928户；对连亏企业进行纳税审核，调增应纳税所得额8866万元。

【税源专业化管理】 9月，在信义税务分局进行试点，探索分事项管理个体税源的新模式，设置户籍信息管理岗、风控应对岗和调查执行岗共同管理个体税源，三个岗位相互制约，互相协同，保证个体税源管理工作的廉政高效；在鼓楼电脑市场进行专业封闭市场的委托代征试点，市场可实现税务登记、注销、监督业户发票开具、验旧、纳税申报、缴税等管理服务职能，并在建发数码城进一步推广。

税务工作人员为纳税人解答问题

【规范“营改增”纳税人管理】 国税北区有“营改增”纳税人2425户，占银川市总量的36%。为实现现代服务业、交通运输业、邮电业和电信行业“营改增”的顺利过渡，严格执行自治区、银川市国税局相关文件，及时对“营改增”纳税人进行涉税政策辅导及疑点难点问题解答，将“营改增”新增业户户籍核查、信息录入、发票发售、纳税申报等环节纳入常规化管理，按月进行巡查辅导，了解纳税人需求，掌握纳税人涉税意向，做好“营改增”纳税人的管理和服务工作。

【便民办税春风行动】第23个税法宣传月期间，开展“便民办税春风行动”，制作涉税流程宣传PPT，嵌套《全国县级税务机关纳税服务规范》内容在办税大厅进行循环播放。深入5大市场、1个社区、9户重点税源企业，进行税收政策宣传，送达便民办税承诺。按照“窗口收件、内部流转、窗口出件”的要求，设置5个文书受理岗，将受理的涉税文书分类登记并按照要求时限进行传递；税务登记、变更登记、发票增量、延期申报等即办事项均可“免填单”；推出“服务优享卡”和“服务延伸卡”，因资料未携带全需要二次办理业务的纳税人可优先办理。增开“绿色通道窗口”，A类纳税信用等级纳税人和老弱病残等特殊群体可享受免排队服务。落实税收优惠备案程序，2014年受理税收优惠备案675户。

（供稿人：何江　张婧）

地方税务

【概况】 2014年，兴庆地方税务局南区开展“七项征管基础工作月专项活动”和“税源风险防控专项行动”，把试点工作与创新发展有机结合，全力以赴抓收入。全年入库收入14.55亿元，同比增长9.93%，增收1.32亿元。其中：税收收入7.59亿元，完成年度税收计划的100.29%，同比增长5.44%，增收3922万元；社保费收入6.37亿元，完成年度计划任务的121.53%，超收1.13亿元，同比增长16.97%，增收9249万元。获自治区“文明单位”称号，先后荣获自治区、银川市局“六好班子”和自治区地税系统“先进基层党组织”称号；办税服务厅被评为“五星级办税服务厅”。地方税务局北区组织各项税费收入19.97亿元。其中：税收收入10.25亿元，完成计划的103.02%，同比增收1.06亿元；社保费完成8.84亿元，完成计划的145.34%，同比增收1.26亿元。完成兴庆区级任务2.18亿元，完成计划任务的103.99%，增收837万元，同比增收2408万元。

【重点税源数据监控】 开展税源调查，深入企业了解生产经营情况，召开税企恳谈会，每周召开收入分析会，分解落实月度收入任务。将80户年纳税30万元以上的企业纳入重点税源监控范围，及时掌握重点税源变化，对税收同比下降较大或有疑点企业，及时发布信息和通报，为了解税收走向和税收决策提供依据。

【纳税评估】 纳税评估小组对重点税源、注销企业、股权变更进行重点评估。1—10月完成54户重点企业的评估，查补入库税费106万元；对781户企业注销进行检查，查补入库税费63.4万元；对552户法人股权转让企业进行检查，查补入库税款252万元。

【清理欠税】 对新增欠税控管，力争应收尽收，采取多项措施清理陈欠。截至11月，清理欠税3193万元。其中：清理入库陈欠852万元；催缴本年新欠2341万元。

【社保费普查】 摸清和掌握社保费的费源总量、构成、分布和变动情况，普查户数12369户，普查率100%。截至10月，清理欠费9047万元。

【推行网络发票】 按照网络发票推广以票控税，分批次由简到难逐步实施，共组织16期培训班，培训管理员及发票管理岗人员85人次，办理使用网络发票2079户。其中：企业1305户，占购票企业的99%；个体780户，占起征点以上购票业户的95%。按月将业户申报数据与网络发票开具数据进行比对，打击发票违法犯罪行为。

【落实小微企业税收优惠】 开展管户的划型工作，确保小微企业如期享受地方教育费、水利基金的减免。2014年，有管户29416户。其中：大型企业33户，中型企业153户，小型企业854户，微型企业29230户。

【地税专业化市场委托代征】 兴庆北区地方税务局辖区内专业化市场较多，市场内的个体业户密集，管理难度大。专业化市场委托代征软件即可监控到国税的定额，也可监管到业户发票的开具情况，自动根据定额与发票孰高的原则进行系统计算，按照税率计算出税额，由市场管理部门统一汇总缴纳。该软件在月星和美德亨市场投入使用。

地税工作人员进行“金税三期”前期数据录入

【落实减免税收政策】 根据自治区、银川市地税局减免税管理办法，执行减免税审批制度，定期召开减免税领导小组会议，落实减免税收政策。截至 11 月，共受理、审核享受税收优惠政策的 177 户，减免税金额 6324 万元。

【企业所得税管理】 2014 年企业所得税汇算清缴 2658 户，汇算率 100%，共清缴企业所得税 1826.97 万元。通过“以查代训”的形式，指导税收管理员对重点企业开展稽核方法、查账技巧等学习，由税务所出具被检查企业的纳税稽核报告，并督促查补税款及时入库。全年对 161 户企业进行稽核，查补企业所得税 182 万元。

【个人所得税代扣代缴】 安装个人所得税代扣代缴软件，录制 2000 张个人所得税代扣代缴系统操作指南分发到纳税人手中，组织 2000 余户企业参加个税代扣代缴软件培训班，通过网络平台建立兴庆北局个税软件咨询交流 QQ 群。2014 年安装个税软件 5000 余户，每月有 600 余户企业通过网络办理缴税业务。

税法宣传走进居民小区

【推行“一窗式”服务】 对办税服务厅工作人员进行合理配置，岗位合并，实现“一窗式”办税模式，设立全职能“综合受理”窗口，日平均办理涉税业务量提高一倍，征收高峰期日平均办理各类涉税业务 1000 余笔，人均办理涉税业务 80 笔。

（供稿人：王珏　祝卫鹏）

综合经济管理

国有资产管理

【概况】 2014年，兴庆区国控公司贯彻落实兴庆区委二届六次全委会会议精神，围绕区委、区政府"8531"工作思路和年初确定的工作目标任务，做好政府国有资产的管理、融资、债务化解工作。

【政府性融资】 兴庆区国控公司作为政府唯一的融资平台，拓展政银金融合作路径，长期保持着与宁夏银行友好协作关系，建立良好的信用等级。2014年，在宁夏银行营业部贷款余额9500万元，确保政府性融资及时到位、专款专用。

【"三旧改造"融资】 根据兴庆区道路畅通及旧城改造工程实施方案，编制《银川市兴庆区土地收储项目可行性研究报告》，详细论证项目实施的范围、测算数据、拆迁面积以及实施阶段等资金需求，以银川市土地储备局作为贷款主体，兴庆区实施三旧改造范围内的土地作为抵押实物，项目本身作为贷款用途，依据中国农业发展银行《关于银川市土地储备局新农村建设项目贷款的批复》(农发信贷审批〔2013〕01306号)，中国农业发展银行宁夏区分行同意发放新农村建设中长期贷款34亿元，贷款期限5年。

【国防教育训练基地项目】 按照银川市政府《关于下达2012年第二批市本级政府投资基本建设项目计划的通知》(银政办发〔2012〕75号)，由兴庆区政府承担建设兴庆区国防动员教育训练基地项目，该项目位于友爱安置二期以东、南至双医路、西至兴庆区交警支队一大队新址，占地15亩，建筑面积5090.64平方米，概算投资3200万元。建筑内容包括办公楼和附属工程以及地下物资库等。建设资金由银川市和兴庆区两级财政共同筹措，其中：银川市划拨专项资金800万元，兴庆区人民武装部自筹1000万元，剩余部分由兴庆区本级财政配套。2014年完成食堂增建项目，项目累计完成投资3000万元，10月全部搬迁进驻。

兴庆区掌政镇特色小城镇农民安置区

【掌政镇特色小城镇农民安置区三期项目】 为加快城乡一体化进程，积极推进新农村建设步伐，2014年实施兴庆区掌政镇特色小城镇农民安置区三期项目，国控公司为建设单位，浙江创业建设公司中标建设。该项目位于掌政镇纬四路以北、纬三路以南、乡镇路以东、经三路以西，规划总用地面积72400.90平方米，总建筑面积117916.3平方米，概算总投资3.2亿元。项目主体全部封顶，开始外网施工阶段，累计完成投资1.8亿元，完成总工程量的80%。

【公建营业房销售】 根据2012年兴庆区政府《关于掌政镇小城镇和中心村建设有关事宜的会议纪要》(银兴专题纪要发〔2012〕56号)，由国控公司负责运作管理掌政镇农民安置区、强家庙中心

村、河滩中心村、月牙湖乡移民安置区滨河家园四处国有公建商网。以上四处国有公建商网共计235套，总建筑面积42895.84平方米，售价15002.08064万元；已出售109套，建筑面积12103.43平方米，收款3221.1564万元；拆迁返还、借用15套，建筑面积6335.06平方米，价值2421.3604万元；未出售111套，建筑面积24457.35平方米，应收款8739.0212万元。

【国有公房租赁】 按照“国资监管、合理配置、市场运作”的原则，统一行政事业单位对国有公房租赁经营活动的管理，最大限度地盘活闲置并回笼资金，使其经营收益最大化。经政府授权先后接管并对外出租运营五处经营性房产：原兴庆区二小临街营业房、原兴庆区三小临街营业房、原兴庆区检察院临街营业房、以租代售的月牙湖乡滨河家园营业房和政策性出租的掌政镇创业园小作坊，五处房屋共计14套，建筑面积4182.85平方米，年租金105万元全额上缴财政。

【购置营业房产】 根据2014年兴庆区政府第17次常务会议纪要，原则同意为文化街办事处游乐社区和银古路办事处景湖社区购置老年活动用房，购房资金来源以民生计划城乡社区建设工程补助资金及本级财政配套。按照银川市房地产交易程序，购置位于凤鸣佳苑1号商业楼第4号营业房一套，建筑面积118.53平方米，价值78.6万元，借给银古路办事处景湖社区办公使用。

【国有资产处置】 为加强和规范兴庆区国有资产运营管理，按照“国资监管、合理配置、市场运作”的原则，经政府授权对政府闲置废弃资产处置、国有资产被征用等具体事项进行运作和管理。一是丽景湖公园整体改造拆除、废弃、闲置物资设备处置费39000元；二是兴庆区法院旧址锅炉房闲置、废弃物资处置费2000元；三是马兰花基地管理用房及其配套设施被兴庆区黄河东岸生态环境整治项目征地拆迁指挥部办公室征用，依据双方签订的《房屋征用补偿协议》，得到征用补偿款3945468元。

土地资源管理

【概况】 银川市国土资源局兴庆分局为银川市国土资源局派出机构，实行市国土资源局与兴庆区政府双重管理。市国土资源局主要负责对分局的业务指导、监督检查，兴庆区政府对分局具体业务实施直接领导。主要工作职责：耕地保护、新增建设用地报批初审、集体土地登记发证和土地整理开发复垦、矿产资源监督检查、土地违法案件立案调查、年度土地利用变更调查及卫片执法检查等。

【集体土地和农村宅基地使用权确权登记】 按照自治区统一安排，集体土地使用权确权登记工作在2013年试点的基础上，2014年各项工作全面推进。完成权属调查10915宗（月牙湖乡4238宗、通贵乡3349宗、掌政镇6677宗），占任务量的80%。完成月牙湖乡1:1000地籍图全野外测绘，面积约5.6平方公里；利用无人机进行航空摄影测量外业调绘成图，已完成兴庆区掌政镇、大新镇、通贵乡、月牙湖乡局部，面积约14平方公里，1:1000地籍图完成量约占总量的94%。

【土地变更调查】 2014年土地变更调查国家下发兴庆区监测图斑613个，总面积15007.9亩，其中耕地2513.8亩。本年度变更总量767.54公顷。分局根据区厅工作进度要求及时完成一上、二上数据及国土部返回图斑核实对接、上报工作。

【耕地保护】 对兴庆区基本农田进行入户调查，做到图、表、册、实地四个一致。将20.77万亩耕地面积指标进行详细分解，分局与各乡镇、乡镇与各行政村逐级签订耕地保护目标责任书，落实目标责任人。签订乡镇级责任书4份，村级责任书29份；把基本农田置于土地执法监察动态巡查的重点区域，通过完善基本农田保护资料，建立巡查台账，巩固基本农田保护设施等措施，切实守住保护耕地这根“红线”；继续将耕地保护工作纳入各乡镇全年工作考核中，对基本农田保护制度不执行、保护标志牌不落实、侵占或破坏基本农田，年终考核均实行一票否决制。

【耕地后备资源调查评价】 根据国土资源部《关于开展全国耕地后备资源调查评价工作的通知》精神，完成前期准备工作和相关图件及资料搜集工作。委托经验丰富的技术单位全面开展兴庆区耕地后备资源调查评价，及时为作业单位提供相关资料。此项工作正在按国家规定的时间节点推进。

【土地执法监察】 投资300余万元建立视频远程监控系统，在兴庆区设立27个监控器，覆盖兴庆区京藏高速以东及月牙湖地区近400平方公里，该系统启用后将改变过去单一的由执法人员巡查，造成巡查不及时、不全面等缺陷，24小时监控可随时发现违法占地建设，做到早发现、早制止、早处理。2014年动态巡查88次，发现违法行为66起，涉及土地面积11879.7亩，耕地328.5亩。其中立案18起，涉及土地面积1071.9亩，耕地373.6亩；告知乡镇组织拆除48起。接到各类信访案件及上级转办件22件，已全部办结。

【违法占用土地清查】 成立由兴庆区区长任组长、分管区长任副组长、乡镇街道各相关部门负责人为成员的违法建设专项整治工作领导小组，认真清理历年和2014上半年未经批准违法用地，重点对2013年土地变更调查违法用地宗数、面积、用途、类型等情况清查；对 2013 年度土地变更调查中发现的 58 宗违法占用基本农田案件进行清理。已拆除并复垦到位 41 宗；拆除但清理不彻底的 3 宗；拆除不彻底且达不到复垦条件的 14 宗；全区公开挂牌督办的违法占地案件涉及兴庆区 1 宗，该宗案件已于2014 年 8 月立案查处，处罚款 455142 元，12 月结案。

（供稿人：马玉秀）

安全生产监督管理

【概况】 2014 年，兴庆区安监局坚持以人为本、科学发展理念，把安全生产工作贯穿于经济建设和社会稳定健康发展之中，贯彻执行《中华人民共和国安全生产法》和有关法律法规，加强监督检查，组织安全专项整治，狠抓事故隐患整改，督促企业落实安全防范措施。2014 年，发生各类事故 452 起，同比下降 13%；死亡 37 人（生产性安全事故死亡 11 人），同比持平；伤 479 人，同比下降 9.62%；直接经济损失 311.28 万元，同比上升 26.9%。其中：道路交通事故 344 起，同比下降 6.1%，死亡 33 人（生产性安全事故死亡 7 人），同比上升 5.6%；伤 479 人，同比下降 9.62%；直接经济损失 212.98 万元，同比上升 26.98%；消防火灾事故 106 起，同比上升 2.06%，无人员伤亡，直接经济损失 18.3 万元，同比下降 14.9%；工矿商贸事故 2 起，死亡 4 人（生产性安全事故死亡 4 人），受伤 1 人，直接经济损失 80 万元。

【落实安全生产责任制】 年初召开安委会扩大会议，分析安全生产形势，安排部署全年工作任务，并与乡镇、街道及相关成员单位签订《2014 年度安全生产目标管理责任书》，督促各乡镇、街道及各成员单位与各村、企业、学校、各行业领域签订《2014 年安全生产目标管理责任书》，层层完善抓安全，建立横向到边和纵向到底的安全生产责任制体系。

【节日期间安全生产专项大检查】 在元旦、春节、“五一”、“十一”和自治区、全国“两会”期间，全面开展道路交通、消防安全、危险化学品、烟花爆竹、建筑工地、特种设备以及天然气、液化气等重点行业领域的安全生大检查，先后 8 次对辖区人员密集场所消防安全、宾馆饭店食品卫生安全、商场、景区特种设备（电梯）和康居安置工程、房屋拆迁安全以及客运运输安全进行督导检查，确保节日和“两会”期间的安全平稳。

【企业安全隐患排查】 年初，自治区安委会办公室对兴庆区辖区内的温州商城、银川商城等 6 家人员密集场所存在的安全隐患实施挂牌督办。兴庆区制定整改方案、整改计划和措施，按照隐患整改“五到位”的要求，监督企业严格整改。对北环批发市场旧冷库下发责令整改和停业整治通知书，组织专家会诊后，于 3 月 5 日对北环批发市场旧冷库储存使用的液氨依法进行回收。挂牌督办的 6 家单位全部整改结束，并通过银川市的组织验收。组织专业技术力量对重点建设项目安全设施和危险化学品经营安全许可资质审查；对加油加气站的设立、设计、竣工验收审查。

【开展落实企业主体责任年活动】 成立领导小组，下发活动实施方案，召开动员部署会议，有重点地确定开展落实企业主体责任活动的企业 230 家，并参加银川市举办的监管人员和企业负责人培训班。指导企业开展“五项公示制度”和“作业票制度”，在企业全面推行“厂长（经理）保护职工生命安全健康十条规定”“公开承诺制度”。

【安全宣传教育培训】 3 月，对辖区各乡镇、街道办事处安全监管人员进行业务培训，提高安全监管人员的业务素质和执法水平；4 月，举办 4 期安全培训班，邀请有关专家和行业部门的领导对危化品经营负责人、建筑工地施工负责人和人员密集场所消防管理人员进行分类培训；6 月，集中开展“安全生产月”宣传活动，放映电影《安监局长》2 场次，演出舞台情景剧《平安是福》2 场次，向社区、企业、学校、农村免费发放《撑起生命之伞——公民生产生活安全知识读本》5000 册；11 月，结合新《中华人民共和国安全生产法》的颁布，在光明广场组织开展新法宣贯活动，发放新法读本 5000 册。

【安全生产事故查处】 依法对“3·30”银川市公共交通有限公司汽车保养厂轧压死亡事故、“6·26”民族北街玺云台建筑工地物体打击死亡事故和“7·21”永泰城建筑工地高处坠落死亡事故进行调查处理，三起事故已结案。追究相关责任单位 4 家，责任人 21 名，行政罚款 39.7 万元。

（供稿人：何梅萍）

招投标管理

【概况】 围绕区委、区政府重点工作，在京藏高速公路防洪排涝工程、京藏高速公路两侧湿地公园及廊道绿化工程施工、兴庆区 2014 年月牙湖生态移民安置房建设项目、2014 满春中学扩建项目、老旧小区改造项目、义务教育均衡发展教学、仪器设备采购等有计划有步骤地开展每一项招标工作，通过招投标按期完成各项建设工程招投标工作。2014 年，组织完成工程类、货物类、服务类（设计、勘察、监理、物业管理）招标 173 项，总预算资金为 691192.7682 万元，实际中标金额为 679802.28459 万元，节约资金 11390.48361 万元。其中建设项目 89 项，预算资金 656072.3378 万元，中标金额 649222.4539 万元，节约资金 6849.8839 万元，节约率 1.04%；货物

采购项目44项，预算金额35120.4304万元，中标金额30579.83069万元，节约资金4540.59971万元，节约率12.9%。

【招投标管理】 对照《中华人民共和国招标投标法》《宁夏回族自治区招标投标管理办法》(宁夏回族自治区人民政府令第42号)和《银川市建设工程招标投标管理办法》(银川市人民政府令第3号)的相关规定，结合兴庆区实际，不断完善《兴庆区招标投标暂行管理办法》《兴庆区政府采购管理实施暂行办法》。坚持执行工程报建及货物采购审批制度，建立完善政府行政主管，部门行业监管，财政、审计、纪检监察等部门实施监督的招投标监管体系。委托代理机构组织招标，拟定资格预审文件和招标文件及评标办法，受理投标报名，进行资格审查，组织开标和评标；执行兴庆区人民政府105次常务会议纪要，对参加投标的企业按工程预算金额的10%收取履约保证金，并在中标后三个工作日内及时转入财政专户；建立失信惩罚和淘汰机制，提高中标单位的诚信履约水平。

【招标采购】 执行《银川市房屋建筑工程和市政基础设施工程施工招投标管理暂行办法》《关于银川市公共资源进场交易的通知》的相关规定，凡是房屋建筑工程施工单项合同估算价在50万元人民币以上的，采购货物和服务项目在20万元(含20万元)以上的，必须在银川市公共资源交易中心发布招标信息、公开报名、组织开标与评标，并提供立项、用地、规划、采购申请等招标资料。

【招标代理机构】 所有工程招标和货物采购业务，必须由招标代理机构实施招标和采购。监督部门根据招标代理机构代理业绩进行选定。招标代理机构在银川市公共交易中心和兴庆区政府招标办的监督下开展代理业务。其主要职责：一是发布招标公告；二是制作和上传招标文件；三是组织招标、投标、评标会议，公布评标结果；四是公示结束后向中标企业签发《中标通知书》。

【"有的人为操控招标问题"清查】 根据银川市人民政府办公厅明传电发《关于进一步落实中央巡视组反馈意见深入开展"有的人为操控招标问题"整改活动的通知》精神，9月28日，招标办针对中央巡视组提出的目前工程建设招标投标市场存在"有的人为操控招标问题"等突出问题，从工程项目是否化整为零、随意简化程序规避招标、虚假招标，工程建设信息公开不规范、搞"暗箱操作"等突出招标环节入手，对近两年单项招标金额1000万元以上的政府投资项目招标投标情况进行清查。2012年8月1日至2014年7月31日，单项招标金额1000万元以上的政府投资项目招标投标项目32个均在中国政府采购网、自治区公共资源交易网、中国采购与招标网、银川市建设工程交易网发布招标公告，按规定的程序在自治区公共资源交易中心、银川市建设工程交易中心完成开标评标；从2013年开始，兴庆区预算金额在50万元以上的政府投资类项目，全部进入银川市公共资源交易中心平台进行交易。

(供稿人：何梅萍)

统 计

【概况】 2014年，兴庆区统计局以科学发展观为统领，以数据质量为中心，以统计工作"三个提高"为主线，以"四大工程"为重点，提高统计服务水平。1～9月，实现地区生产总值299亿元，同比增长9%；社会消费品零售总额完成135亿元，同比增长6%；规模以上工业增加值完成6.1亿元，同比增长9%；固定资产投资完成120亿元，同比增长38%；公共财政一般预算收入完成8.32亿元，同比增长20%；城市居民人均可支配收入19600元，同比增长10%；农民人均现金收入5400元，同比增长11%。

【企业"一套表"统计】 充分运用行政、法律、经济手段，规范统计数据采集、审核、整理，定期指派专人到各企业进行宣传、指导，制止人为干预统计数据，提高规模以上工业企业、限额以上商贸企业、规模以上服务业、建筑企业、房地产企业及固定资产投资项目等"四上企业"上报数据的准确率，确保统计数据质量。兴庆区现有"四上企业"555家。其中：规模以上工业企业15家；限额以上批发零售企业115家；限额以上住宿餐饮企业52家；资质内建筑业企业170家；资质内房地产企业130家；规模以上服务业企业73家。劳动工资单位1003家。各专业企业一套表联网直报上报率达到100%。

【统计基础工作】 配备统计专业工作人员，制定《兴庆区统计局效能考核实施细则》和《兴庆区统计局干部联系乡镇(街道)工作制度》，为基层统计站配备电脑、打印机等设施，从设施、人员、制度建设上入手，保证统计工作顺利开展。加强统计人员业务素质培训，安排专业人员定期下基层指导，帮助基层完善统计台账，提高源头数据质量。

【统计预警监测】 针对经济下行压力加大的严峻形势，密切关注影响国民经济发展的地区生产总值、工业增加值、固定资产投资、全社会消费品零售额等运行和数据变化情况，跟踪辖区重大项目、重点工程进展情况，加大统计预警监测能力。深入基层统计单位进行实地调查研究，全面了解企业最真实的发展信息和第一手数据资料，从中挖掘经济发展的支撑点和亮点，及时撰写综合性、专题性、行业性统计分析报告，为区委、区政府实施科学决策和管理提供依据。全年撰写统计分析报告42篇，统计业务信息191篇。

【基本单位名录库的维护和更新】 按照“先进库、后有数，要进库、走程序”的原则，确保应统尽统，做好名录库系统的建设、维护、使用与管理，定期对基本单位名录库进行维护、更新，强化基本单位名录库的动态管理。联合税务、工商、质检等部门，将符合限上标准的单位进行归类，将发展前景好、新兴行业的单位纳入限上企业统计范围，确保企业应统尽统。兴庆区基本单位名录库在库法人单位 9440 家，截至 9 月，“四上”企业入库 25 家。其中：建筑企业 15 家，房地产企业 8 家，工业企业 1 家，商贸企业 1 家。

【规范统计执法行为】 依照《中华人民共和国统计法》《统计违法违纪行为处分规定》要求，依法开展统计执法工作。利用统计例会、年报会、业务培训会、法制宣传日等分层次开展不同形式的统计普法活动，使相关部门、企业单位、统计专干统一认识，规范统计工作。1—9 月，对 90 家规模以上工业企业、建筑房地产企业、商贸企业、服务业企业统计工作进行检查，对存在问题的企业，下发整改通知书。改变往年只查不立案的做法，立案查处 1 件，起到“处罚一个、教育一片”的作用。

【统计工作星级评定】 继续开展星级统计站、星级诚信单位申报、审核工作。自治区统计局命名的 2013 年度五星级统计站 1 个，五星级统计诚信企业 2 家；银川市统计局命名的 2013 年度五星级统计站 2 个，四星级统计站 2 个，四星级统计诚信企业 7 家。2014 年 8 月，对 2012 年度的 11 家五星级企业、统计站进行复审评定。

【第三次全国经济普查】 成立兴庆区第三次全国经济普查领导小组，印发《关于开展兴庆区第三次全国经济普查的通知》《兴庆区第三次全国经济普查方案》《兴庆区第三次全国经济普查宣传方案》等，落实普查经费 88.64 万元。在完成普查宣传、培训、个体和单位摸底等工作基础上，组织 510 名指导员和普查员深入到 104 个普查区，启用 320 台掌上电脑，圆满完成第三次全国经济普查数据的采集、录入、审核、上报和修改等工作，顺利通过国家、自治区第三次经济普查数据的质量抽查验收。统计个体经营户 39968 户，比第二次经济普查增加 6968 户；法人单位及产业活动单位 9774 家（其中法人单位 7351 家，比第二次经济普查增加 2897 家），受到国家和自治区抽查组的高度评价，兴庆区在第三次全国经济普查工作中的一些好经验、好做法也得到了区市业务部门的充分肯定。

（供稿人：步春花）

审 计

【概况】 2014 年，兴庆区审计局拓宽预算执行面、加大经济责任审计力度和完善基建工程审计，努力提高审计质量，发挥审计免疫系统功能。全年开展 10 个独立审计项目，已审结 7 项，在审 3 项。审计查出各类违规资金 76.48 万元，管理不规范资金 108535.38 万元，应上缴财政 1.75 万元，应调账处理 930.58 万元，归还原资金渠道 70.62 万元。完成基建工程审计 154 项，送审金额 11133 万元，审定金额 10187.79 万元，审减额 945.21 万元，审减率 8.5%。

【预算执行情况审计】 2014 年，在对财政部门本级预算执行情况审计中，重点对通贵乡政府、园林局、水务局、交通局 4 个预算执行单位进行审计。查出违规资金 76.48 万元，管理不规范资金 108470.53 万元，对查出的问题进行梳理，提出指导意见和建议 19 条。

【经济责任审计】 2014 年安排 6 个单位 7 名领导干部的经济责任审计，已审结 4 个单位、5 名领导干部，2 个单位在审。审计查出违规资金 58.79 万元，管理不规范资金 14749.06 万元，针对问题提出审计建议共 13 条。

【基建工程审计】 对 2012—2013 年的 249 项政府投资项目决算情况进行审计，向建设单位发放文件通知，要求凡在 2014 年 3 月前已竣工、验收的各类政府投资项目建设工程，均必须在一个月之内，将工程资料报兴庆区审计局进行工程决算审计，待完成审计向政府常务会汇报。

【专项资金审计】 将“三公”经费使用和管理情况均作为重点进行审计，严格控制“三公”经费支出。9 月，根据国家审计署的统一安排部署，由自治区审计厅组织，抽调 2 名审计人员参加实施全区土地出让金专项审计。

【审计结果公开】 2014 年，根据审计署 6 号令、8 号令等有关规定，制定《兴庆区审计局审计结果公开办法（试行）》，重新修订审计项目操作流程及质量控制办法，从审计项目立项、实施、审结各环节业务操作，审计文书传递、审理、送达流程等作出具体的规定，对审计结果公开的内容、程序、方式做了详细的规定。健全完善审计信息数据库，不断充实、完善、整理、丰富审计信息资料，实现信息资源共享，推进 AO 应用和 AO 与 OA 交互。按照《兴庆区审计局审计结果公开办法》，将 3 个单位的审计报告在兴庆区政府门户网站公开。

（供稿人：荆巧丽）

工商行政管理

【概况】 2014 年，工商行政管理一分局有各类经营户 32580 户。其中：登记企业 6087 户，个体工商户 26493 户。新登记企业 1874 户，注册资金近 100 亿元；新登记个体 5073 户，注册资金 5 亿元。办理名称预先核准和企业变更数量是新登记注册量的2～3倍；新登记的企业数量同比增长4倍，企业注册资金增长近10倍。12315受理投诉1772件，举报535件，调处率98%，为消费者挽回经济损失111万元；12345督办受理申诉59件，举报27件。各级消协发布消费警示（提示）5条，受理消费者投诉29起，挽回经济损失3.2万余元。查处侵权和假冒伪劣商品案件13起，结案11起，罚没款5.027万元；受理审查户外广告206件，规范或纠正广告内容35件。工商行政管理二分局登记各类市场经营主体20263户。其中：企业2241户；个体18022户。从业人员46291人，注册资本总和65695.9万元。全年新登记注册企业620户，同比增长174%。全年新登记注册个体工商户2938户，同比增长14%。立案查处涉及不正当竞争、发布违法广告、商标侵权、虚假宣传、无线电管理、无照经营等类型等案件41起，结案39起，收缴罚没款20.05万元。受理转办微博投诉65起，办结65起，办结率100%；受理转办政府督办5起，办结5起，办结率100%。

【注册资本登记制度改革】 工商行政管理一分局从市场主体"严进宽管"到"宽进严管"转变，实施工商注册登记制度改革。在东方红广场组织大型咨询活动，发放各种宣传册3万余份。3月开始实行登记制度改革，新登记企业数量剧增，月平均办理企业新开业350户，变更210户，核名称460个。为方便办事群众，分局推行注册登记引导制，配专人引导接待前来办事群众。鼓励创业，促进个体工商户转型升级，培养小老板、小企业。年内，56户个体工商户成功转型升级为企业，培育"小老板、小企业"820户。创新新岗位1056个，帮助38名大学生、260名下岗职工实现再就业。工商行政管理二分局严格落实"五办四通"和"六无"服务标准，按照"六少六多"工作理念，按照《国务院关于印发注册资本登记制度改革方案的通知》，全面开展注册资本登记制度改革工作。在社区、农村、超市等人员聚集场所开展新《中华人民共和国公司法》、自治区人民政府办公厅《关于印发宁夏回族自治区放宽市场住所（经营场所）登记条件办法的通知》等新政内容宣传。积极推进并联审批，拓宽审批注册登记模式适用范围。简化办照程序，广开"绿色通道"，允许"一照多址"和"一址多照"，逐步推进工商登记前置审批事项改为后置审批，营造尊商、亲商、富商、安商的良好发展环境。累计接待新政咨询1500余人次，发放资料5000余份，办理企业名称预先核准登记1094户，新登记企业605户，与去年同期相比，企业登记增长169%。开展动产抵押等登记服务工作，共办理企业动产抵押5件，帮助企业融资1480万元。培养小企业213户，小老板405人，提供新的就业岗位2100个。

【食品专项整治】 工商行政管理一分局没收外包装标识不清的饮料53袋，查扣提前标注生产日期的月饼360块、五粮醇白酒10件，查获无厂名、厂址、生产日期的散装干红葡萄酒19桶，共计95公斤，查获不能提供进货票证及检验报告的"紫诗"牌干红葡萄酒17箱。对肉制品、调味粉、粽子、月饼、面粉等10大类57个品种68个批次的食品进行食品安全检测。工商行政管理二分局加大《中华人民共和国食品安全法》等法律法规的宣传教育力度，提升食品经营者和广大消费者的法律意识和维权意识。开展"两节"、"五一"、校园周边、端午节、中秋节、古尔邦节、开斋节及清真食品、农村食品安全等专项整治行动，先后派出执法人员1414人次，检查各类经营主体7015户次，检查集贸市场50个次，大型商场、超市73户次，责令拆除擅打清真标牌43块，没收并销毁不合格计量器具33台，收缴过期、"三无"食品793袋（瓶）。查处2起销售假冒名酒案，收缴各类假酒78瓶，收缴罚没款1.2万元；对西塔市场、温州商城农贸厅、南桥市场销售的水发产品、调味品、米面、干货、猪肉、羊肉、蔬菜等7大类81批次的食品进行快速检测，完成牛肉、咸鸭蛋等食品抽样送检工作。

【校园周边食品摊贩集中整治】 对辖区59所学校周边158户食品经营户、76户食品摊贩进行全面检查，对100余户进行行政约谈会，发放安全承诺书1000份，推行校园周边食品流动摊贩备案、公示卡制度。

2014年8月28日，工商二分局工作人员在华润商场检验生肉食品

【农村食品市场专项检查】 查处“三无”罐头29瓶，过期酱油醋18袋，查处2个制作鱿鱼卷、豆制品的黑窝点，对1户无加工许可证的酱制品的小作坊责令停业。

【牛羊肉食品经营自律制】 组织辖区60余家大型商业流通企业负责人，牛羊肉批零经营者200余人参加牛羊肉食品经营自律制培训学习，印制300张自律制度塑封后张贴到辖区内牛羊肉经营单位，对5家“假冒清真”“清真不清”等问题当场进行清理取缔。查处涉及食品安全案件8起，罚没金额39255元。

【企业商标广告宣传检查】 工商行政管理一分局走访20家商标企业，在兴庆科技园商贸物流服务中心商标培育基地举办商标知识培训班1期。开展第九届宁夏“著名商标”认定工作，新申报企业14家，延续认定企业5家。查处制售“名牌产品”“专利产品”“高新技术产品”等假冒伪劣产品和各类广告违法行为。检查户外广告410块(条)，下发责令整改通知书23份，收缴违法广告印刷品200余份，检查各类医院、药店45家，查处违法广告4起。工商行政管理二分局发挥商标指导员作用，落实商标“四书两卡”、实施“五个员五步走”，推进商标广告战略助推经济发展。截至年底，注册商标333件，其中著名商标11件，农产品商标5件。接待各类商标咨询服务100余人次，成功帮扶企业注册商标58件。帮扶“嘉宁”等4家企业完成宁夏第九届著名商标认定申报，帮扶“仙鹤”“森淼”“汤瓶八珍”“益湖”等9家企业完成宁夏著名商标延续认证申报。严厉打击商标侵权等违法行为，查处商标侵权案件9起，收缴罚款3.46万元；查处违法情节严重、性质恶劣的虚假违法广告案件6起，收缴罚款6.5万元。全年受理登记备案户外广告和车体广告82件。

【新《消费者权益法》宣传】 工商行政管理一分局利用“3.15”消费权益日发放宣传资料15000余份，张贴宣传标语40条，展示图版40块，开展新《中华人民共和国消费者权益法》等相关法律法规培训7次，2680人次参加。为会员发放新《中华人民共和国消费者权益法》读本1600本，宣传册2000份。围绕通信、电脑、手机、快递服务、网络消费等热点内容，召开主题座谈会，邀请消协各理事单位、新闻媒体60余人参加。在黄河小镇、黄沙古渡、鸣翠湖、兵沟等旅游景区点开展食品安全和消费维权的检查指导工作，把维权服务送到群众身边，为游客打造一个安全、放心的旅游消费环境。工商行政管理二分局召开消费者协会常务理事、副会长、一会两站负责人座谈会，对新《消法》进行系统学习，在人员密集的南门广场、步行街购物中心开展新《消法》宣传咨询服务活动。发放《消费维权知识手册》、新《消法》《兴庆二分局行政指导联系卡》《消费维权丛书衣、食、住、行》等各类宣传资料2.5万份；开展假冒伪劣商品鉴别活动，对比真假各类小家电20余个品种，为广大消费者现场解答真假商品识别方法。对银川市消协命名的22户消费者满意单位进行回访，引导企业严格依法经营，遵守平等、自愿、公平、诚实守信的经营原则，接受消费者协会监督，自觉维护消费者合法权益。

【市场环境专项检查】 工商行政管理一分局开展“3·15”打假风暴专项行动，营造安全放心的市场消费环境。销毁假冒伪劣产品10大类17个品种，查获假冒“五粮液”酒11瓶、“五粮春”酒28瓶、泸州老窖酒72瓶，假冒“中华”品牌的铅笔5023支，假冒“惠普”品牌的复印机10台，价值近20万元；开展反不正当竞争执法专项检查，查处互联网、汽车销售维修、家具建材、装修装饰等行业中的不正当竞争行为；开展打击传销和加强直销企业监管，先后在旅游汽车站、幸福世家、在水一方社区发放举报联系卡1000余张、宣传单500余张、宣传画160张、公开信1000余张。接到举报52起，捣毁非法传销窝点3个、居住窝点28处，驱散非法传销人员1220余人，移交警方接受审查38人。做好“两法”衔接工作，保证公平、公正、公开执法。分局立案139起，结案134起，罚没26.7万元。工商行政管理二分局开展消费维权专项整治，派出执法人员137人次，检查各类经营主体1376户次，检查农副产品市场3个，大型商场、超市35户次，取缔无证无照经营4户，拆除擅打清真标牌3块，没收并销毁不合格计量器具3台。检查广告经营单位87个，查处违法广告3个，对五大类34个批次的食品进行快速检测，合格率98.6%。

【红盾护农保春耕】 工商行政管理一分局在春播之际，围绕种子、化肥、农药、农机具及零配件等农资商品，开展专项整治行动，发放宣传资料3000余份，检查农资经营户321户次，查处1户无照经营农资案。工商行政管理二分局综合运用政策惠农、红盾护农、经纪活农、商标富农和合同帮农等机制，帮助成立农民专业合作社16户，完善落实农资经营“一账通”制度，健全索证索票制度，实现农资商品的可追溯性。开展农资打假“红盾护农”行动，对塔桥村农资经营户进行化肥等农资用品的抽检，确保农民购买使用“放心种子”“放心化肥”“放心农药”。

【规范合同格式条款】 引导当事人使用规范的合同示范文本，查处格式合同条款案件1起。推行各类合同1372份，签约金额累计742万元；办理动产抵押登记12起，为各类企业融资4.1亿元；开展“守合同重信用”企业申报及复审工作，推荐上报辖区14家企业参与“守合同重信用”考核。宁夏森淼园林景观绿化有限公司等28家企业被认定为

“守合同重信用”企业。

【流通环节产品质量监管】 按照“网定格、格定责、责定人”的工作要求，不断加大巡查力度，强化产品抽检力度，确保对流通领域产品经营、家电下乡企业等市场主体资格和产品质量监管到位。会同自治区广播电视管理局开展了卫星电视地面接收装置清理整顿，收缴卫星地面接收装置58套。会同烟草专卖局开展了无烟草专卖许可证清理工作，查处无证经营户19户。组织人员参加市工商开展的部分行业商品抽查检验工作，对辖区经营防水材料、电线电缆的25户经营户进行了52件样品的抽检。组织开展化妆品专项检查，立案调查6户，收缴罚没款1.2万元。组织开展以儿童服装、内衣等为重点品种，以银川商城、东方商城、温州商城、南方商城为重点场所的流通领域服装质量专项整治行动。组织开展汽车配件市场专项整治，立案调查2户，暂扣非法营业额15万元，查扣假冒配件256件。

【中介组织专项整治】 针对兴麟和德邦房产中介公司出现的违规行为，工商行政管理二分局集中力量对辖区中介组织进行专项整治。检查各类中介组织106户。其中：登记代理机构8户，房地产中介15户，寄卖行2户，劳务派遣16户，评估1户，个体工商户64户。对5户档案建立不够规范的中介机构进行行政指导。

【高危行业专项整治】 工商行政管理二分局针对危险化学品、食品、药品、交通运输、建筑、燃气、民用爆炸品、烟花爆竹、网吧、歌舞厅、洗浴等高危行业开展为期一个月的“拉网式”专项检查。对15家歌舞场所、29个网吧、22个电玩、5个大型餐饮场所的证照前置手续进行重点检查，对2户公共场所卫生许可证过期的商户下发行政警示通知书。辖区高危行业全年未发生意外事故。

【工商行政法制监督】 落实“六五”普法，坚持和完善“一月一法一讲”“一季一考一评”等活动。依据《兴庆二分局全面推行行政指导工作实施方案》，深化行政指导工作，推行登记事务助导、查处违法疏导、规范经营劝导、维权兴企引导等机制。2014年共进行各类行政指导321次，其中行政辅导142项，下发行政提示书121份，行政规劝书38份，行政建议书54份，重大行政指导项目5项，其他方式40项。严格按照《宁夏工商行政管理机关行政处罚自由裁量权实施办法》及《宁夏工商行政管理机关行政处罚自由裁量权细则》的规定实施自由裁量权，落实案件回访和行政执法过错追究制度，开展执法检查和案卷评查，行政处罚案卷评查合格率不断上升，全年无行政复议案件。积极开展“两法衔接”工作，每月按时向兴庆区检察院通报行政处罚案件情况，接受监督。

【星级信用市场培育】 利用新闻媒体报道、宣传标语引导、实地开会指导等方式广泛宣传星级信用市场创建工作。组织辖区昆仑建材市场、温州商城等26个市场开办方负责人参加《宁夏回族自治区商品交易市场管理条例》培训会，明确星级信用市场评选的指导思想及市场开办方职责，引导市场积极参加星级信用市场创建活动。对银川商城、红星美凯龙等6个市场进行实地指导，帮助建立健全市场先行赔付制度、市场消费纠纷调解制度、经营户信用奖惩制度等16项制度。银川商城、光耀美居、长城装饰材料市场、龙盘家具市场被评为五星级信用市场。

【工商行政约谈】 针对群众反映较多的食品安全、装饰装修、电信服务等问题，召集78名商场超市负责人、食品批发商、建材经营户、电信运营商，进行21次行政约谈。特别是2014年3月18日《宁夏日报》《仙鹤楼饺子，被‘仙鹤’吃了？》的报道刊登后，工商行政管理二分局立刻对银川仙鹤楼餐饮有限公司中层管理人员、相关门店负责人进行行政约谈，收到良好的社会效果，切实维护了消费者的合法权益。

（供稿人：雷学林　牛会兵）

卫生监管·人口与计划生育

食品卫生监督

【概况】 2014年,兴庆区卫生和食品药品监督管理局根据《打造综合医疗康体服务区实施方案》要求,开展“健康宁夏行动”活动,构建城乡15分钟基本医疗卫生服务圈,建立以居家养老为基础、社区为依托、机构为支撑的“政府主导、社会参与、社会化运作、专业化服务”的养老服务体系,建设食品安全服务区,保障群众食品安全。发挥食品安全各成员工作职能,加强种植养殖、生产加工、经营流通、餐饮消费等环节协调配合,促进食品安全工作。完善农产品检验检测体系,在北环蔬菜批发市场建立蔬菜快速检验站1个,在掌政镇和大新镇农业中心,生产园区、合作社建立6个农残快速检测点。

【打击非法行医】 采取集中打击非法行医行动39次,出动车辆78台次,派出监督员383人次。取缔非法行医黑窝点34个,没收广告牌6个,药品器械74箱,约合人民币23790元;公开销毁来路不明、过期或劣质药品和医疗器械等150余种46箱,约合人民币3.1万余元。

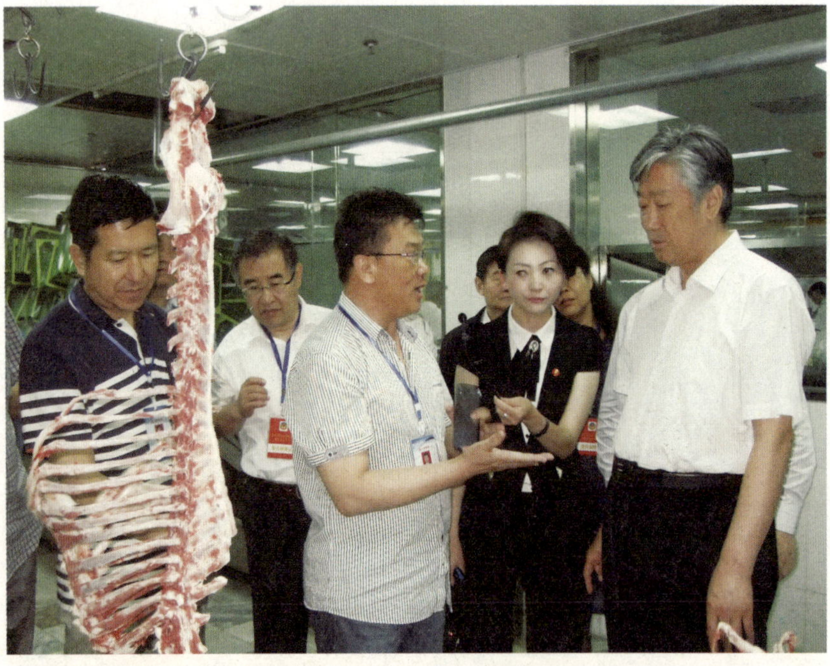

2014年6月10日,银川市政协领导在兴庆区德隆逸品等单位检查肉食品

【民营医疗机构监管】 对辖区内的220家社会办医、个体诊所进行日常监督管理。根据银川市卫生局《关于银川市卫生监督所请示将有关事权下放事宜的批复》,做好医疗机构审批监管权下放接收工作,审批新诊所16家;制定《兴庆区社会办医和民营医疗机构属地化管理工作方案》《关于印发兴庆区诊所设置标准(试行)的通知》等规范性文件,组织符合条件的47名人员参加兴庆区民营医疗机构卫生法律法规考试,有19人取得《合格证》。

【公共卫生服务】 组织辖区基层医疗卫生单位开展入户健康体检、建立档案、追踪随访等11类50项公共卫生服务工作。完成农村居民健康体检65840人,建立电子档案5.1万人,电子规范化建档率为77.5%;0~6岁以下儿童系统管理人数为1219人,系统管理率达94.13%;孕产妇保健系统管理人数为176人,系统管理率达100%;高血压规范管理人数4981人,管理率达86%;糖尿病规范化管理人数为716人,管理率达77%;65岁老年人5067人,接受管理人数4831人,规范化管理率达到

95.3%；重性精神病规范化管理人数 286 人，规范化管理率达到 94.3%。

【农村妇婴优惠医疗服务】 2014 年，农村孕产妇住院分娩补助 912 人，免费住院分娩补助率达 100%；免费筛查农村妇女乳腺癌 B 超筛查 800 人，钼靶 8 人，需进一步进行病理筛查 1 人，发生 1 例乳腺纤维腺瘤已进行手术治疗；免费宫颈癌筛查 2502 人，结案 2460 人，结案率 98.3%。登记结婚 8948 人，免费婚前医学检查 8812 人，免费婚前医学检查率 98.48%；新生儿人数 13866 人（其中包含流动人口 2590 人），新生儿两病筛查人数 12624 人（其中免费筛查 10034 人），新生儿两病筛查率 91.0%；新生儿听力筛查 12659 人（其中免费筛查 10069 人），新生儿听力筛查率 91.2%。

【建立急救绿色通道】 在掌政镇新建卫生院，增设急救中心分站。为辖区每个卫生院、村卫生室配置接种包、高压锅、检查床等“小十件”基本医疗设备，做到房屋、人员、设备、管理、技术五配套；配置一辆救护车，配备 1 名专职司机、1 名大夫、2 名护士，避免因交通不便、自然灾害等延误危重病人救治。

【标准化村卫生室建设】 自治区卫生厅下达给兴庆区 34 所标准化村卫生室建设任务，现均已建成投付使用。2014 年，结合东部城乡康居安置区建设实际，综合考虑社区地理位置、服务人口及医疗资源等情况，在新建康居安置区内增设 4 个社区卫生服务站，正在建设之中；民生巷（原文化街道办事处院内）社区卫生服务中心正在筹建改造中。

【校园周边食品安全专项检查】 组织执法人员重点检查辖区各中小学校周边食杂店、食品摊贩、商店、玩具店和校园周边 200 米内非法经营的网吧、电子游戏厅，查处经销假冒伪劣学习用品、不健康玩具、不合格食品、过期食品、“三无”食品等违法行为。

【几次食物中毒事件】 5 月，月牙湖乡发生家庭聚餐疑似食物中毒和三名孩子误食过期饼干事件；5 月 17 日，莲都养生会所疑似食物中毒事件；5 月 30 日，袁记肉夹馍疑似食物中毒事件；6 月 13 日，阳光那波里疑似食物中毒事件。五起突发事件均得到妥善处理，没有发生严重后果。

（供稿人：王新）

疾病防控

【概况】 银川市兴庆区疾病预防控制中心主要承担辖区内常住人口和流动人口各种疾病、传染病、慢性病的预防与控制；突发公共卫生事件的监测调查、报告及具体控制；免疫规划的组织实施；学校卫生、职业卫生的监测；病原微生物常规检验和常见污染物的检验及卫生监督执法相关的检验监测；各医疗机构、城市社区卫生组织和农村乡镇卫生院公共卫生工作的指导、考核及培训；疫情和公共卫生健康危害因素信息管理、监测、报告与控制；健康教育与健康促进以及辖区餐饮、服务行业从业人员的健康体检等 7 大类、255 项疾病预防控制工作任务。

【麻腮风强化免疫接种】 根据《关于做好 2014 年自治区民生计划全区 4~8 岁儿童麻腮风疫苗强化免疫的通知》要求，印刷强化免疫接种通知单 42000 份，接种摸底表 300 份。辖区内 4~8 岁常住儿童应种 28281 人，实种 27771 人，接种率为 98.20%；流动儿童应种 8571 人，实种 8499 人，接种率为 99.16%。

【艾滋病关怀救治工程】 提供自愿咨询检测服务，累计完成 VCT 服务 2706 人次，完成全年工作量（2400 人次）的 112.7%。其中初筛 13 例阳性，1 例为既往感染者；实施免费抗病毒治疗，新纳入抗病毒治疗范围 30 例，累计接受免费抗病毒药物治疗 61 例（新转入病例 7 例）。其中：10 例因依从性困难停药；失访 1 例；死亡 1 例；49 例均能按时服药，符合治疗覆盖率 100%。累计参与美沙酮治疗 2666 人次，服药 1216563 毫升，总损耗量 393 毫升；同伴教育员人数 78 人，发放宣传材料 276 份，安全套 1270 只，转介 105 人次，受治者实验室检测结果上报率 95%。在治人数 88 人，完成率 88.0%。加大对感染者 / 病人的随访力度，艾滋病感染者每年随访 2 次，艾滋病病人每年随访 4 次。2014 年新发病

2014 年 9 月 25 日，兴庆区疾病预防控制中心举办慢性病培训班

例 72 例，8 例为既往感染者，完成首次随访 72 例，首次流调率 100%。从艾滋病综合防治信息系统按照相关数据显示艾滋病病毒感染者 / 病人随访干预比例达到 97.7%（全年目标为 90%）。

【健康教育宣传】 编发疾控动态 174 期、信息 118 期，及时报道中心工作开展情况，加强与各部门的信息沟通。利用宣传日、各种活动开展宣传工作，制作宣传横幅 45 条，发放手提袋 3000 个，印刷宣传折页 20000 份、宣传单 32000 余张、宣传画 8500 余张、宣传册 15000 本、鼠标垫 3000 个，创办健康教育专栏 12 期，咨询人数约 1500 人次。

【传染病防治】 2014 年，兴庆区辖区报告乙丙类传染病 4309 例，报告发病率 608.98/10 万。其中：报告乙类传染病 1969 例，报告发病率 278.27/10 万；报告丙类传染病 2340 例，报告发病率为 330.71/10 万。审核传染病报告卡片 12144 张，对审核中发现的问题及时通知直报单位进行改正，并做好审核记录。传染病网络直报单位有 31 家，国有医院 14 家，民营医院 17 家。审核传染病自动预警信息 155 条，均排除疑似事件。

【传染病监测】 对流感样病例、以霍乱为主的肠道传染病、甲肝等重点传染病防控、细菌性痢疾，以及手足口病等进行监测。按照自治区、银川市监测方案要求，每季度对各项监测工作督导检查一次。医院共采集流感样病例咽拭子标本 1110 例，监测阳性结果 113 例。其中：季节性流感 3 例；B 型流感 57 例；甲型 H1 流感 53 例。访视伤寒、副伤寒 6 例，访视狂犬病例 13 例，其中确诊 10 例，9 例为实验室确诊病例，1 例为临床确诊病例，所有狂犬病例均就诊于辖区的宁医大总院。采集手足口病病例标本 182 份。其中：中心采集重症病例标本 39 例；医疗机构采集散发病例标本 143 例。调查处理手足口病疫情 26 起，其中：托幼机构 22 起疫情，学校 2 起，家庭聚集性疫情 2 起。采集聚集性手足口病例标本 69 份，调查手足口病重症病例 39 例，其中本辖区 4 例，其余 35 例均为其他市县及外省病例。检查中小学 15 家，托幼机构 24 家，及时调查处置学校、托幼机构传染病暴发疫情 40 起，指导消毒，提出防控措施，及时控制疫情。

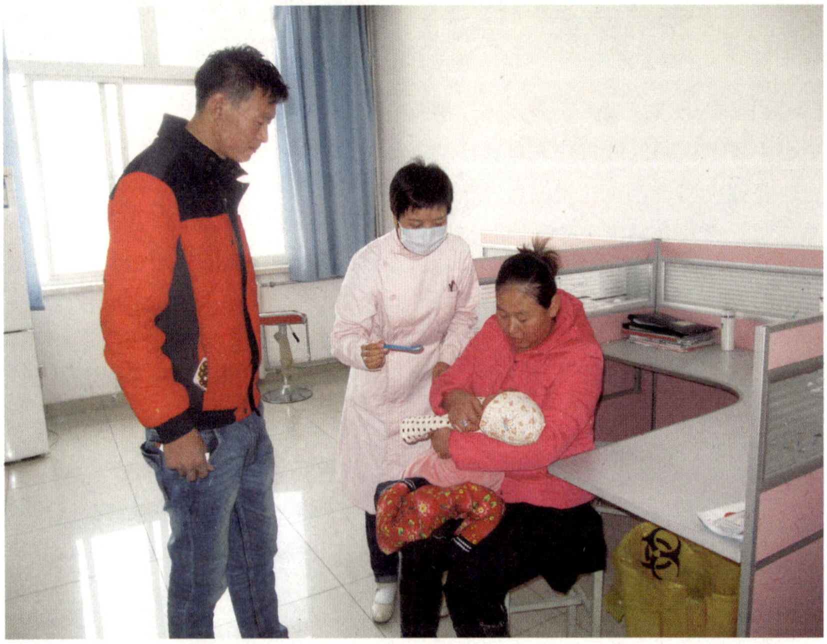

2014 年 11 月 6 日，兴庆区疾控中心对婴幼儿脊髓灰质炎进行强免

【中东呼吸综合征医学观察】 对 116 名兴庆区朝觐返银人员进行医学观察，11 月 8 日，给朝觐人员发放《解除医学观察告知书》。监测期间发热病例 3 例，均开展流行病学调查及相关疫情处置，实验室检测结果 3 例中东呼吸综合征新型冠状病毒核酸检测均为阴性，1 例流感病毒核酸检测 H3 阳性，2 例流感病毒核酸检测为阴性。

【一类疫苗接种】 乙肝疫苗应接种 21875 人，实接种 21817 人，接种率为 99.73%，及时接种率为 99.42%；卡介苗应接种 8495 人，实接种 8455 人，接种率为 99.53%；脊灰应接种 19099 人，实接种 19069 人，补种率为 99.84%；无细胞百白破三联应接种 23626 人，实接种 23600 人，接种率为 99.89%；白破二联应接种 5567 人，实接种 5548 人，接种率为 99.66%；麻疹类疫苗应接种 13369 人，实接种 13354 人，接种率为 99.89%；A 群流脑疫苗应接种 15048 人，实接种 15026 人，接种率为 99.85%；A+C 群流脑疫苗应接种 6547 人，实接种 6503 人，接种率为 99.33%；乙脑疫苗应接种 12655 人，实接种 12638 人，接种率为 99.87%；甲肝应接种 5887 人，实接种 5880 人，接种率为 99.88%。

【二类疫苗接种】 接种乙肝疫苗 10484 剂次，23 价肺炎疫苗 3130 剂次，7 价肺炎疫苗 554 剂次，狂犬病疫苗 17232 剂次，狂犬病球蛋白疫苗 1249 剂次，流脑 A+C+Y+W135 疫苗 1988 剂次，甲肝灭活疫苗 1276 剂次，甲乙肝疫苗 179 剂次，Hib 疫苗 5260 剂次，水痘疫苗 5985 剂次，流感疫苗 6431 剂次，气管炎疫苗 347 剂次，灭活脊灰疫苗 2245 剂次。

【疫苗及冷链管理】 下发各种一类疫苗数量为卡介苗 44940 人份、脊灰糖丸 38900 粒、无细胞百白破 36440 人份、麻风疫苗 8503 人份、麻腮风 8980 人份、白破二联 28100 人份、A 群流脑 67060 人份、A+C 群流脑 11030 人份、乙脑 18160 人份、甲肝疫苗 8700 人份，0.1

毫升自毁性注射器20000具、1毫升注射器52000具、2毫升注射器11500具。每周三、五给24个社区、4个乡镇和11家接产医院领发一类疫苗,做到账苗相符。冰箱及时维修,每天两次冰箱温度监测,并做好记录。

【预防接种异常反应监测】 监测53例预防接种一般反应病例,4例疑似预防接种异常反应病例,均开展现场流行病学调查,经专家鉴定,3例为偶合症,1例为异常反应。

【麻疹类疫苗查漏补种】 4月,开展麻疹类疫苗的查漏补种工作,对辖区54所小学和94所幼儿园开展麻疹类疫苗查漏补种,麻疹疫苗应补种118人,实补种114人,补种率为96.61%。

【脊髓灰质炎疫苗查漏补种】 辖区目标儿童累计摸底46936人,应种人数805人,实种人数795人,补种率为98.76%平;常规免疫儿童应种数为728人,实种数为727人。

【春季预防接种查验】 对辖区54所小学和94所幼儿园开展了预防接种证查验及疫苗的查漏补种工作,查验覆盖率为100%,应查验儿童5245人,实查验儿童5245人,查验率100%;应补证人数45人,实补证人数35人,补证率77.77%;需补种剂次数2152,已补种剂次数1747,补种率为81.18%。

【秋季预防接种查验工作】 对辖区52所小学和95所幼儿园开展了预防接种证查验及疫苗的查漏补种工作,查验覆盖率为100%,应查验儿童14384人,实查验儿童14384人,查验率100%;应补证人数77人,实补证人数62人,补证率80.52%;需补种剂次数1938,已补种剂次数1791,补种率为92.41%。

【性病疫情】 累计报告淋病57例,删除1例;梅毒1624例,删除138例;尖锐湿疣272例,删除5例;生殖器疱疹23例,删除1例;生殖道沙眼衣原体感染111例,删除1例。监测5种性病病例1941例,男女性别比0.86:1。艾滋病新发报告72例,男女性别比8:1。

【哨点监测】 截至11月,完成吸毒人群、FSW人群及孕产妇的哨点监测,哨点初筛、复检工作均已完成检测,其中吸毒人群中梅毒阳性23例,HCV阳性82例;FSW人群中筛查HCV阳性2例;孕产妇人群中筛查梅毒阳性1例。同时,完成哨点监测问卷的录入、审核与上传工作。

【HIV抗体筛查】 截至11月30日,自愿咨询检测点累计开展2755人次进行检测与咨询服务,HIV抗体待复检14例,梅毒阳性303例。辖区监管场所累计筛查7849人次,初筛阳性9例,确认HIV阳性9例,梅毒阳性222例;辖区医疗机构累计筛查185375人次,初筛阳性195人次,确认阳性76例。

【高危人群行为干预】 辖区部分社区卫生服务站承担针对FSW人群的高危行为干预工作,共干预5413人次,发放宣传材料7292份,安全套15196支,开展HIV检测898人次,筛查结果均为阴性;针对MSM人群的高危行为干预工作由阳光工作组开展,累计干预7125人次,发放宣传材料4596份,安全套9366支,开展HIV检测1004人次,筛查结果均为阴性;针对流动人群的高危行为干预工作,累计干预2184人次,发放宣传材料4672份,安全套5845只,开展HIV检测2015人次,筛查结果均为阴性;针对性病就诊者的高危行为干预工作由各医疗机构开展,累计干预3798人次,发放性病服务包3798份,开展HIV检测3226人次;针对吸毒人群的高危行为干预工作,累计干预3573人次,开展HIV检测3503人次,确认阳性8例。

【碘缺乏病预防】 完成辖区居民户食用盐300份食用盐的采集工作,食用碘盐合格率达到90%;完成碘缺乏病病情监测,将150份儿童尿样、60份孕妇尿样送至市疾控质检科待检;完成150份食用盐的碘盐监测工作,合格率为92.67%。

【布鲁氏菌病调查】 对辖区屠宰人员、销售人员、皮毛加工人员以及兽医、奶

2014年3月24日,兴庆区疾控中心在社区进行防治结核病宣传

牛和羊饲养人员进行调查，采集血样标本 100 份，实验室检测阳性 14 份，其中 3 例有症状，已报传染病报告卡。对医疗机构转诊的 135 名高危人群进行布病筛查，其中 52 例阳性。

【卫生监测】 督促社区及乡镇卫生院每季度对辖区学校学生常见病防治工作进行督导；配合银川市疾控中心对月牙湖回民中学、通贵回民中学、银川市第十八小学、银川市高级中学开展学校卫生监测工作。完成辖区 18 家医疗机构放射个人剂量监测器的发放工作，并收取放射个人剂量监测器上交至银川市疾控中心进行检测；各医疗机构完成食源性疾病主动监测网报共 318 例，银川市第一人民医院 64 例，银川市第三人民医院 82 例，银川市妇幼保健院 88 例，附属医院 73 例，解放军第五医院 10 例，武警医院 1 例；对 766 家公共场所，169 家医疗机构，50 家托幼机构消毒效果进行采样，分别采集 4305 份、564 份和 150 份样品；完成枯水期水质监测采样，分别为农村安全饮水工程出厂水 3 份、末梢水 9 份、城市市政供水末梢水 20 份、二次供水 15 份；完成丰水期水质监测采样，分别为农村安全饮水工程出厂水 3 份、末梢水 6 份、农村自备供水 2 份、城市市政供水末梢水 6 份、二次供水 5 份；接报农药中毒事件 145 起，中毒 145 人，调查 9 起疑似食物中毒，中毒 52 人。将调查处理情况上报至市疾控中心及兴庆区卫生局，并将信息及时进行网络直报。

【死因监测】 每季度对各社区卫生服务站、乡镇卫生院死因监测工作进行督导检查，半年进行死亡病例漏报调查 1 次，每日进行死亡病例卡片的审核订正。审核死亡卡片 2555 张，其中现住址为兴庆区的死亡病例为 2159 例，报告粗死亡率为 290.43/10 万。与报告单位订正、更改有问题卡片 1123 张，删除重卡 104 张。

【肿瘤病例登记随访】 每月召开医疗机构、乡镇卫生院与社区卫生服务站肿瘤登记随访工作例会，学习肿瘤编码相关知识，纠正日常工作中的错误，安排布置肿瘤病例的随访工作。每季度对医疗机构、乡镇卫生院与社区卫生服务站肿瘤登记随访工作进行督导检查，半年进行 1 次肿瘤病例的漏报调查，发现 11 家肿瘤随访登记报告单位漏报肿瘤病例 85 例。收到恶性肿瘤病例报告卡 3098 张。其中：死亡病例报告卡 410 张；新发病例 2688 张；非本辖区肿瘤报告卡 884 张。将 1867 例肿瘤病例抄录到肿瘤登记册并录入电脑，将 1481 张新发卡片按照住址分发到各社区卫生服务站进行随访。

2014 年 9 月 28 日，兴庆区疾控中心开展狂犬病知识宣传

【慢性病防治】 创建国家级慢性病示范区，印制“宁夏银川市兴庆区常见慢性病报告卡片”10000 张，辖区各医疗机构将确诊的高血压、糖尿病、重性精神疾病、恶性肿瘤、冠心病、脑卒中等以卡片形式上报疾病防控中心，疾病防控中心根据患者居住地址分配到各社区卫生服务站进行管理。2014 年，慢性病综合防治干预工作统计兴庆区总人口为 707576 人，建立家庭健康档案 459729 份，建立电子家庭健康档案 381291 份，18 岁以上人口为 499031 人。发现高血压病人 38818 人，18 岁以上高血压发病率为 7.78%，管理高血压病人 38570 人，规范管理病人 37193，规范管理率为 96.43%；发现糖尿病病人 11897 人，18 岁以上糖尿病发病率为 2.38%，管理糖尿病病人 11572 人，规范管理病人 10923，规范管理率为 94.76%；65 岁以上人口为 90487 人，管理老年人为 48641 人，管理率为 53.82%。

【从业人员身体检查】 2014 年，对从业人员进行内科体检、X 线胸透 38734 人次。其中：餐饮 20068 人次，副食 1218 人次，公共场所 16134 人次，药店 1314 人次。

【检测、检验工作】 完成甲肝抗体、戊肝抗体、谷丙转氨酶、梅毒血浆快速反应试验 38734 人次，无阳性；艾滋病抗体初筛 VCT7849 人份，其中 VCT2234 人份、银川监教中心 2186 人份、女子监狱 218 人份、FSW400 人份、吸毒哨点

400 人份、男子戒毒所 1575 人份、女子戒毒所 436 人份。HIV 抗体阳性 9 例、梅毒螺旋体抗体阳性 222 例、HCV 抗体阳性 95 例，并及时出具检验报告；完成布病血清学检测共 235 人份，66 例阳性，并及时出具报告；完成公共场所（空气、公用具）4305 份样品的检测，不合格 16 份；包虫病血清学检测，对 4404 份血清学样本进行包虫抗体检测，检测出包虫抗体阳性 16 例，阳性率为 0.36%，犬细粒棘球绦虫抗原检测，对 509 份犬粪进行抗原检测，1 例阳性。

【暴发疫情及突发公共卫生事件】 调查暴发与聚集疫情 40 起。其中：学校暴发疫情 13 起，水痘 9 起，流行性腮腺炎 1 起，手足口 2 起、猩红热 1 起；幼儿园暴发疫情 25 起，手足口病疫情 22 起、水痘疫情 2 起、猩红热 1 起；家庭聚集性疫情 2 起，为手足口病。写疫情处置单 40 份、疫情调查报告 40 份。构成一般突发公共卫生事件 2 起，均为水痘突发疫情，已结案，审核突发公共卫生事件 2 起。

【重性精神疾病监管治疗】 筛查出疑似病人 221 例，确诊 79 例，录入国家基本数据收集系统管理 79 例。重性精神疾病网络系统共录入 1714 例，规范管理病人 1234 例，管理率 72%。每季度与银川市重性精神疾病治疗小组专家分别为 186 名患者免费发放药物，将随访情况及时录入国家重性精神疾病基本信息系统；每周对各乡镇、社区录入的国家重性精神疾病基本数据进行审核，共审核病人 3335 例，存在问题病例 712 例。筛查癫痫病例数为 452 例，免费服药患者 43 例。

【肺结核及疑似肺结核病人的转诊和追踪】 2014 年，辖区各综合医疗机构报告肺结核、疑似肺结核患者 384 例，追踪 384 例，追踪率 100%。其中：重复报告 62 例，住院患者 8 例，到位 273 例，未到位 40 例（查无此人 5 例，拒绝就诊 10 例，外出 5 例，非结核死亡 16 例，其他原因未到 4 例），1 例病例正在追踪。定点医院接待初诊病人 363 例，归口管理病人 118 例，其中初治涂阳 50 例，涂阴病人 59 例，复发涂阳 2 例，初治失败涂阳 3 例，其他 1 例，未查痰 3 例，密接者筛查率 100%。对辖区寄宿制高中学校 PPD 筛查，筛查 7702 人，强阳性 418 人，均安排进行 X 片检查；对辖区畜牧业养殖人员及疑似布病患者进行结核病筛查，共筛查 437 例，未发现肺结核病病例。

【狂犬病风险评估】 2014 年 8 月 25 日至 9 月 19 日进行兴庆区狂犬病风险评估，调查 235 人、医疗机构 5 家及兴庆区农牧、城管部门 2 家。

【空气污染对人群健康影响监测】 与兴庆区第十九小学联系，完成该校 3～5 年级 729 名学生健康问卷调查，并从中抽取 179 名学生进行肺功能测试；抽取胜利南街清和社区居委会，完成入户调查 391 户 1215 人；12 月 10 日～16 日在兴庆区第十九小学楼顶安装空气采样仪，完成 12 月空气采样；在南桥社区、银川市第一人民医院、银川市妇幼保健院收集 2014 年全年门诊就诊资料。

（供稿人：王雁德）

人口与计划生育

【概况】 2014 年，兴庆区人口和计划生育按照“统一领导、部门参与”的原则，采取有力措施抓认识、抓队伍、抓落实、抓责任，完成各项任务指标。截至 9 月底，期末总人口为 592002 人，已婚育龄妇女 118834 人。2013 年 10 月至 2014 年 9 月底，出生 4315 人，人口出生率 7.17‰；死亡 1175 人，死亡率 1.95‰；自然增加 3140 人，自然增长率是 5.22‰。出生政策符合率 98.26%，出生缺陷发生稳步下降，出生人口性别比 108（女=100）。

【落实人口与计划生育政策】 区委、区政府两次召开会议，专题研究人口计生服务站新建、免费孕前优生健康检查、优先优惠政策落实等重大事项，先后印发《兴庆区少数民族流动人口服务管理体系建设试点工作实施方案》《兴庆区妇幼卫生七免一救助实施方案》《关于对少生快富千户示范户实施重点帮扶的通知》等文件，与 16 个乡（镇）、街道、管委会及 19 个部门签订《2014 年人口和计划生育目标管理责任书》。健全人口计生工作领导小组，制定有利于人口计生工作的政策、措施，建立部门联席会议制度和人口信息资源共享机制。公安分局每季度通报新生儿入户情况，婚姻登记处为每一对登记的新婚夫妇发放免费孕前健康检查宣传材料；兴庆区残联、妇联、宗教局等 8 个部门共同帮扶 16 户少生快富示范户，给予每户 2000 元（实物、项目等）的扶持；兴庆区团委在“希望工程”助学行动中以计划生育贫困户子女作为主要救助对象，帮扶救助 60 名女孩，帮扶资金 18.6 万元；兴庆区民政局建立农村养老幸福院 10 处，建立城市社区居家养老服务站 72 个，实现居家养老服务站全覆盖；兴庆区教育局落实三免一补政策，保障进城务工农民子女在辖区接受义务教育。2014 年财政投入人口和计划生育经费 3561.8 万元，人均经费 50.9 元，较上年度增长 10%，并将流动人口计划生育基本公共服务、计划生育奖励扶助等工作经费纳入财政预算。

【人口文化宣传】 依托人口学校、人口和家庭公共服务中心等阵地，开展“树婚育新风为您幸福，传科普知识保您健康”主题文体活动，创建幸福家庭氛围，倡导新型生育文明。采取咨询、讲座、知识竞赛和文艺活动等形式开展人口文化宣传。先后举办人口文化宣传活动 156 次，发放宣传品 20 万份，制作全家福1300幅。

【推广早期教育】 为传播优生优育理念,普及科学孕育知识,人口计生局与恩育堂早教中心、凯米宝贝早教中心联合举办"美丽孕期·和谐家庭"孕妈妈健康大赛活动;与金宝贝早教中心合作,举办《0~5岁婴幼儿情绪管理》《规矩和爱》千人大型公益主题讲座。

【计生政策和优生知识宣传】 利用春节、妇女节等节假日进行室外宣传,发放计生宣传材料、避孕药具;利用新闻媒体、报刊杂志等传播媒介宣传计生文化、政策法规。发表新闻报道35篇,拍摄宣传短片一部,群众对计生政策和优生知识的知晓率达到95%以上。

【人口和家庭公共服务】 新增人口和家庭公共服务中心2个,新增穆斯林人口文化书屋2个,更新人口文化阵地16个,开展青少年心理健康服务10次,举行老年健康咨询16次。元旦、春节慰问计划生育双女户、独生子女、计划生育户、老协会员等困难户66户,为她们送去米、面、油等生活必需品。玉皇阁北街以贫困学龄前儿童为重点,开展"与爱同行,宝贝加油"的送温暖活动,对辖区12户13名贫困孩子进行慰问;丽景街以流动人口为重点,开展"计生服务为群众,做好工作靠大家"宣传咨询活动,免费发放计生药具,赠送计生宣传资料;胜利街以孤寡老人和残疾老人为重点,在清和市民服务站举办"关爱老人、递送温暖、传递正能量"活动,为辖区内的孤寡老人和残疾老人免费理发、量血压、讲解健康知识,提供打扫卫生等家政服务;文化街以育龄妇女为重点,开展以"书韵飘香、点亮生活"为主题的读书知识竞赛活动。

【精简生育审批环节】 将《流动人口婚育证明》行政审批权下放到乡(镇)人民政府、街道办事处,取消《计划生育生殖健康服务证》的办理。执行首接责任制、一次性告知制和限时办结制。审批发放(换)《再生育生育证》919本,审批"单独两孩"生育申请65对,再生育审批合格率100%;上报病残儿鉴定8人;办理独生子女父母光荣证2247本,补办169本;征收社会抚养费立案43件,社会抚养费征收案卷立案率达70%,无行政处罚案件。

【生育"一票否决"制度】 组织乡镇、街道、村居计生干部及社区网格员500余人参加计划生育政策法规培训,开展阳光计生和政风行风建设,向社会公开人口和计划生育行政执法范围、执法依据和执法程序,化解群众矛盾,解决好信访问题,认真审核辖区内拟提拔和评选评优者个人计划生育情况及计划生育履职情况,执行计划生育"一票否决"制度。2014年,核实单位及个人计划生育情况共计695个。其中:核实先进单位计划生育履职情况300个;个人计划生育情况395人。接待群众来信来访2668件。其中:要求解决问题类1620件;咨询类1022件;举报超生2件;微博政策咨询17件;市长热线转办咨询7件。

【免费优生健康服务】 根据计划生育服务机构"四优一满意"标准,深入各乡(镇)、街道服务站,在技术服务、药具管理等方面进行指导。开展以优质服务为目标的技术服务,做环情孕情检查6385人次,妇科检查772人次,乳腺检查1907人次,B超查病4173人次;发放避孕药具143828盒,避孕药具随访140951人次,避孕节育措施及时率、有效率、应用率均达到98%以上,综合避孕率为95%,育龄人群免费避孕药具获得率达95%;计划怀孕的夫妇参加免费孕前优生健康检查2601对(5202人);完成城乡孕期妇女参加免费两项筛查3744人;育龄妇女生殖健康免费普查5000人次。在丽人医院开展生殖健康、优生优育等专题培训30期,1975对夫妇参加培训。

【人口信息库数据质量清理核查】 落实新婚登记、出生实名登记制度,按月与公安、卫生、民政等互通信息,逐一比对核实补录,提高数据质量,出生人口实名登记信息核实率95%以上;组织乡(镇)、街、村(居)信息化工作人员进行数据质量清理核查及系统软件培训,完成人口宏观管理信息化录入工作。兴庆区人口信息主要数据完整率达到96.11%,已婚育龄妇女逻辑关系准确率为97.78%。

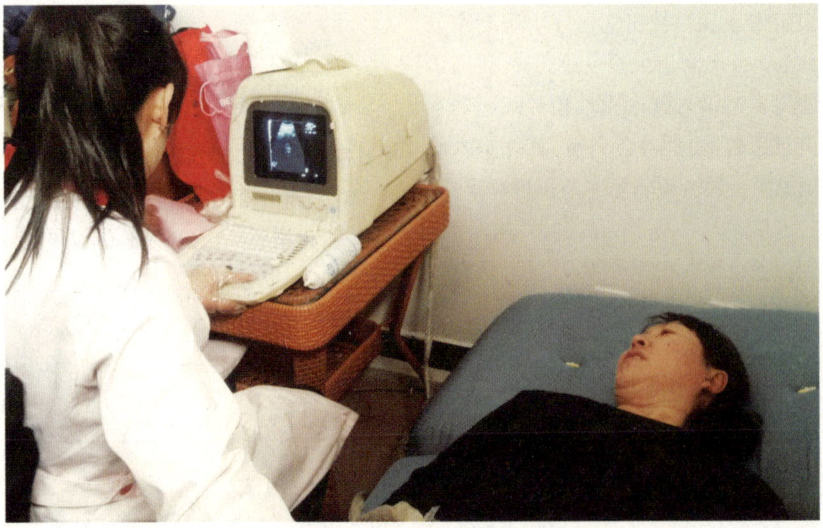

2014年3月8日,兴庆区为女职工免费做身体检查

【移民地区和流动人口生育健康服务】落实属地管理和目标责任制考核机制，利用2014年生态移民搬迁时机对移民基本信息及各类档案进行交接和生殖健康普查。在新移民区发放计划生育知识宣传册5200份，制作宣传标牌190余块，开展宣传咨询11次，开展免费生殖健康普查4次，普查1000余人，发放妇科类用药600瓶(袋)；建立穆斯林人口文化书屋5个，开展特色民族活动25次，受教育穆民1200人次；推进流动人口区域“一盘棋”管理，利用早市、集市、劳务市场等场所，各街道、乡镇定期进行流动人口宣传和药具发放。开展宣传教育活动32次，服务群众5000人次，为育龄妇女开展免费查环、查孕、查病服务，发放避孕药具2000盒；组织辖区计划生育家庭、流动人口家庭在流动人口服务站举办“喜迎新春、送福到家”的民俗文化进社区活动；利用兴庆区社会治理网格化服务平台，拓宽流动人口信息采集途径，与117个县区签订流动人口计划生育双向管理服务协议书。2014年登记流动人口54416人，育龄妇女16893人，为流入育龄妇女提供“三查”“四术”服务1.5万人次，流动人口免费技术服务落实率达91%。流入成年育龄妇女查证建档率达100%以上，流出已婚育龄妇女“婚育证明”办证率达98%以上。开展流动人口计划生育“送服务·送政策·送温暖”集中服务月活动，634名流动人口育龄妇女参与孕检，532人参与免费孕前健康检查；在辖区的18个安居工程工地开展建筑工地流动人口送政策、送文化、送健康“三送”活动，设立36块政策法规、优生优育健康知识宣传展板，悬挂避孕药具箱18个，放映电影18场次，开展免费B超、乳腺扫描271人次，发放宣传品3200余份。投入资金132余万元，建立少数民族流动人口服务点11个，开展少数民族流动人口生殖健康服务34次，随机抽样流动人口动态监测样本点42个。

【计划生育家庭奖励与扶助】2014年，农村计划生育家庭奖励扶助对象新增28户，退出3户，累计111户，发放奖励扶助金8.5248万元。特别扶助新增57户。其中：伤残扶助标准6人，死亡扶助标准51。退出2户，累计264户。其中：伤残扶助标准82户(农业户口2户，非农业户口80户)，死亡扶助标准182户(农业户口11户，非农业户口171户)。发放特别扶助金98.292万元。少生快富项目户无新增，累计81户；2014年度独生子女保健费正在进行村(居)初报和乡(镇)、街道初审当中。814户农村独生子女及少生快富户参加计划生育保险，兴庆区财政按照30%的比例承担资金3.2560万元。截至9月30日，兴庆区落实各项惠民、奖励优待资金895.81万元，资格确认率、信息准确率、资金发放兑现率达100%，20.5万名育龄群众受益。落实2013年统筹城乡医疗保险补助金22018人110.038万元。

【计划生育工作人员业务培训】组织乡镇、街道及计生局8名计划生育工作人员到南京人口培训基地；举办兴庆区人口计生系统信息化培训班、业务知识培训班、行政法规培训班及各类干部培训讲座161期，培训3673人次；开展“岗位练兵”活动，岗位业务培训率达到95%以上；选派1人到银川市人民医院进修学习半年，选派6人参见银川市孕前检验质量培训班，和孕前优生健康检查培训班、避孕药具不良反应培训班、孕期妇女免费筛查培训班各2期，培训基层技术人员60人次。

【社区计划生育基层群众自治】以“5·29会员活动日”为契机，在社区开展文艺演出、座谈会、知识讲座、流动车宣传、送温暖等活动35场次，入户慰问96户，发放宣传品2万余份。为辖区内50余户贫困家庭婴幼儿提供价值20余万元的奶粉；开展人口计生基层群众自治工作，使兴庆区村(居)民自治达到95%。新华街富华社区、中山南街康华社区被国家计生协授予第四批全国计划生育基层群众自治示范村(居)。富宁街以“感恩母爱”为主题推行“幸福母亲温情服务”活动，对辖区的已婚育龄妇女中的妈妈们免费发放“幸福母亲温情服务卡”；中山南街通过“幸福佳苑”人口文化中心，根据家庭需求分类进行“文明倡导、健康促进、优生优育、致富发展、奉献社会”五方面的幸福促进工作。兴庆区创建幸福家庭活动覆盖的村(居)和家庭累计达到47%。

(供稿人：王　鑫)

社会服务·人民生活

人力资源与社会保障

【概况】 2014 年，兴庆区人社局围绕区委“8531”工作思路和自治区、银川市人力资源和社会保障工作目标责任，以完善城乡社会保障体系、构建和谐劳动关系、强化人事人才服务为重点，开拓创新，稳中求进，真抓实干，确保各项人力资源和社会保障工作取得新进展。

【城乡居民养老保险】 完善城乡社保体系，以城乡居民养老保险全覆盖为目标，采取分管领导挂帅、经办人员分工包干、重点单位上门督办、薄弱乡镇下乡督查等措施，落实扩面征缴目标责任制，形成社保部门、经办银行、乡镇街道、村队（社区）、村级社保协办员密切配合、上下联动、齐抓共管、全力攻关的工作机制，做到“乡不漏村、村不漏户、户不漏人”，组织城乡群众参保缴费，实现应保尽保。2014 年，城乡居民养老保险参保 34880 人，参保率达到 98%；缴费 24815 人，缴费率 93.8%。办理享受养老保险待遇 8327 人，发放养老保险存折 1344 本，领取养老保险金资格认证 7961 人。其中：城乡居民 7324 人；失地农民 637 人，资格认证率达到 99.84%。

【城乡居民医疗保险】 完成参保缴费 195495 人。其中：一档参保缴费总人数 107159 人，城镇居民 63139 人，农村居民 44020 人；二档参保缴费总人数 64647 人，城镇居民 55814 人，农村居民 8833 人；三档参保缴费总人数 23689 人，城镇居民 20998 人，农村居民 2691 人，零缴费特困人员 2625 人。2014 年城乡居民医保基金支出合计 317184 人次 9595209.66 元，累计住院报销 838 人次 4908816.79 元；门诊报销 316279 人次 3540561.38 元；一般诊疗费 316279 人次 1126331.49 元；退费 67 人次，退费金额 19500 元。

【“一卡通”网络连通】 做好医保网络连通工作，协调自治区、银川市人社部门、电信、广电公司对已签订服务协议 38 家基层医疗机构进行“一卡通”网络连通，完成新迁地址的 2 家村卫生室和未联通网络的 5 家村卫生室网络连通；定期采集社会保障卡信息，及时与自治区、银川市两级社保部门进行社保卡信息比对，累计完成社会保障卡信息成功采集并制卡数据 14795 人；安排专人负责，督促乡镇、街道劳动保障事务所，采取医保系统查找联系方式、张贴通知、上门入户、对生态移民集中现场发放等多种方式，发放社保卡和制卡信息采集。累计接受待发社会保障卡 228305 张。其中：城乡居民社会保障卡 224924 张，生态移民社会保障卡 3381 张。发出

2014 年 10 月 20 日，建筑工程领域召开农民工工资支付工作协调会议

城乡居民社会保障卡 193689 张。接待城乡居民社保卡信息查询 10000 余人次,补办社会保障卡 1564 张。

【生态移民社保顺利接续】 贯彻落实宁人社发〔2011〕327 号文件精神,在月牙湖乡生态移民村多次开展社会保险政策培训,安排专人前往彭阳办理生态移民社保关系转移手续,接收整理生态移民社会保障卡 3381 张;对生态移民基本医疗保险关系、基本养老保险转移接续进一步核实,累计完成 1163 户 4783 人生态移民基本医疗保险关系核实。从 6 月 1 日起将生态移民基本医疗费用报销工作纳入兴庆区城乡居民医疗保险日常报销,保障生态移民及时就医。

【医保基金稽查】 根据国务院颁布实施的《社会保险稽核办法》,对兴庆区及两乡两镇的卫生院、村卫生室履行医疗服务协议及基本医疗保险政策执行情况进行了 7 次稽查,通过检查定点医院的医疗保险基础管理情况、参保人员个人账户的使用情况、“三项目录”的执行情况,以及特殊情况未持卡住院人员补录信息情况、药品、诊疗项目、医疗设施等收费情况进行核查。尤其是对冒名住院、挂床住院等违规行为,参保居民的投诉和举报进行调查、核实。对月牙湖、通贵乡、大新镇、掌政镇 4 家定点医疗机构违反相关规定进行 2~5 倍的经济处罚。

【落实社会保险工作】 结合工伤保险条例实施 10 周年,开展“送政策下乡”活动,与自治区社保局、银川市社保局、兴庆区就业局等部门密切配合,先后在光明广场、月牙湖、燕鸽湖等地,利用“赶集日”“三下乡”、法制宣传日等,采取集中设点、现场咨询、发放宣传资料、播放政策宣传视频等群众喜闻乐见的方式进行社保政策宣传,开展宣传活动 4 场次,举办培训 4 期,发放宣传册 7500 余份。按照自治区社保局要求,重新对医保待遇支付、会计财务等社保档案进行立档、整理、打印封面、排序上架。制定档案管理制度,指派专人负责管理社保档案。2014 年完成社保档案整理 69 盒。其中:住院档案整理 39 盒;门诊家庭账户审核档案 17 盒;会计档案 13 盒。对 100 余名乡镇、街道民生服务中心社保经办人员及村级社保经办人员进行参保政策及业务专项培训。根据银川市医保中心安排,做好“因病致困”群众慰问,对 140 名“因病致困”群众进行慰问,核拨“因病致困”群众慰问金 84000 元。

【劳动关系案件仲裁】 贯彻自治区《关于进一步落实建设工程领域农民工工资拖欠处理责任制的通知》、银川市《进一步加强建筑领域农民工工资支付管理工作若干意见》和兴庆区《关于进一步深化平安兴庆建设的实施意见》等文件精神,提高用工单位及社会公众的法律意识,开展劳动法律法规宣传 2 次,发放宣传资料 2000 余份;举办劳动争议调解宣讲培训 2 期,培训街道办事处工会及辖区企业负责人 60 余人;办理辖区企业劳动合同备案 151 家 852 人,办理合同变更解除 224 家 887 人,办理建筑企业农民工合同备案 6 家 559 人,办理合同变更解除 5 家 278 人。兴庆区劳动人事争议仲裁委立案受理 436 件(其中不予受理 37 件),涉及劳动者人数 423 人。其中:涉及劳动报酬 91 件,社会保险 103 件(其中工伤保险 27 件),确认劳动关系 23 件,解除、终止劳动合同 210 件,其他各种相关争议 9 件。结案 457 件,涉及金额 687.2 万元。其中:调解结案 196 件,裁决结案 188 件,其他结案 73 件。处理结果用人单位胜诉 99 件,劳动者胜诉 151 件,双方部分胜诉 198 件,其他 9 件。

【劳动执法监察】 根据《关于对我市重点建筑工程项目维护农民工合法权益情况实施监控的通知》精神,劳动监察保障大队与兴庆区康居办、政研室、工会等部门组成专项检查工作领导小组,对兴庆区八里桥安置区项目、上前城安置区项目等 10 个政府实施的重点建筑工程项目,16 个社会类投资项目农民工工资发放情况及安全生产情况进行专项检查。配备劳动监察协管员 28 人,经过培训后安排至兴庆区各乡镇、街道劳保所,协助兴庆区劳动监察大队开展劳动监察“两网化”等劳动监察;从工会、企业、司法机关、律师事务所聘请兼职仲裁员 6 名。2014 年,收缴建筑企业农民工保障金 110 家 1.12 亿元,受理投诉案件 196 起,其中建筑领域农民工工资案件 18 起,涉及人数 1160 人,涉及金额 4100 万元,结案 150 起,结案率 77%;接待处理信访案件 21 起,办结 21 起,涉及金额 600 万元。2014 年,共受理投诉案件 196 起,其中建筑领域农民工工资案件 18 起,涉及人数 1160 人,涉及金额 4100 万元,结案 150 起,结案率 77%;接待处理信访案件 21 起,办结 21 起,涉及金额 600 万元。收缴农民工工资保证金 110 家 1.12 亿元。

【人才队伍建设】 贯彻落实《兴庆区 2011—2015 年人才发展规划》,制定《兴庆区人力资源和社会保障局 2014 年人才工作方案》,明确人才工作思路、阶段工作任务、具体责任分工,健全人才工作机制,加强督促检查落实,确保各项人才工作有序推进。印发《关于开展兴庆区拔尖人才推荐评选活动的通知》,采取“两推荐两投票”、自下而上的方式,在生产、建设、商贸、金融、交通物流、文化教育卫生等系统及非公有制企业和社会组织中,评选拔尖人才 50 人,拟纳入兴庆区拔尖人才库进行管理;先后向兴庆区机关事业单位转发自治区“国内引才 312 计划”、“海外引才百人计划”、新世纪“313 人才工程”,以及享受国务院、自治区特殊津贴等人才计划、工程选拔通知。有 2 名专业技术人员获得自治区政府津贴,1 人获得银川市政府津贴；结合各部门工作需要及人员编制，通过公招、选调等形式，积极引进人才，为组织部电教中心、老干部局关工委等 2 个参公单位招聘公务员 3 人，招聘特岗教师 20 人，中小学教师 20 人，公办幼儿园教师 50 人，在全区范围内选调优秀教师 80 名；安排组织 14 名农村实用人才分别到陕西杨凌、山东寿光进行考察学习。组织 3100 名专业技术人员参加新一轮继续教育《专技人员团队建设与创新》公需课培训；为 8 名专业技术人员，32 名工勤技能人员申报职称资格晋级。

【公务员管理】 一是根据自治区、银川市有关规定，做好 2013 年度公务员年终实绩考核和事业单位工作人员年度考核，确定政府系统优秀等次公务员 73 人，称职等次 201 人，不确定等次 10 人，不参评 1 人；事业单位工作人员确定优秀等次 473 人，合格等次 3376 人，不确定等次 71 人，不参评 36 人；根据《关于加强公务员平时考核工作的意见》（宁人社发〔2013〕94 号）文件精神，制定《兴庆区科级及以下公务员实绩考核实施细则》，印发《关于认真做好 2014 年上半年科级及以下公务员、事业单位人员考核工作的通知》（银兴人社发〔2014〕88 号），切实抓好公务员平时实绩考核，按照考核文件规定的范围对象、程序方法、优秀比例开展工作，准确审定考核等次，完成 2014 年上半年公务员平时实绩考核工作，考核公务员 687 人，审定“很好”等次 159 人，“很好”比例为 23%。二是根据《中华人民共和国公务员法》及《宁夏回族自治区公务员考核暂行办法》（宁组发〔2007〕44 号）和《宁夏回族自治区公务员奖励暂行办法》（宁组发〔2008〕16 号）等有关文件规定，依据 2013 年年度考核结果，为 2013 年度获得优秀等次的 167 名公务员颁发优秀证书，给予 1000 元奖励；对在 2011-2013 年连续三年获得优秀等次的 28 名公务员记三等功一次，颁发奖励证书和奖章，发给奖金 1500 元；对 5 名因病不能坚持上班或受各种党政纪处分的人员，在年度考核中进行相应的处理。三是组织 98 名科级以下公务员参加网络培训，选派 17 名县处级、科级公务员分别到浙江大学、北京行政学院等高校、外省培训基地进行培训；组织 30 名公务员参加全区“人民满意的公务员”和“人民满意的公务员集体”先进事迹报告会；对 23 名新录用公务员进行公务员登记；为 2 人办理的调入手续，为 4 人办理调出手续；为兴庆区清真管理办公室、政务服务中心等 5 个部门上报参公管理申报材料；按照自治区、银川市要求，将兴庆区 687 名公务员信息全部录入兴庆区公务员信息数据库。

【非在编人员管理】 根据自治区、银川市军转会议和《银川市辖三区非在编复退军人劳动报酬管理暂行办法的通知》（银政办发〔2013〕186 号）文件精神，安置 2008 年退伍士兵 36 人；汇总上报兴庆区历年安置的辞职创业的复退军人 25 人，协调银川市财政核拨复退军人辞职创业费，为经政府同意辞职的非在编人员核发辞职创业费 260 余万元。对 2012 年 39 名“三支一扶”大学生进行期满考核，对 2013 年 134 名“三支一扶”大学生进行年度考核，完成 2014 年“三支一扶”大学生岗位征集，上报征集岗位 204 个，经自治区、银川市审核批准 151 个。对分配到兴庆区服务的 151 名“三支一扶”大学生进行体检、岗前培训，安置分配到 73 个单位，及时为他们缴纳社会保险，核发工资待遇。

【事业单位人员工资管理】 按照自治区、银川市和兴庆区有关政策，落实各类机关事业单位人员工资福利待遇。完成 2014 年度机关事业单位正常晋升级别及薪级工作；根据《银川市辖三区非在编复退军人劳动报酬管理暂行办法的通知》（银政办发〔2013〕186 号）文件精神，完成兴庆区非在编人员重新核定工资工作；重新核定事业单位 2014 年绩效工资总量；核发 2014 年度取暖费、民族团结奖，按要求补发 2013 年度政府效能奖等；完成转正定级工资、晋升职务、职称、工人技术等级工资、新考录及调入人员工资审批等各类工资变动 862 人次；办理退休手续 190 人，审批丧葬抚恤金 30 人；重新核定机关事业单位社保补差人员补差标准。根据自治区人社厅《全区机关事业单位养老保险制度改革相关数据采集测算工作方案》精神，完成兴庆区机关事业单位 7219 名在职人员、离退休人员基本信息和工资数据采集、统计、填报工作；根据银兴纪发〔2014〕33 号文件，采取自查自纠与督查抽查相结合的形式，对兴庆区 51 家单位的“四项基金、非在编不在岗及津贴补贴”情况进行专项检查，规范各单位对“四项基金”及不在岗人员的管理，督促各单位按政策规定核发津补贴。

【企业在岗职工工资指导】 上报 2013 年度 417 家企业薪酬调查数据；根据宁夏回族自治区国资委、人社厅、教育厅、财政厅等部门《关于做好国有企业职教幼教退休教师待遇工作通知》精神，完成宁夏建工集团、邮电幼儿园、电力学校、银川市拖拉机厂幼儿园等 10 家企业两批 176 名退休教师待遇核算。

（供稿人：吴全升）

劳动就业服务

【概况】 2014 年，兴庆区劳动就业服务局认真贯彻落实兴庆区委政府决策部署，以贯彻执行国家和自治区、银川市就业创业政策为主线，以实现就业群体充分就业、创业群体活力迸发为目标，不断探索工作新思路，实施工作新举措，挖掘工作新亮点，就业创业工作取得新进展。

【落实就业优惠政策】 制作《致灵活就业人员申报登记社会保险补贴的公开

信》发放到各乡镇、街道,采取逐楼宇张贴、网格员上门宣传等方式,动员符合条件的灵活就业人员积极申报,确保符合条件的灵活就业人员全部能够享受国家就业优惠政策,鼓励就业困难人员灵活就业。制作《兴庆区春风行动卡》《兴庆区生态移民就业创业服务卡》《兴庆区小额担保贷款服务指南》《兴庆区致生态移民朋友的一封信》《兴庆区创业小额担保贷款流程》《兴庆区全民创业政策宣传册》《兴庆区大学生创业政策宣传》和《兴庆区就业创业培训指南》等涉及就业、创业、培训三大类十余种宣传资料 20000 余册(本),详细介绍灵活就业社保补贴申领、失业保险金发放、职业介绍流程、技能培训、创业培训流程、创业小额担保贷款等方面的政策;按照自治区、银川市公益性岗位安置要求,定期深入用人单位检查公益性岗位人员上岗情况,杜绝公益性岗位人员上岗不在岗的现象发生,对在工作中表现突出的,能够见义勇为的公岗人员给予通报表扬,对因重大疾病入院治疗的看望慰问;制定《兴庆区就业失业登记证办理程序》,将原来办理《就业失业登记证》时间由 3 个工作日缩短为当日办证、当日取证。2014 年,办理《就业失业登记证》19580 人。其中:办理失业登记 3218 人;办理就业登记 16362 人。申报符合享受社保条件的灵活就业人员 8059 人,争取自治区补贴资金 1124.9 万元,银川市补贴资金 1181.19 万元;审核发放失业保险金 945 人,发放失业保险金 96 万元。聘用公益性岗位人员 1025 名,为公益性岗位人员发放 2013 年绩效奖 100 多万元。

【就业专项活动】 2014 年,开展“就业援助月”和“春风行动”等系列就业服务专项活动。登记认定就业援助对象 120 人。组织小型专场招聘会 4 场,54 家用工单位和 1018 余人次参加,23 名就业困难人员实现就业,98 名就业困难人员享受到优惠政策。自筹资金 8700 元,对 11 个街道、两乡两镇(燕鸽湖管委会)劳动保障所上报的 29 户就业援助对象进行“就业援助、真情相助”入户走访慰问,给每户困难职工家庭发放一套就业政策书籍,提供 20 家企业用工最新招聘信息,和 60 余个技能培训项目的免费培训志愿表,供援助对象选择用工单位和培训项目,发放慰问金 300 元。银川市就业援助慰问 92 名援助人员,送去优惠政策书籍、岗位信息、免费培训项目和灵活就业社会保险补贴发放程序、补贴办法等,发放慰问金 600 元。完成银川市就业和社会保障“一卡通”信息网络建设,两乡两镇和燕鸽湖管委会及 11 个街道完成“一卡通”装机调试,实现银川市—兴庆区—街道三级就业与社会保障信息网络资源共享。截至年底,城镇新增就业人数 7957 人,城镇就业困难人员实现再就业 532 人,登记失业率 3.06%,“零就业家庭”实现动态消零。

【基层就业工作指导】 组织就业专干对街道(乡镇)民生服务中心就业创业工作人员进行业务指导,安排 2 名专职人员对兴庆区 5 个“和谐社区”创建单位进行“一对一”“点对点”就业创业指导,采取集中或分散不同形式对兴庆区本级、街道、乡镇、社区四级就业服务工作人员进行就业创业培训,提高就业创业工作人员整体业务水平。实施“跟着项目走、围着产业转”的定向、订单培训,形成培训、创业、后续跟踪服务良性互动机制。在大新、掌政、通贵、丽景街、银古路等乡镇街道重点进行失地农民职业技能培训,在月牙湖乡重点进行生态移民各类职业技能培训,培育生态移民劳务经纪人,在月牙湖滨河家园移民村建立劳动保障工作站,安排人员开展就业服务。全年城乡劳动力培训 1070 人,生态移民就业培训 620 人,农村劳动力转移就业 10747 人,实现工资性收入 9461 万元。

【新成长劳动力职业技能培训】 兴庆区将初中毕业没有考上高中的学生视为新成长劳动力,并纳入职业教育的范围,形成失地农民、生态移民和新成长劳动力立体交叉的职业培训格局。区委、区政府制定补贴政策,凡 2014 年进入宁夏职业技术学院参加中职教育的兴庆区籍学生,不分城镇户、农村户,一律享受每人每年 1500 元的学习费用补贴,连续补贴三年,直至中职教育毕业。已有近 180 名兴庆区籍初中毕业生在宁夏职业技术学院参加中职教育。

【高校毕业生就业】 印发《关于开展兴庆区 2014 年高校毕业生就业服务月活动的通知》(银兴就劳领发〔2014〕4 号),开展“实施就业促进计划 实名制登记服务到人”主题活动,为有就业愿望的离校未就业高校毕业生提供就业服务。9 月 20 日,在银川国际会展中心举办

2014 年 8 月 29 日,举办“三支一扶”高校毕业生岗前培训会

"2014 年宁夏(银川)沿黄经济区秋季人才交流大会"和 2014 年宁夏(银川)秋季民营企业综合类人才交流大会。2014 年,兴庆区特困家庭高校毕业生当年就业率达到 100%, 高校毕业生登记 100 人,实现就业 100 人,就业率 100%。

【创业园区培育】 确定绿地 21 城、大新镇盛唐花卉、月牙湖周景世荣花卉基地、掌政镇春耘种植专业合作社 4 个创业园区为创业孵化基地,银古路丽景社区创业一条街等 5 个创业街为微创园。将兴庆区宁夏智骏酒店管理有限公司创建为中小企业管理人才基地,周景世荣花卉有限公司和塞上花都花鸟鱼宠市场创建为大学生创新创业基地,安排专人提供创业就业服务,推荐两个基地的法人为兴庆区企业经营管理拔尖人才。9 月,宁夏结婚中心项目在中国穆斯林商贸城正式落地,是西北乃至全国一个规模较大、档次较高的集婚礼拍照、婚庆服务、婚礼创意、微电影制作及全套服务为一体的创业园区。

【创业贷款服务】 2014 年,注入的担保基金达到 200 万元, 按照 1:5 的比例撬动放贷额度 1000 万元。发放创业小额担保贷款 542 万元,创业带动就业人数 3249 人。

(供稿人:沈钦峰)

生态移民

【概况】 兴庆区移民办扎实推进兴庆区生态移民安置工作,帮助移民逐步摆脱贫困,提高移民经济收入,使移民安置区经济社会发展取得有了新进展。截至年底,建设安置房 3979 套,安置移民 3155 户 13150 人; 新开发整理土地 13820 亩,配套完善了沟渠、防洪坝、泄洪沟等农田水利设施; 完成庄点绿化 360 亩,农田林网 835 亩;为搬迁入住的移民户均配套一头托管奶牛,年奶牛托管收益 2800 元。新建 4 个村部、20000 平方米商业网点和 400 栋设施温棚;引进一家清真兔养殖加工企业。安置区实现"四通、四化"(通水、电、路、有线电视;道路硬化亮化、社区绿化、环境洁化、整体美化)。

【移民村建设】 滨河家园一村、二村、三村、四村 4 个行政村成党支部和村委会。截至 2014 年年底,安置区回族群众 1336 户 5640 人, 占已搬迁回汉总人口的 43%。在安置区建设南北两座清真寺,满足新老两个教派的宗教活动。南寺的厢房及水房已经建设完毕,北寺厢房及水房正在建设中。

【户均一人外出务工】 把劳务输出作为移民增收致富的"铁杆庄稼"。结合滨河家园毗邻滨河新区、红墩子煤矿、内蒙古上海庙、月牙湖万亩奶牛生态养殖园区的有利条件, 组建移民劳务协会 4 个,培育劳务经纪人 36 名,积极创建劳务品牌。2014 年月牙湖移民外出务工 4000 余人,户均达到 2 人,创收 4500 万元, 劳务收入占家庭总收入的 65%以上。

【户均一头牛】 为移民户均购置一头成年奶牛,由万亩生态奶牛养殖园区企业进行托管饲养,3155 头奶牛已经全部入园。每头奶牛的托管期限为 6 年,企业每年为每头奶牛返还 2800 元的固定收益分成,保证移民的基础收入。

【人均一亩地】 结合兴庆区提出的"现代农业精品区"发展目标,移民安置区土地全部以每亩 300 斤红小麦的当年市场收购价进行流转,大面积推广畜草种植,为万亩生态奶牛养殖园区提供饲草供给,实现移民稳定增收和产业良性发展相互促进,同时把移民从土地上解放出来, 促进劳动力向二三产业转移,增加移民的劳务收入。

【户均一亩经果林】 兴庆区将 2500 亩节水灌区分配给 5 个村作为村集体经济,原则达到户均一亩自种地。通过"农户 + 合作社 + 企业"的方式,企业与各村签订种植合作协议,企业负责技术指导和销售渠道,确保移民增收,各村优先选用中老年人、妇女等剩余劳动力开展田间管理、收获采摘等工作。

【户均一个庭院】 打造清真食品优质品牌战略,通过招商引资,引进集清真肉兔养殖、良繁、屠宰加工和销售为一体的企业在滨河家园建厂兴业, 采取"农户 + 合作社 + 企业"的模式,引导移民在庭院内利用立体空间养殖肉兔,企业提供统一的饲养和繁育技术并进行收购加工。解决剩余劳动力的就业问题,带动移民增收致富。

【打造多元化产业】 因地制宜、科学定位, 结合实际引进多项劳动密集型产业。引进并建设宁夏中银绒业股份有限公司月牙湖分厂, 年产 100 万件羊绒衫,年产值可达 2 亿元,可安排 1500 人就业, 已解决 370 名移民就业问题,人均月工资 1600 元以上, 并缴纳五险一金;采取"基地 + 企业 + 农户"合作模式,建成 400 栋温棚作为企业花卉生产基地,由移民免费承包生产,企业免费给移民提供生产资料和技术指导,并以固定价格收购销售,每户花农平均收入达到 2.5 万元; 结合 "万村千乡市场工程",建成并投运 107 套 1.2 万平方米商业网点和占地 12 亩的社区农贸市场,引导移民创办家庭商铺,使 400 多户移民实现自主创业,满足移民日常生活需求,活跃新老移民区的商贸流通。

(供稿人:韩丹)

扶贫开发

【概况】 2014 年,兴庆区扶贫办围绕兴庆区"8531"工作思路确定的目标任务,坚持开发式扶贫方针，以社会主义新农村及经济建设为目标，以增加农民收入为核心，重点抓好整村推进、村级互助资金、两项制度衔接、“双到”扶贫和劳动力培训转移几项工作，使月牙湖乡群众生产、生活条件得到有效改善。

【扶贫对象动态调整】 2月25日，兴庆区在月牙湖乡召开扶贫对象动态调整建档立卡动员大会，兴庆区有关部门、月牙湖乡、村干部四十余人参加了会议。建档立卡的工作程序是：个人申请登记，村委会筛选排名，初定贫困对象，村级公示，乡级公示。已完成月牙湖乡11个村1855户7642人入户调查，贫困对象全部录入电子档案，上报自治区扶贫办。

【实施“以工代赈”项目】 2014年争取自治区发改委“以工代赈”项目资金105万元，建设月牙湖乡第三排水沟上段清淤治理工程，已完成工程招投标。

【扶贫项目】 申请自治区扶持资金340万元，扶持农户种植1000亩红树莓；发放玉米种子10000斤，种植青贮玉米10000亩；发放苹果树苗50400株，种植经果林1500亩。申请银川市生态移民资金50万元，建设月牙湖乡生态移民回汉公墓道路5公里砾石硬化；申请银川市移民吊庄扶贫资金30万元，建设月牙湖乡北排水沟清淤治理工程。

【村级互助资金】 2014年，为月牙湖乡滨河三村申请自治区互助资金150万元，滨河一村、二村增资各25万元；申请银川市互助资金50万元，成立滨河三村、四村村级发展资金互助社。申请自治区扶贫办将月牙湖乡月牙湖村、大塘南村、滨河二村列为“千村信贷·互助资金”项目实施村。4月，聘请会计师事务所对所有互助资金项目实施村进行一次财务检查，对互助社管理人员进行规范培训，提高报表、账目的准确性和及时性。月牙湖乡参加互助社农户通过互助资金，大力发展养殖业，户均增收1500元以上。2014年自治区村级发展资金互助社评级活动中，月牙湖村被评为A类互助社

【农村劳务输出】 培养劳务经纪人50名，成立劳务协会4个，劳务派遣公司1个。月牙湖乡输出劳务人员10460人次，全年劳务总收入达到1.3亿元，占全乡农民总收入的43%。

【社会力量定点帮扶】 主动与帮扶月牙湖乡的银川市直16个定点部门联系，为各村牵线、搭桥，扎实开展“定点帮扶”活动。3月20日，兴庆区组织召开银川市直机关帮扶月牙湖乡对接座谈会，各帮扶部门到帮扶村，制定帮扶规划。2014年，银川市民政局为月牙湖乡小塘村解决资金8万元清理排水沟1条；银川市规划局为月牙湖乡海陶北村解决资金8万元砌护渠道1条；银川市住房保障局、市机关工委、市园林局、市政府服务中心、市卫生局、市总工会等市直定点帮扶单位为月牙湖帮扶村捐赠生活用品、办公用品等物资价值50多万元。

【“双到”扶贫项目】 为月牙湖村争取自治区扶贫办“双到”扶贫项目资金10万元，扶持该村50户贫困户发展养殖业，每户补助2000元。

（供稿人：郭京南）

民　政

【概况】 2014年，民政工作以改善民生、促进和谐为目标，着力提高社会救助力度，创新养老服务体系和社区服务体系建设，以打造“阳光民政”“满意民政”为切入点，开创兴庆区民政事业发展新局面。截至年底，兴庆区有城乡低保对象3425户5005人，发放城乡低保资金1146.18万元，各类补贴151.19万元；为城乡800名高龄老人发放高龄津贴246.74万元；为45名孤儿发放孤儿养育津贴23.05万元；为67名农村五保户发放五保供养金37.53万元；为1309名享受低保的重度残疾人发放残疾人津贴241.3万元；为6234名困难群众发放医疗救助金189万元。节日期间走访、慰问、补助各类困难群众2471户，发放慰问金（品）161万元。下拨158万元救灾救济资金确保冬令春荒期间灾民的基本生活不受影响。办理住房保障申请1845份。为5158名60岁以上老年人办理了“老年人优待证”。为355名优抚对象发放医疗补助金40.44万元，为779名优抚对象发放优抚资金416.6万元，为495名优抚对象发放慰问金31.46万元，为336名退役士兵发放优待金225.06万元。依法办理结婚登记4336对，离婚登记1531对，补办结婚证1341对，出具无婚姻登记证明8609份，婚姻登记合格率为100%，婚检率100%；为38人发放殡葬救助金3.8万元，处理无名尸体26具，城市火化率达到96%；办理民办非企业10家，成立社区社会组织2个，完成民办非企业和社会团体年检，年检合格率达到70%；办理收养登记1例。建立城市社区居家养老服务站72个，实现居家养老服务站全覆盖，建设社区老年活动中心21个，其中16个已向老年人开放。兴庆区民政局荣获自治区民政厅政风行风建设先进单位、无军籍退休退职职工移交安置工作先进单位、自治区老龄委老龄工作先进单位。

【创新社会治理，构建“和谐社区”】 在中山南街、凤凰北街、解放西街、玉皇阁北街以及兴庆区社会治理网格服务中心等5个点先行先试，探索建立“11125”（“一委一队伍一系统两阵地五项服务”即大党委；以网格员为骨干，居委会、物业公司、志愿者、社会组织、便民利民企业和个体工商户等服务队伍；社会治理网格化信息服务系统；街道市

民服务中心、社区服务站；党组织、自治、政务、便民和物业服务）模式，创新社会治理，建设“和谐社区”，按原社区服务范围建立 72 个市民服务站。市民服务站主要承办区域内自助互助服务及公共服务项目，不承担行政事务，进一步规范社区网格化管理工作。9 月 28 日召开的自治区深化和谐社区创建工作现场观摩会，在全区推广“兴庆模式”。争取自治区民生计划项目 4 个。其中：城市 3 个（清和社区、鼓楼社区、金南社区）；农村 1 个（掌政村）。投入 1000 万元对辖区内所有街道市民服务站活动用房进行维修改造。

【农村养老服务体系建设】 解决农村老人的社会养老问题，逐步满足农村老年人的养老服务需求，2014 年兴庆区建立农村养老幸福院 10 处；推进居家养老工作，继续为六类老年人提供政府购买服务项目，发放失能失智高龄困难老人护理补贴。

【提高城乡困难群众医疗救助标准】 2014 年，兴庆区对辖区城乡低保人员、“三无”人员、五保供养人员和享受高龄津贴低收入老年人的住院医疗救助累计最高限额由每人每年 6 万元提高至每人每年 8 万元；特殊困难家庭住院医疗救助累计最高限额由每人每年 4 万元提高至每人每年 5 万元；门诊大病医疗救助累计最高救助限额由每人每年 2 万元提高 3 万元等政策。

【提高网格员工资待遇】 推进街道网格员职业化、专业化建设，建立网格员长效增资机制，兴庆区民政局与人社局、财政局联合制定《兴庆区街道网格员工资福利管理办法》，在每人每月 2000 元的基础上，增加网格员工龄工资和学历、职称、绩效和岗位补贴。

【简化民政工作行政审批时限与费用】 将民办非企业单位登记与社会团体登记办理时间由原先“自收到成立登记申请的全部有效文件之日起 60 日内作出决定”缩短至 30 个工作日内办结；收养许可行政审批项目，自登记公告期满 60 个工作日后缩减至 30 个工作日内办结收养许可。在两乡两镇民生服务中心设置老年证办理点，取消补办老年证 5 元工本收费。将无婚姻登记证明办理设置在兴庆区婚姻登记处，免去群众先到档案局调档，再到婚姻登记处开具证明的冗杂程序，提高行政效能。

【低保家庭子女高等教育救助】 根据《银川市城乡居民最低生活保障对象子女高等教育阶段助学办法》规定，2014 年对低保户子女参加全国普通高等院校考入大校本科、专科的学生及往届考生进行救助。救助 74 人，发放金额 30 万元。其中：当年考入大学的 30 人，往届生 44 人。

【住房困难户救助】 对符合规定标准的住房困难的最低生活保障家庭、分散供养的特困供养人员通过配租公共租赁住房、发放住房租赁补贴、农村危房改造等方式实施。2014 年办理住房保障申请 1845 份。其中：廉租住房 594 份，公共租赁住房 958 份，经济适用住房 265 份，限价商品房 21 份，租赁补贴 5 份，租金核减 2 份。

【优抚双拥工作】 采取多种形式开展社会化拥军工作，促进双拥工作联创共建模式。为 482 名伤残军人更换新伤残证。实践优抚对象三级联网、动态管理，做好信访维稳工作。

【防灾减灾工作】 “5·12”防灾减灾日组织辖区减灾成员单位集中在宁园广场开展宣传教育活动，通过悬挂宣传横幅、制作宣传展板、发放防灾减灾宣传单、《地震防灾避险知识》、《防灾减灾知识手册》、挂画等宣传资料，提高群众参与防灾减灾的积极性。“十一”期间掌政镇黄河沿岸稻田受灾，引导灾民做好救灾自救，降低受灾损失。

【村民自治和村务公开】 在巩固“村务公开民主管理示范区”创建成果的基础上，兴庆区民政局与组织部、纪检委、农牧局联合对两乡两镇、2 个涉农街道办事处开展专项检查，指导督促村务公开民主管理工作和村民代表会议制度落实情况，发放《村民代表会议制度工作考核细则》2300 册。

（供稿人：梁斌杰）

社会福利

【概况】 兴庆区社会福利院主要负责辖区城镇“三无”人员、伤残退伍老军人、农村五保户的供养以及辖区各乡镇（街道）弃婴（幼）儿的收养中转、社会老人的代养等工作。2014 年，认真贯彻党的十八大精神，努力践行“大慈于心，孝慈于行”的服务宗旨，拓展宣传渠道，争取社会爱心人士、团体的帮助，关爱老人，倡导敬老事业。先后在《宁夏日报》《华兴时报》等省级报纸发送稿件 46 篇，在《银川晚报》等市级报纸发送稿件 37 篇，在兴庆区各部门上报信息 120 条。中央电视台朝闻天下、宁夏公共频道今晚播报、宁夏经济频道都市阳光等电视节目专题报道兴庆区社会福利院的养老生活。

【代养老人专业化护理】 代养老人平均年龄为 78 岁，身体状况不一，分为自理、半自理、特护三种情况。根据老人的状况，制定 4 个护理级别，不同级别给予不同的护理内容。要求护理员每两小时查房一次，24 小时监护，随时掌握老人生活起居情况。

【入住老人合同化供养】 与各乡镇、村委会签订《五保人员集中供养协议书》，严格“三无”人员入住资料审核，建立“三无”、“五保”人员档案。与代养老人

签订《代养老人入住合同》。2014年聘请律师依法完善入住合同相关内容，明确入住条件、程序及三方（院方、入住老人、法定赡养人）的权利和义务。

【老年亲情化服务】 成立兴趣小组，在各楼层成立书画屋、手工角、音乐组、戏曲沙龙，由护理员按照老人的不同爱好分组，引导他们进行活动；与银丰食品有限公司为“五保”和“三无”老人定做生日蛋糕，与他们共唱生日歌；举办老年趣味运动会，陪健康老人游凤城，丰富老人晚年生活；利用中心敬老院院内土地资源，种植葱、西红柿、黄瓜、菠菜、茄子等大棚蔬菜、大地蔬菜，为他们安排一些力所能及的劳动，既可以让老人能吃到新鲜的蔬菜，又可以增加老人的成就感，可以享受自己的劳动成果，福利院再以奖代补发给劳动补助。

【弃婴（幼）儿保障服务】 定期组织培训，选拔业务能力突出的保育员到北京、成都等地培训，借鉴外地先进的育儿经验；选购婴幼儿书籍，做好学前教育；邀请营养师对膳食部工作人员进行培训，为婴（幼）儿增加膳食营养。做好弃儿接收安置工作，符合接收条件并且手续齐全的，及时办理入院；对不符合接收养条件的（如流浪乞讨人员），耐心解释，做出合理建议。

【争取社会力量关爱老人】 福利院、敬老院采取“走出去、请进来”等方式，争取全社会共同关心、支持、重视老龄事业的发展。联系领导部门和社会各界，来院看望慰问老人，让他们感受社会大家庭的温暖。2014年，财政部司长、银川市市长和自治区政协、自治区民政厅、兴庆区民政局等领导前来院慰问老人；兴庆区玉皇阁北街工会及辖区的妇女代表、中国人民银行宁夏支行、黄河农村商业银行庆安支行、高台支行的领导及职员、兴庆区城关南局、兴庆北区个私协会等部门来院开展“送温暖、献爱心”等活动；九龙海浴为老人洗脚按摩、宁夏沙琪美发会所连锁机构的理发师义务为老人理发；中山书画院送书画；银川爱心互助会在中秋佳节给老人送月饼；银川市中医院给五保老人送医送药献爱心；兴庆区第十小学、长庆小学的师生们给老人们带来精彩的节目和慰问品等。全年接待社会捐赠及活动150余次，捐资捐物合计65.3万余元。

（供稿人：王静）

民族宗教事务

【概况】 兴庆区民族宗教事务局围绕兴庆区委、区政府的中心工作，以民族团结进步和和谐寺观教堂创建活动为抓手，负责保护宗教团体和宗教场所的合法权益，保护信教群众正常的宗教活动，管理兴庆区范围内的民族朝觐、出国留学等外事活动；调解民族纠纷，妥善处理有关民族、宗教方面的突发事件；依法监督管理辖区清真食品的生产、加工、经营、销售（除银川市直管以外），负责“清真食品准营证”的发放、监管。

【民族政策法规宣传】 制定“宗教政策法规学习月”活动计划，开展“五个一”活动，即召开一次座谈会、举办一期专题讲座、组织一次知识竞赛、开展一次赠书活动、开展一次宣传咨询活动。组织各宗教场所教职人员和乡镇、街道宗教专干100余人参加民族宗教政策法规答题竞赛。印制5000册《深入创建民族团结进步示范区，全面打造开放富裕和谐美丽兴庆》宣传手册，从民族团结进步创建、少数民族流动人口服务、宗教事务管理、和谐寺观教堂创建、宗教政策法规、回族文化认知、清真食品管理、清真认知等八个方面展示兴庆区民族宗教工作成绩，制作围裙、手提袋等宣传品各5000个，分发给各乡镇、街道和机关单位。

【民族团结进步创建】 落实《兴庆区深入开展民族团结进步创建活动的实施意见》，在各乡镇（村）、街道（社区）、学校、机关加大民族团结进步创建力度。在崇安社区设立“民族文化教育传承基地”，营造宣传氛围；各社区相继开展穆斯林群众游灵武枣博园和“关爱孤寡老人·幸福过中秋”“庆十一·颂和谐”“送欢乐·迎中秋·共筑中国梦”等丰富的联谊演出活动。8月，全国百家媒体记者组成的“民族团结宁夏行”大型宣传报道活动团到兴庆区采风，展示“民族团结、宗教和顺、社会和谐”成果。评选兴庆区民族团结进步模范15个，银川市民族团结进步模范7个，自治区民族团结进步模范2个。

【争取少数民族发展项目资金】 上报通贵乡少数民族特色村寨、宁夏德隆楼德鼎逸品清真食品有限公司清真食品研究中心及培训机构项目等7个自治区少数民族发展项目，上报张氏回医正骨医院国家重点民族医院、银川月美制衣有限公司宁夏少数民族服饰制衣等4个银川市少数民族发展项目。自治区和银川市民委审定10个项目，争取少数民族发展项目资金257万元，较2013年增加156万元，增幅40%。杨家寨村2号渠路硬化项目变更为月牙湖乡生产路和桥梁修建项目，顺利通过自治区民委的批复，批复资金20万元。

【少数民族流动人口服务】 开展少数民族流动人口服务管理体系建设试点，下发《兴庆区开展少数民族流动人口服务管理体系试点建设实施方案》，确定10个试点社区，按照“5321”（即坚持“生活困难必帮、重大活动必邀、病重住院必探、特殊情况必访、重大纠纷必解”五个必须；做到“通好一次电话、见好一次面、开好一次座谈会”三个必谈；设立“少数民族之家、少数民族流动人口服务站”两个平台；建立“领导小组、工作

2014 年度优秀朝觐人员表彰大会现场

网络、工作制度”一套体系）服务机制开展工作。先后 3 次组织街道分管领导、专干和试点社区负责人外出观摩学习，拓宽工作视野，提升工作水平。阳澄社区开展“送便捷、送关爱、送文化、送岗位、送平安、送健康”的六送活动；北关社区为少数民族流动人口提供“管家式”服务；自强社区培育邻里守望志愿者队伍，为少数民族流动人口开展各类惠民服务；崇安社区与唐徕小学、唐徕中学协商，安排少数民族流动人口子女入学，收费、管理与本地学生同等对待。

【宗教事务管理】 开展“和谐寺观教堂”创建活动，依法维护宗教和顺。4 月，兴庆区健康教育所开展“清真寺院健康教育咨询点”“健康促进示范清真寺院”创建宣传，邀请银川市第三人民医院主治医师在西关清真寺举办糖尿病防治健康知识讲座；开展“禁毒控烟宣传进场所”活动，在宗教场所每周五主麻日聚礼卧尔兹宣讲，对穆斯林群众进行禁毒控烟教育，发放宣传资料 1300 余份，张贴宣传画 100 余份；依照《宗教事务条例》，做好斋月及“两节”系列慰问活动，累计安排专项资金 9.3 万元，慰问清真寺 16 个、贫困穆斯林家庭及贫困大学生 15 个、宗教界人士 15 人；坚持网上报名排队和统送统接制度，坚决制止零散朝觐，推动朝觐事务管理工作规范化、机制化、常态化。2014 年参加朝觐人员 121 人，已全部安全返回国内；3 月和 6 月先后组织市宗教局、市国保大队、前进街办事处、富宁街派出所，对前进街陶瓷小区、宗睦巷 75 号基督教非法聚会点、自强巷 19 号藏传佛教非法聚会点依法予以取缔。

【几所清真寺迁（改）建情况】 因城市改造和重点工程建设涉及上前城杨家湾子清真寺、凤凰北街沙滩清真寺、丽景街保安寺和大新镇雷祖庙，均要求迁（改）建。经多次与银川市宗教局协调和现场勘验，杨家湾子清真寺因旧寺补偿问题不能达成一致没有进展；保安寺原地翻建不符合城市规划不予批准；沙滩清真寺教民同意搬迁至阳澄巷，但因规划问题尚未开工；雷祖庙新址已报市规划局；月牙湖乡和兴庆区移民办正在筹备滨河清真北寺建设前期工作。

【宗教场所安全隐患排查】 2—3 月，组织安监、消防、质检、建设、土地及电力部门，对兴庆区 95 家（登记在册 86 家）宗教场所进行安全隐患排查。对管理者消防安全防范意识淡薄、防火基础设施配备不足、电路拉接不规范、使用明火等消防安全问题，开展专题培训并责令采取措施及时整改；对电路老化、缺乏照明设备的 4 个乡镇 66 所宗教活动场所，安排专项经费进行照明灯安装，配备消防器材 84 组，规范电路 4 家，加固维修 1 家，拆除隐患墙体和房屋并进行重建 7 家，限制使用 1 家，停止使用 1 家。

【清真食品管理】 贯彻落实《清真食品管理条例》，严把“清真食品准营证”审批和年审关，完成新版“清真食品准营证”（正副本）换发工作。按照自治区清真食品管理办公室的安排，对清真食品摊贩规范管理，清真食品经营必须持有清真食品摊贩公示卡并备案登记。按照银川市民委《关于开展进口牛羊肉专项检查的通知》和银川市食安委、兴庆区食安办《2014 年全市牛羊肉专项整治工作方案》的要求，在新华商圈开展本地牛羊肉和进口牛羊肉专项检查和整治，严格检查进口牛羊肉等清真食品生产经营许可、清真标志、入境检验检疫证明等。对“假冒清真”“清真不清”等问题严肃查处。累计派出人员 330 人次，检查牛羊肉销售店（企业）112 家（次）。现场审理“清真食品准营证”580 店（次），审理申请表 368 份（次），办理 225 份，退件 39 份，不具备办理条件要求整改重审 16 份。对新开餐饮店不办证或擅打清真标识的进行专项检查，检查企业及经营户 192 家，下发“催办通知书”76 份，清理门头假清真标识 8 处，移交工商部门督办、催办 42 家。

【宗教教职人员培养】 贯彻落实银川市清真寺开学阿訇聘任、清真寺民主管理“两个若干规定”，加强宗教教职人员培养教育工作。制定年度培训计划，落实宗教人士“三定”学习制度，开展分级分类培训。按照《兴庆区清真寺开学阿訇发放生活补贴实施方案》《兴庆区清真寺开学阿訇发放生活补贴考核办法》，对有阿訇证和聘书且考核合格的阿訇，每人每月发放生活补贴 400 元。2014 年发放生活补贴 29.28 万元。

（供稿人：李丹）

科学技术·环境保护

科学技术

【概况】 兴庆区科技管理围绕兴庆区"8531"工作思路，实施创新驱动发展战略，努力优化科技创新环境，着力增强科技创新能力，不断完善科技创新体系。2014年，本级科学技术支出2612万元，安排应用技术研究与开发资金572万元，较上年增加10%。占年度本级财政一般预算支出的1.5%。

【科技创新项目审核】 2014年，征集兴庆区卧龙电气《非晶合金变压器研制》、瑞能太阳能《利用太阳能光伏光热发电大棚种养殖示范》、银川商贸物流服务中心《商贸物流带电子网络服务平台》、宁夏睿发农业开发有限公司《康乃馨一种二收技术研究与示范推广》、兴庆区胜利街办事处《胜利街康馨社区科技科普大学建设》等科技创新项目72个，经过兴庆区科技、财政、审计、监察、农牧、经发相关单位组成的项目审核小组逐一实地审核后提交政府常务审批，现已足额下拨项目资金。

【增加科技资金投入】 不断完善以财政投入为引导，企业投资为主体，银行贷款为支撑，社会资金和上级资金为补充的多层次、多元化科技投入机制，加大科技研发投入，加快技术改造升级步伐，发展高新技术产业；落实研发项目加计扣除政策，2014年辖区企业经税务部门核准后加计扣除金额340万元。

【扶持引导、培育科技创新主体】 推进高新产业发展和科技成果转化，围绕产业发展聚集、培养科技人才。与中科院花卉研究所、宁大农学院以及上海、昆明种苗繁育企业的合作，创建培育天地缘、周景世荣花卉创新团队，在月牙湖科技示范园区种植设施花卉新品种、引进新技术，开展康乃馨种苗繁育研究。2014年，月牙湖科技示范园区销售收入2800万元，孵化农民创业户101户，稳定就业人员400人，辐射带动600多名当地移民就业。园区企业被自治区人民政府命名为"创业明星"企业，被银川市人民政府授予"银川市大中专毕业生创业就业见习基地""重点农业产业化龙头企业""银川市残疾人扶贫基地"，被宁夏大学授予"产、学、研基地"，被宁夏花卉协会授予"鲜切花试验基地"。建设银川商贸物流园、现代农业产业园区、奶牛养殖园区、农产品加工园区等经济园区和3个设施花卉蔬菜技术研究中心，推进创新创业人才与产业需求对接、科技资源与产业资源融合。促成掌政镇洼路现代农业园区与宁夏大学的合作，建立设施蔬菜教学科研基地，组建农业科技专家大院和星火培训学校，推广60余项蔬菜生产新技术、引进40

室内盆栽花卉、蔬菜技术推广展示

余种蔬菜新品种，培训农民6500人次。在兴庆区月牙湖乡建立红树莓产业化示范基地1070亩，筛选适应本地区生长的哈瑞太兹、费尔杜德优良树莓品种和集成树莓配套栽培生产技术，全面打造宁夏红树莓之乡地理标志。云南西月贸易有限公司宁夏分公司于2014年5月在月牙湖乡小塘村流转375亩土地，种植日光温室百合花40栋，单体空心棚37栋，建种球储藏冷库1350立方米。

【科技特派员创业行动】 兴庆区辖区有农户14300户，人口56100人，有科技特派员149名，人数较上年增长7.2%，自治区级法人科技特派员26名，分别活跃在85个行政村，从事设施农业、畜禽养殖、粮食生产加工等方面的科技创业，创业内容涉及基地建设、技术咨询、产品营销和信息服务。科技特派员利用自身技术优势，开展新型农民培养培训。2014年，兴庆区投入专项资金76万元，较上年增长26.6%。围绕设施园艺、奶产业、优质水稻等主导产业，采取"实行动态管理，立足项目带动，突出科技创业"的模式，鼓励科技特派员开展科技创业，支持其投资创办领办涉农企业、农村合作经济组织，特派员创办、领办、协办各类科技服务实体104个，引进新品种62个，推广种植、养殖新技术34项，带动农民2656户，增收980万元。科技特派员创业行动已成为兴庆区农村经济发展的亮点，在农民增收致富进程中发挥着越来越重要的作用。兴庆区月牙湖生态移民现代农业科技示范园区成功申报为自治区级科技特派员创业基地。

（供稿人：张帆）

环境保护

【概况】 根据《自治区大气污染防治行动计划》及《银川市蓝天工程》要求，银川市环保局兴庆区环保分局贯彻执行国家环境保护有关标准、技术规范，实施排污申报登记与排污许可证、排污收费、"三同时" 管理，加大燃煤锅炉治理、餐饮业整治、扬尘治理等工作力度，有效地提升了兴庆区的环境质量，切实解决关系民生的突出环境问题。

2014年8月20日，银川市环保局领导检察农村水源地保护情况

【燃煤锅炉污染综合治理】 建立横向到边、纵向到底的"网格化"监管机制，实行片区承包、责任到人工作制度，通过错时执法、日常巡查与突击检查相结合、工作日查与节假日查相结合等方式，强化供热企业监管工作。2013～2014年度采暖期监察供暖单位75家，燃煤锅炉房117座，燃煤供暖锅炉230台。对24家供热单位45个锅炉房煤质中含硫超标立案；对34家供热单位46个锅炉房灰份超标限期整改；对30家供热单位38个锅炉超标排放行为处罚。对银川建发物业有限公司清河东街供热站、银川热力公司育才供热站2台燃煤锅炉多次烟尘超标的违法行为予以立案处罚，并帮助申请补助资金，促使两家供热站按环保部门要求完成水浴除尘改造。

【扬尘污染防治】 对9家供热单位煤场封闭下达限期整改通知书，明确时限，倒排工期。执法人员每月对供热单位至少监察一次，确保煤场封闭工作得到按期完成。除银川泽翔供热有限公司临湖锅炉房由于资金短缺还未完成煤场封闭工作之外，隆康供热有限公司、银川建发物业有限公司、银瑞祥供热公司、银川承天物业服务有限公司等8家锅炉房已按要求完成煤场封闭工作；对建筑工地冲洗设备安装使用、堆土遮盖、围挡建设、洒水降尘等环保治理设施进行全面监察，执法人员和建设、城管等部门工作人员共同开展工作，齐抓共管形成合力。共检查工地38家，累计监察63次。其中：建有冲洗设备的27家；无冲洗设备的有11家。督察兴庆区15处裸露空地堆土采取扬尘污染防治措施，经督促5处堆土已清理，6处采取覆盖措施，4处还未采取防尘措施。

【保绿特公司环境污染处理】 根据群众投诉，兴庆区大队将保绿特公司的环境污染问题作为重点监察，多次向保绿特公司下发整改通知书，责令企业改进生产设备，建立密闭生产厂房，减少无组织废气排放，清理厂区堆放的生产废料，禁止焚烧行为以降低臭气对周边环境的影响，并依法对企业擅自焚烧生产废料产生的烟尘及臭气污染问题予以行政处罚。2014年5月25日限令停止生产，协调建设、城管等多个部门完成保绿特公司搬迁工作。保绿特新厂建设已经基本完成。

【油气回收治理】 按照油气回收治理方案，分类推进加油站、储油库、油罐车的油气回收治理工作。2014年完成包括中石油民族北街加油站、中石油唐徕加油站在内的5座加油站油气回收治理工作。

【污染物排放治理】 保证重点减排项

目每月至少现场检查一次，及时对减排项目进展缓慢的企业负责人进行约谈，对无故拖延工期的企业进行通报，完成新华饭店、女子监狱等7家8台茶浴炉拆除任务；监督企业锅炉炉外脱硫设施建设，宁夏隆康供热有限公司、众一海宝西区供热站、宁夏第一建筑公司广和供热太阳都市供热站、泽翔高台供热站供热锅炉脱硫项目工程按要求全部完工；10个养殖场中有3家由于改变养殖种类或空圈不计入减排，2家养殖场搬迁，其他5家养殖场均已完成排废物有机化转化设施安装；第五污水处理厂再生水项目已完成可研、初设、设备的招投标，建成提升泵房、送水泵房及清水池、综合车间及缓冲池主体工程，正在设备安装中。

【东郊水源地保护区巡查】 对东郊水源地保护区兴庆区段进行巡查，对保护区范围内的养殖场及陈克齐骨粉厂累计监察10次，下达限期整改监理单10次，东郊水源地保护区兴庆区段无新增排污口，对部分需要关停的养殖场上报兴庆区政府；每季度对水源地保护区标识至少检查一次，协助银川市环保局做好东郊水源地2014年重新打桩定界工作，对茂盛、五渡桥、镇河、杨家寨的界桩重新进行定位。东郊水源地保护区兴庆区段所有标识完好无损。

【取缔农村有污染加工作坊】 对掌政镇茂盛村塑料加工厂、木炭厂、制铁厂等群众反映强烈的污染行业予以取缔。6家非法加工作坊，1家塑料厂在执法人员的责令下自行搬迁，其余5家拒不搬迁，环保、公安及掌政政府联合执法将其全部取缔。

【"三同时"验收专项活动】 "三同时"验收是指针对新建、改建、扩建项目和技术改造项目以及区域性开发建设项目的污染治理设施必须与主体工程同时设计、同时施工、同时投产的制度的验收。2014年4～5月和9～10月，分两次开展"三同时"专项监察，检查单位32家。其中：工业企业项目16家；其他建设项目16家。派出执法人员116人次。已建成验收合格的有3家，建成待项目验收的有8家，15家正在建设中，6家未动工建设。除1家未按照环评要求外，其余项目未发现有未批先建或在建设中擅自做主变更问题。

【夜间工地施工噪声专项检查】 对辖区内夜间违法施工行为进行查处，坚持投诉一起，查处一起。全年派出监察人员400余人次，查处夜间违法施工行为573起，对其中103起情节严重的违法行为进行立案调查，投诉查处率100%。

【绿色护考专项行动】 高考期间，向辖区考点附近33家建筑工地、生产加工、餐饮娱乐场所下发"开展绿色护考"通知，分4组派出工作人员30余人次，确保考场周边环境安全。

【餐饮业排污许可证专项整治】 实施餐饮业排污许可证专项检查，对2000余家餐饮娱乐业累计监察2300余次，并对选址符合要求的1184家餐厅颁发排污证，为394家污染治理设施正常运行的餐饮业场所更换排污证，对不符合要求的餐饮场所，下达限期整改或责令搬迁的监理单。在康平路、天平街上打造"环保餐饮示范街"，督促示范街36家餐厅安装油烟、污水治理设施，使用清洁燃料。对130家油烟存在问题餐饮企业进行督促整改。其中：80家新开餐厅，要求其按照环保规定架设专用烟道，安装油烟净化设施；50家存在油烟扰民问题的餐厅，责令其按照要求整改。

【打击各类环境违法排污行为】 2014年，监察工业企业281次，国控重点企业57次，医院69次。联合环保公安执法大队查处非法小电镀企业1家，对电镀企业负责人执行行政拘留，开启了宁夏首例环境违法行为行政拘留案例。对河东垃圾填埋场内6家小型污染企业（宝山、新琰、伟鑫、嘉农、夏禹、龙珍）检查24次，关停3家炼油企业。累计查处农村地区投诉50余次，餐饮娱乐信访投诉1068件。对宁夏磐泰能源科技有限公司、宁夏百川通清洁能源有限公司等滨河工业园企业定期检查，规范固体废物管理。全年征收排污费88.99万元，罚款154.99万元。

（供稿人：杜　瑜）

2014年8月6日，环境执法与工商等部门工作人员做环境调查

教 育

义务教育

【概况】 2014 年,兴庆区教育工作按照区委、区政府重点工作部署,以实现教育均衡发展为目标,以“立德树人”为根本,加强未成年人思想道德建设。推进教育领域综合改革,不断提高师德师风和教师专业水平。

【学校安全管理】 教育局投入 96.85 万元,对 16 所学校监控进行改造,配备保安人员 64 名和橡胶棒等警用器械。

【教师队伍建设】 出台《兴庆区学校中层干部考核及交流工作方案》,加强学校中层干部队伍建设,按照公推比选的方式调整和交流 2 名小学校长、6 名中学和幼儿园副校（园）长、12 名总务主任。面向全自治区招聘特岗教师 20 名,公招幼儿教师 50 名,为月牙湖乡特招事业单位教师 17 名;面向全自治区公开选调教师 80 名,其中解决兴庆区两地分居教师和家庭困难教师 60 名;完成 2014 年教师资格认定工作,受理网报申请 2709 人,经审核符合认定条件的 2625 人,经过教学能力测试合格 109 人;办理教师资格证书 2604 本,办理教师正常退休手续 55 人。

【师德师风建设】 自 2013 年 12 月到 2014 年 4 月,集中开展为期 5 个月的师德师风专项活动,围绕群众关心的择校、有偿家教、违背师德行为等问题,开展“八查八看”,针对存在的问题加大问责力度,对群众反映较多、意见较大的,加大惩治力度。启动师德建设道德红黄蓝榜评价活动,为每一位教师建立师德档案,实行师德师风一票否决制度。

【骨干教师培养】 组织 50 名校长到江苏南京等地进行考察学习;组织中小学、幼儿园骨干教师、骨干班主任培养对象 220 多人到吉林省长春市东北师范大学开展为期十天的培训;通过采取“国培”、校本培训、脱产培训、依托国内名校代培等多种形式,对教师进行专业知识强化培训、管理知识提高培训、实践能力综合培训,先后培训 1117 批次,培训教师 8783 人次。

【学生社会实践活动】 从城市向农村延升,由小学向幼儿园拓展,开展小学、幼儿园学生职业体验活动,全年安排 2 万名学生参加;推进“开放式”阅读,使学生随时、随地都能读到书,为学生打造读书“自助餐”;安排 13 场次中小学生“湖城之夏·广场文化季”广场演出活动;各学校结合经典诵读、书法进课堂、推广普通话周、汉字书写大赛等形式,对学生进行中华优秀传统文化教育;推行道德红黄蓝榜进校园活动,设立班级榜、年级榜、学校榜,开展阳光少年、阳光班级、阳光教师评选等,既展示个人,又展示集体,建立多元的评价机制。

【完善控辍保学机制】 兴庆区教育局和各乡镇分别成立控辍保学组织,制定劝学方案,同学校、班级、村(组)签订目标责任书,采取乡镇干部和学校老师包村入户等形式,做好帮扶和动员工作。同时,加大《中华人民共和国义务教育法》及关于在中职学校就读优惠政策的宣传,兴庆区政府为上中职的学生提供 1500 元的补助经费,通过法规宣传和政策鼓励,转变学生家长观念。2014 年,兴庆区小学辍学率为零,中学辍学率为 0.6%,辍学人数主要集中在两乡两镇,其中,移民地区和民族地区占据 42%。

优化教育资源

【实施校舍翻新扩建工程】 完成掌政中学续建,满春中学、月牙湖第二回民中学扩建,23 所中小学内粉刷、景岳小学烈士展示厅装修,兴庆区第六小学本部、银川三中、回民二小海宝逸夫校区室外及操场改造,银川五中、月牙湖大塘中心小学教师周转房续建和月牙湖乡原政府办公楼改造教师周转房项目,对镇河小学、官湖小学、大塘中心小学、掌政中心小学、三小春林校区、唐小通南校区营养早餐食堂进行改造,完成二

十二小迁建项目前期工作，教育局办公楼暖气维修及银川市回民中学暖气维修改造等。

【学校标准化建设】 投入9551余万元，配备多媒体教学设备386套、教师备课机2602台、学生机房14间、录播教室9间；配备各类图书23万册。为各学校采购中小学综合实践活动室、理化生实验室、小学科学实验室、卫生室和保健室、历史和地理教室的仪器设备，实现学校仪器设备标准化和教学手段的信息化。

【学生幸福成长工程】 投入90多万元在辖区51所中小学及幼儿园安装76台直饮水机，使6万余名师生喝上干净、安全的饮用水；投资651余万元，为13所农村中小学的7343名学生提供免费营养早餐；投入70万元在六所学校制作近8000套学生服装，推行“制服式”新校服改革试点工作。

【优质教育扩面工程】 2014年，完成兴庆区海宝逸夫小学与兴庆区回民二小，兴庆区第十一小学与兴庆区第十六小学实质性合并，划定统一招生范围。启动四所农村小学与城市小学组成联合发展共同体，实现不同层面上的优质教育资源全覆盖。各学校结合分校区存在的实际问题，从总校抽调部分骨干教师到分校区进行轮岗交流，对农村特岗教师进行培训。从总校抽调骨干教师或学科带头人实行“走教”的方式，加强农村学校音体美、英语、信息技术等薄弱学科教学。先后交流干部92人，交流比例为26.3%，交流教师456人，交流比例为14.2%。

【落实课程方案和学生在校作息时间】 严格落实《义务教育课程方案》和学生在校作息时间，教育局按照《自治区教育厅关于课程实施意见》和《自治区教育厅关于进一步规范全区中小学校作息时间的通知》精神，对各学校课程设置和学生在校、离校时间及作业总量做了统一的要求，保证各学校开齐开足课程和学生在校的活动总量时间。

【完善招生政策】 禁止公办学校举办选拔性考试、为选拔学生举办各种培训班以及学科类实验班招生。采取“学区化”招生、薄弱小学与优质初中学校结盟、九年一贯制学校“对口直升”等方式，实行片区公示制度，规范初中招生工作。2014年，一年级新生入学5765名，其中，外来务工人员子女2600多名，占一年级新生入学总人数的35%。初中招生近6000人，并妥善安置700多名第三批彭阳移民子女的就学问题。取消小学升入初中、初中升入高中择校生的各种优惠政策，择校现象得到有效遏制，择校生比例总体控制在10%以内。对市内四所公办幼儿园实行公开抽号招生，幼儿入园学生300名。完成2014年全国4417名普通高校考生和5029名全国成人高校考生报名、体检、信息采集、口语测试、考试、投档、录取、档案整理移交工作。

【兴庆区小学片区划分】 2014年，按照“就近划片、免试入学”的原则，兴庆区教育局对辖区内31个小学的学片划定并予以公布。同时，贯彻落实九年一贯制教育，除对口直升的小学外，兴庆区城市小学的毕业生继续实行以兴庆区户籍为依据区域划片、教育局统一分配的原则，全部就近分配到兴庆区辖区公办初中就读。小学如不在规定学校片区内入学，而是选择择校，小学毕业后升入初中不享受就近划片入学政策，由教育局调配入学。初中如不在分配学校入学，选择择校的，学生学籍保留在原分配学校，初中升入高中回原学籍所在学校报名考试且不享受优质高中指标到校政策。学校片区内同套房的户籍，本户籍3年之内只保证一个学生正常入学名额。

1.回一片区：南薰东街以南—长城东路以北，永安巷以东—胜利街以西；长城东路以南—南塘巷以北，永安巷以东—胜利街以西（此区域不包括南塘巷，民乐2、3、4、5队）；从南塘巷沿胜利街西侧到兴水园小区（包括兴水园小区、中都花园、永兴家园）。

2.回二片区：贺兰山东路以南—上海东路以北，凤凰北街以东—民族北街以西；上海东路以南—北京东路以北，凤凰北街以东—进宁北街以西。

3.回三片区：湖滨西街以南—解放西街以北，凤凰北街以东—公园街以西；解放西街以南—新华西街以北，凤凰南街以东—利民街以西。

4.二小片区：宝湖东路以南—治平路（原双怡路）以北，凤凰南街以东—红花渠以西（唐华苑、林华苑）。

5.三小片区：北京东路以南—解放东街以北，玉皇阁北街以东—中山北街以西；解放东街以南—南薰东街以北，民族南街以东—中山南街以西。

6.四小片区：解放东街以南—南薰东街以北，红花渠以东—丽景南街以西（不包括天都十六区）。

7.五小片区：上海东路以南—北京东路以北，进宁北街以东—民族北街以西；北京东路以南—湖滨西街以北，凤凰北街以东—进宁北街以西；上海东路以南—惠安巷以北，中山北街以西沿上海路天成小区至进宁北街（包括高尔夫家园）。

8.六小片区：上海东路以南—益民巷以北，中山北街以东—清和北街以西；益民巷以南—文化东街以北，中山北街以东—永康北巷以西。

9.七小片区：上海东路以南—解放东街以北，清和北街以东—红花渠以西；益民巷以南—文化东街以北，永康北巷以东—清和北街以西；文化东街以南—解放东街以北，中山北街以东—清和北街以西；解放东街以南—新华东街以北，中山南街以东—红花渠以西。

10.八小片区：贺兰山东路以南—北

京东路以北，唐徕渠以东—凤凰北街以西。

11.九小片区：上海东路以南—解放东街以北，红花渠以东—丽景北街以西。

12.十小片区：长城东路以南—新生巷以北，清和南街以东—丽景南街以西（不包括民航苑、亚东小区、公路局家属楼、昌源小区、规划设计家属院）；银古公路以南—宝湖东路以北，丽景南街以东—友爱中心路以西（友爱各队为十七小片区，民乐各队为十小片区，包括天都十六区）。

13.十二小片区：新华东街以南—南薰东街以北，中山南街以东—红花渠以西；南薰东街以南—永通路以北，胜利街以东—清和南街以西；南薰东街以南—长城东路以北，清和南街以东—丽景南街以西（包括民航苑、亚东小区、公路局家属院）。

14.景岳小学片区：北京东路以南—湖滨东街以北，民族北街以东—玉皇阁北街以西；北京东路以北—惠安巷以南（包括温莎花园），北安巷以东（包括北安巷两侧）—中山北街以西（包括国际花园、宝丰银座）。

15.十五小片区：湖滨东街以南—解放东街以北，民族北街以东—玉皇阁北街以西。

16.十六小片区：新华西街以南—南薰西街以北，凤凰南街以东—利民街以西；南薰西街以南—铁路以北，凤凰南街以东—民族南街以西。

17.十七小片区：银通路以南—银古公路以北，丽景南街以东—友爱中心路以西（包括东城人家、银古小区、友爱各队）。

18.十八小片区：沙渠路以南—上海东路以北，民族北街以东—清和街以西（包括东湖苑、康泰家园、恒安苑、中兴小区）。

19.十九小片区：兴水园小区（不包括兴水园小区）以南—六盘山路以北，永安巷以东—胜利南街以西；永通巷、新生巷以南—六盘山路以北，胜利南街以东—丽景南街以西（包括清苑丰景小区、昌源小区、规划设计家属院）。

20. 唐小片区：唐徕小区 1~176 号楼，唐徕小区副 1~4 号楼，唐徕（海宝）1~8 号楼，西关清真寺 1 号、2 号楼，唐中家属院、唐徕渠管理处、凤凰北街 44 号。

21.回民实验小学片区：湖滨西街以南—解放西街以北，唐徕渠以东—凤凰北街以西（不包括唐徕小区住宅区）；解放西街以南—南薰西街以北，唐徕渠以东—凤凰南街以西（包括领秀一居、银拖家属院、如意苑、支农巷）。

22.实验小学片区：解放西街以南—南薰西街以北，利民街以东—民族南街以西。

23.二十一小片区：湖滨西街以南—解放西街以北，公园街以东—民族北街以西；北京东路以南—湖滨西街以北，进宁北街以东—民族北街以西。

24.二十二小片区：铁路以南—宝湖东路以北，凤凰南街以东—民族南街以西。

25.二十三小片区：北京东路以南—银通路以北，丽景北街以东—友爱中心路以西。

26.二十四小片区：迎春路以南—北京东路以北，丽景北街以东—友爱中心路以西。

27.二十五小片区：南薰东街以南—宝湖东路以北，民族南街以东—永安巷以西（包括永安巷两侧，拾城塑，南塘巷，民乐 2、3、4、5 队）。

28.二十六小片区：贺兰山路以南—迎春路以北，丽景北街以东—友爱中心路以西（包括兰溪谷）。

29.二十七小片区：贺兰山路以南—沙渠路以北，民族北街以东—清和北街以西（不包括东湖苑）。

30.二十八小片区：六盘山路以南—银川南绕城高速以北，胜利街以西—大新渠以东（包括上前城康居北区、颐园小区、立达国际建材城区域、上前城各队）。

31.二十九小片区：银古公路以南—塔桥清真寺规划路以北，大新渠以东—京藏高速路以西。另包括：聚丰苑南、北区及塔桥各队。

民办教育

【民办教育机构的管理】 2014 年，审批民办幼儿园 4 所，民办教育培训机构 8 所。对上年度年检优秀的 24 个单位进行表彰奖励，对 19 个基本合格的单位及 5 个年检不合格单位进行通报。对非法办学机构进行摸排统计，联合综治、卫生等相关部门开展 2 次专项整治，下发取缔通知书 12 份，整改通知书 77 份。与 162 所民办学校签订综合管理责任书，与 47 所幼儿园签订食品卫生安全责任书，与有园车的幼儿园签订校车安全责任书；开展消防知识、食品卫生量化考核的培训；集中开展药品安全、食品安全、校车安全、消防安全、开学及假期安全专项检查 10 次，规范各类民办教育培训机构的办学行为。

【普惠性民办幼儿试点园遴选】 按照《宁夏回族自治区政府购买学前教育服务试点工作实施方案》，兴庆区被列为政府购买学前教育服务试点区。兴庆区政府制定《兴庆区政府购买学前教育服务试点工作实施方案》并完成试点园的遴选工作。争取自治区专项资金 140 万元，改善 8 所普惠性民办幼儿园的办学条件。

【探索民办教育培训机构党建工作新模式】 组建 6 个“复合式”基层党支部，对辖区内审批合法的 43 所民办幼儿园、132 所民办培训机构实现党组织和党建工作全覆盖。

普通高中教育

【概况】 兴庆区辖区内有银川一中、银川二中、银川唐徕回民中学、银川实验中学、银川高级中学和长庆高级中学 6

所普通高中学校。2014年，银川一中录取分数线为669分，招收高一新生20个班950人，其中统招616人，自主招生334人；银川二中录取分数线为645分，招收高一新生21个班1036人，其中统招896人，自主招生140人；银川实验中学录取分数线为560分，招收高一新生8个班448人，其中统招112人，自主招生336人；银川高级中学录取分数线为城市学校540分，农村学校481分，招收高一新生20个班1078人；长庆高级中学录取分数线为557分，招收高一新生4个班224人，无自主招生计划。第三批次10%择校生录取线分别为：银川一中662分；银川二中639分；银川实验中学553分；长庆高级中学544分。

【银川一中】 银川一中系自治区教育厅直属学校，始建于1906年，在宁夏高等院校诞生之前，一直有“宁夏最高学府”的美誉。1929年宁夏建省开始，校名易为“宁夏省立第一中学”。1958年宁夏回族自治区成立，学校更名为“宁夏回族自治区银川市第一中学”；1980年被宁夏教育厅确定为自治区首批重点中学；1985年9月创办寄宿制民族高中班；2001年，自治区政府投资建设新校，2002年，银川一中迁入新校址；2005年被确立为宁夏首批一级示范性高中；2012年学校成立国际部，重点培养具有国际视野、富有创造力和实践能力的人才；2013年将银川十二中、银川外国语实验学校、宁大附中纳入学校发展共同体，将银川十中纳入银川一中校际发展合作体；2002～2005三年内，学校顺利完成扩招任务，办学规模和师资队伍开始稳定优化。学校有教学班48个，教职工225名，其中特级教师3人，正高级教师1人，高级教师125人，市级以上骨干教师41人。校园面积120亩，建筑面积50430平方米，生均绿地面积12.7平方米。校园人文景观和自然景观相得益彰，环境优美宜人，内部设施和外部环境均达到了国家一级Ⅰ类学校办学标准。银川一中学生社团是活跃在同学们生活中的一道亮丽风景：2014年，倾音社举办2014银川市校际音乐演唱会，为社团校际学习与互助搭建交流平台；智邦商社策划举办首届全区商业挑战赛；凤凰模联社参加2014年第十届北京大学全国中学生模拟联合国大会及2014年复旦大学国际中学生模拟联合国大会，主办“2014年全区中学生模拟联合国大会”；11月28—30日，10名同学参加在兰州一中举办的中国高中生美式辩论联赛兰州地区赛，全部进入16强，将于2015年参加全国决赛。2014年高考，总分上一本线96人，上一二本线103人，有35人被清华、北大录取，11人被香港大学、香港中文大学、香港城市大学录取。一本上线率为87.33%。一、二本上线率为94.42%。罗政灵以678分(实分)摘得自治区理科状元桂冠；黄家欣以696分(虚分)摘得自治区理科总分第一名。2014年全国中学生生物竞赛中，来锐同学参加全国竞赛获三等奖；第三十一届全国中学生物理竞赛中于丁、曾令辉代表宁夏参加全国决赛均获得三等奖；第28届全国中学生化学竞赛宁夏赛区比赛中詹明韬、陈子轩、李晨阳代表宁夏参加全国决赛均获三等奖；2014年全国数学联赛中，张胤泰同学代表宁夏参加全国决赛；2014年银川市第十一届创新大赛中许凌云、尹雪燕、孙玉琴获优秀科技辅导员称号。

【银川二中】 银川二中新校区2005年11月建成，位于银川市中山北街英才巷151号，西邻海宝公园海宝塔，占地186.68亩，总建筑面积69000多平方米。办学规模为60个教学班，有行政楼、实验楼、图书楼、多功能报告厅、体育馆、天象馆、标准塑胶田径场、篮球排球场、学生公寓、餐厅等配套设施。2013年7月，按照市委、市政府拓展优质教育的精神，成立银川二中学校发展共同体(教育集团)，下属二中本部、银川景博中学分校区、北塔中学分校区、银川二十中分校区和2009年创设的银川二中国际部。教育共同体共有教职工490多人，班级124个，在校学生7500多人。高中部有教职工247人，其中特级教师2人，正高级教师2人，高级教师95人，享受国务院政府特殊津贴1人，享受自治区政府特殊津贴1人，自治区级骨干教师22人，银川市骨干教师21人。获硕士学位的教师31人，获得研究生学历的教师39人，教学班54个，在校3388名学生；国际部6个班（中美班、中加班)，在校85名学生。2014年有912名学生参加高考，二本以上830人。文科一本上线率70%，二本上线率83.6%；理科一本上线率82.47%，二本上线率93.81%。其中2人进入理科全区前十名，文理科600分以上89人。

【宁夏长庆高级中学】 宁夏长庆高级中学始建于1999年8月，2004年9月由长庆油田移交宁夏回族自治区人民政府，是教育厅直属示范性普通高中。学校位于银川市兴庆区风景秀美的燕鸽湖畔，自然人文和谐统一，为学子求学提供了理想的环境。学校有教职工139人，其中高级教师94人，占68%；自治区骨干教师16人，银川市骨干教师7人；全国优秀教师1人，全国模范班主任1人，自治区特级教师1人，313人才1人。在校学生1500多名，有教学班30个。学校立足本土培养过自治区状元，多人高考总分排在自治区前10位。建校15年来共有17名学生考入清华、北大；每年高考二本以上录取率保持在50%以上，入校分数达到市区分数线的学生90%圆了大学梦；每年都有20余名学生凭借过硬的专业特长考入全国知名体育艺术院校。学校先后被确立为“自治区现代教育技术实验学校”“自治区数字化校园试点单位”“自治区和谐校园”“自治区科普示范校”“自治区德育示范校”“自治区安全管理规范化学校”；荣获“全国体育卫生工作先进单位”“全国青少年道德实验基地”“全国全民健身运动先进单位”和“全国节约型公共机构示范单位”等数十项荣誉称号。学生参加语文、英语、物理等学科竞赛共有119人次获奖。校本课程开设18项，上课32节次，体育、艺术、传媒等专业课高考过关率达100%；研究性学习开题50个，结题45个。2014年高考本科以上录取541人，录取率达到93%，其中600分以上8人，500分以上82人，一本录取110人，二本录取170人，三本录取164人。

中、高等职业技术教育

【宁夏幼儿师范高等专科学校】 宁夏幼儿师范高等专科学校前身为宁夏幼儿师范学校，成立于1975年，是宁夏回族自治区唯一一所专门培养学前教育师资的基地。学校占地面积296亩，总建筑面积8.5万平方米，设置学前教育系、艺术教育系、外语教育系、基础教育部、成教部、教育信息技术中心等六个系部(中心)，形成了学前教育、艺术教育、科学教育、英语教育协调发展的学前教育师范类专业布局，在校学生3120人。2005年，银川市政府为了统筹全市职业教育资源形成规模办学，打造品牌学校，以加速全市职业教育的发展，将宁夏幼儿师范学校、银川市光华职业中专学校、银川市商业学校、长城英豪学校合并，组建一所高规格的公办普通高等专科学校。2011年12月，学校的升格工作开始正式启动；2014年2月20日，自治区人民政府批准在宁夏幼儿师范学校的基础上设立高等专科学校；2014年4月28日，国家教育部正式备案，标志着宁夏幼儿师范学校升格为高等专科学校的工作获得成功，宁夏首府银川市的首所公办普通高校宁夏幼儿师范高等专科学校宣告诞生，2014年招收首届大专学生500多名。

【宁夏水利电力工程学校】 宁夏水利电力工程学校位于宁夏回族自治区银川市滨河新区鸣翠湖畔，是一所集普通中专、技工、成人专本科函授教育及各类职工培训和技能鉴定为一体的综合性国家级重点中等职业学校。学校成立于1976年，行政隶属于宁夏水利厅，业务上接受宁夏教育厅、宁夏人力资源和社会保障厅指导。2005年组建宁夏水电职业教育集团，2006年经宁夏回族自治区政府考核批准，挂牌成立宁夏水电技师学院。宁夏水利电力工程学校已发展成也是一所服务行业、面向社会、培养高素质技能人才的培训基地。学校以土木水利类、机电类两大专业群为骨干专业，开设有水利水电工程施工、工程造价、建筑工程施工技术、建筑装饰、机电设备安装与维修、机电一体化和阿拉伯语等15个常设专业，其中水利水电工程施工、机电设备安装与维修是宁夏区级骨干专业；建设装饰设计、工程测量技术是校级骨干建设专业。学校设有宁夏汇利职业技能培训中心、国家通用工种和特殊工种职业技能鉴定所、宁夏外派劳务研修考试中心、宁夏水利行业专业技术人员继续教育基地、农民工培训示范基地。同时，还设立了河海大学、南昌工程学院、北京工业大学、华北水利水电大学4所大学驻宁函授站。2014年6月，全面完成完成了包括水利水电施工、机电设备维修与安装、工程测量技术三个重点建设专业和中职生心理健康教育中心、青少年拓展训练中心两个特色项目的国家中职改革发展示范校建设项目，324个子项目顺利通过了省级验收(目前正在接受国家级验收)，学校新增教学仪器设备288万元，实训场所由原来的24个增加到36个，建设校级优质核心课程14门、工学结合课程7门，编写校本特色教材25部，完成教学实训指导书、课件、教学视频、教学仿真、教学案例等成果710项，搭建了校企合作平台，创新了人才培养模式，增强了社会服务能力和可持续发展能力，在全区职业院校起到了示范引领作用。38年的发展历程中，学校先后为宁夏水电行业培养了近3万名一线技术骨干，学校先后荣获“全国职业教育先进单位”“宁夏职业教育先进单位”“全国心理健康教育工作先进实验学校”“中国教育创新示范单位”“技能人才培养奖”“全区教育系统先进集体”“节水型示范校区建设单位”等20多项荣誉。

自治区水利厅厅长吴洪相(左一)在宁夏水利电力工程学校检查指导工作

【宁夏医科大学】 宁夏医科大学前身是1958年建立的宁夏医学院。1962年并入宁夏大学，改称宁夏大学医学系。1972年，上海铁道医学院搬迁至银川，

与宁夏大学医学系合并，重建宁夏医学院。2002年，宁夏卫生学校、宁夏护士学校并入宁夏医学院。2008年8月，学校更名为宁夏医科大学。2014年，宁夏师范学院医学院整体移交宁夏医科大学，至此，宁夏医科大学成为宁夏唯一开展医学高等教育的高校。学校分雁湖、双怡两个校区，占地面积1200亩，建筑面积29.32万平方米，资产总值11.68亿元。图书馆藏文献94.6152万册，数字图书总数100万种。学校设有临床医学院、基础医学院、口腔医学院、公共卫生与管理学院、中医学院（回医学院）、护理学院(高等卫生职业技术学院)、药学院、继续教育学院、国际教育学院、马克思主义学院（人文社会科学学院）、公共教育学院（理学院）等11个教学机构，13个教辅科研机构。建成较为完善的大学医院系统，有13所附属医院（直属附属医院2所，直属附属专科医院3所），16所教学医院，120余所实习医院和实践教学基地，分布于宁夏各地市及北京、上海、重庆、山东、辽宁、内蒙古、陕西、甘肃、青海等省市区。其中宁夏医科大学总医院是宁夏规模最大的综合性三级甲等医院，是区域性的医疗、科研、教育、考试和培训中心，医疗服务辐射宁夏全区和内蒙古、甘肃、陕西等毗邻地区。附属回医中医医院是自治区唯一的公立回医医院，是国家中医药管理局重点建设的三级甲等民族医院。学校现有教职员工及医护人员7400余人（含直属医院），其中专任教师862人，副高职称以上的658人。教师中有双聘院士1人，研究生导师540名（其中博士生导师21名）。教师中享受国务院政府特殊津贴人员42人（含已退休人员），享受自治区政府特殊津贴人员24人，入选国家百千万人才二、三层次人选13人，卫生部有突出贡献中青年专家5人，自治区“313”人才33人，入选自治区“海外高层次人才百人计划”8人，入选自治区国内引才“312”计划6人，教育部新世纪创新人才支持计划4人，自治区级教学名师7人。学校现有各类在校学生2万余人，学校生源覆盖全国25个省（区、市）。全日制在校生9400余人。其中博士、硕士研究生1500余人，留学生296人。系首批“全国毕业生就业典型经验高校”。学校围绕区域经济社会发展的需求，遵循高等教育规律，突出宁夏回族区域特色，坚持“稳定规模、优化结构、强化内涵、精英教育”的发展思路，积极调整学科专业设置，不断优化学科专业结构，形成了以医学为主、中西医并存，涵盖医学、管理学、理学等多学科协调发展的具有地方特色的学科专业体系，开设预防医学、临床医学、麻醉学、医学影像学、口腔医学、中医学、针灸推拿学、中西医临床医学、基础医学、回医学、临床药学、生物技术、医学检验技术、护理学、药学、中药学、康复治疗学、信息管理与信息系统、市场营销、公共事业管理、电子信息科学与技术21个本科专业。其中临床医学、中医学、预防医学、护理学、药学为国家级特色专业，有9个自治区级特色优势专业，有2个国家级实验教学示范中心（临床技能实验教学中心、基础医学实验教学示范中心），9个自治区实验教学示范中心，1个国家级教学团队（临床前基础医学综合实验课程教学团队），31门自治区级精品课程。学校于1978年开展研究生教育，2013年获得博士学位授予权。拥有3个一级学科博士学位点，8个一级学科硕士学位点，5个专业学位点，为国家教育体制改革研究生教育改革试点项目高校。有8个国家中医药管理局中医药重点学科，9个自治区级重点学科，有1个博士后科研工作站，1个科技部省部共建国家重点实验室培育基地，1个教育部重点实验室，1个教育部省部共建重点实验室，3个自治区级重点实验室，2个自治区级工程技术中心。组建了宁夏回医药协同创新中心、宁夏神经医学转化中心。学校在“973”项目、国家科技支撑计划和国家自然科学基金等重大项目方面均有较大突破，“十二五”期间，学校共承担各级各类科研项目（含校级项目）2329项，其中国家级科研项目316项。学校依托民族地区优势，积极开展回族医学教育与研究，成立了回医学院，有回医学本科专业，并招收回医学方向硕士研究生，回族医学为自治区级重点学科。先后组建了回族医学研究所、宁夏回药现代化工程技术研究中心、宁夏医科大学回医药研究院、回医药现代化教育部省部共建重点实验室，回医药协同创新中心，建成了中华回医药文化博物馆，逐步形成了科研、教学、临床以及文化交流为一体的回族医药事业发展新局面。学校坚持开放办学的理念，十分重视与国内外高校的交流与合作，先后与美国南佛罗里达大学、日本岛根大学、阿曼苏丹卡布斯大学、香港大学，以及山东大学、上海交通大学、首都医科大学、厦门大学等多所院校和科研机构建立了友好合作关系。

（供稿人：王文革）

文化·体育·旅游

文 化

【概况】 围绕兴庆区委、区政府“8531”工作思路，以建设文化强区为目标，以基础设施建设、群众文化活动、队伍建设为重点，不断巩固国家公共文化服务体系示范区创建成果，推进公共文化均等化、标准化、数字化、社会化建设。争取自治区文化厅、银川市文广局设施设备资金 500 万元用于基层文化站、农民文化大院、电子阅览室等建设；支持月牙湖生态移民聚居点的文化设施建设，投入 30 万元逐步完善月牙湖乡文化站配套设施建设；推进乡镇、街道文化站公共场所的达标建设，投入 60 万元加大村和社区文化活动室、群众文艺团队、文化大院等文化示范点及各民间文化团队的扶持力度。用于民间文艺团队评星定级奖励资金、文艺演出补助资金、演出服装、道具等项资金近 60 万元，配发演出服装道具、音响乐器、电视机、摄像机、打印机等设备价值 300 余万元；扶持前进街成立秦腔艺术团并购买秦腔服装 3 万元；为 15 个乡镇、街道拨付免费开放经费 22.5 万元；投入 92 万元资金用于乡镇、街道文化站、社区（村）创建国家公共文化服务体系示范区；投入 15 万元鼓励文艺团队创作新作品。

【建设基层文化活动室】 投资 662.4 万元，为掌政镇镇河村农民文化大院、掌政镇安置一区、掌政镇农民草根艺术团、月牙湖乡三期生态移民安置区、通贵乡河滩村、通北村农民文艺宣传队、大新镇塔桥村文艺社团、城市四个社区配发电脑、音响、演出服装等设备。

歌舞剧《西夏之恋》剧照

【群众文化活动】 3 月 3 日，启动“舞动兴庆·千人广场舞大家跳”活动，结合“文化惠民·四送六进”活动，开展广场舞、百姓健康舞进社区、进乡村、进校园、进军营、进工地、进特殊教育场所的推广普及。上半年分别进入兴庆区六小、回民二小、宁夏精英武术学校进行广场民族舞、百姓健康舞排练，4000 多人参加；4 月 19 日，启动“凤城春潮·市民文化季”暨兴庆区第三届群众文化艺术节，分别在海宝公园、燕鸽湖石油基地演出 30 场次；同时启动第十一届“湖城之夏·广场文化季”活动，演出 61 场次，兴庆区文化馆选送的女声组合《枸杞红了》获得 2014 年“欢乐宁夏”自治区群众文艺会演表演三等奖；开展“唱响兴庆·秦腔票友大赛”，为银川市开展的“塞上明珠·梨园春色”西北片区秦腔戏曲票友邀请赛选拔参赛选手，大赛从 39 名选手中选拔前 7 名参加“塞上明珠·梨园春色”西北片区秦腔戏曲票友邀请赛，囊括了大赛的一、二、三等奖和优秀奖；开展“文化先锋·活力社区”首届社区文化节活动，活动内容包括社区

文化联赛、百姓书画摄影大赛、家庭才艺大赛、民间手工艺品作品展等,12个社区参加。

【“文化惠民·四送六进”及“三下乡”活动】 1—4月,开展宣传党的十八届三中全会精神巡回演出,组织5支民间文艺团队在辖区的广场、公园、社区、村镇等场地巡回展演精心编排的小品小戏、歌舞说唱、音乐快板等节目,演出50场次;1月17日,在兴庆区月牙湖乡滨河家园文化广场启动文化科技卫生“三下乡”活动,相继赴掌政镇、通贵乡、月牙湖乡送音响设备、社火服装、道具等,邀请文化工作者为群众写春联、送节目。全年送演出125场次、送电影1400场次、送培训15次。

非遗项目——回族口弦

【数字电影放映】 全年深入城乡放映高新数字电影1275场。其中:农村放映758场(含室内固定放映);广场社区放映517场。为坚守在电影放映岗位的17名(共有21名)老放映员按要求发放生活补助费。

【节日群众文娱活动】 春节前夕,举办“和谐杯”群众书画、剪纸大赛,征集书画作品160多幅,剪纸作品300余幅,经专家评选,评选出120幅剪纸作品和70幅书画作品在文化馆展厅展出;春节期间,在海宝公园承办北塔新春文化庙会,安排各街道进行社火展演,组织非物质文化遗产传承人进行剪纸、刺绣、捏面人创作;正月十五当天组织三支社火队参加银川市“红红火火闹新春”社火展演大赛,分别获得一、二、三等奖。

【摄影作品展】 举办“同筑中国梦·山水聚真情·兴庆展风采”摄影展,展出兴庆区范毅强、刘胜冬、高春雨、沙峰、魏庆等五位摄影爱好者的100幅摄影作品;组织辖区摄影爱好者参加宁夏文联、宁夏摄影家协会组织的“宁夏一日·定格56周年”摄影大赛,兴庆区参赛的200余幅作品从不同角度、全方位记录和展示兴庆区经济和社会发展成就。

【专题文化活动】 与兴庆区工会、妇联、团委联合举办纪念“三八”国际妇女节104周年妇女健身操(舞)大赛,兴庆区各机关单位、乡镇、街道22支代表队参加比赛;与兴庆区残联联合举办“共享文化·放飞梦想”残疾人文化艺术节文艺演出,编排12个节目参加银川市残疾人才艺比赛;与兴庆区人口和计划生育局、兴庆区计划生育协会联合举办兴庆区第五届人口文化节文艺演出,宣传国家计划生育政策和婚姻法等政策法规;与银川市总工会、兴庆区工会联合举办银川市第四届职工文艺会演兴庆区专场演出,编排12个节目在玉皇阁广场演出;与兴庆区教育局联合举办兴庆区庆祝第30个教师节暨第十届全运会表彰大会文艺晚会。

【非遗项目申报】 收集、整理非遗项目资料,组织5个项目8名传承人参加银川市第三批非遗项目代表性传承人申报。

【文物保护】 深入社区、乡村宣传文物保护知识和第一次可移动文物普查,使全社会了解文物普查的目的、意义和内容,充分认识文化遗产保护的重要性,全力推进文物保护的社会化进程。

【文艺骨干培训】 制定《2014年公共文化免费培训计划》,建立完善分级培训机制,扩大培训规模,不断提升基层队伍综合业务素质。开展百姓健康舞培训6次,培训文艺骨干、文化志愿者1000余人;开展摄影培训3期,培训辖区摄影爱好者500余人。开展“两馆一站”免费开放,利用暑假,文化馆开设青少年书法、国画、素描免费培训班,每个班有10多名学员参加为期一个月的培训。

体育

【概况】 按照《兴庆区全民健身计划2010-2015》要求,从实际出发,开展丰富多彩的群众体育活动,促进兴庆区群众体育的发展。

【参加自治区第十四届运动会】 制定备战全运会实施方案,成立备战领导小组,召开三次分析会,分析训练情况,研究解决存在的问题。召开迎战前动员大会和反兴奋剂培训会,鼓舞士气。参加银川市青少年举重、摔跤、射击、游泳、排球、篮球、乒乓球7项锦标赛,提高运动员的参赛经验水平。在自治区第十四届运动会中以金牌、奖牌、团体总分三个第一,位居全区第一,并荣获体育道德风尚奖。

【创建命名兴庆区业余体校训练培训基地】 创新业余体校训练模式,命名银川市第十二中学、银川市飞鱼青少年体育俱乐部等13个单位为2014—2016年度兴庆区业余体校训练培训基地,发挥兴庆区竞技体育特色项目的引领、示

北塔湖龙舟比赛

沙滩接力赛

冰球竞技

范作用，培养青少年体育后备人才，建立与自治区、银川市竞技体育发展形势相适应的业余训练网络体系，形成覆盖兴庆区一点一特色的局面。

【公共体育设施建设】 实施《兴庆区全民健身计划（2011—2015 年）》，推进健身场地及路径器材安装等公共体育设施建设。全年安装健身路径 322 件。5—7 月，对辖区各乡镇、街道需要新安装健身路径地点及现有健身路径实用状况进行调查。维修健身路径 63 件，对维修、更换路径 254 件。

【特色休闲体育】 先后举办“宁夏百乡千村农民体育活动月”兴庆区农民运动会、“檀溪杯”市民冰钓运动会、财政纪检系统趣味运动会、兴庆区市民垂钓比赛及“宁港·财富中国杯”宁夏·兴庆第五届鸣翠湖端午休闲体育运动会，2300 余名体育爱好者参加比赛。组队参加银川市第六届端午龙舟赛，兴庆区男队获得 300 米直道竞速赛第三名，1200 米竞速赛第一名，组委会颁发了体育道德风尚奖。

【体育场地普查】 按照第六次全国体育场地普查宁夏普查工作的安排，对辖区体育场地情况进行普查，3 月 20 日完成入户登记、表册审查工作，6 月 2 日完成微机录入工作。兴庆区有 30 人以上规模的晨晚练点 147 个，每个街道平均拥有晨晚练体育活动点 12 个，体育场地面积 1423586.62 平方米，人均占有体育场地面积 2.1 平方米；辖区有国家三级以上社会体育指导员 1554 名，每千人拥有 2.3 名社会体育指导员。

【国民体质检测】 8 月初，完成全国第四次国民体质监测兴庆区监测工作，选取银川市四幼、人寿保险公司银川分公司、兴庆区教育系统教师、穆斯林商贸城、富宁街自强社区等单位作为监测点，采集城市幼儿、中青年、老年人人群有效表样近千份。

黄河旅游度假村·农家乐外景

表 14　　宁夏体校 2014 年中专招生录取考生名单(兴庆区 32 人)

序号	姓名	性别	民族	出生年月	县(区)		文考号	中考分数	备注
1	成易航	男	满	2001.5	兴庆区	田径	14590031	117.0	—
2	洪宇飞	男	汉	1999.1	兴庆区	手枪	14590033	162	—
3	林佳欣	女	汉	2001.1	兴庆区	手枪	14590006	172.0	—
4	杨　宁	女	汉	1998.5	兴庆区	手枪	14170512	386.0	—
5	王嘉伟	男	回	1999.8	兴庆区	射击	14590002	134.0	—
6	马　青	女	回	2000.2	兴庆区	射击		未中考	—
7	马小花	女	回	1997.5	兴庆区	举重	14440141	437.0	—
8	穆鹏虎	男	回	1998.2	兴庆区	举重	14590007	131.0	—
9	秦鹏程	男	汉	1999.1	兴庆区	举重	14270030	256.0	—
10	陈金莲	女	回	1997.3	兴庆区	举重	14590008	211.0	—
11	康　玉	女	汉	1999.6	兴庆区	篮球	14170669	352.0	—
12	赵　鹏	男	汉	1997.3	兴庆区	篮球	14590036	245.0	—
13	尚　泽	男	回	1999.6	兴庆区	篮球	14030348	298.0	—
14	陈浩奇	男	汉	1999.7	兴庆区	篮球	14030783	274.0	—
15	刘文聪	男	回	2000.9	兴庆区	篮球	14590004	120.0	—
16	连润天	男	汉	1999.10	兴庆区	篮球	14170116	359.0	—
17	袁鲁宁	男	汉	1998.12	兴庆区	篮球	14020292	385	—
18	马志杰	男	回	2000.3	兴庆区	跆拳道		未中考	退学
19	杨　凯	男	汉	1999.12	兴庆区	跆拳道		未中考	—
20	刘佳丽	女	汉	1999.10	兴庆区	健美操	14190717	280.0	—
21	杨雨欣	女	回	2000.8	兴庆区	健美操		未中考	—
22	马星瑞	女	回	1998.10	兴庆区	体育舞蹈	14280146	401.0	—
23	苏超凡	男	回	1999.12	兴庆区	拳击	14590057	116.0	—
24	曲道泉	男	汉	1998.9	兴庆区	拳击	14170075	274.0	—
25	郭佳齐	男	汉	1999.10.14	兴庆区	足球	140201132	258	—
26	纳　涵	男	回	1999.04	兴庆区	足球	14170037	378	—
27	杨　欢	男	回	1997.07.08	兴庆区	射箭	14170505	292.0	—
28	李学森	男	汉	1996.12.24	兴庆区	自行车		未中考	训管中心
29	王志彬	男	汉	1996.08.27	兴庆区	自行车		未中考	—
30	王永超	男	回	2002.10.28	兴庆区	游泳		未中考	—
31	丁　振	男	回	2000.06.27	兴庆区	游泳		未中考	—
32	安孜菡	女	回	2001.11.23	兴庆区	游泳		未中考	—

表 15　　兴庆区 2010-2014 年自治区体委输送运动员名单

年　度	项　目	姓　名	性　别	民　族	备　注
2010 年（7 人）	步 枪	谢金钊	男	汉	—
	步 枪	陈政昊	男	汉	—
	步 枪	李 露	女	汉	—
	男摔跤	周立聪	男	回	—
	男摔跤	谢海宁	男	回	—
	女摔跤	郭 瑞	男	汉	—
	手 枪	罗鹏飞	男	汉	—
2011 年（16 人）	男子摔跤	周博坤	男	汉	—
	男子摔跤	马文杰	男	回	—
	手 枪	张宏志	男	汉	—
	手 枪	丁晓榕	男	汉	—
	手 枪	孙志鑫	男	汉	—
	步 枪	李炎隆	男	汉	—
	步 枪	杨佳凯	男	汉	—
	步 枪	朱晟宏	男	汉	—
	手 枪	王 丹	女	回	—
	步 枪	曹嘉玲	女	汉	退学
	步 枪	王 宁	男	汉	—
	手 枪	闫丽融	女	回	退学
	手 枪	蒋泽平	男	汉	—
	步 枪	徐婉云	女	汉	—
	举 重	马雪兰	女	回	—
	摔 跤	陈 晨	男	汉	—
2012 年（18 人）	短 跑	胡 翔	男	汉	—
	中长跑	田玉贵	男	回	退学
	中长跑	罗理阳	男	汉	退学
	中长跑	马小龙	男	回	退学
	中长跑	谢 强	男	汉	—
	手 枪	黄振富	男	汉	—
	步 枪	王浩骞	男	汉	—
	步 枪	金 杨	男	回	—
	步 枪	郭明明	男	汉	—
	举 重	马小花	女	回	退学

表 15 续

年 度	项 目	姓 名	性 别	民 族	备 注
	举重	李国财	男	回	—
	举重	杨晓君	男	回	—
	举重	妥泽福	男	回	—
	举重	罗爱儿	女	回	—
	举重	杨晓花	女	回	退学
	摔跤	吴则玉	女	汉	—
	游泳	牛佳乐	女	汉	—
	游泳	邬昊阳	男	汉	退学
2013 年（6 人）	举重	刘 越	男	汉	—
	举重	马 龙	男	回	—
	举重	杨 瑞	女	汉	—
	步枪	李鹏飞	男	汉	—
	步枪	李瑞雪	女	汉	—
	手枪	刘周韩	男	汉	—
2014 年（8 人）	举重	穆鹏虎	男	汉	—
	举重	李志明	男	汉	—
	举重	秦鹏程	男	汉	—
	举重	马小花	女	回	—
	举重	陈金莲	女	汉	—
	射击	马 青	男	回	—
	射击	林佳欣	女	汉	—
	跆拳道	朱佳莉	女	汉	—

旅 游

【概况】 2014 年，兴庆区文体旅游局围绕打造独特的西部国际旅游品牌，发挥“向西开放，旅游先行”区位优势，实现兴庆区旅游业的持续健康发展。全年接待游客 74 万人次，同比增长 8%；旅游收入 7110 万元，同比增长 14.7%。其中，农家乐接待游客 32 万人次，旅游收入 2700 万元。

【鼓励农家乐发展】 兴庆区委、区政府出台《关于推进兴庆区文化大繁荣全面加快文化旅游产业发展的意见》，加大对文化旅游基础设施建设的投入和支持力度，每年安排文化旅游专项资金 2000 万元，支持景区和农家乐基础设施建设。2014 年 6 月，文体旅游局又制定下发《关于加快兴庆区农家乐发展的办法》，鼓励农家乐加强自身建设，重点从食品卫生安全、基础设施建设、从业人员培训、乡村旅游产品开发等方面提升农家乐旅游服务档次，积极参与国家、自治区、银川市乡村旅游示范点争创活动，对当年被评为国家、自治区、银川市乡村旅游示范点的，分别给予 2 万元～0.5 万元的奖励。凡在本年度参加国家、自治区、银川市、星级农家乐评定，被评为五星级、四星级、三星级、二星级的，兴庆区文体旅游局分别给予 5 万元、3 万元、2 万元、0.5 万元的奖励。

【完善旅游基础设施，丰富特色旅游产品】 在黄沙古渡景区投入 1300 万元，加大造林绿化力度，改善整治周边环

表 16 兴庆区农家乐统计表

农家乐名称	星级	地址
凤雅山庄	四	兴庆区掌政镇孔雀村
五渡桥农庄	三	兴庆区掌政镇孔雀村
广勤农家乐	三	兴庆区掌政镇碱伏桥村
花海胜地	三	兴庆区大新乡塔桥村
黄河鱼庄	—	兴庆区掌政镇碱伏桥村
李家大院	—	兴庆区掌政镇碱伏桥村
段家大院	—	兴庆区掌政镇孔雀村
舒林休闲生态园	—	兴庆区掌政镇春林村
热气球农家乐	—	兴庆区月牙湖乡月牙湖村黄沙古渡景区门口
幸福农家乐	—	兴庆区月牙湖乡月牙湖村黄沙古渡景区门口
园艺农家乐	—	兴庆区月牙湖乡月牙湖村黄沙古渡景区门口
穆斯林农家乐	—	兴庆区月牙湖乡月牙湖村黄沙古渡景区门口
王家小院	—	兴庆区月牙湖乡月牙湖村黄沙古渡景区门口
老陕北农家乐	—	兴庆区月牙湖乡月牙湖村黄沙古渡景区门口
古渡人家农家乐	—	兴庆区月牙湖乡月牙湖村黄沙古渡景区门口
宏坤度假村	—	兴庆区掌政镇洼路村

境，完善景区内人行道建设，丰富 26 个民俗文化博物馆的馆藏物品，修建 2 条景区观光道，新建漠北大营、黄河人家餐饮中心、游客服务中心，打造 AAAAA 级景区；在黄河横城景区以打造 AAAA 景区为目标，投入 1600 万元，加大景区绿化整治，在景区主干道路两边植树 1 万多株，在景区院内种植草坪 2000 平方米，修建游客集散中心和仿古一条街；在兵沟景区投入 2380 万元，改造峡谷水系，改造绿化供水、饮用水设备设施，修建游客接待中心，自驾车赛道，自驾车、房车露营地，景区大门；在鸣翠湖景区投入 1000 万元，新建餐厅 2 个、停车场 1 个，改造景观台、魔鬼屋、厕所，招商引资 4000 万元开发水上娱乐项目；广勤生态农庄投资 50 多万元，修建室内水产养殖场，新建星级标准的厕所 2 座。

【第二届银川滨河冰雪彩灯艺术节】 1 月 15 日—2 月 28 日，在滨河新区举办第二届银川滨河冰雪彩灯艺术节，分为黄河横城旅游景区和黄河军事文化博览园两个不同主题和风格的展区。滨河冰雪彩灯艺术节将冰雪文化、冰雪旅游、冰雪体育、冰雪艺术等融为一体，前来观赏的区内外游客达 50 多万人次。

【第二届万亩生态果园踏青赏花旅游节】 4 月 22—24 日，在河东陶林园艺试验中心举办银川滨河第二届万亩生态果园踏青赏花旅游节。旅游节以感受科技、回归自然、放松心情为宗旨，观滨河美景，赏万亩果花为主题，周边 5000 多人观赏。

【第二届自驾车旅游节暨首届西部大漠音乐节】 5 月 1—2 日，在兵沟景区举办第二届自驾车旅游节暨首届西部大漠音乐节。活动以"黄河两岸 长城内外 美丽银川 精彩滨河 炫动音乐 五一绽放"为主题，周边近 16000 人参加。

【宁夏·兴庆第五届鸣翠湖端午休闲体育运动会】 5 月 29 日，在鸣翠湖景区举办宁夏·兴庆庆第五届鸣翠湖端午休闲体育运动会。以传统端午节包粽子、品粽子，趣味体育活动为主，体现休闲、娱乐、健康的理念，吸引 1000 多人参与。

【2014 年俄罗斯风情—万人沙滩啤酒烧烤狂欢节】 7 月 3—9 日，黄河横城景区举办"2014 年俄罗斯风情——万人沙滩啤酒烧烤狂欢节"，活动内容包括俄罗斯异域风情演出、世界杯之夜、劲歌热舞、帐篷露营、烤全羊、烤河鲜、烤野味等。

【旅游行业安全管理】 规范旅游企业

表 17 兴庆区景区

景区名称	星级	地址
黄沙古渡	四	兴庆区月牙湖乡月牙湖村
鸣翠湖	四	兴庆区掌政镇碱伏桥村
黄河横城度假区		兴庆区掌政镇
兵沟旅游区	二	兴庆区月牙湖乡
檀溪谷水上乐园		兴庆区掌政镇

的经营行为，兴庆区文体旅游局与辖区各旅游企业签订《2014年安全目标管理责任书》，对辖区内20多家星级宾馆（饭店）建立健全安全组织机构、消防值班人员持证上岗、值班记录填写、后厨燃气报警装置安装、消防器材配备等方面进行全面检查；邀请兴庆区消防大队和哈纳斯天然气公司为辖区太阳神大酒店、满春大酒店等30多家星级宾馆（饭店）从业人员进行消防安全知识和燃气安全知识培训，参加培训人员达100多人。发放《安全生产法律法规汇编》、《公民生产生活安全知识读本》、《公民防灾应急手册》、燃气安全知识宣传册页、应急救援预案宣传册页、安全用电知识宣传册页500多份。9月22日—23日联合兴庆区安监局、建设交通局、卫生和食品监督管理局组成联合检查组对辖区旅游企业的消防安全、食品安全、娱乐设施安全、水上营运交通工具安全进行全面检查，对检查中存在的安全隐患要求企业立即整改，确保“十一”黄金周无安全事故发生。

【黄河横城旅游休闲度假区】 黄河横城旅游休闲度假区是银川市打造滨河新区全域AAAAA旅游景区建设的中心地带，国家AAA级旅游景区，国家文化产业示范基地，宁夏首家自驾车营地，西夏学研究基地。占地3800亩，距银川市区13公里，河东机场2公里，是银川市的东大门。黄河横城以黄河文化为主题，西夏文化为特色，景区有迷人的黄河风光，深厚的历史文化积淀，丰富多彩的娱乐项目，是集旅游观光、自驾娱乐、休闲度假为一体的综合性旅游度假区。先后建成可容纳近万人自助烧烤的沙滩烧烤长廊；能安置近千个帐篷的休闲自驾露宿营地；有可接纳200人就餐、住宿并设有大型及小型会议室的三星级假日酒店。2014年景区投资300万元新建300米沿河景观木栈道；投资120万元新建2个AAAA级旅游厕所；投资了2000万元对景区西夏城内的旅游道路进行石板铺设；投资500万元用于景区绿化220亩。斥资1000万元，在原街区的基础上精心打造集旅游观光、餐饮购物、民俗体验为一体的休闲仿古文化街，占地面积约40亩，建筑面积约6200平方米，主要分为宅邸、府第、民居、客栈、商铺、庙宇、大戏台等单层和两层仿古建筑。以古渡文化、民俗文化及非物质文化产业为背景主线，打造横城县衙、大戏台生活娱乐、天尊庙、横城客栈大院、各类特色小店，融合民俗祭拜、风情表演、餐饮休闲功能于一体的黄河文化西北民俗街；总投资1.2亿元，建造银川滨河新区城市旅游集散中心，建设用地面积8万平方米，建筑面积27000平方米。主要建设内容为：1.集散接待大厅（四层）建筑面积9000平方米；2.大型停车场建设10000平方米；候车大厅建筑面积2000平方米；3. 售票、补票、退票服务大厅建筑面积600平方米；4. 旅游产品展示中心建筑面积600平方米；5. 游客休闲服务区建筑面积4000平方米；6.旅游商品购物中心建筑面积2500平方米；7.星级公共卫生间建筑面积600平方米；8. 医疗服务中心建筑面积400平方米；9. 安保监控中心建筑面积150平方米；10.失物招领处建筑面积300平方米；11.母婴休息及特殊人群休闲室建筑面积200平方米；12.集散调度中心建筑面积800平方米；13.旅游

滨河旅游渡船

黄沙古渡——康熙渡河亭

公交调度中心、警务室及其他建筑面积6400平方米。已投入7800万元，完成项目主体工程建设。2014年景区开展文化旅游活动：1月10日—2月28日，投资1130万元举办第二届“宁夏滨河冰雪彩灯艺术节”；5月18日，总投资13万元举办2014年自行车嘉年华赛；6月20—22日，投资20万元举办2014宁夏地区沙滩排球比赛；7月3—9日，投资83万元举办2014俄罗斯激情狂欢节——黄河横城大型万人沙滩烧烤美食节；2014年11月至2015年2月，举办第三届宁夏大型冰雪彩灯艺术节，活动预算总投资约1400万元，其中彩灯计划投资600万元、冰灯雪雕投资500万元、民俗非遗文化展演投资300万元。2014年接待游客人数48万人次，旅游收入达1500万元。

【黄沙古渡】 黄沙古渡位于银川市兴庆区月牙湖乡辖区内，距银川市52公里，由于横城之北有个地名叫黄沙嘴而称为“黄沙古渡”。国家AAAA级旅游景区、国家级湿地公园。曾是古代宁夏八景之一，黄河古渡是明清最负盛名的军事重镇和交通要道，相传秦蒙恬北击匈奴、汉昭君出塞和亲，清康熙亲征噶尔丹均由此渡黄河。黄沙古渡景区规划面积55.3平方公里，整个景区汇集了黄河、大漠、湿地、湖泊、田园为一体的自

黄河军事文化博览园

然景观，其中湿地面积22.7平方公里，主要由沼泽、河流、滩涂等构成，是黄河上游典型的河流及泛洪平原湿地。2003年初，宁夏黄沙古渡生态建设有限公司成立后即开始全面负责月牙湖湿地的保护和恢复。2004年初，黄沙古渡公司组织对月牙湖生态保护区进行治理，开展湿地保护防沙治沙等工作。2005年11月，自治区政府批复成立了月牙湖湿地保护管理站。2006年12月，宁夏林业局批准建立“宁夏黄沙古渡湿地公园”。2007年12月，黄沙古渡被批准为国家AAA级旅游景区。2008年4月，荣获“中国最佳生态休闲旅游胜地”称号，同年11月被批准为自治区级湿地公园。2009年10月被国家旅游局批准为国家AAAA级旅游景区。2010年1月被自治区科技厅、自治区党委宣传部、自治区科协确立为自治区级科普教育基地。2010年7月被自治区林业局命名为全区生态文明建设教育示范基地。2011年5月被自治区林业局授予宁夏湿地保护管理工作先进单位；2011年6月被中共银川市委宣传部确立为爱国主义教育基地。2011年9月被自治区林业局批准为中国防沙治沙大学（宁夏防沙治沙职业技术学院）教学科研实训基地。2013年1月被自治区人民政府命名为自治区环境友好示范教育基地。2013年6月被环境保护部办公厅、教育部办公厅联合确立为首批全国中小学环境教育社会实践基地。2013年10月被国家林业局批准为国家湿地公园。黄沙古渡按规划分三期投资建设，现已完成生态治理面积35600亩，湿地保护面积达30000亩。斥资500多万元，修整6000平方米的民俗文化博物馆。历时10年，奔赴全国各地，抢救、征集、收藏到宁夏地区具有代表性的民俗珍贵物品9大类13000多件（套），主要有宁夏地区人民生产生活中常见常用的各种生产生活物品、器具，如各种木器、家具、运输工具、工匠制造工具、生活用具和剪纸、年画、皮影、小人书等。宁夏黄沙古渡生态建设有限公司从建设之初就将文化挖掘、景点建设、生态保护并重发展，恢复了黄河祭台、黄沙嘴、宁河台、观日台、禹王井、黄龙镇河、古渡口、黄河渔村、黄河古镇、古渡人家、黄沙古渡黄河楼、浑怀障、芦荡飘雪、黄河人家、古渡、黄河小镇、大漠孤烟黄河落日、烽火台、时来运转阁、横城古渡、横城堡渡黄河、朱栴巡边、康熙渡黄河、黄河古韵、昭君出塞和亲雕塑等古迹景观；复原了大漠驼场、漠北大营、黄河滩老羊圈、二道墩、黄河古道、塞外老牧场。逐步形成落日观光、湿地保护、治沙示范、生态养殖、民俗展览、大漠挑战、黄河漂流、沙浴康体、自助休闲、羊皮筏子、黄河祭祀为一体的原生态景观。

【黄河军事文化博览园】 黄河军事文化博览园位于银川市滨河新区北部，占地面积近4000亩，经滨河黄河大桥到市区约15公里，河东国际机场约6公里，是“西北独有、国内一流”的AAAAA级军事主题和文化元素相融合的军事主题旅游景区。园区引进退役“银川号”导弹驱逐舰入住驻，主体建筑有完成复装安置的“银川”舰、“银川”舰纪念馆、陆海空三军武器装备展示馆、和平广场游览区等板块；突出军事主题，有cs实弹娱乐基地、军事拓展训练基地、水上乐园、儿童游乐场，可以进行拓展对抗游戏、野外生存训练体验等。配套服务设施完善，有商亭凉棚、道路标识、广场厕所和停车场、观光车辆等。2013年9月12日建成开园，开园三个月接纳游客13万人次；2014年1月10至2月15日，在黄河横城国际休闲旅游度假区、黄河军事文化博览园举行以“马踏春来滨河梦，冰妆雪舞迎新春”为主题的第二届银川滨河冰雪彩灯艺术节，填补了西部地区没有雪雕的空白，改写了在宁夏看不到雪雕的历史。

（供稿人：李宁武）

乡·镇·街道(管委会)

月牙湖乡

【概况】 月牙湖乡地处银川市东北部58公里,毗邻黄河、毛乌素沙漠,与银川市一河相隔,一桥相连,省道S203线贯穿其境内,是通往银川的东大门,独特的区位优势,便利的交通网络,丰富的取水条件,奠定了月牙湖乡农业重镇的位置。全乡现有人口26475人,回族占总人口的55%;辖月牙湖村、海陶南村、海陶北村、小塘村、大塘南村、大塘北村、塘南村、滨河家园一村、滨河家园二村、滨河家园三村、滨河家园四村11个行政村。2014年,全乡有耕地4.3万亩,林地7290亩,饲草面积1.8万亩,黄河湿地2.3万亩。全乡肉牛饲养量6100头,羊饲养量5.8万只,家禽饲养量12万只;全年社会总产值达到7.6亿元(其中万亩奶牛养殖园区产值5亿元),年增长22%;农民人均纯收入达到6795元(生态移民4600元),年增长23%。

【小塘村农业科技示范园一期项目】 2014年,投资1000万元引进云南西月贸易有限公司,在小塘村五队流转土地374亩实施花卉产业种植项目。建设日光温室40栋,移动拱棚37栋,冷库900平方米,包装车间500平方米,仓库450平方米。项目实施即带动产业经济效益又保障农户的日常收入。

【滨河家园红树莓种植基地一期项目】 利用滨河家园三期新开发的2500亩土地,投资1200余万元引进宁夏青禾农牧科技开发有限公司,采取“企业+合作社+村委会”的模式,打造生态移民支柱致富产业。已完成一期1070亩的红树莓种植,栽植红树莓苗木120万颗。

月牙湖移民村住宅区

【北一支渠改造及延伸项目】 2014年年初,争取银川市人大议案工程资金300万元,兴庆区政府配套资金260万元,改造和延伸北一支渠,彻底解决新老移民灌溉矛盾。

【海陶北村幸福村庄人饮工程】 争取兴庆区人大议案工程投资120万元,解决海陶北村300户群众的饮水困难问题。

【海陶北村、大塘北村幸福村庄配套项目】 争取自治区财政厅、建设厅投资600万元,配套建设海陶北村、大塘北村幸福村庄上下水、道路硬化及环境绿化项目,改善和提高项目区内农民的生活环境和质量。

【月牙湖综合农业产业】 一是基本完成“四个一万”目标:万头奶牛基地建设实现奶业产业化经营,已建设标准化规模奶牛养殖场15个,存栏奶牛达13000余头,日产鲜奶110吨;万亩经果林和万亩中药材种植,现已完成经果林8500亩,中药材11000亩;流转移民新开发的土地,推广种植紫花苜蓿等品种饲草13000亩。二是基本实现“五个一千”目标:完成千亩苗圃种植目标;千亩现代

农业设施完成975亩;月牙湖针织厂解决千人就业;千亩胡杨林景区2015年“五一”期间开始接待游客;千亩沙枣林开发正在论证。三是完成造林2013亩,栽植各类苗木1252260株;四是养殖黄牛4761头,羊饲养量31786只,鸡饲养量67847只,全年春秋防疫率均达到100%。

【月牙湖农田水利建设】 完成一、二泵站的老泵站维修及机组零部件的改造;开挖清淤干支渠以及渡槽清淤10.5公里;开挖小泵站入水口一座;开挖排碱新沟3条,共660米;补修斗渠300米;维修生产桥3座、压管道15米;清淤排碱沟5条、1300米。

【劳务输出产业】 抓住辖区内移民安置工程及银东滨河新区、红墩子矿区、宁东能源化工基地、黄沙古渡景区、兴庆区万亩奶牛养殖园区、上海庙工业小镇、青海诺木洪枸杞种植基地、新疆棉花种植生产基地等企业需要大量用工,组建劳务输出机构,发展劳务输出产业,增加群众收入。2014年,培养劳务经纪人50名,成立4个劳务协会,1个劳务派遣公司。输出劳务人员10460人次,全年劳务总收入达到13000万元,占全乡农民总收入的43%。

【农村土地确权】 完成户籍资料录入2760户,占总户数的93%,土地界限初级底图完成90%并将数据上报测绘公司等待村级确权底图。规范土地使用权,完成危房改造110户,翻建房屋18户;对新增的13处违章建筑下发限期拆除通知书,合法拆除违建556平方米;根据国土局下发的文件,完成15处12.01亩违法占用土地图斑的核查、消除及拆除工作。

【月牙湖乡社会事业统筹】 一是民政救助不断加大,发放最低生活保障金及低保户节日补贴338.8832万元,各类慰问优抚资金35.56万元,重度残疾津贴46.684万元,高龄、五保户及优抚对象津贴39.2115万元,贫困残疾人慰问金及津贴12.84万元,冬令救助款26.22万元;二是办理养老保险9692人,已缴费人数2600人,60岁以上领取养老金1886人。2014年完成月牙湖乡离退休职工认证79人,领取丧葬补助23人;全乡发放医疗保险卡11301张,已发卡9787张,发卡率达86.6%。

【月牙湖村】 月牙湖村沿S203省道分布,毗邻黄沙古渡旅游区,有着得天独厚的人文和旅游服务优势,面积约15万平方米,是月牙湖乡唯一的汉族村,现有人口712户2000人,中共党员32人,预备党员3人,建档低保户40人,五保户2户;辖月牙湖、二道墩、园艺、牧民四个自然队,占地面积8000亩,耕地面积6500亩,人均占有耕地4亩。全村经济收入来源主要靠耕地收入和劳务输出,兼有养殖、运输及农家乐等产业。2014年农民人均可支配收入5300元。

【大塘南村】 大塘南村位于月牙湖乡东北部,占地面积4500亩,耕地面积3800余亩,人均占有耕地1.5亩,以种植为主导产业。现有人口520户2500人,纯回族村,党员40名。2014年,为有效解决村民出行难问题,多方筹措资金硬化下三队巷道520米,上三队巷道520米,上二队巷道520米,一队村庄路520米,下二队村庄路1040米;组织村民外出务工1900人次,人均收入2000元,创收380余万元。2014年农民人均纯收入4800元,获“民族团结”荣誉。

【大塘北村】 大塘北村位于月牙湖乡最北端,辖区占地面积3000亩,下辖6个村民小组,现有农户308户,人口1890人,耕地面积2500亩,党员30名。由于大塘北村属移民整体搬迁村,自迁入以来基础设施薄弱,群众科技、文化、生活水平低,社会就业和社会保障压力大,主要以种植业、养殖业、外出务工为主。

【海陶南村】 海陶南村属于南部山区移民搬迁聚居村,有7个生产队,总人口553户2064人,农业人口2048人,非农业人口16人,有党员42名;占地面积3500亩,人均耕地为1.4亩,以粮食种植、养殖业、运输、劳务输出为主要产业,种植农作物有小麦、玉米、黄豆。2014年全年劳务输出1320人次。

【海陶北村】 海陶北村辖区面积5000亩,耕地面积3850亩,辖6个村民小组,有农户310户1640人,有党员35人,属回族村,以种植、外出打工为产业。2014年农民人均可支配收入4500元。

【小塘村】 小塘村总人口1230人,耕地面积2600亩,共5个村民组。养殖存羊480只,出栏羊330只,黄牛存栏400余头,出栏肉牛100余头;主要粮食作物为小麦、玉米。小麦亩产700斤;种植玉米1200亩,亩产1600斤,产生经济效益每年约近200万元;套种菟丝子600亩,亩产200斤,产生经济效益每年约为2万元。2014年3月,小塘村引进云南西月贸易有限公司在五组投资花卉种植,流转农户耕地374亩,建成现代农业花卉种植设施基地,主打产品是百合、绣球,力争打造宁夏乃至西北地区有影响力的花卉种植、销售基地。

【塘南村】 塘南村位于月牙湖乡中部,西临S203省道,南与海陶北村接壤,北接小塘村,村域面积5平方公里,耕地面积5890亩;现有9个村民小组,总户数668户,常住人口4280人,党员32名。塘南村以农业生产为主,主要从事传统农作物种植、果树栽培、畜禽养殖;从事个体运输12户,较大养殖户20户。2014年,全村外出打工2133人,人均可支配收入 4800 元。

【滨河家园一村】 滨河家园一村位于月牙湖乡北部黄河东岸，S203 省道东侧，设 6 个村民小组，有人口 864 户，4016 人，中共党员 89 名；收入主要以外出打工为主，养殖业为辅。2014 年农民人均可支配收入 4500 元。

【滨河家园二村】 滨河二村位于兴庆区与平罗县交界处，紧邻黄河，西到 203 省道红线，东至鄂尔多斯台地，距月牙湖乡政府 4 公里。现有村民 656 户，2912 人，为回汉混居村，回民人口占三分之二，全部为固原市彭阳县搬迁至此的生态移民。村民的主要收入为花卉大棚种植、养殖、经营小本生意和外出务工等。

【滨河家园三村】 滨河三村位于兴庆区与平罗县交界处，紧邻黄河，西到 S203 省道红线，东到鄂尔多斯台地，距月牙湖乡政府 4 公里。该村为回汉混居村，现有 6 个村民小组，村民 803 户，3702 人，回汉族人口各占一半，现有中共党员 81 名。经济收入主要以外出务工和经商为主，已成立劳务协会、陆朋种植专业合作社、村级发展资金互助社以及老年协会。2014 年人均纯收入为 4300 元。

【滨河家园四村】 滨河四村位于兴庆区与平罗县交界处，紧邻黄河，西到 S 203 省道红线，东到鄂尔多斯台地，距月牙湖乡政府 4 公里。2014 年 4 月，固原市彭阳县生态移民搬迁至此，现有村民 825 户，3378 人，为回汉混居村，回族人口占 25%，有中共党员 68 人。

通贵乡

【概况】 通贵乡位于银川市东郊，距市区 17 公里，东与兴庆区月牙湖乡隔黄河相望，南与掌政镇相接壤，西、北与贺兰县金贵镇相邻。全乡面积 111 平方公里，东靠黄河，沿河南北 13.8 公里，东西长 7.8 公里。辖河滩村、司家桥村、通南村、通贵村、通北村和通西村 6 个行政村，62 个自然村，全乡总人口 15175 人，其中回族人口 12625 人，占总人口的 83%。境内建有 18 座清真寺，是一个名副其实的塞上回乡。全乡已形成以种植业、畜禽养殖、劳务产业、一、三产业为主的产业格局。2014 年全乡稻改旱 1.3 万亩，达到 2013 年 8 倍以上；引导和鼓励养殖户发展特色庭院养殖，对庭院养殖户给予 5 至 10 万元贴息贷款，庭院养殖覆盖 17 个生产队，310 户养殖户，养殖肉牛 2000 头、羊 1 万余只。同时清理滨河大道水系 1300 亩，引导养殖户在滨河大道水系及部分农田开展观赏鱼蟹等水产特色养殖 5000 亩。

【通贵乡土地流转与劳动力就业】 2014 年，全乡新增土地流转面积近 7000 亩，正在完成通北村流转土地 1.1 万亩的丈量和所有流转程序，同时成立两家劳务公司，主动与区市多家企业联系，向各村发布相关企业用工招聘信息 20 余期，通过劳务经纪人或自发组织，在银川市周围的灵活就业人员达到 3276 人，从事商业等各种行业的固定就业人员达到 1513 人。

【通贵乡农村基础设施建设】 争取自治区水利厅北部盐碱地整治项目，投资资金 300 万元，完成通西村跃进沟、通贵村七一沟砌护改造 3.2 公里，并配套相应尾水处理设施；兴庆区农业综合开发办投资 400 多万元，对 2013 年秋季农田基本建设项目区的水利工程进行配套，该项目涉及三个村 6 个生产队，共砌护支渠、斗渠 6.67 公里、农渠 20.81 公里，配套各类建筑物 1607 座；投资 120 万元对通南村沈家渠、民生渠末梢段进行砌护改造，翻建沈家渠 1882 米，配套建筑物 25 座，拓宽民生渠自小德胜渠至沈家渠段 740 米，配套建筑物 15 座，砌护民生渠自沈家渠至大新渠段 856 米，配套建筑物 19 座；争取自治区财政“一事一议”奖补项目资金 311 万元，实施通贵八队民兵渠泵站建设、通西村道路整治、爱民渠砌护等五项工程；完成秋季农田水利基本建设 2.8 万亩，清淤、开挖沟渠 500 余条，整修林地 100 亩，新造林地 25 亩 4000 株，补植树木 2000 株，树木绑扎涂白 5 万株，林木管护 1000 亩；完成通贵乡集镇安置区一期建设项目立项、项目前期规划、设计及招标工作，施工企业已进场。基本完成河滩村二期房屋建设、排水、道路、电力、天然气的外网配套建设；为 19 个宗教活动场所配备消防器材并安装路灯。

2014 年 1 月 20 日，银川市国土资源局局长马雪霞在通贵村慰问困难群众

【通贵乡社会事业统筹】 一是落实优抚、优待、五保、低保、救灾救济政策，累计发放各类救助资金258.89万元，申报办理灵活就业养老保险人员30人，申请发放养老保险补贴12604元；应参加城乡居民养老保险人员7954人，实际参保7830人；参加职工养老保险（包括历史遗留职工）人数364人，认证率达100%。发放医保卡5462张。

【通贵乡社会管理综合治理】 开展法制宣传教育“进乡村、进机关、进学校、进社区、进企业、进单位、进家庭”，张贴宣传标语52条，悬挂宣传横幅16条。受理矛盾纠纷205起，成功调处203起；有社区矫正人员13名，全部配备定位手机，做到行动全掌握，人员无脱管、漏管，无重新犯罪人员，组织社区矫正人员参加公益劳动累计时间达120小时，115人次，参加集体学习时间达100小时，对全乡刑释解教人员做到人人有档案，行踪全落实，并积极做好安置工作。

【河滩村】 河滩村位于通贵乡最南端，村域面积约13平方公里，土地总面积7900多亩，其中村集体土地2800多亩，人均耕地4.6亩。有村民小组4个，总人口260户1069人，劳动力521人。农业生产以水稻种植和畜牧同步发展，水稻总产量800多万斤，生猪养殖和奶牛养殖场7个。其中：奶牛养殖厂4个，生猪养殖场3个，生猪年出栏2000多头，年末存栏582多头，奶牛存栏1000多头。2014年人均纯收入8000元。

【司家桥村】 司家桥村土地面积12600多亩，耕地面积5500亩，人均耕地5亩。有6个村民小组，总人口283户1263人。农业以水稻种植为主。2014年人均纯收入9000元。

【通南村】 通南村占地面积12平方公里，耕地面积20000亩，人均耕地4.3亩。有15个村民小组，总人口1010户4610人，其中少数民族人口4532人。2014年人均纯收入10000元。

【通贵村】 通贵村位于通贵乡集镇，总面积19平方公里，东西7.1公里，南北2.4公里，耕地面积8775亩，人均耕地2亩。有15个村民小组，总人口1108户4271人，少数民族4275人，有劳动力1800多人，占总人口的42.1%；常年外出打工人数220多人，占总人口的5%，占劳动力人口12%。特色产业为优质水稻种植，2014年人均纯收入7840元。

【通北村】 通北村有耕地面积13000亩，人均耕地3亩。有13个村民小组，总人口1347户3496人，其中少数民族人口3461人。特色产业为优质水稻种植，2014年农民人均纯收入达到9514元。

【通西村】 通西村地处通贵乡西部，距银川市区13公里，东与通北村相邻，西至贺兰县金贵镇，南至通贵村，北与金贵镇通昌、江南村相接，银通路穿境而过，交通便利。面积8平方公里，其中耕地面积1.2万余亩。全村9个村民小组，总人口425户1833人，其中回族人口占85%，劳动力人数870人。全村经济以种植业为主，商业、交通运输和养殖业为辅。2014年农民人均纯收入5900元。

大新镇

【概况】 大新镇地处银川市市区东部，东临兴庆区掌政镇，南与永宁县望远镇相邻，西隔丽景街与银川市兴庆区主城区相望，北与贺兰县习岗镇新胜村相连，辖区南北长15公里，东西平均宽度2.2公里，辖区总面积33平方公里。全镇辖6个行政村，一个农转非公司，70个自然村，截至2014年末，有城镇和农村居民（不包括石油城）12488户，城乡总人口27982人，回族总人口8795人。其中：农业总人口13004人；非农业总人口14978人。参加养老缴费人数6059人，参加农村新型合作医疗人数21105人，参保率达99%。传统农业种植面积6729亩，比2013年减少276亩；引进花卉新品种12个，种植花卉（鲜切花）8668间，种植盆栽植物239.83万盆，观赏苗木1606.6万盆；抓住鲜奶收购价格大幅上扬的机遇，鼓励发展畜牧业，全镇奶牛存栏2583头，肉牛121头，生猪1899头，羊只4631只，家禽3.8万只；搞好农田水利建设，改善农业生产基础，清挖各级沟、渠46条23000余米，建设高标准农田1000余亩，完成秋翻地任务5686亩，秸秆还田2684亩，秋施肥2867亩；植树3万余株，涂白树木5.3万株；投入资金30万元，对燕鸽村、新水桥村部分温棚区路、电等基础设施进行改造；落实各项惠民政策，发放粮食直补、农资综合补贴、粮种补贴、水库移民资金等惠农补贴137.8万元；完成农村土地经营权确权登记，摸底登记归档3402户，8485个田块，8700亩土地。

【大新镇重点项目建设服务】 2014年，一大批带动兴庆区经济社会发展的项目在大新镇落地，大新镇从巩固兴庆区招商引资成果、保证重点项目实施的高度出发，事无巨细，提供保姆式服务，扎实解决项目实施过程中遇到的每一个问题，从根本上保证每个项目的顺利实施。先后完成了京藏高速公路两侧防洪排涝工程6个标段的征地拆迁、土方拉运等任务，复垦土地1700亩；完成二排沟环境综合治理征地拆迁及绿化；完成上前城南物流港项目木材市场搬迁、新街打通、通信器材城、贺兰山路延伸段等重点工程的征地拆迁。

【大新镇失地农民就业服务】 通过技能培训解决失地农民就业问题，对辖区新增失地农民建档立案，按照梳理出的岗位需求主动与辖区企业、劳动就业局、培训公司协调，开展订单式培训班8期400余人，实现直接就业100余人。

表 18 2014 年大新镇各村人口统计

单位:人

村别	总户数	总人口	男性	女性	农业人口	每户平均人数
总计	12488	27982	13749	14233	13004	2.3
上前城村	1639	3945	1946	1999	991	2.5
塔桥村	1706	3989	1971	2018	2581	2.4
大新村	1768	3871	1914	1957	2836	2.2
燕鸽村	715	1581	784	797	878	2.3
新水桥村	1785	4243	2095	2148	3872	2.5
新渠稍村	1224	2922	1444	1478	2633	2.4
城镇散居	3199	6488	3198	3290	198	2
集体户	1	391	195	196	—	—

在 6 个行政村分别以集资入股的方式成立劳务服务公司，指导、协助他们承揽政府和企业在辖区内实施的简单工程，通过实体项目解决失地农民长远问题。已实施了上前城失地农民公寓和市场项目，正在协调解决塔桥村、大新村失地农民 5 平方米营业房和 20 平方米公寓项目。同时借助政府倾斜政策，成立上前城失地农民物业公司，正在申请成立大新村失地农民物业公司，让他们以后逐步融入农民安置区，既能实现村民的自我管理和服务，又能有效带动失地农民就业。

【大新镇城市建成区服务】 随着商品住宅区和农民安置区的逐步建成，大新镇提前与住宅区建设方、物业方沟通协调，将还不具备成立社区工作站的小区归口片区村委会代管，要求必须为入住居民提供规范化的城市社区服务。待条件成熟后及时成立社区居委会和工作服务站。

【大新镇“美丽乡村”建设】 集中开展环境卫生综合整治和集中拆除违章搭建工作，投入资金 129.22 万元对银横路两侧及燕鸽村 3、4 队巷道实施铺设道砖 18200 平方米，拆除违法违章建筑 144973.1 平方米。先后 4 次对主干道及支巷道的乱堆乱放、沟渠及沟渠路两侧、农田、空地、林带内的垃圾和白色污染进行清捡清理。

【大新镇道德红黄蓝榜】 首创的“道德红黄蓝榜”先后被兴庆区、银川市、自治区及中央各级媒体采访报道，在此基础上又将“道德红黄蓝榜”深化为“善行义举道德红黄蓝榜”，建设上前城村幸福大院，免费为老人提供吃住，已有 11 位老人入住，并设有 3300 平方米的舞蹈场，400 平方米的老年活动中心，设有棋牌桌室、康体健身中心、文化娱乐中心等功能室。

【大新镇社会事业统筹】 落实城乡低保政策，为 162 户城乡低保户累计发放低保金 26.9487 万元，为 160 名城乡高龄老人累计发放高龄补贴 24.71 万元；累计发放残疾津贴 9.881 万元；办理养老登记 85 人，办理待遇领取审批 113 人；完成统筹城乡居民养老保险认证 1396 人，办理丧抚费 48 人，为 159 位 80 岁高龄老人发放床单等慰问品；完成企业离退休认证 1373 人；办理灵活就业养老保险补贴 341 人，发放社会保障卡 862 张，发卡率达到 98%；办理失地农民养老保险 259 人，完成已征地农转非认证 207 人。

掌政镇

【概况】 掌政镇距银川市市区 9 公里，土地面积 118 平方公里，耕地面积 亩，辖 11 个行政村，104 个村民小组，总人口 7710 户 26745 人，其中少数民族 1155 人。经济收入以粮食生产、发展设施农业和劳务输出为主。2014 年，种植小麦 4379 亩，玉米 6994 亩，水稻 47476 亩，围绕东边四个村建优质米基地 1.26 万亩。在五渡桥村、洼路村、孔雀村实施稻旱轮作 2528 亩；在镇河、茂盛、洼路村新建二代日光温室 182 栋 5100 间，发展茂盛村蔬菜核心示范棚和半基质改良土壤种植蔬菜 40 栋，建立茂盛、五渡桥、洼路村 3 个永久性蔬菜基地，蔬菜种植面积达到 9200 亩；奶牛存栏 1.5 万头，羊只 3.5 万只，生猪 2 万头，家禽 30 万只。鼓励农民外出创业、自主就业，转移和输出农村劳动力 3531 人。

【掌政小城镇建设项目】 基本完成小城镇安置区三期住宅主体工程；檀溪欢乐谷水上乐园一期项目投入使用；东湖绿化景观工程基本完成；农副产品配送

表 19

2014 年掌政镇各村基本情况统计表

行政村	村民小组	人口情况					土地情况				农民人均可支配收入			主要产业及收入来源	农民专业合作社(协会)
		户数	人数	劳动力数	少数民族人数	党员人数	占地面积	耕地面积	人均耕地面积	流转土地面积	2012 年	2013 年	2014 年		
		户	人	人	人	人	平方公里	亩	亩	亩	万元	万元	万元		
掌政村	14	1050	4800	2100	20	153	10	2813	0.58	—	1	1	0.9	外出务工	—
春林村	6	771	2332	793	6	65	2.5	2200	0.94	47	0.6	0.7	0.8	设施农业,房屋租赁	—
孔雀村	7	690	2020	1300	41	9	7	4430	2.2	300	0.9	1	1.22	温棚花卉蔬菜库房出租	银川市嘉庆蔬菜花卉合作社
五渡桥村	8	509	2050	1020	12	80	4	4588	2.2	800	0.846	0.9998	1.1769	蔬菜、粮食	银川市丽园水乡农产品专业合作社
杨家寨村	9	744	2976	918	460	98	7.5	4399	1.5	326	0.8	1	1.2	种植养殖	庆丰养猪合作社盛世绿丰合作社岑氏特禽养殖合作社
洼路村	9	614	2023	961	7	91	11.28	4126	2.2	1741	0.719	0.8987	0.9876	土地流转、温棚出租	—
茂盛村	9	614	2500	1560	34	89	7.5	4700	0.53	1100	0.98	1	1.1	蔬菜种植为主	—
镇河村	11	780	2920	1752		103	0.7	5200	2	300	1	1.05	1.12	设施农业 农产品	—
强家庙村	7	380	1570	810	11	54	—	13000	8.2	5000	0.64	0.68	0.72	种植业	—
碱富桥村	12	1008	2314	1068	14	86	—	11040	2.3	—	0.68	0.85	0.92	水稻种植、劳动力转移	兴庆区水稻种植、养殖协会
永南村	7	550	1240	980	550	54	12	4290	6.5	—	—	—	—	种植水稻	—

中心主体完工并具备使用条件;鸣翠半岛 19# 地块二次施工和砖砌体已完工;温泉水世界项目正在实施打井工程。

【掌政镇招商引资项目】 引进汇川服装公司进驻掌政强家庙村，由镇政府、劳务公司、企业三方签订用工合用,主要从事服装初加工，解决 1000 人的就业;宁夏润东环保科技有限公司研发中心建设项目进入土地招拍挂环节;九曲香米业二期工程租用牛场 83 亩，总投资 5000 万元,工程完工并投产;农副产品配送中心蔬菜冷链物流中心项目,已与掌政部分蔬菜花卉种植大户达成供货协议，正在进行项目规划及上报;争取奥特莱斯购物广场用地指标 100 亩,取得英国 170 多家服装品牌的授权;由宁夏润东环保科技有限公司实施掌政污水处理厂后续工程，已达成合作意向;总投资 300 万元,完成洼路、镇河花卉园区电力配套工程;华夏河图生态小镇纬六路等市政道路正在施工,雕塑公园、艺术史公园正在完成景观、绿化、广场建设,惠农渠生态公园正在进行景观绿化。

【掌政农田水利基本建设】 投资 461.7 万元，完成 17 项 266 座小农水工程建设任务,重点对春林村西三渠、茂盛、洼路、五渡桥园区农渠进行砌护。清挖农渠 362 条，长 20.1 公里，整修斗渠 16 条,长 17 公里,动用土方 2.2 万立方米。以滨河大道西侧为重点,建设高标准农田片区 1.55 万亩。完成洼路项目区、永通公路两侧宽幅林带,茂盛、官湖园区及供银蔬菜基地绿化造林绿化任务,造林面积 107.8 亩,植树 32063 株,育苗面积 1172.2 亩。

【掌政镇社会事业统筹】 发放城乡低保、高龄津贴、重残救助金、优抚及各类临时救济资金共 310.7 万元。为 133 户 138 人发放农村低保金 32.3158 万元,各类补贴 10.035 万元;为 193 户 194 人发放农村高龄老人高龄津贴 65.67 万元,各类补贴 11.75 万元;为 38 人发放农村重残救助金 9.716 万元;为 152 户 197 人发放城市低保金 79.311 万元,各类补贴 14.088 万元;57 户 58 人发放城市高龄老人高龄津贴 20.19 万元，各类补贴 4.488 万元;66 户 70 人发放城市重残救助金 16 万元。完成强家庙中心村老年公寓配套工程，占地总面积 2135.7 平方米,床位 96 张,配套医疗保健室、阅览室、活动室等,已有 16 名老人入住，其中 11 人是五保户,5 人属社会托老人员。

2014 年 7 月 4 日，中国与南太地区经济技术合作促进官员研修班考察掌政镇小城镇建设

前进街街道

【概况】 前进街街道位于兴庆区教育南巷 17 号，东起民族南街，西至利民街、凤凰南街,北起解放街,南至治平路，面积 2.7 平方公里。辖区有居民小区、楼院 83 个,其中无物业小区 60 个,下辖 4 个社区居委会，居民 15078 户 29475 人,流动人口 1470 人,党员 494 名。街道下设 14 个党支部,其中:机关支部 1 个,社区党支部 7 个,非公企业联合支部 6 个。辖区有企事业单位 23 家,个体商户 1000 余家,学校 3 所、幼儿园 2 所。2014 年,组织失业人员参加各类招聘会 4 场,培育“小企业”“小老板”19 家,新增就业岗位 69 个,带动就业人员 103 人,就业困难人员再就业 50 人,高校毕业生自主创业和自谋职业 23 人;办理就业失业登记证 273 人;公益性岗位安置下岗失业人员 13 人；办理退休人员领取养老金资格认证 2834 余人,退休人员异地认证 12 人,接收退休人员 234 人,办理退休人员社区转移 99 人;办理企业退休人员死亡手续 43 人。建立重大疾病、高龄、特困退休人员档案,发放城镇居民医保卡 2000 余张,为 7 名大重病患者发放医疗救助金 26884 元(其中弃婴 3 名 5723 元),临时救助 10 人 7900 元，为 2 名低保死亡人员发放丧葬费 2000 元，为 4 户低保家庭在读大学生办理助学救助 16000 元。“两节”及助残月期间慰问困难家庭、低保户 68 户，发放慰问金 30 户 15000 元,为 12 名 88~89 岁老年人发放高龄津贴 6000 元，17 名 90~99 岁老年人发放高龄津贴 17000 元,发放高龄老人门诊补贴 1000 元，重残金发放 170 人 35840 元,为辖区 3 名大重病患者发放医疗救助金 17120 元。慰问优抚对象、伤残军

人 10 人,发放慰问金 3000 元。开斋节为 9 名优抚对象、在乡复员军人、农村籍退役人员发放生活补贴 2700 元,为 7 名优抚对象发放优抚金 29880 元。依托计生服务站和社区医疗服务站积极开展生殖健康系列化服务,为 103 对新婚育龄未育夫妇 206 人进行孕前优生干预检查、为 46 名已怀孕妇女进行五项病毒检查,为 139 名已婚育龄妇女进行优生两项筛查。

2014 年 9 月 28 日,银川市政协主席贺满明(左三)、银川市常务副市长马凯(左一)一行到兴庆区前进街街道华林社区慰问新中国成立前老党员洛瑞芳

【前进街文化阵地建设】 以道德“红黄蓝榜”活动为契机,借助街道文化广场、文化站、社区图书室等文化阵地,在辖区开展形式多样、内容健康向上的各类文体活动和四德建设志愿活动,普及文明礼仪知识,倡导文明风尚,为辖区群众提供义务服务。2014 年,街道开展“四进”(文化进社区、文化进工地、文化进军营、文化进乡村)、“六会”(“趣味运动会”“六一儿童诵诗会”“七一红歌会”“八一军民联欢会”“十一国粹欣赏会”“浓浓重阳情慰问会”)活动,承(举)办文化专场演出 15 场,并取得了“百瑞源”银川首届社区文化节活动“文化先锋”社区文化联赛六强、“颐和地产杯”新消息报首届社区文艺大赛二等奖、宁夏电视台社区健身舞优秀奖等荣誉。

【前进街为民服务发展专项资金项目】 针对社区在文化场所建设、流动人口管理、平安社区创建、老年人管理服务等公共服务事项及社会管理事项开展问卷调查,梳理党员群众普遍关心的问题,确定群众文化娱乐休闲活动场地建设、和谐社区文化宣传长廊、老旧小区改造群众文化娱乐休闲活动场地建设、老旧小区设施改造四个为民服务发展专项资金项目,居民同意率超过 85%,项目前期已经通过兴庆区组织部的评审及实地勘验,现正在施工过程中。

【银华社区】 银华社区东起民族南街,西至凤凰南街,北起修业路,南至宝湖路,辖区面积 0.57 平方公里,有住户 3649 户 6649 人,居民楼 65 栋。社区党支部直管党员 47 人,其中离退休党员 22 人、在职党员 20 人、下岗失业党员 3 人;社区网格 7 名,公岗 2 人。社区企事业单位 1 家,个体商业网点 312 家。退管人员 328 名,低保户 1 户 1 人,残疾人 26 人。

【星光华社区】 星光华社区现有住宅楼 62 幢,居民 3024 户 7903 人,辖区单位 3 家。社区有党员 482 人,其中在职党员 287 人、离退休党员 152 人、支部直管党员 92 人。

【陶瓷社区】 陶瓷社区东起进宁街、三林巷,西至利民街,北临解放西街,南至土田路,占地面积 0.95 平方公里。辖区内有居民小区 37 个,居民住宅楼 151 栋,常住人口 4617 户 11925 人,社区党总支下设 2 个支部、5 个功能性党支部,党员 163 人;辖区单位 10 个,各种志愿者队伍 14 支。

【华林社区】 华林社区占地 0.83 平方公里,东至民族南街,西至进宁南街至三林巷,南至修业路,北至解放西街,有居民 5632 户 11484 人。党总支有党员 173 名,辖区单位 136 家,个体户 360 户。社区共有网格员 7 名,公益岗位人员 4 名,志愿者队伍 8 支 170 人。

(供稿人:郭素宁)

解放西街街道

【概况】 解放西街街道地处兴庆区中心地带,辖区北起上海东路,南至解放西街,东起民族北街,西至凤凰北街,面积 3.9 平方公里,有 25 个居民住宅小区,有物业小区 10 个,无物业老旧小区 15 个,住宅楼 489 幢,总人口 18222 户 42022 人,其中少数民族人数 7125 人,已婚育龄妇女 7935 人,辖文艺、银湖、健康、北苑、海宝、华新 6 个社区市民服务站。辖区有机关、企事业单位 52 个,国家级文明单位 1 个,自治区级文明单位 5 个,银川市文明单位 19 个,兴庆区级文明单位 21 个。2014 年,简化办证程序,补录身份证号码 1.7 万余条,免费孕前优生健康检查完成 157 对。开展劳动就业社会保障工作,“两节”期间慰问企业退休人员72人，发放因病致困人员慰问金1800元，为34人办理异地养老金资格认证工作，办理318人居民医疗保险参保手续，申报审核2013年度灵活就业人员社保补贴509人，推荐上报创业项目5个，对辖区62家企业进行薪酬调查工作。发放慰问物资及现金21.433万元，累计发放城市居民最低生活保障金64.4825万元，发放优抚金5.4225万元。

【解放西街街道精神文明创建活动】 开展道德红黄蓝榜活动，在6个社区党支部和市民服务中心设置道德红黄蓝榜，红榜人数45人次，黄榜人数25人次，蓝榜人数20人次；在北苑社区设立善行义举个人品德、家庭美德、职业道德和社会公德四德红榜公示榜，红榜人数16人次；在街道一楼门厅设立"有样子、有作为"红黄蓝榜，红榜人数8人次，黄榜人数1人次，蓝榜人数1人次；成立35支志愿服务队，开展"学雷锋、讲文明、树新风""献爱心、扶贫帮困"捐助活动和"文明交通"志愿服务等各类志愿活动16次；建设社区业余文体队伍6支，健身路径20条，社区图书室6个，文化广场3个，文化长廊3个，利用节假日和民间节日开展丰富多彩的社区文化活动，先后开展各类文化活动54次，文艺演出30余场。

【解放西街街道平安创建】 做好社区矫正和安置帮教工作，对28名矫正人员，按期解矫7人，38名刑释解教人员，帮教率100%，安置率98%，无一重新犯罪；化解各类矛盾纠纷127件，其中：人民调解84件，行政调解43件，纠纷调解率100%，调解成功率98%；办理市长热线督办单69件，办理银川市政民互动平台反映事项督办单4件，网上信访2件，转办信访6件，做出信访事项答复意见书8件；与辖区710家单位签订安全生产责任书，对辖区28家单位的安全生产工作进行检查。

【解放西街街道"洁净兴庆"工程】 开展"周五卫生集中整治日""向'牛皮癣'宣战"等一系列卫生专项整治行动35次，清理卫生死角318处，擦洗宣传栏、垃圾箱263个，清捡绿地约17800平方米，清运混合垃圾26车8吨，铲除、清洗乱贴乱写720余处1600余张，参加人员达3800余人（次）；登记拆除违法建设，先后上报兴庆区违建10处，拆除湖滨西街音乐大棚等违建10处，拆除面积达1120平方米；完成宁夏宾馆家属院等20个老旧小区的摸底工作，配合银川市物业办普查老旧小区77处226栋楼6360户，建筑面积达587712平方米。

2014年4月25日，解放西街街道召开三级人大代表及政协委员联席会议

【华新社区】 华新社区东起天平街、西至凤凰北街、南起北京路，北至上海路，占地0.4平方公里，辖福川苑、福星苑、北宝苑三个居民小区，有居民楼77栋，常住居民3814户7242人，辖区单位5个，个体经营网点200家。

【北苑社区】 北苑社区南起北京东路，北至上海东路，西起进宁北街，东至民族北街，有84栋居民楼，总人口2874户7169人。辖区有供热站1座，学校1所，各类银行5家，个体工商户183家。

【海宝社区】 海宝社区占地面积0.62平方公里，现有10个居民小区84栋住宅楼，住户3714户，居住人口9351人，党员202人。辖区有12家单位，个体商业网点219户。

【文艺社区】 文艺社区现有住户2860户，常住人口6903人，其中少数民族1237人。辖区现有科级以上单位13家，个体私营企业及公司342户，社区党总支下属第一、二支部，有党员153人。

【银湖社区】 银湖社区位于民族北街以西，辖区面积1.72平方公里，有112栋楼，居民3863户7034人，老年人占20%，直管党员245名，离退休党员661名；有机关、学校、企事业单位13个，沿街商业网点387个。

【健康社区】 健康社区位于凤凰碑东北角，南起解放西街，北至湖滨西街，东起立新巷、珠市巷，西至凤凰北街，占地面积0.35平方公里。辖区有住宅楼50栋，居民1727户4323人，其中离退休人员594人，在职党员256人，下岗失业党员12人，现有直管党员86名。60

岁以上老年人687人，育龄妇女323人。辖区内有10个机关企事业单位、238个商业网点。

（供稿人：侯莉媛）

胜利街街道

【概况】 胜利街街道位于兴庆区胜利街138号，东起清和街，西至玉皇阁南街，南起人力资源市场北，银川汽车站南，北至长城路，占地面积7.1平方公里，辖清和、景园、南华、康馨、天盛、祥和、宝庆、双城门、家园等9个社区，自然居民小区53个，常住人口26984户60726人，其中少数民族人口8084人，农业人口6524人。辖区内有事业单位47家，国家级文明单位3家，自治区级文明单位6家，市级文明单位10家，兴庆区级文明单位11家。现有有个体私营企业及商业网点1310家。街道党工委下设党(总)支部21个，非公企业党支部2个，“两新”组织联合党支部1个，直管党员755人。2014年，失业登记人员1100人，安置就业1062人。其中：帮助就业困难家庭人员实现就业68人；安置零就业家庭就业6人；公益性岗位人员就业28人；残疾人就业5人；高校毕业生就业49人，失业人员及其他人就业896人。实现“出现一户、帮助一户、解决一户、稳定一户”的目标。为辖区701名灵活就业人员申请社保补贴，615人办理“就业失业证”。

【胜利街街道搭建区域党建服务网络】 2014年，街道党建工作围绕增强党组织创新项目，注重探索涵盖辖区单位、社会团体及志愿者组织在内服务型党建网络，完善社区党建服务网格化，搭建服务平台，拓宽党员发挥作用的途径。依托下基层服务、社区蹲点帮扶等，确立“我为驻区做奉献，三同服务当先锋”的工作理念，重点培育“五种意识”、树立“六种观念”。“五种意识”，即：团结合作意识、资源整合意识、共建创新意识、为民便民意识和服务解难题意识；“六种观念”，即：树立科学发展观念、共筑和谐社会观念、坚持互相学习观念、突出以人为本观念、为民服务观念和协作配合观念。

【胜利街街道推进和谐社区建设特色服务】 2014年，街道全面推行网格化管理模式和居委会自治新模式，在街道9个社区划分80个网格，成立41个居委会，申报并创建康馨市民服务站康立宁陪护中心和天盛市民服务站居家养老服务2个特色服务品牌。康立宁陪护中心方便来宁就医患者，低偿或无偿为辖区居民提供医疗服务；天盛的居家养老服务开展助老志愿服务、“四解服务”、便民服务站(送货上门)、老饭桌、老年门球协会等服务活动，解决辖区老人生活不便之困。各服务站还通过微博和微信服务平台，为居民提供各类信息及咨询服务，为民代办各类服务事项328件次。

2014年8月2日，区委书记马爱平(左二)在胜利街街道双城门社区调研社区网格化管理工作。

【胜利街街道民政低保、优抚服务】 为把惠民政策做实做细，街道依托市民服务中心和社区各服务站，结合实际制定分类施保计划，定期到楼院小区走访核查，及时对低保户进行初审、复审、申报、公示，做到资料翔实信息准确。2014年，办理公共租赁住房办理199户，廉租住房实物配租45户，经济适用住房35户；辖区有低保家庭144户245人，低收入高龄老人22户22人，累计发放低保资金6.15万元，高龄补贴金额6.7万元，取暖补贴7.44万元，医疗门诊救助金2.6万元，大病救助金6.07万元，临时救助金1.1万元；发放开斋节、古尔邦节补贴8.07万元，春节饺子费1.68万元，各类慰问金9.95万元；为救助重度残疾人发放津贴15.63万元。街道有优抚对象8人，发放优抚金1.69万元。“八一”期间为困难军队复转干部35人发放补贴慰问金1.05万元，为40名残疾军人换了第二代军残证和8个烈士证。做好辖区673名残疾人扶助服务，每月组织志愿者上门服务1次，每季度组织一批免费体检，鼓励残疾人参与残联活动，全年组织参加本级和上级各类活动28次。

【南华社区】 现有7个居民小区，住宅楼72栋，住户2675户，居住人口4263人。辖区单位9个，机关单位6个，商业网点140个，志愿者队伍5支585人。

【双城门社区】 双城门社区辖区面积0.9平方公里,北至长城东路,紧靠南门广场,南至红花渠,西至玉皇阁南街,位临南关清真寺,东至清和南街,贯通胜利南街。现有居民楼院31个,无物业管理楼29个,住户3193户8004人,其中少数民族1331人。辖区有企事业单位7个,网吧等娱乐场所6个,沿街商铺417家。成立27个自治协调议事小组,并推选楼栋长77名、网格协管员231名,组建2支各10人的义务巡防队、卫生监督小分队和10人便民服务队。

【宝庆社区】 宝庆社区地处胜利南街与宝湖路交界处,占地面积0.88平方公里,东临胜利街,西靠红花渠,南至宝湖路,北到红花渠。现有常住户2190户5946人。有物业小区4个,家属区1个,共63栋楼。社区共有8个网格,5名网格员。

【康馨社区】 康馨社区占地面积1.2平方公里,辖区内有宁夏医科大学总医院、银川市第十二中学,居民4938户12290人,少数民族人数为1179人。成立4个居委会,建立社区"大党委"工作联席会议,居委会、业主委会、物业公司共同管理。

【景园社区】 景园社区占地面积0.8平方公里,北至惠丰巷,明达巷以南,西至胜利街以东,南至五医院桥头以北,东至清和街以西。社区有3342户5918人,党员33名。

【清和社区】 清和社区总面积约2.2平方公里,北起红花渠,南至明达巷,东邻清和街,西接南门广场。现有住宅小区23个,常住居民4342户,总人口11211人,少数民族人口为1739人。

【天盛社区】 天盛社区面积0.8平方公里,东起胜利街,西至红花渠,南至治平路,北以宝湖路为界。现有常住户3441户,人口6280人,少数民族人口为775人,流动人口411人。

【家园社区】 现有住户733户,已入住1562余人,居民主要以外来务工人员、贫困清扫员和中南部地区移民为主。

【祥和社区】 辖区常住人口2130户5271人。建立社区警务室3个,治安室3个,报警点3处。社区党总支下设两个党支部6个多功能党小组。

(供稿人:雷立军)

凤凰北街街道

【概况】 凤凰北街街道位于兴庆区西北角,东临凤凰北街,南至解放西街,西以唐徕渠为界,北至上海路,辖区总面积4.3平方公里,有47个封闭管理小区,436栋楼院(其中无物业管理107栋),常住人口16560户38218人,登记流动人口2173人。辖区有行政事业单位38个,商业网点1062个,清真寺2个(西关清真寺和沙滩清真寺);街道党工委下设24个党组织,其中:社区党总支5个,社区党支部10个,机关党支部1个,两新党组织8个。非公企业党组织6个(华恒达党支部、华磊建设监理党支部、蒙特梭利幼儿园党支部、宁夏九洲国际饭店党支部、宁夏工业设计院党支部宁夏乾通信用担保有限公司党支部);联合党支部1个,即街道工会联合党支部。在职党员3865人。2014年,街道有低保136户241人,发放低保金57.8335万元;门诊医疗救助金1.66万元;双节期间慰问低保户107户,发放慰问金3万元;发放春节饺子费1.632万元;为74户重度残疾家庭发放生活津贴14.804万元;高龄老人津贴1.17万元;发放开斋节补贴5.18万元;古尔邦节补贴2.41万元。发放大病医疗救助金56835元。为12人发放临时救助金8700元。春节走访慰问20户烈军属,为军烈属换残疾军人证登记并录入信息46人,发放优抚金114205.02元。慰问90岁以上老人30人,发放慰问3万元;慰问88~89岁以上老人10人,发放0.5万元;为65岁老年人办理免费乘坐公交车"敬老卡"3166张,60岁以上老年人办理老年证82张。

【凤凰北街街道丰富多彩的群众性文化活动】 2014年,分别举办"迎新春庆元旦联欢会暨纪念毛主席诞辰120周年"

2014年5月9日,凤凰北街北安老年大学在社区老年大学举办十周年校庆

文艺演出、周末乐呵呵大舞台、宣传贯彻党的十八届三中全会演出、广场操等文艺会演、“军爱民、民拥军、军民共建和谐家园”等演出多场；北安、阳澄社区及辖区单位开展趣味运动会，北安社区组织居民开展“我的家风大家谈”、为“金银老人过情人节”活动；举办了北安老年大学十周年校庆活动；组织居民参加鸣翠湖水上运动会等。街道文化站在创建公共文化体系示范区中被银川市评为创建示范点。

【凤凰北街街道平安街区创建】 通过开展定期排查、重点排查、跟踪排查、专项排查，对辖区内的矛盾纠纷进行排查梳理，预防矛盾的激化。落实刑释解教人员的帮教工作，分级分类矫正，严格落实周报到、公益劳动、教育学习、请销假等各项规定。开展“综治法制宣传月”、法律知识“六进”和六五普法工作，针对重要节点、敏感时期，全面排查矛盾纠纷，通过“三调联动”、警司联调等方法，努力化解辖区内的各种矛盾。先后为承天物业、敦睦物业投入安防资金15万余元，在如意苑、领秀一居小区增加安防监控平台2个，视频监控探头22个，高清探头20个，单元防盗门30套，对讲装置30套，门禁系统3套，增加专职保安员13人。

【凤凰北街街道计划生育工作】 为广大育龄群众提供生殖健康和出生缺陷干预服务，针对不同人群需求，因地制宜提供优生优育、生殖健康、孕期保健等不同服务；提升流动人口管理服务水平，利用阳澄社区流动人口计生服务室，发放计划生育宣传单1000张，免费发放避孕药具200余盒，联系计生服务站为40位流动人口已婚育龄妇女提供了生殖健康检查服务，接受并反馈各类流动人口协查及重点协查200人次。开展婚育文明幸福家庭创建活动，在辖区创建幸福家庭7350户。其中：发展型家庭2252户，稳定型家庭2843户，老年型家庭1420户，新市民型家庭659户。办理一孩“计划生育生殖健康服务证”143人，办理再生育申请54人，办理独生子女证申请96人，审核办理“流动人口婚育证明”22人

【凤凰北街街道培育社区社会组织】 在崇安社区探索培育公益性社会组织6家，民办非企性质社会组织4家。由社区党组织和群众共同评议社会组织服务情况，街道办事处按照团队提供服务质量、件数和社区党组织意见，给予服务团队适当补助。2014年，为7家社会组织免费提供工作场所，2013~2014年社区协调街道及上级部门为各社会团队提供资金支持2.4万元，协调兴庆区政府对两家民办非企性质的养老机构补助6万元，累计补助工作经费达100余万元，各团队活动受益人数近10000人次。

【凤凰北街街道宣传信息报送】 街道专门制订《信息工作考核办法》，要求各站(办、所)、各社区及时总结提炼工作中的创新、亮点、特色做法，扩大对外宣传力度。2014年，被各类报刊网站及媒体采用刊登信息271条。其中：报刊类167篇：《宁夏日报》13篇、《银川日报》17篇、《银川晚报》43篇、《法治新报》55篇、《新消息报》35篇、《华新时报》2篇、《兴庆信息》2篇；网站类33篇：央广网1篇、人民网1篇、中国日报网1篇、中国台湾网2篇、中国文明网4篇、新民网1篇、光明教育1篇、光明网1篇、宁夏党建网1篇、宁夏广播电视总台网1篇、宁夏新闻网4篇、宁夏车友网1篇、银川新闻网5篇、银川党建网2篇、共青团兴庆区委3篇、兴庆党建网2篇、兴庆政府网1篇、同心网1篇；媒体报道12次：宁夏公共频道8次；宁夏少儿频道1次；银川生活频道3次。手机电子报60篇：新华政务通刊登55篇，宁夏工运5篇。街道“让居民晒心愿 组织帮助来实现”信息，被自治区党委评为好信息，采编进入宁夏信息第272期。

【安秀社区】 安秀社区位于唐徕小区西南角，解放西街以北，凤凰北街以西，唐徕渠以东，面积0.7平方公里，有84栋楼，常住人口3393户，人数11179人，低保户29户54人。有商业网点120多家，小企业8家。

【北安社区】 北安社区辖区面积0.31平方公里，有7个居民小区，居民住宅楼48栋，别墅13幢，住户3012户，常住人口6782人，中共党员1022名。

【崇安社区】 崇安社区位于凤凰北街唐徕小区东北角，东临凤凰北街，南临田坪巷，西至西桥北巷，北到北京路，占地面积约0.50平方公里，有居民住宅楼91栋，住户3887户9952人。

（供稿人：张婕）

中山南街街道

【概况】 中山南街街道位于银川市兴庆区东南部，辖区东至丽景南街，西至玉皇阁南街，南至长城路和景明路，北到解放东街，面积约3.3平方公里，有国家行政、企事业单位74个(其中行政事业单位65个、国有企业9个)，非公有制企业437个，个体经营户2469个，从业人员8369人。辖区有新华百货、商城、国芳百盛、商都、北京华联、东环批发市场、建发家世界等形成的银川市商业圈，也有南门广场等人口密集场所。街道设有富强、新宁、安和、康华4个社区居委会。街道党工委辖有12个党支部，党员525名。有工会组织63个，工会会员6205人。2014年，办理灵活就业社保补贴534人(新增151人)，审核灵活就业社保补贴498人，补贴总金额1672981.5元。享受养老保险人数497人，养老保险补贴金额1415504.4元，享受医疗保险人数237人，医疗保险补贴

中山南街举办五金家电行业 2014 年工资集体协商会

金额 257477.1 元。全年新增失业人数 452 人,实现就业人数 448 人。接受企业退休人员社会化管理 164 人,办理企业退休人员去世丧葬抚恤金申领 51 人,办理统筹城乡居民养老 19 人,缴费人员 17 人,居民社保卡累计发放数量 6651 张。春节前慰问 55 名残疾人,发放救助金 3.3 万元。办理 76 名群众经济适用房和廉租房、公租房申报手续,完成 380 户经适房、廉租房实物配租、廉租房补贴年检审核工作。为辖区 841 户 1268 人发放低保 30.6815 万元,重度残疾人津贴 6.792 万元,为 5 户高龄老人发放高龄津贴 1.6 万元,低保户发放开斋节补贴 2.72 万元,古尔邦节补贴 1.36 万元。发放大病医疗救助金、临时救济及低保户丧葬费共 7.6745 万元,为 96 户低保户发放采暖补贴 46791 元。

【安和社区】 安和社区位于丽景街以西,清河南街以东,新华东街以南,景明路以北。占地面积 1.1 平方公里,有安和园、安康苑、建发花园、红运新村 4 个住宅小区,有居民楼 38 栋,住户 2800 户 9000 人。社区党支部现有党员 123 名。

【富强社区】 富强社区东至清河街以西,南至长城路以北,西至小吃街以东,北至新华街以南,占地面积 0.3 平方公里,有居民楼院 48 栋,总人口 1873 户 4256 人。辖区有非公企业个体工商户 2860 户,是流动人口多、老年人多、下岗失业人员多的老旧小区。

【新宁社区】 新宁社区位于银川市兴庆区中山南街永康巷 67 号,东起清河南街,西至玉皇阁南街,南起裕民巷,北到解放东街,面积约 0.44 平方公里,绿化占地面积 2500 平方米,有居民楼 50 栋,总人口 2034 户 4265 人,流动人口平均 75 人。新宁社区地处兴庆区的中心区,人员密集、公共场所多、出租房屋多、外来人口多。

【康华社区】 康华社区东起丽景南街,西至清河南街,南至新华东街,北至解放东街,面积约为 1.02 平方公里。有康怡园、康华园、雅安公寓、财贸小区、工行小区、粮食局家属院、百货小区、传输局家属院、电信小区、供销社家属院、税务小区,建发 13、14 号,清和 275、277、279 号,东方公寓等小区和家属院,无物业的小区 10 个。辖区有东环批发市场、华润万家、立达市场、维维乳业、建发家世界等商务楼。总户数 4189 户,总人口 11032 人。社区直管党员 132 人、中小企业及个体工商户 1300 余家。康华社区办公室面积为 400 平方米,现有社区网格工作人员 14 人。为居民提供老龄、残疾人、劳动保障、治安、人民调解、矫正、卫生、计划生育、环境建设与管理、文化、教育、青少年、科普、体育、妇女、工会、和谐发展等方面的服务。

(供稿人:马静)

富宁街街道

【概况】 富宁街街道位于兴庆区西南角,南起凯尔福邸、北到解放街、西至唐徕渠、东至利民街,占地面积 5.4 平方公里。街道下辖 6 个社区,划分为 44 个网格,有常住人口 19052 户 40757 人。辖区单位 49 家,个体商业网点 1362 家,6 个社区党总支,14 个社区党支部,8 个非公企业党支部,2 个社会组织党支部,1 个街道工会联合会党支部,另有功能型党小组 11 个,党员 937 名。2014 年,举办 9 次劳动技能培训班,培训人数达 652 人。组织用工洽谈会 6 场次,开发就业岗位 676 个,安置人员 364 人,其中 4050 人员 116 人。办理下岗优惠证 161 个,扶持自谋发展的 552 人。建立离退休人员登记册、登记卡,登记退休人员 1843 人。有低保户 673 户 1520 人,发放低保金 141.404 万元。

【富宁街街道平安街道创建】 与 50 家企事业单位、10 个居委会签订综合治理目标责任书 60 份,定期召开治安形式分析会,研究解决辖区突出的治安问题。结合兴庆区打造"平安兴庆"的实施意见,制定富宁街创建"平安街道、平安社区"实施意见。对原有 10 支义务巡逻队进行重新整合,改成 10 支 150 人组成的民防巡逻队。3 月 24 日,在铁南社区召开民防授牌仪式,为各民防分队进行授牌,给民防分队队长颁发聘书。每月召开一次矛盾纠纷排查调处会议,及时办理群众来信来访反映的问题和上级部门及领导批办的案件。街道现有刑释人员 17 名,解教人员 5 名,"五种人"

4名。全年调处各类矛盾纠纷197起。

【富宁街街道居民的文化生活】 街道党工委从提高居民的基本文明素质和思想道德入手，依托社区资源，利用社区秦腔剧团、老战士艺术团、秧歌队、腰鼓队和社区志愿者队伍，以宣传科普、法律、安全生产、计生、卫生等知识为内容，开展"文化进社区""体育进小区"、知识竞赛、书法书画展览、趣味型运动会等大中小型文体活动。全年参与社区文化活动的人达2000余人，举办大型文艺演出10场次，秦腔演出500多场(秦腔下乡300场)。由街道、社区干部自编自演的舞蹈《世纪春雨》获得自治区"四进社区"文艺演出三等奖。

【富宁街街道经济收入】 年初，兴庆区下达经济指标以后，街道党工委、办事处及时组织召开经济工作专题会议，制定发展街道、社区经济的实施意见，以服务促街居经济，管好城市为投资者营造良好环境，不断整合社区资源，充分挖掘潜力，投资6万余元，在长城路修建了2400平方米的停车场，全年完成总产值28694.7万元。其中：工业总产值5907.1万元；完成商业零售额22787.6万元。街道经济收入达80万元。

【自强市民服务站】 自强市民服务站东起富宁街，西至凤凰南街，南起新华西街，北至解放西街，占地面积0.24平方公里，有居民住宅楼75栋，居民3151户6252人，辖区有机关单位3家，非公有制经济组织70家，有各类服务网点260家。党总支部下辖6个党支部，直管党员150名，是全国先进基层党组织。党总支部根据居民的文化需求相继成立社区秦韵乐艺术团、社区老战士艺术团、社区群芳斋书画社、社区门球队等群众团体，每天坚持为居民义务开展活动。

【中寺市民服务站】 中寺市民服务站成立于2013年10月，东起利民街，西至富宁街，南至新华西街，北至解放西街，占地面积0.65平方公里，是一个开放型的社区。有居民楼69栋，住户3102户7934人，辖区有机关单位7个，学校2所，幼儿园1所，清真中寺、地藏寺、天主教堂三所宗教场所，非公企业105家，商业网点336家，有党员529人。中寺社区党总支下设两个功能性党支部和一个非功能性党支部，有城市低保户36户64人，下岗失业职工232人。

【利群市民服务站】 利群市民服务站位于富宁街的东南角，东起利民南街，西至富宁南街，北到新华西街，南至长城东路，占地0.95平方公里。辖区内有19个自然小区，居民住宅楼117栋，居民4342户12197人，辖区有机关单位4个，商业网点398家，低保贫困54户，残疾人135人，是富宁街老旧小区最多、人口密度最大的社区居委会。

【大庙市民服务站】 大庙市民服务站挂牌于2014年3月，东至富宁南街，南至长城西路，西至凤凰南街，北临新华西街，占地面积1.2平方公里。现有23个小区楼院，居民住宅楼83栋，13个居民小组，住户2810户，居住人口6810人。辖区有机关单位5个，"两新"组织16个，商业网点233家，直管党员77名，60岁以上的老人825人。

【西关市民服务站】 西关市民服务站位于富宁街西北角，东起凤凰南街，西至唐徕渠，南起南熏西路，北至解放西街，占地1.05平方公里，有居民小组10个，有物业小区5个，居民楼63栋，住户2334户5600人，流动人口256人，党员1311人。有企事业单位7家，个体商业网点133家。社区五好文明家庭235户，60岁以上老年人744名。

【南苑市民服务站】 南苑市民服务站东至利民南街，西至唐徕渠，南至南苑康晨，北至长城东路，占地总面积1.2平方公里。有凤凰花园小区、南苑二村二区、宏嘉楼、市政二公司家属院、凤凰花园南区、凯尔府邸小区、南苑康晨小区7个小区，68栋楼，居民3893户10503人，60岁以上老年常住人员590人，残疾人40人，享受低保人员28人，在职党员182人，下岗失业人员382人；有机关单位4家，商业网点182家。

(供稿人：倪晓娟　魏彦琦)

2014年3月21日，富宁街大庙社区倾听民意社区座谈会

玉皇阁北街街道

【概况】 玉皇阁北街街道东起红花渠，西至玉皇阁北街，南起解放东街，北至上海路，占地面积4.42平方公里，总人口49019人。下辖6个市民服务站(北

关、青山、东方为五星级社区)，划分网格53个。2014年，有低保户213户348人，发放低保金共75.234万元，采暖及各种补贴22.4912万元；为17名优抚对象发放优抚金13.5264万元，重大节日期间为优抚对象发放慰问金及补贴4.21万元；救助群众9人，发放救助资金31558元；为109名残疾人发放生活津贴13.08万元。协助公交公司为65岁以上老年人办理免费敬老卡3570张。办理困难家庭住房保障281户。其中：经济租用住房保障42户，廉租住房95户，公租户143户。输出转移务工人员525人，劳务总收入157.89万元。组织辖区内有劳动能力且有就业愿望的失业、特困、低保人员以及大中专毕业生参加技能培训任务120人次，办理就业登记238人，失业登记258人。城镇居民医疗保险参保人员626人，发放社会保障卡10460张。接受企业退休人员社会化管理5743人。新增“小企业”5家、“小老板”20家，带动82名失业人员实现就业，重点扶持大学生创业2人、失业人员创业15人，申请小额担保贷款20余人。独生子女医保登记1517人，发放医保金7.561万元。

【玉皇阁街街道群众文化活动】 围绕“群众路线展新风，文化惠民千万家”开展一系列形式多样的文化活动，先后举办“五十六束菡萏致香·五十六支欢歌齐唱”“乡村文化进社区”“邻里守望·与爱同行”“民族团结促和谐”“心系群众跟党走·庆七一”及“家庭美·社区睦·和谐梦”主题演出12场次，开展“创意水果拼盘大赛”、残疾人趣味运动会、居民象棋比赛、家庭趣味运动会、手工制作培训班及包粽子比拼等喜闻乐见的群众文化活动25场次，设立露天数字电影放映点1处，全年放映电影81场次。北关社区设立“图书漂流车”3辆，在金桥雅居等6个小区巡回漂流。北关社区被银川市评为首批“十佳”书香社区。

【玉皇阁街街道综合治理和信访稳定工作】 以重大节假日、敏感日为节点，建立来信来访接待制度和办事流程，针对北门旅游汽车站杂、乱等问题，街道联合银川市客运管理处和兴庆区城管北局等8家单位，集中开展重点地区综合整治工作，并派“兴庆义警”巡逻队对车站周边的旅馆和“黄赌毒”进行排查。街道党工委、办事处和玉皇阁北街派出所动员社会各界力量，先后组建72名学校巡逻义警、29名娱乐场所义警、57名宾馆住宿业义警、16名金融义警、2名医疗企业义警、7名企事业单位义警，解决扰民纠纷8起，配合民警入户登记出租房屋10次，开展法律宣传11次，阻止疑似被诈骗的群众来汇款、转账等操作3次，打掉传销窝点2处，发现出租房屋储存易燃易爆品1处。

玉皇阁街道领导慰问贫困家庭

【玉皇街街道工会工作】 完成独立工会2家，发展会员186人，涵盖12家单位。开展工资集体协商“春季要约”活动，签订《工资专项集体合同》101份，覆盖职工8900人，涵盖单位777家。春节、元旦“三八”“五一”等重大节日，帮扶慰问困难职工98人，发放慰问金7.85万元；成功申请职工互助医疗10家277人；帮助9名新考入大学的贫困孩子申请到希望工程圆梦行动助学金2.9万元。

【北关社区】 北关社区面积0.62平方公里，南至北京路，东至清河北街，西至中山北街，北至上海路，有居民楼59栋，居民3200户8120人，享受最低生活保障53户88人，残疾24人。辖内有企事业单位6个，商业网点253个，社区党总支直管党员157名。

【永康社区】 永康社区面积1.26平方公里，现有47个小区，楼房126栋，其中64栋楼(215个单元，2364户)为20世纪90年代建造的老旧三无小区。居民4379户11000人，残疾人数217人，享受低保政策的43户70人。辖区有企事业单位12个，商业网点929个，社区党总支现有直管党员182名。2014年新出生44人，领取独生子女费的354人，医保补助287人。

【东方社区】 东方社区东至红花渠，西至清和北街，南至解放东街，北至北京东路，面积0.8平方公里，有居民楼88栋，居民3610户9202人，社区内有企事业单位3个，是一个人口比较密集、新旧建筑混杂、城乡接合的社区。

【青山社区】 青山社区东至红花渠，南至北京东路(539号~561号)，西至清和北街(359号~627号)，北至上海东路(857号~896号)，面积0.62平方公里。

有物业小区2个,无物业小区17个,住宅楼76栋(含12处居民自建院落),总户数2323户,居住人口5960人。辖区单位2个,商业网点212个。

【信义社区市民服务站】 信义社区市民服务站东至中山北街,西到玉皇阁北街,南至解放东街,北到北京东路,占地面积0.52平方公里。总人口2472户5966人,直管党员106人,老年人842人,低保户54户88人,残疾人208人,离退休人员831人,刑事解教、吸毒人员12人,流动人口635人。辖区有银川三小、自治区妇幼保健院、银川市第二幼儿园、兰州军区房管所等企事业单位;有非公企业453家。

【天成社区】 天成社区东至中山北街,南至北京东路,西至文化街隆安公寓,北至上海东路,面积0.6平方公里。居民小区14个,有居民楼76栋,居民3391户8771人。辖区有企事业单位13个,商业网点163个,非公企业85家。

新华街街道

【概况】 新华街街道东起玉皇阁南街,西至民族南街,南至宝湖路,北起解放街,占地面积约3.3平方公里,总人口24489人。2014年,为88户143人低保户发放低保金33.349万元,发放低保门诊医疗救助9760元。为辖区居民申报经济适用房、廉租房、公租房等保障性住房80户。为4户优抚对象发放优抚金34065元。为10名90岁以上老年人发放春节慰问金10000元,为15名88岁~89岁老年人发放老人津贴7500元,为90岁以上高龄老人发放重阳节慰问金8500元。办理"就业失业登记证"313本,安置失业人员868人,困难就业人员55人,审核申报"4050"灵活就业社保补贴380人,认证退休人员2227人。

【打造"新华商圈"特色党建】 开展"挂牌亮诺争先锋、党建领航促诚信"的特色街区创建活动,在步行街选出符合条件的24家企业和商户挂服务承诺牌,评选出履行承诺优秀6家企业和商户作为学习的榜样,推动商圈整体服务环境的提升。举办新华商圈非公企业职工技能大赛、销售服务技巧培训、职工素质提升培训及举办商圈职工婚恋联谊会、职工运动会等活动,推进"一圈两带"优势产业区建设。

【推进"讲文明树新风"活动】 开展"最美银川人"的推选活动,推荐产生"优秀社区工作者""优秀志愿者""诚实守信模范"和"见义勇为模范"等16人,通过社区"道德讲堂"宣传他们的事迹;开展"书香兴庆·兴庆书香"活动,服务站书屋、阅览室除常规开放外,每月最后一个星期六组织开展经典诵读、读书交流等读书活动,全年举办各种活动34期;开展"道德讲堂"活动,促进道德建设的普及化、实践化,发掘身边好人好事,宣扬社会正能量。举办"道德讲堂"活动4次。

【安全生产监督管理】 对辖区内的1630家商业网点、娱乐场所、单位进行登记,逐个签订安全生产责任书,先后签订安全生产责任书2800余份。对辖区重点单位进行16次消防安全检查,举行消防演练15次,开展消防安全知识讲座1次。对"五小"行业进行全面检查,下发限期整改通知书32家,及时整改30家,在期限内逐个进行复查。

【无物业老旧小区卫生整治】 对辖区内的71个小区(其中无物业管理小区50个)实行网格化管理,落实街道干部职工包网格,每周五下午到市民服务站参加卫生整治活动。多次协调,完成永安南巷、长城东路352号楼、仁义巷6号等老旧小区环境、路面改造维修。

【富华社区】 富华社区东起红花渠,西至民族南街,南起宝湖路,北至富华巷,由新世纪花园、星光花园、桃花源、拾城塾小区组成,区域面积0.6平方公里,有居民住宅楼68栋,居民5169户10060人,直管党员42名。辖区有企事业单位8个,各种文化团队3支,学校2所。

【永安社区】 永安社区东起玉皇阁南街,西至民族南街,北起南薰街,南至富华巷,辖区面积0.57平方公里,有居民楼94栋,居民5174户8472人,低保户29户45人,其中残疾人26人。辖区有有限公司56家,个体商业网点498家。党员113名,4名入党积极分子,1名预备党员,退管人员761名。

【鼓楼社区】 鼓楼社区东至玉皇阁南街,西至民族南街,南至利群东街,北至解放东街,辖区面积0.7平方公里。有居民小区34个,居民住宅楼62栋,住户3062户4862人。辖区单位41个,私营企业工商户2568家。社区有志愿者队伍8支110人,党员90名。

【正丰社区】 正丰社区东起玉皇阁南街,西至民族南街,南到跌路,北至利群东街,辖区总面积1.8平方公里。有居民楼79栋,居民5285户8627人,残疾人110人,困难低保户38人,其中低保残疾人22人。直管党员179人,离退休党员143人,下岗职工党员16人,复转军人4人。

(供稿人:彭媛)

文化街街道

【概况】 文化街街道位于兴庆区中心地段,东起玉皇阁北街,西至民族北街,南邻解放东街,北至上海东路,总面积2.1平方公里,居民15177户39016人,其中:常住人口36633人,流动人口

2383人。有住宅330栋，居民小区32个，其中：物业管理小区17个，自管小区15个。辖区有各种经济单位1459家，法人单位406家，产业活动单位106家，个体户936家，基督教堂1个。2014年，实现城镇新增就业750人，其中：失业人员再就业673人，就业困难人员就业50人，残疾人就业4人，高校毕业生实现就业23人。培育小企业和小老板20个，带动就业100人。办理就业失业登记证500人，其中就业证388人、失业证112人。办理为民代办事项4805件，办理各类业务4690件，为特殊群体上门办理业务55件。为低保户申请最低生活保障金582480元，高龄补贴16000元，门诊补贴15860元，重残补贴123040元，为10人申请大病救助24065元；为33人申请临时救助27200元；为19名复员军人、伤残军人、烈属等发放定补和抚恤金80404元。完成辖区638名残疾人及412名就业年龄段的残疾人信息录入，开展“阳光家园”摸底调查并落实了26人的“阳光家园”补贴。组织辖区生活困难的66名残疾人免费体检，配置辅助器具29件、助视器22件。第二十四个全国残疾日发放残疾人救助金19200元。

【文化街街道人口和计划生育】 围绕“婚育新风进万家”和“亲情计生万家行”主题活动，认真开展计划生育政策的宣传工作，制作无纺布袋、围裙各2000个，制作宣传画，悬挂大型横幅10条，刷写固定宣传标语26条，散发宣传资料2万多份。开展免费孕前孕期优生健康检查。110对夫妇参加免费婚前医学检查；“两筛”128人，“四项病毒”144人。审核独生子女763人，发放独生子女费223100元，独生子女居民医保392人，发放补贴19600元，发放特别扶助金17户28人，共计97920元。

【文化街街道社区建设】 按照银川市“为民服务和发展专项资金”项目要求，确定2014年为民服务项目9个，其中计件类5个，购买类4个。争取资金近65万元，落实为民服务发展专项资金项目11个，项目成果惠及辖区3万居民。多方筹措资金35.6万元，对山河湾惠民巷14、18、23号楼，和平新村、公建巷等老旧小区楼院进行硬化、绿地，新增绿地面积达2800平方米。为和平新村、农行家属院、游乐小区安装电子摄像头40个，电子升降杆4个。

【丰收社区党总支举办元宵佳节联欢会】 社区党总支举办“浓浓元宵情，居民一家亲”元宵节联欢会，“包汤圆”“品汤圆”“抢凳子”“套圈”“夹珠子”“猜谜语”等节目精彩纷呈，近80名社区党员、居民参加。

【丰收社区开展“强化安全基础，推动安全发展”系列活动】 6月3日起，社区开展“坚守安全红线、护佑家庭幸福、促进社会和谐”安全月活动，利用横幅、标语、LED电子显示屏、宣传展板、发放宣传资料、院坝会、议事园会议等形式，进行道路交通、建筑施工、食品药品、医院、消防及危险化学品管理等安全宣传，先后召开动员会议1次，制作横幅7条，宣传展板2块，发放宣传资料100份，对辖区的1家建筑单位、1家学校、2家网吧及辖区单位、建筑工地、餐饮业、大酒店、学校等下发《文化街办事处安全生产月和安全生产万里行活动实施方案》。

【幸福社区】 辖区面积0.50平方公里，居民住宅楼65栋，住户3727户，常住人口8402人，流动人口469人。党员145人，60岁以上的老年人1583人，低保户44户67人，残疾人253人，下岗失业人员151人。有非公有制经济组织77个，个体商业网点224个，志愿者队伍6支245人。

【山河湾社区】 辖区面积0.3平方公里，居民小区9个，居民住宅楼85栋，住户3700户8320人。其中：常住人口7237人；流动人口810人；育龄妇女1308人。党员186人，企业退管人员1322人，下岗失业人员202人，享受最低生活保障人员37户54人，残疾人156人，60岁以上老年人1018人。辖区有单位12个，非公有制经济组织263家，个体商业网点503个。

【游乐社区】 辖区面积0.58平方公里，有居民小区10个，其中：自管小区6个；有物业管理的4栋。居民住宅楼89栋，住户4346户，常住人口13014人，流动人口780人，育龄妇女1295人，党员70名。辖区单位107个（其中行政事业单位6个，非公有制经济组织8160个），个体商业网点110个。企业退管人员730人，下岗失业人员60人。

【丰收社区】 辖区面积为0.41平方公里，有居民小区9个，居民楼122栋，居民3404户7980人，流动人员324人，党员230名。辖区有企事业单位5家，直管非公有制经济组织16家，商业网点250家。

银古路街道

【概况】 银古路街道东临大新镇，南至南三角，西靠红花渠，北至上海路，面积13.8平方公里。辖11个社区4个村，67个网格，30个居委会，居民小区63个，常住人口37053户107874人。2014年，为97户148人低保户发放低保金280280元，各类补贴127785元；发放城镇低保对象、高龄低收入老年人门诊医疗救助金13140元；发放高龄低收入老年人生活津贴63900元，各类补贴9400元；为56户59名重度残疾人发放生活津贴167440元；办理大病救助4人，发放救助金28694元；临时救助10人，发放救助金8400元；救助2户低保家庭贫困大学生,发放救助金4000元。发放一孩准生证367本,二孩再生育证65本,累计领取独生子女证1772人,发放独生子女保健费专项资金531975元。为辖区育龄妇女免费提供B超检查16210人,乳腺检查12620人,生殖健康咨询49807人,孕期妇女“四项病毒”检测410人,“两项筛查”(14~20周孕期妇妇女,唐氏综合症和神经管畸形筛查)454人。

【社区党员星级志愿服务】 4月27日,银古路街道星级志愿服务活动启动仪式在丽水社区举行,辖区445名党员志愿者、文明单位、非公企业等参加,成立银古路街道“580”志愿活动队、银古路社区志愿者活动队、银古路文明单位志愿活动队、银古路非公企业志愿活动队。

【社区“邻里守望”志愿服务】 “邻里相携”,街道及各社区志愿者与110名空巢老人开展一帮一牵手行动;丽景社区志愿者为75岁以上老人生日送寿馍;景湖社区为60岁以上老人发放社区便民饭桌餐券优惠卡500为张。“邻里相帮”,由街道工会牵头组织举办“小企业职工(农民工)技能教育培训班四期360人,组织普法志愿者进社区、企业、工地开展普法宣传。“邻里相扶”,以社区为依托,建立残疾人档案,不定期组织协调社区卫生站、辖区医院志愿者为残疾人进行康复指导。“邻里相助”,组织志愿者在小区开展环保知识宣传、开展文明劝导、治安巡逻、消防知识讲座等活动。“邻里相悦”,组织文化志愿者开展“迎新春联欢活动”、元宵节社伙巡游、庆“三八”趣味运动会及读书演讲比赛、端午节包粽子比赛及慰问活动、“百姓健康舞蹈”推广普及、迎中秋联欢会、重阳节慰问演出等。

【银古路街道环境卫生综合整治】 召开爱国卫生环境整治工作宣传动员大会,成立组织机构,办宣传板报24期、上报信息200余条,印发宣传资料8000余份,悬挂横幅168条,1500余名群众参与。集中整治大型垃圾堆(场),雇用铲车400多个小时,手扶拖拉机1140车,农用车转用垃圾332车,双桥车转运450车,挖机255小时,临时清扫员800人次,清理卫生隔离墙内、大河机床厂、二排沟监狱东侧、高台五队、十二队内的生活及建筑垃圾16646吨。砌护垃圾站十三处、重新砌护卫生隔离墙400余米。集中整治3个村、9个庄点巷道内500多处乱堆乱放。清理63个居民小区(包括11个无物业管理的小区)的公共用地、楼道内159个自行车棚内的卫生死角、乱堆乱放、乱贴乱画。组织清扫员保洁人员70人次对二排沟内及两侧环境整治,清理沟、渠内积存垃圾364吨,乱堆乱放85处。

银古路街道邀请退休医生为居民义诊

【八一社区】 辖区总面积0.3平方公里,居民小区5个,居民楼62栋,常住居民3300户9700人,60岁以上老人335人。社区有低保户7户10人,残疾人30人。各类志愿者人数400余人。社区现有一支30余人的军嫂合唱、舞蹈团队;有宁夏光辉实业集团、宁夏泰豪餐饮娱乐有限公司、宁夏达美医药有限公司三个文明企业党支部;八一小区、银佐家园两个文明小区;非公企业独立工会组织15家,会员438人。辖区企业58家,个体户1189家(包含北环市场)。

【宝清社区】 东至丽景街,西至清河街,南至六盘山路,北至新生巷。辖区面积1.7平方公里,居民3030户8321余人,其中妇女4630人,老年人1300人,未成年人1260人,残疾人14户,孤寡老人6户,单亲重点户家庭10户,生活困难家庭6户,直管党员28人。行政事业单位5个,大型市场4个,物业公司3家,营业网点2328家。

【春园社区市民服务站】 东起友爱路,南从广实巷第一巷道往南延伸包括(阳光丽景新村A区、B区),西至丽景街,北至上海路。辖区面积1.6平方公里,有居民小区9个,居民住宅楼133栋,住户6152户,低保户11户12人,残疾人96人。直管党员74人,社区志愿者有265人。幼儿园4所,学校1所,事业单位4家,非公有制企业37家,商业网点434家。

【福园社区】 东起友爱中心路,西至丽景北街,南起北京东路,北至广实巷,辖区面积1.5平方公里,有居民小区4个,居民住宅 92 楼栋，住户 3887 户 12110 人，育龄妇女 2759 人，低保户 11 户 15 人，残疾人 53 人，社区矫正人员 4 人，“两劳”释放人员 4 人，重点人员 5 人。有志愿者队伍 6 支 150 余人，社区直管党员 73 人。商业网点 130 个。

【高台寺社区】 位于解放东街以北，丽景北街以西，北京东路以南，红花渠以东，辖区面积 0.75 平方公里，辖居民小区 9 个，有居民 5120 户 13600 人，育龄妇女 3878 人，60～90 岁老年妇女 146 人。辖区单位 57 个，商业网点 256 个。党员 480 名，直管党员 178 名。

【金南社区】 辖区面积 1.3 平方公里，有楼院 2 个，小区 7 个，常住居民 3265 户 8062 人，直管党员 54 人，辖区单位 7 个，商业网点 228 家。

【景湖社区】 东至友爱路，西至丽景街，南至解放东街，北至宜春巷，总面积 0.9 平方公里，主要以“丽景湖畔”“凤鸣佳苑”住宅小区为主，有居民楼 96 栋 8 个网格，居民 4238 户 11654 人，直管党员 42 人，辖区企事业单位 6 家，非公有制经济组织 29 家，商业网点 106 家。

【丽景社区】 东至小东沟，西至丽景街，南至宜春巷，北至北京东路延伸段，辖区面积 0.9 平方公里。有居民楼 65 栋，居民 2721 户 7210 人，低保户 5 户 7 人，残疾人 43 人，老年人 531 人，其中 80 岁～89 岁 35 人，90 岁～99 岁 2 人。有直管党员 65 名，非公企业 46 家，商业网点 323 个。

【丽水社区】 辖区面积 0.84 平方公里，主要以“丽水家园”“云和家园”“丽景雅居”三个住宅小区为主，有居民楼 140 栋，居民 5705 户 15412 人，其中育龄妇女 3263 人。党员 480 名，直管党员 91 名。成立 5 支文化活动队伍。

【民乐社区】 东靠丽景街，西至清和街，南至新生巷中心路，北至景明路，是一个典型的城乡结合社区。辖区有常住居民 2300 户 6890 人，其中回民人口占 40%，已婚育龄妇女 1560 人。辖区单位、经济实体有民乐第十小学、美德亨家具汇展中心、宁夏路桥股份公司等 22 个单位。

【迎宾社区】 东起友爱中心路，西至丽景南街，南到友爱一队，北至新华东街，由颐园小区、隆鑫苑小区金茂建材城、塞上凝聚力商业街等组成，管辖面积 2.2 平方公里。居民 4631 户 13388 人。直管党员 48 人。辖区注册公司 200 余家，个体工商户 600 多家。

丽景街街道

【概况】 丽景街街道东至小中沟、南至上海路、西至唐徕渠、北至贺兰山路，辖区面积 14.5 平方公里，是一个涉农办事处，有常住人口 29940 户 87000 人，辖 10 个市民服务站（村）。辖区有企业 6997 家，其中法人单位 1460 家，个体户 5537 家。涵盖交通运输、教育卫生、娱乐服务、汽车销售、房地产、宾馆等各行各业。党员 1150 名。发放居民医疗社会保障卡 15305 张。2014 年，发放城市低保户门诊救助金 12820 元，累计发放低保金 659713 元，各类补贴 124060 元，贫困残疾人补贴 180280 元。为城市低保户发放暖气补贴 124 户，共计 70766 元。发放失地农民退保存折 11 人，办理农转非死亡 24 人。办理城乡居民养老保险 52 人，发放存折 48 人。审核上报经济适用房 21 户，廉租住房审核上报 63 户，公共租赁住房审核上报 131 户，限价房 2 户。办理就业失业登记 471 人，创业就业服务接待 141 人，审核就业失业证 436 人，就业失业证年审 52 人，小额担保贷款业务 13 人，创业就业政策咨询 870 人，单位招聘登记 423 人。失地农民灵活就业 3772 人，自主创业 94 人。申报的“4050”灵活就业人员社保补贴人员 943 人，发放金额 2932223.30 元，安置公益性岗位人员就业 8 人。企业退休人员认证 11 人，企退人员恢复认证 3090 人，企业退休人员转移 54 人，协助异地认证 108 人，退休死亡停发 72 人。新增退休人员档案 237 人。

【丽景街综合服务中心暨老年人活动中心】 丽景街综合服务中心暨老年人活动中心建设项目，规划用地面积 3717 平方米，总建筑面积 12484 平方米，绿地面积 800 平方米，规划建筑物为 L 型建筑，占地面积为 1175.5 平方米，投入资金约 5000 万元。按照项目的总体规划，完成项目的室内外粉刷、配套设施建设、强弱电安装、水暖电配套、装修采购等后期建设任务，2014 年 4 月投入使用。

【景墨 C 区老旧小区改造项目】 失地农民安置区景墨 C 区被列为兴庆区 2014 年老旧小区改造项目。项目涉及小区 13 栋楼，600 余户 1900 余群众，总投资近 700 万元。完成了排水管网、屋顶防水、路面硬化、墙裙粉刷、车棚改造、围墙安装、路灯维修等改造项目，并配备了垃圾箱、休闲椅、门房岗亭等配套设施。

【丽景街为民服务和发展专项资金】 为 4 个村和 6 个社区申请为民发展服务资金，项目包括：各社区党群活动室配备活动道具、器材；银虹社区解决老年人活动室及器材；景墨 C 区老旧小区改建凉亭、长廊；失地农民居住的、无物业管理小区安装监控设备等等。以上项目预算合计 125.749 万元，受益人数达 76355 人，住户满意率 87.8%，已全部完成项目实施。

【丽景街为民服务和发展专项资金】 丽景街社区蔬菜直销店 2014 年，完成观湖社区东湖苑小区、庆春社区雅和苑小区、景太社区佳隆苑小区3个社区蔬菜直销店协调建设任务。

【丽景街项目建设用地交地】 拆迁八里桥村11、12队遗留拆迁户9户，拆迁面积3700余平方米，中房玺云台项目建设用地全部交清；协调解决北塔5队征地拆迁遗留问题，回民二小南侧土方顺利清运、观湖壹号商网用地得到保障；解决双庄2队40亩土地征地遗留问题，恒大御景项目顺利实施；协调搬迁临时货场、停车场，为上海路游园建设、上海东路绿化带建设、宝丰集团建设用地等交地近500亩。

【丽景街“两违”专项治理】 查处整治违法图斑12处，拆除面积6892.6平方米，清理渣土3.6万立方米，顺利通过西安局验收；开展6次违法违建专项整治行动，拆除清理违法建筑22处，拆除面积17632平方米。

【丽景街市民学校】 贯彻“终身教育”的理念，加强资源整合，创办市民学校，打造“精彩人生，乐学丽景”的市民学校品牌。丽景街市民学校设在八里桥村部四楼，面积约400平方米。街道投入资金近10万元完善配套设施，根据居民的需要开设特色课程，现开设有书法、绘画、社火秧歌、舞蹈、合唱、航模制作等课程，还将陆续开设手工编制、刺绣、健身操、乒乓球、太极拳等课程。

【和谐丽景讲坛】 2014年，丽景街党工委推出“和谐丽景讲坛”，开展以“学国学、知礼乐、明心志、促健康、倡和谐”为主题的周末公开课。公开课开设“音乐减压与情绪管理”课程、国学讲座，聘请市委党校教授多次就基层如何创新社会管理、加强公务员心理健康教育等方面进行专题讲座；宣传社会主义核心价值观，打造正能量教育基地。

【丽景街平安创建】 发挥司法所、社区调委会和警民联调的人民调解职能，做好矛盾纠纷排查调处工作，及时化解不安定因素，调处各类纠纷69起，调解成功率达98.6%，制作调解协议书5份；开展各类法制宣传9场次，受教育群众3万余人次；受理群众反映信访问题的信访事项46件，已处理43件，正在处理中3件。做好社区矫正和安置帮教人员管理，社区矫正人员49名，安置帮教人员40人，社区矫正人员未出现托管、漏管及重复犯罪事件发生社区矫正人员参加“感恩社会、帮困救助”为主题的感恩教育实践活动，自发自愿为辖区贫困母亲捐款12500元。截至年底，街道立刑事案件数857起，破刑事案数190起，受理行政案件数916起，查结行政案件数461起，打击涉毒人数180起。街道与10个村、居签订了《安全生产责任书》，与辖区企业单位签订《安全生产责任书》623份。

【丽景街环境卫生监管】 完善健康教育组织网络，辖区健康教育覆盖率达95%以上；集中整治北塔四队、六队、满春小康村等城乡接合部周边环境卫生10次，动用铲车24台次，投入劳动力356余人次，共清理生活垃圾450余车；争取资金10万元，为满春5队、双庄2队、北塔4队、北塔6队修建垃圾池30座；筹资在满春小东沟边修砌了5所公厕，清理污水井及更换井盖6处；为无物业老旧小区配备垃圾箱35个、保洁车6辆；结合“蓝天工程”整治辖区内渣土堆场4处，对渣土堆场进行了修整堆放，并遮盖防尘网108万立方米；开展病媒生物防治工作，为居民发放杀蟑胶饵800支，高效氯氰菊酯400袋；加强辖区食品安全治理，集中对市场及各学校周围的商店、餐馆进行食品安全检查3次。

【丽景街计划生育】 以“人口学校、会员之家”等阵地为依托，举办各类培训班12场次，参训育龄妇女6300余人次，免费发放避孕药具64400余盒，宣传品17400余份；深入开展婚育新风进万家创建幸福家庭活动，免费制作全家福照片100份，确定创建幸福家庭5860户；孕期和产后随访达到98%以上，避孕节育措施落实率达到92%，“婚育证明”办证率达到了95%，流动人口验证率和信

丽景街举办干部职工知识竞答趣味活动

息入库率均达到96%，人口出生率9.63‰，两项筛查率69.7%，免费孕前检查超额完成年初任务群众满意达98%以上。

【丽景街“和谐社区”建设】 按照“一居一特色”的思路，对观湖等3个社区办公用房进行维修改造，景太和庆春市民服务站达到“五室一站”，新增加八里桥、满春、银虹3个老年活动中心；建立志愿者队伍10支，约1000人。成立丽景街市民学校，开设绘画班、航模班等7个特色专业课；组织网格员业务知识竞赛3次；与56名网格员签订《丽景街办事处2014年网格员工作目标责任书》，制定《丽景街办事处网格化管理工作绩效考核办法》，推行网格员评星定级和网格评星定级双百分考核工作；成立业委会4个，新型自治居委会19个；建立社区居委会、业委会、新型居委会和物业公司四者联席会议制度。

【丽景街扶贫解困、助残】 节日期间慰问贫困户、低保户、五保户、贫困残疾人、困难基干户、贫困老人等，发放慰问金77000元，大米71袋，面粉71袋，香油71桶。创建“残疾人文化进社区”，完成银川市、兴庆区残联对残疾人文化进社区的创建点景太社区的验收。落实享受特困残疾人保障金159人，发放救助金237300元，发放残疾人联络员补助7200元，对113名社区残疾人进行体检；助残日慰问贫困户20户，救助弃婴1人次，发放各种残疾人辅助用具6件，为残疾人申报无障碍改造3户，为6名重度肢体残疾人发放轮椅；为做好2015年《全国残疾人基本服务状况和需求专项调查》普查工作，在庆春、八里桥两个市民服务站入户核查重残补贴37户，完成社区残疾人就失业情况摸底620人次，社区残疾儿童及残疾家庭儿童入学情况11人次，社区残疾人基本信息核查686人次。

【丽景街优抚工作】 发放“八一”重点优抚对象慰问金及各类补助定补金97152元；门诊补贴9600元，落实大病救助13户，发放救助金55259元；临时救助9户，发放救助金4600元。

【丽景街为老、养老工作】 “五一”组织老年人象棋比赛，“中秋节”组织辖区老年人参加文艺晚会。景太、银虹市民服务站组织开展“温暖冬至、团圆相伴”的老年主题活动，100多位老年人参加包饺子活动，网格员和志愿者为独居、空巢、高龄及三无人员送去粉汤饺子；发放80岁以上高龄低收入的老年人门诊救助金1800元，高龄低收入老人生活津贴33000元，各类补贴5040元；“敬老月”期间为90岁高龄老人发放慰问金6000元，慰问高龄老人、三无人员28户，并为他们送去了慰问品，计22000元；从8月开始为辖区孤寡老年人每周送“爱心午餐”；完成辖区60岁以上的老年人的摸底工作，统计4712人；统计建档失能、失智老人250人，办理老年证30份；落实居家养老政府服务对象40人。

【丽景街工会工作】 2014年，完成组建企业工会5家，新发展工会会员455人，新增涵盖单位10个。截至年底，丽景街街道工会联合会有基层工会组织66个，其中街道机关工会1个，社区联合工会10个，行业工会1个，非公企业独立工会54个，涵盖单位495家，工会会员6108人。其中：女会员2573人；农民工会员1565人。

【满春社区】 满春社区东至友爱中心路，南至银佐路，西至丽景北街，北至规划六号路，面积1.5平方公里。辖满春新村二区、博雅家园一区、博雅家园二区3个居民区共4298户8500人；村党总支下设四个支部，其中有三个“两新”党支部，一个基层党支部，现有正式党员243人，预备党员2人，流动党员10人。辖区有江宁国际酒店用品城、胡商国际商贸城、物流园、恒大帝景等经济实体。满春社区是一个典型的村改居社区，通过市场运化作，以农民入股的形式，先后成立了北环批发市场有限公司、满春旧货市场和满春大酒店三家非公有制企业，解决1000多名失地农民的就业问题。

【八里桥社区】 八里桥社区面积2平方公里，辖7个居民小区，有1300户4000人，60岁以上的老人260人，残疾人70人，低保家庭11户。有事业单位2个，非公企业120家，商业网点1804家。其中：企业524家，个体户1280家。

【北塔社区】 位于唐徕渠以东，贺兰山路以南，北京路以北(部分)，凤凰北街以西，面积0.3平方公里。有民运村、海宝西区、锦泰花园、兴洲财富缘、清湖苑、枫河雅居6个居民小区和北塔六队(未执行庄点)，居民3861户11104人，党员130名，其中预备党员1名，少数民族党员48名，女党员35名。

【双庄社区】 双庄社区位于金三角东侧，东至丽景街，南至上海东路，西接109国道，北连国际汽车城，面积1.3平方公里。辖新灵小区、康泰家园、恒安苑、洞天苑、恒利苑、中兴小区、双丰巷、恒大御景、康顺家园、国际汽车城。辖区企事业单位3家，私营企业398家，个体工商户961家，低保户6户，残疾人38人，党员38名。

【景墨社区】 景墨社区东靠双福路，南邻海宝东路，西接民族北街，北止沙渠路，面积0.28平方公里。辖有3个居民小区，居民楼96栋，居民4681户11606人，低保户6户10人，残疾人83人。辖区企业21个，个体工商户98家，党员860人。

【景太社区】 景太社区东靠中山北街，西至民族北街，北望景墨家园，南接英才巷,面积0.5平方公里。辖太阳都市花园小区、双庄小区、佳龙苑小区、东方盛世小区4个居民小区,常住居民3108户5159人,辖区单位171户,其中个体网点126户。

【庆春社区】 庆春社区西至丽景街、东至民族北街、北至贺兰山路、南至清净巷,面积1.8万平方公里。有8个居民小区,居民楼186栋,居民9047户27000余人,党员168名,60岁以上老年人732人,残疾人127人,低保户38人。有小学2所、大型幼儿园3家(民办),社区医疗卫生服务站1个,物业公司7家,各类商业网点500多家。

【银虹社区】 银虹社区东至清和北街、北至金三角、西至民族北街、南至上海东路,面积2.2平方公里。有居民小区26个,无物业小区21个,有物业小区5个,居民4561户10557人,有60岁以上的老年人872人,残疾人员78人,低保家庭10户,空巢老人356人,独居老人75人,85岁以上26人。辖区行政事业单位6家,个体非公企业557家。党员130人。

【观湖社区】 观湖社区东靠景墨家园西区,南至上海路,西至凤凰北街,北至贺兰山路,面积2.5平方公里。有东湖苑南区、北区、中瀛御景、兴庆府大院东区、西区、京能天下川、观湖壹号7个居民小区,居民楼264栋(已建成228栋,在建36栋),居民6428人,低保户23户,残疾人8人。辖区单位4个,非公有制企业41家,个体工商业户127个,直管党员65人。

【雅苑社区】 雅苑社区东起109国道,南至海宝路,西至双福巷,北到沙渠路,面积0.8平方公里。有书香雅苑小区、文定天下小区、景墨家园C区3个居民小区,居民楼76栋,住户3100户9048人,其中流动人口102人。辖区企事业单位3家,私营企业43家,个体工商户183家,直管党员51人。

燕鸽湖管委会

【概况】 燕鸽湖管委会管东至石中高速公路,南至银古公路,西至燕庆街,北至银通路,辖区面积4平方公里。现有居民楼410栋,居民16604户38755人,外来从业人员1652人,常住及流动人口6万余人。辖区有单位12家,其中石油系统单位9家,地方单位3家。2014年,辖区参加社会保障22214人,领取社会保障一卡通13234张,新增医保人数1071人。为3位80岁以上高龄低收入老年人发高龄津贴1.41万元,慰问90岁以上老人13人,发放慰问金6500元。为545名60岁以上老年人办理宁夏老年人优待证。新接收企业退休人员226人,累计接收移交企业退休人员4122人,解决历史遗留问题退休人员3896人。办理丧葬抚恤金28人,办理抚恤金金额121.4136万元。办理城乡居民养老保险72人,养老认证4098人。低保对象279户426人,发放最低生活保障金12.833万元,慰问城市低保对象7户,发慰问金4200元。核查残疾人564人,为135户149人重度残疾人发放生活救助津贴3.732万元。

【"居家养老"服务到"家"】 2月11日,银燕园社区工作人员入户走访"三无"老人、百岁老人、80岁以上享受民政部门高龄津贴的老人、60岁以上低保老人及享受定补的烈属,对入户均在兴庆区的5位老人,发放居家养老服务政府补贴。

【再就业帮扶】 新年伊始,燕庆园社区开展"就业帮扶、真情相助"就业援助月宣传,联系社区餐饮、政府直供蔬菜店等营业点,为双方沟通搭建用工信息平台。春节前后,向辖区天天鲜食品超市、新华百优超市以及社区餐饮中心推荐就业人员16人,其中"4050"人员9人。

【公交车"敬老卡"统计】 2月18日,社区工作人员在对符合银川市户籍及外籍常住户的65岁以上老人进行摸底调查登记,确认130名银川户籍和14名外籍常住老人,为办理免费乘坐公交车"敬老卡"做前期准备工作。

【解决失业人员就业问题】 把坚持做好就业再就业工作,作为构建和谐社区

燕鸽湖管委会领导慰问困难居民

的重要前提。从入户宣传,平台建设,组织帮扶，岗位开发四个方面为居民服务。全面准确掌握辖区内失业人员情况、宣传就业政策、提供辖区内各个商业网点用工需求信息，为15名失业人员解决了就业问题。

【举办关爱女性健康知识讲座】 2月21日，社区联系燕鸽湖医院的主任医师,为辖区女性朋友举办“关爱女性、健康生活”健康知识讲座,专家从女性生理知识、女性健康卫生保健、女性仪表礼仪等方面进行讲解并与大家互动交流。

【为藏区贫困孩子送温暖】 燕翔园社区开展为西藏高寒地区贫困孩子送温暖活动,6名社区工作人员捐羽绒服10余件，大衣10件，毛衫、牛仔裤等30件。

【推广社区养老新模式】 按照“社会化、市场化、多元化”的要求,社区开展以居家养老为基础、社区养老为依托、机构养老为补充的“8893”养老服务体系建设,推广“小区庭院式”“社区开放式”“社会托管式”三种社区养老模式,完善社区服务功能，打造15分钟生活圈,开设乒乓球室、阅览室、台球室、棋牌室、按摩室、吸氧室等活动室和社区餐饮中心。

【燕乐园社区】 总面积0.5612平方公里,由2、3、5三个小区组成,住宅楼141栋,总户数5318户,总人数15156人。辖区有派出所1所,医院1座,物业服务站3座,企事业单位35个,个体商户87户,幼儿园1所,文化运动广场4处,警务室4个。

【燕翔园社区】 辖燕翔园和燕和园两个小区，占地面积0.3357平方公里,住宅楼76栋,公寓楼2栋,居民2812户,常住居民8100余人。有小学1所,幼儿园2所,活动中心1处,加油站1处,会所1座,物业楼1座,文化广场1处,单位、个体户35户。

【燕欣园社区】 地处燕鸽湖基地西南角,占地面积0.52万平方公里。由1区、6区两个小区组成,居民3782户,总人口11005人。辖区内有1所宁夏长庆小学,1所幼儿园。

【燕庆园社区】 包括燕庆园、燕鸣园和旺角商业街,位于长庆燕鸽湖石油基地东南角,占地面积0.46平方公里,有居民楼62栋,常住3052户,总人口7630人,流动人员58户360人。辖区内有商业楼房10栋,综合会馆1所,企事业单位22家,商业网点82家。

【银燕园社区】 地处燕鸽湖基地以北2公里处，总用地面积是0.21平方公里，有住户1746户,常住人口4505人。绿化、环卫面积约0.15平方公里。辖区内有幼儿园1所，社区居家养老活动室7间,花园4处,活动广场1处。

满钵盆。1956 年公私合营,“协力厚”被合并到银川市药材公司,更名为“解放东街药店”。1989 年,“协力厚”第四代掌门人李逢春萌生了恢复老字号“协力厚”的想法,并将“协力厚”重新开张,自此宁夏第一家私人药店也伴随着改革开放的春风诞生了。2002 年 11 月 19 日,宁夏协力厚医药有限公司正式注册成立,至今公司在银川市及银北地区有 15 家连锁门店。

协力厚之诚信

人的品行决定企业的品性,协力厚第二代掌门人李秀芝先生为人忠厚、谦和、乐善好施,遇垂危病人,只要有人捎信代话,及时上门送医送药,尽最大努力解患者病痛之苦。对贫苦者记帐、赊药,待到年底派人到患者家中收款,这种经营理念赢得了广大患者及家属的一致好评,拥有大批忠实的顾客。

“服务是创造名牌的利器,也是品牌组成中不可或缺的重要部分”。协力厚第四代掌门人李逢春先生发扬诚信的祖辈遗训,周到服务顾客,提高药品品质。对看病抓药一时资金困难者,采取记帐、分期付款等经营方式,开通 24 小时售药服务,向边远地区顾客提供邮购药品等服务。拓展药品事前、事中、事后服务,树立“协力厚”药店的良好形象。“做药品生意即做良心,药品的品质就是企业的品质,企业的品质则是企业家的品质”的理念得到顾客广泛的认可。

协力厚之创新

药品经营的主要成本来自仓储、物流和店面租用,多年药庄不断创新,致力于经营成本的降低。除使用自有产权的店面经营外,强化协力厚医药连锁店的药品进药、仓储、分捡、运输、直投等管理,采用自营型配送模式,配送中心经营面积 1500 平米,完全覆盖公司旗下所有门店的药品供应。2012 年,引进千方百剂医药管理系统,集进销存、财务、GSP 等经营分析于一体,满足医药经营企业的各种需求。公司还在银川郊区建成一座占地 600 亩的生态园,只要在公司各门店购药达到一定积分的 VIP 会员,夏秋季可乘坐公司观光客车在生态园进行瓜果蔬菜采摘,做一些亲近接触大自然的户外活动。

宁夏协力厚医药有限公司是宁夏唯一中华老字号药业品牌,二十余年秉承“天地赤诚、严密智慧、阔达视界”理念,一如既往的走在传承与创新的康庄大道上。

总经理李逢春

协力厚药店中草药柜组

协力厚医药公司 2014 年 8 月进社区义诊

2013 年被评为百信喜爱的商标

总经理李逢春在老字号颁奖现场

宁夏电视台采访公司副总经理

宁夏虹桥大酒店

宁夏虹桥大酒店是集住宿、餐饮、娱乐、会议、购物功能为一体的国家旅游四星级酒店。1998 年 6 月 28 日开业，2000 年 1 月 18 日荣升三星级旅游酒店，2001 年 9 月 26 日晋升四星级旅游酒店，2005 年 12 月 24 日完成行政楼改造，2006 年 5 月完成酒店南服务楼改造，餐饮及康乐营业环境得到改善，酒店的经营结构更趋合理，2010 年完成全面装修改造。酒店由主楼和行政楼组成，有各类客房 250 间。主楼楼高 20 层，4 ~ 20 层为客房区域，标间、单人间、套间、总统套各种房型一应俱全；主楼南区 1 至 2 层为香格里拉中餐厅，主营粤菜、地方菜，拥有豪华雅座 9 间及可容纳 200 人用餐的香密湖宴会厅。行政楼位于主楼东侧，五层为可容纳 200 人的正宗法式香榭丽舍西餐厅；6 ~ 8 层为酒店精心设计和打造的行政楼层，行政单人间、行政套房、行政豪华套共 36 间，专为寻求至尊服务的商务客人而设；9 ~ 10 层为 12 个高标准配置的商务会议室，可满足客人不同的会议需求。

宁夏虹桥大酒店是宁夏高科技、高智能的现代化酒店的代表，采用全电脑管理系统，配以先进的软件支持，具有国际领先的楼宇自控系统，对大楼的供水、供电、照明、空调等进行控制。完善的消防自动监控设施，可及时发现事故，并有效控制；独立的卫星电视接受系统，可以满足国内外客人收视的需求。先后接待了纳米比亚总统，以色列、塞拉利昂、安曼等国家的驻华大使，国家部委领导及重要的国际、国内会议。

积极参与自治区、银川市政府及旅游行业举行的各类活动，参加了数届全国烹饪大赛、旅游风采展示、旅游服饰大赛等，开展救灾捐款等社会公益活动。被自治区旅游局、中国旅游局中国旅游饭店业协会、国家旅游局授予“自治区文明星级饭店”“十佳旅游星级饭店”“优质服务企业”“全区旅游行风建设先进单位”“中国饭店金星奖”“全国旅游标准化示范单位”等荣誉称号。

行政豪华套房

单人间

标准间

行政单人间

银川市迎宾楼餐饮有限责任公司

银川市迎宾楼餐饮有限责任公司创建于1982年，位于银川市中心的解放西街，占地面积1300多平方米，营业面积近1800平方米，是银川市老字号清真餐饮名店。餐厅分为宴会大厅、多间标座、火锅厅、冷饮厅等，可同时接待800~1000人就餐，主要经营宁夏风味的家常菜肴、宁夏风味的涮羊肉、羊肉泡馍，火锅及特色冷饮等多种清真食品，可以提供具有地方特色的各种档次宴席。其中迎宾楼的涮羊肉和牛奶雪糕，以其选料严格，投料准确，制作独特，工艺讲究，品质优良，质量稳定等优点，在银川市久负盛名，深受本市及周边顾客和外地旅游者的喜爱。

2009年营业面积为1800多平方米的迎宾楼西夏分店开业；2011年占地面积为26000多平方米的迎宾楼贺兰分公司正式投产营业，专门生产宁夏名牌冷饮“迎宾楼雪糕”系列产品，同时开通了冷饮配送服务。

迎宾楼总店门头

迎宾楼贺兰分公司

迎宾楼雅座

松鼠鱼

黄焖鸡

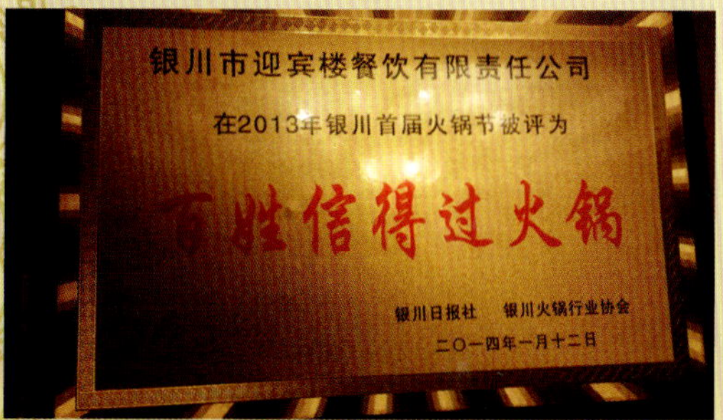

迎宾楼西夏分店门头

寧夏奇石館

NING XIA QISHI GUAN

中华奇石

宁夏奇石馆始建于1995年，2001年迁址重建于湖滨西街281号至今，占地700平方米，建筑面积2000平方米，为砖混建筑，是一处以社会效益为主旨的公益性、科普、文化旅游设施，是民营非企业单位，主营单位是宁夏回族自治区文史馆。

宁夏奇石馆自开馆以来，举办了十届大型国际奇石博览会，在国际、国内影响巨大，意义深远，是行业中国内唯一一处对现役军人、老年人、学生、儿童免费开放的大型以奇石为单一展品的展馆。

自营业以来，宁夏奇石馆多次圆满完成了自治区、银川市政府的接待任

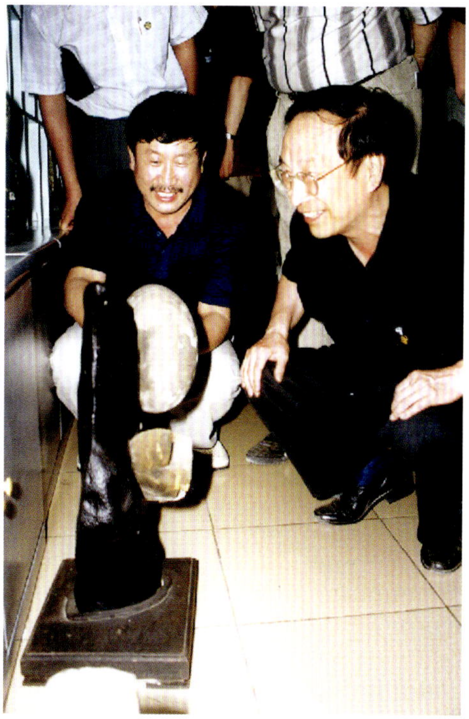

务，多次接待了国家领导人、外国使节、国际友人，每年都有多位著名企业家、著名艺术家来石馆进行观摩、欣赏。

宁夏奇石馆每年都为学校、机关单位、企业免费开放，使联系单位的员工在这里受到自然、和谐社会的科普教育。据不完全统计，宁夏奇石馆已接待近百万人次的参观欣赏。为自治区、银川市的形象与文化交流起到了不可或缺的巨大作用。

宁夏奇石馆在自治区、银川市政府的关注支持下，在自治区文史馆的正确领导下，与时俱进，更好的利用这独特的文化窗口，为社会的“三个文明”建设服务。

自治区副主席姚爱兴一行视察高考工作

自治区党委副书记崔波来我校调研

银川二中 60 周年校庆校友参观

银川二中 YINCHUAN ERZHONG

为每个学生的可持续发展奠定基础
为每位教师的自主发展构筑平台

银川二中始建于 1954 年，2005 年 11 月新二中建成，占地 186.68 亩，总建筑面积 69000 多平方米，办学规模为 60 个教学班，有行政楼、实验楼、图书楼、多功能报告厅、体育馆、天象馆、标准塑胶田径场、篮球排球场、学生公寓、餐厅等配套设施。2013 年 7 月，按照银川市委、政府拓展优质教育的精神，成立银川二中学校发展共同体（教育集团），下属二中高中部、银川景博中学分校区、北塔中学分校区、银川二十中分校区和 2009 年建成的银川二中国际部。学校共同体现有教职工 480 多人，学生近 7000 人。其中二中高中部在编教师 247 人，特级教师 2 人，正高级教师 2 人，高级教师 96 人，享受国务院政府特殊津贴 1 人，享受自治区政府特殊津贴 1 人，自治区级骨干教师 33 人，银川市骨干教师 5 人。已获硕士学位的教师 34 人，获得研究生学历的教师 39 人。

1980 年被确定为自治区首批八所重点中学之一，2005 年 5 月被确定为首批“自治区普通高中一级示范学校”。学校确立“为每个学生的可持续发展奠定基础，为每位教师的自主发展构筑平台”的办学理念，以“砺志、奋进、合格、多能”为校训，依托先进的管理体制和丰富的教育教学资源，全面贯彻国家教育方针，积极推进素质教育，成为一所具有丰厚的文化底蕴，规范化、示范化、绿色化、民主化、人文化、现代化的学校，被誉为“宁夏基础教育的一面旗帜”。先后为国家培养了三万多名合格毕业生，向高等院校输送了一万五千余名优秀人才，培养自治区高考状元 23 人。

银川二中获“全国教育系统先进集体”称号

银川二中高中部教师合影

银川二中 60 周年校庆孔子塑像落成

银川二中 60 周年校庆名师展风采

风城名师启动仪式

学校高考和学科竞赛成绩在全区名列前茅，每年有北大、清华保送生且考入北大、清华等一流高校的学生数量在全区名列前茅；每年高考进入全区文理科前 10 名和单科前 10 名的学生多，获得保送生资格人数在宁夏居前列。

学校先后获得“全国教育系统先进集体”“中国科协青少年科技创新人才培养项目优秀实验学校”“全国消防安全教育示范学校”“国家级体育传统项目学校” 等 25 个国家级荣誉；获“自治区教育系统先进集体”“自治区教育系统首批党建示范点” 等 30 个自治区级荣誉，并获市级各种表彰奖励 70 余次。

学生科技周活动展示

今日的银川二中，教师教学严谨，精益求精，言传身教，乐育英才；莘莘学子，生气勃勃，菁菁校园，硕果累累。“发展无止境，管理无极限”，二中人将信心百倍、以崭新的姿态走在宁夏基础教育改革发展的前列，力争实现“创建全区示范、西北领先、全国有一定影响的示范性高中” 的学校发展目标，在宁夏教育又好又快发展的大潮中创造更加辉煌的明天。

学生社团活动丰富多彩

学生参加植树活动

银川二中特色剪纸中外交流

学生爱国主义教育扫墓活动

创建幸福校园　培养阳光少年

银川市第二十一中学管乐团

2012 年兴庆区教育系统新年音乐会

兴庆区领导参观学校管乐团演播室

兴庆区领导慰问管乐团

银川市第二十一中学创建于1978年，原名银川市兴庆区满春中学，2013年11月，银川市人民政府批准正式更名为银川市第二十一中学，是一所公办全日制初级中学。校园占地面积43290平方米，校舍建筑面积10769平方米，在校学生1500名，教职工120名。学校秉承“为成功的人生做准备”的办学理念和“惟善、求是、自强”的校训，提高学生综合素养，推进素质教育，走“特色项目”“学校特色”到“特色学校”的办学路子，围绕“修身教育、培养特长、全面育人”教育理念，办人民满意的教育。

随着城镇化步伐加快，农民务工人员数量剧增。地处兴庆区城乡结合部的二十一中首当其冲地成为农民务工子女入学首选之地，学校三分之二的学生为农民务工子女，学生的文化素养、卫生习惯、行为习惯、心理状况等较为复杂，未成年人思想道德建设工作面临着严峻的挑战。关注平民教育，“让每一个孩子都能够成为阳光少年，都能在校园内感到幸福”是学校全体教师的共识。

2006年，在资金困难和教师紧缺的情况下，筹集资金购买乐器，聘请教师，创办了学校管乐团、女子排球队，为孩子搭建起一个快乐学习的平台和发展个人天赋的空间。银川市二十一中管乐团现有学员218名，管乐团成立以来，培养管乐特长生1000余名，为高一级学校输送人才400余人，承办了兴庆区2012年、2013年两届新年音乐会，多次在各项活动中进行表演展示，受到社会、家长和各级领导的一致好评。

承办2014年兴庆区教育系统新年音乐会

承办2012年兴庆区教育系统新年音乐会

管乐队日常训练

承接社会演出

北京华联集团投资控股有限公司

北京华联精品超市

北京华联集团投资控股有限公司是商务部重点扶持的十五家全国大型零售企业之一，是国际百货协会(IADS)唯一的中国零售企业会员。北京华联集团旗下拥有两家上市公司和多家控股公司，业态涉及生活超市、购物中心、百货商店以及国际合作四个业务单元，拥有中国一流的商业管理资源、商品资源、品牌资源和人才资源，以新鲜、健康、价值、惊喜为经营理念，有良好的形象和口碑。截至 2014 年 2 月，在全国 25 个省(自治区)48 个城市，有超市 256 家、百货门店 21 家、高级百货 1 家、购物中心 51 家，建立了覆盖全国的连锁零售网络。

北京华联集团于 2002 年入市宁夏回族自治区，经过十余年的经营发展，目前已拥有六家大型精品生活超市—银川南门广场店、银川湖滨街店、银川悦海新天地店、石嘴山和平广场店、吴忠市滨河广场店、灵武市水锦都店。

BHG 精品生活超市，以缔造全新的时尚生活方式为目标，简约的设计理念，为银川及周边地区打造精致优雅的购物环境；惬意的空间组合，让您实现从欢乐生活至魅力生活的体验转变，让优雅、精致、潮流时时绽放。来自世界各地的 BHG 自采商品，独家供销的精致食品、家居用品，满足您精致的生活品味以及完美的品质需求。

卖场内时尚舒适的购物环境、精选的进口商品、热情微笑的员工、专业贴心的服务，处处让您感受不一样的品质生活。从新鲜、快乐的全新购物体验将价值、健康、惊喜的元素融入到时尚生活理念中，BHG 致力于向顾客传递着这个品牌所表达的生活意义，从生活到休闲，从购物到娱乐，平凡中尽显奢华，满足家庭多元化、一站式购物需求。

北京华联在不断成长的同时真心感谢宁夏父老乡亲的厚爱与支持，集团公司领导多次组织慰问边远山区学校、为孤儿院献爱心活动，将学习用品、生活用品送给孩子们，并时时关注她们的生活与学习。

北京华联在秉成“新鲜、健康、价值、惊喜”的服务理念的同时让我们所有的努力都围绕顾客需求，让顾客满意，我们的使命是在进入每一个市场中成为现代化零售业的领航者，并让我们的顾客获得最好的商品选择，最优惠的价格，最大的满意。

我们在打造城市生活服务中心的同时也在缔造一种新的生活方式，全新的生活概念从此诞生！

北京华联悦海店开业

北京华联精品超市

北京华联全国分布图

北京华联创新中心

北京华联精品超市

北京华联精品超市

宁夏儿童福利院慰问

自治区民政厅厅长杜正彬、副厅长王凤刚到福彩中心调研

宁夏福彩中心荣获自治区五一劳动奖状

科学管理

2014年宁夏福彩销售15.4

再创历史新高，发行量和公益金获得双丰收

2014年，在自治区党委、政府的关怀重视下，在自治区民政厅党组的坚强领导和有关部门的大力支持及社会各界彩民的积极参与下，宁夏福彩迈上一个新的历史高点，年发行量达15.4亿元，再创历史新高，同比增加4.67亿元，增长43.5%。其中双色球销售4.44亿元、3D销售2.12亿元、“快3”销售4.63亿元、七乐彩销售748万元、中福在线销售2.82亿元、刮刮乐销售1.3亿元。筹集公益金4.51亿元，同比增加1.24亿元，增长37.9%。上缴税金2127.89万元。

全年返奖率51.1%，我区彩民累计获奖7.87亿

2014年，我区福彩所有玩法累计中奖7.87亿元，返奖率为51.1%。全年共中出双色球一等奖7注，二等奖248注，累计中奖1.87亿元；七乐彩一等奖1注，二等奖12注，累计中奖415万元；中福在线中出全国累积奖49注，累计中奖1.77亿元；3D累计中奖9766万元；“快3”累计中奖2.55亿元；刮刮乐累计中奖8407万元。宁夏彩民可谓盆满钵盈。

牢记宗旨，福彩人团结一心砥砺前行

26年来，宁夏福彩人始终秉承“扶老、助残、救孤、济困”的发行宗旨，坚持“安全运行、健康发展”的工作方针，落实发行理念，创新工作机制，深化市场管理，注重公益文化引领，不断增强品牌核心竞争力，取得了较好的销售业绩，为全区社会公益和民生事业作出巨大贡献。实现了年销量从1988年的60万元到2014年15.4亿元的历史性跨越，人均销量高达244元，位居全国前列。特别是近几年，我区福彩狠抓规范管理，不断完善机制，勇于改革创新，强化绩效考核。描绘宏伟蓝图，实现福彩梦。先后制定了《宁夏福利彩票“十二五”发展规划纲要》、《中福在线视频彩票五年发展规划》等，确定了福彩事业发展的指导思想、总体思路、目标任务，对销售增长、市场资源配置、技术支撑和品牌塑造等各项工作都提出了阶段发展指标。创新营销模式，促进均衡发展。大力发展“快3”游戏，

宁夏福彩公益行，圆筑贫困学子梦助学金发放仪式

文苑人物

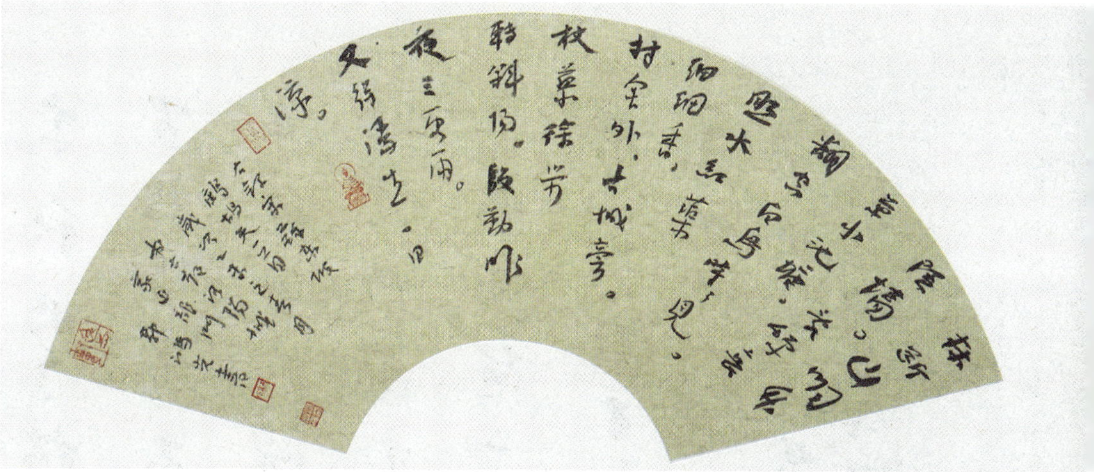

郭鸿光

1973年生，河南省洛阳市人，中国民建会员。中国书协会员，江苏省国画院特聘书法家，河南省书画院特聘书法家，银川市书协副主席，银川市青年书法家协会主席，银川市兴庆区书协副主席。作品曾参加首届青年书法篆刻展、全国二届扇面展、全国五届新人新作展、首届册页展、全国第二届流行书风展、全国第二届羲之杯书法大奖赛、首届小榄杯全国县镇书法大赛、纪念邓小平诞辰100周年全国书法展、洗夫人奖全国书法展、贞元杯全国书法展、永远跟党走全国职工书法大展、首届林散之奖南京书法传媒三年展、第二届北兰亭全国电视书法大赛、全国第二届海西书画大赛、宁夏第七届书法展、宁夏第二届青年展（优秀奖）、宁夏第三届青年展（获奖提名）等。

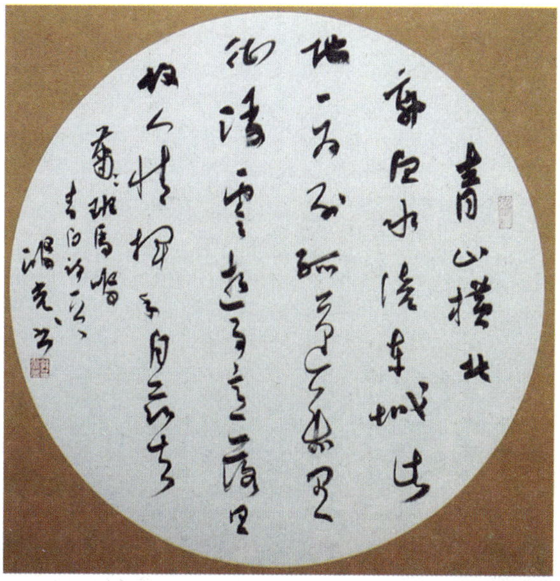

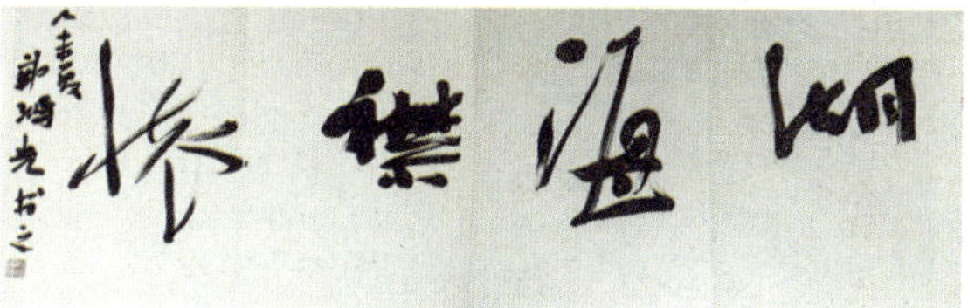

梁 斌

1960 年 3 月出生。兴庆区政协委员、非遗保护中心主任。宁夏书协会员、银川市书协主席团成员、市书协副秘书长、兴庆区文联副主席、兴庆区书协主席。2009 年荣获自治区第六届“群星奖”暨第四届群众文化专业岗位技能大赛书法金奖；2012 年荣获群星璀璨美术书法摄影优秀作品展宁夏赛区书法一等奖，获文化部主办的全国书美影大赛书法三等奖；2014 年获全国“华城杯”书画大赛书法优秀奖。

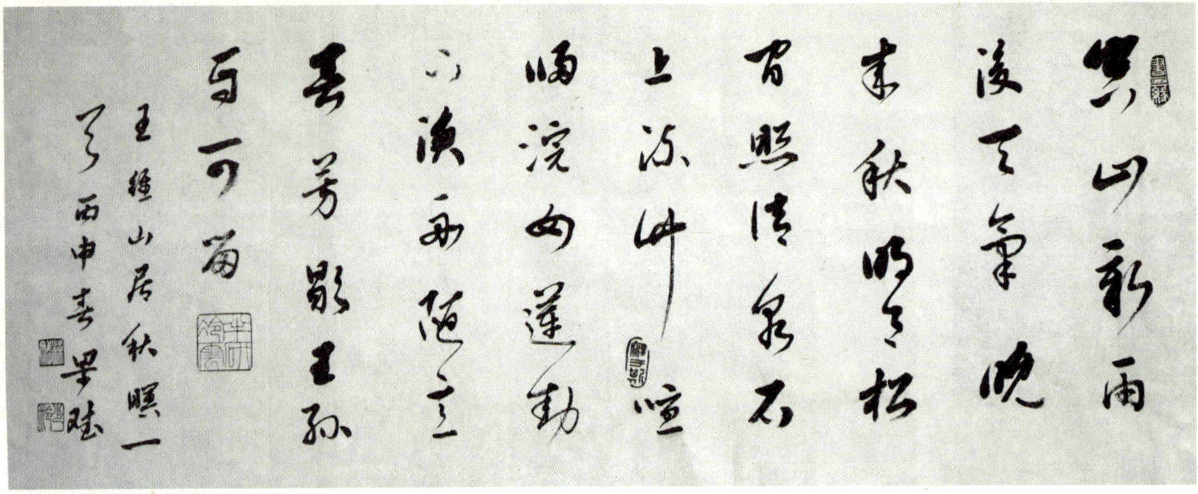

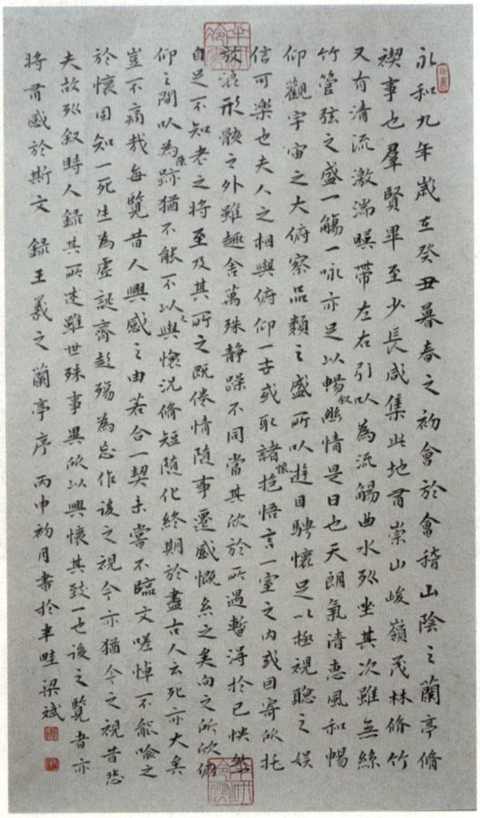

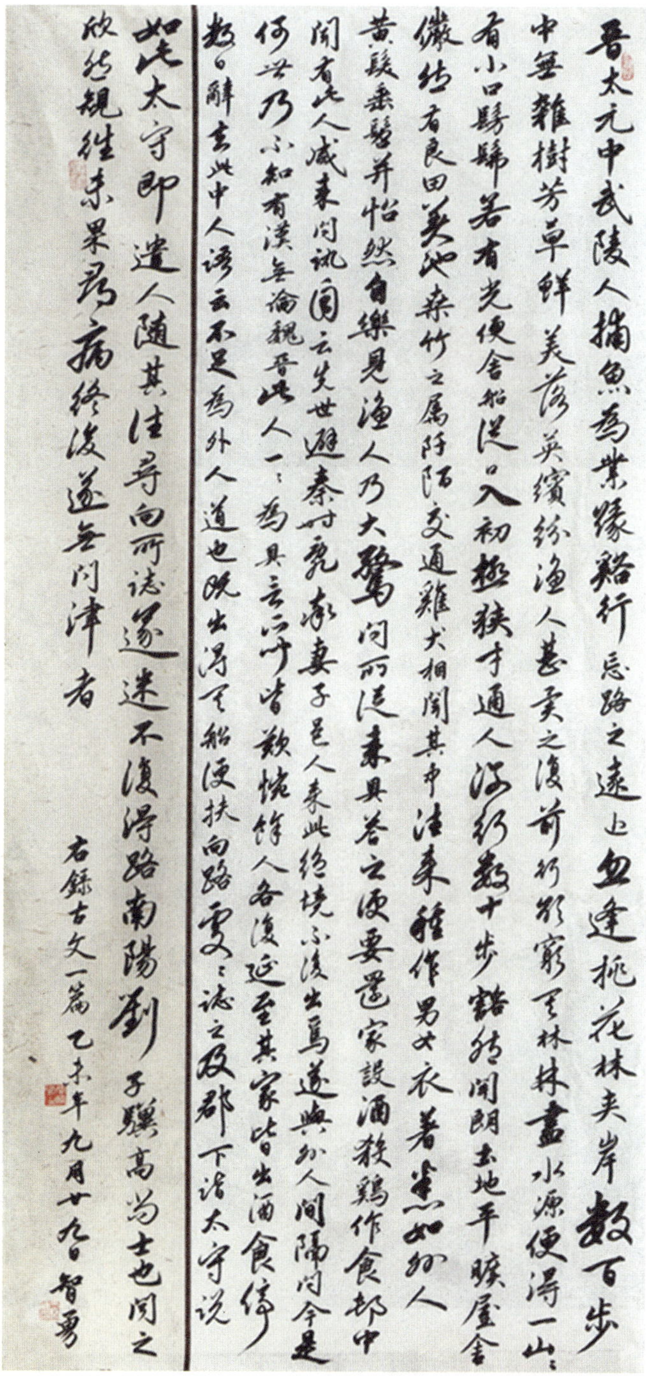

于智勇

1971年10月生，大学学历。中国书法家协会第二届西部研修班学员、中国硬笔书法家协会会员、宁夏书法家协会会员、宁夏青年书法家协会理事、宁夏硬笔书法家协会副秘书长、银川市书法家协会理事、兴庆区书法家协会副主席。

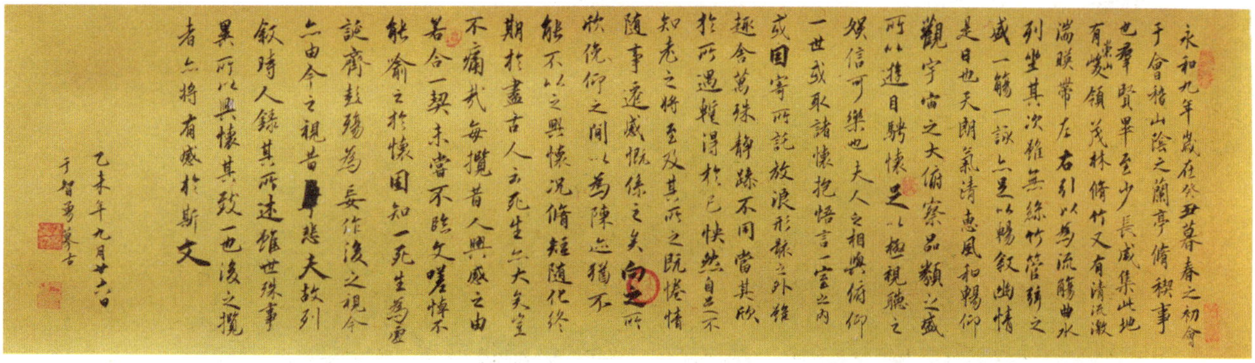

赵 忠

1945 年 2 月出生，宁夏贺兰人。毕业于银川师范。中国书法家协会会员、中国美术家协会会员、中国工艺美术学会会员、宁夏文物鉴定委员会委员，国家一级美术师，宁夏大地山水画研究院院长，原宁夏书画院常务副院长。作品先后入选文化部第二届全国画院作品双年展、中国美协第三届全国五自治区作品展、第二届全国少数民族美术作品展，参加“西部辉煌”中国画作品提名展并获奖，个人传记和作品被收入 20 多种作品集，并被诸多美术馆、纪念馆收藏。

赵菊芬

1971 年 2 月生，毕业于宁夏大学美术系，宁夏美术家协会会员，银川市文联委员、美术家协会理事。现任银川市兴庆区文联主席、美术家协会主席。

范毅强

1973 年 2 月出生，宁夏西吉县人，现任兴庆区文化体育旅游局文物保护中心主任。中国摄影著作权协会会员、宁夏摄影家协会会员、银川市摄影家协会副秘书长、兴庆区摄影家协会主席。多幅作品在全国、自治区摄影比赛中获奖，2014 年举办兴庆区五人摄影作品联展。

王建波

浙江宁波人，1973年出生，现定居宁夏。中国摄影著作权协会会员、宁夏摄影家协会会员、宁夏诗书画影艺术研究会理事、会员，宁夏民进开明书画院特聘艺术家，兴庆区文联委员、摄影家协会副主席。

《中国菜印象》

《组照·舌尖印象》

刘胜冬

湖南怀化市人，1981 年毕业于长春建筑工程学院建筑学专业。就职于宁夏房地产综合开发有限公司，高级工程师。中国建筑行业摄影协会理事、宁夏摄影家协会会员、银川市兴庆区摄影家协会顾问。钟情于风光摄影，作品曾多次参加国内外展览并获奖。

《旖旎》

《苍茫大地》

牧

高春雨

1960年5月出生，陕西绥德人。宁夏摄影家协会会员、宁夏书法家协会会员。摄影作品多次在全国及地方影展中获奖并在国家、省（区）、市级报纸、杂志、画报等宣传媒体上发表。

国家级非物质文化遗产贺兰砚制作技艺传承人

闫森林 1952年11月出生，贺兰砚第四代传承人，贺兰砚专家评委。1973年随父亲闫子江学艺，2006年6月获第五届中国工艺美术大师评审小组授予全国工艺美术优秀创作奖；2007年4月作品《葫芦砚》荣获宁夏第一届工艺美术大师作品优秀奖。

贺兰石，宁夏五宝之一，因出于贺兰山而得名。结构均匀，质地细腻，刚柔相宜，是一种十分难得的石料。呈天然褐紫、豆绿两色相互掩映，对比十分强烈，常伴有玉带、云纹、眉子、银线、石眼、绿豆点等不可多得的天然特色陪衬。贺兰石质地细腻，纹理细而不滑，抚之如同小儿肌肤，质坚而不硬，易于刀刻，用它雕刻的砚台具有呵气见水，易发墨而不损毫，余墨加盖而多日不干不霉且保持墨色的特点。贺兰石的辉煌和贺兰砚是连在一起的，贺兰砚的发展是和跨越百年的“闫家砚”密不可分。清光绪年间，闫氏家族的砚台雕刻在银川已有一定的名气，也制作出不少代表时代风格的好作品，为后人发展贺兰砚雕刻艺术积累了较为丰富的经验。1960年至1963年间，闫子江、闫子洋兄弟受宁夏回族自治区政府委派，为北京人民大会堂宁夏厅创作大型浮雕挂屏毛泽东手书诗词《清平乐·六盘山》。“闫家砚”传到第三代时，贺兰砚的辉煌达到极致。施克俭雕刻的《牧归》成为宁夏赠给香港回归的礼品，陈梅荣的“九龙套砚”被中国工艺美术馆收藏，王文华的《牡丹亭》在“中国雕刻艺术节”上获得特等奖。2011年3月，贺兰砚制作技艺进入第三批国家级非物质文化遗产名录。闫淑丽是宁夏贺兰砚“闫家砚”制作世家的第四代传人，闫森林是“闫家砚”第四代传人。贺兰石砚多次参加全国工艺美术展、旅游产品展，获得了许多荣誉。

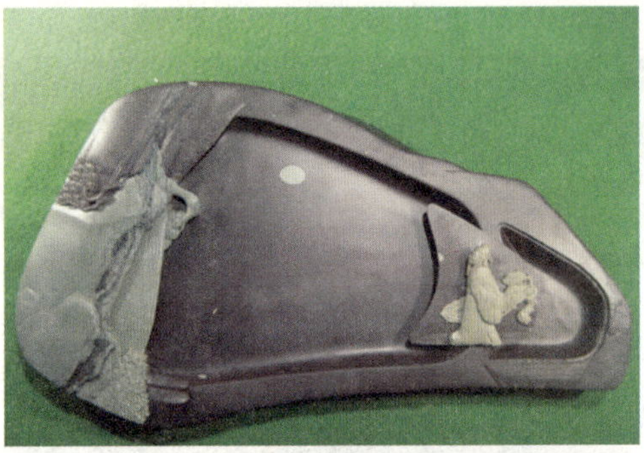

李白观瀑

高山流水

荷塘秋韵

苍涯高士图

国家级非物质文化遗产回医药汤八诊疗法传承人

汤瓶八诊传承人杨庭亮

杨庭亮 回族,1977年出生,中共党员,传统医学博士,世界中医药学会联合会理事,国家级非物质文化遗产回医药汤瓶八诊疗法杨氏家族第八代传人,宁夏医科大学汤瓶八诊学院副院长,上海汤瓶八诊投资管理有限公司、宁夏汤瓶八诊投资咨询有限公司董事长。长期以来致力于回医药汤瓶八诊疗法基础理论、诊断、治疗与回医药产品的研究与开发及传承保护工作,协助父亲杨华祥教授出版《汤瓶八诊养生方案》系列丛书,参与编著《回族汤瓶八诊疗法》初、中、高级诊疗师培训教材。2010年代表宁夏参加上海世博会展示回医药汤瓶八诊疗法;2013年应邀赴斯里兰卡参加联合国世界中医药大会,并发表主旨演讲传授中国回医药文化和汤瓶八诊疗法。

汤瓶之水

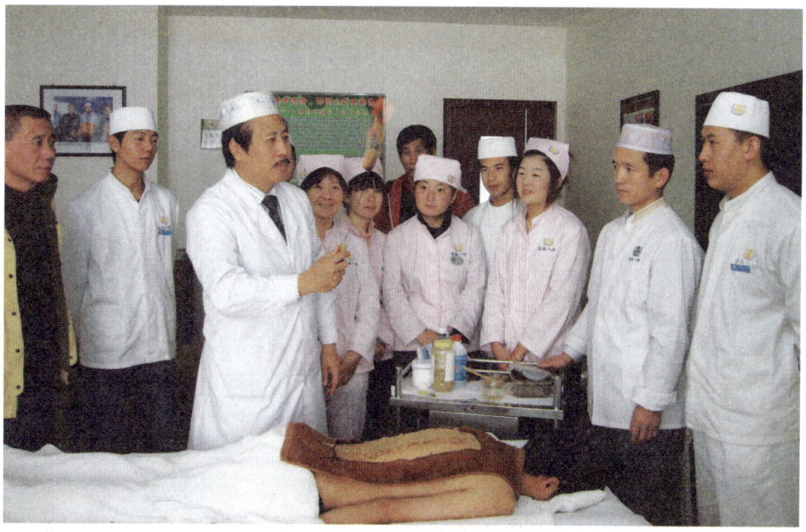

传授火疗技法

现场体验

银川市非物质文化遗产张氏回医正骨传承人

张宝玉 回族，1946 年 9 月生，宁夏张氏回医正骨第三代传人。中国民族卫生协会回族卫生专业委员会副主任委员、专家委员会专家委员，中国民族医药学会回族医学专家委员会委员，宁夏中医药学会常务理事。国家中医药管理局批准、中华中医药学会评选的第一批全国优秀民营中医医院院长，自治区卫生厅、人事厅确定的自治区级第一批老中医专家学术经验继承工作指导老师，国家级张氏回医正骨代表性传承人。16 岁跟父亲张成仁学习回族医学正骨术，足迹遍及宁夏及西北地区，先后治愈来自陕、甘、宁、青、新、晋、云、贵、川等周边地区的 60 余万名患者。“张氏回医正骨疗法”2006 年 8 月，经自治区政府批准，列入“第一批自治区级非物质文化遗产名录”。张宝玉、张金东（宁夏张氏回医正骨第四代传人）被确定为自治区级非物质文化遗产项目代表性传承人；2008 年 6 月，“张氏回医正骨疗法”经国务院批准，列入“第二批国家级非物质文化遗产名录”，并被确定为“国家级非物质文化遗产宁夏传承保护基地”。

2009 年 11 月 4 日，卫生部副部长、国家中医药管理局局长王国强（左三）一行在宁夏张氏回医正骨医院

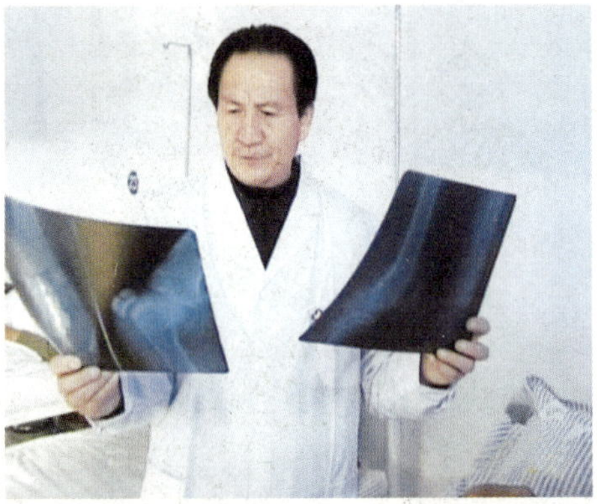

张氏回医正骨第三代传人张宝玉仔细阅患者 X 光片

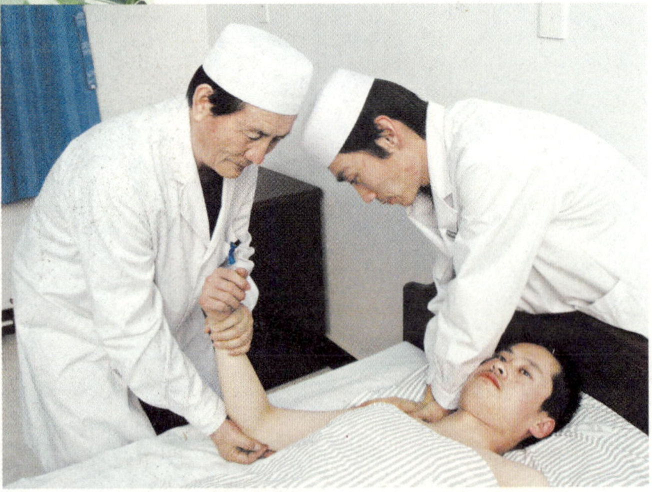

张氏回医正骨第三代传人张宝玉与继承人为骨伤患者施用家传正骨手法治疗

银川市非物质文化遗产太西煤雕刻技艺传承人

孙宝山 1971年5月出生。就职于神华宁煤集团，从事工会工作。自幼跟随父亲学习太西煤雕刻技艺，2011年，被评为中国非遗宁夏太西煤雕刻技艺传承人，宁夏工艺美术大师。2006年获得宁煤集团旅游产业成果创新奖；2008年获全国第二届旅游产品设计大赛铜奖；2010年6月获宁夏首届旅游商品设计大赛铜奖；2010年7月获得中国国际旅游商品设计大赛铜奖；2012年3月在宁夏文化馆举办煤雕作品展，展出煤雕作品104幅。

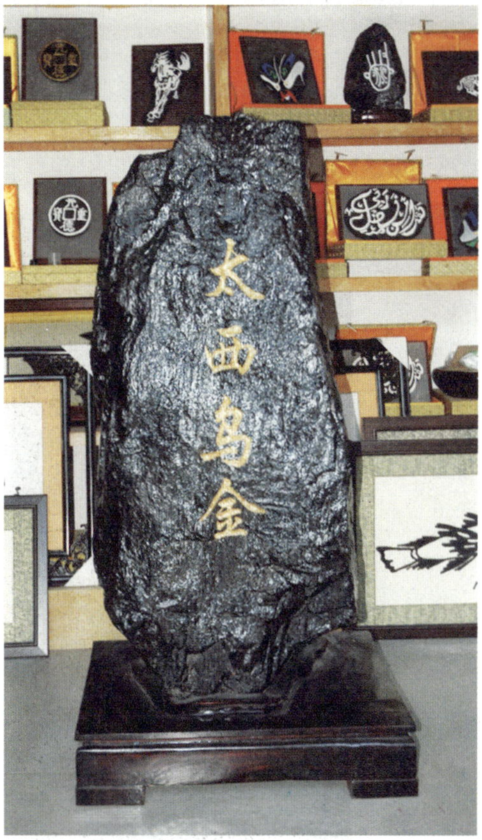

太西煤因产自宁夏石嘴山市汝箕沟太西镇而得名，国际上称之为“煤中之王”，与滩羊裘皮、枸杞、贺兰石、发菜、甘草誉为宁夏五宝。太西煤雕以太西煤为原材料，以版画结合岩画的形式，结合宁夏本土文化、贺兰山岩画、西夏文化、黄河文化和穆斯林文化，经过12道工序，纯手工制作，创作出浮雕、人物肖像、精美的京剧脸谱等上千种室内外装饰作品，具有较高的欣赏及收藏价值，远销英国、法国、加拿大、南非等十几个国家和地区。太西煤雕因其原材料的独特，是独一无二绝“宁夏制造”。

孙宝山煤雕作品

银川市非物质文化遗产芦苇画制作技艺传承人

惠鹏云 1963年出生，1983年在武警部队服役，1998年从事芦苇画创作。在继承祖辈技艺的基础上，利用现代电烙工具，用芦苇代替麦秸，研究芦苇画创作。特别是将芦苇内层劈下制作鸟禽羽毛是一大创新成果，堪称一绝。

芦苇手工艺术画是中国汉族民间艺术精品的一朵奇葩，整个画面80%为芦苇自然色差，20%左右用熨烫碳化而成，一般画作可分为水乡风情、人物、动物、花草植物、允仿名人字画五大类。画面本色天然，色泽淡雅朴素，具有浓厚的水乡特色，体现了继承与创新、传统与现代的统一。芦苇是湿地环境中生长的主要植物之一，多生长于池沼、河岸、溪边浅水地区，常形成苇塘。芦苇茎秆直立，植株高大，叶、叶鞘、茎、根状茎和不定根都具有通气组织，茎秆坚韧，纤维含量高。芦苇画堪称“绿色艺术画”，以芦苇的叶、杆、花穗为原料，经剪、烫、贴、煊等十几道工序精心创作，采用特殊处理工艺，可长期保存。

银川市非物质文化遗产面塑技艺传承人

孙福保　1946年12月出生，1997年师从山东菏泽人蒋学刚学习面塑技艺，2007年收徒沈静(女)、李成润、刘凯。主要作品有《西游记》《八仙图》《凤凰牡丹》《渔翁钓鱼》《苏武牧羊》以及奥特曼、机器猫、喜羊羊等儿童电视片中的艺术形象。

面人也称面塑、年模、面花，是一种制作简单但艺术性很高的汉族民间工艺品。中国的面塑艺术早在汉代就已有文字记载。它用面粉、糯米粉为主要原料，再加上色彩、石蜡、蜂蜜等成分，经过防裂防霉的处理，制成柔软的各色面团。捏面艺人经过捏、搓、揉、掀，借助小竹刀，灵巧地运用点、切、刻、划等手法塑成身、手、头面，再披上发饰和衣裳，顷刻之间，栩栩如生的艺术形象便脱手而成。面塑艺术2008年入选第二批国家非物质文化遗产名录。

孙福保面塑作品

兴庆区非物质文化遗产金丝沙画技艺传承人

王歌(曾用名王兵权) 1970年出生,甘肃张掖山丹人。2004年从事金丝沙画的制作和研发,2006年创办金丝沙画工作室,作品多次被沙特阿拉伯、阿联酋、香港、北京等国内外友人收藏。

金丝彩沙画又称金丝彩釉画,起源于明朝,距今有600多年的历史,是古代皇宫中盛行的一门高雅艺术。它是在借鉴了传统的景泰蓝(珐琅)工艺中的掐丝、点蓝等工序的技术特点上而创新的景泰蓝平面画,它与传统的景泰蓝制作方法相比,不用制胚、不需烧制和打磨等,省了很多工序。但其因彩沙而呈现特殊质感,具有很高的观赏价值和收藏价值。它是在传统工艺基础上研究改进,研发而成的一种新型工艺品装饰画。在工艺上参考了景泰蓝的镶嵌工艺,采用金属丝和彩沙石为主要原料,经过特有工艺精心制作各种风格、图案、颜色、规格的装饰画。可根据画面的不同部分和表达意思的不同选择大小不同的颗粒,使画面即表现粗犷、原始、古朴、奔放又可表现细腻的产品风格,可制作山水,人物,花鸟,动物等,画面的艺术效果浑厚庄重、图案线条精细清晰、豪华典雅、色彩亮丽永不褪色。工艺上,每一个环节都是纯手工制作,每一根金丝,每一点颜色,都需要手工制作,无法用机械代替。在图案轮廓上,用金丝制作图案、线条,它与笔墨勾勒的线条有所不同,更加精细并富有立体感,是其他画种不可比拟的。画面不仅有金属的质感美,更有金丝的亮泽美!

王歌金丝彩沙画作品

李爱华

天津人，1941年出生，中共党员，原宁夏歌舞团副团长，享受国务院特殊津贴，1965年毕业于中央音乐学院作曲系。先后在中国人民解放军8023部队政治部文工团、宁夏银川市文工团、宁夏歌舞团任作曲兼指挥，国家一级作曲。创作的九部声乐、器乐、歌曲音乐作品荣获国家级、省级奖励。主要代表作：钢琴与乐队《六盘史诗》、管弦乐《第二组歌·塞上掠影》、合唱《清平乐·六盘山》（与程光华、徐肇基合作）、舞剧《西夏女》（与王华元、温德清合作）、西夏乐舞《漠海羌笛》（与王华元、温德清合作）。

张弛

宁夏银川人，1944年出生，国家一级编剧，宁夏著名词曲作家，中国音乐家协会会员、中国音乐文学学会会员，文化部艺术人才中心授予"影响中国100位艺术大家"称号，享受宁夏回族自治区人民政府特殊津贴。与张博编词、温有道编曲合作完成的宁夏（银川）民歌《歌唱宁夏川》被确定为银川市代市歌；大型系列CD唱片集《花儿飞四方·宁夏民族歌曲精选及欣赏》作为宁夏大中小学音乐教材；其歌曲代表作《宁夏川，我可爱的家乡》在庆祝中国共产党成立90周年《旗帜》晚会上代表宁夏地方歌曲登上舞台。多年来，先后独立或合作创作（含改编）大型音乐剧、歌舞剧、歌剧《中秋月》《阿依舍》等10部；参与创作、摄制电视剧4部14集；音乐风光片、电视片15部27集；创编歌词、歌曲逾千首；发表专业论文十余篇；出版专著《张弛歌词集》《张弛剧词文曲选》，合作编著《宁夏好地方》合唱独唱歌曲集；录制盒式音带《塞上情歌—张弛歌曲专辑》。参与了西北音乐周《塞上音乐会》《兰州音乐会》《天山音乐会》《奉献之歌》以及在维也纳举办的《欧亚华人携手放歌西部情（下篇）——2000年银川春节电视文艺晚会》等80余台大型音乐歌舞晚会的策划撰稿。

李奎

1946年5月出生，著名舞台剧创作人 创编120多部（个）文艺作品全部搬上在文艺舞台，其中反映廉政建设的大型新编秦腔历史剧《清风明月》，2008年由宁夏秦腔剧团赴京参加奥运献礼演出并获得文化部二等奖；新编眉户剧《笑看夕阳红》获得文化部和国家文联颁发的《第二届中华颂》小戏小品二等奖；广播剧《好人老圪垯》（后更名为《的哥哈嘻嘻》）2002年获自治区宣传部文化厅文联颁发的一等奖。

荣誉榜

2014 年受全国部门表彰奖励的集体和个人

一、集体

获奖单位	获得荣誉	颁奖单位
掌政镇茂盛村	全国一村一品示范村镇	中华人民共和国农业部
银古路街道宝庆社区	全国三八红旗集体	全国妇女联合会
新华街富华社区	全国计划生育基层群众示范村(居)	全国计生协会
中山南街康华社区	全国计划生育基层群众示范村(居)	全国计生协会
兴庆区法院未成年人综合审判庭	全国法院少年法庭工作先进集体	最高人民法院

二、个人

姓名	单位	获得荣誉	颁奖单位
杨子鸣	银川市回民中学	全国模范教师	教育部
周　勇	兴庆区人民法院	全国“两会”期间涉诉信访工作先进个人	最高人民法院
马　虹	兴庆区人民法院	第二届“关爱明天、普法先行”青少年普法教育活动先进个人	中国关心下一代工作委员会　司法部　中央综治办

2014 年受自治区人民政府表彰奖励的集体和个人

一、集体

获奖单位	获得荣誉	颁奖单位
掌政镇政府	文明村镇	自治区人民政府
兴庆区妇联	自治区寻找“最美家庭”活动宣传奖	自治区人民政府
月牙湖科技示范园	“创业明星”企业	自治区人民政府

二、个人

姓名	单位	获得荣誉	颁奖单位
张　梅	银川市第二十一中学	自治区优秀教师	自治区人民政府
夏金平	银川市实验小学	自治区优秀教师	自治区人民政府
马　伟	兴庆区建设交通局	全区主干道路大整治大绿化工程先进个人	自治区人民政府
官　宁	兴庆区政务服务中心	全区政务服务工作先进个人	自治区人民政府
马　伟	兴庆区建设交通局	全区主干道路大整治大绿化工程先进个人	自治区人民政府

受银川市委、市人民政府表彰奖励的集体和个人

一、集体

掌政镇政府	文明单位	银川市人民政府
兴庆区财政局	银川市道路畅通、棚户区改造工程先进集体	银川市委、市政府
富宁街街道	银川市创建公共文化服务体系示范区先进集体	银川市人民政府
月牙湖科技示范园	“重点农业产业化龙头企业”企业	银川市人民政府
兴庆区康居办	银川市道路畅通棚户区改造工程先进集体	银川市委、市政府
兴庆区安监局	2013 年度银川市安全生产工作先进单位	银川市人民政府
兴庆区经合局	2013 年度招商引资先进集体	银川市委、市政府
兴庆区经济发展局	2013 年度银川市工业经济目标责任制考核先进县(市)区	银川市人民政府

二、个人

沙　雷	银川市公安局兴庆分局国保大队	2014 年安全生产先进个人	银川市人民政府
高　博	银川市消防支队兴庆区大队海宝中队	2014 年安全生产先进个人	银川市人民政府
张献荣	兴庆区安监局	2014 年安全生产先进个人	银川市人民政府
徐　洋	兴庆区安监局	2014 年安全生产先进个人	银川市人民政府
何梅萍	兴庆区安监局	2014 年安全生产先进个人	银川市人民政府
马建国	兴庆区银古路街道	2014 年安全生产先进个人	银川市人民政府
杨建保	兴庆区掌政镇人民政府	2014 年安全生产先进个人	银川市人民政府
史　锋	新华街街道	2014 年安全生产先进个人	银川市人民政府
姬保荣	银川市兴庆区玉皇阁北街街道	2014 年安全生产先进个人	银川市人民政府
刘　军	银川市市场监督管理局兴庆区一分局	2014 年安全生产先进个人	银川市人民政府
杨银生	兴庆区康居办	银川市道路畅通棚户区改造工程先进个人	银川市委、市政府
张永丽	兴庆区康居办	2013 年全市安全生产工作先进个人	银川市人民政府
王宁萍	富宁街街道	2014 年道路畅通先进个人	银川市委、市政
陈爱梅	凤凰北街崇安社区	2013 年度银川市道路畅通、棚户区改造工程先进个人	银川市委、市政府
吴少平	凤凰北街安秀社区	银川市“最美社区工作者”	银川市委、市政府
吴少平	凤凰北街安秀社区	最美银川人	银川市委、市政府
马凤兰	前进街星光华社区	银川市“最美社区工作者”	银川市委、市政府
李　双	文化街街道	最美银川人	银川市委、市政府
何梅萍	兴庆区安监局	银川市 2013 年度安全生产工作先进个人	银川市人民政府
张献荣	兴庆区安监局	银川市 2013 年度安全生产工作先进个人	银川市人民政府
黄　涛	兴庆区经合局	2013 年度招商引资先进个人	银川市委、市政府
刘治安	兴庆区卫计局	银川市人口和计划生育“十佳岗位标兵”	银川市人民政府
吴鑫宴	兴庆区卫计局	银川市人口和计划生育“十佳岗位标兵”	银川市人民政府
张俊峰	兴庆区文体局	创建国家公共文化服务体系示范区先进个人	银川市人民政府
刘　娟	兴庆区文化馆	创建国家公共文化服务体系示范区先进个人	银川市人民政府
穆彩霞	兴庆区文化馆	创建国家公共文化服务体系示范区先进个人	银川市人民政府
王寄新	玉皇阁北街社区居民	2015 年“最美银川人”	银川市委市政府
张秀云	银古路街道	最美银川人　银川市委、市政府	
滕　虎	兴庆区回民二小	银川市师德先进个人	银川市人民政府

杨小凤	兴庆区二小	银川市师德先进个人	银川市人民政府
黎学玲	兴庆区第三小学	银川市师德先进个人	银川市人民政府
芦　丹	兴庆区四小	银川市师德先进个人	银川市人民政府
殷玉斌	兴庆区六小	银川市师德先进个人	银川市人民政府
韩　光	兴庆区八小	银川市师德先进个人	银川市人民政府
马海瑾	兴庆区十六小	银川市师德先进个人	银川市人民政府
宋美兰	兴庆区十八小	银川市师德先进个人	银川市人民政府
李玉玲	兴庆区十九小	银川市师德先进个人	银川市人民政府
杨惠蓉	兴庆区唐小	银川市师德先进个人	银川市人民政府
黄春艳	兴庆区回民实验小学	银川市师德先进个人	银川市人民政府
杨海娟	兴庆区二十三小学	银川市师德先进个人	银川市人民政府
李　梅	兴庆区二十四小	银川市师德先进个人	银川市人民政府
陆　军	兴庆区掌政中学	银川市师德先进个人	银川市人民政府
贾　婉	兴庆区第十九小学	优秀教育工作者	银川市人民政府
赵淑娟	兴庆区第二十七小学	优秀教育工作者	银川市人民政府
王耀峰	兴庆区第二十九小学	优秀教育工作者	银川市人民政府
李　静	兴庆区第二十二小学	优秀教育工作者	银川市人民政府
强爱红	兴庆区第二小学	优秀教育工作者	银川市人民政府
周欣荣	兴庆区第三小学	优秀教育工作者	银川市人民政府
李　萍	唐徕回民小学	优秀教育工作者	银川市人民政府
李胜荣	兴庆区五小	优秀教育工作者	银川市人民政府
贾旭成	月牙回民第二中学	优秀教育工作者	银川市人民政府
何翠玲	兴庆区第二十三小学	优秀教育工作者	银川市人民政府
白云兰	兴庆区第十八小学	优秀教育工作者	银川市人民政府
杨彦文	兴庆区第二十四小学	优秀教育工作者	银川市人民政府
郭海林	兴庆区教育局	优秀教育工作者	银川市人民政府
周咏梅	兴庆区第二十五小学	优秀教师	银川市人民政府
刘　洁	兴庆区第二十八小学	优秀教师	银川市人民政府
饶天泽	海军希望小学	优秀教师	银川市人民政府
田玉琴	兴庆区第二小学	优秀教师	银川市人民政府
李　静	兴庆区第二小学	优秀教师	银川市人民政府
马立华	兴庆区第六小学	优秀教师	银川市人民政府
马淑霞	兴庆区第六小学	优秀教师	银川市人民政府
孙光华	兴庆区第六小学	优秀教师	银川市人民政府
杨小庆	兴庆区第六小学	优秀教师	银川市人民政府
马敏燕	兴庆区第三小学	优秀教师	银川市人民政府
孙佳丽	兴庆区第三小学	优秀教师	银川市人民政府
路秀娟	兴庆区第三小学	优秀教师	银川市人民政府
张丽萍	兴庆区第三小学	优秀教师	银川市人民政府
杨玉姬	兴庆区第七小学	优秀教师	银川市人民政府
张箐华	兴庆区第八小学	优秀教师	银川市人民政府
杨丽梅	兴庆区第十九小学	优秀教师	银川市人民政府
陈　晨	掌政中心小学	优秀教师	银川市人民政府
宁燕子	兴庆区第二十六小学	优秀教师	银川市人民政府

范丽阳	兴庆区燕鸽湖幼儿园	优秀教师	银川市人民政府
田　萍	兴庆区第二十七小学	优秀教师	银川市人民政府
兰海霞	兴庆区月牙湖回民中学	优秀教师	银川市人民政府
沈　燕	兴庆区月牙湖回民中学	优秀教师	银川市人民政府
王修硕	兴庆区月牙湖回民中学	优秀教师	银川市人民政府
牛丽娟	兴庆区第二十九小学	优秀教师	银川市人民政府
吕彩云	兴庆区第二十二小学	优秀教师	银川市人民政府
张晓春	兴庆区唐徕回民小学	优秀教师	银川市人民政府
唐宁华	兴庆区唐徕回民小学	优秀教师	银川市人民政府
刘文娟	兴庆区唐徕回民小学	优秀教师	银川市人民政府
韩春丽	兴庆区唐徕回民小学	优秀教师	银川市人民政府
陈玉玲	兴庆区回民第一小学	优秀教师	银川市人民政府
蔡晓燕	兴庆区第九小学	优秀教师	银川市人民政府
李庆华	兴庆区第四小学	优秀教师	银川市人民政府
李　艳	兴庆区第十七小学	优秀教师	银川市人民政府
乔风莉	兴庆区第十六小学	优秀教师	银川市人民政府
王学敏	兴庆区第十六小学	优秀教师	银川市人民政府
李淑敏	兴庆区第十六小学	优秀教师	银川市人民政府
唐淑清	兴庆区第十六小学	优秀教师	银川市人民政府
余凤鸣	兴庆区第十六小学	优秀教师	银川市人民政府
王璐瑶	大塘中心小学	优秀教师	银川市人民政府
吴亚敏	兴庆区第十八小学	优秀教师	银川市人民政府
杨　丽	兴庆区第十八小学	优秀教师	银川市人民政府
陈　芳	兴庆区第十二小学	优秀教师	银川市人民政府
石　勇	兴庆区回民实验小学	优秀教师	银川市人民政府
王秀珍	兴庆区回民实验小学	优秀教师	银川市人民政府
马　莉	景岳小学	优秀教师	银川市人民政府
孙兆福	兴庆区第二十三小学	优秀教师	银川市人民政府
马艳萍	兴庆区第十小学	优秀教师	银川市人民政府
陈生霞	兴庆区第十五小学	优秀教师	银川市人民政府
孙晶晶	银川市二十一中	优秀教师	银川市人民政府
何金林	银川市二十一中	优秀教师	银川市人民政府
段爽洁	银川市二十一中	优秀教师	银川市人民政府
杨惠芝	兴庆区第五小学	优秀教师	银川市人民政府
马晓梅	兴庆区回中	优秀教师	银川市人民政府
马培花	兴庆区回中	优秀教师	银川市人民政府
陈　君	兴庆区回中	优秀教师	银川市人民政府
任书锦	掌政中学	优秀教师	银川市人民政府
彭全民	掌政中学	优秀教师	银川市人民政府
魏岳岩	掌政中学	优秀教师	银川市人民政府
杨彦彬	兴庆区回民三小学	优秀教师	银川市人民政府
周瑞祯	兴庆区回民三小学	优秀教师	银川市人民政府
王桂春	兴庆区回民三小学	优秀教师	银川市人民政府
王淑红	兴庆区回民三小学	优秀教师	银川市人民政府

牛晓霞	月牙湖回民二中	优秀教师	银川市人民政府
丁　莉	月牙湖回民二中	优秀教师	银川市人民政府
张本荣	月牙湖回民二中	优秀教师	银川市人民政府
任文静	兴庆区第二十四小学	优秀教师	银川市人民政府
张　瑛	兴庆区第二十四小学	优秀教师	银川市人民政府
姚　岚	兴庆区教育局	优秀教师	银川市人民政府
王　敏	兴庆区教育局	优秀教师	银川市人民政府
杨力霞	官湖小学	优秀教师	银川市人民政府
韩　璐	银川市回民中学	优秀教师	银川市人民政府
陈惠琴	银川市回民中学	优秀教师	银川市人民政府
张连成	银川市回民中学	优秀教师	银川市人民政府
肖　静	兴庆区回民二小	优秀教师	银川市人民政府
乔玉琳	兴庆区回民二小	优秀教师	银川市人民政府
武　洁	兴庆区回民二小	优秀教师	银川市人民政府
刘晓阳	兴庆区回民二小	优秀教师	银川市人民政府
张盐玲	兴庆区回民二小	优秀教师	银川市人民政府
马洪梅	兴庆区掌政镇人民政府	尊师重教先进个人	银川市人民政府
张　华	大新镇上前城村	尊师重教先进个人	银川市人民政府
马学忠	大新镇塔桥村	尊师重教先进个人	银川市人民政府
吴素霞	兴庆区第二小学	优秀轮岗支教教师	银川市人民政府
张银霞	兴庆区第二小学	优秀轮岗支教教师	银川市人民政府
蒯静岳	兴庆区第三小学	优秀轮岗支教教师	银川市人民政府
王　芳	兴庆区第八小学	优秀轮岗支教教师	银川市人民政府

附　录

中共银川市兴庆区第二届委员会工作规则

第一章　总则

第一条　为进一步完善兴庆区党委工作机制，推进工作的科学化、民主化、制度化，提高区委决策水平和工作效率，根据《中国共产党章程》《中国共产党地方委员会工作条例(试行)》及上级党委有关规定，制定本规则。

第二条　兴庆区党委是兴庆区社会主义事业的领导核心，总揽全局、协调各方，对兴庆区经济建设、政治建设、文化建设、社会建设、生态文明建设和党的建设等各方面工作实行全面领导，团结带领各级党政组织和各族干部群众，组织协调各方面力量，全面建设开放兴庆、和谐兴庆、富裕兴庆、美丽兴庆，为在宁夏率先进入全面小康社会目标而努力奋斗。

第三条 兴庆区党委全委会遵循的原则和要求是：

（一）高举中国特色社会主义伟大旗帜，以邓小平理论、“三个代表”重要思想、科学发展观为指导，坚决维护党中央的权威，坚决执行中央、自治区和银川市党委、政府的指示、决定。

（二）坚持解放思想、实事求是、与时俱进，全面落实科学发展观，紧密结合兴庆区实际创造性地开展工作，实现经济社会跨越发展，全面完成自治区、银川市及兴庆区党代会确定的各项目标任务。

（三）坚持党的群众路线，始终把最广大人民群众的根本利益作为一切工作的出发点和落脚点，着力解决好人民群众最关心、最直接、最现实的利益问题，实现好、维护好、发展好最广大人民群众的根本利益。

（四）坚持民主集中制，实行集体领导和个人分工负责相结合的制度，重大问题按照“集体领导、民主集中、个别酝酿、会议决定”原则决策。

（五）坚持在宪法、法律和党章范围内活动，全面推进依法治区进程。

（六）坚持党要管党、从严治党。完善领导体制，改进领导方式，提高执政能力。

第二章　主要职责

第四条 兴庆区党委全委会在兴庆区党的代表大会闭会期间是各级党组织的领导机关，执行上级党组织的指示和兴庆区党的代表大会的决议，领导兴庆区的工作。主要职责是：

（一）根据党的路线、方针、政策及区、市党委工作部署和兴庆区党的代表大会的决议，对兴庆区政治、经济和社会发展、党的建设及其他涉及全局性工作的重大问题做出决策或提出决策建议。

（二）制定贯彻执行党中央及自治区、银川市党委重要会议、文件和指示精神及党的代表大会决议、决策的措施。

（三）讨论决定兴庆区党的政治建设、思想建设、组织建设、党风廉政建设、作风建设和思想政治工作、政法工作、统战工作、群众工作及经济和社会发展的重大问题。

（四）审查党委常委会的工作报告，监督和评议常委会及其成员的工作。

（五）决定召开兴庆区党的代表大会和党的代表会议，并向大会报告工作。

（六）选举党委常务委员会、书记、副书记，通过兴庆区纪律检查委员会常务委员会、书记、副书记，按党章规定通过由党委候补委员递补党委委员的出缺，并报区、市党委批准或备案。

（七）对常委会提出决定的问题或必须由全委会决定的其他重要问题作出决定。

（八）按照党章规定由全体委员会讨论决定的其他事项。

第三章　会议制度

第五条 兴庆区党委全委会每年至少召开两次，如遇有重要情况可随时召开。

第六条 全委会议题由常委会讨论确定。议题确定前，应视情征询和听取委员、候补委员的意见。

第七条 全委会由区委常委会召集并主持。

第八条 全委会必须有三分之二以上区委委员到会方能举行。区委委员因故不能参加会议，应在会前请假，除表决事项外，其意见可用书面形式表达。根据会议内容和工作需要，常委会可以确定有关人员列席全委会。

第九条 全委会进行表决时，以赞成票超过应到会委员人数的半数为通过。未到会委员的书面意见不能计入票数。根据讨论内容，表决可采取举手、无记名投票、记名投票或其他方式进行。表决和推荐重要岗位干部拟任人选和推荐人选采取无记名投票方式进行。会议决定多个事项时，应逐项表决。

第十条 由区委办公室负责全委会的筹备和会务工作，并负责会议文件的起草、修改和印发。

第四章 决策程序

第十一条 全委会的决策，应按以下程序进行：

（一）确定议题。议题提出后，一般应征询委员和候补委员的意见，如有意见或建议，要事先向常委会提出。议题一经确定，会上不得临时动议。

（二）准备材料。凡列入全委会议的议题，由有关部门在调查研究的基础上提出方案，有的问题应当提出两个以上可供比较的方案。在提出方案的过程中，一般应当征求下级党组织的意见。根据方案内容，有的应当听取人大、政府、政协、人民团体、民主党派、工商联和无党派人士的意见，必要时应当组织专家学者进行分析论证，作出评估。在此基础上，准备好规范的会议材料。

（三）会议通知。全委会议召开的时间、议题，一般应在会议召开 2 天前通知各位委员和候补委员，会议有关材料一般应同时送达，确实无法书面送达的要用其他形式通知，并做好记录。

（四）会议讨论。会议首先介绍议题内容，然后对议题进行充分讨论。讨论可以分组进行，列席人员也可以发表意见。讨论结束后，常委会要听取讨论情况汇报，然后集中多数人的正确意见。因故不能到会委员应于会前请假，其意见可用书面等形式由会议主持人在会上代为表达。对于少数人的不同意见，应当认真考虑。如对重要问题发生争论，双方人数接近，除在紧急情况下必须按多数意见执行外，应当暂缓作出决定，进一步调查研究、交换意见，下次再表决。在特殊情况下也可将争论情况向上级组织报告，请求裁决。

（五）会议表决。会议由常委会视讨论情况确定可否进入表决程序。意见比较一致时，可进行表决；持赞成与反对意见（含未到会委员的书面意见）的人数接近时，或者对问题有较大分歧时，应暂缓表决。

（六）作出决策。根据会议表决结果，由主持人宣布正式决定或形成决议。特别重大的事项应采取无记名投票方式进行表决。

第五章 组织实施

第十二条 全委会通过的决议、决定和文件，应及时传达到规定的范围。

第十三条 全委会做出的决策，由常委会负责组织实施。

第十四条 常委会应及时向全委会成员通报全委会通过的决议、决定和文件的贯彻落实情况。常委会可根据情况作出具体工作部署，并按照常委分工负责制抓好落实，开展督促检查，并将贯彻落实情况及时向区委汇报。

第六章 组织纪律

第十五条 兴庆区党委全委会向兴庆区党代表大会负责并报告工作。

第十六条 全委会及其成员必须遵守党员个人服从党的组织、少数服从多数、下级组织服从上级组织的基本原则，维护党的集中统一。

第十七条 全委会委员必须坚决执行全委会通过的决议。如有不同看法或在工作中发现新情况难以执行原决议时，可向区委提出工作建议。但在重新作出决定前，不得有任何与全委会决议相违背的言论和行动。

第十八条 对全委会闭幕期间常委会作出的决定，全委会成员必须认真贯彻执行。全委会成员如果认为决定不符合中央及区市有关精神或本部门实际情况，可向常委会反映。

第十九条 全委会成员必须严守政治纪律、财经纪律、工作纪律，按照组织原则办事，增强保密观念，对应该保密的会议内容和讨论情况及全委会决议、决定，必须严守秘密，不得泄露。

第二十条 全委会成员要认真贯彻执行党风廉政建设责任制、党内监督条例和党员领导干部廉洁从政若干准则，遵纪守法、清正廉洁、勤政为民，自觉接受监督。

第二十一条 全委会成员要严格遵守中央八项规定和自治区、银川市及兴庆区若干规定要求，带头改进工作作风、密切联系群众，带头坚持自我净化、自我完善、自我革新、自我提高，时常“照镜子、正衣冠、洗洗澡、治治病”，坚决反对形式主义、官僚主义、享乐主义和奢靡之风。

第二十二条 全委会成员必须自觉维护全委会的团结，互相信任、互相谅解、互相支持，互相帮助，互相监督，共同树立全委会的整体形象。党委常委应接受全委会的监督，认真贯彻执行全委会的决定。

第二十三条 全委会及其成员必须严格遵守本规则。全委会应向兴庆区党代表大会报告执行本规则的情况，接受审议。兴庆区纪委对全委会及其成员执行本规则的情况进行监督。全委会及其成员执行本规则的情况，应当接受党员、群众和舆论监督。违反本规则情节较轻的，应当批评指正，作出书面检查；情节严重并造成恶劣影响的，给予党的纪律处分。

第七章 附 则

第二十四条 本规则全委会通过后实施。过去有关全委会工作的规则与本规则不一致的，按本规则执行。

（注：转自银兴党发〔2014〕3 号 2014 年 1 月 13 日）

兴庆区 2014 年蓝天工程工作安排

根据银川市关于蓝天工程的总体要求和安排，为进一步加强兴庆区大气污染防治工作，改善空气质量，确保各项整治任务得到全面落实，努力推动美丽银川建设，结合实际，制定以下工作安排。

一、主要目标

（一）环境质量改善目标。

空气质量持续改善。2014 年，优良天数达到 255 天；空气质量主要污染指标可吸入颗粒物（PM10）、细颗粒物（PM2.5）、二氧化硫年均浓度较 2013 年分别下降 2.5%、1.5%、2.5%。

（二）环境综合治理目标。

1.有效控制燃煤污染。综合整治燃煤锅炉 12 台，封闭燃煤锅炉煤场 9 个。其中，拆除茶浴炉 8 台，除尘改造燃煤锅炉 2 台，脱硫改造燃煤锅炉 2 台。

2.大力治理城市扬尘污染。建成区无裸露堆场；建筑工地、拆迁工地、市政工地扬尘得到有效控制；道路扬尘控制进一步加强，道路机扫率达到 60%，道路积尘负荷达到国家标准。

二、重点任务及分工

（一）控制燃煤污染。

1.拆除和改造城市建成区范围的茶浴炉。2014 年，拆除城市建成区茶浴炉 7 家 8 台（见附件 1 中表 1）

责任单位：环保分局、财政局、公安分局

2.加强煤质监管。加大市区内燃煤锅炉监管力度，严禁使用全硫含量大于 1.0%、灰分大于 15%（质量比）的高污染煤炭。煤质检测率达到 80%以上，对使用劣质煤炭的要限期更换煤种，对拒不更换的要严厉处罚。

责任单位：环保分局、质监分局、工商一分局、工商二分局

3.开展燃煤锅炉污染综合治理。完成燃煤锅炉除尘脱硫设施改造 4 台（个）（见附件 1 中表 2、表 3、表 4）。其中，除尘改造燃煤锅炉 2 台；脱硫改造燃煤锅炉 2 台；封闭燃煤锅炉煤场 9 个。加大环境执法力度，燃煤锅炉标准化建设达到 80%以上。

责任单位：环保分局、财政局、建设交通局、各乡镇街道

（二）治理工业废气。

4.加大恶臭污染治理力度。严格监管保绿特生物技术有限公司排放恶臭污染行为，加大处罚力度，督促企业搬迁。

责任单位：环保分局、公安分局、城管南局、城管北局

5.强化工业企业环保执法监管。保持环保执法高压态势，对环境违法行为零容忍，充分利用行政处罚、媒体曝光、刑事责任追究等手段，实现经济发展与环境保护双赢目标。

责任单位：环保分局、公安分局

（三）防控城市扬尘。

6.全过程监管建筑工地扬尘。施工工地必须按要求设置围挡，在城市主要干道、景观地区、繁华区域，围挡高度不低于 2.5 米。工地出口必须硬化，并设置冲洗轮机，设置率达到 95%以上。车辆出工地前，应在洗车平台清洗轮胎及车身，不得带泥上路。工地出口处铺装道路上可见粘带泥土不得超过 10 米，污染路面应及时清扫冲洗。配置喷雾降尘车，土方开挖、运输和填筑等施工和土方工程作业时，必须辅喷雾降尘，缩短起尘操作时间。遇到四级以上大风天气，应停止土方作业；土方运输车辆装载高度低于车槽 15 厘米，必须覆盖篷布，密闭运输，出场地必须清洗。工地现场堆存的物料必须覆盖防尘网；施工过程中易产生扬尘工序，要采取洒水降尘措施；高空作业施工渣土须集中袋装运至地面，不得抛撒，风力四级以上不得从事产生扬尘的施工作业。施工区域严禁焚烧各类废弃物。建筑施工安全标准化工地达标率达到 80%以上。

责任单位：城管南局、城管北局、拆迁办、建设交通局、爱卫办、各乡镇街道

7.拆迁工地扬尘控制。严格按要求设置围挡，在城市主要干道、景观地区、繁华区域，围挡高度不低于 2.5 米。配置喷雾降尘车，拆迁过程中采取洒水降尘等扬尘控制措施。拆迁垃圾 5 日内完成清运，清运车辆实施密闭运输。拆迁垃圾不能及时清运，堆存超过 1 周以上，必须覆盖防尘网、防尘布。风力大于 4 级天气，停止房屋拆迁作业。

责任单位：拆迁办、爱卫办、城管南局、城管北局

8.道路扬尘控制。逐步提高道路机扫率，主干道机扫率 2014 年达到 60%。加大道路清洗和洒水的频次和力度，市内一级道路路面每天冲洗不少于 1 次，洒水作业不少于 5 次，二级道路路面冲洗每周不少于 3 次，每天洒水不少于 4

次。主次干道机动车道积尘负荷应小于10g/m²，非机动车道路积尘负荷小于20g/m²。加强渣土车辆管理，对全部渣土车实施资质备案管理，建立渣土拉运车辆台账，试点安装GPS定位系统，安装率达到60%以上，提升监管水平。渣土拉运车辆要严格落实清洗、篷布覆盖、装载高度限制、拉运路线等要求。建立渣土拉运夜查长效机制，城管、交警部门要在主路口设点夜查，严厉查处违规行为，对违规2次以上车辆，取消渣土拉运资质。同时，设立渣土拉运违法车辆有奖举报热线，鼓励群众参与监督。对渣土污染路面要及时清扫和冲洗，进入城区主要路口设置车辆清洗点，强制对渣土、石料、煤等带泥拉运车辆进行清洗。

责任单位：城管南局、城管北局、爱卫办

9.裸露地面扬尘控制。排查裸露地面，制定绿化方案，对公共绿地、风景林地、防护绿地、行道树及干道绿化带裸露地面和空地进行补栽补种。2014年，完成18块38089平方米裸露地补植补栽（具体见附件2表1），切实消除市区裸露空地。建成区超过1个月闲置或未开发的裸露空地要采取绿化、硬化、覆盖等防尘措施。加大城乡接合部等重点扬尘易发区绿化力度，2014年完成整体绿化工作。绿化现场禁止焚烧杂草、枯枝落叶等杂物，多余绿化用土要及时清运，严禁随意抛洒。

责任单位：园林局、城管南局、城管北局、爱卫办、各乡镇街道

10.堆场扬尘控制。完成27处无防尘措施或措施不到位堆场整治工作（具体见附件2中表2）。市区内利用空地堆存建筑垃圾、渣土等堆场不得超过半年，超过期限，强制清运。堆存期间要采取覆盖、围挡等防尘措施。堆场防尘措施落实率要达到95%以上。

责任单位：各街道办事处、城管南局、城管北局

11.禁烧秸秆、芦苇、垃圾等废弃物。将秸秆、芦苇、垃圾等废弃物禁烧工作纳入各乡镇、街道日常工作，完善乡镇（街道）、村（社区）分片包干制度，层层落实禁烧责任制，推行县区领导包乡镇、乡镇领导包村、村干部包户制度，责任到人，考核到人，落实禁烧措施。2014年，全市农作物秸秆综合利用率达到75%以上。

责任单位：城管南局、城管北局、各乡镇街道、农牧局

12.餐饮服务业油烟污染治理。严把新建饮食服务经营场所的环保审批、验收关，新建饮食服务业必须使用管道煤气、天然气、电等清洁能源，安装高效油烟净化设施，配备隔油隔渣设备。2014年，完成餐饮业油烟专项整治。加大露天烧烤的整治力度，引导入店经营，取缔非法摊点。

责任单位：环保分局、城管南局、城管北局、卫生局、工商一分局、工商二分局

三、工作要求

（一）完善各项机制，做好信息报送。各责任部门要完善工作任务协调推进机制及工作通报制度，坚持年初部署、季度督导、年末考核工作机制。要确定专职联络员，搜集整理相关工作图、文及影像等相关资料并每季度向领导小组办公室汇报工作任务进展情况。要认真做好季度和年度总结并按时报送至领导小组办公室。

（二）强化组织领导，分解目标任务。各项任务牵头单位全面负责该项工作组织落实。各牵头单位要根据2014年蓝天工程工作安排，制定详细工作方案，分解目标任务，细化工作措施，切实将各项任务落到实处。各部门、乡镇街道要组建相应的工作机构，结合实际制定本辖区具体行动方案，进一步推进蓝天工程工作。所有蓝天工程涉及单位要明确分管领导和业务联系人，负责本单位各项任务的落实和推进工作。

（三）严格责任追究，加强监督考核。政研室、监察局要加大蓝天工程的督查力度，定期通报工作进展情况。继续将蓝天工程工作纳入绩效考核中。对年度考核不合格的有关部门，要予以通报批评，并由监察部门会同组织部门、环保部门对其主要负责人进行约谈；对工作不力、行政效率低下、履职缺位等导致未能有效完成任务或造成重大环境污染事故的，依法依纪追究有关单位和人员的责任。

（四）加大宣传力度，鼓励公众参与。宣传部门要加大对蓝天工程工作的宣传力度，充分利用报纸、电视、广播、网络等媒体开展蓝天工程宣传；加强对雾霾治理相关科普知识、大气污染防治典型事例的宣传，增强各级各部门、社会公众对大气污染治理任务长期性、艰巨性、复杂性的认识，营造良好的社会舆论氛围，为做好大气污染防治工作奠定坚实基础。

附件：1. 2014年燃煤锅炉综合整治名单

2. 2014年裸露地面露天堆场整治名单

附件 1：

2014 年燃煤锅炉综合整治名单

表 20　　茶浴炉拆除名单

序号	单位名称	茶炉台数(台)
1	北塔商业街天湖洗浴茶浴炉	2
2	北塔商业街海天洗浴茶浴炉	1
3	西桥北巷瑶池岛洗浴茶浴炉	1
4	唐徕市场大众洗浴茶浴炉	1
5	北京中路芳芳欣欣洗浴茶浴炉	1
6	新华东街新华饭店茶浴炉	1
7	宝湖东路女子监狱茶浴炉	1
合计		8

表 21　　燃煤锅炉除尘器改造名单

序号	单位名称	锅炉台数(台)
1	银川建发物业有限公司清和东街供热站	1
2	银川热力公司育才供热站	1
合计		2

表 22　　燃煤锅炉脱硫改造名单表

序号	单位名称	锅炉台数(台)
1	银川泽翔供热有限公司高台寺锅炉	1
2	建工集团广和供热公司广和供热站锅炉	1
合计		2

表 23　　燃煤锅炉煤场封闭名单

序号	单位名称
1	隆康供热有限公司清河北街锅炉房煤场
2	银川成天物业服务有限公司高台供热站锅炉房煤场
3	银川建发物业有限公司清河北街锅炉房煤场
4	宁夏天豹供热有限公司北京东路运祥小区锅炉房煤场
5	宁夏黄河供热公司(银瑞祥供热公司负责) 富康小区锅炉房煤场
6	宁夏黄河供热公司(银瑞祥供热公司负责) 三林巷锅炉房煤场
7	宁夏黄河供热公司(银瑞祥供热公司负责) 欣安小区锅炉房煤场
8	宁夏黄河供热公司(银瑞祥供热公司负责) 蓓蕾小区锅炉房煤场
9	银川泽翔供热有限公司临湖锅炉房煤场
合计	9 个煤场

附件 2：

2014 年裸露地面露天堆场整治名单

表 24 **裸露地面整治名单**

序号	路段(地点)	面积(平方米)
1	海宝路南侧绿地(太阳都市花园北门前)	4202
2	丽景街(逸家花鸟鱼宠市场门前)	334
3	丽景街(迎宾广场与丽景街交叉口西北角)	1601
4	丽景街(丽景加油站门前)	334
5	清和街与北京路交叉路口东北角	267
6	黄河路与西桥南巷交叉路口东南角电信局门前	1001
7	清河北街西侧绿地(沙渠路以南－景墨书香雅苑大门北侧)	12806
8	丽景街与上海路交叉口东南角(建源地产门前－变电所北围墙)	1067
9	清河北街东侧绿地(西北农资城大门两侧)	4336
10	丽景街与上海路交叉口东北角	1601
11	丽景街红星美凯龙门前	534
12	丽景街西侧(宝湖路－昆仑建材城)	1801
13	丽景街与六盘山路西北角兴俊加油站门口	2335
14	丽景街逸家花鸟鱼宠市场门前	334
15	丽景街迎宾广场与丽景街交叉口西北角围墙外	1601
16	丽景加油站门前两个空花池	400
17	丽景街与宝湖路交叉口东南、东北角	1534
18	丽景街与解放街交叉口东南、东北角	2001
总计		38089

表 25　　露天堆场整治名单

序号	单位名称	项目名称	地址
1	宁夏通和房地产开发有限公司	宁夏国际汽车城4期建设项目	育德巷和清和街交汇处东北侧
2	无	无	田家炳中学东侧丽景街与育德巷交汇处西南侧
3	宁港城市建设发展有限公司	宁港财富中国项目	穆斯林商贸城南路和友爱中心路交叉口西南角
4	宁夏中房实业集团股份有限公司	玺云台二期地下车库及住宅工程项目	清净巷北侧
5	宁夏畅顺通物流置业有限公司	畅顺通物流中心项目	海宝路和友爱中心路交叉口西北侧
6	宁夏金宇房地产投资集团有限公司	清苑尚景建设项目	双怡路与名族南街东南角
7	宁夏建元房地产开发公司	建元都市阳光春怡苑住宅区建设项目	银古路和友爱路交界西北角
8	宁夏中房实业集团银川房地产开发责任有限公司	东城人家4期工程建设项目	新华东街以南，友爱中心路以东交接处
9	永泰房地产集团（银川）有限公司	银川永泰城1号工程建设项目	西邻友爱中心路，南至新华东街
10	宁夏建元房地产开发有限公司	满春花园小区建设项目	上海路与丽景街交叉口东北角
11	宁夏中房实业集团股份有限公司	兴庆区八里桥小区十一、十二队安置区建设项目	清净巷，蓝泰广场东侧
12	宁夏张氏回医正骨医院	宁夏张氏回医正骨医院项目工程建设项目	清和北街，客运管理处北侧
13	恒大地产（银川）有限公司	友爱五队安置房建设项目	石油城管道基地南侧
14	银川市市政建设综合开发有限公司	市政工程建设项目	友爱中心路南侧到头，立达国际南侧
15	宁夏永建建筑工程有限公司	银川兴庆区塔桥7队小区项目	友爱中心路东侧
16	无	无	友爱中心路东南
17	无	无	海宝路经此穿过友爱中心路
18	宁夏中房实业集团股份有限公司	无	上海路与天平街交叉口西北角
19	无	无	规划路以西，银通公路以北，第二排水沟以南
20	无	无	友爱中心路与银通路路口北侧
21	无	无	友爱中心路与银古路西南侧
22	无	无	利民南街，新荣华家园南侧
23	无	无	清和街金三角东侧
24	无	无	永康南巷东侧
25	无	无	沙渠路
26	宁夏天贸房地产开发有限公司	鼓楼北街打通项目	文化街与玉皇阁街交汇处
27	宁夏富地房地产开发有限公司	唐徕小区拆迁项目	唐徕小区
合计	27处		

（注：转自银兴政办发〔2014〕24号2014年3月17日）

银川市兴庆区政策性农业保险实施办法(修订)

为建立市场化新型防灾机制，防范化解农业生产风险，降低农业受灾损失，增强农业生产经营者抗灾能力，保障农业经营者利益，加快现代农业发展，根据自治区有关政策规定，结合银川市兴庆区实际，制定本办法。

一、指导思想

以科学发展观为指导，以保护受灾农民合法利益为目的，以保费补贴政策为引导，以农民自愿为前提，以提高农民抵御自然灾害能力和兴庆区农业综合生产能力为目标，深入开展农业保险工作，逐步扩大实施范围和社会影响，防范和化解风险，逐步建立规范有序、覆盖面广的农业保险长效机制，保障农民因灾受损及时得到经济补偿，尽快恢复生产，为兴庆区现代农业发展提供有力保障。

二、基本原则

(一)政府引导。通过实行保费补贴等手段，引导和鼓励农户、涉农企业、专业合作经济组织(以下简称“投保人”)参加农业保险，扩大农业保险覆盖面，增强农业抗风险能力。加大教育宣传力度，引导农民增强风险意识、市场意识、合作意识和互助意识。

(二)市场运作。农业保险业务要充分发挥市场配置资源的基础性作用，以市场化运作为主，以政府补贴为辅，充分运用保险手段防范和化解农业保险。

(三)自主自愿。龙头企业、农业专业合作组织、农户和保险公司等有关各方都要坚持自主自愿，在符合国家有关规定的基础上，通过政策引导，鼓励投保人自主自愿参加农业保险。

(四)协同推进。区财政、农牧、林业、金融以及保险等部门，按照各自职责，积极协调配合，将保费补贴政策与农业信贷和其他支农惠农政策有机结合，形成合力，共同推进农业保险工作。

三、主要内容

(一)政策性农业保险是指运用保险经济制度所进行的一种风险管理和社会管理，是政府对农业支持而作出的一种制度化安排。

(二)本办法依据国务院《农业保险条例》(国务院令第 629 号)和自治区《宁夏农业保险实施方案》(宁政办发〔2010〕124 号)文件等规定制定。

(三)投保人。银川市兴庆区辖区内农户、农业企业、农民专业合作社、家庭农场等农业生产经营主体(以下简称“投保人”)。

(四)承保方式。种植业按照农民实际种植的作物面积或温棚亩数进行投保。鼓励以乡村为单位进行统一投保。鼓励农业产业化龙头企业自建基地或与农户紧密联结的生产基地实行统一投保。鼓励农民专业合作组织为其成员统一投保。鼓励特色农产品生产基地联户投保。

养殖业以养殖户为单位进行投保。鼓励以养殖园区组织养殖户统一进行投保。

四、保险范围

(一)保险品种。根据自治区的统一安排，银川市兴庆区种植业保险品种为：温棚(日光温棚和大中型移动温棚)、小麦、水稻、玉米、葵花。

林果业保险品种为：葡萄、枸杞。

养殖业保险品种为：成年奶牛、基础母羊、种公羊、能繁母猪。

(二)保费补贴比例

1.对我区目前开办的种植业、养殖业品种，其承保方式、保险金额、保险费率、保险期限、保险责任等事项，继续按照自治区《宁夏农业保险实施方案》(宁政办发〔2010〕124 号)执行。

2. 对达到以下种植规模的经营户，保费补贴比例为：承保水稻、小麦、玉米、葵花，中央财政补贴 40%，自治区财政补贴 40%，投保人缴纳 20%；其他品种自治区财政补贴 50%，市县区财政(包括农垦局国有农场，下同)补贴 30%，投保人缴纳 20%。对困难农户，政府将进行适当补助。

3. 对达到以下养殖规模的经营户，保费补贴比例为：

(1)承保成年奶牛(含后备奶牛)，中央财政补贴 50%，自治区财政补贴 35%，县(区)财政补贴 5%，投保人承担 10%。

(2)承保基础母羊、种公羊，自治区财政补贴 50%，兴庆区财政补贴 25%，投保人缴纳 25%。

(3)能繁母猪补贴比例，按照自治区《宁夏农业保险实施方案》(宁政办发〔2010〕124 号)执行，即中央财政补贴 50%，自治区财政补贴 30%，投保人缴纳 20%。

五、保险期限

(一)种植作物从种植或移栽时起，至产品成熟收获时止。

(二)温棚一年。

(三)林果产品从生长起至产品收获止。

(四)养殖业一年。

六、保险金额及费率、保险责任、风险管理、保费管理等，按照自治区《宁夏农业保险实施方案》(宁政办发〔2010〕124 号)执行。

七、保险承办机构为人保财险公司银川市西门支公司，保险承办期限为三年。

八、保险模式

采用人保财险公司与银川市兴庆区各级政府联办模式。

九、风险管理

人保财险公司按照有关政策要求，建立应对农业保险的巨灾风险准备金，

逐年滚存。积极开展再保险业务,及时向再保险公司申请农业保险的再保险,进一步分散风险。

十、保险程序

(一)投保。投保人向乡村政策性农业保险代办点或人保财险公司分支机构提出书面申请,经人保财险公司调查核实注册登记后,双方订立保险合同。

(二)灾情报告。投保人保险品种发生灾害后,要及时向乡村政策性农业保险代办点或人保财险公司分支机构报告,人保财险公司应及时核实灾情。

(三)理赔。一般情况下,农业保险理赔案件的处理,由人保财险公司会同农牧、林业等相关部门进行查勘定损并制定理赔方案。查勘定损后,人保财险公司负责支付赔款。发生大面积灾害时,由当地政府牵头,人保财险公司和相关部门共同处理。保险理赔坚持"赔款到户"原则,及时张榜公布赔付结果。

十一、保障措施

(一)组织保障。由兴庆区政府分管农业工作的副区长任组长、农牧局、财政局局长任副组长,有关涉农部门和人保财险公司主要负责人为成员。领导小组办公室设在兴庆区农牧局,负责统筹、协调和督查政策性农业保险工作。政府把开展农业保险工作,纳入政府效能建设目标考核内容,加大效能建设目标考核力度。

(二)部门职责。政府统一安排部署当地政策性农业保险的开办。

财政部门负责做好保险补贴资金的拨付和清算,加强对农业保险补贴资金使用的跟踪监督;负责保费资金的筹集、管理和监督。

农牧、林业部门负责研究提出农业保险政策建议,协调相关部门加强农业保险推广宣传工作;收集汇总并上报具体推进情况;协助人保财险公司做好险种开办、现场查勘、责任界定、理赔定损,并强化专业技术服务,做好防灾防病工作。

人保财险公司做好承保、受理、查勘、定损、理赔等工作;政策性农业保险从业人员的培训管理和对政策性农业保险代办点的监督和管理等。

各乡镇政府成立政策性农业保险工作领导小组,引导农民做好保险宣传、动员、投保、争议协调等工作。具体负责本辖区政策性农业保险的落实工作。

十二、各乡镇政府和有关部门要积极创新政策性农业保险投保办法,鼓励和支持人保财险公司委托企业法人、社会团体或个人建立政策性农业保险代办站,多元化、多渠道开展政策性农业保险工作。

十三、资金管理。政策性农业保险财政补贴资金安排纳入当年财政预算,财政部门对政策性农业保险财政补贴资金进行专项管理、分账核算。人保财险公司应开设政策性农业保险补贴资金专户,兴庆区财政局对专户进行监管。

十四、政策宣传。充分利用电视、电台、报刊、网络等新闻媒体,广泛宣传政策性农业保险工作的重要意义和政策内容,增强农民群众风险防范意识,引导农民积极主动参加政策性农业保险。

(注:转自银兴政办发〔2014〕46 号 2014 年 6 月 3 日)

兴庆区开展农村土地承包经营权确权登记工作实施方案

为贯彻落实党的十八大和中央一号文件精神,探索农村土地承包经营权登记颁证工作的方式方法,根据自治区党委、政府办公厅《关于全面开展土地承包经营权确权登记工作的通知》(宁政办发〔2014〕10 号)文件精神,结合兴庆区的实际,制定如下方案。

一、开展农村土地承包经营权确权登记的必要性

农民家庭承包经营的核心是落实土地承包经营权。开展土地承包经营权确权登记工作,是深入落实农户承包经营权的一种有效形式和方法,是明晰土地承包经营权用益物权管理的需要。通过农村土地承包经营权确权登记,可以明确参与土地流转主体,明确土地承包经营权的归属,保护农民土地承包权益,有利于实现农村土地承包管理方式向依法登记管理转变,有利于维护土地流转市场秩序,有利于发挥农村土地承包经营权贷款质押作用,促进农村经济繁荣发展。

二、指导思想、工作目标和基本原则

(一)指导思想:认真贯彻党的十八大精神,以邓小平理论和"三个代表"重要思想和科学发展观为指导,坚持和完善农村基本经营制度,保持现有农村土地承包关系稳定并长久不变,探索完善农村土地承包经营权确权登记颁证制度,依法赋予农民更加充分而有保障的土地承包经营权,为促进农业现代化和农村和谐稳定提供体制保障。

(二)工作目标:严格执行农村土地承包法律政策,在农村集体土地所有权登记发证的基础上,进一步完善耕地和"四荒"地等农村集体土地承包经营权权属,以现有土地承包合同、权属证书和集体土地所有权确权登记为依托,查清承包地块的面积和空间位置,把承包地块、面积、合同、权属证书全面落实到户,建立健全农村土地承包经营权登记簿和综合信息平台,为农村产权制度改革提供基础保障。

(三)基本原则

1.确保稳定的原则。在保持现有农村土地承包关系稳定的前提下开展土地承包经营权登记确权工作,坚持"三不变，一严禁”，即原土地承包关系不变；承包户承包地块、面积相对不变；二轮土地承包合同的起止年限不变；严禁借机违法调整和收回农户承包地，妥善解决疑难问题，避免产生新的矛盾，保持农村和谐稳定。对解决土地“碎片化”的问题，一定要尊重农民意愿，双方互换整合确认后可予以确权。

2.依法规范的原则。严格执行《中华人民共和国物权法》《中华人民共和国农村土地承包法》《中华人民共和国土地管理法》，农业部发布的《农村土地承包经营权登记试点工作规程》等有关土地承包经营权登记的规定，参照《农村土地承包经营权证管理办法》规定的登记内容和程序开展土地承包经营权登记。

3.民主协商的原则。农村土地经营权确权登记要充分依靠农民群众，动员农民群众积极参与，重大事项均应经村民会议或村民代表会议民主协商讨论决定，不搞强行“一刀切”，更不能简单处置。如确需召开，要做好充分准备，依法依规组织召开。

4.因地制宜的原则。根据各村土地承包的实际情况，缺什么补什么，完善确权登记颁证工作，妥善解决遗留问题。

5.尊重历史的原则。对于当年为保证农户承包利益，将该集体经济组织全部或部分耕地按照标准等级计量，等级高的土地以少顶多，等级低的土地以多顶少，造成的实际面积与二轮土地承包《登记账簿》和《承包经营权证》面积不符的，要按照实际耕种面积进行确权登记，但要注明实际折算面积，取得承包户的认可。

三、工作范围

2014 年，兴庆区农村土地承包经营权确权登记的村除去三个试点村共为 30 个，即：掌政镇的永南村、碱富桥村、孔雀村、茂盛村、杨家寨村、五渡桥村、掌政村、镇河村、洼路村、春林村，通贵乡通贵村、通西村、通北村、通南村、河滩村，大新镇的塔桥村、上前城村、大新村、燕鸽村、新渠稍村、新水村，月牙湖乡的月牙湖村、大塘南村、大塘北村、海陶南村、海陶北村，小塘村、塘南村、滨河一村、滨河二村、滨河三村，总计面积约 18 万亩。

四、测绘作业单位工作职责

依据 2013 年的公开招标结果并结合试点村完成情况，兴庆区测绘工作继续由宁夏遥感测绘院承担，主要职责：

1.农民农村土地承包经营权确。开展培训、资料收集、工作底图制作、地籍图制作、张榜公示、复核校正、数据编码、打印合同和图表证书及相关确权文件制作。

2. 颁证。

3. 农村土地承包经营权确权内业数据处理、建立土地承包信息数据库及导入自治区管理信息系统。

4. 成果汇总。分级制作图件及汇总数据；建立健全登记资料账薄和数据库及信息系统。

五、工作的主要内容

（一）开展农村土地承包档案清理。按照农业部、国家档案局《关于加强农村土地承包档案管理工作的意见》，以二轮承包档案为基础，按照整理立卷、分类归档、安全保管、公开查阅的要求，依据既有的土地承包关系状况，集中时间和力量以村为单位开展农村土地承包档案清理，收集整理承包合同、土地台账、登记簿、农户信息等资料，形成农户承包地登记基本信息资料。

（二）查清承包地块面积和空间位置。在对土地承包合同档案进行全面清理的基础上，以第二次全国土地调查成果为基础，以二轮承包签订的农村土地承包合同、发放的土地承包经营权证书和集体土地所有权登记成果为依据，采取科学简便的测量方式，开展农村土地承包经营权权属入户调查勘测，尽可能准确查清承包地块面积、四至和空间位置，并做到群众认可。实测结果经乡（镇）、村“两级两轮”公示确认后，作为确认、变更、解除农村土地承包合同以及确认、变更、注销土地承包经营权的依据。

（三）建立健全土地承包经营权登记簿和综合信息平台。在进一步规范和完善农村土地承包合同、农村土地承包经营权证及相关文件档案的基础上，建立土地承包经营权登记簿。登记簿要标注承包地的“四至”坐落，标注的内容要与农户承包合同、经营权证书一致。建立健全《土地承包台账》和《土地流转台账》，编制《土地登记簿》，确保农村土地承包档案准确、齐全、完整，并使用自治区统一安排的专业公司和系统软件，建立农村土地承包管理综合信息平台，完善承包土地的电子图表信息。

（四）开展农村土地承包经营权变更、注销登记。在建立健全确权登记档案的基础上，开展土地承包合同变更、解除和土地承包经营权变更、注销等工作，并颁发确权后由自治区统一印制的“土地承包经营权证”。在这次确权登记颁证过程中，凡因下列情形导致土地承包经营权发生变动的，经当事人申请，村、乡镇逐级审核，到兴庆区农牧局办理变更、注销登记，并记载确权登记档案中。

1. 因集体土地所有权变化的；

2. 因农户承包地被征收、占用导致地块、面积发生变化的；

3. 因承包农户分户等导致土地经营权分割的；

4. 因土地承包经营权采取转让、互换方式流转的；

5. 因结婚等原因导致农户承包地合并的；

6. 农户承包土地、面积与实际不符的；

7. 农户承包地灭失或者承包农户消亡的；

8. 农户承包地被依法调整或者收回的；

9. 其他依法需要变更、注销的情形。

（五）对其他承包方式开展确权登记颁证。采取招标、拍卖、公开协商等方

式承包农村集体土地，当事人申请确权登记颁证的，按照《农村土地承包经营权证管理办法》有关规定办理，但须由兴庆区农牧局审核，报请兴庆区人民政府依法颁发承包经营权证书予以确认。

（六）做好确权登记资料归档保管工作。在兴庆区档案管理部门的支持和指导下，做好确权登记文件、资料的集中保管和归档立卷工作；对二轮土地承包的档案，要按照农业部、国家档案局《关于加强农村土地承包档案管理工作的意见》进行全面清理，分类立卷，集中保管，确保安全。登记工作结束后，兴庆区农牧局要将档案资料依法按期移交兴庆区档案局进行保管，便于以后群众公开查阅。本次确权登记后，依法办理农村土地变更、注销等形成的零星档案资料由农牧局每年向档案局移交。

六、工作步骤

农村土地承包经营权确权登记工作自 2014 年 2 月正式启动，分四个阶段进行，到 2015 年 6 月 30 日前结束。

（一）准备阶段（2014 年 2 月 20 日—3 月 30 日）

1. 成立机构。为了确保农村土地承包经营权确权登记工作顺利开展，成立兴庆区农村土地承包经营权确权登记工作领导小组。各乡镇也要成立领导小组，并抽调干部组成工作组，所有涉及的村也要成立相应的工作组。

2. 制定方案。由兴庆区农牧局制定《兴庆区农村土地承包经营权确权登记工作实施方案》，并由政府审核通过后、上报自治区农牧厅审批。

3. 宣传动员。实施方案经自治区农牧厅审批通过后，召开兴庆区农村土地承包经营权确权登记工作动员会，对此项工作进行安排和部署。各乡镇也要召开乡、镇、村工作人员会议，对农村土地经营权确权登记工作进行细化，明确职责、分工、进度，提高对此项工作的重要性的认识。召开村干部、村民会议或村民代表会议进行宣传动员，同时通过广播、电视、墙报等媒体和印发宣传单、宣传标语等方式，广泛宣传《农村土地承包法》、《农村土地承包经营纠纷调解仲裁法》等法律法规和中央一号文件，让确权登记工作的目的、意义、内容、方法和政策、原则家喻户晓、人人皆知。

4. 开展培训。兴庆区抽调干部组成工作组、督导组到乡镇帮助开展工作。县、乡（镇）、村工作组成员及时参加各类业务培训班，使工作组成员都能熟悉掌握确权登记工作的目的、意义、内容、方法、政策、法规、技术规程及工作流程，确保工作质量。

（二）组织实施阶段（2014 年 4 月 1 日—2014 年 11 月 30 日）

1. 清查摸底。乡（镇）工作组配合宁夏遥感测绘院以国土局最新的年度土地利用现状变更调查成果为基础，结合二轮土地承包台账、承包合同、承包经营权证书等档案资料，对村土地承包关系、地块数、面积、空间位置进行清查测量。通过清查摸底和实际测量，一是摸清本村的土地面积，并将地块数、面积、空间位置、地类、权属清查落实到农户或承包主体。二是摸清农户家庭承包状况，对承包人、承包经营权共有人、承包地块数、面积、四至、土地变更等各方面信息进行收集、归纳、整理、核对。

2. 梳理和化解矛盾。各村工作组依据测绘单位清查的土地面积，按地逐户核查承包合同、经营权证书，发现问题，梳理矛盾，提出解决矛盾的具体措施和办法并付诸实施。

3. 审核公示和确认登记。由测绘单位对清查的情况进行审核，制作地籍草图，编号入户，在村、组两地公示；对初始公示中农户提出的异议，及时进行复核修正，再次公示。经过二轮公示无异议的，由农户签字确认地籍图。将清查结果上报兴庆区农村土地承包经营权领导小组办公室，根据乡镇上报的登记资料，建立土地承包经营权登记簿。对于权属争议大、经过“两地两轮”公示尚不能确认的地块，暂不进行确权登记，待争议依法解决后再进行确权登记颁证。

4. 完善手续和归档立卷。登记工作完成后，由村委会同承包农户签订《土地承包经营合同》，兴庆区政府向农户颁发《土地承包经营权证》，乡镇农经站对土地承包合同进行鉴证。对照《土地承包经营合权证管理办法》和档案管理的有关要求，对确权登记过程中形成的文字、账簿、图表、影像等资料归档立卷，做到权属清楚、权益明确、合同规范、权证齐全、档案完备。

5. 建立农村土地承包管理综合信息平台。利用确权登记过程中形成的影像、图表、和文字材料，由自治区农牧厅统一确定的软件公司，建立和完善农村土地承包信息数据库和农村土地承包管理信息系统，逐步实现信息化、网络化管理。

（三）总结验收阶段（2014 年 12 月 1 日—12 月 30 日）

确权登记任务完成后，各乡镇作出书面工作总结，上报兴庆区领导小组办公室，由领导小组办公室组织进行自验，将自验结果上报自治区农村土地承包经营权登记试点工作领导小组办公室（农牧厅农经站）申请验收。如验收不合格，根据具体问题进行整改，申请重新验收。

（四）补充实施及档案归整阶段（2015 年 1 月 1 日—2015 年 5 月 30 日）

对确权登记过程中，因权属争议大等问题没有确权的土地，由各乡镇、村提出解决方案进行补充确权登记；对通过验收的档案根据要求进行汇总整理，移交档案局。

七、工作经费

兴庆区农村土地承包经营权测绘公司服务费按照公开招标的标准执行，兴庆区财政局安排工作经费，下拨兴庆区农牧局，由农牧局按合同规定的进度拨付经费。各村工作经费由兴庆区农牧局及相关乡镇各承担 50%。

八、保障措施

(一)强化责任,同力协作。农村土地承包经营权确权登记工作需农牧、财政、国土资源、农办、法制、档案、统计、经济发展、建设交通、民政、司法、移民、公安、国控公司等相关部门密切沟通和配合,形成工作合力。农牧局负责农村土地承包经营权登记工作的牵头和组织协调,承担具体组织实施工作;财政局负责落实工作经费;国土资源局负责农村集体土地所有权的确权登记发证和免费提供最新的年度土地利用现状变更调查成果资料;政研室负责研究确权登记过程中出现的新情况新问题;经发局负责指导有关农村产权制度改革的探索研究工作;民政局负责健全村民自治组织并发挥作用;公安局负责土地确权登记中户籍变更迁移等问题的落实;司法局负责法律服务、法律援助及纠纷调解;法制办负责参与研究农村土地承包经营权登记中的法律问题;档案局负责指导农村土地承包经营权登记试点的文件资料归档立卷工作;国控公司负责探索农村土地承包经营权确权登记颁证后抵押贷款的政策问题。各部门必须高度重视,安排专人负责,积极参与,密切协作,全力推进农村土地确权登记工作有序顺利实施。

(二)准确把握政策界限。这次确权登记实测面积不与现行各项农业补贴挂钩,不与农民承担费用和"一事一议"筹劳挂钩,严禁借机增加农民负担。

(三)妥善解决突出问题。工作中出现的问题, 法律政策有明确规定的,要严格按照规定执行; 没有明确规定的,要依照法律政策基本精神,结合当地实际,须经村民会议 2/3 以上成员或者 2/3 以上村民代表讨论同意做出具体规定进行处理;针对确权登记涉及的共性问题的处理,由兴庆区农村土地承包经营权确权登记工作领导小组办公室予以答复。各乡(镇)、村引导农民依法理性地反映和解决土地承包经营纠纷,按照"保持稳妥、尊重历史、照顾现实、分类处理"的原则,通过协商、调解、仲裁和诉讼等渠道,依法妥善解决。对工作中发现的疑难问题要上报兴庆区领导小组会议研究。

(四)加强督促检查。兴庆区农村土地承包经营权确权登记工作领导小组,定期不定期对乡(镇)、村工作情况进行督促检查,及时做好协调沟通,及时发现和解决问题,并对工作开展情况进行通报,对遇到的重大问题要随时上报领导小组,由领导小组逐级上报。对作风不实、措施不当、违背政策、导致农民上访和发生群体性事件的,将追究有关责任人的责任。

(注:转自银兴政办发〔2014〕27 号 2014 年 3 月 28 日)

兴庆区农业主导产业发展规划及扶持政策的意见
(2014—2016 年)

2014—2016 年,兴庆区农业发展将以增加农民收入为核心,紧紧围绕兴庆区"8531"工作思路确定的目标任务,充分发挥区位优势和资源优势,做精做强奶产业、花卉、有机稻三大主导产业。在黄河以东重点发展奶产业,在黄河以西重点发展花卉观光产业,在黄河金岸两侧重点发展优质稻生产。

一、三大主导农业产业发展总体目标

到 2016 年,花卉生产面积稳定在 1 万亩,其中:鲜切花 0.5 万亩、其他各类花卉 0.5 万亩, 形成新渠稍等千亩以上的花卉示范园区 5 个、滨河新村等花卉示范村 9 个; 水稻生产稳定在 10 万亩左右,其中:优质稻生产达到 5 万亩(有机稻达到 2 万亩);到 2016 年,存栏奶牛达到 3.8 万头。全面完成月牙湖万亩奶牛场 15 家入驻企业的奶牛入园、疫病统一防控、饲草统一配送、生产统一管理及园区生产污水的无害化处理工程等"七统一"目标,打造全国现代农业(奶产业)示范基地。

二、主导产业发展重点及区域布局

主导产业发展坚持因地制宜、合理布局、整村推进的原则,力求达到产业化、特色化、规模化、标准化的要求。

(一)花卉产业

1.二代日光温室建设。2014—2016 年, 三年计划新建二代日光温室 2000 亩, 全部用于发展设施花卉,2014 年计划新建二代日光温室 1000 亩, 其中:掌政镇洼路村村 500 亩,月牙湖小塘村和大塘村 500 亩;2015 年, 在月牙湖小塘村、大塘村建设 500 亩;2016 年,在月牙湖小塘村、大塘村建设 500 亩。

2.花卉种植。2014 年,各类花卉种植面积达到 0.8 万亩;2015 年达到 0.9 万亩;到 2016 年,各类花卉种植面积稳定在 1 万亩,其中:鲜切花 0.5 万亩(品种以康乃馨为主), 其他花卉 0.5 万亩(草花、绿化苗木、盆花等)。生产布局为:大新镇新渠稍村等花卉基地菜花轮作年种植花卉 3000 亩,掌政镇镇河村、洼路村、孔雀村、茂盛村原花卉基地菜花轮作年种植花卉 5000 亩, 月牙湖乡滨河新村、大塘村、小塘村三年内发展各类花卉 2000 亩, 大力发展花卉观光农业。

(二)优质稻生产

1.产业布局。优质稻生产区域以沿黄河金岸两侧的掌政镇永南村、永固村、碱伏桥村、强家庙村、通贵乡通南村、通北村、通贵村进行集中连片,有机稻认证面积 2014 年完成 1 万亩,2015 年达到 1.5 万亩,2016 年达到 2 万亩。

2.重点工作。在掌政镇镇河村、五渡

桥村、掌政村、通贵乡通南村大力推广水稻工厂化大棚育秧，到2016年，水稻工厂化育秧大棚达到200栋，其中：2014年100栋，2015年达到150栋，2016年达到200栋。对通贵乡和掌政镇银通路两侧常年稻田实行稻旱轮作，计划每年轮作面积2万亩，三年轮作6万亩。积极开展大规模土地流转工作，2014年争取流转土地1.5万亩用于优质稻生产。

（三）奶牛养殖

万亩奶牛场入园企业全部实现奶牛发情电子探测、DHI（奶牛生产性能）测定和奶牛养殖智能化管理，饲草配送中心、污水处理工程全面建成并投入运营，形成存栏优质荷斯坦奶牛2万头，年产优质生鲜乳8万吨的优质奶源基地。申报创建全国农业（奶产业）示范基地并力争授牌。积极争取奶产业相关政策，支持黄河以西所有300头以上的规模养殖场创建奶牛标准化养殖示范场，全部实现标准化生产、智能化管理。

三、产业发展扶持政策

为确保农业产业发展及政策的连续性，2014年、2015年、2016年，每年安排农业产业发展扶持专项资金910万元。

（一）基础设施建设和改造。新建二代日光温棚、移动温棚、改造旧温室种植蔬菜、蘑菇、绿化用花卉苗木的，主要争取国家、自治区和银川市相关农业扶持资金进行扶持。各乡镇及农牧、财政、经发、林业、科技、农发、扶贫等部门要千方百计争取国家、自治区和银川市相关农业扶持资金，弥补本级财政资金缺口。

（二）花卉产业。对于花卉产业，除争取自治区、银川市相关扶持资金外，本级财政每年安排550万元专项资金扶持花卉产业发展。具体如下：

花卉标准化示范园区建设和观光农业。安排资金100万元用于花卉标准化示范园区建设。在符合银川市及兴庆区相关规划的前提下，新建或改造设施花卉标准化示范园区面积达到200亩以上、园区基础设施配套齐全、装备先进、科技含量高、新品种新技术引进推广覆盖率达到95%以上、具有观光旅游、生产示范、种苗繁育供应等功能，经验收，根据园区观光旅游接待人数对相关企业进行补贴（每接待1人补贴2元，每个园区每年最多不超过20万元）。资金由合作社或花卉企业于年初向农牧部门申报，经农牧局审核备案后3月30日前，拨付30%；6月30日前，拨付30%；经验收合格后，10月30日前，拨付40%。

花卉种植推广带动。连续3年，每年安排资金350万元，由企业或合作社负责向农户提供种苗、基质、花肥、农药等，鼓励企业或合作社带动农户推广种植切花康乃馨、玫瑰、菊花和盆花蝴蝶兰，每带动1亩（以10间为标准）给予龙头企业或合作社资金补助1500元。兑现方式：农民每亩花卉纯收入达到3000元兑现50%，达到5000元的兑现70%，达到7000元及7000元以上的兑现100%。补助资金按照推广带动亩数和农民花卉亩纯收入两项指标进行验收兑付，由合作社或花卉企业于年初向农牧部门申报，经农牧局审核备案后3月30日前，拨付30%；6月30日前，拨付30%；经验收合格后，10月30日前，拨付40%。

3.技术支撑体系建设。与中国农科院蔬菜花卉研究所合作在现有花卉园区建立西北花卉研究所，连续3年，每年安排资金50万元，建立覆盖到龙头企业管理骨干和技术骨干、规模种植户、专业合作社骨干、花卉行业管理人员以及有志于从事花卉事业的人才队伍。其中：人才引进资金30万元，基础设施及技术攻关20万元。资金拨付农牧部门。

4. 安排资金50万元用于花卉销售品牌建设。具体操作办法由农牧部门制定实施办法和细则，经考核验收拨付相关企业。

（三）优质稻生产。本级财政安排资金230万元用于优质稻生产，其中安排120万元用于有机稻生产，100万元用于稻旱轮作补助，不足部分，争取自治区和银川市相关项目资金。根据完成情况，资金直接拨付相关乡镇。

（四）奶产业。对于奶产业，主要争取国家、自治区、银川市相关资金进行扶持，本级财政安排资金130万元用于规模奶牛养殖园区建设和奶牛保险补贴。由农牧部门提出意见，经政府分管副区长审核，资金拨付合作社、协会或企业。

以上各项本级财政补贴的农业扶持发展资金，由农牧局会同财政、审计、监察及乡镇进行验收，经政府分管副区长审签后财政分阶段拨付乡镇或相关企业。

四、产业发展及扶持资金管理措施

（一）产业发展及资金管理措施。兴庆区有关部门需要明确分工，共同推进：经济发展局、农牧局、园林局、科技局、科协等单给要指导企业及乡镇村做好农业主导产业发展工作，并积极争取国家、区、市项目和资金进行支持。农牧局要做好扶持政策及资金的兑付审核、验收、把关工作；财政局负责在年度预算中予以安排资金；在各项主导产业发展过程中，特别是在兑付资金时，农牧部门要及时组织财政、审计、监察等部门进行督查和验收，形成验收报告，经审批后再进行兑付资金。兑付资金前，须进行公示，接受各方监督。任何单位和个人不得随意扩大补助范围，虚报冒领补助资金，不得截留挪用补助资金。

（二）在此之前区委、区政府出台的农业相关扶持政策与此相抵触的，一律以此文件为准。

（三）本意见由兴庆区农牧局、财政局负责解释，区委政策研究督查室监督实施。

（注：转自银兴党发〔2014〕9号 2014年3月19日）

兴庆区妇幼卫生“七免一救助”实施方案

根据《宁夏回族自治区妇女发展规划(2011—2020 年)》和《宁夏回族自治区儿童发展规划(2011—2020 年)》文件精神,自治区决定在全区实施免费婚前医学检查、农村孕产妇免费住院分娩、新生儿四种代谢性疾病免费筛查(先天性甲状腺功能减低症、苯丙酮尿症、先天性肾上腺皮质增生症、葡萄糖-6-磷酸脱氢酶缺乏症)、新生儿听力障碍疾病免费筛查、先天性疾病患儿免费治疗、农村妇女乳腺癌免费筛查、农村妇女宫颈癌免费筛查,对农村孕产妇急救和农村妇女乳腺癌和宫颈癌患者治疗给予救助(以下简称妇幼卫生“七免一救助”),为了此项工作顺利实施,结合兴庆区实际,特制订本方案。

一、工作目标

通过实施妇幼卫生“七免一救助”,促进城乡妇幼保健服务均等化,使辖区内妇女儿童的健康指标得到明显改善。到 2015 年,辖区婚前医学检查率达到 90%以上,农村孕产妇住院分娩率达到 98%以上,苯丙酮尿症、先天性甲状腺功能低下、肾上腺皮质功能增生症、葡萄糖脱氢酶缺乏症、先天性听力障碍五种疾病筛查率达到 90%以上,农村 35 岁～49 岁妇女乳腺癌和宫颈癌筛查率达到 90%,孕产妇死亡率控制在 20/10 万以下,婴儿死亡率控制在 13‰以下。

二、基本原则

(一)资金统筹原则。统筹使用中央农村孕产妇住院分娩补助、农村妇女乳腺癌和宫颈癌检查补助、自治区财政配套补助、医疗保险等资金,使有限的资金发挥最大的作用。

(二)公开透明原则。加大宣传力度,将妇幼卫生“七免一救助“的内容、标准和实施程序向社会公布,接受公众的监督。

(三)自愿参与原则。在群众自愿的前提下开展婚前医学检查、新生儿疾病、乳腺癌和宫颈癌筛查工作,以促进妇女儿童安康。

三、范围对象

从 2014 年 1 月 1 日开始,在兴庆区实施妇幼卫生“七免一救助”惠民政策。该政策只适用于具有兴庆区户籍的居民。实施婚前医学免费检查的对象是符合法定年龄的城乡新婚夫妇。实施免费住院分娩的对象是参加医疗保险、符合计划生育政策的农村孕产妇,没有参加医疗保险或不符合计划生育政策的农村孕产妇住院分娩只享受财政补助;实施五种先天性疾病(苯丙酮尿症、甲状腺功能低下、肾上腺皮质增生症、葡萄糖磷酸脱氢酶缺乏症、听力障碍疾病)免费筛查的对象是所有城乡新生儿;实施五种先天性疾病免费治疗的对象是所有城乡患儿;(夫妇双方有一方户口为宁夏籍即可)。实施乳腺癌和宫颈癌免费筛查的对象是 35 岁～64 岁的农村妇女;实施孕产妇急救救助的对象是抢救总费用超过 1 万元的急重危症农村孕产妇,实施乳腺癌和宫颈癌治疗救助的对象是参加医疗保险或符合农村医疗救助条件的农村妇女。

四、主要内容

(一)实施婚前医学免费检查。为法定年龄新婚夫妇免费进行婚前医学检查,并实行内外五官常规检查、胸部透视、血常规、尿常规、乙肝表面抗原、转氨酶、梅毒、艾滋病、男女生殖系统等检查的打包服务。实施婚检机构每对按照 180 元结算,自治区财政为每对婚检对象补助 130 元,剩余不足部分由兴庆区财政承担。

(二)实施农村孕产妇免费住院分娩。对符合条件的农村孕产妇在乡镇卫生院住院分娩实行免费,按照每例 1300 元的标准打包服务,其中医疗保险补助 800 元、财政补助 500 元(其中 100 元用于产前检查、产后访视保健服务)。

(三)实施新生儿四种代谢性疾病免费筛查。为新生儿筛查先天性苯丙酮尿症、甲状腺功能低下症、肾上腺皮质增生症、葡萄糖磷酸脱氢酶缺乏症四中代谢性疾病。并实行采血、送检、实验室检查和结果反馈等项目筛查的打包服务。

(四)实施新生儿听力障碍疾病免费筛查。为新生儿免费筛查先天性听力障碍疾病。财政按每人 20 元的标准给予补助。

(五)实施对先天性患儿免费治疗。对筛查出苯丙酮尿症、甲状腺功能低下症、肾上腺皮质增生症、葡萄糖磷酸脱氢酶缺乏症、先天性听力障碍疾病等五种疾病的患儿实施免费治疗。参保患儿治疗费用纳入医疗保险报销范围;参保患儿治疗费用医疗保险报销剩余部分、未参保患儿治疗费用纳入疾病应急救助范围。其中,苯丙酮尿症参保患儿治疗费用按照每人每年 2 万元包干,纳入医疗保险门诊大病报销;听力障碍疾病患儿纳入自治区残联救助项目,免费为患儿佩戴助听器或植入人工耳蜗,组织开展康复训练。

(六)实施农村妇女乳腺癌免费筛查。分批为 35 岁～64 岁农村妇女开展乳腺临床和乳腺彩超检查,对彩超检查 BI-RADS 分级四级及以上者进行乳腺钼靶 X 线检查,钼靶 X 线检查可疑或阳性者进行组织病理学检查。财政补助额度按照国家标准执行。

(七)实施农村妇女宫颈癌免费筛查。分批为 35 岁～64 岁农村妇女免费开展妇科、宫颈脱落细胞检查、对检查结果异常或可疑阳性者进行阴道镜和组织病理学检查。财政补助额度按照国家标准执行。

(八)对农村急重危症孕产妇急救和农村乳腺癌、宫颈癌患者治疗给予救助。按照《宁夏回族自治区疾病应急救

助办法》，将符合条件的急重危症孕产妇纳入疾病应急救助范围。对筛查出的农村乳腺癌和宫颈癌患者全部进行治疗。纳入医疗保险报销范围；对符合救助条件的患者，纳入民政部门城乡医疗救助范围；对确诊患者患有宫颈癌2B以上或乳腺浸润性癌的农村贫困妇女，按照财政部、全国妇联下发的《2011—2015年中央专项彩票公益金支持农村贫困母亲两癌救助项目管理办法》，每人救助1万元。

五、主要措施

(一)组织领导

实施妇幼卫生“七免一救助”政策，关系妇女儿童的生命健康安全，关系人民群众的切身利益。兴庆区各有关部门要把这项工作作为为人民群众办实事、办好事的一项民生工程。各乡镇、涉农办事处、各有关部门要采取有效措施，切实抓紧抓好。为保证工作顺利推进，成立兴庆区实施“七免一救助”工作领导小组，组成人员名单如下：

组　长：吴小平　兴庆区政府副区长

副组长：马建军　兴庆区卫生和食品药品监督管理局局长

王建宁　兴庆区人力资源和社会保障局局长

武俊华　兴庆区民政局局长

杨　玲　兴庆区人口和计划生育局局长

成　员：牟　玲　兴庆区妇联主席

冯　泽　兴庆区审计局局长

尉　岚　兴庆区残联理事长

艾敬伟　兴庆区财政局副局长

吴丁友　兴庆区卫生和食品药品监督管理局副局长

王　斌　兴庆区月牙湖乡纪委书记

刘立刚　兴庆区通贵乡纪委书记

张学平　兴庆区大新镇副镇长

兀海浩　兴庆区掌政镇副镇长

王　军　前进街街道办事处副主任

陆正学　解放西街街道办事处副主任

马克军　胜利街街道办事处副书记

曹永全　凤凰北街街道办事处副主任

丁　岩　中山南街街道办事处副书记

马文成　富宁街街道办事处副主任

吕成良　玉皇阁北街街道办事处副主任

陈继文　新华街街道办事处副主任

仇永清　文化街街道办事处主任

马海峻　丽景街街道办事处副书记

官力彬　银古路街街道办事处副主任

领导小组办公室设在兴庆区卫生和食品药品监督管理局，马建军兼任办公室主任，负责日常工作。

(二)工作职责

实施妇幼卫生“七免一救助”，关系妇女儿童的生命健康安全，关系人民群众的切身利益。卫生局要制定管理办法和技术规范，统一操作程序，公开服务项目、严格定点医院监管，强化人员培训，保证服务质量。财政部门要落实配套经费和必要的工作经费，确保专户管理、专款专用。人力资源社会保障部门及医疗保险经办机构要做好医疗保险有关资金及时结算等工作。民政部门要做好大病医疗救助相关工作。妇联、残联要积极配合做好宣传动员，对宫颈癌和乳腺癌患者给予救助，组织开展听力障碍患儿康复治疗工作。各有关部门要加强协调，紧密配合，形成合力，确保各项工作有序推进。

(三)具体措施

调整孕产妇免费住院分娩补助政策。对符合条件的农村孕产妇在乡镇卫生院住院分娩实行免费，按照每例1300元的标准打包服务，其中医疗保险补助800元、财政补助500元(其中100元用于产前检查、产后访视保健服务)。对符合条件的孕产妇在其他医疗机构(含承担兴庆区住院分娩定点的银川市第三人民医院、石油城燕鸽湖医院)住院分娩给予补助，在医疗保险补助800元、财政补助500元的基础上，医疗机构可向孕产妇收取一定的服务费用(原则不得超过1000元)。未参加新农合的孕产妇住院分娩，按照每例400元的标准给予补助，费用从中央专项资金中列支。

将新生儿代谢性病增加到4种。在免费为新生儿筛查先天性苯丙酮尿症、甲状腺功能低下症2种疾病的基础上，增加肾上腺皮质增生症、葡萄糖磷酸脱氢酶缺乏症免费筛查，并实行采血、送检、实验室检查和结果反馈等项目的打包服务。财政按每人100元的标准给予补助。

保证先天性疾病患儿免费治疗。将筛查出的听力障碍患儿全部纳入自治区残联项目，统一配备助听器或人工耳蜗，开展正规的康复训练。将苯丙酮尿症患儿纳入医疗保险范围，按照每人每年2万元包干特殊食品费用，医保按照门诊大病进行报销，剩余部分由自治区大病应急基金补助。

加强妇幼保健监管。卫生行政部门要加强定点医疗保健机构的准入和监管，要加强妇幼卫生人员的业务培训和考核，增强妇幼保健综合服务能力，提高医疗水平和服务质量，防止过度医疗和医疗服务不到位，严格按照临床路径开展住院分娩，平产住院分娩不少于24小时，剖宫产住院不少于7天，住院分娩定点综合医院的剖宫产率不超过25%。建立责、权、利对等的运行机制和绩效考核机制，明确服务内容和服务标准，将服务质量和效果与财政补助挂钩。加大妇幼卫生监督执法力度，依法强化对母婴保健技术服务机构凭证执业、从业人员持证上岗的监督管理，严肃查处对未取得母婴保健执业许可擅自从事母婴保健技术服务或出具有关医学证明以及违反规定利用B超等进行胎儿性别鉴定和选择性别终止妊娠的行为。

强化资金管理。妇幼卫生“七免一救助”统筹资金必须用于婚前医学检查、住院分娩、新生儿疾病筛查和“两癌”筛查，保证及时足额到位，专款专用，不得挪作他用，并按照筹资的渠道和使用范畴进行专账管理，纳入本级审计的范畴，定期审计。

六、监督与评估

（一）兴庆区卫生和食品药品监督管理局制订有关实施方案和督导评估方案，定期组织各相关部门检查，对“七免一救助”的管理、资金运转、实施情况、质量控制及效果进行督导和评估。

（二）实行逐级监督指导与评估，自治区级督导评估原则上每半年进行一次。兴庆区督导评估每季度进行一次，并覆盖城市、乡村。

（三）督导评估主要内容。

1. 了解兴庆区婚前医学检查情况，孕产妇数（包括农业户籍孕产妇数、非农业户籍孕产妇数、孕产妇总数）、活产数、住院分娩人数、孕产妇住院分娩救助、孕产妇死亡情况，新生儿疾病筛查和患儿治疗情况，“两癌”筛查情况等。

2. 了解补助资金使用及运转情况，重点查看兴庆区补助对象名单、补助资金数额明细表等。

3.了解并反馈补助资金使用及“七免一救助”实施中存在的主要问题及建议等。

自本实施方案下发之日起，《兴庆区妇幼卫生“六免一救助”实施方案的通知》（银兴政办发〔2013〕63 号）同时废止。

（注：转自银兴政办发〔2014〕43 号 2014 年 5 月 9 日）

关于进一步深化平安兴庆建设的实施意见

为了深入贯彻党的十八大、十八届三中全会、全国深化平安中国建设工作会议，进一步探索和落实社会管理创新的各项措施，完善提升社会管理层次和水平，巩固和深化平安兴庆创建成果，努力争通过深化平安建设，使兴庆区严重刑事案件、重大群体性事件、重大公共安全事故得到有效控制，社会秩序良好，群众安全感明显上升，促进经济社会协调发展和社会和谐稳定。根据区市关于深化平安建设工作的有关要求，结合兴庆区实际，特制订本实施意见。

一、加强基层基础建设，筑牢平安创建根基

1.大力推进农村基层组织建设。不断创新农村党的基层组织工作新机制，探索、完善在新经济组织、新社会组织和产业链条中党员比较集中的地方建立党的基层组织，实现农村党组织和党的工作全覆盖。健全完善农村治理结构，规范村民自治内容和自治程序，落实村民代表大会制度；健全完善村务公开监督机制。以制度建设为基础，理清村民会议、村民代表会议的权限和职责，凡未经村民会议、村民代表会议集体讨论决定的自治范围内的事项不得实施。积极培育发展各类农村经济合作组织，为农户提供产前、产中、产后服务，提高产业发展能力、抗风险能力和规范管理能力。

牵头单位：组织部

责任单位：农村工作领导小组办公室、民政局、农牧局、各乡镇及涉农街道

2.巩固和深化“和谐社区”建设。在 2013 年创建“和谐社区”的基础上，要着重理清居民委员会、业主委员会、公益性社会组织及网格员之间的功能定位和隶属关系，依法保障居民自治。社区行政管理职能主要应由网格员承担，网格员对其负责上报的信息真实性和有关服务管理行为实行个人负责制。要认真清理各种形式的行政管理事务及公共服务进社区事项，将各种形式的创建达标活动纳入和谐社区创建之中，统一规划设计，统一部署考核。要以和谐家庭创建为基础，充分发挥政府部门和各类群团组织的职能联动作用，合力开展以解决经济困难家庭、“零就业”家庭、闲散青少年就业和单亲家庭妇女儿童关爱、特殊人群关爱帮扶、安置帮教等实际问题为主要内容的“和谐家庭”创建活动，以家庭和谐促社区和谐，以社区和谐促社会和谐。

牵头单位：民政局

责任单位：综治办、人力资源和社会保障局、教育局、司法局、团委、妇联、各乡镇、街道

3.推进政务服务规范化建设。按照区、市、兴庆区的有关方案和要求，全面推进“四化一代”工程，即政务服务系统标准化、行政审批标准化、政务服务信息化、民生（市民）服务中心标准化、（村）服务中心为民办事全程代办工作。2014 年 6 月底前全面实现常态化。

牵头单位：政务服务中心

责任单位：各乡镇、街道

4.认真解决基本民生问题。要坚持以改善和保障民生为出发点，着力推进平安兴庆建设，进一步健全基本公共服务体系，大力加强社会保障制度建设。紧紧围绕人民群众最急需的教育、就业、医疗、养老、住房等民生问题，坚持落实好“为民办实事工程”确保每年落实几件民生大事、实事，让人民群众真正得到实惠。在城市建设和城镇化建设，特别是在“两区”建设、旧城改造、新农村建设、生态移民工程实施过程中，妥善安置，及时解决群众实际困难，防止问题积累引发不稳定事件。

牵头单位：经发局

责任单位：经合局、教育局、民政

局、人社局、就业局、建设交通局、拆迁办、康居办、城管南局、城管北局、农牧局、各乡镇、街道

5.完善转移农村劳动力和失地农民就业创业政策和措施。加强政策研究，整合和利用各类培训资源，健全以就业培训、岗位技能提升培训、劳动预备培训和创业培训为主要内容的职业培训政策体系，建立由用人单位参加的培训质量评估机制。按照培养合格技能型劳动者的要求，建立统一的农村转移劳动力职业培训项目和资金统筹管理体制，大力推行"订单式"培训，切实提高全区农村转移劳动力职业培训实效。力争使全区有培训愿望的农村转移劳动力和失地农民得到至少一次以上职业培训。

牵头单位：劳动就业局

责任单位：人力资源和社会保障局、农牧局、财政局、各乡镇、街道

6.加强农村民风建设。各乡镇要结合实际，以文明教育、法制教育、道德教育、传统美德教育为重点，以解决封建迷信、高价彩礼、赌博、不赡养老人等问题为突破口，积极整合农村现有民生建设、文化建设、城乡环境综合整治等项目，突出重点，统筹规划，分步实施，到2016年，当地农村民风方面存在的突出问题得到遏制，每个乡镇培育出一批新农村先进典型。

牵头单位：宣传部

责任单位：民政局、司法局、财政局、文体局、卫生局、城管南局、城管北局、环境保护分局，各乡镇

7. 加强规范化住宅小区技防建设。新建住宅小区都要按照建立小区周边报警系统、视频系统、楼宇对讲系统（含门禁系统）、家庭防盗报警系统（紧急求助系统）、电子巡更系统、出入口控制系统等标准进行技防建设，技防设施达到要求的，方可投入使用，做到同步设计、同步施工、同步投入使用。已建成并实施规范化物业管理的住宅小区，也要按照以上标准，更新或进行技防设施改造，每年完成规范化住宅小区技防设施改造数量不低于同类住宅小区数的20%，到2016年底，完成率达到当地规范化住宅小区数的80%。

牵头单位：综治办

责任单位：公安分局、各乡镇、街道

8.深化基层平安创建活动。各相关行业主管部门要组织开展平安边界、平安村（小区）、平安家庭、平安校园、平安医院、平安市场、平安寺庙、平安景区、平安车站、平安单位等多种形式的基层平安创建活动，以小安积大安，并实行动态管理。通过依法治理、综合治理、建立健全基层矛盾纠纷排查调处长效机制，及时解决基层社会治理中的突出问题，筑牢社会和谐稳定的第一道防线。

牵头单位：综治办

责任单位：公安分局、司法局、各乡镇、街道

二、深化矛盾纠纷排查调处，维护社会和谐稳定

9.进一步加强信访工作。各级、各部门要全面落实信访工作有关规定，充分发挥兴庆区司法信访调解中心作用，以事要解决为目标，以规范信访工作流程、明确部门（单位）和个人各个环节的责任、落实责任追究为重点，规范信访秩序，依法处理信访问题，有效解决无序信访等突出问题。

牵头单位：信访督办局

责任单位：党委政府各部门、各乡镇、街道

10.加强企业工会组织建设，完善工资集体协商制度。在各类企业已建立工会的基础上，依法组建劳务派遣公司工会。在各类已建立工会的企业，全面推行工资集体协商制度。有关部门要加强对企业推行工资集体协商行为的指导，制定规范有序、公平合理，具有可操作性的工资集体协商办法，明确协商内容、程序，约定劳资双方尊重协商结果的责任，建立互利互赢、和谐稳定的劳资关系。

牵头单位：工会

责任单位：经发局、人社局、国控公司、辖区企业

11.深入推进矛盾纠纷大调解工作。要进一步健全完善人民调解、行政调解、司法调解有效衔接的工作机制，建立统一、协调的人民调解指导机制，加强以村居调解组织为基点，以乡镇、街道人民调解组织为重点，以专业性、行业性调解组织为补充的人民调解组织网络建设，配备专职调解员队伍，全面落实"以案定补"、"以奖代补"政策措施。鼓励社会组织建立人民调解队伍，鼓励个人开展人民调解工作。强化行政机关化解社会矛盾的责任，规范行政调解制度，建立调解责任评价和追究机制。探索特定案件诉前委托调解机制。建立矛盾纠纷信息共享分流平台，做好矛盾纠纷排查、分析、研判、预防工作，及时有效化解社会矛盾。确保不发生民转刑案件，不发生恶性案件，降低群体性案件和非正常上访案件。

牵头单位：司法局

责任单位：法制办、公安分局、检察院、法院、各乡镇、街道

12. 探索建立网络社情民意收集转办机制。要探索利用现有的各类群众诉求转办解决机制，把网上网民的利益诉求表达纳入到现有的办理程序之中，使群众网络利益诉求能够得到快速有效回应。要进一步明确网民诉求信息的收集、转办、通报种类和范围，健全网民诉求通报和办理情况反馈机制，对网民诉求的解决情况要向社会公开。

牵头单位：宣传部

责任单位：党政各部门、信息中心、各乡镇、街道

13. 认真落实损害群众利益责任追究制度。进一步健全完善损害群众利益责任追究制度，完善群众投诉举报渠道，明确责任追究事项，加大查处力度，建立反馈机制，着力解决损害群众利益的突出问题。以落实责任追究，推动各级党政机关、社会组织依法履行职责，依法决策、依法行政、依法办事，从源头上预防和减少矛盾纠纷的发生和激化，

为维护社会和谐稳定提供制度保障。

牵头单位:纪委

责任单位:组织部、监察局,党政各部门、各乡镇、街道

14. 建立完善社会组织履行社会责任评价体系。要充分发挥各有关行业主管部门的指导管理作用,认真组织在工业企业、社会组织、个体工商户、商业企业、中介组织和其他社会组织中,组织开展社会组织履行社会责任评价工作,评价工作要以评价最基础的社会责任为基础,细化评价主体、标准、程序和结果运用,促进各类社会组织认真履行社会责任,预防和减少矛盾纠纷的发生。

牵头单位:综治办

责任单位:经合局、民政局、司法局、商服中心、财政局、工商一二分局、地税局、各乡镇、街道

15. 建立信访问题法律服务工作机制。要重视发挥律师、公证等法律服务专业工作者在信访工作中的积极作用,利用法律服务工作者依法面向社会、群众提供法律服务的职业优势和处于第三方的地位优势,努力把信访问题化解在矛盾激化和诉讼之前,无法调解化解的,通过提供法律咨询、代理诉讼等法律服务,引导信访群众依法理性表达诉求。要通过建立联席会议、重大疑难信访案件会商研究,规范法律服务内容等制度机制建设,促进信访问题通过法律服务得到解决。

牵头单位:司法局

责任单位:信访督办局、各乡镇、街道

三、推进社会管理创新发展,提高社会治理服务水平。

16. 巩固和全面深入推进市民服务站(村)网格化管理。在2013年城市推进网格化管理体制改革的基础上,进行扩面到兴庆区所有乡镇、街道,进一步完善市民服务站(村)网格化管理工作机制,加快银川信息网建设,力争5月份全面试运行。合理划分村网格单元,配齐网格员,进一步完善网格员的聘用程序、职责任务、报酬待遇和考核奖惩办法,理顺网格员与乡镇基层人民政府及其职能部门的隶属关系,落实网格员的工作责任和乡镇对网格员的管理责任,加强培训教育,适应农村网格化管理工作需要。在2013年农村社区化管理试点基础上,认真总结经验,大力推进农村社区化管理建设。到2014年底,全面完成服务站(村)网格化管理改革任务。

牵头单位:民政局

责任单位:综治办、各乡镇、街道

17. 推行上级行政执法部门委托乡镇、街道开展综合执法工作。经政府法制部门审定,进一步明确上级行政执法部门委托乡镇、街道开展的行政执法事项,积极整合上级执法部门和乡镇、街道干部力量,加大力度开展综合执法,切实提高行政执法效率,有效解决基层社会管理中的“盲点”。编制部门要加强指导、协调,以强化乡镇、街道行政管理职能为重点,制定完善工作制度、开展执法培训和资格认证,公开执法程序、执法权限。2014年6月底前完成并正常运行。

牵头单位:政府法制办

责任单位:各相关行政执法部门、各乡镇、街道

18. 落实重大决策社会稳定风险评估制度。兴庆区各乡镇街道、各部门决策主体要按照有关规定,分级确定基数,乡镇街道在10户或者30人以上利益的决策,投资在200万元以上的项目;兴庆区在30户或者100人以上利益的决策、投资在2000万以上的项目都要开展重大决策社会稳定风险评估,评估的重点是决策的合法性、合理性、可行性和可控性。对评估的事项,要在广泛征求利益相关者意见、深入分析论证的基础上,确定风险等级,分别作出决策、暂缓决策和停止决策的评估结论。对不进行评估、不按程序和要求进行评估或无视评估结论强行决策,导致决策失误、引发群体性事件、造成人身、财产损失、环境破坏或者其他不良社会影响的行为,要严肃追究有关机关及有关责任人员失职渎职责任。

牵头单位:公安分局

责任单位:各部门、各乡镇、街道

19.普遍推行法律顾问制度。在兴庆区乡镇(街道)两级党委政府普遍聘用法律顾问,在政务决策、执行活动中,建立法律顾问参与机制,减少决策失误的发生,降低违法决策的可能,依法修复行政不当造成的漏洞,最大限度减少损失和负面影响。

牵头单位:司法局

责任单位:政府法制办、各乡镇、街道

20.加强应急管理体系建设。认真落实有关规定,加强应急体系、应急平台、应急救援队伍,健全协调联动机制,进一步落实责任制,切实提高预防和处置突发事件能力,进一步提高应急值守和突发事件信息报送工作水平,实现责任清晰、有据可查。

牵头单位:政府办

责任单位:公安分局、武装部、民政局、卫生局、消防大队、交警一二大队等部门、各乡镇、街道

21. 建立健全建筑劳务用工实名制管理等配套运行制度。行业主管部门要进一步规范建筑工程劳务分包、劳务用工和农民工工资支付行为,依法打击建筑工程领域非法转包、非法用工、恶意拖欠等违法行为,为推行建立工程建设领域农民工工资银行直接支付机制,营造规范有序的社会环境。住房建设、人社局等部门要加强联动,及时协调解决工程建设领域农民工工资银行直接支付机制推行中的相关政策性问题,从源头上建立预防欠薪机制。2014年底前,在兴庆区落实建筑工程领域劳务用工实名制,建立起防止拖欠农民工工资的长效机制。

牵头单位:人力资源和社会保障局

责任单位:法院、检察院、公安分局、各乡镇、街道

22.完成全区智能图控系统与人口、基础地理、社会组织信息系统建设和银

川市信息网建设任务。根据《宁夏回族自治区智能图控系统建设规划(2013—2015)》,利用3年时间,在重点单位、场所、部位、区域新建视频监控头,以上实施项目,按照属地为主、分级负责、分类建设的原则进行。要害机关、重点场所、公共治安复杂区域等一级场所,采取政府主导,财政投入,公安负责的方式进行;文化娱乐场所、重要市政设施、公用设施、公共服务单位等二级场所,采取政府下达建设任务,行业管理部门投资的方式进行,公共监控场所、商贸市场等三级场所,采取政府下达建设任务,社会单位投资建设的方式进行;一般机关、团体、企事业单位以及居民小区等内部场所,采取政府下达建设任务,社会各单位投资的方式进行,3年内配合完成自治区下达的监控头、高清联网卡口系统建设任务。利用3年(2013—2015),完成全区实有人口信息、基础地理信息、社会组织信息三大基础资源库建设和银川市信息网建设任务。按时完成兴庆区二级信息指挥中心建设任务,全面推进社会管理创新体系建设。

配合协助单位:各部门、乡镇、街道

23. 加强和创新流动人口服务管理工作,健全理顺流动人口服务管理体制。认真贯彻落实2013年3月1日自治区人民政府颁发实施的《宁夏回族自治区流动人口服务管理办法》,全面加强流动人口服务管理工作,兴庆区成立相应的流动人口和出租房屋综合服务管理职能机构,在街道、乡镇成立流动人口和出租房屋综合服务管理站。明确流动人口和出租房屋综合服务管理部门的职责,完善工作制度,形成长效机制。切实解决好流动人口管理体制不畅,流动人口底数不清情况不明,登记办证验证率低,服务管理效益难以显现和提高,流动人口的公共服务和权益保障措施不到位等问题。

牵头单位:综治办

责任单位:公安分局、人口与计划生育局、编办、人社局、就业局、地税南局、地税北局、各乡镇、街道

24. 建立健全农民工住房保障政策体系。不断完善解决农民工进城住房问题的政策措施,为农民工进城租房、购房等住房保障方面提供政策支持,促进农民工、失地农民有序融入城镇,推动兴庆区城镇化健康发展。

牵头单位:建设交通局

责任单位:财政局、经发局、国土分局、地税南局、地税北局

25. 建立完善闲散青少年关爱帮扶机制。以帮助闲散青少年就学就业为重点,加强对闲散青少年关爱帮扶工作,预防和减少青少年违法犯罪。各有关部门、群团组织要协调联动,认真履行部门职责,主动干预,对有就学、就业需求的青少年,要从教育、培训、就业等方面提供政策支持,出台帮扶措施,对因贫失学的青少年,要进行社会救助,帮助就学,对没有入学、就业愿望的青少年,要加强社会帮教力量和青年志愿者帮教力量的对接,防止漏管失控。各级共青团组织,要组织动员团干部开展结对帮教活动。

牵头单位:团委

责任单位:教育局、文明办、人力资源和社会保障局、各乡镇、街道

26. 加强刑释解教人员安置帮教工作。要加强基层安置帮教机构和监管改造机关的信息沟通,做好安置帮教衔接工作,做到底数清、信息准。做到"宽""严"结合,认真落实刑释解教人员就业培训、创业、信贷税收、社会保障、户籍管理等相关政策,健全完善政府、社会、家庭帮教体系,加大教育帮扶力度,减少重新违法犯罪。要依托社会资源,根据刑释解教人员的数量,建立集食宿、教育、培训、救助为一体的刑释解教人员过渡性安置基地,帮助刑释解教人员顺利融入社会。

牵头单位:司法局

责任单位:就业局、各乡镇、街道

27. 积极推进以就业安置为核心的社区戒毒社区康复工作。2014年至少建立1个安置规模100人以上的就业安置基地,2014年社会面阿片类吸毒人员就业安置率达到70以上。

牵头单位:公安分局

责任单位:就业局、各乡镇、街道

28. 加强肇事肇祸等严重精神障碍患者救治救助工作。要按照"应治尽治、应管尽管、应收尽收"的总体要求,切实加强对肇事肇祸等严重精神障碍患者救治救助工作。卫生计生部门要会同公安、民政、司法行政和残联、综治等部门,完善筛查随访机制,掌握动态基础信息,做好危险评估,分类进行救治,落实救治救助措施,对居家监护的严重精神障碍患者要纳入社区随访管理,对被人民法院决定强制医疗的精神病人要强制医疗。要建立和完善对具有肇事肇祸等严重精神障碍患者的监测、预警、救治、服务管理为一体的工作体系,严防严重精神障碍患者危害社会。

牵头单位:公安分局

责任单位:人力资源和社会保障局、卫生局、民政局、司法局、残联、各乡镇、街道

29.建立"两代表一委员"经常联系群众、联系基层选举单位、联系本界别一定数量人士的工作机制。通过履行"两代表一委员"职责,反映社情民意。各有关部门要通过在基层单位建立工作室和相应的联系制度,为"两代表一委员"开展经常性的联系群众和界别人士提供支持。联系制度要明确联系工作的职责任务、群众以及收集处理程序和考评办法,保障联系群众工作常态化、实效性。

牵头单位:组织部

责任单位:人大办公室、政协办公室,各部门、各乡镇、街道

四、加强专项整治,提升平安创建水平

30.大力加强老旧小区综合治理。积极整合已纳入民生建设的计划项目,把城市环境综合整治项目、旧城改造、老旧小区基础设施改造、安防设施等项目

与推行物业管理结合起来，统筹规划，分步实施，综合治理。能够实行物业管理的全部实行物业管理，不能实行物业管理的，也要达到封闭式管理。对无法实行物业管理或封闭式管理的老旧小区，要因地制宜，依托自治组织，采取业主自管、个人承包、社区代管等形式，实现居民自治管理。2014 年 12 月前全面完成老旧小区综合治理工作。

牵头单位：建设交通局

责任单位：综治办、公安分局、爱卫办、城管南局、城管北局、物业办、经发局、民政局、各街道

31. 建立规范化住宅小区物业公司治安责任追究机制。在 2013 年工作基础上，2014 年在兴庆区 2 级以上物业服务标准的住宅小区全面推行治安责任追究机制。开展对辖区一、二类居民住宅小区防范考核工作，开展星级评定，建立星级评定结果运用机制，有力引导促进小区物业管理服务单位认真履行治安防范责任。

牵头单位：公安分局

责任单位：爱卫办、城管南局、城管北局、物业办、各乡镇、街道

32. 加强对社会治安重点地区挂牌整治。有关部门要对一些治安乱点、治安问题多发行业和屡打不停、屡禁不止的突出治安问题实行挂牌整治，明确责任部门、责任领导、责任人和整治时限、整治要求，开展综合治理，以挂牌整治推动突出治安问题的解决。兴庆区每月对挂牌整治的重点地区进行一次明察暗访、督察督办，年底进行验收，乡镇、街道和基层组织要落实好经常性的治安隐患排查制度。

牵头单位：综治办

责任单位：公安分局、各乡镇、街道

33.进一步加强治安防控体系建设。要继续强化社会治安人防、物防、技防措施的落实，完善城市中心区域、治安复杂区域、重点区域社会治安网格化巡防工作机制，进一步推进城市治安监控报警联网系统建设，加大乡镇、村庄主要路口和重点区域、部位视频监控系统建设，实现巡防力量和监控点位重点路段、区域、场所全覆盖，建立立体化社会治安整体联动防控体系，提高社会治安防范控制能力，最大限度地预防和减少违法犯罪活动。要进一步加强以居民小区为基本单位的巡防队伍建设，推广家用“防盗报警器”等小技防措施，提高居民自我防范能力。进一步强化警企、警商、警医、警校联防联动机制，继续开展“治安警务室”进工地工程，主动服务工程项目，为民生工程保驾护航。进一步加强群防群治队伍建设，特别是要加强平安志愿者组织建设。以 15 个乡镇、街道志愿服务辅导中心，60 个社区志愿服务站、32 个村志愿服务站为阵地，不断壮大平安志愿者队伍，引导和组织平安志愿者队伍开展平安建设服务活动。

牵头单位：公安分局

责任单位：团委、文明办、各乡镇、街道

34.深入开展严打整治斗争。兴庆区政法部门要坚持打早打小、露头就打的方针，依法严厉打击危害国家政治安全、经济安全、公共安全和侵害人民群众生命财产安全的严重犯罪行为，确保全区社会大局稳定。要结合当地社会治安实际，有针对性地组织开展打击暴力犯罪、打黑除恶、治爆缉枪、打击整治网络违法犯罪、打击“两抢一盗”、打击电信诈骗等专项行动，保持严打整治的高压态势，坚决遏制严重刑事犯罪高发态势，以严打整治斗争的实际成果增强人民群众的安全感。

牵头单位：政法委

责任单位：公安分局、法院、检察院

35. 组织开展行政管理领域突出问题的专项整治。行政执法部门和管理部门要切实加强对危险物品、食品药品、交通、消防、厂矿企业、公用设施、校园及周边等行业区域的安全监管，落实日常管理责任，加大隐患排查力度，开展综合执法，实行综合治理。要针对不同行业、不同地区存在的突出问题，至少每季度组织开展一次专项整治行动，坚决防止灾害事故、重大事件和群死群伤事故的发生。

牵头单位：公安分局

责任单位：安全生产监督管理局、卫生食品药品监督管理局、城管南局、城管北局、教育局、工商一二分局、各乡镇、街道

36. 加强宗教事务管理和清真食品专项整治。认真落实有关法律法规，进一步加强宗教事务管理，建立和完善有关部门统一协调与分工负责相结合的管理机制。严格执行《清真食品准营证》核发制度，加强日常监管，深入开展清真食品屠宰、加工、销售、餐饮等生产经营活动专项整治，严厉查处违反清真食品生产经营行为，严格实行清真食品执法责任查究，确保清真食品管理规范，促进社会和谐稳定。

牵头单位：宗教局

责任单位：清真食办、工商一二分局、卫生和食品药品监督管理局、各乡镇、街道

37.加强网络安全建设。全面落实网络实名登记制度，推动落实电信运营企业、接入服务企业、电子认证服务机构、域名注册管理服务机构的法律主体责任。加大对网络违法犯罪活动的打击整治力度，防止网上恶意炒作和有害信息传播。加强网络舆情引导，兴庆区要建立网评员队伍，落实新闻发言人制度，提高网络舆论引导能力，确保网络安全。不发生在全国有影响的重大网络违法犯罪案(事)件。

牵头单位：宣传部、信息中心

责任单位：公安局、各部门、乡镇、街道

38.加强环境综合整治。继续开展蓝天工程计划，加强城乡环境综合整治，加强油气回收治理、扬尘综合整治、重点企业减排、锅炉污染治理，餐饮业油烟噪声整治，饮用水水源环境安全整治，确保天蓝、水净，生态环境优美。要将环境污染治理工作成效作为领导班

子和领导干部的考核依据，建立健全公安、检察、法院、环保的联动模式，建立环境污染治理领导、分工、责任、督查四项机制，确保任务到人、责任到位、机制长效。

牵头单位:环保分局

责任单位：公安分局、检察院、法院、工商一二分局、各乡镇、街道

39.推进工商管理工作创新，严厉打击非法传销。按照有关规定，减免行政事业收费，取消企业年检制度，全面推行零资金注册制度和企业年度报告制度，简化登记事项，提速限时办结，提高办事效率，培育小微型企业的发展。认真开展打击整治传销专项工作，坚决遏制非法传销活动的滋生蔓延危害社会。

牵头单位:兴庆区工商一、二分局

责任单位:公安分局、各乡镇、街道

五、加强保障举措，推进平安建设和社会管理创新工作顺利开展

40.切实加强督导检查工作。兴庆区综治办要会同党办、政办、效能办定期对各级、各相关部门开展平安建设和加强创新社会管理工作情况进行督导检查，定期通报开展情况，督促落实平安建设和社会管理各项工作措施，推进平安建设和创新社会管理工作顺利扎实有效开展，实现既定目标任务。

牵头单位:综治办

责任单位:党办、政府办、效能办、各乡镇、街道、相关部门

41. 加强工作经验信息交流和平安建设宣传工作。各乡镇街道、各部门要牢固树立“一盘棋”思想，要充分加强平安建设和创新社会管理是一项系统性、复杂性的庞大工程，需要各级、各部门共同努力，才能取得新的突破和发展，兴庆区综治委要定期组织开展经验交流会、座谈会等形式广泛深入开展工作经验和信息交流，推动兴庆区加强平安建设和创新社会管理工作平衡、快速发展。宣传部、各单位要紧扣兴庆区平安建设工作的总体部署、目标任务、工作措施、工作成效和典型经验、先进事迹等，创新宣传形式，拓展宣传渠道，加强舆论引导，营造共建共享的良好氛围。要大力弘扬见义勇为精神，宣传见义勇为事迹，表彰见义勇为人员。

牵头单位:综治办

责任单位:宣传部、各部门、各乡镇、街道

42.制定贯彻意见，强化细化措施，提升平安创建水平。各乡镇街道、各部门要结合实际，认真对照兴庆区《实施意见》制定具体贯彻意见，全面强化细化措施，及时检查贯彻落实情况，总结工作经验，查找工作中存在的问题和薄弱环节，制定有针对性的改进措施，完善提升工作水平。

牵头单位:综治办

责任单位:各部门、各乡镇、街道

43.建立信息联络员制度。各乡镇街道、各部门要切实加强信息报送工作，指定专人负责信息收集、撰写和报送工作。对于阶段性工作、具有典型性的工作和推进工作中存在的困难和问题，要及时上报区委、区政府和综治办，为区委、区政府和综治部门及时掌握工作动态，增强指导工作的针对性和时效性，推进解决问题的有效性和科学性。

牵头单位:综治办

责任单位:各部门、各乡镇、街道

44.严格落实平安建设领导责任。要构建党政领导、综治协调、部门负责、社会协同、公众参与的平安建设工作格局，把平安建设纳入经济社会发展规划，作为“一把手”工程，加强组织领导，落实领导责任，及时研究解决遇到的重大问题。要按照属地管理和“谁主管、谁负责”的原则，理清相关部门的职责任务，落实领导、部门、单位责任制和目标管理责任制，真正把平安建设的各项任务落到实处。要坚持由群众评判平安建设成果，紧密结合党的群众路线教育实践活动、群众评议机关和干部作风活动，建立完善科学合理的党政领导干部平安建设实绩档案和目标管理考核评价体系，切实把群众满意作为衡量和检验平安建设成效的根本标准。

牵头单位:综治办

责任单位:各部门、各乡镇、街道

（注:转自银兴党办发〔2014〕22 号 2014 年 2 月 27）

兴庆区全面推行区委权力公开透明运行工作实施方案

为了强化对区委权力运行的制约和监督，根据自治区党委《关于全面推行县委权力公开透明运行工作的意见》、自治区纪委《县委权力公开透明运行工作规程（试行）》和银川市委《全面推行县委权力公开透明运行工作实施方案》，结合兴庆区实际，制定本方案。

一、实施范围

兴庆区党代会、区委全委会、常委会；区委书记、常委班子成员；纪委；区委各职能部门。

二、实施步骤

（一）组织准备阶段（5 月 20 日至 5 月 30 日）

1.制定工作方案。由纪委牵头，制定区委权力公开透明运行工作的实施方案，明确工作目标、思路、步骤和措施。

2.建立公开平台。由区委宣传部牵头，整合网络资源，全面开展区委党务公开，着力建设新闻发布中心、党务公开宣传长廊，打造党务公开宣传平台。

（二）厘清职权、规范程序阶段（6 月 1 日至 7 月 10 日）

1.厘清职责权限。由区委办公室牵头，依据党章、党的地方委员会工作条例等党内有关法规文件，研究梳理党代会、区委全委会、常委会、区委书记及常

委、区委各职能部门的职责和权限，由区委班子集体研究、逐项审定；按照全局工作类、经济发展类、社会事业类、社会稳定类、党建工作类、党风廉政建设和反腐败工作类等进行分类，依法依规对权力的主体、对象、条件、范围等进行明晰，编制并公布职权目录，列出权力清单，及时向社会公布。职权目录分以下几部分：

（1）区委职权目录，包括党代会、全委会、常委会的职权目录；

（2）区委领导职权目录，包括区委书记、区委副书记（政府区长）、区委常委的职权目录；

（3）纪委职权目录；

（4）区委工作部门职权目录，包括党委办公室、组织部、宣传部、政法委、统战部、政策研究督查室、编办的职权目录。

2.确定公开内容。凡属《中国共产党党内监督条例（试行）》、《中共中央办公厅关于党的基层组织实行党务公开的意见》和其他党内规章要求公开的内容，只要不涉及党内秘密的，都要最大限度地公开。主要包括以下三个方面：

（1）区委职责职权。由区委办公室牵头，公开包括党代会、区委全委会、区委常委会、区委书记、区委常委、纪委及区委各部委职责职权。

（2）“三重一大”事项。包括四个方面：

重大问题决策事项内容公开由区委办公室牵头，相关部门配合，主要包括：

①研究贯彻落实党的路线方针政策、党内重要法规和国家重要法律法规，以及中央、自治区、银川市和兴庆区委、区政府重大决策部署的具体意见、工作举措；

②重大体制机制改革，包括重要领域、重要工作的改革举措；

③本地经济社会发展中长期规划编制、年度计划制定，涉及全局的发展战略、工作思路、重要工作安排；

④涉及全局工作的规范性文件的制定、修改和废止；

⑤土地利用总体规划、城镇建设总体规划的编制和调整，重大土地征用和出让事项；

⑥国有资产产权重大变动、国有资本投资或参与投资组建公司、国有企业改组改制；

⑦影响本地区政治稳定、社会安定的重大事件（事故）处理、重大突发事件应急处置、重大群体性上访事件或信访矛盾化解处置；

⑧副科级以上机构及领导职数设置和调整；

⑨党的建设重大事项，党风廉政建设和反腐败工作中的重大问题，基层党组织提出的重大问题；

⑩其他在经济建设、政治建设、文化建设、社会建设、生态文明建设和党的建设等方面的重大事项。

重要干部任免事项公开由区委组织部牵头，主要包括：

①区委管理干部的录用、任免、交流、调动、奖惩等事项；

②领导班子换届选举方案和换届人事安排方案；

③党代表、人大代表、政协委员候选人的推荐；

④向上级党委推荐提任干部人选、后备干部人选；

⑤干部人事制度改革方案的制定实施。

重大项目安排公开由政府办公室牵头，相关部门、单位配合，事项主要包括：

①以政府及其所属国有企业为主投资建设的重大项目，涉及给予特殊优惠政策的招商引资项目；

②涉及群众切身利益的民生社会事业项目，包括住房保障、促进就业、扶贫济困、社会保障等重大项目，教育、卫生、文化等社会事业重要基础设施建设等；

③涉及人数较多和面积较大的拆迁事项，重要地段集中连片旧城改造拆迁事项；

④重大活动项目安排，包括承办国家、自治区、银川市和兴庆区的重大活动、重要会议，涉及本地区全局的经贸、文化、旅游、体育等重大活动。

大额资金使用事项公开由财政局牵头，主要包括：

①年度公共财政收支预算编制、调整和决算；

②较大金额的预算外资金支出；

③由本级财政资金投资的重大项目需追加投资，且追加金额占项目预算10%以上的资金安排；

④政府性债务年度计划及举债总规模的确定；

其他事项公开由区委办公室牵头，相关部门配合。其他涉及面广或社会关注程度高的重大事件处置，如重大自然灾害灾情，重大事故处置过程、结果；涉及大规模群众上访、群体性事件、关乎全局性稳定的重大事件及重大突发事件的处置情况等。

3.规范运行流程。在依法确权的基础上，按照依法、高效、规范、有序、透明的原则，围绕“怎样用权”、“权力如何运行”，对区委的决策、执行、监督等环节程序进行研究，绘制权力运行流程图，明晰权力行使的主体、条件、运行程序、目标要求等，做到权力行使于法有据、程序正当。

（1）由区委办公室牵头，制定以下流程图：

①党代会职权运行流程图；

②区委全委会职权运行流程图；

③区委常委会职权运行流程图；

④区委书记职权行使流程图；

⑤区委副书记（政府区长）职权行使流程图；

⑥区委各常委职权行使流程图；

⑦区委各职能部门职权流程图；

⑧重大事项决策、重大事件处置流程图；

（2）由区委组织部牵头，制定重要

干部任免流程图。

(3)由政府办公室牵头，制定以下流程图；

①重要项目安排、大额度资金使用流程图；

②行政审批、土地出让、工程建设招投标、政府采购、公共资源交易等重大事项的权力运行、决策流程图；

③其他重大事项职权行使流程图。

4.健全完善制度。

(1)由区委办公室牵头，完善议事决策制度。健全规范区委常委会工作规则和议事规则，完善"三重一大"(重大事项决策、重要干部任免、重大项目安排和大额资金使用）事项决策机制，推进区委权力运行制度化。建立重大事项决策听证咨询、党内情况通报、区委事务例行公开、定期民主评议等监督制度。建立各级党政"一把手"不直接分管财务、干部人事、行政审批、公共资源交易、工程建设等制度。

(2)由区委组织部牵头，完善选人用人制度。继续完善区委全委会、常委会对新提拔任职干部实行票决制度、科级领导干部任职回避制度、科级领导干部差额选拔制度、科级后备干部选拔制度、区委常委会向全委会报告干部选拔任用工作并接受评议制度、党代表参与推荐和评议重要干部制度、党政领导班子和领导干部年度考核制度等相关制度。

(3)由区委宣传部牵头，完善党务公开制度。修订完善党务公开内容审核制度、区委事务例行公开、党内情况通报制度、区委新闻发言人制度、党务公开意见建议收集处理和反馈制度、党务信息依申请公开制度等制度。

(三)健全机制，全面落实阶段(7月11日至9月10日）

1. 健全长效机制。由区委办公室牵头，区委宣传部配合，围绕权力运行过程和党员群众关心关注的热点问题，及时公开权力公开透明运行有关情况，特别是"三重一大"事项，最大限度的向党员群众公开决策、执行、监督过程和结果。公开事项的内容与时限相适应，原则上先党内后党外，做到固定内容长期公开、常规工作定期公开、一般性工作按季度更新，时效性强的随时更新，对动态性、临时性、阶段性事项随时公开更新。

2. 健全公开机制。由区委宣传部牵头，改进公开方式，丰富公开载体，综合运用会议、文件、公开栏、广播电视、新闻发布、媒体访谈、网络微博问政等方式进行公开。落实党代表、人大代表等参与区委政府决策制度，实行党代会、全委会、区委常委会、政府常务会开放制度，视情况邀请部分党代表、人大代表、政协委员等列席旁听有关会议，对列席人员提出的意见建议，应及时处理并反馈。

3. 强化监督机制。由纪委牵头，相关部门配合，严格执行党内监督制度，健全完善人大议案、政协提案及意见建议办理和反馈制度，加强对区委领导班子和领导干部用权监督。发挥职能部门的监督作用，进一步加强行政、司法和审计监督。强化社会监督。通过新闻发布会、电视问政等方式，公布区委重大决策、重点工作完成情况，自觉接受社会监督。

(四)总结提升阶段(9月11日至10月10日）

由区委办公室牵头，对权力公开透明运行工作进行总结，成熟的经验、做法提升到制度层面；对公开的信息资料及时登记归档，编印《兴庆区委权力公开透明运行资料汇编》，努力实现权力公开透明运行的制度化、规范化、常态化。

三、几点要求

(一)加强组织领导。成立兴庆区委权力公开透明运行工作协调小组，孔令杰副书记担任组长，曾祥娟常委担任副组长，成员由纪委副书记杨学文、组织部副部长刘春玲、区委办公室副主任、政研督查室主任刘永忠、宣传部副部长陈德卫、政法委副书记任福东、统战部副部长李志刚、编办主任赵惠芳、政府办公室主任赵景宝组成，协调小组工作会议由组长或副组长定期召集，负责指导督促和统筹协调。

(二)整体协调推进。建立工作推进机制，把开展区委权力公开透明运行工作与推进党务公开、政务公开相结合；与深化行政审批制度改革、财政管理体制改革、投资体制改革、司法体制改革和干部人事制度改革相结合；与落实党风廉政建设责任制、党建工作责任制相结合；与改进机关作风建设和提高机关效能建设相结合，协调运转，形成综合效应。

(三)强化责任追究。运用组织、党纪和政纪等处理手段，对用权不规范、运行不公开、程序不到位、监督不落实的，以及不作为、乱作为、不当作为造成不良后果的，追究有关领导和直接责任人的责任。

(注：转自银兴党办发〔2014〕46号 2014年5月26日）

表 26　　2014 年兴庆区警务服务一览表

		姓　名			姓　名
解放西街派出所	所　长	杨　虎	富宁街派出所	所　长	王　强
	教导员	冯　伟		教导员	雍建华
	副所长	范洪涛		副所长	廖大凯
	副所长	汤　辉		副所长	王　伟　付永弟
	户籍警	周　燕		户籍警	秦春华
	值班室电话	6022888		值班室电话	4112110
文化街派出所	所　长	曹建刚	前进街派出所	所　长	薛晶东
	教导员	杭立宁		教导员	龚海滨
	副所长	李　波		副所长	田　斌
	副所长	李　杨		副所长	胡韶东
	户籍警	刘志敏		户籍警	倪晓芬
	值班室电话	6724429		值班室电话	5022122
玉皇阁北街派出所	所　长	吴学林	丽景街派出所	所　长	王新明
	教导员	孙川平		教导员	戈　灵
	副所长	杨惠勇		副所长	何怀武
	副所长	郭　斌		副所长	袁立东
	户籍警	戴雪梅		户籍警	白　雷
	值班室电话	6722210		值班室电话	6721148
新华街派出所	所　长	朴　杨	银古路派出所	所　长	孙林军(9 月止) 马力兵(9 月起)
	教导员	孙林军(6 月起)		教导员	杜　强
	副所长	王　鑫		副所长	邓　君
	副所长	杨学礼		副所长	郜　占　杨　华
	户籍警	金　惠		户籍警	郭惠茹
	值班室电话	6022095		值班室电话	6093726
胜利街派出所	所　长	马建平	中山南街派出所	所　长	祁元忠
	教导员	曹学民		教导员	盛华荣
	副所长	徐荣良		副所长	杨俊磊
	副所长	高　尚		副所长	余　刚　祝旭亮
	户籍警	孟惠茹		户籍警	王玉华
	值班室电话	4082375		值班室电话	6031885
凤凰北街派出所	所　长	顾　汉	大新镇派出所	所　长	杨伟平
	教导员	花兴国		教导员	盛华荣(9 月止) 刘锋荃(9 月起)

表26续

		姓　名			姓　名
凤凰北街派出所	副所长	张　明	大新镇派出所	副所长	张　进
	副所长	王　军		副所长	张　毅
	户籍警	钱海霞		户籍警	雷凤果
	值班室电话	5043033		值班室电话	6032836
通贵乡派出所	所　长	刘　伟	月牙湖派出所	教导员	任建华
	教导员	冯　伟		副所长	王守利
	户籍警	殷　利		户籍警	张伟东
	值班室	6111119		值班室电话	6139567
掌政镇派出所	所　长	张宁山	燕鸽湖派出所	所　长	李　喜
	教导员	丁宝忠		教导员	马绍龙
	户籍警	张衍宇		户籍警	吴乐芸
	值班室电话	6121186		值班室电话	6934074

表 27

兴庆区 2014 年第一批政府投资项目计划表

单位:万元

序号	项目名称	建设性质	建设地点	建设内容及规模	起止年限	总投资	截至 2013 年底		2014 年计划总投资	2014 年投资资金来源							责任单位	责任人	分管县级领导
							累计完成投资	累计到位资金		争取国家资金	争取自治区资金	银行贷款	银川市资金	企业自筹	辖区配套	其他			
	合计					1687325	450709	291133	974791	2761	15507	16000	695470	174350	37656	14547	—	—	—
一	农林水牧气项目(共计 14 个,其中:续建项目 4 个,新建项目 10 个)					35780	7268	7268	24760	1505	2134	0	1409	150	773	289	—	—	—
(一)	农林牧项目(共计 7 个,其中:续建项目 1 个,新建项目 6 个)					5441	200	200	5241	1155	1534	0	1409	150	733	260	—	—	—
1	河东万亩奶牛生态养殖园区污水处理设施建设项目	续建	月牙湖万亩奶牛生态养殖园区	建设年处理污水 21.9 万吨的污水处理工程	2013.8—2014.12	960	200	200	760	260					500		兴庆区农牧局	汪洪波	叶建国
2	优质稻(有机稻)生产项目	新建	通贵乡、掌政镇、月牙湖草原管理站	总面积 1.5 万亩，示范有机稻生产先进技术	2014.4—2014.10	150			150				75		75		兴庆区农牧局	汪洪波	叶建国
3	银川市兴庆区月牙湖乡万亩奶牛养殖园区大型沼气项目	新建	月牙湖生态移民区	建设 600 立方米发酵罐	2014.4—2014.11	450			450	300				150			兴庆区农牧局	汪洪波	叶建国
4	生态移民奶牛托管项目	新建	兴庆区万亩奶牛生态养殖园区	完成 1284 头生态移民奶牛托管	2014.4—2014.12	2568			2568		1284		1284				兴庆区农牧局	汪洪波	叶建国
5	月牙湖经果林推广种植项目	新建	月牙湖乡	每户补助果树苗 40 株,共计 10 万株	2014.04—2014.10	300			300				50		50	200	兴庆区扶贫办、月牙湖乡	李兴俊 屠尚清	叶建国
6	月牙湖黄牛养殖项目	新建	月牙湖乡	扶持 500 户贫困农户扩大养殖规模,每户给予补助基础母牛 1 头	2014.4—2014.12	120			120		60				60		兴庆区扶贫办	李兴俊	叶建国
7	兴庆区通贵乡、通西通贵高标准农田项目	新建	通贵乡	斗渠砌护 7.405 公里,农渠砌护 23.829 公里,建筑物 1738 座；支斗沟清淤 8.302 公里,农沟清淤 26.212 公里,草桩治理沟道 1 公里,建筑物 60 座	2014—2015	893			893	595	190				48	60	兴庆区农发办	刘建民	叶建国

表 27 续

序号	项目名称	建设性质	建设地点	建设内容及规模	起止年限	总投资	截至 2013 年底		2014 年计划总投资	2014 年投资资金来源							责任单位	责任人	分管县级领导
							累计完成投资	累计到位资金		争取国家资金	争取自治区资金	银行贷款	银川市资金	企业自筹	辖区配套	其他			
（二）	园林绿化项目（共计 3 个，续建项目 3 个）					16010	7067.6	7067.6	5190	0	90	0	0	0	0	0			
1	天然林资源保护二期工程	续建	大新镇、掌政镇、通贵乡、月牙湖乡、治沙林场、红墩子林场	天然林资源管护面积 10.5 万亩	2011.1—2020.12	450	33.8	33.8	45		45						兴庆区园林管理局	张建刚	叶建国
2	退耕还林二期工程	续建	月牙湖乡、通贵乡、掌政镇、陶灵园艺场、治沙林场	巩固退耕还林 5000 亩及管护工作	2010.4—2017.4	360	33.8	33.8	45		45						兴庆区园林管理局	张建刚	叶建国
3	兴庆区徕龙公园建设工程	续建	南环高速公路以南，唐徕渠以东，109 线以西，永二干沟以北	占地 720 亩，新建设面积 600 亩，	2013.7—2016.7	15200	7000	7000	5100								兴庆区园林管理局	张建刚	叶建国
（三）	水利项目（共计 4 个，其中：新建项目 4 个）					14329	0	0	14329	350	510	0	0	0	40	29			
1	银北排碱项目	新建	通贵乡	清淤沟道 2 条长 13 公里，治理 6.4 公里	2014.3—2014.12	320			320		320						兴庆区水务局	咸 波	叶建国
2	黄河管理所项目	新建	掌政镇	占地 15 亩，建筑面积 560 平方米	2014.4—2014.12	230			230		190				40		兴庆区水务局	咸 波	叶建国
3	掌政节水改造及月牙湖治沙林场农水治理项目	新建	掌政镇、月牙湖乡	掌政镇砌护渠道 17 条长 16.6 公里，配套建筑物 46 座，畦田口 3876 座。治沙林场砌护斗渠 2 条长 2.8 公里，配套建筑物 23 座	2014.3—2014.5	379			379	350						29	兴庆区水务局	咸 波	叶建国
4	兴庆区京藏高速公路水系建设项目	新建	掌政镇、大新乡	开挖水系 13.36 公里，配套建筑物 46 座，清淤扩挖章子湖、碱湖、燕鸽湖、孔雀湖及水道，将水系连通	2014.2—2014.4	13400			13400								兴庆区水务局、建设交通局、农发办	咸 波 马 伟 刘建民	王永虎 叶建国

表 27 续

序号	项目名称	建设性质	建设地点	建设内容及规模	起止年限	总投资	截至 2013 年底		2014 年计划总投资	2014 年投资资金来源							责任单位	责任人	分管县级领导
							累计完成投资	累计到位资金		争取国家资金	争取自治区资金	银行贷款	银川市资金	企业自筹	辖区配套	其他			
二	交通项目(共计 9 个,其中:续建项目 5 个,新建项目 4 个)					6819	1311	1311	5508	0	1782	0	0	0	3726	0			
1	掌政镇丰收路建设项目	续建	兴庆区掌政镇	全长 4.3 公里,乡村公路四级标准	2013.8—2014.12	425	100	100	325		155				170		兴庆区建设交通局	马 伟	王永虎
2	月牙湖乡海陶南村至规划庄点路项目	续建	兴庆区月牙湖乡	全长 4 公里,乡村公路四级标准	2013.8—2014.12	403	100	100	303		144				159		兴庆区建设交通局	马 伟	王永虎
3	月牙湖防洪堤路项目	续建	兴庆区月牙湖乡	全长 10.7 公里,乡村公路四级标准	2013.8—2014.12	1089	100	100	989		385				604		兴庆区建设交通局	马 伟	王永虎
4	月牙湖牛场路项目	续建	兴庆区月牙湖乡	全长 18.5 公里,乡村公路四级标准	2013.8—2014.12	1677	1011	1011	666		666						兴庆区建设交通局	马 伟	王永虎
5	掌政镇乡镇路、经二路项目	续建	掌政镇	掌政镇市政道路乡镇路 700 米、经二路 300 米	2014.4—2014.7	800			800						800		兴庆区建设交通局	马 伟	王永虎
6	月牧公路翻建项目	新建	月牙湖乡	乡村公路四级,路基 6.0 米,路面 5.0 米,全长 5 公里	2014.4—2014.12	425			425		180				245		兴庆区建设交通局	马 伟	王永虎
7	掌政镇纬二路项目	新建	掌政镇	掌政镇市政道路纬二路 589 米	2014.4—2014.7	450			450						450		兴庆区建设交通局	马 伟	王永虎
8	掌政镇镇区主干道路亮化工程	新建	掌政镇	掌政小城镇道路进行亮化	2014.3—2014.12	850			850						850		兴庆区建设交通局	马 伟	王永虎
9	月牙湖乡塘北路项目	新建	月牙湖乡	乡村公路四级,路基 6.0 米,路面 5.0 米,全长 5 公里	2014.3—2014.12	700			700		252				448		兴庆区建设交通局	马 伟	王永虎

表 27 续

序号	项目名称	建设性质	建设地点	建设内容及规模	起止年限	总投资	截止 2013 年底		2014 年计划总投资	2014 年投资资金来源							责任单位	责任人	分管县级领导
							累计完成投资	累计到位资金		争取国家资金	争取自治区资金	银行贷款	银川市资金	企业自筹	辖区配套	其他			
三	社会事业项目(共计 33 个,其中:续建项目 7 个,新建项目 26 个)					195529	22600	22600	138943	256	11591	16000	70158	0	33157	7781			
(一)	教育体育类项目(共计 11 个,其中:续建项目 1 个,新建项目 10 个)					20144	0	0	20144	0	6600	0	3488	0	8856	1200			
1	满春中学扩建项目	续建	原地	新建综合教学楼一栋,建筑面积 5535 平方米	2013.8–2014.12	1564			1564		552		552		460		兴庆区教育局	刘胜林	张新民
2	月牙湖回民二中教学楼扩建项目	新建	月牙湖乡	扩建一栋教学楼,总建筑面积 2590 平方米	2014.4–2014.12	777			777		502				275		兴庆区教育局	刘胜林	张新民
3	景岳小学烈士展史装修布展项目	新建	景岳小学	装修布展 300 平米	2014.3–2014.6	50			50						50		兴庆区教育局	刘胜林	张新民
4	兴庆区八里桥中学项目	新建	原工商职业技术学院	占地 89 亩,总建筑面积 12000 平方米,30 个教学班	2014.5–2014.12	3400			3400		1200		1200		1000		兴庆区教育局	刘胜林	张新民
5	银川市第五幼儿园迁建项目	新建	等待规划	规划占地面积约 7 亩,12 个教学班,建筑面积 4025.82 平方米	2014.4–2014.12	1600			1600		566		566		468		兴庆区教育局	刘胜林	张新民
6	兴庆区教育均衡化验收项目	新建	兴庆区辖区公办中小学	改善办学硬件设施,教学仪器、电教设备、多媒体配备	2014.4–2014.12	8160			8160		2880				5280		兴庆区教育局	刘胜林	张新民
7	兴庆区第二十二小学迁建项目	新建	十二中南面教育用地	占地 35 亩,总建筑面积 10000 平方米,规划建设 24 个教学班	2014.5–2014.12	3000			3000		900		900			1200	兴庆区教育局	刘胜林	张新民
8	兴庆区 30 所中小学教学楼内部粉刷项目	新建	兴庆区	针对 30 所中小学教学楼室内进行粉刷,面积 33 万平方米	2014.7–2014.12	850			850						850		兴庆区教育局	刘胜林	张新民

表 27 续

序号	项目名称	建设性质	建设地点	建设内容及规模	起止年限	总投资	截止 2013 年底		2014 年计划总投资	2014 年投资资金来源							责任单位	责任人	分管县级领导
							累计完成投资	累计到位资金		争取国家资金	争取自治区资金	银行贷款	银川市资金	企业自筹	辖区配套	其他			
9	兴庆区 54 所中小学教师办公桌椅和学生课桌凳更新项目	新建	兴庆区	修购置课桌办公桌椅 21300 套	2014	473			473						473		兴庆区教育局	刘胜林	张新民
10	银川市第三中学操场翻建项目	新建	银川市第三中学	4000 平方米人造草坪草场	2014–	180			180				180				兴庆区教育局	刘胜林	张新民
11	兴庆区第六小学操场改造项目	新建	兴庆区六小	3000 平方米人造草坪草场	2014–	90			90				90				兴庆区教育局	刘胜林	张新民
（二）	卫生项目（共计 1 个，其中：续建项目 1 个）					1275	800	800	475	0	0	0	0	0	475	0			
1	掌政镇中心卫生院	续建	兴庆区掌政镇宁夏水利学校北侧	该项目占地 10 亩，总建筑面积 3983 平方米	2014.3–2014.10	1275	800	800	475						475		兴庆区卫生和食品药品监督管理局	马建军	吴小平
（三）	民生保障类项目（共计 17 个，其中：续建项目 5 个，新建项目 12 个）					173300	21800	21800	117514	256	4991	16000	66670	0	23326	6271			
1	兴庆区胜利街市民服务中心项目	续建	光华门康居安置区东侧	规划建设总面积 5000 平方米，设置了市民服务中心、社区老年人活动中心、街道文化中心等多个功能区	2013.7–2014.5	1600	800	800	800						800		兴庆区胜利街街道办事处	马 巍	江定勇
2	掌政镇安置区三期建设项目	续建	掌政镇	总占地面积 72400.9 平方米，总建筑面积 117916.3 平方米，建设住宅楼 880 套	2013.4–2014.12	24000	17000	17000	7000						7000		兴庆区国控公司	周彩霞	马少红

表 27 续

序号	项目名称	建设性质	建设地点	建设内容及规模	起止年限	总投资	截止 2013 年底		2014 年计划总投资	2014 年投资资金来源							责任单位	责任人	分管县级领导
							累计完成投资	累计到位资金		争取国家资金	争取自治区资金	银行贷款	银川市资金	企业自筹	辖区配套	其他			
3	通贵乡河滩二期幸福村庄建设项目	续建	通贵乡河滩村	占地 85 亩、建设农宅 256 套，总建筑面积 28500 平方米	2013.8–2014.6	8200	4000	4000	4200		500				3700		兴庆区建设交通局	马 伟	王永虎
4	月牙湖大塘北村幸福村庄基础设施建设项目	续建	月牙湖乡	硬化道路 4 公里，埋设污水处理管道 6 公里,3 公里的配电安装工程	2014.4–2014.12	1000			1000		500					500	兴庆区月牙湖乡	屠尚清	丁万福
5	月牙湖海陶南村九队幸福村庄基础设施建设项目	续建	月牙湖乡海陶南村	硬化道路 4 公里，埋设污水处理管道 6 公里,3 公里的配电安装工程	2014.4–2014.12	1000			1000		500					500	兴庆区月牙湖乡	屠尚清	丁万福
6	月牙湖乡塘南村下零队幸福村庄建设项目	新建	月牙湖乡	建设农宅 150 套，总建筑面积 14400 平方米	2014–	1836			1836		500				1336		兴庆区月牙湖乡	屠尚清	丁万福
7	兴庆区城市供热系统综合改造项目	新建	兴庆区	设计 9 个小区 15608 户居民和商业区，总建筑面积 211.8 平方米，新建 9 座热力站、配套设施及远程智能化信息监控系统中心	2014 年	19220			19220			16000			3220		兴庆区国控公司	周彩霞	吴小平
8	胜利街办事处清河社区便民服务中心项目	新建	友爱一区院内	规划建设面积 370 平方米，设置社区服务中心。社区活动室、图书室等多功能服务中心	2014.4–2014.12	120			120		70				50		兴庆区胜利街办事处	马 巍	马少红

表 27 续

序号	项目名称	建设性质	建设地点	建设内容及规模	起止年限	总投资	截止 2013 年底		2014 年计划总投资	2014 年投资资金来源							责任单位	责任人	分管县级领导
							累计完成投资	累计到位资金		争取国家资金	争取自治区资金	银行贷款	银川市资金	企业自筹	辖区配套	其他			
9	兴庆区劳动就业和社会保障中心项目	新建	满春小康村	建筑面积 3865 平方米,共五层,设置了前台服务区 773m²、社会保险服务大厅 773 平方米、管理办公区 773 平方米、资料档案保管区和劳动仲裁厅区 773 平方米、劳动就业培训区 773 平方米。	2014.4–2015.12	2142			756	256	500						兴庆区人力资源和社会保障局	王建宁	吴小平
10	通贵乡河滩中心村三期幸福村庄建设项目	新建	通贵乡河滩村	占地面积 200 亩,安置 1500 人,建设安置房 450 套,总建筑面积 6.5 万平方米	2014–2015	13600			9600		500				4100	5000	兴庆区建设交通局	马 伟	王永虎
11	农村危房改造项目	新建	月牙湖乡、掌政镇、通贵乡	月牙湖移民 820 户,掌政镇 150 户、通贵乡 300 户	2014.4—2014.12	650			650		650						兴庆区建设交通局	马 伟	王永虎
12	阳光暖房项目	新建	通贵乡、月牙湖乡	在幸福村庄统一规划建设阳光暖房	2014.3—2014.12	542			542		271					271	兴庆区建设交通局	马 伟	王永虎
13	掌政镇安置区四期建设项目	新建	掌政镇	占地 306 亩,总建筑面积 28 万平方米	2014.3–2015.7	95100			66500				66500				兴庆区建设交通局	马 伟	王永虎
14	兴庆区老旧社区用房维修改造项目	新建	兴庆区	对辖区老旧社区用房进行维修改造	2014.4–2014.12	1275			1275						1275		兴庆区民政局、各街道办事处	武俊华、各街道办事处主任	马少红
15	月牙湖乡、通贵乡、掌政镇环保项目	新建	月牙湖乡、通贵乡、掌政镇	建设垃圾处理厂和垃圾中转站、铺设污水排水管网、购置垃圾箱和垃圾车等	2014.4–2014.12	1000			1000		1000						兴庆区环保分局	王 辉	吴小平

表 27 续

序号	项目名称	建设性质	建设地点	建设内容及规模	起止年限	总投资	截止 2013 年底		2014 年计划总投资	2014 年投资资金来源							责任单位	责任人	分管县级领导
							累计完成投资	累计到位资金		争取国家资金	争取自治区资金	银行贷款	银川市资金	企业自筹	辖区配套	其他			
16	兴庆区老旧小区改造项目	新建	兴庆区	对辖区内无物业老旧小区供暖、排水等基础设施进行改造	2014.4-2014.12	1700			1700						1700		兴庆区建设交通局	马 伟	王永虎
17	兴庆区社会服务管理信息平台建设项目	新建	兴庆区武装部玉皇阁北街办事处	建立兴庆区社会管理信息平台指挥中心网络，购置相关配套设备，与银川市信息中心对接	2014-	315			315				170		145		兴庆区政法委	任福东	孔令杰
（四）	人大议案项目(共计 4 个)					810	0	0	810	0	0	0	0	0	500	310			
1	通贵乡沈家渠、民生渠部分渠段砌护改造项目	新建	通贵乡	U 型板砌护翻建沈家渠 2800 米，拓宽改造民生渠 800 米，砌护沈家渠至大新渠段 1200 米	2014	120			120						120		兴庆区水务局	咸 波	叶建国
2	掌政镇强家庙中心村老年公寓配套工程项目	新建	掌政镇	完善掌政镇强家庙中心村内老年公寓配套设施	2014	130			130						130		兴庆区掌政镇	王 丽	王 丽
3	环卫工人休息点建设项目	新建	兴庆区	建设环卫工人休息点 24 处，购置 6 太流动修洗车	2014	440			440						130	310	兴庆区爱卫办	白建峰	马少红
4	月牙湖乡海陶北村幸福村庄人饮工程	新建	月牙湖乡海陶北村	铺设支管 2.5 公里，修建观察井 30 个	2014	120			120						120		兴庆区水务局	咸 波	叶建国
四	康居工程(共计 20 个，其中：续建项目 17 个，新建项目 3 个)					1449197	419530	259954	805580	1000	0	0	623903	174200	0	6477			

表 27 续

序号	项目名称	建设性质	建设地点	建设内容及规模	起止年限	总投资	截止 2013 年底		2014 年计划总投资	2014 年投资资金来源							责任单位	责任人	分管县级领导
							累计完成投资	累计到位资金		争取国家资金	争取自治区资金	银行贷款	银川市资金	企业自筹	辖区配套	其他			
1	兴庆区旧城南部安置区建设项目	续建	凤凰南街东侧、第二排水沟西侧(四片区)	该安置区总占地面积 284.1 亩，规划建筑面积 34 万平方米。主要用于解决旧城南部改造项目拆迁的光华门村 1、5、6、7、8、10、11 队、民乐村 2、3、4 队群众安置	2012.8–2014.10	108800	76160	24050	32640				32640				兴庆区康居办	杨银生	王永虎
2	兴庆区满春三期 B 区安置区建设项目	续建	满春小区以东，北塔东路以南，友爱中心路以西，满春保障性住房以北	该安置区占地 145.5 亩，规划建筑面积 21.4 万平方米。主要解决北物流港项目涉及的满春村 4、9、10 队，八里桥村 9 队，新水桥村 1、4、6、7 队拆迁群众安置	2012.7–2014.10	66000	44880	19804	21120				21120				兴庆区康居办	杨银生	王永虎
3	兴庆区民乐安置区建设项目	续建	A 区:东至颐安小区，南至双医路，西至丽景街，北至规划路；B 区:东至友爱中心路，南至规划宝湖路，西至丽景街，北至银古高速路	该安置区占地面积 155 亩，建设返还房屋 26.2 万平方米。主要用于解决原民乐村和友爱村拆迁农民的安置	2012.7–2014.9	83840	27000	27000	29340					29340			兴庆区康居办	杨银生	王永虎
4	兴庆区高台寺安置区（景明路拆迁安置）建设项目	续建	东至高台寺安置区，南至南熏路，西至红花渠，北至新华东街	该安置区占地面积 50 亩，规划建设康居安置房 19 万平方米，该安置区用于解决高台寺 10、11 队拆迁农民的问题	2012.8–2014.9	60800	30400	21280	30400					30400			兴庆区康居办	杨银生	王永虎

表 27 续

序号	项目名称	建设性质	建设地点	建设内容及规模	起止年限	总投资	截止 2013 年底		2014 年计划总投资	2014 年投资资金来源							责任单位	责任人	分管县级领导
							累计完成投资	累计到位资金		争取国家资金	争取自治区资金	银行贷款	银川市资金	企业自筹	辖区配套	其他			
5	兴庆区北塔失地农民公寓建设项目	续建	民族北街以东，排水沟以西，清真寺以南，锦湖饭店以北	该安置区占地面积 20 亩，建设返还房屋 3.3 万平方米。主要用于解决北塔村、八里桥村 1650 名失地农民享受 5 平方米营业房、20 平方米公寓的拆迁返还	2013.4–2014.06	11777	11777	3710	6477							6477	兴庆区康居办	杨银生	王永虎
6	兴庆区上前小区建设项目	续建	友爱中心路以东、规划路以南、大新渠以西、迎宾广场规划路以北	该安置区占地面积 270 亩，规划建设面积 46.5 万平方米。主要用于解决上前城 2、3、4、5 队拆迁农民的安置	2013.4–2015.7	148800	59520	41664	59520				59520				兴庆区康居办	杨银生	王永虎
7	兴庆区塔桥花园建设项目	续建	友爱中心路以东、规划路以南、聚丰苑安置区以西、交警一大队建设用地以北	该安置区占地面积 60 亩，建设 11.5 万平方米。主要用于解决塔桥 7 队、友爱 2、3、4、队拆迁农民的安置	2013.4–2014.12	36800	14720	10304	22080				22080				兴庆区康居办	杨银生	王永虎
8	兴庆区大新安置区建设项目	续建	规划路以东，北京东路以南，友爱中心路以西，银通公路以北	该安置区占地面积 97 亩，规划建设面积 16 万平方米。主要用于解决大新村 4、5、7、8、9、10 队，友爱 3 队及新华东街打通项目拆迁农民的安置	2013.4–2015.12	51200	18432	18432	32768				32768				兴庆区康居办	杨银生	王永虎

表 27 续

序号	项目名称	建设性质	建设地点	建设内容及规模	起止年限	总投资	截止 2013 年底		2014 年计划总投资	2014 年投资资金来源							责任单位	责任人	分管县级领导
							累计完成投资	累计到位资金		争取国家资金	争取自治区资金	银行贷款	银川市资金	企业自筹	辖区配套	其他			
9	兴庆区满春四期安置区建设项目	续建	规划路以东，满春三期A区以北，北塔东路以南，满春三期B区以西范围内	该安置区规划占地面积170亩，规划建筑面积29.5万平方米。主要用于解决新水桥1、4、6、7、15队及新渠稍1、6队拆迁农民的安置	2013.4–2014.12	94400	28320	19824	66080				66080				兴庆区康居办	杨银生	王永虎
10	兴庆区八里桥十一、十二队安置区建设项目	续建	民族北街以东，规划路以南，排水沟以西，东湖苑以北	该安置区占地面积41亩，建设返还房屋6.6万平方米。主要用于解决八里桥村十、十一队拆迁农民的安置	2013.4–2014.8	21000	7980	7980	13020				13020				兴庆区康居办	杨银生	王永虎
11	兴庆区光华门六、十一队安置区建设项目	续建	光耀美居以东，宝湖路以南，红花渠以西，双医路以北	该安置区占地面积38亩，规划建设面积5.3万平方米。主要用于解决光华门村六、十一队及民乐村三、四队拆迁农民的安置	2013.10–2014.12	17000	3400		8500					8500			兴庆区康居办	杨银生	王永虎
12	兴庆区满春小康村安置区建设项目	续建	红花渠以东，规划路以南，丽景街以西、上海东路以北	该安置区占地面积37亩，规划建设面积8万平方米。主要用于解决满春小康村及红花渠两侧拆迁农民的安置	2013.3–2014.9	25600	6400	4480	19200					19200			兴庆区康居办	杨银生	王永虎

表 27 续

序号	项目名称	建设性质	建设地点	建设内容及规模	起止年限	总投资	截止 2013 年底		2014 年计划总投资	2014 年投资资金来源							责任单位	责任人	分管县级领导
							累计完成投资	累计到位资金		争取国家资金	争取自治区资金	银行贷款	银川市资金	企业自筹	辖区配套	其他			
13	兴庆区友爱五队安置区建设项目	续建	大新渠以西，银横路以南，友爱中心路以东，银古路以北	该安置区规划占地面积 132 亩，规划建设面积 23.9 万平方米，主要安置友爱村 1、5 队、塔桥村 7 队、大新村 9、10 队拆迁群众	2013.6–2015.10	76500	19125	13387	57375				57375				兴庆区康居办	杨银生	王永虎
14	兴庆区塔桥安置区(北区)建设项目	续建	位于燕庆路以东、盛唐公司以南、塔桥六队庄点以西、章子湖以北	该安置区规划占地面积 142 亩，规划建设面积 21 万平方米。主要用于解决城中村改造涉及塔桥村 1、2、3、4、5 队拆迁群众安置问题	2013.6–2015.10	67200	6720	4704	40320				40320				兴庆区康居办	杨银生	王永虎
15	兴庆区新水桥安置区建设项目	续建	友爱中心路以东、北塔东路以南、京藏高速公路以西、银佐路以北	该小区规划占地面积 325 亩，规划建筑面积 51.9 万平方米。主要解决城中村改造项目涉及的新水桥村 1、2、4、6、7 队，满春村 5、7 队，大新 1、2 队拆迁群众安置问题	2013.5–2014.12	166100	38203	26742	83000				83000				兴庆区康居办	杨银生	王永虎
16	兴庆区阎笛湖安置区建设项目	续建	大新渠以东，大新派出所以南，燕庆路以西，银通公路以北	该小区规划占地面积 263 亩，规划建设面积 36.15 万平方米，主要解决永泰城开发项目拆迁的大新村 4、5、7、8 队及燕庆公司 1、2 队拆迁群众安置问题	2013.6–2014.12	115680	28920	20244	86760					86760			兴庆区康居办	杨银生	王永虎

表 27 续

序号	项目名称	建设性质	建设地点	建设内容及规模	起止年限	总投资	截止 2013 年底		2014 年计划总投资	2014 年投资资金来源							责任单位	责任人	分管县级领导
							累计完成投资	累计到位资金		争取国家资金	争取自治区资金	银行贷款	银川市资金	企业自筹	辖区配套	其他			
17	燕鸽小区及失地农民公寓项目	续建	燕庆路以东，银通路以南，长庆家属区以北，京藏高速公路以西	该小区规划占地面积 62.8 亩，规划建设面积 12.66 万平方米。主要解决燕鸽 5 队拆迁群众安置及大新村、燕鸽村等失地农民就业问题	2013.8–2014.12	40500	4050	2835	24300				24300				兴庆区康居办	杨银生	王永虎
18	兴庆区塔桥安置区（南区）建设项目	新建	燕庆路以东，前桥沟以南，规划路以西，哈沙渠以北	该安置区规划建筑面积 23 万平方米。主要解决城中村改造涉及的塔桥村 6、8、10、11、12 队拆迁群众的安置	2014.5–2015.12	73600			44160				44160				兴庆区康居办	杨银生	王永虎
19	掌政镇杨家寨安置区建设项目	新建	掌政镇	占地 232 亩，总建筑面积 21 万平方米。	2014.3–2015.7	71400			49980	500			49480				兴庆区建设交通局	马伟	王永虎
20	大新镇新渠稍安置区建设项目	新建	大新镇	占地 342 亩，总建筑面积 33 万平方米	2014.3–2015.7	11220 0			78540	500			78040				兴庆区建设交通局	马伟	王永虎

表 28

兴庆区2014年第二批政府投资项目计划表

单位:万元

序号	项目名称	建设性质	建设地点	建设内容及规模	起止年限	总投资	截至2013年底(计划数)		2014年计划总投资	2014年投资资金来源							主要建设内容	责任单位	备注
							累计完成投资	累计到位资金		争取国家资金	争取自治区资金	银行贷款	银川市资金	企业自筹	辖区配套	其他			
	合计					27092	0	0	25092	2425	4862	0	1150	0	7282	1597			
1	月牙湖生态移民安置区三期建设项目	新建	月牙湖乡滨河新村	农宅881户，主干道巷道17.57公里，给排水31公里，村委会1处，配套太阳能热水器、太阳灶1248套，太阳能路灯64个	2014.4–2015.4	10100			10100		4769				3734	1597	农宅881户，主干道巷道17.57公里，给排水31公里，村委会1处，配套太阳能热水器、太阳灶1248套，太阳能路灯64个	兴庆区建设交通局、农牧局	
2	兴庆区京藏高速两侧湿地公园及廊道绿化工程	新建	京藏高速公路兴庆区段两侧	总绿化面积1241亩	2014.2–2014.12	7776			7776								完成绿化面积1241亩	兴庆区园林管理局	
3	月牙湖泵站改造项目	新建	月牙湖乡	新建泵站1座，铺设输水管道5525米	2014.3—2015.12	5100			3100	2000			500		600		新建泵站1座，铺设输水管道5525米	兴庆区水务局	
4	兴庆区通贵乡卫生院项目	新建	通贵乡通贵回民中学北侧	占地面积36亩，建筑面积4000平方米，集门诊住院、行政、康复、职工宿舍等功能区	2014.4–2015.6	1500			1500	320	70		150		960		占地面积36亩，建筑面积4000m^2，集门诊住院、行政、康复、职工宿舍等功能区	兴庆区卫生和食品药品监督管理局	
5	移民安置区三期绿化工程	新建	月牙湖移民安置区	总绿化面积210亩，栽植各类乔灌木26878株	2014.4–2014.12	318			318		23				295		完成绿化面积210亩，栽植各类乔灌木26878株。	兴庆区园林管理局	

表 28 续

序号	项目名称	建设性质	建设地点	建设内容及规模	起止年限	总投资	截止 2013 年底(计划数)		2014 年计划总投资	2014 年投资资金来源							主要建设内容	责任单位	备注
							累计完成投资	累计到位资金		争取国家资金	争取自治区资金	银行贷款	银川市资金	企业自筹	辖区配套	其他			
6	强家庙中心村二期绿化	新建	强家庙中心村	总绿化面积 71 亩	2014.4–2014.12	314			314						314		完成绿化面积 71 亩	兴庆区园林管理局	
7	银川市兴庆区月牙湖乡塘南村第三排水沟上段清淤治理项目	新建	月牙湖乡	清淤沟道 4.56 公里，建设配套建筑物 12 座	2014.4—2014.6	114			114	105					9		清淤沟道 4.56 公里，建设配套建筑物 12 座	兴庆区扶贫办	
8	兴庆区月牙湖乡北一支渠改造及延伸工程	新建	月牙湖乡	改造渠道 2.2 公里，延伸支渠 3.5 公里	2014.4—2014.10	600			600				500		100		改造渠道 2.2 公里，延伸支渠 3.5 公里。	兴庆区月牙湖乡	银川市人大议案工程
9	兴庆区塔白路路面及支线养护翻修工程	新建	大新镇	维修养护改造道路 6 公里	2014	750			750						750		维修改造道路 6 公里	兴庆区建设交通局	
10	兴庆区孔司路路面及支线养护翻修工程	新建	掌政镇	维修养护改造道路 4 公里	2014	520			520						520		维修改造道路 4 公里	兴庆区建设交通局	

兴庆区 2014 年第二批政府投资项目情况说明：

2014 年拟实施第二批政府投资项目 10 个，总投资 2.71 亿元，年度计划投资 2.51 亿元(本次拟实施的项目均为新建项目)。全年计划争取中央、自治区和银川市资金 0.84 亿元，本级财政配套资金 0.73 亿元，其他投资 0.16 亿元(具体情况见附表)

表 29

兴庆区 2014 年第三批政府投资项目计划表

单位：万元

序号	项目名称	建设性质	建设地点	建设内容及规模	起止年限	总投资	截至 2013 年底		2014 年计划总投资	2014 年投资资金来源							2014 年建设进度	责任单位	备注
							累计完成投资	累计到位资金		争取国家资金	争取自治区资金	银行贷款	银川市资金	企业自筹	辖区配套	其他			
	合计					7830	0	0	7830	0	0	0	0	0	7830	0			
1	兴庆区老旧小区改造项目	新建	兴庆区	改造老旧住宅小区 18 个，改造工程总建筑面积 32 万平方米，112 栋，涉及住户 4595 户	2014 年	4600			4600						4600			兴庆区建设交通局	
2	兴庆区掌政镇市政道路、路灯、给排水工程（纬一路西段、经四路、纬二路东段）	新建	掌政镇	纬一路西段全长 322 米，宽 9 米，实施道路、路灯给排水工程；经四路全长 782 米，宽 15 米，实施道路、路灯、给排水工程；纬二路东段全长 285 米，宽 15 米，实施道路、路灯、给排水工程	2014 年	1710			1710						1710			兴庆区建设交通局	
3	兴庆区掌政镇特色小城镇交通设施建设项目	新建	掌政镇	建设交通信号灯 12 处、多功能电子警察 12 处、交通标志牌、卡扣、标线、两处道路取直工程等内容	2014 年	1200			1200						1200			兴庆区安监局	
4	兴庆区安置区安防监控系统建设工程	新建	兴庆区	对光华门一期（林华苑）、友爱（聚丰苑）、八里桥（雅和苑）、八里桥七队（雅庆苑）、满春二期（春和、春茗、春祥、春雅苑）5 个安置区实施安防监控系统建设	2014 年	320			320						320			兴庆区康居办	

表 30

2014 年低保等各类救助资金发放情况统计表

单位：户，人，元

月份	低保						高龄				重度残疾人				农村五保			
	城市			农村			城市		农村		城市		农村					
	户数	人数	金额	户数	人数	金额	人数	金额	人数	金额	人数	金额	人数	金额	分散	金额	集中	金额
1	2048	3216	765266	1568	1998	249342	228	73800	545	168500	939	199040	306	64520				
2	2048	3216	765266	1568	1998	249342	228	73800	545	168500	939	199040	306	64520				
3	2008	3144	1312133	1564	1994	845310	218	71200	554	171300	938	198760	307	64720	45	84375	22	41250
4	1971	3101	851043	1502	1928	337062	216	71200	571	176800	938	198760	291	61280				
5	1979	3117	853024	413	507	88714	217	71200	589	182400	944	200000	144	30440				
6	1964	3069	841922	1397	1809	535164	212	69700	588	181800	946	200400	326	105760	46	86250	21	39375
7	1924	3037	831277	1524	2020	353862	213	69900	581	179200	947	200520	346	71960				
8	1927	3034	831987	1523	2018	353922	215	70100	581	179100	961	203240	346	72800				
9	1905	2993	823896	1520	2012	352878	213	69300	587	180800	963	203600	346	72800	46	86250	21	39375
10	1902	2992	823196	1518	2010	352530	211	68700	609	187700	964	203840	346	72840				
11	1896	2990	820912	1805	2447	429388	209	68300	621	191300	965	204040	348	73240				
12	1858	2900	975140	1806	2449	576756	210	81300	612	225320	953	201480	348	73240	50	93750	21	39375
合计			10495062			4724270		858500		2192720		2412720		828120		350625		159375
各项补贴																		
开斋节	1924	3037	607400	1524	2020	404000	213	42600	581	116200								
古尔邦节	1905	2993	299300	1520	2012	201200	213	21300	587	58700								
自治区采暖补贴	1899	2989	597800	1518	2010	201000	209	41800	610	61000					48	4800		
银川市采暖补贴	1359	集中	757892															
银川市采暖补贴	582	非集中(含孤儿 45 人)	277600	1518		395750									44	22000		
春节生活补贴	1858	2900	174000	1806	2449	146940	210	12600	612	36720					50	3000		
助学		50			77													

表 31　　2014 年中共兴庆区委发文

文号	文件名称	时间
银兴党发〔2014〕1 号	兴庆区关于清理党政领导干部在企业兼职(任职)的情况报告	2014 年 1 月 10 日
银兴党发〔2014〕2 号	关于印发《中共银川市兴庆区委 2014 年工作要点》的通知	2014 年 1 月 13 日
银兴党发〔2014〕3 号	关于印发《中共银川市兴庆区第二届委员会工作规则》的通知	2014 年 1 月 13 日
银兴党发〔2014〕4 号	关于印发《中共银川市兴庆区党委重大事项集体决策制度实施细则(试行)》的通知	2014 年 1 月 13 日
银兴党发〔2014〕6 号	关于命名 2013 年度兴庆区文明单位的决定	2014 年 1 月 29 日
银兴党发〔2014〕7 号	关于研究确定冯德旺等 2 名同志为副处级领导干部考察对象建议人选的报告	2014 年 2 月 12 日
银兴党发〔2014〕8 号	关于表彰 2013 年度妇女工作先进集体和先进个人的决定	2014 年 3 月 4 日
银兴党发〔2014〕9 号	关于印发《兴庆区农业主导产业发展规划扶持政策的意见》的通知	2014 年 3 月 19 日
银兴党发〔2014〕10 号	关于表彰兴庆区 2009 年—2013 年度平安建设及信访工作先进集体和先进个人的决定	2014 年 3 月 24 日
银兴党发〔2014〕11 号	关于表彰 2013 年兴庆区重点工作专项工作先进集体和先进个人的决定	2014 年 4 月 14 日
银兴党发〔2014〕12 号	关于命名表彰 2013 年度兴庆区民族团结进步创建模范集体的决定	2014 年 4 月 14 日
银兴党发〔2014〕13 号	关于兴庆区在全国“两会”期间信访维稳工作及进京非访工作落实不力的检查报告	2014 年 4 月 16 日
银兴党发〔2014〕14 号	关于兴庆区党委政府班子及党员领导干部“四风”方面问题汇总情况的报告	2014 年 5 月 11 日
银兴党发〔2014〕15 号	关于举办银川市徕龙公园开园仪式的请示	2014 年 5 月 23 日
银兴党发〔2014〕16 号	关于成立兴庆区全面深化改革领导小组的通知	2014 年 5 月 30 日
银兴党发〔2014〕17 号	关于对 2011—2013 年度考核中连续三年获得优秀等级公务员进行表彰奖励的决定	2014 年 6 月 11 日
银兴党发〔2014〕18 号	关于表彰 2013 年度农业农村工作先进集体的决定	2014 年 6 月 11 日
银兴党发〔2014〕19 号	关于《中共银川市兴庆区委领导班子党的群众路线教育实践活动对照检查材料》的报告	2014 年 6 月 19 日
银兴党发〔2014〕20 号	关于召开兴庆区委党的群众路线教育实践活动领导班子专题民主生活会的请示	2014 年 6 月 30 日
银兴党发〔2014〕21 号	关于研究确定刘胜林同志为市教育局副局长职位考察对象建议人选的报告	2014 年 7 月 7 日
银兴党发〔2014〕22 号	关于上报《兴庆区政府职能转变和机构改革实施方案》的请示	2014 年 7 月 10 日
银兴党发〔2014〕23 号	关于上报《兴庆区常委班子教育实践活动专题民主生活会相关材料》的报告	2014 年 7 月 10 日
银兴党发〔2014〕24 号	关于上报《兴庆区常委班子教育实践活动专题民主生活会相关材料》的报告	2014 年 7 月 10 日
银兴党发〔2014〕25 号	关于兴庆区居民纳秀兰金继军诉兴庆区人民政府侵犯房产权纠纷案件的情况报告	2014 年 7 月 24 日
银兴党发〔2014〕26 号	关于表彰优秀教师优秀教育工作者尊师重教先进个人和优秀轮岗支教教师的决定	2014 年 9 月 4 日
银兴党发〔2014〕27 号	关于表彰在自治区第十四届运动会上做出突出贡献的运动员教练员集体个人的决定	2014 年 9 月 9 日
银兴党发〔2014〕28 号	兴庆区委关于党的群众领导路线教育实践活动整改方案落实进展情况总结	2014 年 10 月 9 日
银兴党发〔2014〕29 号	兴庆区党的群众路线教育实践活动总结	2014 年 10 月 10 日
银兴党发〔2014〕30 号	关于研究确定赵景宝同志为副处级考察对象建议人选的报告	2014 年 10 月 10 日
银兴党发〔2014〕31 号	关于落实党风廉政建设党委主体责任和纪委监督责任的实施意见	2014 年 10 月 15 日

表 31 续

文号	文件名称	时间
银兴党发〔2014〕32 号	关于给予组织和参与全区深化和谐社区创建工作现场观摩会单位通报表扬的决定	2014 年 10 月 16 日
银兴党发〔2014〕33 号	关于全面扶贫日活动宁夏启动仪式违反会议纪律情况处理及整改落实情况的报告	2014 年 10 月 27 日
银兴党发〔2014〕34 号	关于兴庆区 2014 年重点工作和准备工作及 2015 年工作思路的报告	2014 年 11 月 6 日
银兴党发〔2014〕35 号	关于兴庆区民乐村光华门村部分村民因拆迁安置问题到自治区党委集体上访处置情况的报告	2014 年 12 月 9 日
银兴党发〔2014〕36 号	关于同意兴庆区纪委对强殿伟违纪问题处理意见的批复	2014 年 12 月 22 日

表 32　　2014 年中共兴庆区区委办公室发文

文号	文件名称	时间
银兴党办发〔2014〕1 号	关于开展兴庆区 2014 年“送温暖”慰问活动的通知	2014 年 1 月 2 日
银兴党办发〔2014〕2 号	关于 2013 年第四季度信息调研采辑情况的通报	2014 年 1 月 8 日
银兴党办发〔2014〕3 号	关于开展安全生产大检查暨启动“百日安全生产大排查大整治”活动的通知	2014 年 1 月 10 日
银兴党办发〔2014〕3 号	关于报送银川市委 2014 年第 1 次常委(扩大)会议决定事项完成情况的通知	2014 年 1 月 15 日
银兴党办发〔2014〕5 号	关于做好 2014 年春节期间值班及信息报送工作的通知	2014 年 1 月 26 日
银兴党办发〔2014〕7 号	关于上报银川市绩效考评评价整改措施的通知	2014 年 1 月 27 日
银兴党办发〔2014〕8 号	关于采取“挂图作战”方式推进项目工作的通知	2014 年 2 月 10 日
银兴党办发〔2014〕9 号	兴庆区 2014 年党风廉政建设和反腐败工作暨落实《工作规划》主要任务分工	2014 年 2 月 12 日
银兴党办发〔2014〕10 号	兴庆区 2014 年党风廉政建设和反腐败工作任务	2014 年 2 月 12 日
银兴党办发〔2014〕11 号	关于限期清理超标办公用房的通知	2014 年 2 月 12 日
银兴党办发〔2014〕12 号	关于转发《自治区党委办公厅人民政府办公厅〈关于深化宁夏农林科学院改革增加创新活力的意见〉》的通知	2014 年 2 月 12 日
银兴党办发〔2014〕13 号	关于印发《兴庆区宗教活动场所安全隐患大排查活动实施方案》的通知	2014 年 2 月 14 日
银兴党办发〔2014〕14 号	关于成立兴庆区应急委员会的通知	2014 年 2 月 14 日
银兴党办发〔2014〕15 号	关于对兴庆区宗教活动场所安全隐患排查工作进行督查的通知	2014 年 2 月 15 日
银兴党办发〔2014〕16 号	关于银川市绩效考评评议评价兴庆区整改措施的报告	2014 年 2 月 17 日
银兴党办发〔2014〕17 号	关于对清理超标办公用房情况的通报	2014 年 2 月 18 日
银兴党办发〔2014〕18 号	兴庆区关于进一步加强网络舆情应用工作的通知	2014 年 2 月 19 日
银兴党办发〔2014〕19 号	关于成立兴庆区党的群众路线教育实践活动领导小组的通知	2014 年 2 月 20 日
银兴党办发〔2014〕20 号	关于启动“中共银川市兴庆区党的群众路线教育实践活动领导小组”等印章的通知	2014 年 2 月 20 日
银兴党办发〔2014〕21 号	关于印发《兴庆区少数民族流动人口服务管理体系建设试点工作实施方案》的通知	2014 年 2 月 26 日
银兴党办发〔2014〕22 号	关于印发《关于进一步深化平安兴庆建设的实施意见》的通知	2014 年 2 月 27 日

表 32 续

文号	文件名称	时间
银兴党办发〔2014〕23 号	关于开展 2014 年机关干部下农村送政策促发展活动的通知	2014 年 3 月 3 日
银兴党办发〔2014〕24 号	关于印发《2014 年兴庆区各部门上争资金目标任务》的通知	2014 年 3 月 5 日
银兴党办发〔2014〕25 号	关于做好 2014 年度自治区效能目标管理考核有关工作的通知	2014 年 3 月 6 日
银兴党办发〔2014〕26 号	关于启动“银川市兴庆区人才工作领导小组”等印章的通知	2014 年 3 月 6 日
银兴党办发〔2014〕27 号	关于对转发《关于进一步组织开展整治不文明祭祀行为倡导低碳生态环保祭祀方式的通知》的通知	2014 年 3 月 24 日
银兴党办发〔2014〕28 号	关于印发《兴庆区义务教育均衡发展验收迎检工作实施方案》的通知	2014 年 3 月 25 日
银兴党办发〔2014〕29 号	关于落实群众路线教育实践活动进一步加强县级领导带案下访化解信访涉诉突出问题的通知	2014 年 3 月 26 日
银兴党办发〔2014〕30 号	兴庆区关于建立县级干部定期带案下访制度的通知	2014 年 3 月 26 日
银兴党办发〔2014〕32 号	关于调整有关部门和单位同民主党派工商联开展对口联系工作的通知	2014 年 3 月 27 日
银兴党办发〔2014〕33 号	关于印发《兴庆区 2014 年重点工程重大项目督察方案》的通知	2014 年 3 月 28 日
银兴党办发〔2014〕34 号	关于印发《兴庆区政府聘用的非在编人员劳动报酬管理实施方案》的通知	2014 年 3 月 31 日
银兴党办发〔2014〕35 号	关于印发《兴庆区政府聘用的非在编人员管理办法(试行)》的通知	2014 年 3 月 31 日
银兴党办发〔2014〕36 号	关于兴庆区 2013 年全年绩效考评情况的通报	2014 年 3 月 31 日
银兴党办发〔2014〕37 号	关于 2013 年第四季度各单位绩效考评情况的通报	2014 年 3 月 31 日
银兴党办发〔2014〕38 号	关于 2014 年第一季度信息调研采辑情况的通报	2014 年 4 月 3 日
银兴党办发〔2014〕39 号	关于印发《兴庆区关于培育和践行社会主义核心价值观全面推进“道德红黄蓝榜”评选活动的实施意见》的通知	2014 年 4 月 3 日
银兴党办发〔2014〕40 号	关于印发《2014 年兴庆区巩固深化全国文明城市创建成果暨“美丽银川”行动重点工作任务分解》的通知	2014 年 4 月 16 日
银兴党办发〔2014〕41 号	关于做好自治区农业农村工作考评工作的通知	2014 年 4 月 21 日
银兴党办发〔2014〕42 号	关于做好 2014 年节假日期间有关工作的通知	2014 年 4 月 30 日
银兴党办发〔2014〕43 号	关于印发《2014 年兴庆区县级领导包重点工作责任分工》的通知	2014 年 5 月 6 日
银兴党办发〔2014〕44 号	关于印发《兴庆区迎接全国文明城市复检工作督查方案》的通知	2014 年 5 月 6 日
银兴党办发〔2014〕45 号	关于印发《兴庆区 2014 年绩效考评工作方案》的通知	2014 年 5 月 14 日
银兴党办发〔2014〕46 号	关于印发《全面推行区委权利公开透明运行工作实施方案》的通知	2014 年 5 月 26 日
银兴党办发〔2014〕47 号	兴庆区关于公车使用管理规定的通知	2014 年 5 月 30 日
银兴党办发〔2014〕48 号	关于进一步做好争取国家 2014 年项目资金工作的通知	2014 年 6 月 5 日
银兴党办发〔2014〕49 号	关于印发《兴庆区第八个“党建月”活动实施方案》的通知	2014 年 6 月 10 日
银兴党办发〔2014〕50 号	兴庆区 2014 年农业农村工作考评方案的通知	2014 年 6 月 11 日
银兴党办发〔2014〕51 号	关于认真做好银川市半年绩效考评有关工作的通知	2014 年 6 月 12 日
银兴党办发〔2014〕52 号	印发《关于制定兴庆区政协年度协商计划的意见》的通知	2014 年 6 月 18 日

表 32 续

文号	文件名称	时间
银兴党办发〔2014〕53 号	转发自治区党委办公厅政府办公厅《党政主要领导干部不直接分管干部人事财务等工作暂行规定》的通知	2014 年 6 月 20 日
银兴党办发〔2014〕54 号	关于上报兴庆区 2014 年度创新工作成果预申报材料的报告	2014 年 6 月 23 日
银兴党办发〔2014〕55 号	关于表彰 2013 年度兴庆区信息工作和微博管理工作先进单位先进个人的决定	2014 年 6 月 24 日
银兴党办发〔2014〕56 号	关于进一步加快招商引资项目建设进度的通知	2014 年 6 月 25 日
银兴党办发〔2014〕57 号	关于呈送《兴庆区 2014 年上半年工作总结暨下半年工作安排》的报告	2014 年 6 月 25 日
银兴党办发〔2014〕58 号	关于印发《兴庆区 2014 年群众评议机关和干部作风活动实施方案》的通知	2014 年 6 月 27 日
银兴党办发〔2014〕59 号	关于贯彻落实《关于完善党员干部直接联系群众制度的意见》责任分工的通知	2014 年 6 月 30 日
银兴党办发〔2014〕60 号	关于 2014 年第二季度信息调研采辑情况的通报	2014 年 7 月 4 日
银兴党办发〔2014〕61 号	兴庆区第一季度绩效考评通报	2014 年 7 月 7 日
银兴党办发〔2014〕62 号	关于转发自治区党委办公厅人民政府办公厅《关于全区事业单位分类的实施意见》的通知	2014 年 7 月 10 日
银兴党办发〔2014〕63 号	关于 2014 年上半年各部门单位上争资金完成情况的通报	2014 年 7 月 14 日
银兴党办发〔2014〕64 号	关于在兴庆区开展行政审批事项“清零”工作重新确定审批和管理事项的通知	2014 年 8 月 2 日
银兴党办发〔2014〕65 号	关于 2014 年上半年绩效考评情况的通报	2014 年 8 月 2 日
银兴党办发〔2014〕66 号	关于兴庆区 2014 年上半年项目进展情况的通报	2014 年 8 月 4 日
银兴党办发〔2014〕67 号	关于 2014 年第二年度单位绩效考评情况的通报	2014 年 8 月 6 日
银兴党办发〔2014〕68 号	关于 2014 年上半年招商引资工作目标任务完成情况的通报	2014 年 8 月 6 日
银兴党办发〔2014〕69 号	关于组织学习《全国经济责任审计工作电视电话会议精神》的通知	2014 年 8 月 7 日
银兴党办发〔2014〕70 号	关于召开党的群众路线教育实践活动专题民主生活会的请示	2014 年 8 月 14 日
银兴党办发〔2014〕71 号	关于国家工作人员出国(境)证件清查和收管工作的报告	2014 年 8 月 14 日
银兴党办发〔2014〕72 号	关于党政领导干部在社会团体兼职情况的报告	2014 年 8 月 18 日
银兴党办发〔2014〕73 号	关于离退休和在职党员干部参与宗教活动情况相关材料的报告	2014 年 8 月 18 日
银兴党办发〔2014〕74 号	关于印发《兴庆区 2014 年打击传销专项整治工作方案》的通知	2014 年 8 月 20 日
银兴党办发〔2014〕75 号	关于印发《兴庆区关于开展“转作风抓发展”活动实施方案》的通知	2014 年 8 月 27 日
银兴党办发〔2014〕76 号	关于印发《兴庆区 2014 年“民族团结”活动实施方案》的通知	2014 年 9 月 2 日
银兴党办发〔2014〕77 号	关于调整兴庆区纪委监察局牵头或参与的兴庆区党委政府议事机构的通知	2014 年 9 月 4 日
银兴党办发〔2014〕78 号	关于对自治区银川市重要指标重点工作重大项目考核进行责任分工的通知	2014 年 9 月 15 日
银兴党办发〔2014〕79 号	关于转发《银川市发展党员推优推荐制度》等六项制度的通知	2014 年 9 月 23 日
银兴党办发〔2014〕80 号	关于进一步加强和改进兴庆区信访工作的实施办法	2014 年 9 月 23 日
银兴党办发〔2014〕81 号	关于转发银川市《进一步做好当前安全生产工作的通知》的通知	2014 年 9 月 26 日
银兴党办发〔2014〕82 号	关于做好 2014 年国庆节古尔邦节期间有关工作的通知	2014 年 9 月 26 日

表 32 续

文号	文件名称	时间
银兴党办发〔2014〕83 号	关于认真做好 2014 年国庆节期间值班及信息报送工作的通知	2014 年 9 月 28 日
银兴党办发〔2014〕86 号	关于转发《自治区党委办公厅人民政府办公厅〈关于党政机关区内公务接待管理办法〉》的通知	2014 年 10 月 16 日
银兴党办发〔2014〕88 号	关于 2014 年第三季度各单位绩效考评情况的通报	2014 年 10 月 28 日
银兴党办发〔2014〕89 号	关于兴庆区参加全国社会扶贫工作电视电话会议暨全国扶贫日活动宁夏启动仪式违反会议纪律情况的通报	2014 年 10 月 29 日
银兴党办发〔2014〕90 号	关于进一步加强秸秆等废物禁烧工作的通知	2014 年 11 月 10 日
银兴党办发〔2014〕91 号	关于深入学习宣传贯彻党的十八届四中全会精神的通知	2014 年 11 月 12 日
银兴党办发〔2014〕92 号	关于报送兴庆区 2014 年工作总结暨 2015 年工作安排的报告	2014 年 11 月 20 日
银兴党办发〔2014〕93 号	关于上报兴庆区 2014 年度创新工作成果和获奖情况的报告	2014 年 11 月 21 日
银兴党办发〔2014〕94 号	关于规范 2015 年度重点党报党刊订阅工作的通知	2014 年 11 月 25 日
银兴党办发〔2014〕95 号	关于落实县级领导包案化解银川市交办的信访突出问题的通知	2014 年 12 月 2 日
银兴党办发〔2014〕96 号	关于 2014 年 1—11 月各部门单位上争资金完成情况的通报	2014 年 12 月 8 日
银兴党办发〔2014〕97 号	关于印发《兴庆区关于进一步加强督察体系建设的意见》的通知	2014 年 12 月 16 日
银兴党办发〔2014〕98 号	关于转发《银川市农村基层党员干部廉洁自律履行职责若干规定》的通知	2014 年 12 月 22 日
银兴党办发〔2014〕99 号	关于印发《兴庆区会议制度实施细则》等规章制度的通知	2014 年 12 月 23 日
银兴党办发〔2014〕100 号	关于印发《兴庆区委调查研究制度实施细则》等规章制度的通知	2014 年 12 月 23 日
银兴党办发〔2014〕101 号	关于兴庆区各单位 2013 年度绩效考评等级的通报	2014 年 12 月 24 日
银兴党办发〔2014〕102 号	关于转发银川市《关于促进农业特色优势产业协会发展的实施意见》的通知	2014 年 12 月 24 日
银兴党办发〔2014〕103 号	关于印发《加强改进新形势下离退休干部党组织建设工作的实施方案》的通知	2014 年 12 月 29 日
银兴党办发〔2014〕104 号	关于印发《兴庆区人民政府职能转变和机构改革方案的实施意见》的通知	2014 年 12 月 31 日
银兴党办发〔2014〕105 号	关于印发《兴庆区全面深化改革领导小组工作规则》的通知	2014 年 12 月 31 日
银兴党办发〔2014〕106 号	关于做好元旦春节期间相关工作的通知	2014 年 12 月 31 日
银兴党办通〔2014〕1 号	关于对学习贯彻落实中央自治区银川市及兴庆区有关会议精神情况进行督查的通知	2014 年 1 月 3 日
银兴党办通〔2014〕2 号	关于召开兴庆区 2014 年人民武装工作会议的通知	2014 年 1 月 22 日
银兴党办通〔2014〕3 号	关于召开兴庆区委中心组的通知(扩大)学习会的通知	2014 年 1 月 29 日
银兴党办通〔2014〕4 号	关于组织参加 2014 年自治区农村工作暨扶贫开发工作电视电话会议的通知	2014 年 1 月 10 日
银兴党办通〔2014〕5 号	关于参加自治区党的群众路线教育实践活动第一批总结暨第二批部署会议的通知	2014 年 10 月 20 日
银兴党办通〔2014〕7 号	关于召开中共银川市兴庆区纪委二届四次全体(扩大)会议和党委工作会议的通知	2014 年 10 月 12 日
银兴党办通〔2014〕8 号	关于召开兴庆区巩固深化全国文明城市创建成果动员会的通知	2014 年 10 月 25 日

表 32 续

文号	文件名称	时间
银兴党办通〔2014〕9 号	关于举办兴庆区“优才讲坛”互联网与电子商务专题培训的通知	2014 年 4 月 15 日
银兴党办通〔2014〕10 号	关于召开县级领导班子“四风”问题民主评议会的通知	2014 年 5 月 26 日
银兴党办通〔2014〕11 号	关于组织参加银川市政法干警践行群众路线先进事迹报告会的通知	2014 年 7 月 14 日
银兴党办通〔2014〕12 号	关于召开兴庆区 2014 年上半年经济形势分析暨转作风抓发展工作推进会的通知	2014 年 8 月 8 日
银兴党办通〔2014〕13 号	关于召开兴庆区第 30 个教师节暨第十四届全运会表彰大会的通知	2014 年 9 月 9 日
银兴党办通〔2014〕14 号	关于组织参加党的群众路线教育实践活动总结大会的通知	2014 年 9 月 28 日
银兴党办通〔2014〕15 号	关于组织参加全区党的群众路线教育实践活动总结大会和传达中央民族工作会议精神会议的通知	2014 年 10 月 10 日
银兴党办通〔2014〕16 号	关于召开兴庆区党的群众路线教育实践活动总结大会的通知	2014 年 10 月 13 日
银兴党办通〔2014〕17 号	关于在环卫人节机关职工参加义务劳动的通知	2014 年 10 月 14 日
银兴党办通〔2014〕18 号	关于举办党风廉政建设党委主体责任纪委监督责任培训会的通知	2014 年 11 月 5 日
银兴党办通〔2014〕19 号	关于征订《秘书工作》《保密工作》《保密科学技术》的通知	2014 年 11 月 12 日

表 33　　2014 年兴庆区政府发文

文号	文件名称	时间
银兴政发〔2014〕1 号	关于追认贾玉瑞、张家真为烈士的请示	2014 年 1 月 2 日
银兴政发〔2014〕2 号	关于兴庆区原塔桥九队国有土地使用权挂牌相关事宜的请示	2014 年 1 月 17 日
银兴政发〔2014〕3 号	关于申报塔桥村为中国少数民族特色村寨的请示	2014 年 1 月 20 日
银兴政发〔2014〕4 号	关于成立科技惠民计划项目领导小组的通知	2014 年 1 月 27 日
银兴政发〔2014〕5 号	关于给予赵云飞等 3 名同志兴庆区“见义勇为积极分子”荣誉称号并予以物质奖励的决定	2014 年 2 月 19 日
银兴政发〔2014〕6 号	关于新建掌政镇第四期安置区有关事宜的请示	2014 年 2 月 19 日
银兴政发〔2014〕7 号	关于对银川市兴庆区川江百味养生火锅店重大火灾隐患进行挂牌督办的批复	2014 年 1 月 17 日
银兴政发〔2014〕8 号	关于对银川市兴庆区川江百味养生火锅店重大火灾隐患进行摘牌销案的批复	2014 年 1 月 23 日
银兴政发〔2014〕9 号	关于撤销《迎接义务教育均衡发展验收采购教学仪器设备议案》的说明	2014 年 2 月 11 日
银兴政发〔2014〕10 号	关于划拨银川市兴庆区第二十二小学迁建项目用地的请示	2014 年 2 月 11 日
银兴政发〔2014〕11 号	关于划拨银川市兴庆区满春小学扩建项目用地的请示	2014 年 2 月 11 日
银兴政发〔2014〕12 号	关于银川市德胜片区控制性规划编制有关事宜的请示	2014 年 2 月 20 日
银兴政发〔2014〕13 号	关于报送贺兰山路北侧排水干沟开挖建设工程项目(石中高速至红旗沟段)测算报告的请示	2014 年 2 月 26 日
银兴政发〔2014〕14 号	关于申请对京藏高速公路两侧部分擎天柱广告牌予以拆除的请示	2014 年 2 月 26 日
银兴政发〔2014〕15 号	关于减免银川市第五中学迁建项目城市配套费的请示	2014 年 2 月 26 日

表 33 续

文号	文件名称	时间
银兴政发〔2014〕16 号	关于减免银川市兴庆区满春中学扩建项目城市配套费的请示	2014 年 3 月 4 日
银兴政发〔2014〕17 号	关于唐徕小区东北片区旧城改造有关事宜的报告	2014 年 3 月 6 日
银兴政发〔2014〕18 号	关于兴庆区新水桥农贸市场建设用地相关事宜的请示	2014 年 3 月 6 日
银兴政发〔2014〕19 号	关于免缴光华清真寺相关费用的请示	2014 年 3 月 10 日
银兴政发〔2014〕20 号	关于农发行贷款还款有关事宜的请示	2014 年 3 月 13 日
银兴政发〔2014〕21 号	关于赊销《兴庆区人民政府房屋征收补偿决定书》的决定	2014 年 3 月 11 日
银兴政发〔2014〕22 号	关于月牙湖乡牧民新村拆迁安置有关事宜的请示	2014 年 3 月 11 日
银兴政发〔2014〕23 号	关于申请银川市兴庆区京藏高速公路防洪排涝工程立项的请示	2014 年 3 月 12 日
银兴政发〔2014〕24 号	关于申请办理宁夏骏华月牙湖农牧科技股份有限公司规模化养殖业设施农业用地相关手续的请示	2014 年 3 月 13 日
银兴政发〔2014〕25 号	关于建设西部电子商务中心项目的请示	2014 年 3 月 17 日
银兴政发〔2014〕26 号	关于申请核拨兴庆区东部防洪排涝工程征地拆迁补偿资金的请示	2014 年 3 月 19 日
银兴政发〔2014〕27 号	关于农发行贷款项目借款的请示	2014 年 3 月 24 日
银兴政发〔2014〕28 号	关于申请银川市兴庆区京藏高速公路防洪排涝工程用地的请示	2014 年 3 月 24 日
银兴政发〔2014〕29 号	关于兴庆华府营业房安置有关事宜的请示	2014 年 3 月 25 日
银兴政发〔2014〕30 号	关于申请核拨兴庆区青银高速两侧绿化整治项目征地拆迁补偿资金的请示	2014 年 3 月 25 日
银兴政发〔2014〕31 号	关于协调启用友爱变电站有关事宜的请示	2014 年 3 月 25 日
银兴政发〔2014〕32 号	关于解决丽景街办事处双庄村失地农民就业市场项目用地的请示	2014 年 3 月 25 日
银兴政发〔2014〕34 号	关于满春小康村安置区建设资金有关事宜的请示	2014 年 3 月 31 日
银兴政发〔2014〕35 号	关于塔桥安置区拆迁量进行审核的请示	2014 年 3 月 31 日
银兴政发〔2014〕37 号	关于申请拨付由宁夏正丰房地产开发有限公司垫付的庆丰苑南侧道路建设费及道路绿化带征地补偿款的请示	2014 年 4 月 3 日
银兴政发〔2014〕38 号	关于解决兴庆区部分学校生均面积不足等问题的请示	2014 年 4 月 3 日
银兴政发〔2014〕39 号	关于上报黄河金岸·华夏河图生态小镇项目一期补征土地测算报告的请示	2014 年 4 月 8 日
银兴政发〔2014〕40 号	关于划拨月牙湖乡第二幼儿园项目用地的请示	2014 年 4 月 8 日
银兴政发〔2014〕41 号	关于修订《银川市兴庆区掌政镇总体规划(2011—2030)》的请示	2014 年 4 月 8 日
银兴政发〔2014〕42 号	关于解决鸣翠湖土地权属问题的请示	2014 年 4 月 8 日
银兴政发〔2014〕43 号	关于新渠稍中心村等美丽村庄项目规划有关事宜的请示	2014 年 4 月 10 日
银兴政发〔2014〕44 号	关于宁夏富地房地产开发有限公司土地置换的请示	2014 年 4 月 14 日
银兴政发〔2014〕45 号	关于唐徕小区旧城改造安置区树木移植事宜的请示	2014 年 4 月 14 日
银兴政发〔2014〕46 号	关于给予丁国栋同志兴庆区"见义勇为积极分子"荣誉称号并予以物质奖励的决定	2014 年 4 月 16 日

表 33 续

文号	文件名称	时间
银兴政发〔2014〕47 号	关于给予韩 微同志兴庆区“见义勇为积极分子”荣誉称号并予以物质奖励的决定	2014 年 4 月 16 日
银兴政发〔2014〕48 号	关于将银川商贸物流带 7 条道路列入银川市 2014 年道路建设计划的请示	2014 年 4 月 14 日
银兴政发〔2014〕49 号	关于将兴庆区月牙湖乡移民地区道路列入银川市 2014 年道路建设规划的请示	2014 年 4 月 14 日
银兴政发〔2014〕50 号	关于借用银川市医保中心办公场所的请示	2014 年 4 月 15 日
银兴政发〔2014〕51 号	关于呈报兴庆区农村中小学布局规划《2013—2015 年》的报告	2014 年 4 月 17 日
银兴政发〔2014〕52 号	关于通贵小城镇等项目建设有关事宜的请示	2014 年 4 月 15 日
银兴政发〔2014〕53 号	关于加快玉皇阁幼儿园建设进度为高台寺中心幼儿园搬迁做好准备工作的请示	2014 年 4 月 18 日
银兴政发〔2014〕54 号	关于兴庆区月牙湖宝丰休闲牧场建设项目迁坟事宜的请示	2014 年 4 月 22 日
银兴政发〔2014〕55 号	关于命名兴庆区 2013 年度绿化达标单位的决定	2014 年 4 月 22 日
银兴政发〔2014〕56 号	关于兴庆区旧城南部安置区建设及旧城更新改造项目相关事宜的请示	2014 年 4 月 23 日
银兴政发〔2014〕57 号	关于兴庆区商贸物流带部分国有土地拆迁置换事宜的请示	2014 年 4 月 23 日
银兴政发〔2014〕58 号	关于实施兴庆区通贵乡小城镇建设安置区一期及市政道路建设项目的请示	2014 年 4 月 24 日
银兴政发〔2014〕59 号	关于解决塔桥安置区天然气管线改线资金的请示	2014 年 4 月 25 日
银兴政发〔2014〕60 号	关于解决穆斯林商贸城污水回灌问题的请示	2014 年 4 月 28 日
银兴政发〔2014〕61 号	关于解决银川鸣翠湖国家湿地公园土地权属问题的请示	2014 年 4 月 28 日
银兴政发〔2014〕62 号	关于中国西部珠宝文化国际博览中心项目变更实施事宜的请示	2014 年 5 月 4 日
银兴政发〔2014〕63 号	关于银川第五幼儿园借用园舍办学的请示	2014 年 5 月 6 日
银兴政发〔2014〕65 号	关于中山南街康华社区税务小区住宅存在严重安全隐患的报告	2014 年 5 月 7 日
银兴政发〔2014〕66 号	关于土地利用和管理的自查报告	2014 年 5 月 7 日
银兴政发〔2014〕67 号	关于在宁港财富中国项目内设立银川市旅游集散中心的请示	2014 年 5 月 8 日
银兴政发〔2014〕68 号	关于申请核拨尚东帝景项目征地拆迁补偿资金的请示	2014 年 5 月 8 日
银兴政发〔2014〕69 号	关于办理唐徕小区棚户区改造安置区建设项目环境影响评价及夜间施工手续的请示	2014 年 5 月 9 日
银兴政发〔2014〕70 号	关于唐徕小区棚户区改造安置区建设项目免收渣土清运费的请示	2014 年 5 月 9 日
银兴政发〔2014〕71 号	关于征地拆迁借款抵顶城市配套费的请示	2014 年 5 月 15 日
银兴政发〔2014〕72 号	关于拆迁借款抵顶调增容积率的请示	2014 年 5 月 15 日
银兴政发〔2014〕73 号	关于办理兴庆区大新镇燕鸽村失地农民养老保险相关事宜的请示	2014 年 5 月 15 日
银兴政发〔2014〕74 号	关于申请移交银川市徕龙公园管理权的请示	2014 年 5 月 19 日
银兴政发〔2014〕75 号	关于吉泰公园世家城中村棚户区改造项目拆迁有关事宜的请示	2014 年 5 月 21 日
银兴政发〔2014〕76 号	关于八里桥七队安置区建设工程结算有关事宜的报告	2014 年 5 月 22 日
银兴政发〔2014〕77 号	关于申请拨付土地收储项目贷款利息的请示	2014 年 5 月 22 日

表 33 续

文号	文件名称	时间
银兴政发〔2014〕78 号	关于核拨新华西街湖滨西街道路畅通工程过渡费的请示	2014 年 5 月 22 日
银兴政发〔2014〕79 号	关于拨付宁夏交通物流园土地出让金有关事宜的请示	2014 年 5 月 26 日
银兴政发〔2014〕80 号	关于解决上前城保障性住房项目代建工程资金的请示	2014 年 5 月 27 日
银兴政发〔2014〕81 号	关于大新干鲜果品市场失地农民公寓项目建设有关事宜的请示	2014 年 5 月 27 日
银兴政发〔2014〕82 号	关于光华家园安置区项目土地出让金事宜的请示	2014 年 5 月 27 日
银兴政发〔2014〕83 号	关于申请银川市兴庆区京藏高速公路两侧湿地公园及廊道绿化工程立项的请示	2014 年 5 月 27 日
银兴政发〔2014〕84 号	关于中国穆斯林国际商贸城二期项目用地有关事宜的请示	2014 年 6 月 9 日
银兴政发〔2014〕85 号	关于民乐村与美德亨国际家居博览中心合作开发用地转为国有土地的请示	2014 年 6 月 3 日
银兴政发〔2014〕86 号	关于申请银川市兴庆区京藏高速公路防洪排涝工程立项的请示	2014 年 6 月 3 日
银兴政发〔2014〕87 号	关于光华门 6 队 11 队安置区土地挂牌有关事宜的请示	2014 年 6 月 5 日
银兴政发〔2014〕88 号	关于建设中国西部微商经济总部项目事宜的请示	2014 年 6 月 6 日
银兴政发〔2014〕89 号	关于建设银川颐和盛世商业广场项目事宜的请示	2014 年 6 月 6 日
银兴政发〔2014〕90 号	关于审定兴庆区交警一大队办公楼建设项目拆迁测算报告的请示	2014 年 6 月 9 日
银兴政发〔2014〕91 号	关于调整土地利用总体规划的请示	2014 年 6 月 9 日
银兴政发〔2014〕92 号	关于实施军休所小区旧房改造项目的请示	2014 年 6 月 10 日
银兴政发〔2014〕93 号	关于实施青银高速公路两侧绿化整治项目征收的请示	2014 年 6 月 11 日
银兴政发〔2014〕94 号	关于兴庆区掌政镇特色小城镇建设相关事宜的请示	2014 年 6 月 11 日
银兴政发〔2014〕95 号	关于实施第二排水沟大新三队段环境整治项目征收工作的请示	2014 年 6 月 11 日
银兴政发〔2014〕96 号	关于建设东城湖商业广场三旧改造项目相关事宜的请示	2014 年 6 月 9 日
银兴政发〔2014〕97 号	关于建设银川江宁国际酒店用品商贸城二期项目相关事宜的请示	2014 年 6 月 9 日
银兴政发〔2014〕98 号	关于银横路以北拓宽改造项目征收测算的请示	2014 年 6 月 12 日
银兴政发〔2014〕99 号	关于分割办理宁港财富中国项目地块土地使用证的请示	2014 年 6 月 17 日
银兴政发〔2014〕100 号	关于解决甘肃盛物资集团竞得土地欠缴出让金相关事宜的请示	2014 年 6 月 16 日
银兴政发〔2014〕101 号	关于解决银川第五幼儿园校舍安全有关事宜的请示	2014 年 6 月 16 日
银兴政发〔2014〕102 号	关于审核浙江轻纺城项目拆迁测算的请示	2014 年 6 月 16 日
银兴政发〔2014〕103 号	关于批准实施银通路拓宽项目国有土地上房屋征收与补偿方案的请示	2014 年 6 月 17 日
银兴政发〔2014〕104 号	关于二排沟环境整治情况的报告	2014 年 6 月 17 日
银兴政发〔2014〕105 号	关于建设友爱失地农民公寓项目有关事宜的请示	2014 年 6 月 17 日
银兴政发〔2014〕107 号	关于《银川市兴庆区人民政府党组党的群众路线教育实践活动对照检查材料》的报告	2014 年 6 月 19 日
银兴政发〔2014〕108 号	关于审核兴庆区银佐路以北北塔东路以南拆迁测算的请示	2014 年 6 月 24 日
银兴政发〔2014〕108 号	关于实施兴庆区双庄村钢模板厂更新改造项目相关事宜的请示	2014 年 6 月 25 日

表 33 续

文号	文件名称	时间
银兴政发〔2014〕109 号	关于建设兴庆区满春中学西侧规划路和北侧纬七路的请示	2014 年 6 月 20 日
银兴政发〔2014〕110 号	关于建设兴庆区满春中学西侧规划路和北侧纬七路的请示	2014 年 6 月 30 日
银兴政发〔2014〕110 号	关于建设银川市第二幼儿园新园规划路的请示	2014 年 6 月 30 日
银兴政发〔2014〕111 号	关于兴庆区街道办事处行政区划界线调整的请示	2014 年 7 月 1 日
银兴政发〔2014〕112 号	关于银通路扩宽项目大新供电所拆迁安置补偿有关情况的请示	2014 年 6 月 30 日
银兴政发〔2014〕113 号	关于召开兴庆区政府党的群众路线教育实践活动领导班子专题民主生活会的请示	2014 年 7 月 7 日
银兴政发〔2014〕114 号	关于组建银川公交兴庆有限公司相关事宜的请示	2014 年 7 月 7 日
银兴政发〔2014〕115 号	关于宁夏国际汽车城二期项目建设相关事宜的请示	2014 年 7 月 7 日
银兴政发〔2014〕116 号	关于拨付兴庆区旧城南部安置区建设资金的请示	2014 年 7 月 8 日
银兴政发〔2014〕117 号	关于金茂国际生活港亟待解决突出问题的报告	2014 年 7 月 9 日
银兴政发〔2014〕118 号	关于协调解决银川永泰城项目正式用电相关事宜的请示	2014 年 7 月 9 日
银兴政发〔2014〕119 号	关于友爱 110 千伏输变电架空线路改迁工程有关事宜的请示	2014 年 7 月 9 日
银兴政发〔2014〕120 号	关于调整兴庆区征兵工作领导小粗及征兵办公室组成人员的通知	2014 年 7 月 11 日
银兴政发〔2014〕121 号	关于使用银川市医保中心和原银川市检察院办公场所的请示	2014 年 7 月 16 日
银兴政发〔2014〕122 号	关于呈报《兴庆区 2014 年老旧小区专项改造工程实施方案》的报告	2014 年 7 月 22 日
银兴政发〔2014〕124 号	关于北京路延伸工程常沛东牛场移位建设用地相关事宜的请示	2014 年 7 月 18 日
银兴政发〔2014〕125 号	关于兴庆区居民纳秀兰金继军诉兴庆区人民政府侵犯房产权纠纷案件的情况报告	2014 年 7 月 22 日
银兴政发〔2014〕126 号	关于化解银川高台寺村村民集资建房信访问题的请示	2014 年 7 月 24 日
银兴政发〔2014〕127 号	关于协调解决黄河小镇·横城项目建设相关事宜的请示	2014 年 7 月 22 日
银兴政发〔2014〕128 号	关于协调解决世和·天玺国际中心项目前期工作的请示	2014 年 7 月 25 日
银兴政发〔2014〕129 号	关于向中房公司支付拆迁补偿款的请示	2014 年 7 月 25 日
银兴政发〔2014〕130 号	关于办理兴庆区通贵乡集镇安置区一期建设用地划拨手续的请示	2014 年 7 月 31 日
银兴政发〔2014〕132 号	关于解决光华门二期康居工程建设资金的请示	2014 年 8 月 4 日
银兴政发〔2014〕133 号	关于集中整治“四大商城”周边消防安全隐患实施方案的报告	2014 年 8 月 4 日
银兴政发〔2014〕134 号	关于申请办理宁夏骏华月牙湖农牧科技股份有限公司规模化养殖业设施农业用地相关手续的请示	2014 年 8 月 2 日
银兴政发〔2014〕135 号	关于银川市兴庆区掌政镇赵家湖生态项目区内建设奥特莱斯主题公园的请示	2014 年 8 月 6 日
银兴政发〔2014〕136 号	关于调整掌政镇土地利用总体规划的请示	2014 年 8 月 8 日
银兴政发〔2014〕137 号	关于申请核拨宁夏交通物流园项目征地拆迁经费的请示	2014 年 8 月 11 日
银兴政发〔2014〕138 号	关于申请核拨兴庆区京藏高速公路防洪排涝工程拆迁经费的请示	2014 年 8 月 11 日

表 33 续

文号	文件名称	时间
银兴政发〔2014〕139 号	关于报请市政府协调解决有关事宜的报告	2014 年 8 月 7 日
银兴政发〔2014〕140 号	关于宁夏恒兴机械制造有限公司建设商业物流园项目事宜的请示	2014 年 8 月 12 日
银兴政发〔2014〕141 号	关于规划建设“银川通航产业园”项目的请示	2014 年 8 月 12 日
银兴政发〔2014〕142 号	关于办理通贵乡设施农业用地手续的请示	2014 年 8 月 12 日
银兴政发〔2014〕143 号	关于兴庆区四号路拆迁测算的报告	2014 年 8 月 5 日
银兴政发〔2014〕144 号	关于“黄河金岸·华夏河图”生态小镇首开区项目租用兴庆区掌政镇永南村集体土地的请示	2014 年 8 月 15 日
银兴政发〔2014〕145 号	关于甘肃泰盛集团银川地产项目提出解决方案的请示	2014 年 8 月 15 日
银兴政发〔2014〕146 号	关于调整土地利用总体规划的请示	2014 年 8 月 15 日
银兴政发〔2014〕147 号	关于向中房公司支付拆迁补偿款的请示	2014 年 8 月 20 日
银兴政发〔2014〕148 号	关于申请核拨唐徕小区及旧城南部安置区建设资金的请示	2014 年 8 月 21 日
银兴政发〔2014〕149 号	关于银通路拓宽项目国有土地上房屋征收补偿资金的请示	2014 年 8 月 21 日
银兴政发〔2014〕150 号	关于银通路拓宽改造项目征用集体土地及拆迁安置资金的请示	2014 年 8 月 21 日
银兴政发〔2014〕151 号	关于解决甘肃泰盛物资集团有限公司金茂生活港项目相关问题的请示	2014 年 8 月 25 日
银兴政发〔2014〕152 号	关于建设宁夏广安商业综合体项目相关事宜的请示	2014 年 8 月 26 日
银兴政发〔2014〕153 号	关于银川市第二排水沟(大新三队段)环境整治项目拨款的请示	2014 年 8 月 21 日
银兴政发〔2014〕154 号	关于兴庆区茂盛“供银蔬菜基地”保鲜制冷系统建设项目的请示	2014 年 9 月 1 日
银兴政发〔2014〕155 号	关于报审兴庆区通贵乡集镇规划区征地安置实施方案的报告	2014 年 8 月 27 日
银兴政发〔2014〕156 号	关于光华门二期康居工程项目用地地类变更的请示	2014 年 9 月 1 日
银兴政发〔2014〕157 号	关于解决上前城保障性住房项目代建工程相关问题的请示	2014 年 9 月 3 日
银兴政发〔2014〕158 号	关于加快建设“银川通航机场”项目的请示	2014 年 9 月 3 日
银兴政发〔2014〕159 号	关于上报土地例行督察整改工作情况的报告	2014 年 9 月 4 日
银兴政发〔2014〕160 号	关于申请核拨唐徕小区安置区建设资金的请示	2014 年 9 月 4 日
银兴政发〔2014〕161 号	关于支付农发行土地融资贷款利息事宜的请示	2014 年 9 月 5 日
银兴政发〔2014〕162 号	关于调整土地利用总体规划的请示	2014 年 9 月 9 日
银兴政发〔2014〕163 号	关于中国穆斯林国际商贸城项目亏损补贴的请示	2014 年 9 月 9 日
银兴政发〔2014〕164 号	关于宁夏富地房地产公司代建承建安置区建设项目情况的报告	2014 年 9 月 10 日
银兴政发〔2014〕165 号	关于减免长期占用绿地费的请示	2014 年 9 月 12 日
银兴政发〔2014〕166 号	关于上报签订《银川银宇短期使用临时起降点协议》相关事宜的情况说明	2014 年 9 月 12 日
银兴政发〔2014〕167 号	关于银川银宇临时起降点暨通航产业园项目建设用地预审报批等事宜的报告	2014 年 9 月 15 日
银兴政发〔2014〕168 号	关于银川银宇临时起降点暨通航产业园项目林地用途变更审批等事宜的报告	2014 年 9 月 15 日
银兴政发〔2014〕169 号	关于银川银宇临时起降点暨通航产业园项目立项预审报批等事宜的报告	2014 年 9 月 15 日

表 33 续

文号	文件名称	时间
银兴政发〔2014〕170 号	关于银川五幼等学校布局调整有关事宜的请示	2014 年 9 月 15 日
银兴政发〔2014〕171 号	关于办理月牙湖乡综合服务楼建设用地相关手续的请示	2014 年 9 月 18 日
银兴政发〔2014〕172 号	关于解决兴庆区社区卫生服务中心筹建事宜的请示	2014 年 9 月 18 日
银兴政发〔2014〕173 号	关于宁夏银宇通用航空投资管理有限公司股权变更的请示	2014 年 9 月 18 日
银兴政发〔2014〕174 号	关于印发兴庆区 2014 年秋季农田水利基本建设实施方案的通知	2014 年 9 月 23 日
银兴政发〔2014〕175 号	关于申请核拨兴庆区京藏高速公路两侧防洪排涝及廊道绿化工程建设资金的请示	2014 年 9 月 24 日
银兴政发〔2014〕176 号	关于解决金茂生活港项目安置房建设资金的请示	2014 年 9 月 29 日
银兴政发〔2014〕177 号	关于解决兴庆区安置区建设资金的紧急请示	2014 年 9 月 30 日
银兴政发〔2014〕178 号	关于建设“银川颐和盛世广场城市综合体”项目相关事宜的请示	2014 年 9 月 29 日
银兴政发〔2014〕179 号	关于对兴庆区二小原址用地进行招拍挂相关事宜的请示	2014 年 9 月 29 日
银兴政发〔2014〕180 号	关于建设宁夏浙江国际轻纺城项目相关事宜的请示	2014 年 9 月 28 日
银兴政发〔2014〕181 号	关于返还银地挂宇〔2014〕-29 号宗地土地出让金的请示	2014 年 9 月 26 日
银兴政发〔2014〕182 号	关于划拨供热改扩建锅炉用地的请示	2014 年 9 月 30 日
银兴政发〔2014〕183 号	关于调整兴庆区掌政镇强家庙中心村农机具停放点土地性质的请示	2014 年 9 月 30 日
银兴政发〔2014〕186 号	关于呈报《兴庆区政府班子党的群众路线教育实践活动整改方案落实进展情况》的报告	2014 年 10 月 9 日
银兴政发〔2014〕187 号	兴庆区土地例行督察发现部分问题的整改报告	2014 年 10 月 11 日
银兴政发〔2014〕188 号	关于兴庆区土地例行督察整改工作报告	2014 年 10 月 11 日
银兴政发〔2014〕190 号	关于解决兴庆区社区卫生服务中心建设事宜的请示	2014 年 10 月 21 日
银兴政发〔2014〕191 号	关于申请核拨唐徕小区安置区建设资金及过渡期租房费的请示	2014 年 10 月 22 日
银兴政发〔2014〕192 号	关于 2014 年上半年国民经济和社会发展规划执行情况及下半年工作安排报告的审议意见办理情况的报告	2014 年 10 月 27 日
银兴政发〔2014〕193 号	关于拨付旧城南部改造项目中应由企业承担的相关费用的请示	2014 年 10 月 27 日
银兴政发〔2014〕194 号	关于对兴庆区新增失地农民享受 20 平方米公寓 5 平方米营业房事宜审核的请示	2014 年 10 月 27 日
银兴政发〔2014〕195 号	关于评估验收兴庆区义务教育均衡发展工作的请示	2014 年 10 月 29 日
银兴政发〔2014〕196 号	关于对做好本辖区义务教育均衡存在问题整改的承诺	2014 年 10 月 29 日
银兴政发〔2014〕197 号	关于解决烈属遗孀王秀花所提问题办理情况的报告	2014 年 11 月 6 日
银兴政发〔2014〕198 号	关于以兴庆区为试点建设银川市电厂余(废)热综合利用供热工程项目的报告	2014 年 11 月 6 日
银兴政发〔2014〕199 号	关于永泰城项目建设中存在问题的报告	2014 年 11 月 6 日
银兴政发〔2014〕200 号	关于协调解决尚东帝景拆迁户马登明遗留问的请示	2014 年 11 月 7 日
银兴政发〔2014〕201 号	关于给予王建功同志兴庆区“见义勇为积极分子”荣誉称号并予以物质奖励的决定	2014 年 10 月 31 日

表33续

文号	文件名称	时间
银兴政发〔2014〕233号	关于政府投资项目管理存在问题整改落实情况的检查	2014年12月22日
银兴政发〔2014〕234号	关于申请拨付强家庙河滩中心村建设项目补助资金的请示	2014年12月24日
银兴政发〔2014〕235号	关于协调解决兴庆区民乐安置区农民工工资事宜的请示	2014年12月25日
银兴政发〔2014〕236号	关于兴庆区政府存量债务清理甄别工作情况的报告	2014年12月24日
银兴政发〔2014〕239号	关于银通路(友爱中心路至燕庆路)拓宽项目征收补偿审核测算有关情况的请示	2014年12月29日
银兴政发〔2014〕240号	关于银川永泰城阁底湖改造建议事项的请示	2014年12月29日
银兴政发〔2014〕241号	关于银川通用机场预选场址意见的请示	2014年12月31日

表34　　2014年兴庆区政府办公室发文

文号	文件名称	时间
银兴政办发〔2014〕1号	关于印发《兴庆区农村劳动力职业技能“培训之冬”》的通知	2014年1月2日
银兴政办发〔2014〕2号	关于对兴庆区2013年土地变更调查工作中发现的农民违法建房及占用基本农田进行限期拆除清理和复垦的通知	2014年1月2日
银兴政办发〔2014〕3号	关于对2013年度城中(边)村改造及主干道路大整治大绿化工程涉及困难群众进行慰问的通知	2014年1月9日
银兴政办发〔2014〕4号	关于印发银川市兴庆区突发事件总体应急预案的通知	2014年4月17日
银兴政办发〔2014〕5号	关于成立银川市兴庆区消防安全委员会成员的通知	2014年1月15日
银兴政办发〔2014〕6号	关于对违法图斑拆除和清理情况进行督办的通知	2014年1月17日
银兴政办发〔2014〕7号	转发《银川市人民政府办公厅关于做好降雪天气安全生产工作的紧急通知》的通知	2014年2月5日
银兴政办发〔2014〕8号	关于成立兴庆区京藏高速公路水系连通工程指挥部的通知	2014年2月9日
银兴政办发〔2014〕9号	关于对政府常务会议专题会议决定事项落实情况进行督查的通知	2014年2月12日
银兴政办发〔2014〕10号	关于全面清理政府规范性文件等“红头文件”的通知	2014年2月12日
银兴政办发〔2014〕11号	关于印发兴庆区全民健身计划(2011—2015年)的通知	2014年2月19日
银兴政办发〔2014〕12号	兴庆区人民政府办公室关于印发《兴庆区2014年第一批政府投资项目计划表》的通知	2014年2月19日
银兴政办发〔2014〕13号	关于上报“美丽银川”建设实施方案的通知	2014年2月21日
银兴政办发〔2014〕14号	关于印发兴庆区森林火灾应急处理预案的通知	2014年2月19日
银兴政办发〔2014〕15号	关于印发《兴庆区2014年国民体质监测工作方案》的通知	2014年2月25日
银兴政办发〔2014〕16号	关于启用兴庆区商务局印章的通知	2014年2月25日
银兴政办发〔2014〕17号	关于印发《兴庆区区域性火灾隐患整治规划(2014—2016年)》的通知	2014年2月26日
银兴政办发〔2014〕18号	关于印发《兴庆区开展第六次全国体育场地普查工作方案》的通知	2014年2月26日
银兴政办发〔2014〕19号	关于进一步规范兴庆区政府投资项目工程造价咨询和招标代理程序的通知	2014年3月5日

表 34 续

文号	文件名称	时间
银兴政办发〔2014〕20 号	关于召开兴庆区人民政府三届二次全体(扩大)会议暨廉政工作会议的通知	2014 年 3 月 10 日
银兴政办发〔2014〕21 号	关于认真办理兴庆区三届人大二次会议代表议案建议和政协三届二次会议委员提案的通知	2014 年 3 月 12 日
银兴政办发〔2014〕22 号	关于印发《兴庆区开展落实企业安全生产主体责任年活动实施方案》的通知	2014 年 3 月 12 日
银兴政办发〔2014〕23 号	关于对 2013 年土地变更调查数据验收情况及再次限期拆除清理的通知	2014 年 3 月 13 日
银兴政办发〔2014〕24 号	关于印发《兴庆区 2014 年蓝天工程工作安排》的通知	2014 年 3 月 17 日
银兴政办发〔2014〕25 号	关于昊检小区部分住户向自治区人大常委会反映兴庆区政府违法强征居民房屋事宜的答复	2014 年 3 月 21 日
银兴政办发〔2014〕26 号	关于做好 2014 年度银川市人大议案建议政协委员提案办理工作的通知	2014 年 3 月 26 日
银兴政办发〔2014〕27 号	关于印发兴庆区开展农村土地承包经营权确权登记工作实施方案的通知	2014 年 3 月 28 日
银兴政办发〔2014〕28 号	关于印发兴庆区人民政府 2014 年依法行政工作要点的通知	2014 年 3 月 31 日
银兴政办发〔2014〕29 号	关于开展第二十六个爱国卫生月活动的通知	2014 年 4 月 2 日
银兴政办发〔2014〕30 号	关于成立兴庆区草原生态建设项目专项检查工作领导小组的通知	2014 年 4 月 8 日
银兴政办发〔2014〕31 号	关于印发银川市兴庆区火灾事故防控预案的通知	2014 年 4 月 17 日
银兴政办发〔2014〕32 号	关于限期拆除违法占地建房的通知	2014 年 4 月 11 日
银兴政办发〔2014〕33 号	关于转发《银川市人民政府办公厅关于印发〈关于进一步深化村(社区)为民办事全程代办点建设工作的实施意见〉的通知》的通知	2014 年 4 月 17 日
银兴政办发〔2014〕34 号	关于印发兴庆区土地例行督察工作实施方案的通知	2014 年 4 月 18 日
银兴政办发〔2014〕35 号	关于印发兴庆区 2014 年农业机械及农机驾驶操作人员普查工作实施方案的通知	2014 年 4 月 22 日
银兴政办发〔2014〕37 号	关于做好 2014 年度自治区人大建议政协委员提案办理工作的通知	2014 年 4 月 23 日
银兴政办发〔2014〕38 号	兴庆区政府办公室关于印发《兴庆区 2014 年第二批政府投资项目计划表》的通知	2014 年 4 月 25 日
银兴政办发〔2014〕39 号	关于做好兴庆区 2013 年以来政府投资建设项目土地手续办理工作的通知	2014 年 4 月 25 日
银兴政办发〔2014〕40 号	关于转发《银川市人民政府办公厅关于调整市辖区党政事业单位作息时间的通知》的通知	2014 年 4 月 30 日
银兴政办发〔2014〕41 号	关于兴庆区防灾减灾月在南门广场集中宣传活动安排的通知	2014 年 5 月 5 日
银兴政办发〔2014〕42 号	关于调整兴庆区防汛抗旱指挥部组成人员的通知	2014 年 5 月 7 日
银兴政办发〔2014〕43 号	关于印发《兴庆区妇幼卫生“七免一救助”实施方案》的通知	2014 年 5 月 9 日
银兴政办发〔2014〕45 号	关于上报 2014 年上半年工作总结及下半年工作安排的通知	2014 年 5 月 26 日
银兴政办发〔2014〕46 号	关于印发银川市兴庆区政策性农业保险实施办法的通知	2014 年 6 月 3 日
银兴政办发〔2014〕47 号	关于启用乡镇街道民政事务专用章的通知	2014 年 6 月 5 日
银兴政办发〔2014〕48 号	关于印发兴庆区 2014 年节能宣传周和低碳日活动实施方案的通知	2014 年 6 月 6 日

表 34 续

文号	文件名称	时间
银兴政办发〔2014〕49 号	关于印发关于兴庆区 13 所农村中小学学生营养早餐计划实施方案的通知	2014 年 6 月 13 日
银兴政办发〔2014〕50 号	关于加强社区蔬菜直销店规范管理的通知	2014 年 6 月 12 日
银兴政办发〔2014〕51 号	关于申请将兴庆区叶建国同志按照因公殉职情况对待的报告	2014 年 6 月 18 日
银兴政办发〔2014〕52 号	关于对政府常务会议专题会议决定事项落实情况进行督查的通知	2014 年 6 月 19 日
银兴政办发〔2014〕53 号	关于印发兴庆区二〇一四年中小学招生工作安排意见的通知	2014 年 6 月 19 日
银兴政办发〔2014〕54 号	兴庆区政府办公室关于印发《兴庆区 2014 年第三批政府投资项目计划表》的通知	2014 年 6 月 20 日
银兴政办发〔2014〕55 号	关于兴庆区政府副区长叶建国同志因病去世的报告	2014 年 7 月 16 日
银兴政办发〔2014〕56 号	兴庆区人民政府关于转发《自治区人民政府关于废止和宣布失效及修改部分自治区人民政府规范性文件的决定》的通知	2014 年 7 月 25 日
银兴政办发〔2014〕57 号	关于印发开展拖欠群众钱款等侵害群众利益行为专项整治行动实施方案的通知	2014 年 8 月 11 日
银兴政办发〔2014〕59 号	关于对 2014 年政府工作报告任务分解完成情况进行督查的通知	2014 年 8 月 12 日
银兴政办发〔2014〕60 号	关于印发《集中整治"四大商城"周边消防安全隐患实施方案》的通知	2014 年 8 月 14 日
银兴政办发〔2014〕61 号	关于开展清查收管国家工作人员持有因私出国(境)证件工作情况的报告	2014 年 8 月 15 日
银兴政办发〔2014〕62 号	关于离退休和在职党员干部参与宗教活动情况的报告	2014 年 8 月 18 日
银兴政办发〔2014〕63 号	转发《银川市进一步做好被征地农民基本养老保险工作实施意见的通知》的通知	2014 年 8 月 18 日
银兴政办发〔2014〕64 号	关于印发《银川市兴庆区土地例行督察发现问题整改工作实施方案》的通知	2014 年 8 月 19 日
银兴政办发〔2014〕65 号	关于做好兴庆区 2015 年建设项目计划编报工作的通知	2014 年 8 月 22 日
银兴政办发〔2014〕66 号	关于印发《兴庆区党的群众路线教育实践活动联动整改问题责任分工》的通知	2014 年 9 月 1 日
银兴政办发〔2014〕67 号	关于公示政府班子成员整改清单的通知	2014 年 9 月 18 日
银兴政办发〔2014〕68 号	关于对兴庆区 2014 年土地卫片执法监督检查违法用地图斑情况进行限期拆除清理的通知	2014 年 9 月 19 日
银兴政办发〔2014〕69 号	关于印发银川市兴庆区月牙湖乡贫困村村级发展互助资金实施方案的通知	2014 年 9 月 19 日
银兴政办发〔2014〕70 号	关于成立月牙湖乡膝关节骨关节炎防治技术应用示范领导小组的通知	2014 年 9 月 29 日
银兴政办发〔2014〕71 号	关于转发银川市国土资源局《关于限期整改西安督察局例行督察案件的函》的通知	2014 年 9 月 30 日
银兴政办发〔2014〕72 号	关于成立兴庆区土地例行督察整改工作领导小组的通知	2014 年 8 月 25 日
银兴政办发〔2014〕73 号	关于报送 2014 年上半年依法行政工作总结有关事项的通知	2014 年 10 月 12 日
银兴政办发〔2014〕74 号	关于报送 2014 年上半年政务公开工作总结做好年度工作检查的通知	2014 年 10 月 14 日
银兴政办发〔2014〕75 号	关于兴庆区农村"三资"清理及专项整治工作自查自验情况的通报	2014 年 10 月 29 日
银兴政办发〔2014〕76 号	关于调整兴庆区政府区长副区长工作分工的通知	2014 年 11 月 6 日
银兴政办发〔2014〕77 号	关于成立兴庆区人民政府信访事项复查委员会的通知	2014 年 11 月 10 日
银兴政办发〔2014〕78 号	关于启用银川市兴庆区人民政府信访事项复查专用章的通知	2014 年 12 月 4 日

表 34 续

文号	文件名称	时间
银兴政办发〔2014〕79 号	关于印发兴庆区开展城乡居民普惠性健康体检工作实施方案的通知	2014 年 11 月 18 日
银兴政办发〔2014〕80 号	关于调整兴庆区测土配方施肥工作领导小组的通知	2014 年 11 月 25 日
银兴政办发〔2014〕81 号	关于拨付兑现 2014 年政务服务岗位绩效奖金的请示	2014 年 11 月 26 日
银兴政办发〔2014〕82 号	关于开展 2014 年度招商引资目标任务考核工作的通知	2014 年 11 月 24 日
银兴政办发〔2014〕83 号	关于调整政府办公室主任副主任工作分工的通知	2014 年 11 月 27 日
银兴政办发〔2014〕84 号	关于做好宁夏重点领域改革试点示范调研准备工作的通知	2014 年 12 月 4 日
银兴政办发〔2014〕85 号	关于印发《兴庆区今冬明春火灾防控工作方案》的通知	2014 年 12 月 4 日
银兴政办发〔2014〕86 号	关于修订完善《关于加强征用集体土地补偿费管理的通知》的通知	2014 年 12 月 5 日
银兴政办发〔2014〕87 号	兴庆区政务服务 2014 年工作总结暨 2015 年工作安排	2014 年 12 月 10 日
银兴政办发〔2014〕88 号	关于成立银川通用机场和通航产业园筹建处的通知	2014 年 12 月 22 日
银兴政办发〔2014〕89 号	关于启用印章的通知	2014 年 12 月 22 日
银兴政办发〔2014〕90 号	关于开展治理淘汰黄标车工作的通知	2014 年 12 月 22 日
银兴政办发〔2014〕91 号	关于印发兴庆区“十三五”规划编制工作实施方案的通知	2014 年 12 月 25 日
银兴政办发〔2014〕92 号	关于转发自治区人民政府办公厅关于 2015 年部分节假日安排的通知	2014 年 12 月 29 日

表 35　　2014 年兴庆区政干发文

文号	文件名称	时间
银兴政干发〔2014〕1 号	关于提请冯德旺等同志职务任免的议案	2014 年 3 月 12 日
银兴政干发〔2014〕2 号	关于董瑞宁等同志职务任免的通知	2014 年 4 月 14 日
银兴政干发〔2014〕3 号	关于陈建全等同志职务任免的通知	2014 年 6 月 3 日
银兴政干发〔2014〕4 号	关于提请古剑同志职务任免的议案	2014 年 9 月 3 日
银兴政干发〔2014〕5 号	关于陈德卫等同志任职的通知	2014 年 9 月 3 日
银兴政干发〔2014〕6 号	关于白建锋等同志任职的通知	2014 年 9 月 3 日
银兴政干发〔2014〕7 号	关于邵军高等同志任职的通知	2014 年 11 月 5 日
银兴政干发〔2014〕8 号	关于提请张艳芬同志任职的议案	2014 年 11 月 5 日
银兴政干发〔2014〕9 号	关于提请孙自文等同志职务任免的议案	2014 年 11 月 5 日
银兴政干发〔2014〕10 号	关于张占兵等同志任职的通知	2014 年 11 月 5 日
银兴政干发〔2014〕11 号	关于陈彩娟等同志任职的通知	2014 年 11 月 5 日
银兴政干发〔2014〕13 号	关于王丹等同志任职定级的通知	2014 年 12 月 4 日
银兴政干发〔2014〕14 号	关于陈建全等同志职务任免的通知	2014 年 12 月 4 日
银兴政干发〔2014〕15 号	关于赵菊芬同志任职的通知	2014 年 12 月 4 日
银兴政干发〔2014〕16 号	关于张艳芬同志任职的通知	2014 年 12 月 4 日

表 35 续

文号	文件名称	时间
银兴政干发〔2014〕18 号	关于张晓丽等同志任职的通知	2014 年 12 月 31 日
银兴政干发〔2014〕24 号	关于马晨晓等同志职务任免的通知	2014 年 12 月 31 日

表 36　　2014 年兴庆区政府发函

文号	文件名称	时间
银兴政函发〔2014〕1 号	关于西部国际经贸城项目地块挂牌出让有关事宜的函	2014 年 1 月 2 日
银兴政函发〔2014〕2 号	关于西部国际经贸城项目规划设计条件审定有关事宜的函	2014 年 1 月 2 日
银兴政函发〔2014〕3 号	关于银川市兴庆区掌政镇典农公园东南处鸣翠湖城展示中心及掌政农博馆情况说明的函	2014 年 1 月 8 日
银兴政函发〔2014〕4 号	关于银川市兴庆区掌政镇鸣翠半岛 17 号地块南侧用地中有关停车场调整情况说明的函	2014 年 1 月 8 日
银兴政函发〔2014〕5 号	关于对宁夏巨业公路配套有限公司旧城改造项目提出规划设计条件的函	2014 年 1 月 10 日
银兴政函发〔2014〕6 号	关于对光明小区旧城改造项目提出规划设计条件的函	2014 年 1 月 10 日
银兴政函发〔2014〕7 号	关于审定北环批发市场一期改扩建拆迁安置住宅户数建筑面积有关事宜的函	2014 年 1 月 13 日
银兴政函发〔2014〕8 号	关于落实唐涞小区旧城更新改造廉租住房有关事宜的函	2014 年 1 月 23 日
银兴政函发〔2014〕9 号	关于东城湖银泰商业广场项目规划设计条件审定有关事宜的函	2014 年 1 月 29 日
银兴政函发〔2014〕10 号	关于兴庆区新渠稍等三处安置区建设有关事宜的函	2014 年 2 月 11 日
银兴政函发〔2014〕11 号	关于明确中阿财富广场项目用地交付日期的复函	2014 年 2 月 12 日
银兴政函发〔2014〕12 号	关于协助办理京藏高速公路水系连通工程大新渠段施工相关手续的函	2014 年 2 月 18 日
银兴政函发〔2014〕13 号	关于对银川博文小学迁建工程予以审核验收的函	2014 年 2 月 19 日
银兴政函发〔2014〕14 号	关于对银川博文小学迁建工程予以审核验收的函	2014 年 2 月 19 日
银兴政函发〔2014〕15 号	关于京藏高速水系开挖工程实行邀请招标相关事宜的函	2014 年 2 月 19 日
银兴政函发〔2014〕16 号	关于文化东街粮食局家属院国有建设用地征收拆迁相关事宜的函	2014 年 2 月 20 日
银兴政函发〔2014〕16 号	关于兴庆区京藏高速公路以西乡镇预留发展用地有关事宜的函	2014 年 2 月 20 日
银兴政函发〔2014〕17 号	关于燕鸽湖加油站置换土地征收情况的复函	2014 年 2 月 24 日
银兴政函发〔2014〕18 号	关于调整京藏高速公路东侧绿化带面积的函	2014 年 2 月 24 日
银兴政函发〔2014〕19 号	关于呈报银川市北京路延伸至红墩子道路水利设施恢复工程项目建设书的函	2014 年 2 月 26 日
银兴政函发〔2014〕20 号	关于协助开展京藏高速公路水系连通工程范围内高压线铁塔改线工作的函	2014 年 2 月 26 日
银兴政函发〔2014〕21 号	关于办理通贵乡产业建设项目用地手续的函	2014 年 3 月 3 日
银兴政函发〔2014〕22 号	关于办理通贵乡通西村豆制品加工厂及养殖场项目用地手续的函	2014 年 3 月 3 日
银兴政函发〔2014〕23 号	关于开展 2014 年新建续建项目征地拆迁工作的复函	2014 年 3 月 4 日
银兴政函发〔2014〕24 号	关于核实京藏高速公路两侧土地征收情况的函	2014 年 3 月 4 日

表 36 续

文号	文件名称	时间
银兴政函发〔2014〕25 号	关于兴庆区唐徕小区旧城更新项目用地挂牌出让有关事宜的函	2014 年 3 月 6 日
银兴政函发〔2014〕26 号	关于北京路南侧友爱中心路东侧用地意见的复函	2014 年 3 月 14 日
银兴政函发〔2014〕27 号	关于补办旧城南部小区永乐家园门房规划手续的函	2014 年 3 月 17 日
银兴政函发〔2014〕28 号	关于银地(挂)字 2009-50 号地块具体情况的函	2014 年 3 月 18 日
银兴政函发〔2014〕29 号	关于报送兴庆区镇村体系规划及村庄布局调整图表的函	2014 年 3 月 19 日
银兴政函发〔2014〕30 号	关于征求建设“丽人妇产医院”项目选址意见的函	2014 年 3 月 19 日
银兴政函发〔2014〕31 号	关于明确西部国际经贸城项目用地拆迁情况的复函	2014 年 3 月 19 日
银兴政函发〔2014〕32 号	关于银川市兴庆区通贵乡河滩中心村项目申报“中国人居环境范例奖”的请示	2014 年 3 月 13 日
银兴政函发〔2014〕33 号	关于提请评审《银川市兴庆区掌政镇总体规划(2013-2030)》的函	2014 年 3 月 25 日
银兴政函发〔2014〕35 号	关于对掌政镇镇区商住区项目 350 亩土地进行挂牌出让的函	2014 年 4 月 8 日
银兴政函发〔2014〕36 号	关于兴庆区城市供热系统综合改造项目有关情况的函	2014 年 3 月 26 日
银兴政函发〔2014〕37 号	关于兴庆区双庄村钢模板厂旧城更新改造项目申请土地手续的函	2014 年 4 月 8 日
银兴政函发〔2014〕38 号	关于协助做好京藏高速公路防洪排涝工程顶管建设工作的函	2014 年 4 月 8 日
银兴政函发〔2014〕41 号	关于补办满春小康村安置区规划相关手续的申请函	2014 年 4 月 11 日
银兴政函发〔2014〕44 号	关于审核银川市第二幼儿园消防设计图纸的函	2014 年 4 月 14 日
银兴政函发〔2014〕45 号	关于掌政镇王峰、李秀琴信访问题听证会评议意见	2014 年 7 月 2 日
银兴政函发〔2014〕47 号	兴庆区关于推进义务教育均衡发展工作中存在问题的整改方案	2014 年 4 月 16 日
银兴政函发〔2014〕48 号	关于八里桥十一队十二队安置区项目进出道路及出入口设计有关事宜的函	2014 年 4 月 16 日
银兴政函发〔2014〕49 号	关于燕鸽小区失地农民公寓建设有关事宜的函	2014 年 4 月 16 日
银兴政函发〔2014〕50 号	关于新水桥棚户区项目立项的函	2014 年 4 月 16 日
银兴政函发〔2014〕51 号	关于大新棚户区项目立项的函	2014 年 4 月 16 日
银兴政函发〔2014〕52 号	关于塔桥安置区(北区)选址的函	2014 年 4 月 17 日
银兴政函发〔2014〕53 号	关于兴庆区新水桥农贸市场建设用地挂牌相关事宜的函	2014 年 4 月 18 日
银兴政函发〔2014〕54 号	关于对银川市兴庆区旧城南部棚户区改造三片区美华家园予以审核的函	2014 年 4 月 22 日
银兴政函发〔2014〕55 号	关于将兴庆区新水桥棚户区等改造项目列入 2014 年棚户区项目的申请函	2014 年 4 月 18 日
银兴政函发〔2014〕56 号	关于友爱中心路西侧加油站项目用地情况的复函	2014 年 4 月 18 日
银兴政函发〔2014〕57 号	关于西部国际经贸城项目规划设计条件审定有关事宜的函	2014 年 4 月 21 日
银兴政函发〔2014〕58 号	关于西部国际经贸城项目用地价格予以优惠有关事宜的函	2014 年 4 月 21 日
银兴政函发〔2014〕59 号	关于变更兴庆区农产品质量安全检验检测站项目建设地址的函	2014 年 4 月 21 日
银兴政函发〔2014〕60 号	关于丽景街失地农民 5 平方米营业房和 20 平方米公寓项目选址的函	2014 年 4 月 22 日
银兴政函发〔2014〕61 号	关于申请国家开发银行解决八里桥十一队十二队等棚户区改造项目建设资金的函	2014 年 4 月 22 日
银兴政函发〔2014〕62 号	关于高台五队十二队改造项目测算报告的函	2014 年 4 月 22 日

表 36 续

文号	文件名称	时间
银兴政函发〔2014〕63 号	关于协助做好京藏高速公路防洪排涝工程顶管建设工作的函	2014 年 4 月 22 日
银兴政函发〔2014〕64 号	关于办理昊检小区土地手续有关事宜的函	2014 年 4 月 23 日
银兴政函发〔2014〕65 号	关于尽快清理穆斯林商贸城二期项目地上积土的函	2014 年 4 月 28 日
银兴政函发〔2014〕66 号	关于昊检小区房屋拆迁安置费用说明的函	2014 年 5 月 5 日
银兴政函发〔2014〕67 号	关于协助办理兴庆区月牙湖万亩奶牛养殖园区污水处理厂建设项目用地手续的函	2014 年 5 月 7 日
银兴政函发〔2014〕68 号	关于申请用地初审意见书的函	2014 年 5 月 7 日
银兴政函发〔2014〕69 号	关于办理银川市兴庆区第二十二小学迁建项目用地手续的函	2014 年 5 月 7 日
银兴政函发〔2014〕70 号	关于申请用地预审意见书的函	2014 年 5 月 7 日
银兴政函发〔2014〕71 号	关于解决兴庆区旧城南部建设项目相关问题的函	2014 年 5 月 8 日
银兴政函发〔2014〕72 号	关于征求兴庆区通贵乡小城镇项目建设合作意向性协议意见的函	2014 年 5 月 9 日
银兴政函发〔2014〕73 号	关于审核满春旧货市场升级改造规划平面图的函	2014 年 5 月 12 日
银兴政函发〔2014〕74 号	关于调整棚户区改造计划项目的函	2014 年 5 月 12 日
银兴政函发〔2014〕75 号	关于交付中房公司东城人家项目土地情况的函	2014 年 5 月 12 日
银兴政函发〔2014〕76 号	关于交付中房公司丽景湖畔土地情况的函	2014 年 5 月 12 日
银兴政函发〔2014〕77 号	关于市民李长青反映原高台寺村 3.35 亩土地及地上附着物补偿情况并提出意见的复函	2014 年 5 月 14 日
银兴政函发〔2014〕78 号	关于加快宁港财富中国项目建设事宜的函	2014 年 5 月 12 日
银兴政函发〔2014〕79 号	关于征求集体土地拆迁户过渡期租房费意见的复函	2014 年 5 月 14 日
银兴政函发〔2014〕80 号	关于申请办理银川永泰城阁笛湖康居安置区代建合同备案有关事宜的函	2014 年 5 月 14 日
银兴政函发〔2014〕81 号	关于审批南塘园小市场规划方案的函	2014 年 5 月 19 日
银兴政函发〔2014〕82 号	关于拨付满春小康村等项目过渡期租房费的函	2014 年 5 月 22 日
银兴政函发〔2014〕83 号	关于上前城农民安置房建设及资金情况的复函	2014 年 5 月 22 日
银兴政函发〔2014〕84 号	关于增加兴庆区湖系湿地补水水量的函	2014 年 5 月 22 日
银兴政函发〔2014〕85 号	关于承诺及时补齐相关资料的函	2014 年 5 月 22 日
银兴政函发〔2014〕86 号	关于银川市兴庆区掌政镇赵家湖水上乐园项目建设的函	2014 年 5 月 27 日
银兴政函发〔2014〕87 号	关于文化东街粮食局家属院国有建设用地征收拆迁成本核算的函	2014 年 5 月 29 日
银兴政函发〔2014〕88 号	关于暂缓缴纳银川永泰城阁笛湖安置区商业部分城市基础设施配套费事宜的函	2014 年 5 月 28 日
银兴政函发〔2014〕89 号	关于建设运动员裁判员休息凉亭的函	2014 年 6 月 3 日
银兴政函发〔2014〕90 号	关于办理丽景街办事处双庄村失地农民就业市场项目选址意见书的规划手续的函	2014 年 6 月 4 日
银兴政函发〔2014〕91 号	关于办理丽景街办事处双庄村失地农民就业市场项目土地手续的函	2014 年 6 月 4 日
银兴政函发〔2014〕92 号	关于办理宁夏国龙医疗发展股份有限公司综合医院及综合办公室项目用地手续的函	2014 年 6 月 4 日

表 36 续

文号	文件名称	时间
银兴政函发〔2014〕63 号	关于协助做好京藏高速公路防洪排涝工程顶管建设工作的函	2014 年 4 月 22 日
银兴政函发〔2014〕64 号	关于办理昊检小区土地手续有关事宜的函	2014 年 4 月 23 日
银兴政函发〔2014〕65 号	关于尽快清理穆斯林商贸城二期项目地上积土的函	2014 年 4 月 28 日
银兴政函发〔2014〕66 号	关于昊检小区房屋拆迁安置费用说明的函	2014 年 5 月 5 日
银兴政函发〔2014〕67 号	关于协助办理兴庆区月牙湖万亩奶牛养殖园区污水处理厂建设项目用地手续的函	2014 年 5 月 7 日
银兴政函发〔2014〕68 号	关于申请用地初审意见书的函	2014 年 5 月 7 日
银兴政函发〔2014〕69 号	关于办理银川市兴庆区第二十二小学迁建项目用地手续的函	2014 年 5 月 7 日
银兴政函发〔2014〕70 号	关于申请用地预审意见书的函	2014 年 5 月 7 日
银兴政函发〔2014〕71 号	关于解决兴庆区旧城南部建设项目相关问题的函	2014 年 5 月 8 日
银兴政函发〔2014〕72 号	关于征求兴庆区通贵乡小城镇项目建设合作意向性协议意见的函	2014 年 5 月 9 日
银兴政函发〔2014〕73 号	关于审核满春旧货市场升级改造规划平面图的函	2014 年 5 月 12 日
银兴政函发〔2014〕74 号	关于调整棚户区改造计划项目的函	2014 年 5 月 12 日
银兴政函发〔2014〕75 号	关于交付中房公司东城人家项目土地情况的函	2014 年 5 月 12 日
银兴政函发〔2014〕76 号	关于交付中房公司丽景湖畔土地情况的函	2014 年 5 月 12 日
银兴政函发〔2014〕77 号	关于市民李长青反映原高台寺村 3.35 亩土地及地上附着物补偿情况并提出意见的复函	2014 年 5 月 14 日
银兴政函发〔2014〕78 号	关于加快宁港财富中国项目建设事宜的函	2014 年 5 月 12 日
银兴政函发〔2014〕79 号	关于征求集体土地拆迁户过渡期租房费意见的复函	2014 年 5 月 14 日
银兴政函发〔2014〕80 号	关于申请办理银川永泰城阁笛湖康居安置区代建合同备案有关事宜的函	2014 年 5 月 14 日
银兴政函发〔2014〕81 号	关于审批南塘园小市场规划方案的函	2014 年 5 月 19 日
银兴政函发〔2014〕82 号	关于拨付满春小康村等项目过渡期租房费的函	2014 年 5 月 22 日
银兴政函发〔2014〕83 号	关于上前城农民安置房建设及资金情况的复函	2014 年 5 月 22 日
银兴政函发〔2014〕84 号	关于增加兴庆区湖系湿地补水水量的函	2014 年 5 月 22 日
银兴政函发〔2014〕85 号	关于承诺及时补齐相关资料的函	2014 年 5 月 22 日
银兴政函发〔2014〕86 号	关于银川市兴庆区掌政镇赵家湖水上乐园项目建设的函	2014 年 5 月 27 日
银兴政函发〔2014〕87 号	关于文化东街粮食局家属院国有建设用地征收拆迁成本核算的函	2014 年 5 月 29 日
银兴政函发〔2014〕88 号	关于暂缓缴纳银川永泰城阁笛湖安置区商业部分城市基础设施配套费事宜的函	2014 年 5 月 28 日
银兴政函发〔2014〕89 号	关于建设运动员裁判员休息凉亭的函	2014 年 6 月 3 日
银兴政函发〔2014〕90 号	关于办理丽景街办事处双庄村失地农民就业市场项目选址意见书的规划手续的函	2014 年 6 月 4 日
银兴政函发〔2014〕91 号	关于办理丽景街办事处双庄村失地农民就业市场项目土地手续的函	2014 年 6 月 4 日
银兴政函发〔2014〕92 号	关于办理宁夏国龙医疗发展股份有限公司综合医院及综合办公室项目用地手续的函	2014 年 6 月 4 日

表 36 续

文号	文件名称	时间
银兴政函发〔2014〕93 号	关于建设东城湖商业广场三旧改造项目有关事宜的函	2014 年 6 月 5 日
银兴政函发〔2014〕94 号	关于办理塔桥康居安置区北区建设项目用地预审相关手续的申请函	2014 年 6 月 5 日
银兴政函发〔2014〕95 号	关于塔桥安置区天然气管道改线的函	2014 年 6 月 5 日
银兴政函发〔2014〕96 号	关于办理南塘园清真食品园项目建设用地手续的函	2014 年 6 月 6 日
银兴政函发〔2014〕97 号	关于银川市城乡生活垃圾转运站征收项目相关事宜的函	2014 年 6 月 4 日
银兴政函发〔2014〕98 号	关于办理康居安置区建设手续的函	2014 年 6 月 6 日
银兴政函发〔2014〕99 号	关于证明宁夏荣京大惠农副产品有限公司政策性搬迁的函	2014 年 6 月 9 日
银兴政函发〔2014〕100 号	关于中国西部微商经济总部项目规划设计条件审定相关事宜的函	2014 年 6 月 9 日
银兴政函发〔2014〕101 号	关于银川颐和盛世广场城市综合体项目土地出让价格审定相关事宜的函	2014 年 6 月 10 日
银兴政函发〔2014〕102 号	关于银川颐和盛世广场城市综合体项目规划设计条件审定相关事宜的函	2014 年 6 月 10 日
银兴政函发〔2014〕103 号	关于建设银川江宁国际酒店用品商贸城二期项目土地出让价格审定相关事宜的函	2014 年 6 月 10 日
银兴政函发〔2014〕104 号	关于建设银川江宁国际酒店用品商贸城二期项目规划设计条件审定相关事宜的函	2014 年 6 月 10 日
银兴政函发〔2014〕105 号	关于宁夏上陵实业(集团)有限公司摘牌土地闲置情况说明的函	2014 年 6 月 11 日
银兴政函发〔2014〕106 号	关于兴庆区光华门 6 队 11 队安置区建设项目规划选址的函	2014 年 6 月 11 日
银兴政函发〔2014〕107 号	关于加强村镇规划建设管理工作情况的函	2014 年 6 月 11 日
银兴政函发〔2014〕108 号	关于核拨兴庆区月牙湖乡牧民新村征地拆迁补偿费用的函	2014 年 6 月 16 日
银兴政函发〔2014〕109 号	关于兴庆区新水桥农贸市场建设用地挂牌相关事宜的函	2014 年 6 月 12 日
银兴政函发〔2014〕110 号	关于建设银川市第二幼儿园新园规划路的函	2014 年 6 月 13 日
银兴政函发〔2014〕111 号	关于建设兴庆区满春中学西侧规划路和北侧纬七路的函	2014 年 6 月 13 日
银兴政函发〔2014〕112 号	关于办理唐徕小区棚户区改造安置区建设项目渣土外运相关手续的函	2014 年 6 月 16 日
银兴政函发〔2014〕113 号	关于报送浙江轻纺城城拆迁测算报告的函	2014 年 6 月 16 日
银兴政函发〔2014〕114 号	关于宁夏富地房地产开发有限公司垫付银华公司征地补偿款情况说明	2014 年 6 月 16 日
银兴政函发〔2014〕115 号	关于满春康居二期安置区社区服务用房及物业管理用房项目选址的函	2014 年 6 月 16 日
银兴政函发〔2014〕116 号	关于兴庆区二十三所中小学内墙粉刷工程施工招标提前开标事宜的函	2014 年 6 月 18 日
银兴政函发〔2014〕118 号	关于办理掌政镇中心卫生院建设用地手续的函	2014 年 6 月 20 日
银兴政函发〔2014〕119 号	关于兴庆区二十二小学迁建项目用地征收情况的复函	2014 年 6 月 20 日
银兴政函发〔2014〕120 号	关于掌政镇永南村群众反映的华夏河图项目征地信访事项的答复意见书	2014 年 6 月 23 日
银兴政函发〔2014〕121 号	关于调剂使用兴庆区月牙湖乡农村环保项目资金的函	2014 年 6 月 23 日
银兴政函发〔2014〕122 号	关于兴庆区月牙湖乡海陶南村幸福村庄建设工程环境评估情况说明的函	2014 年 6 月 23 日
银兴政函发〔2014〕123 号	关于办理双庄村钢模板厂相关手续的函	2014 年 6 月 25 日
银兴政函发〔2014〕124 号	关于 2014 年兴庆区老旧小区专项改造工程施工招标提前开标事宜的函	2014 年 6 月 25 日

表 36 续

文号	文件名称	时间
银兴政函发〔2014〕125 号	关于万兴隆建筑工程有限公司建设用地征求意见的复函	2014 年 6 月 24 日
银兴政函发〔2014〕126 号	关于暂缓缴纳兴庆区康居安置区建设项目商业部分城市基础设施配套费事宜的函	2014 年 6 月 26 日
银兴政函发〔2014〕127 号	关于西部国际经贸城项目用地地界的复函	2014 年 6 月 30 日
银兴政函发〔2014〕128 号	关于调整西部国际经贸城项目规划条件的函	2014 年 6 月 30 日
银兴政函发〔2014〕129 号	关于宁夏国际新型材料产业园项目规划选址设计条件审定有关事宜的函	2014 年 7 月 1 日
银兴政函发〔2014〕130 号	关于银通路拓宽征收国有土地申请置换的函	2014 年 7 月 3 日
银兴政函发〔2014〕131 号	关于协调办理光耀 20 号楼相关手续的函	2014 年 7 月 4 日
银兴政函发〔2014〕132 号	关于征收长庆石油基地银横路北侧部分用地的函	2014 年 7 月 15 日
银兴政函发〔2014〕133 号	关于办理世和·天玺国际中心项目施工手续相关事宜的函	2014 年 7 月 15 日
银兴政函发〔2014〕135 号	关于征求晶澳太阳能 100MWp 光伏电站项目选址意见的函	2014 年 7 月 17 日
银兴政函发〔2014〕136 号	关于友爱失地农民公寓建设项目有关情况的复函	2014 年 7 月 18 日
银兴政函发〔2014〕137 号	关于审核通过银地挂字〔2014〕62 号国有建设用地使用权竞买入拆迁安置补偿方案的函	2014 年 7 月 24 日
银兴政函发〔2014〕138 号	关于办理银地(挂)字〔2014〕—29 号宗地土地挂牌交易的函	2014 年 7 月 25 日
银兴政函发〔2014〕139 号	关于银川五幼等三所学校迁建选址相关事宜的函	2014 年 7 月 31 日
银兴政函发〔2014〕140 号	关于审核兴庆区新增失地农民营业房及公寓情况的函	2014 年 8 月 1 日
银兴政函发〔2014〕141 号	关于恳请尽快办理银川艺泰装饰有限公司土地置换的函	2014 年 8 月 1 日
银兴政函发〔2014〕142 号	关于办理兴庆区掌政镇洼路村天地缘公司设施农业用地手续的函	2014 年 8 月 4 日
银兴政函发〔2014〕143 号	关于安寿军反映红墩子地区草场低价征收信访事项答复意见书	2014 年 8 月 4 日
银兴政函发〔2014〕144 号	关于银川市兴庆区掌政镇商业街鸣翠天地项目急需挂牌的函	2014 年 8 月 5 日
银兴政函发〔2014〕145 号	关于兴庆区中卫巷棚户区及唐徕小区棚户区改造项目减免城市基础设施配套费的函	2014 年 8 月 6 日
银兴政函发〔2014〕146 号	关于兴庆区旧城南部棚户区改造二片区(新荣华家园)减免城市基础设施配套费的函	2014 年 8 月 6 日
银兴政函发〔2014〕147 号	关于催缴征地拆迁补偿费的函	2014 年 8 月 8 日
银兴政函发〔2014〕149 号	关于变更建设工程规划许可证的函	2014 年 8 月 14 日
银兴政函发〔2014〕150 号	关于 2013 年兴庆区最严格水资源管理制度和节水型社会建设考核工作整改情况说明的报告	2014 年 8 月 15 日
银兴政函发〔2014〕151 号	关于申请批准 2015 年棚户区改造项目的函	2014 年 8 月 15 日
银兴政函发〔2014〕152 号	关于清理规范城市社区创评减轻不合理负担工作情况的汇报	2014 年 8 月 15 日
银兴政函发〔2014〕153 号	关于在掌政特色小城镇赵家湖檀溪谷欢乐水世界项目设置停车场的函	2014 年 8 月 21 日
银兴政函发〔2014〕154 号	关于在掌政特色小城镇银横路沿线设置广告的函	2014 年 8 月 21 日
银兴政函发〔2014〕155 号	关于宁夏檀溪房地产开发有限公司在兴庆区广告牌上发布广告的函	2014 年 8 月 21 日

表 36 续

文号	文件名称	时间
银兴政函发〔2014〕156 号	关于帮助解决甘肃泰盛物资集团有限公司金茂生活港项目相关问题的函	2014 年 8 月 21 日
银兴政函发〔2014〕157 号	关于征求宁夏大兆百货副食品生活港项目选址意见的函	2014 年 8 月 27 日
银兴政函发〔2014〕158 号	关于暂缓缴纳民乐安置区建设项目商业部分城市基础设施配套费事宜的函	2014 年 8 月 27 日
银兴政函发〔2014〕159 号	关于申请解决友爱变电站交通物流园内 110 千伏安架空线路改迁工程费用的函	2014 年 8 月 29 日
银兴政函发〔2014〕160 号	关于协调解决兵沟黄河大桥连线工程施工中存在问题的函	2014 年 9 月 1 日
银兴政函发〔2014〕161 号	关于拨付北京路延伸段工程资金的函	2014 年 9 月 1 日
银兴政函发〔2014〕162 号	关于银川市民用天然气输配工程第二门站东部天然气加压站和东部调压站项目选址建议的函	2014 年 9 月 1 日
银兴政函发〔2014〕163 号	关于兴庆区林地管理调查工作存在问题的补充说明	2014 年 8 月 29 日
银兴政函发〔2014〕164 号	关于办理兴庆区掌政镇洼路村塞尚花乡农业产业园设施农业用地手续的函	2014 年 9 月 3 日
银兴政函发〔2014〕165 号	关于协调解决贺兰山路延伸段储备土地清运垃圾及绿化换土方资金的函	2014 年 9 月 4 日
银兴政函发〔2014〕166 号	关于宁夏广安商业综合体项目用地现状说明的函	2014 年 9 月 4 日
银兴政函发〔2014〕168 号	关于宁夏大兆百货副食品生活港项目用地纳入掌政镇总体规划近期建设规划的函	2014 年 9 月 12 日
银兴政函发〔2014〕169 号	关于弄寻宅基地和集体建设用地使用权登记发证范围的函	2014 年 9 月 5 日
银兴政函发〔2014〕170 号	关于兴庆区银横路南侧规划路东侧一宗用地拆迁工作的复函	2014 年 9 月 12 日
银兴政函发〔2014〕171 号	关于报送银川市党政领导干部信访开放日活动带案下访信事项办理情况的回复	2014 年 9 月 15 日
银兴政函发〔2014〕172 号	关于送达《兴庆区康居安置区住宅、商业、公建、地下建筑标准做法》的函	2014 年 9 月 15 日
银兴政函发〔2014〕173 号	关于马宁静反映问题的答复意见书	2014 年 8 月 1 日
银兴政函发〔2014〕174 号	关于中房公司东城人家项目土地交付情况的函	2014 年 9 月 22 日
银兴政函发〔2014〕175 号	关于中房公司丽景湖畔土地交付情况的函	2014 年 9 月 22 日
银兴政函发〔2014〕176 号	关于安置区项目进行补测楼位置等事宜的函	2014 年 9 月 25 日
银政函发发〔2014〕177 号	关于征求银川上海尚德实验学校项目选址意见的函	2014 年 9 月 26 日
银兴政函发〔2014〕178 号	关于办理宁夏骏华月牙湖农牧科技股份有限公司兴庆区万亩奶牛生态养殖场土地手续的函	2014 年 10 月 9 日
银兴政函发〔2014〕180 号	关于拨付拆迁户过渡期租房费的函	2014 年 10 月 14 日
银兴政函发〔2014〕181 号	关于做好滨河新区范围内疑似占用征用林地判读图斑检查管理工作的函	2014 年 10 月 14 日
银政函发〔2014〕182 号	关于申请办理浙商大厦项目规划手续的函	2014 年 10 月 10 日
银兴政函发〔2014〕183 号	关于申请办理浙商大厦项目土地手续的函	2014 年 10 月 10 日
银兴政函发〔2014〕184 号	关于拨付过渡期租房费的函	2014 年 10 月 15 日
银兴政函发〔2014〕185 号	关于丽景街办事处双庄村失地农民就业市场建设有关事宜的复函	2014 年 11 月 7 日
银兴政函发〔2014〕186 号	关于征求宁夏润东环保科技生产中心土地使用意见的函	2014 年 10 月 28 日
银兴政函发〔2014〕188 号	关于审核兴庆区 2015 年征地拆迁项目预算的函	2014 年 10 月 28 日

表 36 续

文号	文件名称	时间
银兴政函发〔2014〕190 号	关于大新镇大新村杜磊、蔡艳清反映拆迁补偿信访事项的复查意见	2014 年 11 月 5 日
银兴政函发〔2014〕191 号	关于申请银川市土储局征收国有土地的函	2014 年 11 月 5 日
银兴政函发〔2014〕193 号	关于兴庆区掌政镇污水处理厂建设投运有关问题答复的函	2014 年 11 月 5 日
银兴政函发〔2014〕194 号	关于财政教育投入和使用管理情况的报告	2014 年 11 月 7 日
银兴政函发〔2014〕195 号	关于掌政镇特色小城镇镇区污水处理及排放有关情况说明的函	2014 年 11 月 7 日
银兴政函发〔2014〕196 号	关于银川艺泰广告装饰有限公司土地置换事宜的函	2014 年 11 月 10 日
银兴政函发〔2014〕197 号	关于启用满春二期燃气锅炉房的函	2014 年 11 月 17 日
银兴政函发〔2014〕198 号	关于办理金茂生活港项目农民安置区用地手续的函	2014 年 11 月 17 日
银兴政函发〔2014〕199 号	关于申请兴庆区通贵乡 2011 年农村环境连片整治项目竣工验收的函	2014 年 11 月 18 日
银兴政函发〔2014〕200 号	关于西部汽车城片区改造相关事宜回复的函	2014 年 11 月 18 日
银兴政函发〔2014〕201 号	关于办理新卫家园及利民街西侧用地相关手续的函	2014 年 11 月 20 日
银兴政函发〔2014〕202 号	关于浙江国际轻纺城项目绿地率指标有关事宜的函	2014 年 11 月 14 日
银兴政函发〔2014〕203 号	关于查证宁夏河东林牧有限责任公司持有的《国有土地承包经营使用证》《土地资源开发许可证》是否合法有效的请示函	2014 年 11 月 19 日
银兴政函发〔2014〕205 号	关于 2015 年兴庆区范围内园林绿化用地土地征收情况的复函	2014 年 11 月 21 日
银兴政函发〔2014〕206 号	关于尽快完成兴庆区名族北街东侧贺兰山东路南侧一宗用地拆迁工作的复函	2014 年 11 月 21 日
银兴政函发〔2014〕207 号	关于加快永泰城周边配套市政道路征地拆迁问题的复函	2014 年 11 月 21 日
银兴政函发〔2014〕208 号	关于报送兴庆区地震应急预案的函	2014 年 11 月 21 日
银兴政函发〔2014〕209 号	关于办理兴庆区劳动就业和社会保障服务设施建设用地划拨土地手续的函	2014 年 11 月 24 日
银兴政函发〔2014〕210 号	关于移交北京路延伸工程掌政镇茂盛村土地的函	2014 年 11 月 27 日
银兴政函发〔2014〕211 号	关于借用拆迁安置协议及相关资料的函	2014 年 11 月 27 日
银兴政函发〔2014〕212 号	关于提供京藏高速公路以西贺兰山路以北范围征地拆迁基础资料的复函	2014 年 12 月 2 日
银兴政函发〔2014〕213 号	关于友爱木材市场项目用地预审的函	2014 年 12 月 4 日
银兴政函发〔2014〕214 号	关于支付银川市德胜片区规划编制费用有关事宜的函	2014 年 12 月 5 日
银兴政函发〔2014〕215 号	关于调整月牙湖乡土地利用总体规划的函	2014 年 12 月 8 日
银兴政函发〔2014〕216 号	关于办理兴庆区掌政镇农民安置区三期项目用地手续的函	2014 年 12 月 8 日
银兴政函发〔2014〕217 号	关于调整民乐安置区二期界域图的函	2014 年 12 月 8 日
银兴政函发〔2014〕218 号	关于拨付北京东路至红墩子道路建设项目征收补偿款的函	2014 年 12 月 8 日
银兴政函发〔2014〕219 号	关于交通物流园一期二期拆迁测算报告的函	2014 年 12 月 8 日
银兴政函发〔2014〕220 号	关于兴庆区教育局寒假组织部分校园长赴美国开展文化交流活动有关事宜的函	2014 年 12 月 8 日
银兴政函发〔2014〕221 号	关于拨付过渡期租房费的函	2014 年 12 月 18 日
银兴政函发〔2014〕222 号	关于办理马氏济慈堂中医医院项目用地手续的函	2014 年 12 月 8 日

表 36 续

文号	文件名称	时间
银兴政函发〔2014〕223 号	关于申请调整变更浙江国际轻纺城建设项目规划条件的函	2014 年 12 月 9 日
银兴政函发〔2014〕224 号	关于办理塔桥北区康居安置区用地手续的函	2014 年 12 月 10 日
银兴政函发〔2014〕226 号	关于广安城市综合体项目用地供地的函	2014 年 12 月 15 日
银兴政函发〔2014〕227 号	关于委托开展银川通用航空机场建设项目总体规划修编的函	2014 年 12 月 19 日
银兴政函发〔2014〕228 号	关于在银川通航产业园项目范围内设立临时气象点的函	2014 年 12 月 22 日
银兴政函发〔2014〕229 号	关于兴庆区大新镇蔡艳清申请复核信访事项答复的函	2014 年 12 月 18 日
银兴政函发〔2014〕230 号	关于报送河东垃圾清理场内三家废机油生产企业拆迁工作落实情况的复函	2014 年 12 月 22 日
银兴政函发〔2014〕231 号	关于征求宁夏大兆百货副食品生活港项目选址意见的函	2014 年 12 月 23 日
银兴政函发〔2014〕232 号	关于为兴庆区回民中学扩建项目办理土地使用证的函	2014 年 12 月 24 日

表 37　　2014 年兴庆区政府批文

文号	文件名称	时间
银兴政批字〔2014〕1 号	关于同意设立银川市兴庆区京藏高速公路防洪排涝工程建设项目法人的批复	2014 年 2 月 26 日
银兴政批字〔2014〕2 号	关于对《银川市公共交通公司汽车保养厂"3.30"轧压事故调查报告》结案的批复	2014 年 5 月 7 日
银兴政批字〔2014〕3 号	关于对银川市煤气供热有限公司东门供气站重大火灾隐患进行挂牌督办的批复	2014 年 5 月 22 日
银兴政批字〔2014〕4 号	关于兴庆区月牙湖乡科技种植示范基地设施农业用地的批复	2014 年 5 月 25 日
银兴政批字〔2014〕5 号	关于兴庆区治沙林场设施农业用地的批复	2014 年 5 月 25 日
银兴政批字〔2014〕6 号	关于兴庆区月牙湖治沙林场设施农业用地的批复	2014 年 5 月 25 日
银兴政批字〔2014〕7 号	关于兴庆区万亩奶牛养殖基地设施农业用地的批复	2014 年 5 月 25 日
银兴政批字〔2014〕8 号	关于兴庆区丽景街办事处设施农业用地的批复	2014 年 5 月 25 日
银兴政批字〔2014〕9 号	关于兴庆区通贵乡通贵村设施农业用地的批复	2014 年 5 月 25 日
银兴政批字〔2014〕10 号	关于对兴庆区通贵乡通贵村设施农业用地的批复	2014 年 5 月 25 日
银兴政批字〔2014〕11 号	关于对兴庆区通贵乡通南村设施农业用地的批复	2014 年 5 月 26 日
银兴政批字〔2014〕12 号	关于兴庆区大新镇燕鸽村设施农业用地的批复	2014 年 5 月 26 日
银兴政批字〔2014〕14 号	关于兴庆区掌政镇镇河村设施农用地的批复	2014 年 5 月 26 日
银兴政批字〔2014〕19 号	关于兴庆区掌政镇洼路村设施农业用地的批复	2014 年 5 月 27 日
银兴政批字〔2014〕21 号	关于对兴庆区掌政镇碱富桥村设施农用地的批复	2014 年 5 月 27 日
银兴政批字〔2014〕22 号	关于兴庆区大新镇塔桥村设施农用地的批复	2014 年 5 月 27 日
银兴政批字〔2014〕23 号	关于兴庆区掌政镇孔雀村设施农业用地的批复	2014 年 5 月 27 日
银兴政批字〔2014〕24 号	关于兴庆区大新镇塔桥村设施农用地的批复	2014 年 5 月 27 日
银兴政批字〔2014〕26 号	关于对兴庆区掌政镇强家庙村设施农用地的批复	2014 年 5 月 28 日
银兴政批字〔2014〕27 号	关于月牙湖草原管理站移民新村设施农用地的批复	2014 年 5 月 28 日

表 37 续

文号	文件名称	时间
银兴政批字〔2014〕28 号	关于兴庆区掌政镇设施农用地的批复	2014 年 5 月 29 日
银兴政批字〔2014〕30 号	关于兴庆区掌政镇永南村设施农用地的批复	2014 年 5 月 29 日
银兴政批字〔2014〕31 号	关于对宁夏小黑鱼餐饮管理有限公司等九家重大火灾隐患单位重大火灾隐患进行挂牌督办的批复	2014 年 7 月 25 日
银兴政批字〔2014〕32 号	关于对舞之恋酒吧等 5 家单位重大火灾隐患进行摘牌的批复	2014 年 7 月 25 日
银兴政批字〔2014〕33 号	关于对《江苏启东建筑有限公司银川分公司玺云台项目工地“6·26”物体打击事故调查报告》的批复	2014 年 8 月 15 日
银兴政批字〔2014〕34 号	关于赵家湖生态旅游项目用地的批复	2014 年 8 月 25 日
银兴政批字〔2014〕35 号	关于华夏河图文化旅游项目用地的批复	2014 年 8 月 25 日
银兴政批字〔2014〕36 号	关于汉延渠典农公园旅游项目用地的批复	2014 年 8 月 25 日
银兴政批字〔2014〕37 号	关于水洞沟生态旅游项目用地的批复	2014 年 8 月 25 日
银兴政批字〔2014〕38 号	关于银川东部生态湿地旅游项目用地的批复	2014 年 8 月 25 日
银兴政批字〔2014〕40 号	关于银川东部生态湿地旅游项目用地的批复	2014 年 8 月 25 日
银兴政批字〔2014〕41 号	关于对《江苏淮安宏宇建筑劳务有限公司永泰城项目工地“7·21”高处坠落事故调查报告》的批复	2014 年 9 月 20 日
银兴政批字〔2014〕42 号	关于对宁夏小黑鱼餐饮管理有限公司等 2 家重大火灾隐患单位进行摘牌的批复	2014 年 10 月 21 日
银兴政批字〔2014〕43 号	关于同意给予强殿伟同志行政降级处分的批复	2014 年 12 月 31 日

索　引

说明：

一、本年鉴标目词句按照汉语拼音顺序分类。

二、类目、分目、条目用小五号黑体字标示，正文标目词句用小五号宋体字标示，表格后加“（表）”。

三、标目词句后阿拉伯数字表示内容所在页码；数字后的字母 a、b、c 分别表示从左至右第一、二、三栏。

A

B

C

D

R

F

G

M

N

P

Q

R

S

X

X

Z

Contents

Special Edition

Special Record

Media Comments

Chronicle of Events

Xinqing District Profile

Party and Government Affairs

Rule of Law

People's Armed Forces & Army Garrison

Agriculture, Animal Husbandry, Afforestation and Water Conservancy

Garrison Industry & Real Estate

Urban-Rural Construction and Highway Transportation

Urban-Rural Services and Management

Commerce and Logistics

Public Finance and Taxation

Integrated Economic Management

Health Inspection Management, Population and Family Planning

Social Service and People's Life

Science and Technology and Environmental Protection

Education

Culture, Sports and Tourism

Towns and Street (Management Committee)

Writers and Artists

Honor List

Appendix

Index

Contents